KB237069

敎育學 探究

教育學 探究

朴在文

서문(序文)

"시간은 마치 화살처럼 날아간다(Time flies like an arrow)"는 말이 있다. 동양으로 친다면"인생은 마치 아침이슬과 같다(人生如朝露)"는 뜻이다. 이슬은 본디 새벽 해가 어슴푸레하게 뜰 무렵 잎 위에 놓였다가 햇살과 함께 사라져 버리는 것이니, 『성경』에서 "너희가 80~90세를 산다고 하여도 마치 한 순간과 같다"는 것이 또한 이러한 느낌이리라 생각해본다. 이렇듯 순간처럼 지나버린 인생의 절정기 앞에서 문득, 나는 낡은 초고(草稿)들을 꺼내들고 그 순간 속에 흘려버린 젊은 시절의 열정을 생각해본다. 지난 80년대, 처음 박사학위를 취득하고 교정(校庭)을 나섰을 때 품었던 고원한 이상과 포부는 바로 이 초고들 속에 고스란히 살아 아직도 날 들뜨게 한다. 이제 정년(停年)이라는 내 인생의 마지막 무대 앞에서 이 초고(草稿)들에게 다시금 생명을 부여하고 싶은 것 또한 이것 때문일 것이다.

이제 막상 초고를 들어 읽고 보니 먼저 부끄러운 마음이 앞선다. 그 때는 나의 가슴 속에 한없는 열징만이 가득하였을 뿐, 그것을 제대로 표현하기까지는 많은 시행착오를 겪지 않으면 안 되었다. 초고는 바로 그러한 시행착오들의 기록인 것이다. 처음 진리의 문 앞에 서서 그 일부를 들여다보았다는 흥분 때문인지 초고들 속에는 미성숙한 채 초라한 빛을 내는 나의 지난 날 사고의 여정들이 드러나고 있다. 그렇기에 한 편 공연히 책을 내어 보고자 하는 만용을 부린 것은 아닌가 하는 두려움이 앞서기도 한다. 그럼에도 이처럼 이 부끄러운 사고의 여정들을 들추어 내보고자 하는 것은 오로지 내가 쓴 오류의 여정일망정 모두 나의 것이라 믿고 이를 책의 형태로 세상에 남기고 싶은 작은 욕심 때문이다. 이러한 것들이 후일 공정한 학문의 잣대로 평가되고 후학들의 밑거름이 된다면 그것도 이 책이 갖는 가치 중 하나일 것이리라.

그렇기에 나는 이 책의 많은 잘못된 부분들을 가능하면 고치지 않고 그대로 출판하고자 하였다. 말 그대로 이것은 내 사고 과정의 여로이며 그 중의 오류와 실

수 또한 후학들에게는 좋은 이정표가 되어줄 것이라는 믿음 때문이다. 만일 누군가 이 책을 통해 무언가를 얻고자 한다면 그러한 자신의 발전 과정과 그 안에서 끊임없이 진리의 문을 두드리고 알아 나가고자 하였던 나의 지난날과 같은 열정일 것이다. 바로 그것이 이 책의 처음이며 끝이다. 다만, 처음 의도한 대로 석사논문과 박사논문을 모두 싣지 못하고 박사논문만을 올려놓은 것은 석사 시절의 논문이 그다지 전체의 책 방향과 어울리지 못하였기 때문이었다. 그렇기에 이 점은 아쉬움으로 남는다. 이제 나는 이 책을 마치 세상에 자식을 떠나보내는 부모의 심정으로 내놓으려 한다. 끝으로 폭염(暴炎) 속에서 이 책을 내는 데 도움을 주신 한국학술정보(주), 특히 박주선 선생과 교정으로 수고해주신 편집부 여러분들께 이 지면을 빌어 심심한 사의(謝意)를 표한다.

2006. 11

著者 謹識

목 차

제1부
한국교육사 연구부문

1. 花郎道敎育*

머리말: 問題의 提起

오늘날 韓國社會에서 新羅의 花郎道만큼 사람들 사이에 널리 알려진 古代社會의 傳統도 드물 것이다. 韓國에는 훌륭한 傳統이 많이 있다. 그러나 오로지 花郎道라는 傳統은, 그 어느 傳統보다도 사람들이 더 잘 알고 있다고 생각하고 있고, 時代는 비록 멀리 떨어져 있지만 우리와 언제나 가까이 있는 듯한 느낌을 주고 있다. 이와 같은 생각이나 느낌을 갖도록 해주는 데는 여러 가지 이유들이 있을 수 있지만, 무엇보다도 중요한 이유는 아마도 현재 韓國社會에서 숨 쉬며 살아가고 있는 韓國民에게 어떤 심각한 意味를 주고 있기 때문일 것이다. 구체적으로 말하면, 新羅社會에 花郎道가 存在하였던 時代的·文化的·政治的 狀況과 오늘날 韓國社會가 當面하고 있는 諸般狀況이 엇비슷하다는 점 때문에 과거의 어느 傳統보다도 더 심각하게 우리에게 意味를 주고 있다고 말할 수 있을 것이다. 말하자면, 新羅는 外來文化가 물밀듯이 들어오고 있었고, 高句麗, 百濟 등과 對峙하고 있어 늘 百姓들은 侵略에 대한 不安을 안고 살고 있었는데, 지금의 우리 형편도 이와 비슷하다는 것이다. 더 나아가 우리에게 더욱 깊은 意味를 주고 있는 점은 三國統一의 「힘」의 바탕을 「花郎道精神」에서 찾을 수 있다는 것이다.

---

* 「한국교육학의 탐색」, 고려원, 1985.

만약 「花郎道精神」이라는 것이 있어서 그것이 바로 三國統一의 原動力이 되었다면, 그 精神은 단시일 내에 形成된 것이 아닐 것이며, 분명히 말해서, 어떤 형태로든지 그 精神이 形成되어 成熟될 수 있도록 해준 「보살핌」이 있었을 것이다. 그리고 바로 그 「보살핌」의 結果, 政治家로서는 金春秋, 金庾信과 같은 인물이 나왔고, 大師로는 慈藏, 圓光, 元曉, 義湘 등이 나왔으며, 貴山, 箒項, 官昌 같은 「花郎 중의 花郎」이라고 할 수 있는 인물들이 배출되었다. 이 人物들이야말로 新羅가 三國統一의 偉業을 이룩할 수 있도록 밑받침이 된 人物들임에 틀림없다. 이와 같이 新羅가 三國統一의 偉業을 이룩할 수 있었던 人物들을 가지고 있었다는 것은 분명히 新羅社會가 가지고 있었던 「敎育力」 때문일 것이며, 또한 그 「敎育力」이 최대한으로 발휘된 結果로 보아야 할 것이다. 여기에 바로 우리의 관심이 있다. 다시 말하면, 그 당시 新羅가 가지고 있었던 「敎育力」은 어떤 것이었으며, 어떻게 그 「敎育力」을 최대한으로 발휘할 수 있었는가 하는 문제가 바로 그것이다.

그러나 이 문제는 그렇게 간단하지 않다. 우선 新羅社會에 있었던 「花郎道」는 敎育과 어떤 측면에서 관련될 수 있는가 하는 문제부터 제기된다. 以下에서 詳論할 바와 같이, 敎育에는 認識論的 입장을 반영하는 것도 있고, 단순히 社會制度의 效果라는 입장이 있을 수도 있다. 그러면 花郎道敎育은 이 두 입장 모두와 관련되어 있는가, 아니면 어느 한 입장에만 관련되어 있는가 하는 것이 문제이다.

다음으로, 「花郎道精神」과 三敎思想과의 관련에 관한 문제이다. 《三國史記》나 《三國遺事》를 보면, 花郎[2]과 관련되는 말로 「國仙」, 「龍華香徒」, 「風流道」(風月道), 「彌勒仙花」 등으로 나타나고 있음을 볼 수 있다. 이것을 보면, 「儒·佛·仙」과의 관련을 짐작할 수 있을 것이다. 그러나 문제는 花郎道가 고대 우리의 固有思想을 핵으로 이루어진 것인가, 아니면 「儒·佛·仙」 등의 外來思想을 받아들여 그것을 融合會通한 것인가, 또는 儒·佛·仙 중 어느 한 思想이 주축이 되어 이루어진 것인가 하는 점이다. 지금까지의 先行研究들[1]은 이들 중 어느 한 思想과의

---

* 本 研究에서 花郎徒의 범위는 신라 화랑도 전체를 가리킨다. 이에 관한 참고 자료로 辛兌鉉의 研究結果를 제시한다. 辛兌鉉, 花郎 世代考, 「경희대 논문집」 제4집 (1965), p.87.

1) 〈花郎世系〉
   ① 薛原郎 － ② 斯多含(郎徒一千人) 또는 未尸郎 － ③ 文努(郎徒金歆運)
   (眞興王代)   (眞興王代)   (眞智王代)   (眞平王代)

관련을 주장하고 있거나, 固有思想으로 花郎道를 취급하고 있다. 그러나 여기서의 문제는, 비교적 분명한 思想·槪念體系로 花郎道를 비추어 볼 때, 그 내용이 무엇이며, 그 內容이 敎育學에 어떤 示唆를 주는가 하는 데 있다.

끝으로, 花郎道敎育이 敎育으로 정립될 수 있다면, 花郎道 敎育活動의 諸般樣相은 花郎道 敎育理論을 정립할 수 있는 자료가 될 수 있을 것이다. 달리 말하면, 花郎道 敎育에도 「敎育의 認識論的 側面」과 「敎育의 社會的 側面」이 있다는 것이다. 문제는 花郎道 敎育에서 「敎育의 認識論的 側面」과 花郎徒에 들어가기 전 家庭과 社會에서 社會化되는 側面, 花郎徒에 들어가서 社會化되는 側面을 밝혀 보는 것이다. 만약 이것들이 밝혀질 수 있다면, 花郎道 敎育理論은 定立될 수 있다. 다시 말하면, 이 側面들이 명확하게 밝혀지면 질수록 花郎道 敎育理論은 그만큼 확고하게 定立될 수 있다고 말할 수 있다.

以上의 말을 要約하여 제시해 보면 다음과 같다. 즉, 本 論文의 目的은 궁극적으로 花郎道 敎育理論을 定立해 보려는 데 있다. 따라서 이 目的을 달성하기

등 二百餘人) － ④ 好世郎 － ⑤ 居烈郎 － ⑥ 實處郎(突處郎) － ⑦ 寶同郎－
　　　　　　　　　(眞平王代)　　　(眞平王代)　　　(眞平王代)　　　(眞平王代)
⑧ 金庾信(郎徒白石) － ⑨ 瞿旵公 － ⑩ 近郎(郎徒劒君) － ⑪ 金令胤 －
　　　　　　　　　　　　　　　　　(眞平王伐)　　　(眞平王代)
⑫ 竹旨郎(竹曼郎)(郎徒得烏 등 137人) － ⑬ 官昌 － ⑭ 夫禮(郎徒安常 등 千徒) －
　(善德王代)　　　　　　　　　　　　(太宗代)　　　　(孝昭王代)
⑮ 永郎(郎徒安常, 眞才, 繁完) － ⑯ 膺廉(景文王) － ⑰ 邀元郎 －
　(孝昭王代)　　　　　　　　　(憲安王代)　　　(景文王代)
⑱ 譽昕郎 － ⑲ 桂元 － ⑳ 叔宗郎 － 21 孝宗郎(郎徒千人)
(景文王代)　　(景文王代)　　(景文王代)　　　(眞聖王代)
예컨대 中采浩, 「朝鮮上古史」(서울: 三星美術文化財團, 1977).
　　　李瑄根, 「花郎道」(대구: 螢雪出版社, 1971).
　　　李丙燾, 「韓國古代社會와 그 文化」(서울: 瑞文堂, 1973), pp.257～278.
　　　安浩相, 배달임금(檀君)과 배달나라(檀國)의 고유한 道義, 原理들과 花郎道에
　　　　　관한 연구, 「東亞論叢」 第3輯(부산: 東亞大學校, 1966), pp.47～50.
　　　金烘泰, 彌勒仙花攷, 「佛敎學報」 3, 4輯, 1966.
　　　金烘泰, 新羅佛敎大衆化와 그 思想硏究, 「佛敎學報」 第6輯(1969).
　　　鄭柄朝, 圓光의 菩薩戒 思想, 「韓國古代文化와 隣接文化와의 關報」(城南:
　　　　　韓國精神文化硏究院, 1981).
　　　金仁會, 時間觀, 삶의 態度·敎育觀 硏究(Ⅱ)－韓國巫敎 中 蘇塗·花郎 國
　　　　　仙·㞐衣仙人을 中心으로, 「敎育學硏究」 第9卷, 第2號(1971).

위하여 구체적으로 다음과 같은 研究問題를 설정하였다.

　① 花郞道의 敎育樣相은 「敎育의 認識論的 側面」에서 어떻게 설명될 수 있는가?

　② 花郞道의 敎育樣相은 「敎育의 社會化 側面」에서 어떻게 설명될 수 있는가?

　③ 三敎思想(儒·佛·仙)과 花郞道와는 어떤 관련을 맺고 있는가?

　④ 위의 ①, ②, ③과 관련하여 花郞道 敎育理論을 어떤 모습으로 定立할 수 있는가?

　본 연구를 진행함에 있어 제한점이 있다면, 그것은 花郞道 및 花郞道敎育에 관한 先行硏究가 그리 많지 않다는 것이다. 더구나 花郞道 敎育理論에 관한 硏究는 거의 찾아보기 어렵다는 것이다. 그러므로 本 硏究는 이와 같은 制限點만큼 위험 부담을 안고 있다고 하겠다.

I. 敎育의 認識論的 側面과 花郞道

　敎育에는 「認識論的」 立場을 반영하는 것도 있고, 그렇지 않은 것도 있다. 예를 들면, 花郞道의 敎育 – 거기서 賢相名將이 배출되었다 云云 – 은 소위 「敎育方法」 때문이 아니라, 단순히 「制度의 效果」라는 식의 설명이 있을 수 있다. 美貌의 貴族子弟들을 모아 特別한 集團을 만들면, 이미 그 속에서 賢相名將이 배출될 가능성이 있다. 이 過程에 대한 설명은 예컨대, 花郞道는 이러이러한 方法으로 修練한 결과로 賢相名將이 배출되었다는 설명과 다르다. 이 後者의 설명이야말로 認識論的 立場을 반영한 것이라고 볼 수 있다. 그러면 本章에서 敎育의 認識論的 側面과 花郞道敎育이 어떻게 관련되는지 밝혀 보겠다.

　現代 敎育思潮에 비추어 볼 때, 敎育의 認識論的 側面의 代表的인 사람으로 우리는 피터즈(R.S. Peters)를 들 수 있을 것이다. 피터즈는 그의 著書 ≪倫理學과 敎育≫2)에서 敎育의 意味를 나타내는 말로서 「成年式」 (initiation)이란

---

2) R.S. Peters, *Ethics and Education* (London: George Allen and Unwin, Ltd., 1966) 李烘雨 (譯), 「倫理學과 敎育」, (서울: 敎育科學社, 1980). 여기서

단어를 사용하고 있다. 일반적인 의미에서나 특수한 의미에서나 간에, 「成年式」은 단순히 어떤 行動이나 活動을 따라하게 한다는 뜻뿐만 아니라, 그 活動의 裏面에 들어 있는 信念 내지 思考體系를 받아들이게 한다는 것을 의미한다.

그러면, 敎育을 통하여 사람들을 入門시키고자 하는 내용은 무엇인가? 人類는 歷史를 통하여 살아오는 동안, 오랜 세월을 통하여 意識의 分化와 더불어 槪念의 分化를 이룩해 왔다. 人類가 처음 이 세상에 살았을 때에는 아주 粗雜하고 未分化된 構造를 가지고 이 세상의 現象을 「볼」 수밖에 없었다. 그러다가 人間은 점차로 여러 가지 다른 現象을 「보기」 위하여 각각 相異한 槪念을 만들어 내고, 그 槪念으로 각각 세상의 다른 現象을 「볼」 수 있었던 것이다. 그리고 그렇게 보았던 세상의 現象을 각기 다른 말로 표현하였다. 그리하여 이 槪念을 가지고 세상의 現象을 보고, 말하면서 살아가는 동안, 人間은 그 안에 內包된 세계를 파악하는 手段으로서 槪念構造를 배운 것이다. 오늘날과 같이 文明化되고 복잡한 세상에서 살고 있는 人間은 高度로 分化된 槪念構造를 가지고 있다. 이 分化된 槪念構造가 다름 아닌 「知識의 形式」(形式論理學과 數學, 自然科學, 자기 자신과 다른 사람들의 感情에 관한 理解, 道德的 判斷, 審美的 經驗, 宗敎的 主張, 哲學的 理解 등 일곱 가지)인 것이다.

이 知識의 形式은, 첫째로, 인류가 오랫동안 공동의 노력으로 이룩한 「公的 傳統」이며, 둘째로 그것은 사람들이 공동으로 사용하는 「公的 言語」에 나타나 있다는 것이다. 말하자면, 그것은 「人類의 文化遺産」이라고 할 수 있다.

피터즈에 의하면, 敎育은 「敎育」이라는 말 속에 規範的 意味가 붙박여 있다는 것이다. 敎育은 槪念上 「某種의 價値 있는 것이 道德的으로 온당한 方法을 통해 意圖的으로 傳達되는 過程 내지 傳達된 狀態」[3]를 의미한다. 좀더 구체적으로 말하면, 「① 敎育은 價値 있는 일을 전달함으로써 그것에 獻身하는 사람을 만든다는 뜻을 가지고 있다. ② 敎育은 知識과 理解, 그리고 某種의 知的 眼目을 길러 주는 일이며, 이런 것들은 「無氣力」한 것이어서는 안 된다. ③ 敎育은 敎育받는 사람의 意識과 自發性을 전제로 한다는 점에서, 몇 가지 傳達過程은 敎育의 過程으로 용납될 수 없다」[4]는 것이다.

는 飜譯版 理解를 위한 解說 ⅩⅩⅣ-ⅩⅩⅦ에 주로 의존하여 以下를 설명하였음.
3) *Ibid.*, p.16
4) *Ibid.*, p.42.

以上과 같은 피터즈의 教育의 認識論的 見解를 통해서 우리는 다음과 같은 말을 할 수 있을 것이다. 우선, 教育에는 적어도 意圖性이 개재되어 있다는 것이다. 또한 教育者의 입장에서 볼 때, 지금 자기가 하고 있는 일이 무엇이며, 그 意味가 무엇인지 알고 하는 행위이며, 동시에 被教育者도 자기가 무엇을 배우고 있다는 明白한 意識이 있으며, 스스로 배우고자 하는 의사를 가지고 있다는 것을 論理的 假定으로 받아들이고 있는 것이다. 다음으로 教育內容의 측면에서 보면, 여기서 말하고 있는 教育內容은 누구나 다 배우는 것이 아니라는 것이다. 말하자면 여기서 말하고 있는 教育內容은 배우는 사람도 있고, 그렇지 못한 사람도 있다는 것이다. 그리고 그 내용은 반드시 어떤 기준에 비추어 선정된 것이다. 달리 말하면, 그 內容은 무엇무엇이어야 한다는 것이다. 끝으로 그 교육 내용은 被教育者의 知的인 意識을 높여 준다는 것이다.

그렇다면, 花郎道教育에 教育의 認識論的 입장을 반영하는 측면이 있는가, 있다면 그것은 무엇인가?

≪三國遺事≫에 보면, 「……이에 대왕은 영을 내려 原花를 폐하더니 그 후 여러 해에 또 생각하기를 나라를 흥하게 하려면 반드시 風月道(花郎道)를 먼저 일으켜야 된다고 하여, 다시 영을 내리어 良家 남자의 덕행 있는 자를 뽑아 花郎(娘)이라고 개칭하였다. 처음에 薛原郎을 받들어 國仙을 삼으니 이것이 화랑 국선의 시초였다. 그래서 그의 (기념)비를 溟洲(江陵)에 세우고 이로부터 사람들로 하여금 악을 고쳐 선에 옮기게 하고, 윗사람을 공경하고 아랫사람에게 순히 하니 五常六藝와 三師六正이 널리 왕의 시대에 행하여졌다」5)고 한다.

우선, 여기서 주목해야 할 점은 五常과 六藝라고 할 수 있다. 「五常과 六藝가 널리 왕의 시대(진흥왕)에 행하여졌다」고 하는 것을 보면, 花郎徒들에게 五常(仁·義·禮·智·信)과 六藝(禮·樂·射·御·書·數)를 가르치지 않았는가 하는 추측을 해볼 수 있다. 五常은 잠시 미루어 두고, 六藝가 과연 어떤 것인가를 알아보겠다.

---

5) 李丙燾(譯), 「三國遺事」 (서울: 三省出版社, 1977), 彌勒仙花 未尸郎眞慈師, pp.173~174.
　　…… 廢原花, 累年, 王又念欲, 興邦國, 須先風月道, 更下令, 選良家男子, 有德行者, 改爲 花郎. 始奉薛原郎爲國仙 此花郎國仙之始. 故竪碑於溟洲. 自此使人悛惡更善. 上敬下順. 五常六藝, 三師六正 廣行於代.

　　朱子에 의하면, 「출생하여 여덟 살이 되면 계급의 고하를 막론하고 小學에 들어가 청소와 應對와 진퇴의 절도와 禮・樂・射・御・書・數에 관하여 기초를 배우도록 하였다」[6]고 한다. 이것은 小學課程으로 예절, 음악, 활쏘기, 말 다루기, 글씨, 셈하는 것이 그 內容이다.

　　한편, 花郎 白雲(14歲), 斯多含(16歲), 金庾信(15歲 혹은 18歲), 金膺廉(15歲 혹은 18歲), 官昌(16歲) 등의 나이로 보아, 15歲～18歲까지의 靑少年들의 集團이 花郎일 것이므로, 그들은 이미 六藝의 小學課程을 마쳤다고 보아야 한다.

　　다시 朱子에 의하면, 「열다섯 살이 되면, 天子의 장남과 이하 아들에서 公卿大夫와 선비의 適子와 평민 중 우수한 자제들은 전부 大學에 입적시켜 이치를 탐구하고 마음을 바르게 가져 자신을 수양하며 남을 다스리는 방법을 가르쳤으니, 이것이 곧 學校敎育에서 小學과 大學의 制度가 구분된 것이다」[7]라고 하였다. 花郎徒들의 연령이 15歲～18歲이므로, 분명히 朱子가 말한 바 大學에 입적시킬 나이이다.

　　그러면 花郎徒들이 배운 敎科는 무엇인가? 현재 월성군 견곡면 금장리 石丈寺址에서 1940년 5월에 발견된 壬申誓記石에 보면, 다음과 같은 기록이 있다. 즉, 「임신년 6월 16일에 두 사람이 맹서하여 기록한다. 神 앞에 맹서한다. 지금으로부터 3년 후에 忠道를 執持하고 과실이 없기를 맹서한다. 만일 이 서약을 어기면 神께 큰 죄를 얻을 것이라고 맹서한다. 만일 나라가 편안치 않고 크게 세상이 어지러우면 가히 모름지기 忠道를 행할 것을 맹서한다. 또 따로 앞서 辛未年 7월 22일에 크게 맹서하였다. 詩, 尙書, 禮記를 倫得하기를 맹서하되 3년으로써 하였다」[8]라고 되어 있다. 위의 內容에서 우리가 주목할 점은 辛未年의 서약 중에 ≪詩

───────────────

6)　朱子, 大學章句序, 〈人生八歲則自王公以下至於庶人之子弟　皆入入學而敎之　以灑掃應對進退之節　禮樂射御書數之文……〉,「經書」(大學, 論語, 孟子, 中庸)(서울: 成均館大學校　大東文化硏究院, 1979), p.7.

7)　*Ibid..* p.8.〈及其十有五年則　自天子之元子　衆子以至　公卿大夫元土之適子　興凡民之俊秀　皆入大學, 而敎之以窮理　正心修己　治人之道,　此又學校之敎大小之節, 所以分也……〉

8)　壬申年　六月　十六日　二人倂書記, 天前誓, 今自　三年　以後　忠道執持, 過先无誓, 若此事失天大罪得誓,　若國不安大亂世可容行誓之　又別先辛未年　七月　貳十二日　大誓　詩尙書禮傳倫得誓三年, 李丙燾, 壬申誓記石에 대하여, 「韓國古代史硏究」(서울: 博英社, 1976), pp.686～688.

經≫, ≪書經≫, ≪禮記≫ 등의 유교 경전을 학습할 것을 맹서하였다는 점이다. 그리고 이 誓記가 진흥왕 12~13년(A.D.551~552)이거나 진평왕 33~34년(A.D.611~612)에 만들어진 것이라면,9) 花郎徒들의 서약 같고, 3년간은 花郎徒들의 修練時期인 약 3년10)의 기간과 맞아떨어진다. 이것으로 보아, 花郎修練時期에 ≪詩經≫, ≪書經≫, ≪禮記≫ 등의 儒敎經典을 배웠다고 보아야 할 것 같다.

그러면 ≪詩經≫, ≪書經≫, ≪禮記≫ 등의 內容은 무엇인가? 원래 六藝란 여섯 가지 人文敎養科目을 뜻하며 흔히 六經이라고 한다. 이는 易, 詩, 書, 禮, 樂, 春秋를 뜻하였다. 그 중에서 樂은 현재 독립된 著作으로 남아 있지 않다.11) 여기서는 六藝의 內容을 壬申誓記石에 나와 있는 것만 언급하기로 하겠다.

우선, ≪詩經≫은 〈十五國風〉(百六十篇), 〈小雅〉(七十四篇), 〈大雅〉(三十一篇), 〈頌〉(四十篇)으로 되어 있다.12) ≪詩經≫은 원래 순수한 文學的 存在로 태어났다. 이 속의 詩들은 中國最古의 詩이며, 유교 以前의 詩인만큼, 당시의 백성들이 노래한 순수한 감정과 심오한 哲理가 들어 있다. 그리하여 「詩經이 춘추 시대에 계승되어 당시 귀족 敎養의 필수적인 교재로서 존중되어, 귀족들의 思想的, 달리는 交際上의 의사 표시 道具로서 共通語의 역할」13)을 하였다.

≪書經≫14)은 〈虞書〉, 〈夏書〉, 〈商書〉, 〈周書〉로 대별되어 있다. 여기에 실려 있는 내용을 요약해 보면, 우선 堯, 舜, 禹의 治積이 그 내용으로 되어 있다(虞書). 다음에 〈夏書〉에는 禹王의 前例를 깨뜨리고 王位를 세습제로 한 것과 治水事業에 이어 賦稅制度에 관한 내용이 있다. 〈商書〉는 暴政하는 夏나라 桀王을 징벌해야만 했던 成湯의 革命에 관한 내용이 있고, 이것을 통하여 다스리는데 태만하면 백정을 잃는다는 것을 가르치고 있다. 말하자면, ≪書經≫에서는 王으로서 지켜야 할 王道와 臣으로서 지켜야 할 道를 가르치고 있다고 하겠다.

≪禮記≫15)는 先秦에서 漢初에 이르는 儒者의 논설을 모은 것이다. 여기서 말

---

9) *Ibid.*, 參照.

10) 李基東, 「新羅骨品制 社會와 花郎徒」 (서울: 韓國硏究院, 1980), pp.338~339.

11) 鄭仁在(譯), 「中國哲學史」 (馮友蘭, *A Short History of Chinese Philosophy*)(서울: 螢雪出版社, 1984), p.68.

12) 韓基彦, 「東洋思想과 敎育」 (서울: 法文社, 1978), p.131.

13) *Ibid.*, p.132.

14) 著者 없음, 「四書三經」 (서울: 良友堂, 1978), p.805~806.

하는 禮는 外面的 規律의 총칭이며, 크게는 制度·法律에서 작게는 儀式·凡節에 이르기까지의 일체를 포괄하고 있다. 그리고 그 설명은 一身의 修養에서 天下의 經倫에까지 미친다. ≪禮記≫는 儒敎思想의 전모를 파악할 수 있을 정도로 중요한 문헌이다.

그밖에, 花郞徒를 敎育하는 가운데에는 軍事的 技術의 습득도 들어 있다. 그 구체적 내용은 칼 쓰기, 창 쓰기, 활쏘기, 말 타기, 달리기, 뜀뛰기, 헤엄치기, 산타기, 집짓기, 陣嘰기, 줄다리기, 팔매질, 씨름 등의 각종 技藝이다.16)

그러면, 佛敎經典은 배우지 않았는가 하는 의문이 있을 수 있다. 문제는 三師·六正에 관한 해식이다. 三師를 太師·太傳·太保로 해석하고, 六正을 聖臣·良臣·忠臣·智臣·貞臣·直臣으로 해석하는 설17)과 三師를 戒·定·慧, 六正을 布施·持戒·忍辱·精進·禪定·智慧로 해석하는 설18)이 있다. 만약 후자의 해석을 받아들인다면, 三師·六正은 반드시 佛敎經典을 통하여 가르쳤을 것이다. 구체적인 經典은 알 수 없으나, 아마도 ≪阿含經≫은 거기에 포함되었을 것이다. 왜냐하면 ≪阿含經≫은 佛敎의 初期 經典 중의 하나이기 때문이다.19)

지금까지 우리는 花郞道敎育의 認識論的 側面이 어떻게 반영되었는지를 살펴보았다. 말하자면, 花郞道敎育에는 賢相名將이 배출될 수 있는 적극적인 敎育內容이 있었다는 것이다. 피터즈가 敎育內容으로서 人類가 쌓아 놓은 문화 유산인 「知識의 形式」을 들고 있고, 구체적으로 數學, 科學, 哲學, 文學, 歷史, 音樂, 美術 등을 말하고 있지만, 花郞道敎育에도 詩, 書, 禮, 樂, 射, 御, 數, 春秋 그밖에 阿含經과 같은 佛敎經典 등을 교육하였다고 볼 수 있다. 물론 그 범위와 내용에는 차이가 있지만, 人類文化遺産이라는 「知識의 形式」이 그 속에 있다는 점에서는 共通點이 있다. 그러므로 시대의 차이를 감안한다면, 花郞道敎育의 認識論的 側面을 충분히 인정할 수 있을 것이다. 그러나 花郞道敎育 全課程 중에서

---

15) 權五惇(譯), 「禮記」 (서울: 弘新文化社, 1980), pp.1~5.
16) 申采浩, 「朝鮮上古史」 (서울: 三星美術文化財團, 1977), p.262.
17) 李民樹(譯), 「三國遺事」 (서울: 乙酉文化社, 1978), p.252.
18) 孫仁銖, 新羅 花郞道와 西洋 中世騎士道 敎育, 韓國敎育學會, 「敎育學會誌」 第4號(1966), p.5.
19) 李元燮(譯), 「智慧와 사랑의 말씀」 (增谷六雄의 阿含經) (서울: 玄岩社, 1970), pp.10~12.

이 측면이 얼마만큼 차지했으며, 그 구체적인 자세한 내용이 무엇이었는지에 관해서 기록이 남아 있지 않다는 점은 오직 안타까울 따름이다.

Ⅱ. 敎育의 社會化 側面과 花郞道

1장에서 考察한 花郞道敎育은 어느 특정한 敎科內容을 傳授하는 측면이었다. 그러나 花郞道敎育이 이 측면에만 국한되었다고 보기는 어렵다. 오히려 우리에게 알려져 온 花郞道敎育은 集團生活의 과정을 통하여 心身을 연마하는 교육의 기회가 되었다고 볼 수 있기 때문이다. 花郞徒에 속해 있는 花郞과 郞徒들은 이 집단에 들어오기 전에 新羅라는 사회가 그들의 「마음」을 형성해 준 것이 있을 것이며, 花郞徒라는 集團 자체 속에서 生活하는 가운데 다른 郞徒들과 어울려 지내면서 「마음」을 형성하였을 것이다. 이 側面에서의 敎育은 1절에서의 認識論的 側面에서의 敎育과는 몇 가지 점에서 근본적으로 대조된다고 생각한다. 1절에서의 敎育의 認識論的 側面과 對比하여 이 側面에서의 敎育은 「敎育의 社會化 側面」이라고 부를 수 있을 것이다. 여기서는 敎育의 社會化 側面을 槪略的으로 規定한 뒤에, 이 측면에서 본 花郞道敎育의 樣相을 考察하고자 한다.

現代 敎育思潮史에 비추어 볼 때, 社會化 側面으로서의 敎育을 강조한 代表的인 人物의 하나로서 존 듀이(John Dewey)를 들 수 있을 것이다. 듀이는 실제로 ≪民主主義와 敎育≫[20]에서 이 方面의 觀點을 제시하고 있다.

듀이에 의하면, 敎育에서 하고자 하는 일은 經驗의 質을 變形시켜서 당시 社會集團의 관심과 관념에 합치되게 하는 것이다. 그 方法은 대체로 「環境의 作用으로 특정한 反應을 유발하는 것이다. 우리가 전달하고자 하는 信念은 망치로 두들겨 넣을 수도 없고, 필요한 태도를 붓으로 칠할 수도 없다. 그러나 개인을 둘러싸고 있는 바로 그 분위기가 그로 하여금 특정한 것을 보고 느끼게 하고, 다른 사람

---

20) John Dewey, *Democracy and Education* (New York: The MacMillan Company. 1916/1952), chapter Ⅱ, 以下 페이지는 이 판의 페이지이다.

과 더불어 잘 일하기 위하여 특정한 계획을 세우게 하며, 다른 사람의 승인을 얻을 수 있도록, 어떤 信念은 강하게 하고, 또 어떤 신념은 약하게 한다. 그리하여 그 분위기는 점차로 개인의 마음속에 어떤 行動의 體系, 어떤 行爲의 性向을 만들어낸다」(p.13)는 것이다.

여기서 중요한 것은 社會的 環境이다. 듀이는 이 점을 다음과 같이 말하고 있다. 즉, 「남과 어울려서 활동하는 존재는 社會的 環境을 가지고 있다. 그가 무슨 일을 하는가, 무슨 일을 할 수 있는가는 다른 사람들의 期待, 要求, 承認, 非難에 달려 있다. 다른 사람들과 연결되어 있는 사람은 자기 자신의 活動을 하는 데 있어서 다른 사람들의 활동을 고려하지 않을 수 없다」(p.14)는 것이다. 이와 같이 未成熟한 人間은 共同의 삶 속에서 함께 살아갈 때 본래의 충동이 수정되는 것이다.

듀이는 이상의 구체적인 보기로서 好戰的인 部族사이에서 자라는 아이가 好戰的인 氣質을 획득하는 과정을 들고 있다. 즉, 「어떤 好戰的인 부족이 있다고 하자. 그 부족이 얻고자 하는 성과, 그 부족이 중요시하는 업적은 전쟁과 승리에 관한 것이다. 이러한 분위기가 촉진제가 되어서 처음에는 놀이로, 나중에 커서는 진짜 전쟁을 통하여 好戰的인 性向을 나타낸다. 용감하게 싸우면 승인과 승진을 얻지만, 싸움에서 물러서면 미움과 조롱을 받고, 좋은 평판을 얻지 못한다. 當然之事로서, 그의 원래 타고난 好戰的인 傾向과 情緖는 强化되고 그 대신 다른 것은 弱化되며, 그의 생각은 전쟁과 관련된 것들로 方向이 정해진다. 그렇게 해야만 그는 집단의 완전한 성원으로서 인정을 받는 것이다. 그리하여 그의 知的 態勢는 점차 집단의 그것으로 同化되어 간다.」(p.16)는 것이다.

요컨대, 社會的 環境은 개인들의 마음속에 知的·情緖的 性向(「마음의결」)을 형성하고, 社會的 環墳이 그런 일을 하는 것은 개인들이 가지고 있는 특정한 충동을 일으키고 강화하는 활동, 어떤 목적을 가지고 있고 어떤 결과를 초래하는 활동 속에 개인들을 參與시킴으로써 가능하다는 것이다.

지금까지의 듀이의 見解를 考察해 볼 때, 「社會的 機能으로서의 敎育」을 다음과 같이 말할 수 있을 것이다. 즉, 우선 敎育者의 입장에 있는 社會나 被敎育者의 입장에 있는 未成熟者 모두가 無意圖的이라는 것이다. 다음으로 교육 내용의 측면에서 볼 때, 그 內容은 「바로 그 사회의 환경 또는 분위기이다」라고 말할 수 있고, 또한 그 內容은 어느 사회, 어느 집단이나 모두 있는 내용이 아니라, 바로 그 사회 그 집단에 참여하여 살아갈 때만 수용될 수 있는 내용이라는 점이다. 끝으로, 학습자 편의 意識內容을 보면, 그 內容이 情意的 意識이라는 것이다. 예컨대 價值觀, 態度, 信念 등이 그것이다.

그렇다면 花郎道敎育에 社會化 側面, 다시 말하여 「社會的 機能으로서의 敎育」이라는 側面이 있는가, 있다면 그것은 무엇인가?

《三國史記》에 의하면, 「……그 후 아름다운 남자를 택해 장식하여 〈花郎〉이라 이름하고 받들었다. 그 무리들이 구름같이 모여 들었다. 그들은 모여서 道義로 서로 닦고, 노래와 음악으로 서로 기쁘게 하고, 산수를 찾아 즐겨 아무리 먼 데라도 갔다.」[21]고 되어 있다.

여기에서는, 주로 「相悅以歌樂」과 「遊娛山水 無遠不至」에 관련된 사항으로서 社會化 측면과 관련된 부분만을 다루기로 한다. 「노래와 음악으로 서로 기쁘게 하였다」고 하였다. 먼저 이 말이 社會化 側面과 무슨 관련이 있는지부터 생각해 보겠다. 사실상, 《三國史記》에 기록된 말만 가지고는 무엇을 어떻게 하였는지 불분명하다. 그러나 花郎의 遺風으로 알려진 八關會 또는 巫覡과의 관련에서 노래와 춤의 기능을 짐작할 수 있을 것 같다. 원래 무당은 古代에 있어 神敎를 主宰하던 사람이다. 그들은 춤으로써 神을 버리게 하고, 노래로써 神을 모셨고, 사람들을 위하여 기도로써 재난을 물리치고 福을 구하였다.

古代社會에서 노래와 춤은 여러 가지 기능을 가지고 있었다. 그 중에서 가장 중요한 기능은 呪術的・宗敎的 機能이다. 部族의 안녕과 福을 기원하는 데 노래와 춤이 사용되었다. 그런데 노래와 춤 속에는 그 부족의 전통이 담겨 있고, 그 부족의 마음이 담겨 있어, 노래와 춤의 전달은 곧 부족의 「마음」이 전달되는 것으로 볼 수 있다. 그러므로 노래와 춤을 배운다는 것은 곧 그 부족의 한 구성원으로서의 資質을 갖추는 것이라고 볼 수 있다. 다시 말하면, 노래와 춤을 배움으로써 동일한 部族意識을 갖게 되며 노래와 춤을 통하여 部族의 결속도 이루어진다. 물론 副次的으로 노래와 춤은 오락적 기능, 남녀간의 求愛의 수단이 되기도 하였다.

구체적으로 두 가지 예를 들어 보겠다.

---

21) 「三國史記」, 新羅本記 第四, 眞興王 三十七年 春條, 〈……名花郎, 以奉之, 徒衆雲集, 或相曆以道義, 或相悅以歌樂, 遊娛山水, 無遠不至……〉.

〈例1〉 處容의 아내가 매우 아름다웠으므로 疫神이 흠모하여 사람으로 변하여 밤
에 그 집에 가서 몰래 동침하였다. 그것을 본 처용은 노래를 부르며 춤을 추고
물러났다.

이것은 ≪三國遺事≫ 處容郎과 望海寺條의 일부이다. 여기서 주목할 점은 處
容의 노래와 춤과 疫神逐出의 呪術과의 관련이다. 다시 말하면 疫神逐出의 呪術
과 관련된 巫俗的인 傳承일 수 있다는 생각이다.[22]

〈例2〉 황천이 나에게 명하기를, 이곳에 와서 나라를 새롭게 하여 임금이 되라
하였으므로 이곳에 일부러 내려왔으니 너희들은 마땅히 峯山에서 흙을 파면서 노
래하기를 「거북아 거북아 머리를 내밀지 않으면 구워 먹으리라」 하고 舞踊하면 대
왕을 맞이하여 歡喜勇躍할 것이라 하였다(「三國遺事」, 駕洛國記의 一部).

〈駕洛國記〉에는 직접적 集團神明의 進行過程이 들어있다.[23] 다시 말하면 노
래와 춤, 연극 등이 어울려 있는 集團的 祭儀라고 할 수 있다. 하나의 노래를 합
창하고, 같은 모양으로 춤추고 하여 共同으로 神내림을 받는다. 이것이 바로 集團
神明이다. 이 體驗을 통하여 共同體의 안정과 번영, 단합을 굳혀 가며, 共同體
心性을 하나로 녹이게 된다.

花郎徒들의 노래와 춤도 역시 同一한 機能과 役割을 하였을 것이다. 화랑의
무리들은 노래를 짓고 부를 수 있어야 했으며, 춤을 출 수 있도록 배웠을 것이다.
그러는 가운데 그들은 그들 나름의 춤과 노래를 통하여 國家社會의 안정과 번영
을 기원하였고, 一體感을 굳혀 나갔을 것이다.

하나의 노래를 함께 부르고, 같은 몸짓, 같은 律動을 해 나가는 동안 거기서
생기는 용솟음치는 기쁨을 함께 나누어 가졌을 것이다.

노래와 춤 속에 담긴 新羅 固有의 精神, 傳統에 의하여 花郎들의 「마음의 결」
을 이루어 나갔을 것이다. 또한 이와 같이 花郎徒 개개인을 둘러싸고 있는 분위
기가 그들로 하여금 특정한 것을 보고 느끼면서 忠, 孝, 信, 義와 같은 信念이

---

22) 金烈圭, 三國遺事의 神秘體驗, 「韓國思想研究」 (城南: 韓國精神文化研究院,
　　1982), pp.253~254.
23) *Ibid.*, pp.262~263.

개개인의 마음속에 어떤 行爲體系로, 어떤 行爲의 性向으로 되었을 것이다.

다음에, 「산수를 찾아 즐기며 아무리 먼 데라도 갔다」라는 말이 있다. 이 말은 무슨 뜻인가? 詩 한 수를 살펴보겠다.

> 열치고(헤치고) 나타난 달이
> 흰구름 좇아 떠가는 어디에
> 새파란 냇물 속에, 耆郎의 모습 잠겼어라
> 逸延鳥川 조약돌이
> 郎의 지니신 마음 가(際)를 좇고자
> 아, 잣(栢)가지 높아 저리 모를 꽃판이여[24]
>
> (이병도 역)

이 詩는 新羅 景德王 때 忠談師가 지은 〈讚耆婆郎哥〉이다. 이 詩에서 우리는 花郎 耆婆郎이 흰구름을 좇아 東海 바닷가에서 노니는 風流스러운 모습을 읽을 수 있다.[25]

그러면, 구체적으로 花郎의 무리들은 어디서 놀았을까? 기록을 몇 개 더듬어 보기로 한다.[26]

〈例1〉 天援(唐八則天의 年號 3년 壬辰 9月7日에 효소왕이 大玄陳滄의 아들 夫禮郎을 國仙으로 삼으니 珠履를 신은 무리가 천명이었는데, 그 중에도 安常이란 사람과 더 친하였다. 天援 4년 계사 3月에(그가) 무리를 이끌고 金蘭(지금 강원도 通川)에 山遊하여 北溟(지금 원산만 부근) 방면에 이르렀다가 狄賊(말갈)에게 잡혀갔다.[27]

〈例2〉 세 화랑의 무리가 楓岳(금강산)에 놀러 가려 했는데……[28]

〈例3〉 효종랑이 남산 포석정에 놀이를 갈 때……[29]

---

24) 「三國遺事」 卷二, 景德王, 忠談師, 表訓大德.
25) 三品彰英, 「新羅花郎の研究」(東京: 三省堂, 1913), p.136.
26) 拙稿, 花郎道와 道德教育, 「새 교육」 通卷 358號(1984년 8월)
27) 「三國遺事」 卷三, 栢票社.
28) 「三國遺事」 卷五, 融天師.
29) 「三國遺事」 卷五, 貧女養母.

　　記錄 例 1, 2, 3을 통하여 알 수 있는 것은 화랑의 무리들이 놀았다는 곳이 대개 강원도 북부 지방, 경상북도의 북부 지방의 해변 일대, 금강산, 경주 부근의 남산 일대라는 것이다.

　　그러면 여기서 花郎의 무리들이 「그곳에서 놀았다」고 할 때, 그 「놀았다」는 것은 무슨 의미인가? 고대 사회에서 「논다」라는 말은 원래 단순히 오락적 행위를 지칭하는 것이 아니라, 넓은 의미로 呪術的·宗敎的 行爲를 의미한다.30) 특히 人類學的 考察에 의하면, 原始社會에서는 一般的으로 「① 男子集會는 숲 속에 神聖한 遊娛地가 있고, 그곳은 神靈이 내린다는 聖域으로 여긴다. ② 새로 入門하는 젊은이들은 道德的, 宗敎的, 軍事的 등의 目的으로 聖地에서 集會를 갖고, 단련을 쌓고 혹은 그곳을 근거로 하여 各地를 巡遊하였다」31)는 것이다.

　　花郎의 무리들은 바닷가의 洞窟(金蘭窟, 三日浦, 石龕 등), 楓岳山(금강산) 그리고 경주 부근의 남산, 吐含山 등을 다니면서 「놀았을 때」의 체험은 어떤 것들이었을까? 花郎의 대표격인 金庾信의 경우를 통하여 짐작해 보기로 한다. ≪三國史記≫(卷41)에 의하면, 그가 17세 되던 해인 眞平王 建福 28년(611), 홀로 中嶽 石崛 속으로 들어가 하늘에 맹서하여 빌기 4일 만에 難勝이란 이름의 老人이 나타나 秘法을 가르쳐 주었다고 한다. 이 金庾信의 例에서 짐작할 수 있는 것은, 花郎의 무리들이 때때로 金蘭窟, 石龕 등과 같은 곳에 들어가 神에게 國家에 충정할 수 있는 능력을 달라고 기원하였을 것이고, 山中의 동굴에서 神을 통해 超人間的 靈力을 몸에 익히거나 혹은 山神의 意思를 전해 들음으로써 자신의 人格의 轉換, 自己變革을 꾀하였을 것이라는 점이다.32)

　　지금까지 우리가 살펴본 바와 같이 「노래와 음악으로 서로 기쁘게 하고 산수를 찾아 즐겨 아무리 먼 데라도 갔다」고 한 것에는 단순한 오락적 기능이 있는 것이 아니라, 呪術的·宗敎的 機能을 통하여 集團的으로 共同體意識이 强化되고, 國家·社會의 안정과 번영을 기원하면서 一體感을 길렀으며, 자신의 人格의 轉換을 꾀하면서, 忠·信·義와 같은 信念, 價値觀을 형성하였을 것이라는 깊은 意味가 담겨 있다.

　　만약 花郎徒들이 다른 集團의 무리들과 다른 점이 있다면, 그것은 바로 花郎

---

30) 三品彰英, *op.cit.*, p.148
31) *Ibid.*, p.150.
32) 李基東, 新羅 花郎徒의 起源에 대한 考察, 「歷史學報」 第六十九輯, pp.53～54.

徒라는 독특한 집단의 분위기에서, 그리고 그 集團의 諸般 行事에 직접 참여함으로써 花郎 개개인의 「마음의 결」에 스며든 體驗의 결과라고 보아도 좋을 것이다. 이 점이야말로 「敎育의 社會化 側面」의 독특성이며, 앞으로 敎育學이 더욱 注目해야 할 側面이 아닌가 생각된다.

Ⅲ. 儒·佛·仙과 花郎道

지금까지 우리는 花郎道敎育의 認識論的 側面과 社會化 側面을 주로 論議하였다. 이제 花郎道精神의 보다 구체적인 內容을 밝힐 때가 온 것 같다.

《三國史記》를 보면, 崔致遠의 〈鸞郎碑序文〉에 「우리나라에는 玄妙한 道가 있다. 이를 風流라 하는데 이 敎를 설치한 근원은 仙史에 상세히 실려 있거니와 실로 이는 三敎를 포함한 것으로 모든 민중과 접촉하여 이를 敎化하였다……」(「三國史記」, 新羅本記 第四, 眞興王 三十七年 春條)고 되어 있다.

문제는 花郎道가 원래 우리의 고유한 思想인지, 아니면 外來 思想인 儒·佛·仙 三敎思想을 수용하여 생긴 것인지, 또 아니면 어느 나라의 外來思想에서 생긴 것인지에 있다. 이 문제에 관해서는 몇몇 서로 다른 견해가 있다. 첫째, 花郎道는 한국 고유의 것이라는 주장이다.[33] 둘째, 花郎道는 外來思想인 佛敎와 道敎의 習合이라는 주장이다.[34] 셋째로, 花郎道의 思想背景을 儒敎에서 찾는 주장이다.[35] 넷째로, 佛敎에서 花郎道思想의 背景을 찾고자 하는 주장이다.[36] 다섯째로, 花郎道는 그 자체가 원초적으로 儒·佛·仙 三敎의 思想을 함축하고 있다는 주장이다.[37] 끝으로 崔致遠의 〈鸞郎碑序文〉은 風流思想에 대한 해석과 정의를

---

33) 金仁會, 時間觀·삶의 態度·敎育觀 硏究(Ⅱ) -韓國巫敎 中 蘇塗·花郎國仙·皂衣仙人을 중심으로-, 「敎育學 硏究」 第9卷 第2號(1971).
34) 三品彰英, op.cit., pp.243~272.
35) 李丙燾, op.cit., pp.27~28.
36) 金雲學, 「新羅佛敎文學硏究」 (서울: 玄岩社, 1976).
37) 安昭範, 세속오계는 민족 고유 신앙의 계율, 「廣場」 (1984년 10월호).

내린 최초의 글이다. 그 해석은 三敎를 끌어다 하였고, 定義는 「玄妙之道」로 내렸다. 그러므로 三敎思想은 곧 風流의 內容이 되는 것이요, 그 三敎思想을 하나의 槪念으로 수렴하여 정의를 내린 것이 「玄妙之道」라 할 수 있다고 하면서, 風流의 槪念 속에 三敎思想이 본래 고유하게 있었던 것을 찾아낸 것이 아니라, 三敎思想으로 風流의 思想을 파악한 것이라는 주장이다.[38]

本硏究者의 見解는 花郞道를 韓國 固有의 思想이라는 입장을 일단 받아들인다. 그러나 그 韓國 固有의 思想의 內容이 무엇인가 하는 데 있어서는 다른 사람과 입장을 달리한다. 말하자면, 韓國 固有의 思想 內容이 아직은 밝혀지지 않았으며, 어느 특정한 槪念體系로 그 일부를 파악하고 있다는 입장이다. 그리하여 本稿에서는 新羅의 독특한 文化的 狀況을 勘案하여, 花郞道를 儒·佛·仙이라는 思想體系로 照明해 봄으로써 그 모습을 어렴풋이나마 짐작해 보고자 한다. 따라서 儒·佛·仙 어느 입장에서 花郞道와의 관련을 주장한 것은, 그 각각의 思想體系에서 花郞道를 파악한 것으로 보면서 以下를 叙述해 나가려고 한다.

1. 儒敎와 花郞道

新羅文化가 여러 外來思想을 包容할 수 있었던 것은 儒敎가 그만큼 普遍性을 지녔기 때문이다. 그 이유[39]는 첫째, 儒敎가 漢字文章을 통해서만 理解될 수 있기 때문에, 무엇보다도 먼저 儒敎思想을 이해하고서야 道·佛에 들어갈 수 있었다는 것이고 둘째는, 그러한 유교 사상은 주로 人間의 現實, 日常生活의 方法을 말하는 것으로 佛敎, 道敎가 추구하는 영역에 하등 갈등을 일으킬 것이 없었기 때문이라는 것이며 셋째는, 原始 儒敎思想이 道德實踐을 위주로 하고 現實의 연속적인 未來를 指向하고 있는 것이어서 이 現實肯定과 동시에 理想的 未來를 가지고 있으므로 다분히 現實 도피적인 道·佛에 어떤 無理나 排他 같은 것을 주지

---

38) 宋恒龍, 崔致遠 思想研究. 「韓國哲學思想研究」 (城南: 韓國精神文化研究院, 研究論叢 82-2, 1982), pp.323~324.
39) 金忠烈, 三國時代의 儒教思想, 韓國哲學會編, 「韓國哲學研究 (上)」 (서울: 東明社, 1977), pp.71~72.

않고도 가능했기 때문이다.

儒敎의 經典은 분명히 花郎道敎育의 認識論的 側面의 중요한 敎育內容이었다. 이것은 〈壬申誓記石〉을 통해서도 알 수 있었다. 따라서 花郎徒들이 ≪詩經≫, ≪尙書≫, ≪禮記≫와 같은 經典을 공부하면서 유교의 근본정신인 忠, 孝, 仁, 義, 信 등의 주요 德目을 익히고, 이 思想이 花郎道에 흡수되었을 것이라고 짐작해 볼 수 있다.

崔致遠도 분명히 「……그들은 집에 들어와서는 부모에게 효도하고 나아가서는 나라에 충성을 다하니, 이는 노나라 司寇(孔子)의 취지」라고 한 것을 보면, 儒敎가 花郎道精神 속에 담겨있음을 알 수 있다. 더구나, 相磨以道義의 구체적 내용인 世俗五戒는 마지막 殺生有擇을 제외하고는 各各 儒敎의 忠·孝·信·勇의 德目과 相應한다. 世俗五戒에 事君以忠을 첫째 戒로, 事親以孝를 둘째 戒로 정했다면, 圓光의 思想에는 儒敎的 影響이 강했다는 것을 엿볼 수 있다.[40]

2. 佛敎와 花郎道

佛敎와 花郎道와의 관례를 살펴보기 위해서는 먼저 「花郎」을 제정한 新羅 眞興王代의 佛敎의 위치를 살펴보아야 할 것이다.

眞興王은 新羅에서 佛敎를 公認한 후 두 번째 王인 동시에 法興王과는 從弟關係이다. 그리고 法興王이 처음 佛敎를 公認한 후 그 자신과 그의 妃가 중이 되었다는 사실과 眞興王과 그 妃 역시 나중에 중이 되어 法號를 法雲이라고 하였다는 사실 등은 花郎道와의 關係에서 볼 때, 매우 중요한 의미를 갖는다.

眞興王代에 新羅는 文化的으로 政治的으로 매우 강력한 국가였으며, 특히 敎化의 精神的 기반을 佛敎에 두었던 것이다. 여기서 한 가지, 花郎道와의 관계에서 볼 때, 「특기할 사실은 A.D. 562년 9월에 伽倻가 모반하자 王命을 받들어 善戰한 花郎에 斯多含이란 청년의 이름 〈斯多含〉은 原始佛敎 당시의 聖者 階位 中 둘째 지위의 이름(斯陀含) 그대로이며, 이것을 이름으로 삼았다는 사실과 또 그의 행적 자체가 이 계위에 합당할 만큼 모범적이었다는 사실」[41]이다. 이 사실

40) 徐景洙, 佛敎文化가 韓國人의 倫理觀에 이친 影響, 「韓國思想과 倫理」 (城南: 韓國精神文化硏究院, 1980), p.60.

은 우리에게 佛敎와 花郎道와의 관계를 더욱 밀착시키는 계기를 준다.

　　우선 花郎과 佛敎와의 관계를 밝히고 다음에 世俗五戒와 佛敎와의 관계를 밝혀보겠다.

　　≪三國遺事≫(卷三) 〈彌勒仙花未尸郞條〉에 보면, 「眞智王代에 이르러 흥륜사에 승 眞慈라는 이가 있어 항상 堂主 彌勒像 앞에 나아가 발원서원하되 〈우리 大聖(佛을 가리킴)이여 화랑으로 화신하여 이 세상에 나타나 내가 항상 얼굴을 가까이하고 시종하게 하소서……〉〈네가 웅천 水源寺에 가면 彌勒仙花를 볼 수 있으리라 하였다……〉(그런지) 한 달 남짓에 진지왕이 (그 소문을 듣고) 불러 그 사유를 묻기를 郞이 자칭 서울 사람이라 하였으니 聖人은 거짓말을 하지 않거늘 어찌하여 城안을 찾아보지 않느냐 하였다…… 두루 물어서 그를 찾았는데 붉은 입술, 고운 이에 眉目이 수려한 한 소년이 靈妙寺 동북쪽 길가 나무 밑에서 거닐며 놀고 있었다. 眞慈가 놀라 맞아 말하기를 〈이분이 彌勒仙花이다 하고……〉 이에 가마에 태워 가지고 들어가 왕에게 뵈었다. 왕이 경애하여 받들어 國仙을 삼았다……」고 되어 있다. 이것은 당시의 佛敎와 花郞과의 관계를 보여 주는 것이며, 특히 彌勒의 花郞化 思想에서 彌勒仙花라는 특별한 이름까지 나타난 것이다.[42]

　　≪三國史記≫(卷41) 〈金庾信傳〉에 「公의(김유신) 나이 15歲에 花郞이 되니 한때 사람이 기꺼이 복종하여 칭호를 〈龍華香徒〉라 하였다」[43]고 되어 있다. 여기서 龍華香徒란 彌勒을 받드는 무리라는 말이다.[44]

　　이제, 世俗五戒와 佛敎와의 관계를 말해 보겠다. ≪三國遺事≫(卷4) 〈圓光西學〉에 보면, 花郞徒였던 貴山・箒項 두 젊은이가 일생 지켜야 할 終身之誡를 청

---

41) 李箕永, 新羅佛敎의 哲學的 展開, 韓國哲學會編, 「韓國哲學硏究 (上)」 (서울: 東明社, 1977), p.159. 註 再引用. 「阿含經」에는 初期佛敎의 修行者가 거쳐 가는 修道의 階位를 넷으로 열거하고 있다. 그 가장 낮은 단계로부터 적으면 다음과 같다.
原語 音譯 意譯
Srotāpanna 須陀洹 預流(흐름에 들어왔다는 뜻)
Sakrdāqāmin 斯陀含 一來(한 번 뒷걸음질 칠 상태에 있다는 뜻)
anāqāmin 阿那含 不還(뒷걸음질 치지 않은 상태에 있다는 뜻)
arahan 阿羅漢 應供(供養을・ 받을 만하다는 뜻)
42) 金庠基, 花郞과 彌勒信仰에 대하여, 「李弘植 博士 回甲紀念 韓國史論叢」 (1969), p.4
43) 公年十五歲爲花郞 詩人洽然服從 號龍華香徒.
44) 金庠基, *op.cit.*, p.7.

했을 때 불교에는 菩薩十戒가 있으나 세속에 사는 人臣으로서는 감당하기 어려우므로 世俗을 위한 五戒를 따라 지어 주었다는 것이다. 이것이 이른바 世俗五戒로서 事君以忠, 事親以孝, 交友以信, 臨戰無退, 殺生有擇이 그것이다.

圓光의 世俗五戒는 新羅人들의 佛敎信仰을 깊이 이해할수록 新羅的 發想의 展開라고 보지 않을 수 없다. 왜냐하면 新羅人들은 그들이 살고 있는 新羅야말로 有緣의 佛國土요, 그러므로 부처님이 現生하기에 알맞는 理想國家를 세우겠다는 自負心을 가지고 있었기 때문이다. 그리하여 新羅人들은 佛國土인 新羅를 守護하는 것이 곧 임금에 忠誠하는 길이며, 이러한 佛國土에 몸을 받아 난 報恩思想에서 持戒의 生活을 實踐하는 것이 곧 孝라고 본 것이다.45)

佛敎에서의 信은 世親의 ≪阿毘達磨俱舍論≫에 의하면, 「信者 心證淨」이라고 되어 있고, 舊譯 ≪화엄경≫(卷六)의 〈賢首菩薩品〉에 「信은 道之元이며 功德之母」로 되어 있다.46) 따라서 花郎들은 信義로써 交分을 맺고, 깊이 佛法을 믿으며 佛國土인 新羅를 守護하는 데 身命을 바쳐, 新羅를 침범하는 무리를 쫓아내고 굴복시키기 위해서는 臨戰無退의 勇氣로써 싸움터에 나갔던 것이다.47)

圓光이 沙門으로서 殺戮을 가장 꺼리면서도, 正法과 佛國土를 守護한다는 信念과 大乘律에 따라 戰爭을 용인하였으나, 人命을 존중해야 한다는 생각으로 殺生有擇의 戒를 낸 것이라고 볼 수 있다.

3. 道家와 花郎道

≪三國史記≫에 보면, 崔致遠은 〈鸞郎碑序文〉에서 花郎道를 「玄妙之道」라 하였다고 되어 있다. 玄妙라는 말은 老子 ≪道德經≫ 第一章에 「玄之又玄, 衆妙之門」이라고 한 것을 연장시키는 道家的 用語이다. 崔致遠은 花郎道의 道家的 側面을 「모든 일을 거리낌 없이 처리하고 말하지 아니하고 일을 실행하는 宗旨」로

---

45) 李鍾厚, 尹明老, 傳統思想에 나타난 融和精神, 「韓國哲學思想研究」 (城南: 韓國
　　精神文化研究院, 1982), p.170.
46) 金雲學, *op.cit.*, p.62.
47) 李鍾厚 外 1人, *op.cit.*, p.170.

파악하였다. 이를 우리는 道教와 花郎道와의 관련을 탐구할 계기로 삼는다.

≪三國遺事≫에 보면, 花郎을 一名國仙이라 부르고 있다.[48] 여기서 國仙의 仙을 道家의 色調를 띤 用語로 보는 것이다. ≪說文解字≫에 보면, 「人在山上, 從從山」이 仙의 원래의 뜻이라고 한다. 말하자면, 神仙은 산에 사는 사람이라는 뜻이다. 이때에 神仙은 道家와 관련된다. 따라서 仙과 花郎과의 關聯은, 花郎徒들이 山水를 즐기면서 心身을 단련시켰으므로 그들은 仙과 통한다고 보고, 이를 國仙이라고 칭하였다는 것이다.

≪三國遺事≫에 「庾信公以眞平王十七年乙卯生, 稟精七曜, 故背有七星文……」이라는 글귀가 있다. 여기서 七星이니 七曜이니 하는 것은 道家的 色調를 나타내고 있다. 좀더 구체적으로 말하면, 七星은 道教에서 敬拜하는 星宿의 하나로서 七星과 七曜에는 두 가지 뜻이 있다. 하나는 日(太陽), 月(太陰)과 火(熒惑), 水(辰星), 木(歲星), 金(太白), 土(塡星·鎭星) 五星의 合稱이다. 다른 하나는 北斗七星을 가리킨다.[49] 이것들은 모두 道家와 관련이 있다.

여기서 빼놓을 수 없는 것이 新羅四仙의 傳說이다. 이 傳說에 의하면 新羅 때 述郎, 南郎, 永郎, 安詳 등 四仙이 東海에 놀러가 水中 小島에서 四仙이 놀며 사흘 동안이나 돌아오지 않아 三日浦라는 이름이 생겼고, 또 三日浦 남쪽 小峯 북쪽 벼랑 石壁에 「永郎徒南石行」 六字가 丹書되어 있다는 것이다.[50]

이 전설에서 유의할 점은 花郎들을 神仙으로 본 점이다. 그것은 아마도 神仙과 花郎의 共通點을 俗事에 얽매이지 아니하고 超然하고 깨끗하게 산다는 데서 찾았다고 볼 수 있다.

다시 後代의 文人 李仁老의 詩 〈寒松亭〉을 들어 花郎徒의 氣風을 짐작해 본다.

千古에 신선놀이 먼데

---

48) 예컨대, 「三國遺事」 卷三, 彌勒仙花·未尸郎條.

49) 車柱環, 新羅社會의 道家思想, 韓國哲學會編, 「韓國哲學研究 (上)」 (서울: 東明社, 1977), p.350. 註 再引用.

50) 李毅의 東遊記,〈新羅時, 有永郎述郎缺 四仙童者, 與其徒三千人 遊於海上, 此碑碣豈其徒 所立者耶, 亦不可得考也, 臨四仙峯, 有小亭, 置酒上, 日己晚……列三日致高城郡……初四日早, 起至三日浦……其崖東北 而有六字丹書, 就視之則 兩行 行三者, 其文曰 述郎徒南石行……〉

푸르게 홀로 소나무 있다.
다만 샘 바닥의 달 남아 있어
방불히 그들의 모습 연상케 된다[51]

(차주환 역)

이 詩에서 「神仙놀이」는 花郎들이 노는 것이며 「그들」은 花郎의 무리들을 가리키는 것이다.

花郎과 神仙과의 관련을 이해하기 위하여 神仙이 어떤 것인가 상상해본다.

神仙들은 바람과 이슬만 마시고 곡식을 먹지 않는다. 그들의 마음은 깨끗한 샘과 같고 형체는 부드럽고 희다. 그들은 누구를 사랑할 줄도 모르고 미워할 줄도 모르고 성낼 줄도 모른다. 그들은 물건을 누구에게 줄줄도 모르고 받을 줄도 모른다. 그러나 그들의 생활은 항상 裕足하다.[52]

이것이 神仙의 모습이다.

만약 이것이 神仙의 모습이라면, 神仙들은 어떤 생각을 가지고 있을까?

산다, 죽는다, 선이다, 악이다, 행복하다, 불행하다, 하지만 모두가 지나가는 찰나의 꿈이라면 모두가 부질없는 분열일 뿐 보다 높은 차원에서 보면 인생은 희비극이 뒤섞인 자연에서 태어나 자연으로 돌아갈 일장춘몽이다. 그러므로 옳다든가 그르다든가 하는 생각을 넘어야 하고, 자기를 둘러싼 좁다란 세계에 매어 살아서는 안 된다. 눈앞에 어른거리는 사물에 매어 살게 되면, 이득이나 명성이나 재물, 출세욕의 노예가 되어 허덕이다 한 생애를 끝내기 마련이다. 이와 같은 뜻 없는 좁은 세계를 초탈하여야 한다. 세속을 초탈하여 자기를 자연의 道에 맞추어 가면 자기 밖에 무엇이 있다는 감각도 잃게 되고 자연과 어울려 허심탄회하게 된다.[53]

神仙들은 바로 이런 생각들을 가지고 지낸다. 花郎의 무리들이 바로 神仙과 같

---

51) *Ibid.*, p.342, 寒松亭은 江陵海邊에 있다. 동쪽으로는 大海가 내다보이고 푸른 소나무가 울창하고, 정자 근처에는 茶泉, 돌 아궁, 돌 절구가 있다. 여기가 바로 述郞仙徒들이 놀았다는 곳이라고 한다.
52) 金敬琢(譯), 「列子」(서울: 韓國自由教育協會, 1975), p.32.
53) *Ibid.*, p.33.

은 생각을 갖기를 원하고 그런 경지로 가려면, 自然의 道에 맞추어 가려고 노력해야 할 것이다.

앞에서 본 李仁老의 詩에서 우리는 自然의 道에 가까워지려고 「自然」을 가까이 한 花郎徒들의 모습을 연상할 수 있었다.

그러나 여전히 自然의 道에 맞추어 가려는 努力이 무엇인지 불분명하다. 이것을 분명히 하기 위하여 道家의 修練法을 잠시 생각해 보겠다.

道家에서는 生死를 초월하여 大自然에 處하는 것을 眞丹法이라 하며, 다시 外丹과 內丹으로 나누고 있다. 여기서는 內丹을 제시하겠다.

> 內丹편 眞法으로서는 첫째, 自然觀察을 如實히 하고 둘째, 自然과 一體가 되는 觀法을 말한다. 이에 內丹法은 聚氣凝神으로써 吾身의 陰陽交加 生死始終을 觀察證知하는 體得을 역설한다. 그러므로 그것은 다만 관조적인 理智三昧가 아니고 感悟一味로서 自然과 我가 하나로 되는 것이다. 그 방법으로서는 耳目口三寶를 固塞하여 發揚하지 못하게 함으로써 순수하게 我自身의 自然의 景象을 관조하는 것이다.[54]

이러한 인용을 통하여 짐작할 수 있는 것은 花郎徒들도 山水를 찾아다니며 修練하는 가운데 「聚氣凝神」으로써 自然의 景象을 湛觀하여 스스로 證得하였으리라. 이와 같은 修練을 통하여 人間社會에 널리 퍼져 있는 모든 편견을 超克토록 깨우쳤고, 심지어 好生惡死의 관념까지도 넘어서서, 生死一如의 思想을 갖게 되지 않았을까 하는 짐작을 해본다.

앞에서 花郎道精神의 구체적인 內容을 儒・佛・仙의 思想體系에 照明하여 파악하였다. 花郎道精神이 우리의 고유한 思想임엔 틀림없다. 그러나 그 精神은 오랜 세월이 지나는 동안에 形成된 것이므로 여러 思想의 영향을 부인할 수 없다. 그러나 여러 思想마저 우리의 固有 思想 속에 녹아 融和되어 있다면, 그것이 바로 우리의 思想인 것이다. 花郎道精神도 바로 그런 경우가 아닌가 생각된다. 그러므로 다른 思想體系에 花郎道를 비추어 본다면, 역시 다른 모습이 있을지도 모른다. 그 모습은 앞으로 연구되어야 할 과제이다.

---

54) 裵宗鎬, 新羅時代의 丹學, 韓國哲學會編, 「韓國哲學硏究 (上)」 (서울: 東明社, 1977), p.360.

맺음말: 花郎道 教育理論(序說)

　지금까지 우리는 花郎道教育을 教育의 認識論的 側面과 教育의 社會化 側面으로 나누어 考察하였고, 花郎道精神의 구체척인 내용을 儒·佛·仙의 思想體系에 비추어 파악하였다. 이제 우리는 序說的이기는 하지만, 花郎道 教育理論의 定立을 試圖해 볼 필요가 있다.

　花郎道 教育理論을 定立하고자 할 때, 그 源泉은 다음의 두 가지이다. 즉, 하나는 花郎徒들이 실제로 어떻게 教育을 받았는가 하는 것이고, 다른 하나는 花郎道精神의 구체적인 내용으로서의 儒·佛·仙이다. 여기서는 이 源泉을 바탕으로 하여 花郎道 教育理論을 定立해 보려 한다. 花郎道 教育理論을 定立함에 있어 우리가 반드시 염두에 두어야 할 것은, 하나의 教育制度로서의 花郎道는 현재의 「教科教育」으로 대표되는 것과 같은 知識體系를 傳授하는 일이나, 「삶의 過程」을 통하여 社會의 一般的 規範을 받아들이도록 하는 일 중의 어느 한 가지만으로 파악되어서는 안 된다는 것이다. 왜냐하면 花郎道教育에는 이 두 측면이 모두 있기 때문이다.

　花郎道教育에 관한 先行研究[55]들은 다음과 같은 네 가지 종류로 分類할 수 있었다. 하나는 花郎道教育의 樣相을 있는 그대로 記述하고 있다. 다른 하나는 形式上, 教育의 認識論的 側面에서 파악하고 있으면서, 教育의 社會化 側面을 구분하지 않은 채로 함께 記述하고 있다. 예컨대, 花郎道教育을 教育目的, 教育內容, 教育方法으로 體制를 설정하고 그 속에 教育의 社會化 側面을 함께 포함시켜 놓고 있다. 세 번째, 花郎道教育을 전적으로 教育의 認識論的 側面으로만 파악하고 그것을 記述하고 있다. 예컨대, 花郎道教育을 講讀教科, 道德教科, 武術教科, 情緒陶冶教科 등으로 파악한 것이 그것이다. 네 번째, 花郎道教育을 전

---

55) 예컨대, 三品彰英, 「新羅花郎の研究」 (東京: 三省堂, 1943), pp.190~204.
　　李萬珪, 「朝鮮教育史(上)」 (서울: 乙酉文化社, 1947).
　　孫仁銖, 新羅 花郎道教育의 研究, 「教育學會誌」 第二號(1964).
　　金春鉉, 花郎道 教育思想에 관한 研究, 「公州教大 論文集」 14輯 2號(1978).
　　金仁會, 時間觀·삶의 態度·教育觀 研究(Ⅱ), 「教育學 研究」(1971).

적으로 敎育의 社會化 側面으로만 파악하여 記述하였다.

그러나 분명히 말해서 花郎道敎育의 樣相을 보면, 敎育의 認識論的 側面과 敎育의 社會化 側面이 동시에 있다. 그러므로 花郎道 敎育理論을 定立하기 위해서는 花郎徒들이 실제로 어떻게 敎育을 받았는가, 그리고 花郎道精神의 구체적 내용으로서의 儒·佛·仙이라는 두 源泉에서 「敎育의 認識論的 側面」과 「敎育의 社會化 側面」을 분리해 내어서 각 측면을 보다 정확하게 규정할 필요가 있다고 본다.

本 硏究에서는 우선 敎育의 認識論的 側面에서 儒·佛·仙學에 관한 知識과 方法에 관한 想定을 밝혀내고, 다음에 敎育의 社會化 側面에서 花郎徒에 들어오기 전에 家庭과 社會에서 받았던 社會化 側面과 花郎徒에 들어와서 花郎集團 속에서 生活하는 過程에서 社會化된 側面을 밝혀 보려고 한다.

敎育의 認識論的 側面에서 儒·佛·仙學에 관한 知識과 方法에 관한 想定부터 考察하겠다.

儒學에서의 앎의 문제와 方法은 어떠한가? 《大學》에 보면,[56] 천하에 밝은 덕을 밝히는 데에 앞서 그 나라를 다스리고, 나아가서 그 뜻을 참되게 하는 데에 앞서 그 앎을 이루는 것이지만, 그 앎을 이루는 것에 앞서 그 사물에 이르는 것이 아니라, 「앎을 이루는 것은 사물에 이르는 것에 있다」(致知在格物)고 하였다.

여기서 문제는 「格物致知」이다. 漢·唐 유학에서는 별다른 관심의 대상이 되지 않았으나, 宋儒 이래 이 문제는 유학의 커다란 쟁점의 하나였다. 여기서는 이것들을 논할 여유가 없다. 그리하여 大學章句에 있는 것을 그대로 옮기는 정도로 그치겠다.

《大學》에 보면 첫째, 자기 자신의 앎을 이루려면 먼저 외부의 事物에 대하여 그 事物이 지니고 있는 위치를 철저히 究明해야 한다는 것과, 둘째, 세상의 모든 사물은 어느 것이나 다 그 나름대로 理致를 지니고 있게 마련이다. 그리므로 영묘한 마음의 작용으로 능히 사물의 이치를 철저히 밝힐 수 있다는 것이다. 셋째, 맨 먼저 세상의 모든 사물에 대하여 자기들이 이미 알고 있는 사물의 이치를 근거로

---

56) 「大學」 經一章, 〈古之欲明明德於天下者, 先治其國, 欲治其國者, 先齊其家, 欲齊其家者, 先修其身, 欲修其身者, 先正其心, 欲正其心者, 先誠其, 欲誠其意者, 先致其知, 致知在格物, ……〉.

하여 더욱 그 사물의 이치를 궁구하여 그 理致의 끝까지 이르게 하는 것이다. 이렇게 오랫동안 하면, 사물의 이치가 투철히 밝혀지고, 또 이것을 앎이 이루어졌다고 말한다는 것이 다.[57]

여기서 알 수 있는 것은 儒學에서 앎의 主體는 마음(心)이며, 앎의 客體는 理라는 것이다.

儒學에서는 어떻게 「앎」을 이루느냐 하는 문제는 어떻게 진리와 善을 실천하느냐의 문제와 동일한 의미를 갖고 있다.[58] 만약 앎의 주체가 「마음」이라면, 알도록 해주는 「마음」의 자세가 무엇인가 하는 것이 「앎」의 기본 방법이라고 할 수 있다. 따라서 「居敬」과 「窮理」는 서로 분리할 수 없는 앎의 방법이다.[59]

앎의 구체적 方法으로는, ≪中庸≫에 보면 「널리 배우고, 자세히 묻고, 신중히 생각하고, 밝게 분별하고, 독실하게 실행한다」(博學之, 審問之, 愼思之, 明辨之, 篤行之)고 되어 있고, ≪論語≫에서 子夏가 「널리 배우고 뜻을 돈독히 하며, 절실히 물어 몸에 가까운 것부터 생각해 간다면, 〈仁〉은 그 가운데 있을 것이다」(博學而篤志 切問而進思 仁在其中矣)로 되어 있다. 이것들은 모두 居敬·窮理라는 말과 서로 뜻이 통한다고 볼 수 있다.

佛學에서의 앎의 문제와 그 方法은 어떠한가? 佛敎[60]에 의하면, 모든 苦腦는 個我가 事物의 本性을 알지 못하므로 생긴다고 한다. 우주의 모든 사물은 心에 잠깐 나타난 것으로서 迷惑的이며, 또 一時的이다. 그런데도 個我는 끊임없이 事物에 집착하고 열망한다. 이 근본적인 無知를 無明이라 하고, 無明에서 生에 대한 집착과 열망이 생기며, 이 때문에 個體는 영원한 輪廻에 얽매이게 되어 결코 그것을 벗어날 수 없게 된다. 輪廻의 고리를 벗어날 수 있는 유일한 희망은 無明

---

57) 「大學」〈所謂致知 在格物者, 言欲致吾之知, 在郎物, 而窮其理也, 蓋人心之靈, 莫不有知, 而天下之物, 莫不有理, 惟於理有未窮, 故其知有不盡也, 是以大學始教, 必使學者 卽凡天下之物, 莫不因其己 知之理, 而益窮之, 以求至乎其極, 至於用之之久, 而一旦豁然貫通焉, 則衆物之表裏精粗, 無不到, 而吾心之 全體大用, 無不明矣. 此謂物格, 此謂 知之至也〉.

58) 琴章泰, 「韓國儒敎의 再照明」(서울: 展望社, 1982), pp.80~81.

59) 朱子語類 卷9, 〈學者工夫, 惟在居敬, 窮理二事, 此二事互相發, 能窮理則 居敬工夫日益進, 能居敬則窮理工夫日益宻, 其實只是一事〉.

60) 鄭仁在(譯), 「中國哲學史」(Fung Yu-Lan, *A Short History of Chinese Philosophy*) (서울: 螢雪出版社, 1977), p.316.

을 깨닫는(覺) 데까지 전환시켜 올려놓는 데 있다. 결국 불교의 궁극 목적은 菩提(覺)에 도달하려는 것이다.

이 깨달음(또는 涅槃)의 세계에 이르기 위해서는 智慧의 눈과 걸어가는 발(行足)이 필요하다.[61] 지혜의 눈은 앎을 뜻하고, 걸어가는 발은 실천을 하지 않으면 참다운 깨달음의 경지에 들어갈 수 없다는 뜻이다. 佛敎에서는 智慧를 세 가지로 보고 있다.[62] 즉 聞慧, 思慧, 修慧가 그것이다. 聞慧는 귀로 듣는 智慧를 말하는 것으로 가장 초보적인 것이다. 다음에 思慧는 생각해서 얻는 智慧를 말한다. 끝으로 修慧는 실천을 통해서 얻어진 지혜이다. 구체적으로 말하면, 布施·持戒·忍辱·精進·禪定·般若의 六波羅密이다. 앞의 다섯은 바른 實踐이요, 般若는 올바른 認識이다.

佛敎에서의 깨달음의 상태는 어떤 상태이며, 어떤 단계를 밟는가? 여기 普明禪師가 지은 〈牧牛十圖頌〉[63]을 통하여 알아본다.

　　　(길들이기 전)
　　一. 未牧, 生獰頭角恣咆哮　　흉악하게 생긴 뿔에 소리소리 지르며
　　　　　犇走溪山路轉遙　　　산과 들에 달려가니 길이 더욱 멀고나
　　　　　一片黑雲橫谷口　　　한 조각 검정 구름 골 어구에 빗겼는데
　　　　　誰知步步犯佳苗　　　뛰어가는 저 구름이 뉘 집 곡식 범하려는가
　　　　　　　　　　　　　　　（겨우 붙들었으나 달아나려고 떼를 쓴다）

　　二. 初調, 我有芒繩驀鼻穿　　나에게 고삐 있어 달려들어 코를 뚫고
　　　　　一廻奔競痛加鞭　　　한바탕 달아나면 아픈 매를 더하건만
　　　　　從來劣性難調制　　　종래 익힌 습관 제어하기 어려워서
　　　　　猶得山童盡力牽　　　오히려 저 목동이 힘을 다해 이끌더라
　　　　　　　　　　　　　　　（조금씩 길들어 가나 아직 방심 못 한다）

　　三. 受制, 漸調漸伏息犇馳　　점점 차차 길이 들어 달릴 마음 쉬어지고
　　　　　渡水穿雲步步隨　　　물 건너고 구름 뚫어 걸음걸음 따라오나
　　　　　手把芒繩無少緩　　　손에 고삐 굳게 잡아 조금도 늦추지 않고

61) 洪庭植(譯解), 「般若心經」 (서울: 文公社, 1982), p.19.
62) *Ibid.*, pp.19~20.
63) 「佛敎正典」 第二編.

　　　牧童終日自忘疲　　목동이 종일토록 피곤함을 잊었어라

　　　　　　　　　　　　　　　　　　　　　　　（머리를 돌이켰다）

四. 回首. 日久功深始轉頭　　날 오래고 공이 깊어 머리 비로소 돌이키니
　　　顚狂心力漸調柔　　전도하고 미친 기운 점점 많이 골라졌다
　　　山童未肯全相許　　그러건만 저 목동은 방심할 수 전혀 없어
　　　猶把芒繩且繫留　　오히려 고삐 잡아 말뚝에다 매어 두네

　　　　　　　　　　　　　　　　　（길들어서 고삐를 놓아 버렸다）

五. 馴伏. 綠楊陰下古溪邊　　푸른 버들 그늘 밑 옛 시냇가에
　　　放去收來得自然　　놓아 가고 거둬옴이 자연함을 얻었구나
　　　日暮碧雲芳草地　　날 저물고 구름 끼인 방초의 푸른 길에
　　　放童歸去不須牽　　목동이 돌아갈 제 이끌 필요 없었더라

　　　　　　　　　　　　　　（소는 잠을 자고 목동은 일이 없다）

六. 無礙. 露地安眠意自如　　한데 땅에 드러누워 한가하게 잠을 자니
　　　不勞鞭策永無拘　　채찍질은 아니 해도 길이 구애 없을네라
　　　山童穩坐靑松下　　목동은 일이 없어 청송 하에 편히 앉아
　　　一曲昇平樂有餘　　한 곡조 승평 곡에 즐거움이 넘치더라

　　　　　　　　　（목동은 잠을 자고 소는 자유대로 풀을 뜯는다）

七. 임운. 柳岸春波夕照中　　버들 언덕 봄 물결 석양이 비쳤는데
　　　淡煙芳草綠茸茸　　담연(淡烟)에 싸인 방초 용용하게 푸르렀다
　　　饑飡渴飮隨時過　　배고프면 뜯어 먹고 목마르면 물마시니
　　　石上山童睡正濃　　돌 위에 저 목동은 잠이 정히 무르녹네

　　　　　　　　　　　　　　　（사람과 소가 서로 잊었다）

八. 相志. 白牛常在白雲中　　흰 소 언제든지 백운중에 들었으니
　　　人自無心牛亦同　　사람 스스로 무심코 소도 또한 그러하다
　　　月透白雲雲影白　　달이 구름 뚫어 가면 구름 그립자 희어지니
　　　白雲明月任西東　　흰 구름 밝은 달이 동서로 임의로다

　　　　　　　　　　　　　（소는 간데없고 사람만 남았다）

九. 獨照, 牛兒無處牧童閒　소란 놈은 간 곳 없고 목동만이 한가하니
　　一片孤雲碧嶂間　한 조각 외로운 구름 저 봉우리 떠있도다
　　拍手高歌明月下　밝은 달 바라보고 손뼉 치며 노래하니
　　歸來猶有一重關　그래도 오히려 한 관문이 남아있네
　　　　　　　(사람도 소도 한 가지 없어지고 일월성만 남았다)

十. 雙泯, 人牛不見杳無蹤　소와 함께 없어 자취가 묘연하니
　　明月光寒萬象空　밝은 달빛이 차서 만상이 空했더라
　　若問其中端的意　누가 만약 그 가운데 적실한 뜻 묻는다면
　　野花芳草自叢叢　들꽃과 꽃다운 풀 스스로 총총타 하리

　여기서 맨 마지막 「雙泯」의 단계는 일체를 否定하는 그 부정까지 포함하여 일체가 부정되는 涅槃에 해당된다.[64] 그러나 여전히 그 상태는 어떤 것인지 물어볼 수 없다. 왜냐하면 이 境地에 도달했을 때 우리는 어떤 것도 斷定을 내릴 수 없기 때문이다.

　道學의 知와 그 方法은 어떤 것인가? 道學에 의하면, 高次的인 知는 「非知의 知」다. 大一과 合一되기 위하여 聖人은 세상의 잡다한 差別을 잊어버리고 超越해야 한다. 이런 경지에 도달하려면 우선 知를 버려야 한다. 이것이 바로 道學의 「內聖의 方法」이다.[65] 구체적으로 말하면, 보통의 경우 知識은 事物의 區別을 지어 주고, 또 어떤 사물을 안다고 하는 것은 그것과 다른 것의 차이를 아는 것이다. 일단 모든 차이를 잊어버리면 無差別 하나만 남는데 이것이 「大全」이다. 이 知를 道學에서는 「非知의 知」라 한다.

　여기서 「잊는 方法」에 관한 莊子의 유명한 〈坐忘問答〉[66]이 있다. 즉, -안회 「저는 좀더 나아졌습니다.」 「무슨 말인가?」 「저는 앉아서 고스란히 잊었습니다.」 「앉아서 고스란히 잊었다 함은 무엇을 말함인가?」 「肢體를 버리고 총명을 물리쳐 없애며 형체를 떼어내 知를 버려 大道와 같이 되는 것을 坐忘이라고 합니다.」 -가 그것이다.

---

64) 鄭仁在(譯), *op.cit.*, p.318.
65) *Ibid.*, p.163.
66) 李錫浩(譯), 「莊子」 (서울: 三省出版社, 1977), pp.249~250.

참된 知는 知를 버림으로써 도달할 수 있다. 그러나 無知와 不知는 구별되어야
한다. 無知는 그냥 모르는 상태지만, 不知는 前에 가졌던 知를 버린 후에, 다시
말하면 精神修養의 결과로 얻어진 것이다.

지금까지 우리는 儒·佛·仙의 「앎」과 그 方法에 관한 想定을 간략하게 살펴
보았다. 말하자면, 儒學에서는 「外樣的 世界」와 관련되는 「有」의 知識과 方法이
며, 佛學과 道學은 「實在的 世界」와 관련되는 無의 知識과 方法이다. 따라서 花
郎道教育에도 이와 같은 「外樣的 世界」와 관련되는 知識과 方法의 想定, 그리고
「實在的 世界」와 관련되는 知識과 方法에 관한 想定 등이 모두 함께 스며 있다
고 보아야 한다.

教育의 社會的 側面에서 보면, 花郎의 무리들은 花郎徒에 들어오기 전에 가정
과 사회에서 社會化되기도 하였고, 뒤에 花郎徒에 들어와서 花郎集團 속에서 살
아가는 과정에서 社會化되기도 하였다.

먼저 花郎徒에 들어오기 전 家庭과 社會에서의 社會化를 살펴보겠다. 新羅社
會는 계급의식이 강한 社會이다. 예컨대 ≪三國史記≫에 보면, 「신라에는 사람을
쓰려면 骨品을 따지기 때문에 그 족속이 아니면 아무리 큰 재주와 뛰어난 공이
있다 해도 그 한계를 넘지 못한다」[67]라고 되어 있다. 또한 日常生活에 있어서
衣服, 車騎, 器用, 屋舍 등의 계급적 식별을 뚜렷이 하고 있다는 기록이 있다.[68]

花郎集團 構成員의 출신 성분은 花郎으로 추대된 人物인 경우 眞骨이며, 郎徒
들인 경우 적어도 眞骨 以下 四頭品 出身들이다.[69] 이들은 대개 王族이거나 貴
族의 子弟들이라고 보아도 틀림없다.

계급의식이 강한 社會에 살았던 귀족들의 자제들은 일종의 選民意識을 가지고
자랐을 것이며, 또 그렇게 길러졌을 것이다. 구체적으로 그들이 사는 모습을 보자.

> 궁전은 화려하고, 寺刹은 광대하고, 부호들은 큰 저택을 가지고 있었다. 모두
> 기와집이고 불에 태우는 나무를 대신하여 목탄을 사용하였다. ……왕공 귀족들은
> 宴樂을 즐겨 四節遊宅을 마련하고 놀이에 열중하였다. 정월 초하루의 相賀禮, 정

---

67) 「三國史記」, 列傳第七, 薛罽頭 〈新羅用人論骨品, 苟非其族, 雖有鴻才傑功, 不能
　　踰越〉.
68) 「三國史記」, 雜志 第二, 〈色服車騎, 器用, 屋舍〉.
69) 三品彰英, *op. cit.*, p.58.

월보름의 上元 觀燈, 八月부터 十五日 사이에 귀족과 서민 남녀들은 흥륜사를 도는 전탑놀이 또는 福會(복을 비는 모임)에 참가하였다. ……뿐만 아니라 사람이 죽어도 아름다운 관을 비롯하여 목걸이, 귀걸이, 팔찌, 반지, 허리띠, 장도, 신들을 그대로 입히고 끼워 주고 신겨서 생시의 美를 그대로 보존케 하였다. ……70)

　　우리는 이 引用句에서 新羅王族과 貴族들의 호화로운 생활과 美에 대한 강한 의식을 엿볼 수 있다. 한편 王公과 貴族들은 이와 같이 호화롭고 편안하게 살았으므로, 國家·社會에 대한 의무·기대 또한 컸으리라 본다. 따라서 이들의 子弟들은 그러한 분위기에서 자랐을 것이다.

　　이제 좀더 구체적으로 귀족들이 그들의 문화 속에서 사는 모습을 보겠다. 유교의 경우, 新羅는 고구려나 백제보다 그 傳授가 늦었지만, 儒敎道德이 널리 국민들에게 권장되고 있었다.71) 말하자면, 《小學》이나 《孝經》, 《禮記》 등에서 밝히고 있는 忠, 孝, 仁, 義, 信 등이 널리 권장되어 특히 귀족 사회에서는 이 규법들이 마땅히 지켜져야 하는 것으로 되어 있고, 그 子弟들은 그 분위기 속에서 자랐을 것이다.

　　佛敎의 경우,72) 《三國遺事》에 보면, 法興, 眞德 사이의 모든 王名을 佛敎에서 取하지 않은 이가 없었음을 알 수 있다. 그 중에서도 眞平王의 諱 「白淨」은 釋迦의 父名이고 王妃는 釋迦의 母名을 그대로 따서 摩耶夫人이라고 하였다. 이것은 王이 곧 부처라는 思想의 表現이라고 생각된다. 또한 高句麗의 僧 惠亮은 신라에 귀화하여 八關法이라는 修養方法을 제창하여 많은 영향을 주었다. 그가 주장한 思想은 八關會라는 佛敎行事로까지 발전하여 국가의 보호 하에 매년 성대히 거행되었다. 八關의 內容은 不殺生, 不偸盜, 不淫佚, 不妄言, 不飮酒, 不坐高大床, 不着香華, 不自樂觀廳 등 금욕주의적 내용이다. 한편 八關會나 百座講會 등은 護國的 의미를 지닌 행사이기도 하였다. 이와 같은 行事들을 통하여 국가를 위한 戰爭에 국민의 용기를 북돋워 주었다. 신라 귀족의 자제들은 이 분위기 속에서 자랐을 것이다.

---

70) 黃浿江, 「新羅의 멋」 (서울: 乙酉文化社, 1982), pp.23~25.
71) 李基白, 「韓國史新論」 (서울: 一潮閣, 1983), p.75.
72) 李萬烈, 「韓國史大系(三國 2)」 (서울: 三珍社, 1913), pp.202~203.

道敎의 경우, ≪三國史記≫〈新羅本記〉에 보면, 「여름 四月에 唐의 使臣 刑璹가 老子 道德經의 文書를 왕에게 바쳤다」는 기록이 있다. 이 기록으로 보면, 孝成王 二年(738)에 老子의 ≪道德經≫이 신라에 들어온 것을 알 수 있고 귀족 사회에 道家의 無爲自然思想이 퍼지게 되어 신라 고유의 自然主義的 思想과 쉽게 결합되어 귀족은 물론 일반 백성들의 의식상에 많은 영향을 주었다. 신라인들은 바로 이와 같은 분위기 속에서 자랐을 것이다.

끝으로 실제 人物의 例를 들어 보겠다. 신라의 「花郎 중의 花郎」이라고 할 수 있는 金庾信 家門의 家風을 살펴보기로 하겠다.73)

金庾信의 代表的인 遺訓을 보면, 그는 평소에 「한 잎이 떨어지는 것이 무성한 樹林에 손실되지 않는 것이며, 한 티끌의 모임이 큰 山에 보탬이 될 수 없다」(「三國史記」 卷41, 金庾信列傳上)고 하였다. 그러므로 그의 아들 元述이 唐軍과의 싸움에서 패하고 돌아오자, 「元述은 王命을 욕되게 하였을 뿐 아니라, 또한 家訓을 저버렸으니 마땅히 죽어야 한다」고 야단을 쳤다(「三國史記」 卷43, 金庾信列傳下). 이것을 보면, 김유신은 大義와 희생 속에 나라와 민족을 강조한 것이다.

다음으로, 김유신의 家風은 主體意識과 信義이다.74) 이것은 ≪三國史記≫ (卷42)〈金庾信列傳 (中)〉에 나오는, 「개가 그 주인을 두려워하지만, 주인이 그 다리를 밟으면 주인이라도 문다. 어찌 어려움을 당해 自求策을 쓰지 않는가」에서 알 수 있다.

셋째, 김유신의 가풍은 인간관계와 行動規範으로서 하나의 「秩序」를 강조하였다.75)

≪三國史記≫ (卷41)〈金庾信列傳(上)〉에 보면, 毗曇의 亂이 일어났을 때 「天道에는 陽이 剛하고 陰이 柔하며, 人道에는 王이 높고 臣下는 낮은 법이다. 이 원리를 바꾼다면 大亂이 일어날 것이다」라고 하여 君-臣, 父-子의 기본질서는 파괴될 수 없는 것으로 생각하였다. 이상의 김유신의 家風의 例로 보아 신라 귀족의 자제들이 어떻게 家庭에서 養育되었는가를 짐작할 수 있을 것이다.

新羅 花郎徒 자체에서 일어난 社會化 側面은 이미 1章에서 자세히 논하였으므

---

73) 申瀅植, 「韓國古代史의 新硏究」 (서울: 一潮閣, 1984), pp.256~258.
74) *Ibid.*, p.257.
75) *Ibid.*, p.258.

로 여기서는 약하기로 한다.

以上으로 우리는 花郎道教育의 認識論的 側面과 社會化 側面을 분리하여 각 측면을 보다 분명하게 규정해 보려고 努力하였다. 사실상, 이 두 측면은「人間의 마음의 形成」에 대한 두 가지 源泉이라고 볼 수 있다. 教育의 認識論的 側面은 가르치고자 하는 사람에게 분명히 意圖가 있으나 배우는 者의 입장에서 보면 누구나 다 배울 수 없는 것이며, 그 배우는 內容 또한 비교적 國家·社會·民族을 초월할 수 있는 人類共同의 文化遺産이다. 따라서 그 內容을 배우면 個人의 편견과 비뚤어진 信念에서 벗어나 비교적 客觀的인 自我意識을 갖게 된다. 다시 말하면, 知的 意識이 높아진다고 할 수 있다.

教育의 社會化 側面은 가르치려고 하는 쪽이나 배우는 쪽이나 어떤 특별한 의도가 없으며, 그 내용은 현재 자기 자신이 속해 있는 삶의 터전에서 얻어지는 體驗이기 때문에 國家·社會·民族에 구속을 받으며, 현재 자기 자신을 둘러싸고 있는 社會環境, 분위기 그 자체이다. 따라서 이와 같은 體驗 － 직접 參與하여 얻은 體驗 － 은 주로 情意的 要素－價値, 信念, 態度 등등 －가 주된 내용이다.

이와 같이 人間의 마음은 이 두 가지 源泉에서 形成되며, 이 두 源泉은 각각 「人間 마음」의 形成에 각기 다른 측면, 즉 知的 側面과 情意的 側面에 중요한 役割을 한다.

本 研究는 新羅의 花郎道教育을 事例로 삼아 이 두 측면의 分析을 시도하였다. 과연 얼마만큼 成功的이었는가를 돌이켜 보면 부끄러울 뿐이지만, 그러나 이 研究를 통하여 한 가지 成果가 있었다고 하면, 그것은 韓國教育의 一般的 理論으로 이 두 측면을 發展시킬 필요가 있다는 생각과 그 可能性을 엿보았다는 점이다.

2. 教育理論으로서의 李穡의 性理學*

不幸登科早, 晨興每永省, 불행히도 登科는 너무 일러, 새벽부터 일어나 길게 생각해 보네.

淸明氣猶存, 澹若深淵靚, 청명한 기운은 아직도 남아있어, 맑고도 고요함이 깊은 연못 같구나.

俄而物來功, 逐外肆馳騁, 어느새 外物에 유혹을 받아, 밖으로 달아나니 걷잡을 수 없구나.

取暎逼明鑑, 汲古嗟短綆, 물건을 비추려니 거울이 어둡고, 옛 우물 길으려니 두레박줄 짧구나.

聖賢敎多術, 未易挈裘領, 성현께서 많은 것을 가르치셨는데, 깨달음 얻기 쉬운 일 아니로다.

已往不可追, 愼勿事僥倖. 지난날 후회한들 무엇하리오. 삼가서 요행 바라고 일을 말아야지(‘登科有感’)

* 「도덕교육연구」 17권 1호 한국도덕교육학회, 2005.

Ⅰ. 問題意識

　위의 시는 李穡(號는 牧隱 1328-1396)이 과거에 합격하여 처음 출사했을 때 작성한 것이다. 그는 이미 14세가 되던 辛巳年, 成均試에 합격하였고, 26세(공민왕 2년)가 되던 해, 高麗 文科와 元나라 征東行省에서 실시한 鄕試를 모두 首席으로 합격하였던 인물이다. 뿐만 아니라 그는 進封使書狀官과 應奉翰林 文字承仕郞同知製誥 兼 國史院 編修官을 제수 받았으니, 일찍이 『高麗史』에서 그는 다음과 같이 평가되고 있다.

> "한산부원군 이색은 일찍이 중원에 유학하여 높이 制科에 올라 學은 天人을 통하고 識은 今古를 관하였도다"(『고려사』권137 열전50 창왕 원년 9월)

　그래서 당대 李穡의 문하생이었던 河崙은 "공은 타고난 바탕이 맑고 순수하며 학문이 정밀하고 민첩하였다. (중략) 배우는 자들이 우러러보기를 태산북두처럼 여겼다(河崙, 「牧隱先生神道碑銘」, 『牧隱集』卷首)"고 밝혔으며, 조선 태조인 이성계 역시 牧隱을 가리켜 '儒宗, 즉 유학의 종주로 지칭하였다(『太祖實錄』元年 壬申 12월 庚辰條). 그럼에도 당대 최고의 수재로 꼽혔던 이색 자신이 이처럼 한탄하는 것은 대단히 이례적인 일일 수밖에 없다.

　이쯤에서 우리는 다음과 같은 질문을 던져보지 않을 수 없다. 그 자신이 "登科"를 학문의 최종적 목적으로 여기지 않음은 시에 분명하게 언급된 바라 할 것이니, 과연 이색 자신이 생각한 학문의 최종점은 과연 무엇이라고 할 수 있는가? 이색이 최초로 교육에 참여한 것은 그가 試國子祭酒에 임명된 공민왕 6년이다. 이후 이색은 다시 공민왕 16년, 兼大司成에 취임하여 국학을 중점적으로 부흥하였다. 따라서 史書를 통해 확인할 수 있는 공식적인 기록은 1) 『고려사』열전 李穡 條, 2) 權近의 李穡 行狀, 3) 당시 이색과 같이 교관으로 활동한 李崇仁의 '贈李生序'(『陶隱文集』卷4)라고 할 수 있다.

　1) "이전에는 관생이 수십 명에 불과 하였으나 이색이 다시 학식을 정하여 매일

명륜당에 앉아서 경서를 나누어 교육하고 강의가 끝나면 서로 모여 어려운 부분을
토론하고 바쁜 줄을 몰랐다. 이에 배우려는 자가 몰려들고 서로 감화된 程朱의 성
리학이 비로소 興起하였다."

2) "경서를 나누어 맡아 수업하였는데 강의가 끝난 뒤에 서로 뜻에 의심나는 것
은 논란하여 각각 끝까지 연구하였다. 이때 공은 언제나 공정한 입장에서 분석하고
판단을 내려서 그 뜻을 절충하되 반드시 정주의 뜻에 합치하도록 노력하였다. 이로
써 우리 동방에 성리학이 크게 일어났다."

3) "교관들은 새벽에 일어나 성균관에 들어가 堂에 오르면 학도들은 차례로 庭
의 동서에 서서 두 손을 모으고 몸소 예를 행하였다. 그런 후에 각기 공부해야 할
經을 갖고 좌우 전후로 잇따라 교관에게 나아갔다. 교관과 학도 사이에 수업이 끝
나면 어려운 내용을 발표하여 서로 절충하여 辨釋한 후에야 끝을 맺었다."

1) ~ 3)까지 나타난 고려시대 官學의 모습은 당시 교육의 모습을 우리에게 생
생하게 전해주고 있으며, 이것은 교육이론으로서의 李穡의 성리학 이론이 그의 교
육 사상과 교육 활동을 설명하는 데 있어서 좋은 배경을 제공할 수 있을 것이다.
더욱이 그가 우리의 눈길을 끄는 것은 이러한 공식적 교육 활동을 하기 이전인
공민왕 원년(1352년) 25세 나이로 건의한 상소이다. 당시의 時弊를 지적하고 개
혁을 건의한 이 글에서 특히 교육에 관한 것은 이러한 그의 배경을 설명하는 좋은
근거가 될 수 있다.

"전하께서 聖人의 자질로서 聖人의 道를 일찍이 흠모하시고, 학교가 퇴폐함을
애통히 여기셔서 마침내 손보아 고치도록 영을 내리신 것은 우리 유림들만의 행운
이 아니라 백성들의 복이었습니다. 그런데 뜻을 같이 해온 벗과 학생들은 모두 흩
어지고 건물은 낡아 기울어져 있습니다. 여기에는 다 그럴만한 까닭이 있습니다.
신이 말씀드리건대, 옛날의 배우는 자들은 장차 聖人이 되려고 하였지만, 지금
배우려는 자는 장차 그것을 벼슬할 목적으로 합니다. 그리하여 그들은 시를 외우고
글을 읽음에 있어서 道學공부는 깊지 못하고 화려한 문장을 수식하기에만 노력하
여 문장과 구절을 琢磨하는 데 심신을 너무 지나치게 쓰다보니 알맹이 공부는 어
디도 찾아 볼 수 없습니다. 어떤 자는 뜻을 바꾸어 다른 짓을 하면서 일찍이 본분

을 내던진 것을 자랑하는가 하면, 또 어떤 자는 늙어서도 이루지 못하고 그 몸을 그르쳤다고 탄식하니, 그 중에서 영특하고 걸출하여 儒宗이 되고 나라의 기둥과 초석이 될 만한 인물이 어찌 나오겠습니까. (……) 바라건대 밖으로는 향교, 안으로는 학당에서 인재를 선발하여 十二徒로 보내고, 十二徒에서는 또 선발하여 성균관으로 보내고, 여기서 일정기간 교육시킨 다음 그 덕성과 학예를 헤아려, 예부에 보내 합격자를 예대로 채용토록 하소서."(『高麗史』卷115 列傳「李穡傳」)

당시 이색이 건의한「服中上書」에서 그는 학교의 피폐함을 역설하면서 "교육의 목적이 聖人이 되는 데 있다"고 말하였다. 이것은 바로 그의 교육이 곧 道學 공부임을 의미하는 것이며, 이후 그가 관학에서 보여주는 모습이 이를 기준으로 한 것임을 어렵잖게 짐작할 수 있도록 한다. 위의 1)～ 3)까지 나타난 이와 같은 성과는 바로 이러한 이색의 안목이 교육에서 어떻게 그 빛을 발하였는가를 보여주며, 그러한 의미에서 곧 그의 교육 목적-聖人이 되는 것-을 현실에서 실천하고 있는 모습이 되는 것이다. 그러한 점에서 우리는 그가 처음 했던 탄식의 의미를 조금 이해할 수 있게 된다.

공민왕 16년(1367년) 성균관 大司成이 된 이후,[1] 그는 기존의 성균관을 고치고 일부 새로 지었으며 김구용, 정몽주, 이숭인 등 교수진도 새로이 충원하였다. 그러나 무엇보다 그가 가장 먼저 중요하게 여긴 것은 강의 내용을 程朱學으로 한 것이다. 이러한 학문적인 전환은 당시 記誦詞章(사장 중심의 학문)만을 숭상하던 학풍을 대체할 새로운 교육의 내용-性과 命의 이치 窮究-이 자리 잡게 되었음을 의미한다. 이에 따라 이색은 성리학 이론에 있어서도 상당한 발전을 이룩하여 제자인 정도전, 이숭인, 권근 등에 전함으로써 이후 조선 초기 유학의 발전 과정에 중요한 영향을 미쳤다(琴章泰, 1996, p.118). 그러므로 목은 사상에 대한 우리의 이해는 조선 왕조 시대 유학의 전개 과정을 이해하기 위해서라도 반드시 연구되어야 한다.[2] 특히 지금까지의 이색에 관한 연구가 주로 사상보다 문학에 치우쳤던 것도 그러한 필요성에 중요한 의미를 부여하고 있다.

---

1) 이하의 내용은 權近, 『陽村集』卷40, 「牧隱先生李文靖公行狀」참조.
2) 김충렬 교수는 성리학의 실질적 전개가 이색으로부터 시작하였다 보고 '繼往開來(지나간 것을 잊고 새로운 것을 열어줌)'의 관절 역할을 한 학자라고 평하였다. 김충렬, 『고려유학사』, 고려대학교 출판부(1993).

우선 본 논문은 이색의 성리학에 관한 기존의 연구성과3)를 바탕으로 그의 성리학적 해석을 교육이론으로 환원하여 그 의미를 밝히는 데 중점을 두었다. 특히 필자는 흔히 사람들이 생각하는 "牧隱의 性理學에 관한 인식이 체계적 정리나 독자적 주석을 이루지 못하고 단편적으로 언급하는 데 머무르고 있다"는 인식에 대해 한번 생각해볼 수 있는 기회를 가져보고자 한다. 이를 위해 필자는 교육이론을 잘 드러내줄 수 있는『주역』과 『중용』에 대한 그의 해석과 성리학의 존재론, 인식론을 살필 것이다. 이것은 그가 교육의 가능성-인간은 올바른 삶을 살 수 있는가-에 대해 이색이 어떤 입장을 취했는지 보여주는 가장 좋은 출발점이라고 생각한다. 그리고 이를 통해 이러한 올바른 삶의 기준을 제시한 성리학의 윤리학적 측면에 대해 이색의 입장을 살펴보고, 실제 교육적 발언과 활동에서 이것이 어떻게 반영되었으며 그 의미가 무엇인지 밝히고자 한다.

II. 性理學의 基礎理論

성리학의 근저는『中庸』과 『周易』이다. 노사광에 따르면, 이러한 경향은 이미 二程으로부터 나타나기 시작하였다(노사광, 번역본, 1998, p.75). 그래서『中庸』과 『周易』은 성리학의 대표적인 '사상적 원천'4)이 되었다. 이러한 道學의 흐름은

---

3) 필자는 이색의 교육학적 의미를 밝히기 위해 이홍우('이기철학에 나타난 교육이론', 『사대논총』제3집, 서울대학교 사범대학, 1985), 장성모('신유학의 도덕교육이론', 『도덕교육연구』제5집, 한국도덕교육연구회, 1993), 그리고 de Bary, Wm. Theodore, and W. John Chaffe(eds.). *Neo-Confucian Education: The Formative Stage*, University of California Press, 1989를 살펴보고, 아울러 졸고인 '이퇴계의 교육이론연구'(『퇴계학보』제70집, 퇴계학연구원, 1993) 또한 참조하였다.

4) 朴鍾德, "敎育課程理論으로서의 心法"(서울대학교 대학원, 2004), p.1. '사상적 원천'이라는 말은 성리학의 이론체계 중의 특정한 요소가 『중용』과 『주역』에 근거를 두고 있다는 뜻이 아니라 성리학의 이론 전체, 특히 교육이론으로서의 성리학 전체가 이 두 原典에 근원하고 있다는 뜻이다. 결국 『중용』과 『주역』에서 성리학이 배태되어 있어서, 그 배태된 아이디어가 발전된 형태가 바로 성리학이라는 것

朱子에 의해 四書의 편집으로 나타났으며, 이색이 특히『中庸』과 『周易』을 집중적으로 연구한 까닭도 여기에 있었다. 흥미로운 점은 바로 이 두 경전이 유학의 形而上學的인 부분을 설명하고 있다는 점이다. 이것은 두 경전이 곧 유학의 교육내용에서 대단히 중요한 부분이며, 이색이 특별히 이 부분을 집중적으로 연구한 이유를 잘 설명해준다. 앞서 말했듯이, 이색은 교육의 목적을 '聖人이 되는 것'에 두고 있었으므로,『中庸』과 『周易』은 교육의 중요한 주제, 즉 心性과 天道의 관련성을 풀어주는 중요한 단초를 제공했다고 보아야 할 것이다. 그러므로『中庸』과 『周易』에 대한 이색의 해석을 연구하는 것이야말로 교육의 출발점－聖人이 되는 것－을 가장 잘 드러내줄 수 있다고 볼 수 있다.

1.『中　庸』

朱熹(호는 晦菴, 1130-1200)은『中庸』이 "子思께서 道의 학문이 그 전통을 잃게 될까 근심하여 지은 것"이라고 설명하였다. 이것은 곧 道의 학문이 지니는 전통이 유학의 중요한 문제라는 점을 보여준다. 李穡의 學問을 이해하기 위해서는 우선 道의 학문이 지니는 전통에 대한 해석을 살펴볼 필요가 있다.

"孔氏는 堯舜의 道를 이어 받아 서술하였고, 文武를 이어받아 확실히 하였으며, 詩書중에 불필요한 것을 깎고 필요한 것을 보태어 禮樂을 확정하였으며, 다스림을 바르게 함으로써 性과 情을 바르게 하여 풍속을 고르게 하였고, 이로써 만세 태평의 세상이 되기 위한 본을 세웠다. 백성을 가르치고 기르는 일이 생긴 이래로 孔夫子보다 더 훌륭한 사람은 아직 없었다. 어찌 우리가 그것을 믿지 않을 수 있으랴! 그리하던 중에 秦나라 때 '책을 태우고 선비를 데려다 구덩이에 묻어버리는 일이 일어났다. 孔氏家네 집 벽에서 시경과 서경을 겨우 건질 수 있었다. 道는 없어진 듯 보이지 않을 정도였다. 唐나라 때에 이르러 韓愈가 홀로 孔氏의 문장을 알고 거기에 담겨있는 정신을 고이 간직하고 있다가, 마침내「原道」한편의 논문을 쓴 결과, 道統의 이어짐의 得과 失이 보다 확실하게 되었다. 宋代에 韓愈를 받들어 모범을 삼아(宗師) 古文을 배운 사람은 歐陽公 등 몇몇 사람들뿐이었다. 공자와 맹

이다. 이하에서의 『중용』의 내용에 관한 번역은 이 논문에 의한 것이다.

자의 학문을 밝게 가르치어, 佛道을 내 몰아 만세를 교화한 것은 周程의 공이 크다. 宋이 망하고 元이 서, 그 학설은 북으로 흘러 들어가 魯齋 허 선생이 그 학문으로 世祖를 도왔으니, 중국이 통일되어 元나라에 이르기까지의 정치는 모두 여기에 근거를 두고 나왔던 것이다(孔氏祖述堯舜 憲章文武 刪詩書 定禮樂 出政治 正性情 以一風俗 以立萬世大平之本. 所謂生民以來 未有盛於夫子者 詎不信然 中灰於秦 僅出孔壁 詩書道缺 泯泯棼棼 至于唐韓愈氏. 獨知尊孔氏 文章遂變 然於原道一篇 足以見其得失矣 宋之世 宗韓氏學古文者 歐公數人而已. 至於講明鄒魯之學 黜二氏昭萬世 周程之功也 宋社旣屋 其說北流 魯齋許先生 用其學相 世祖 中統至元之治 胥此焉出)."(『牧隱文藁』, 권9 '選粹集序')

드 베리에 따르면, 성리학의 道統은 '秘敎的 側面'(prophetic element) 과 學理的 側面(scholastic element)이 있다고 본다(de Bary, 1989, Chapter 2). 秘敎的 측면은 도통의 神靈的이며 사적 측면에 해당한다면, 學理的 측면은 그 道統의 문헌적, 공적 측면이다. 이것은 다시 道의 전수와 관련된 것이 秘敎的 측면인데 비해, 學理的 측면은 聖人의 言敎가 담겨진 經典, 즉 四書三經을 생각할 수 있다. 특히 이색은 시간적 순서에 따라 孔子→韓愈→〔歐陽公〕→周濂溪→程氏兄弟→許衡을 각각 나열하니, 이것은 道의 傳受과 經典이 곧 교육적 측면−敎師의 중요성−과 무관할 수 없음을 명확하게 꿰뚫고 있다고 볼 수 있다.

다시 唐의 韓愈가 쓴 「原道」와 비교해보면 그 차이를 확연하게 이해할 수 있다. 韓愈에 따르면, "儒敎의 道는 堯에서 舜에게, 舜에서 禹에게, 禹는 湯에게, 湯은 周文王, 武王, 周公에게, 文, 武, 周公은 孔子에게, 孔子는 孟子에게 전하신 것이며, 孟子가 사망한 뒤로는 이 도를 전해 이을 사람이 없어 그 道統이 끊어지고 말았다"5)고 본다. 또한 宋의 朱熹는 다시 여기에 程氏兄弟를 추가하고, 지난 1400여 년 동안은 道統이 제대로 전수되지 못했다고 말했다. 이러한 점에서 韓愈와 朱熹는 秘敎的 측면을 그다지 인정하지 않았으며, 宋에 이르러 기존의 學理的 측면 안에 감추어져 있던 의미를 재발견하게 되었다고 본다. 이에 비해 李穡은 "도가 없어진 듯 쇠미하여졌다(詩書道缺 泯泯棼棼)"고 말함으로써 道의 또

---

5) 韓愈, 朴一峰 譯, 「原道」, 『古文眞寶』(育文社, 1991) p.405.: '堯以是傳之舜, 舜以是傳之禹, 禹以是傳之湯, 湯以是傳之文武周公, 文武周公傳之孔子, 孔子傳之盟軻, 軻之死不得其轉焉.'

다른 측면, 즉 道의 秘敎的 측면에 주목하였다. 바로 이러한 점은 李穡의 道統觀이 程朱學의 '무조건적 답습'에 머무르지 않았음을 의미한다.

이를 보다 구체적으로 살펴보자면, 學理的 측면인 四書三經이 지속적으로 '존재'하고 '硏究'의 대상이 되었다는 말은 이에 병행된 秘敎的 측면 - 道의 傳受 - 이 동시에 존재했다는 것을 의미한다. 그래서 李穡은 이전의 韓愈와 朱熹처럼 道統의 시간적 단절을 인정하지 않았다. 더 엄밀하게 말하자면, 李穡은 재발견도 '創造'가 아니라 '開發'의 일환이며 道統의 이어짐 역시 敎育 - 道의 傳受 - 과 文獻의 保存으로 설명하는 것이 합리적이라는 입장을 의식하고 있었다고 볼 수 있다. 그러므로 앞에서 그는 "學古文", "至於講明鄒魯之學", "用其學相"과 같이 '學'을 반복하여 썼던 것이며, 바로 이것은 그가 견지하고 있는 교육의 목적을 잘 설명해주고 있다. 바로 이 점이 고려와 조선 兩朝의 학문적 계통을 연결하는 가교로서 李穡을 중시해야 하는 이유이며, 우리 고유의 교육적 전통이 李穡으로부터 시작되었다는 점을 설명할 수 있는 단초이기도 하다.

이색의 이러한 독특한 입장은『中庸』의 주요 개념에 대한 그의 입장에서도 명확하게 나타난다. 가령 가장 중요한 '하늘(天)'에 대해 그는 다음과 같이 말했다.

> "오로지 말없는 모양을 하고 있는 데에서 나온 하늘의 명령은 그침이 없고 소리도 없고 냄새도 없다고 할지라도, 움직여 멈추지 아니하며, 크지만 소멸하지 않으니, 어찌 맡아 다스리는 바가 없다고 하겠는가. 해와 달과 별들이 제자리에 그대로 모습이 있게 하고, 바람, 비, 서리, 이슬이 하늘이 시키는 대로 되니, 어찌 한 순간이라도 어긋남이 있을 수 있겠는가. 비록 꾸짖음이 위에서 오고, 재앙이 아래서 일어났다 하더라도 그 또한 잠시일 뿐이다. 그러나 태어나 저절로 물드는 것 같이 차츰 길러내는 것의 조화는 지금까지 하루 같이 하니, 그치지 않음이 곧 순수함이라는 것을 알 수 있는 것이다.(惟天之命於穆不已 雖曰無聲無臭 然所以運而不息 大而不遺 豈曰無所不在乎 日月星辰之垂象 風雨霜露之爲敎 曷嘗頃刻之有違也哉 雖其譴見于上 災興于下 亦暫而已 其所以生成涵育之化 至于今如一日 則其不已也純也 可知矣.)."(『牧隱文藁』, 卷10, '純仲說')

일상적으로 '하늘'은 경험 세계 안에서 확인되는 존재(蒼天)로 번역된다.[6] 그

---

6) 가령, 김충열 교수는 李穡이 '唯氣論'의 입장에 있다고 보면서도 '理'에 대해서도 어

러나 『中庸』33장에서 子思는 하늘의 작용에 대해 "하늘의 작용은 소리도 냄새도 갖지 않는다(上天之載 無聲無臭)"고 하였고, 周敦頤는 이것을 "하늘의 작용은 소리도 냄새도 갖지 않지만 만물의 모든 변화를 이끌어 내는 근원이며 만물을 구분해 내는 근거이다(上天之載 無聲無臭 而實造化之樞紐 品彙之根柢也)"(『周子全書』券1)라고 설명한다. 이 점은 하늘이 '소리도 냄새도 갖지 않는다'는 것이 세계 내에서 感官을 통해 일어나는 경험적 차원을 언급한 것이 아니며, 오히려 모든 사물과 현상 그 이면에 들어 있는 '보이지 않는 표준'을 설명하기 위함임은 명확하게 이해하고 있음을 보여준다.

더욱이 李穡이 이러한 하늘을 '純也'라고 설명한 점은 특기할만한 점이다. 『中庸』26장에서는 "문왕의 덕은 순수하다(文王之德之純)"고 하였는데, 朱熹는 이에 대해 "純一하여 섞임이 없음(純一無雜)"이라고 해석하고 있다. 이것은 '純'이 대체로 경험과 다른 차원을 설명하는 말임을 추론할 수 있다. 이러한 관점에서 李穡은 하늘이 일상적인 번역처럼 경험적 차원의 존재로 이해해서는 안 된다는 점을 분명하게 언급하고 있는 것이며 朱子의 本意를 정확하게 꿰뚫어 보고 있음을 보여준다. 그러므로 李穡이 말한 "오로지 말없는 모양을 하고 있는 데서 나온 하늘의 명령은 소리도 없고 냄새도 없다(惟天之命 於穆不已 無聲無臭)"에 대한 일상적인 번역은 반드시 수정되어야 한다. 즉, 李穡이 사용한 '소리와 냄새'는 일종의 學理的 隱喩(scholastic metaphor)이며, 그는 이것을 보다 명확하게 설명하기 위해 '純'이라는 용어를 제시한 것이다.

이를 보다 확대해보자. 『中庸』首章은 "性은 하늘이 명령한 것이며, 道는 性이 가시화된 형태로 드러난 것이며, 敎는 道를 제도에 의하여 시행하는 것이다(天命之謂性 率性之謂道 修道之謂敎)"라고 한다. 李穡은 이를 다음과 같이 말한다.

> "대저 理는 형체가 없다. 事物의 裏面에 있는 것이 理이다(夫理無形也 寓於物 物之象也 理之着也)."(『牧隱文藁』, 卷3「蔡軒記」)

느 정도 이해를 하고 있다는 입장을 취한다. 그는 이것을 "편단(偏袒), 또는 협애(狹隘)하지 않음"으로 설명하나 엄밀히 말해 "애매함"이라고 이해하고 있는 듯하다. 특히 李穡을 氣論의 입장에 놓게 될 경우, 위의 구절은 곧 '蒼天'으로 이해될 소지가 대단히 높다. 이러한 입장은 이 구절을 직접 번역한 윤사순 교수의 경우 역시 예외가 아니다. 김충열, 『高麗儒學史』(高麗大 出版部, 1993), p. 182 참조.

"이것이 바로 天이 理이며, 그런 뒤에 인간은 비로소 인간의 일이 天이 아닌 것이 없다는 것을 알게 된다. 무릇 性은 인간과 사물에 다 있다. 인간과 사물을 지목해서 이름하면 사람이고 사물인데, 이것은 性이 가시화된 형태로 드러난 것이다. 그 까닭을 구하여 설명하자면, 인간에게 있는 것도 性이요, 사물에 있는 것도 性이다(於是乃曰 天則理也 然後人始知人事之無非天矣 夫性也在人物 指人物而名之曰 人也 物也 是跡也 求其所以然而辯之 則在人者性也 在物者亦性也 則同一天也)"(『牧隱文藁』, 卷10「直說三篇」)

李穡에 따르면, 지극한 道는 형체가 없으나 사물을 통하여 비로소 드러난다(夫至道無形, 因物可見)(『牧隱文藁』, 卷6「負喧堂記」). 이 때 理와 道는 모두 '無形'이라고 설명된다. 그렇다면 理는 곧 道인가? 흔히 이것은 李穡이 理를 道와 서로 상통하는 개념으로 이해했다는 생각을 갖도록 하기 쉽다(尹絲淳, 1996, p.105). 그러나 李穡은 분명 道에 대해 '性이 가시화된 형태로 드러난 것'이라고 설명하고 있으며, 道는 物을 통하여 가시화되어야 볼 수 있다고 설명한다. 바로 이러한 점은 朱熹가 말한 '遁(따르다)'보다 한 걸음 더 나간 것이다. 특히 李穡이 가시화된 형태(跡)라고 설명한 점은 朱熹보다 性과 道의 특성을 보다 명확하게 이해하도록 해준다.

뿐만 아니라 道와 敎에 대한 관계도 동일하다. 『中庸』首章에 따르면, 敎는 道를 제도에 의하여 시행하는 것이다. 李穡은 이에 대해 "그 지극한 理가 마음 사이에 있을 따름이다. 사방 한 치의 넓이인 마음이지만 지극한 道가 머물러 있는 곳이다(其至理存乎其間心焉而已矣 心之微 雖曰方寸 至道之所在也)"(『牧隱文藁』, 卷6「負喧堂記」)라고 말한다. 李穡은 道의 본질이 바로 마음에 있으며, 실제의 교육 활동에서 마음은 敎를 통해 道가 머물러 있는 곳임을 보여준다. 바로 이 점은 李穡이 "교육은 마음을 대상으로 하여 道를 내면화하는 일"임을 분명하게 하고 있다고 여겨지며, 성리학의 원전 중 하나로서 『中庸』이 가지는 중요한 이유―교육적 의미―를 李穡이 명확하게 이해하고 있음도 확인할 수 있다. 이러한 李穡의 관점은 다시 『中庸』의 핵심적 개념인 '中'과 '和'에 대한 그의 설명에서 뚜렷하게 제시된다.

"고요히 움직이지 않아서 거울처럼 텅 비고 저울처럼 공평한 것은 性의 體이니 이름하여 中이라 하고, 사물에 감응하여 통하게 되어 구름이 가고 물이 흐르는 것과 같은 것은 性의 用이니 이름하여 和라고 한다. 中의 體가 확립되면 천지가 제자리에 서며, 和의 用이 행해지면 만물이 성장한다(寂然不動 鑑空衡平 性之體也 其名曰 中 感而遂通 雲行水流 性之用也 其名曰和 中之體立 則天地位 和之用行 則萬物育)."(『牧隱文藁』 卷10 "伯中說贈李壯元別")

이때 李穡이 사용하는 '體'는 근본적인 것, 用은 파생적, 종속적인 것을 의미하며, 그 점에서 體用은 상관적인 의미로 쓰이는 개념이다(中村元 外 3人(編), 1989, p. 548). 李穡이 이처럼 體用 관계로 이를 설명한 것은 『中庸』에서 말하는 '표현되기 이전(未發)의 中'과 '표현된 이후(已發)'의 和와 관련된다.7) 즉, 『中庸』의 '표현되기 이전(未發)'은 '표현된 것(已發)을 보아서 알 수 있는 것'이라는 뜻을 동시에 내포한다(朴鍾德, 2004, p. 34). 이것은 李穡이 『中庸』의 "희노애락으로 표현되기 이전을 가리켜 中이라고 하며, 희노애락이 中에 맞게 표현된 상태를 가리켜 和라고 한다"는 것을 體와 用의 틀로 해석한 것이다. 이러한 體-用의 개념틀은 程朱學의 개념 구조를 李穡이 정확하게 꿰뚫어 보고 있었음을 보여주며, 동시에 이를 통해 '표현되기 이전(未發)'과 '표현된 이후(已發)'의 의미를 보다 정확하게 이해하는 데 결정적인 역할을 하였다고 볼 수 있다.

2. 『周 易』

李穡의 『周易』에 대한 이해는 『中庸』의 핵심적인 개념인 '中'의 해석을 '繫辭傳'에 나오는 '寂然不動'과 관련시킨 데에서 출발한다. 李穡은 寂然不動을 太極과 관련시켜 "태극은 고요함의 근본이니 한번 움직이고 한번 고요하여지면 만물이 성장한다(太極 寂之本也 一動一靜 而萬物化醇焉)"(『牧隱文藁』, 卷6「寂菴記」)고 말하고 있기 때문이다. 『周易』에서는 "변화에는 太極이 있다. 太極은 陰陽을 낳고, 陰陽은 四象을 낳고 四象은 八卦를 낳으니(易有太極 是生兩儀 兩儀生四象 四象生八卦)"('繫辭上' 11), 이것은 태극의 樣態와 '中'이 밀접한 관련성을 지니고 있

---

7) 未發과 已發의 의미에 대해서는 李烘雨, 『性理學의 教育理論』(誠敬齋, 2000), p.23.

음을 보여주는 것이라 할 수 있다. 이러한 점에서 李穡의 『中庸』이해는 다시 『周易』과 관련성을 지니며, 이는 성리학의 형이상학적 이해를 위해 이 두 원전의 긴밀성을 먼저 밝혀야 했던 李穡의 의도를 선명하게 보여주고 있다. 그러한 점에서 李穡이 파악한 『周易』은 그의 교육 사상을 이해하는 또 하나의 기준을 제공해줄 수 있다.

"무릇 사람은 氣를 받아 태어난다. 氣에는 강건한 乾〔陽〕과 유순한 坤〔陰〕 두 가지 뿐이다. 분석적으로 말하면, 수 화 목 금 토의 오행이 된다. 陽이 奇數가 되고 陰이 隅數가 되어 서로 구하면 陽은 陰과 서로 교역하는 원리에 따라 변하게 된다. 따라서 無極이라는 根源으로 돌아가는 것뿐이다. 無極이라는 根源은 무엇이라 이름하기 어렵다. 詩經에 이르기를, "하늘 위의 일은 소리도 없고 냄새도 없으며, 그 곳이 無極이 있는 곳이리라! 그러므로 주자는 太極圖를 지어 '無極이면서 太極'이라 하였다. 이것은 곧 太極이 바로 無極임을 말하는 것이다. 하늘에 있어서는 바람이 일고 우뢰가 진동하기 이전의 渾然한 상태요, 사람에게 있어서는 일에 응하고 사물에 접하기 이전의 寂然한 상태를 말한다(夫人之受是氣以生也 乾建坤順而已矣 分而言之 則水火木金土而已矣 求其陽奇陰隅 陽變陰化之原 則歸於無極之眞而已矣 無極之眞 難乎名言矣 詩曰 上天之載無聲無臭 其無極之所在乎! 故周子作太極圖 亦曰無極而太極 蓋所以贊太極之一無極耳 在天則渾然而已 發風動雷之前也 在人則寂然而已 應事接物之前也)."(『牧隱文藁』卷3 '養眞齋記')

다시 『中庸』에 이어 『詩經』에 등장한 "소리도 냄새도 없음(上天之載 無聲無臭)"[8]에 대해, 李穡은 太極과 無極에 대해 논하였다. 우선 朱熹의 해설을 보자.

"無極이라 말하지 않으면, 태극은 이내 현상과 동일한 것으로 간주되어 모든 현

---

8) 『詩經』 「大雅」 '文王之什' 文王, 文王在上, 於昭于天. 周雖舊邦, 其命維新. 有周不顯, 帝命不時. 文王陟降, 在帝左右. 亹亹文王, 令聞不已. 陳錫哉周, 侯文王孫子. 文王孫子, 本支百世. 凡周之士, 不顯亦世. 世之不顯, 厥猶翼翼. 思皇多士, 生此王國. 王國克生, 維周之楨. 濟濟多士, 文王以寧. 穆穆文王, 於緝熙敬止. 假哉天命, 有商孫子. 商之孫子, 其麗不億. 上帝旣命, 侯于周服. 侯服于周, 天命靡常. 殷士膚敏, 祼將于京. 厥作祼將, 常服黼冔. 王之藎臣, 無念爾祖. 無念爾祖, 聿脩厥德. 永言配命, 自求多福. 殷之未喪師, 克配上帝. 宜鑒于殷, 駿命不易. 命之不易, 無遏爾躬. 宣昭義問, 有虞殷自天. 上天之載, 無聲無臭. 儀刑文王, 萬邦作孚

상을 생성하는 궁극적 원인이 되기에 충분하지 않은 것으로 됩니다. 〔그리고〕 태극이라고 말하지 않으면, 무극은 공허한 것으로 되어 모든 현상을 생성하는 궁극적 원인이 될 수 없게 됩니다(不言無極 則太極同於一物 而不足爲萬化之根 不言太極 則無極淪於空寂 而不能爲萬化之根)."(『朱熹集』卷36)

"주돈이가 無極이라는 말을 내세우는 것은 〔태극이〕 공간을 차지하고 있는 것이 아니요 형체를 갖추고 있는 것도 아니라는 점을 지적하기 위한 것입니다. 그것은 현상이 있기 이전부터 존재하며, 현상이 생성된 후 이후에도 그 속에 들어있지 않은 적이 없습니다. (……) 그것은 모든 현상을 가로질러 존재하지 않는 곳이 없지만, 소리도 냄새도 흔적도 없어서 애당초 말로 표현할 수 없습니다(周子所以謂之無極 正以其無方所無形狀 以爲在無物之前 而未嘗不立於有物之後 (……) 以爲通貫全體 無乎不在 則又初無聲臭影響之可言也)"(상게서)

朱熹가 말한 이 '현상이 있기 이전부터 존재하는 것으로 여김(以爲在物之前)'에 대해 李穡은 '하늘에서 바람이 일어나고 우뢰가 진동하기 이전의 渾然한 상태, 사람에게 있어서 일에 응하고 사물에 접하기 이전의 寂然한 상태를 말한다'로 설명한다. 이것은 곧 우리가 경험하기 '이전'이 시간상의 이전이 형이상학적인 이전, 즉 선험적이라는 것을 보여준다. 특히 朱熹가 太極圖에 대한 자신의 견해를 전개할 때 '無極'은 太極의 양태이며 별노의 존새를 의비하지 않는다. 그런데 李穡은 이에서 한 단계 더 발전하여 朱熹의 해석대로 따르더라도 곧 '太極이자 無極'임을 주장한다. 즉, 太極을 無極으로 부르더라도 다른 존재를 별도로 칭하는 말이 되지 않는다는 것이다. 이러한 점은 주자보다 더욱 명쾌한 바가 있다.

이와 같은 太極의 이해를 바탕으로, 李穡은 다시 乾卦와 坤卦를 해설한다. 그는 이 두 괘가 『周易』의 핵심적인 개념을 응축한 것으로 파악하여 다음과 같이 말하였다.

"乾卦와 坤卦는 周易의 門이다. 건괘와 곤괘가 없으면, 역을 볼 수 없게 된다. 64괘는 貞이 드러나는 것이다. (……) 건괘의 貞은 큰 것이다. 그러나 곤괘에서는 '암말'의 貞이라 하였으니 이는 높은 것에 둘이 없음을 말한다. 詩經의 周南과 召南 두 편에 나타난 교화가 후비한 사람의 貞에서 말미암은 것이기 때문에 건괘와 곤괘의 重卦에 짝하는 것이요, 禮記〔文王世子篇〕에서 '한 사람이 '크게 선량하게 되면'(元良)이라고 한 것은, 萬國이 바르게(正을)된다는 것을 나타낸 것이기 때문에, 건괘와 곤괘가 서로 사귀어 크게 통하게 되는 것이니, 건괘와 곤괘에서 貞의 가르침을 충분히 볼 수 있다. 더 나아가 書經의 虞書, 夏書, 商書, 周書의 글이 모두 이 貞을 기록하고 있으니, 天理를 바르게 보도록 가르치는 것이 이와 같은 것이 어디 있겠는가 顏子, 子思, 孟子의 학문 모두가 바로 이 貞을 전하려고 하는 것이다. 그러므로 이 道學이 하늘의 태양과 달과 같이 곧고 밝은 것이다. 貞의 활용이 크도다. (……) 春秋에서는 天時를 받들고 王法을 밝혔으니 이 모두가 하나같이 正〔貞〕에서 나온 것이다(乾坤 易之門也 乾坤廢 易不可見 六十四卦 貞之著也 (……) 乾之貞, 大也; 至於坤 則加牝馬焉 尊無二上也 詩之二南風化 繫於后妃之貞也 是以配乾坤之重卦焉 禮之一人元良 形於萬國之貞也 是以致乾坤之交泰焉 乾坤二卦 定以見貞之訓矣 而況虞夏商周之書 紀此貞也 故其理敎如天地之貞觀焉. 顏曾思孟子之學 傳此貞也 故其道學如日月之貞明焉 貞之用 其大矣哉. (……) 春秋奉天時 明王法 一出於正而已)."(『牧隱文藁』卷4, '朴子虛貞齋記')

李穡은 乾卦와 坤卦야말로『周易』의 정수가 담겨 있다고 본다. 그래서 그는 특히 "六十四卦는 貞이 드러나는 것이다(六十四卦貞之著也)"라는 입장을 표명한다. '貞'은 卜과 貝가 합쳐진 글자로서 '점을 치다'라는 의미를 가지고 있다. 즉, '卜', 神에게 제물을 바치므로 '貝'로 나타내었다는 것이다. 그런데 이 점은 貞에 들어 있는 德을 밖으로 드러내어 현실에 실현시키는 것이라고 볼 수 있는데,[9] 이 그 德은 곧다(正), 안정하다(定), 정조(貞操), 진실한 마음, 정성(精誠), 만물 성숙(萬物 成熟)의 德 등으로 이해할 수 있다. 그래서 李穡은『周易』은 물론,『詩經』,『禮記』,『論語』,『孟子』,『春秋』에 이르기까지 이 '貞'을 핵심적인 개념으로 이해하고 모든 經書를 이 '貞'으로 파악하는 독특한 관점을 도출하고 있다(琴章泰, 1996, p.132).

지금까지 우리는 李穡이『中庸』과 『周易』을 이해한 방법을 되짚어 봄으로써 道統에서 드러난 두 가지 방식-德의 傳受와 文獻-에 대해 살펴보았다. 특히 우리는 李穡이『周易』으로부터 자신의 교육 이념인 '貞'을 도출함으로써 교육내용으로서 四書五經의 중요성을 드러내고 있음을 보았다. 이러한 그의 이해는 다시 방법의 차원에서 復卦를 해석하고 있는 데서 그대로 드러난다.

---

9) 대표적으로『周易』의 64卦 중 乾, 坤, 屯, 隨, 臨, 无妄, 革 등은 모두 '元, 亨, 利, 貞'의 占辭를 직접 사용하고 있다. 이 4개의 占辭는 모두 각 괘가 지닌 德을 드러내며, 이 괘를 얻음으로써 현실에서 이 德이 실현되는 것을 의미한다고 할 수 있다.

"陽이 회복되어 다섯 陰 아래 있는 것은,10) 사람의 성품으로 말하면 착한 마음의 싹이다. 사람의 일을 가지고 말하면 길한 징조요, 배움으로 말하면 곧 자신의 근본을 회복하는 것이다. (……) 공자는 말씀하시기를, "자신을 이기고 예를 회복하는 것이 仁이다"라고 하였으니, 禮가 아닌 것은 보지도 듣지도 말하지도 움직이지도 말라는 것은 그것을 회복하는 공부요, 어리석은 듯하면서도 어긋남이 없게 되는 것은 그것을 회복한 효과이다. 私欲이 없어졌으니 자신을 이길 것이 무엇이 있으며, 天理가 이미 행해졌으니 굳이 회복할 필요가 어디에 있겠는가. 이는 곧 천하가 仁으로 돌아가게 되는 것이다. (……) 주역의 復卦의 象辭에 이르기를 "復卦에서 하늘과 땅의 마음을 본다"고 하였으니, 하늘과 땅의 마음은 곧 사람의 마음이다. 仁의 마음을 찾으려면 주역과 논어를 보면 충분할 것이다(陽之復也 而在五陰之下 以人性言則善之萌也 以人事言則吉之兆也 以學言則反乎其初者也 (……) 夫子曰克己復禮爲仁 勿於非禮復之功也 愚於不違復之之效也 私欲淨矣 何待於克之 天理行矣 何待於復之? 此天下之所以歸其仁也 (……) 易之象曰復其見天地之心 天地之心 則人之心也 求仁心 觀乎易 觀乎語 斯足矣)."(『牧隱文藁』卷10, '子復說')

李穡은, 『中庸』과 『周易』에 대한 이해를 통해, 이 두 原典 그 자체가 이미 성리학 이론의 형태를 원초적 형태로 담고 있음을 보여 주었다. 이러한 그의 이해는 다시 그의 교육 이론(李烘雨 외 7인, 2000)에서 분명하게 드러날 것을 기대해볼 수 있다. 앞서 살펴본 바와 같이 이를 설명하기 위해서는 李穡의 성리학을 이루고 있는 3가지 측면-존재론, 윤리론, 인식론-을 차례로 보여주고, 이것으로 성립된 그의 교육이론이 당시 교육을 어떻게 설명하고 있는지 살펴봄으로써 가능할 것이다.

---

10) 地雷復卦는 陽이 갔다가 다시 돌아오므로 만물이 生하는 길이 트이게 된다. 內卦는 震動, 外卦는 坤順이다. 陽이 밑에서 動하여 理致에 순응하니 위로 자라나는 象이다.

Ⅲ. 李穡의 性理學[11](1): 存在論

1. 理 氣

　　성리학의 존재론에 있어서 가장 중요한 개념은 理와 氣이다.[12] 특히 李穡의 理氣論은 無極論을 그 출발점으로 삼고 있다는 특색이 있다. 李穡의 '養眞齋記'를 보면 "양과 음이 변화하는 것의 근원을 찾아보면 無極의 眞에 돌아갈 뿐이다. 無極의 眞은 말하기 어렵다. 『詩經』에 '하늘의 일은 소리도 없고, 냄새도 없다'고 하였다"라고 말하고 있는데, 이것은 無極이 존재론적 개념 하에서 절대수준의 형이상학적 원리임을 말하고 있는 것이다. 理와 氣의 출발점 역시 이 無極이다. 그래서 이것은 흔히 "현존하는 경험 세계의 한 부분일 수 없으며, 또 시간·공간 중에서 결정되는 것이 아닌", 경험대상으로 삼은 '존재'일 수 없다는 것을 의미한다.[13] 이것을 다른 말로 한다면 "논리적 가정"이라고 할 수 있으며, 이는 공리의 경우처럼 그 존재의 유무를 증명해야 하는 것이 아님은 분명하다.

　　더욱이 李穡의 理는 先秦時代 당시 孟子가 제기했던 중요한 문제－'마땅히 행해야 할 준칙 또는 조리의 의미'－를 논리적으로 증명하기 위한 개념적 도구이다.

---

11) 여기서 특히 '李穡의 性理學'이라고 한 것은 李穡 자신이 성리학을 어떻게 해석하고 나름대로 이론을 정립하려고 하였는지를 설명하려는 의도를 드러내기 위함이다.

12) 노사광에 따르면, 송대 철학에서 나타난 세계에 대한 긍정은 하나의 존재론적 의미의 해석(Ontological Interpretation)을 하는 것이라고 할 수 있다. 이 기초가 되는 것이 바로『中庸』과 『周易』이며, 크게 보면 이로부터 天道觀과 本性觀이 도출되었다고 할 수 있다. 특히 理氣는 이 중 전자와 후자의 긴밀성을 설명하는 데 있어서 중요한 개념적 도구이며, 이것은 특히 인간의 '선'에 대한 이율배반(Antinomy)을 설명하는 방편으로 작용하여 왔다. 자세한 것은 노사광, 정인재 (역), 『중국철학사』 "송명편"(탐구당, 1988) 제2장 宋明儒學總說 참조.

13) 노사광은 宋明의 儒學에서 性, 또는 理는 일상 경험상의 시간·공간 중에서 결정되어지는 존재(Tempro-Spatially determined)가 아니라고 주장하였으나, 이것이 시간·공간의 구조 중에서 특정한 자리를 차지하고 있는 것은 아니라고 주장했다. 李穡이 만일 無極을 그 출발점으로 하여 理氣를 설명하였다면, 이것은 이렇듯 시간·공간 중에서 결정되는 존재로 보지 않은 것이 된다. 이는 宋明의 儒學, 즉 性理學의 일반적인 개념 구조에 그가 충실했음을 보여주는 좋은 선례가 된다. 노사광, 정인재 역, 『중국철학사』 "송명편"(탐구당, 1988), p. 68.

『孟子』告子 上에 보면 "누구나 마음속으로 동일하게 옳다고 인정하는 것은 무엇인가? 그것은 理이다(心之同然者 何也, 謂理也)"라고 말하였으며, 萬章 下에서 '始條理'를 '智之事'로 보고 '終條理'를 '聖之事'로 보고 있다.14) 이것을 朱熹는 다음과 같이 말하였다.

> "천하의 物은 반드시 각각 그러한 이유와 당연히 그러할 법칙이 있는데 이것이 이른바 理이다(至於天下之物 則必各有所以然之故 與其所當然之則 所謂理也)"(『大學或問』)

이때 이 理를 James Legge는 心之體로 보았으며(James Legge (trans.), p. 406.), 朱熹는 다시 이것을 '所以然'과 '所當然'으로 구분하고 있다. 그렇기에 李穡 역시 이에 대해 동의하면서 다음과 같이 말하였다.

> "해가 떠 더워지면 펴고, 추우면 움츠리는 것은 내 몸만이 그런 것이 아니다. 지극한 理가 그 사이에 있으니 마음일 따름이다(日則喧喧氣舒 寒氣縮 非獨吾身也 天地之道也 而其至理存乎其間 心焉而已矣)."(『牧隱文藁』卷6 '負萱堂記')

> "변하여 움직이는 것이 흐르는 물 같으니, 天理는 터럭 하나의 차이이지만 어긋남은 千里나 멀어진다(變動如流水 天理分豪釐 差之信千里)."(『牧隱詩藁』卷11 '擬古')

---

14) 『孟子』萬章 下의 해당 구절은 다음과 같다. "맹자가 말하였다. '백이는 청렴결백한 바가 뛰어났고, 이윤은 책임감이 뛰어났으며, 유하혜는 조화롭게 함이 뛰어났고, 공자는 (이 3가지의 덕을 갖추고도 행동함에 틀림이 없었으므로) 그 때에 적절함에 있어서 뛰어났다. 그러므로 공자는 가히 이전 성인의 덕을 품어 이를 이룬 사람이라 할 수 있다. 성인의 덕을 품어 이를 이루었다는 것은 (마치) 종을 치고 옥을 모아들이는 것과 같다. 종을 치는 것은 처음 시작함을 알리는 이치이며, 옥을 모아들이는 것은 마침을 알리는 이치이다. 시작함을 알리는 이치는 지혜로움이 하는 일과 같고, 마침을 알리는 것은 뛰어남이 하는 일과 같다. 지혜로움은 비유컨대 교묘한 기술이며, 뛰어남은 비유하자면 힘과 같다. 백 보 밖에서 화살을 쏠 때 거기에 닿을 수 있는 것은 당신이 가진 힘이지만, 거기에 명중하는 것은 당신이 가진 힘 때문이 아니다(孟子曰, 伯夷, 聖之淸者也. 伊尹, 聖之任者也. 柳下惠, 聖之和者也. 孔子, 聖之時者也. 孔子之謂集大成. 集大成也者, 金聲而玉振之也. 金聲也者. 始條理也. 玉振之也者, 終條理也. 始條理者, 智之事也. 終條理者, 聖之事也. 智譬則巧也. 聖譬則力也. 由射於百步之外也, 其至爾力也. 其中非爾力也)."

"선비가 어려서 독서하여 格物하면 천하의 事理가 밝음에 이를 것이요, 壯年이
되어 임금을 섬기고 사물을 올바르게 다스리는 면, 천하의 事理가 공평하게 될 것
이다(士君子少也 讀書而格物 則天下之事理 致其明. 壯也事君而理物則天下之事理
歸于平)."(『牧隱文藁』卷2 '萱庭記')

성리학이 先秦儒學의 原典으로부터 도출한 문제의식 - 천하의 事理에서의 理 -
에 대해 李穡 역시 그 입장을 공유하고 있으며, 동시에 성리학에서 말하는 형이상
학적 理도 말하고 있다. 이러한 理의 이해는 궁극적으로 天理와 人性의 동질성을
설명하는 성리학의 문제의식을 李穡 또한 분명하게 인지하고 있었다는 것을 입증
하여 준다.

그래서 李穡은 다음과 같이 말하였다.

"理는 형체가 없으나 만물에 깃들여 있으니, 만물의 형상이라는 것도 理의 나타남
이다(夫理無形也 寓於物, 物之象也 理之着也)."(『牧隱文藁』卷3 '葵軒記')

여기서 우리가 주목해야 할 점은 '理'의 두 가지 측면이다. 李穡에 따르면, 理
는 '형체가 없음(無形)'과 '만물에 깃들여 있음(寓於物)'의 두 가지 특성을 가지고
있다.15) 이 때 '형체 없음'은 理의 형이상학적 측면을 언급한 것이며, '만물에 깃
들여 있음'은 형이하학적 측면을 말한 것이다. 가령 전자는 우리의 경험을 뛰어넘
는 '형상 위의 것'이라면, 후자는 우리의 경험을 통해 이해되는 '형상 안의 것'이
되는 것이다. 이는 일찍이 朱熹가 말한 "태극이 바로 하나의 理이다(太極只是一
箇理字)"(『朱子語類』卷1)과 다르지 않으니, 사실 이 두 가지는 전혀 다른 말이
아니라 같은 의미를 李穡이 보다 명확하게 밝힌 것이라고 할 수 있다. 이 점은
李穡이 朱熹가 理에 대해 미처 표현하지 못했던 것을 명료하게 한 것이니 성리학
내에서 보다 획기적인 진전이라고 할 수 있다.

---

15) J. Percy Bruce(1923)는 "철학의 가장 중요한 문제는, 우주의 현상들을 설명하
고자, 自家撞着이고 그 자신에 현존하고 있는 화해할 수 없는 명백한 모순들을 설
명하는 것이다."라고 하였다. 서양에서 가장 대표적인 것은 바로 물질과 마음에 관
한 것이다. 그런 의미에서 Bruce는 "道, 性, 太極, 天은 理와 동의어이며 한 실
재의 독특한 측면을 각각 표현한 것"이라고 하였다. 李穡의 위 표현은 바로 이러한
이해 위에 서 있는 것이다. pp. 107-109 참조.

氣의 문제는 성리학의 또 다른 難題이다. 氣의 문제를 본격적으로 철학의 문제로 논의된 사람은 북송의 張載와 二程이다.

> "太虛에는 氣가 없을 수 없고 氣는 모여 萬物이되지 않을 수 없으며, 萬物이 흩어져 太虛가 되지 않을 수 없다(太虛不能無氣 氣不能不聚而爲萬物 萬物不能不散而爲太虛)."(『正蒙』'太和篇' 第一)

> "하나의 陰과 하나의 陽을 일컬어 道라 한다. 이 이치는 확고하여 설명을 더할 것이 없다. 陰陽이 道이기 때문에 氣이다(一陰一陽之謂道, 此理固深 說則無可說. 所以陰陽者道 卽曰氣)."(『遺書』15)

張載에 따르면, 만물은 太虛, 즉 氣로부터 출발한다. 반면 二程은 氣의 두 측면－兩儀, 또는 陰陽－이 모두 太極에서 나오며 太極이 곧 道라고 하였다. 이 때 '하나의 陽과 하나의 陰이 道'라고 한 것은 이 氣의 두 측면이 道를 이루는 질료일 뿐, 氣가 곧 道임을 의미한 것은 아니다. 이처럼 張載와 二程은 氣가 경험보다 앞선 존재인 동시에 경험 세계의 물질을 이루는 소재임은 인정하였으나, 氣와 理의 지위에 대해서는 서로 상반된 견해를 보였다. 이 중 朱熹는 전형적으로 二程의 학설을 인정하였으며 이를 통해 二元論을 수립하였으므로, 李穡이 程朱學을 어떻게 이해하고 있는가를 살펴보는 가장 좋은 척도는 사실상 '理와 氣의 지위'에 관한 이해에서 결정된다고 할 수 있을 것이다.

이와 관련된 다음의 구절을 보라.

> "道는 太虛에 있다. 본래 모양이 없다. 그런데 형태를 있게 할 수 있는 것은 오로지 氣만이 그렇게 할 수 있다(道之在太虛 本無形也 而能形之者 惟氣爲然)."(『牧隱文藁』 卷1 '西京風月樓記')

이 구절은 보통 "이 관점에서 牧隱은 모든 氣의 모체이자 천지 만물의 근원으로서 元氣의 존재를 긍정하고, 元氣說에 입각한 氣一元論을 제시하는"(琴章泰, 1996, p. 139) 것으로, 혹은 "牧隱에 있어서의 理의 개념은 道의 개념과 같이 쓰이는 정도"(尹絲淳, 1996, p. 105)로 이해된다. 이 두 관점의 공통점은 氣論

의 입장에서 李穡을 이해한 것이다. 특히 이 두 관점이 정당하기 위해서는 '太虛'를 어떻게 이해하고 있는가에 달려 있다. 그 여부는 "道가 太虛에 있다"는 말을 어떻게 해석하는가와 관련된다. 李穡에 따르면, 太虛에 있는 道는 無形한 존재이며, 이는 能形(有形)과 확연하게 구별된다. 그러므로 李穡의 발언에서는 두 가지 의미를 먼저 확실하게 이해해야 한다.

1) 太虛가 곧 道가 아니라, 太虛 안에 道가 있는 것이다.
2) 氣는 오로지 有形의 세계 내에서만 작용한다.

위의 두 가지 관점은 이 두 가지 전제를 혼동함으로써 빚어진 오해에서 출발한다. 李穡에게 있어서 "道가 太虛에 있다"는 말은 "太極이 太虛에 있다"는 것과 같다. 그리고 太虛는 '無極'과 같이 상태를 나타내는 말일뿐이며 존재가 아니다. 정확하게, 李穡은 太極 - 道 - 陰陽 - 五行이라는『周易』의 개념을 사용한 것일 뿐이다.

朱熹의 말과 비교해보면 그것은 분명하다.

"그러므로 사람과 사물이 생겨남에 세련된 것과 조잡한 것이 있어 서로 같지 않다. 하나의 氣를 가지고 말한다면 사람과 사물도 모두 氣를 받아 세상에 생긴다. 세련되고 조잡한 것으로 말하면 사람이 그 氣의 바른 것을 얻어 通者가 되었고, 物은 氣의 편협함을 얻어 막힌 것이 되었다. 오로지 인간만이 그 바른 것을 얻어 理가 통하여 막힌 바가 없으며, 물은 그 각각에 맞는 氣를 받아 理가 막혀 아는 바가 없게 되는 것이다(故人物之生 有精粗之不同 自一氣而言之 則人物皆受氣而生 自精粗而言 則人得其氣之正且通者 物得其氣之偏且塞者 惟人得其正 故是理通而無所塞 物得其偏 故是理塞而無所知 (……) 然就人之所稟而言 又有昏明淸濁之異……)."(『朱子語類』卷4)

"하늘과 땅이 모두 氣이다. 인간과 사물도 이 氣를 받아 생긴다(天地氣也 人與物受是氣以生)."(『牧隱文藁』卷2 '萱庭記')

"하늘과 땅이 이루어질 때 〔氣의〕 가볍고 맑은 것은 위로 올라가 하늘이 되고 〔重濁한 것은 아래로 내려와 땅이 되었다〕, 인간과 사물도 이 氣를 받아 생겼는데, 온전한 氣를 받은 인간은 聖人, 賢人이 된다(天地之判也 輕淸者在上 而人物之生

稟是氣以全者爲聖爲賢)."(『牧隱文藁』卷5 ‘淸香亭記’)

朱熹는 氣에도 층차가 있다고 보았으며, 특히 인간이 理를 가장 잘 구현한 존재라고 보았다. 李穡 역시 氣는 '하늘과 땅'으로 대표되는 시간·공간적 제한 안에 있으며 그 층차 또한 분명하다고 주장하고 있다. 이 점은 李穡이 程朱學의 宗旨 안에 있음을 잘 보여준다. 또한 "理는 그 자체로는 만물을 '낳을' 수 없고 반드시 氣와 결합됨으로써만 만물을 낳는 것"(李烘雨 외 7인, 2000, p. 9)이라는 입장을 받아들이고 있다. 이러한 점에서 볼 때, 일반적으로 李穡의 이론에 대해 불완전성을 언급하는 학자의 태반이 이러한 理氣 사이의 개념적 지위에 대해 올바른 이해가 부족했음을 분명하게 알 수 있다. 종합하여 보건대, 李穡은 程朱學의 宗旨를 정확하게 이해했을 뿐만 아니라 朱熹의 불명료한 표현을 보다 명확하게 해준 면이 있다. 이것을 단지 氣論의 입장으로 잘못 이해함으로써 위와 같은 관점의 오류가 발생한 것이다.

2. 性　情

위의 理氣와 같은 문제는 性情 역시 마찬가지이다. 그러나 程朱學에서 무엇보다 관심을 가졌던 것은 性情 간의 개념적 지위보다 理와 性의 관계에 관한 문제이다. 이러한 문제의식의 출발점은 바로『中庸』首章이다.

"性은 하늘이 명령한 것이며, 道는 性이 가시화된 형태로 드러난 것이다(天命之謂性 率性之謂道)."

朱熹는 性과 理는 서로 "동일한 존재의 다른 이름(性卽理)"이라고 하면서 "마음을 언급할 때에는 性이라 하고, 사물을 언급할 때에는 理라고 한다(心喚做性在事喚做理)"라고 하였다. 이는 陳淳이 다음과 같이 보다 쉽게 설명하였다.

"性卽理라고 하면, 왜 理가 하지 않고 性이라고 하였는가? 대개 理는 넓게 말하면 하늘과 땅 사이에 존재하는 인간과 사물에 관한 公共의 理이며, 性은 나에게 있는 理, 단순하게 말하면, 하늘에서 받은 道理로서 나 자신이 가지고 있는 것이기 때문에 그것을 이름하여 性이라한다(性卽理也何以不謂之理而謂之性 蓋理是泛言天地間人物公共之理 性是在我之理 只言道理受於天而爲我所有故謂之性)."(北溪字義, 卷上 性)

性과 理는 天命이 세계로 향하는가, 아니면 인간의 마음으로 향하는가에 따라 달리 부르는 이름이다. 이 때 天命은 性과 理와 그 본질에 있어서 동일하며 가시화된 道로 나타나기 '이전'이라는 점에서는 동일하다. 陳淳은 이러한 '한 실체의 다양한 명칭'에 대한 의문에 대해 다음과 같이 설명함으로써 그 문제에 대해 이해를 시도한다.

특히 이러한 문제는 다시 이 性의 기준인 '中'과도 깊은 관련성을 가지고 있다. '中'은 표현하기 '이전'(未發)이다. 그래서 喜怒哀樂은 '中'과 전혀 다른 개념이다. 문제는 이 喜怒哀樂이 표현되는 순간이다. '中'은 감정이 드러나는 순간 밀접한 관련성을 갖는다. '마음의 理'인 性과 '마음의 표현'인 情 사이에 올바른 기준인 '中'이 자리 잡고 있기 때문이다. 이 점은 바로『中庸章句』의 序文에서 인용된『書經』'大禹謨'의 구절-마음의 두 측면(人心과 道心)-을 떠올리게 한다.16) 이것은 다음의 시에서도 잘 드러난다.

"性 一兮淑慝之胡形, 性 그것은 한 가지이거늘 선과 악이 어떻게 달리 나타나나.
才 一兮取舍之是嬰, 才 그것은 한 가지이니 취하고 버림에 달려있네.
    澗泉之幽幽, 시내와 샘물 유유히 흐르고,
    江海之冥冥, 강과 바닷물 출렁거리네.
    我歌其中兮, 나는 '中'에서 노래해야 하는데,
    鬢毛之星星, 백발이 성성해 지네.
    千載有人兮, 천년 뒤에 나의 마음 아는 이 있어,
    有耳其聆. 귀 있으면 이 내 노래를 들으리라. (『詩藁』卷1)
"부모를 잘 섬기는 것을 孝라 하고, 이것을 임금에게 옮기면 忠이라 하니, 이름은 비록 다르지만 이치(理)는 하나이다. 이치가 하나인 것은 곧 이른바 中이다. 무

---

16) 人心惟危 道心惟微 惟精惟一 允執厥中(인심은 잘못흐르기 쉽고, 도심은 드러나기 어렵다. 마음을 순수하고 專一하게 하여 불변의 궁극에서 벗어나지 말라.)(이홍우 교수 역)

엇인가? 대저 사람이 태어날 때 陰陽-五常의 德을 갖추었으니 이른바 性이다. (……) 性의 體를 中이라하고 性의 用을 和라 한다(善事父母, 其名曰孝, 移之於 君 其名曰 忠 名雖殊而理則一 理之一 卽所謂中也 何也 夫人之生也 具健順五常 之德 所謂性也 (……) 性之體也 其名曰 中 性之用也 其名曰 和) (『牧隱文藁』卷 10, '伯中說贈李壯元別')

두 편의 문예 작품에서 李穡은『中庸』에 대한 程朱學의 원리를 정확하게 이 글에서 적용하고 있다. 특히 李穡의 글에서 그는 理-性-中의 관계를 명확하게 이해하고 있으며 性의 體를 中으로, 性의 用을 和로 설명하는 탁견을 보여준다. 그래서 그는 자신의 자손을 훈계한 시에서도 그것을 다시 강조하고 있다. 가장 놀라운 말은 "無物不由誠(모든 만물이 誠으로 말미암지 못한 것이 없다)"이라는 말이다. 『中庸』에서 '誠'은 "誠은 스스로를 이루는 것(誠者自成也)"이며, 誠은 "사물의 시작이요 끝(誠者 物之終始)"이라고 말하였기 때문이다. 이것은 바로 神이다(朴鍾德, 2004, p. 79).

"形端影豈曲,　모양이 단정하면 그림자가 어찌 굽을 것이며
源潔流斯淸,　근원이 깨끗하면 그 흐름도 깨끗하리.
修身可齊家,　몸을 다스리는 것은 집을 다스리는 것이니
無物不由誠,　어떠한 물건도 誠에서 나오지 않음이 없다.
荒淫喪本性,　酒色에 빠지면 본성을 잃게 되며
忘動傷元精,　망령되게 움직이면 근원이 되는 精을 상하게 되니
所以戒自斲,　스스로 깎아 내리는 것 경계해야 하며
斲根木不榮,　뿌리를 베어버리면 나무는 번성하지 못하니
寢席燕安地,　잠자리와 앉는 자리 편안하게 하되
天命赫然明,　하늘의 명령 밝고 빛나니
奈之何忽諸,　어찌 이를 소홀히 할쏘냐!
吾身所由生,　내 몸 하늘의 命으로 말미암아 태어났으니
或褻而玩之,　혹시 내 몸을 아무렇게 다루면
禽獸其性情,　그 性情은 금수와 같이 되느니라.
嗟嗟我子孫,　아, 내 자손들이여
視此座右銘,　이 좌우명을 똑똑히 볼지어다."(『牧隱詩藁』卷26 '示子孫詩')

Ⅳ. 李穡의 性理學(2): 倫理論

　　인간에게 있어서 실재론은 이른바 '형이상학적 영역'에 속한다. 문제는 인간이 과연 이러한 본질적인 질서를 어떻게 현실에서 구현하는가에 있다. 바로 이것은 교육에 있어서 대단히 중요한 문제 중 하나이다. 이것은 구체적으로 1) **구현하고자 하는 '인간'은 과연 어떤 모습인가, 그리고 2) 우리는 왜 그런 '인간'을 구현하고자 하는가**의 문제로 요약할 수 있다. 흥미로운 점은 철학에 있어서 '윤리'의 영역은 특히 이러한 교육의 문제에 가장 밀접한 지점에 해당한다는 것이다. 즉, 윤리는 그러한 인간을 구현하기 위한 방법론이며, 교육은 그러한 인간의 상(像)을 만드는 방법론의 '실험'이기 때문이다. 그러한 점에서 철학과 교육은 동전의 양면과 같다. 그렇다면 본래의 문제로 돌아가서 과연 李穡의 성리학은 어떻게 윤리론에서 나타날 수 있으며 어떤 방법론이 그의 대안이었는가? 사실상, 이것은 우리 논의에 있어서 '핵심'에 해당한다.

1. 삶의 이유

李穡의 '食粥吟'에는 이러한 내용이 있다.

顔公食粥敢言炊,	顔公은 죽 먹으니 炊事를 감히 말할 수 없고
牧隱絶糧敢言粥,	목은 노인은 양식이 떨어졌으니 감히 죽은 말할 수 있으리
明窓擬作送窮文,	밝은 창가에 궁하다는 글을 써서 보내려다가
閣筆長飮空仰屋,	붓을 멈추고 길게 한숨지으며 천장을 우러러 보네
少年讀書山寺中,	소년시절 산에 있는 절에서 글을 읽을 때
鉢底分明對眉目,	죽 그릇 속에 비쳐진 얼굴을 대한 적 있었네
荣根有味齒頰香,	푸성귀 맛이 있어 이와 뺨이 향기로웠고
自謂立致千鍾栗,	곧 쉽게 높은 봉급을 받으리라 스스로 생각했었네
誰知爵位已封君,	누가 알았으리요 爵位가 이미 封君에 이르렀는데

白髮粥中時更覿,　　백발을 죽 그릇에서 다시 볼 줄을
老妻悶我病軀瘦,　　늙은 아내는 병든 내 몸 수척해짐을 걱정하여
特丐鍋胡白如玉,　　특별히 기름 낀 고기를 구걸해오니 희기가 옥과 같네
凝脂流滑入喉去,　　비계를 미끄럽게 목구멍으로 넘기고
曝背茅簷叩吾腹,　　초가 추녀 밑에서 햇볕 쪼이며 배를 두드리네
蒼頭赤脚色憔悴,　　남녀 하인들 안색이 초췌하니
愧我生疎不能育,　　내가 부족하여 먹여 살리지 못함이 부끄럽네
讀書一生不識事,　　한 평생 글을 읽고도 世情에는 어두우니
尙昧持家況當國,　　집안 일도 어두운데 하물며 나라 일을 감당할쏘냐
政合提携山中歸,　　가솔을 거느리고 산 속으로 돌아감이 마땅할 형편
山中瑤草今正綠,　　산 속의 요초들 지금 진정 푸르리.(『牧隱詩藁』卷12)

이 시는 맨 처음 보았던 '登科有感'과 대단히 유사한 맥락으로 전개된다. 李穡에 따르면, 공부는 '등과'와 동일한 은유인 '돈과 권력'과는 직접적인 관련성을 갖지 않는다. 이것은 앞서 우리가 가졌던 의문－학문의 최종점－에 대해 일관된 생각을 품었음을 보여준다. 흥미로운 것은 "한 평생 글을 읽었음에도 世情에 어둡다"는 것이다. 고려 시대에 학문은 바로 "入世"의 가장 기본적인 방법 중 하나였으며, 귀족이면 누구나 과거에서 좋은 詞章을 제출하는 것이 하나의 기본적인 목표였다. 그런데 등과가 아닌, 과거에서 '수석'의 명예를 휩쓴 李穡 자신의 목소리라고는 믿기 어려울 만큼 그는 "공부와 世情의 무관함"을 역설한다. 이 점은 우리로 하여금 그의 학문이 다가가고자 하는 최종점에 대한 무한한 궁금증을 자아내기에 충분하다.

이쯤에서 우리는 "학문은 왜 하는가?"라는 의문을 다시금 던져보지 않을 수 없다. 앞서 처음 제기했듯이, 교육활동은 윤리와 일정한 관련성을 갖는다.

"사람마다 스스로 가장 좋아하고 귀하게 여겨야 할 것이 있으니 그것이 天爵이다. 천작[17]을 닦아서 人爵이 이에 따르게 하는 것이 士君子가 크게 하고자 하는

---

17) 『孟子』'告子上', 孟子曰 有天爵者 有人爵者 仁義忠信 樂善不倦 此天爵也; 公卿大夫 此人爵也 古之人修其天爵 而人爵從之 今之人修其天爵 以要人爵; 旣得人爵 而棄其天爵 則惑之甚者也 終亦必亡而已矣((벼슬과 지위, 즉 爵位에는) 하늘의 작위(天爵)가 있고 인간(사회)의 爵位가 있다. 仁義忠信과, 지칠 줄 모르고 善을 즐겨 행하는 것은 하늘의 작위이고, 공경대부와 같은 관직은 인간의 작위이다. 옛

바이다. 따라서 인작만을 구하고 천작을 돌보지 않는 것은 우리 유자들이 할 일이 아니다. 천작이란 仁義忠信과 善을 즐겨 싫증내지 않는 것이며 이것이 바로 中道를 따르는 것이다. 사람은 이것 때문에 학문을 하는 것이다(人人之身有良貴. 天爵是已. 修天爵而人爵從之者. 士君子之所大欲也. 直欲求人爵. 而不顧天爵 則非吾儒者之事也. 天爵者 仁義忠信 樂善不倦也 人所由立也)."(『牧隱文藁』卷5 '築隱齋記')

여기서 李穡은『論語』에서 孔子가 그의 아들에게 던졌던 말과 유사한 "사람이 (이로) 말미암아 '서야 할' 바(人所由立也)"라는 표현을 사용한다. 이 말은 孔子의 나이 30세에 처음 '而立'이라고 했던 것과 유사하며, 이때 '서다(立)'라는 말은 학문에 대한 뜻을 굳건히 하여 어떠한 외물의 유혹에도 좌지우지되지 않는 모습을 말한다. 李穡의 이와 같은 말은 "人爵에 힘을 기울이는 것"보다는 "天爵을 위해 노력하는 것"이야말로 학문을 닦는 사람이 해야 할 바임을 강조한 것이다. 오히려 그렇게 하면 人爵은 절로 자신에게 이르는 것이니, 그는 여러 차례의 登科를 통해 얻은 경험을 바탕으로 '人爵에만 집착하는 것의 덧없음'을 이와 같이 표현한 것이라 할 수 있다.

2. 삶의 理想的 基準

우리가 교육을 '人爵이 아닌 天爵을 위한 것'이라고 정의할 때, 반드시 유의해야 할 것은 이러한 목표를 가능하도록 이끌어주는 '조언자', 즉 敎師이다. 유학에서 이러한 역할은 聖賢君子의 몫이다. 그렇다면 이들은 어떤 사람인가? 성현군자에 대한 李穡의 설명은 '敎師의 원형'을 보여주는 중요한 단서가 된다.

"오직 힘써 행함(力行)이라는 한마디가 道에 들어가는 門이 된다. (……) 이를 실천하려면 반드시 천하고금을 통하여 사람으로서 마땅히 행해야 할 德(知, 仁,

---

날 사람들은 자신의 하늘의 작위를 닦았는데, 〔그렇게 하다 보면〕 인간의 작위는 그 결과 따라 왔다. 지금사람들은 자기의 하늘의 작위를 닦음으로써 인간의 작위를 추구하며, 일단 인간의 작위를 얻고 나면 그의 하늘의 작위를 내팽개치고 마는데, 그것은 매우 어리석은 짓이니, 마침내 인간의 작위마저 잃어버리고 말 것이다).

勇)으로부터 말미암아야 하고, 이 達德을 실천하기 위해서는 반드시 하나(一)의
기준이 있다는 것을 알아야 한다. 그 기준은 誠일 뿐이다. 誠으로 되는 것은 천지
에 있으며 빠진 데 없이 꽉 차있는 鬼神의 德이요, 聖人은 너그러운 모습을 띠면
서 지극히 높은 곳에 있는 존재인 것이다(惟力行一言, 實入道之門也.(……) 將欲
踐之, 必自三達德, 將踐三達德 必自一 一者何 誠而已 誠之道 在天地則洋洋乎鬼
神之德也 在聖人則優優大哉峻極于天也)."(『牧隱文藁』卷10 '可明說')

李穡의 이 글에서 눈에 띄는 점은 '誠'과 '鬼神', 그리고 '聖人'이다. 필자의 생
각에, 놀라울 정도로 '鬼神'과 '聖人'의 묘사는 대단히 유사하다. 우선 達德을 실천
하도록 하는 기준인 '誠'은 1) **하늘의 道**(天之道)이며, 2) 하늘의 道(誠)는 인
**위적이지 않고도 사리에 맞으며 이해하려 하지 않아도 저절로 이해할 수 있
다는 것**이다. 誠이 내 마음 속에 있게 되면 자신의 입장을 내세우지 않고 묵묵히
中의 입장에 설 수 있게 되는데, 聖人의 모습-너그러우면서 높은 곳에 있는 존
재-은 바로 이와 같은 誠의 완전한 구현체이다. 바로 이러한 점은 '誠으로 되는
것'(誠之道)과 연결된다(『中庸』20章). 특히 이와 같은 것이 '鬼神의 德'이므로,
바로 곧 聖人의 모습인 것이다. 그렇다면 聖人의 德이라는 말과 鬼神의 德이라는
말은 전혀 다르지 않다.

李穡의 주장대로 敎師가 誠이 되는 道(誠之道)를 드러내기 위해서는 우선 그
기준이 되는 것-'가장 좋은 것'-을 가려내야 한다(擇善). 다음의 시는 이와 같은
우리의 주장에 보다 중요한 단서를 제공한다.

"天生人物似營營,　하늘이 인물을 만든 것이 부산한 듯하고,
方寸心中萬變生,　방촌의 마음속에 온갖 변화 일어나네.
製芝紹蘭有魚腠,　芝蘭을 엮어 입으니 물고기가 전송하고
誘松欺堅使猿驚,　松堅을 꾀어 속여 원숭이를 놀라게 한다.
鍾山月白是仙境,　鍾山의 밝은 달빛은 神仙의 경계요,
楚澤風淸非世情,　맑은 연못과 바람은 世情과 다르네.
眞僞由來終自露,　참과 거짓은 예로부터 끝내 저절로 드러나니,
讀書功業在明誠.　讀書하는 功과 業積은 誠을 밝게 아는 데 있네."(『詩藁』, 卷
　　　　　　　　　12 '有感')

　여기서 그는 분명 "讀書의 목적과 기능은 誠(神)을 잘 아는 데 있다"고 말한다. 그래서 그는 "讀書, 讀易, 讀春秋, 讀禮, 讀詩"(『牧隱文藁』卷7)를 주제로 한 오언율시들을 지어내고 있다. 이러한 점은 그가 다양한 원전의 이해가 곧 誠으로 가는 첩경임을 제시한 것임과 동시에, 당초 朱熹가 말한 바와 같은 讀書의 중요성을 공감하였다는 점을 드러내준다. 이러한 점에서도 그는 程朱學의 이론에 대단히 밝은 사람이다. 더욱이 이러한 四書五經은 모두 유학의 교과서들이다. 이 점은 비단 교육활동 뿐만 아니라 교육을 위한 교과서 안에도 誠이 그 원리이자 목적이 된다는 점을 보여주는 것이다. 이러한 사실은 『中庸』에서 출발한 誠의 사상이 李穡에게 대단히 중요한 문제의식이었음을 보여준다.

　바로 이 지점─李穡이 말한 "'誠(神)'과 鬼神의 德(誠之道, 在天地則洋洋乎鬼神之德也)"─은 敎師의 모습에 대한 은유적 표현임을 알 수 있다. 그것은 『中庸』 20장에 제기되어 있는 "誠으로 되는 것은 사람의 길이다(誠之者 人之道也)"라는 명제로도 분명하게 제시되어 있다. 이처럼 李穡은 『中庸』에 나오는 鬼神의 정의와 그 德으로 '誠〔神〕으로 되는 것(誠之道)'의 관련성에 대해 대단히 깊이 있는 안목을 가지고 있었던 것이다.

> "귀신의 德은 온 천지를 가득 채우고 있다. 보려 해도 볼 수 없으며, 듣고자 해도 이를 들을 수 없으며, 모든 사물을 남김없이 자신의 것으로 하여 하나도 빠뜨리지 않는 것, 이것이 귀신의 德이다. 이제, 귀신이 천하의 사람들로 하여금 마음을 가다듬고 외모를 단정히 하여 그를 받들려고 노력을 기울이게 한다고 하자. 이 때 비로소 귀신을 때로 우리 앞에 있는 듯이 하고, 때로 우리 양옆에 있는 듯이 하여 뚜렷이 자신을 드러낸다. 詩經에는 다음과 같이 표현되어 있다. 즉, '귀신을 파악하는 일은 도달할 수 없는 것, 하물며 우리의 사고로 귀신을 규정할 수 있으랴.' 가장 미미한 것이라 하더라도 그것은 드러나기 마련이다. 誠을 가릴 수 없는 것은 이 때문이다(鬼神之爲德 其盛矣乎 視之而弗見 聽之而弗聞 體物而不可遺 使天下之人 齊明盛服 以承祭祀 洋洋乎 如在其上 如在其左右 詩曰 神之格思 不可度思 矧可射思 夫微之顯 誠之不可揜 如此夫)."(『中庸』16章)

　이것은 "귀신의 德은 모든 사물을 남김없이 자신의 것으로 하여 하나도 빠뜨리지 않는 것"을 표현한 것이다. 이러한 입장은 여러 유학자에게서 공통적으로 나타나는 것이다. 가령 孟子가 '離婁章上'에서 '誠으로 되는 것(誠之者)'을 "誠이 되고자 노력하는 것(思誠者)"으로 말한 것과 같다. 이러한 주장은 孟子 뿐만 아니라 子思(『中庸』20장과 25장)와 荀子에서조차 뚜렷하게 나타난다.

> "모든 것은 이미 나에게 갖추어져 있다. 자신을 돌이켜보아 誠을 갖추게 되는 것—이것보다 더 큰 즐거움은 없다. 남이 나에게 해 주기를 바라는 바대로 남을 대하는 것—仁을 실현하는 데 이것 보다 더 좋은 방법은 없다(萬物皆備於我矣 反身而誠 樂莫大焉 强恕而行 求仁莫近焉)."(『孟子』盡心 上')

그래서 "이 誠(神)으로 되는 것이 '鬼神의 德'"이라는 말은 다음과 같이 요약할 수 있다.

> "교과 공부를 통해서 귀신의 상태를 회복하는 일은, 가히 天佑神助가 있어야 가능할 정도로 대단히 어려운 일이라고 해야 할 것이다. 그럼에도 불구하고 이 일이 가능한 것은 우리에게 귀신의 경험적 예시물에 해당하는 것이 주어져 있기 때문이다. (……) 교과로서의 경전과 의례에는 和와 庸이 구현되어 있다. (……) 교과로서의 경전과 의례에는 귀신의 입김이 담겨 있다. (교과는 엘리아데가 언급하고 있는 聖顯(hierophany)의 대표적인 것이라고 말할 수 있다) 또한 마찬가지 이유에서, 그 교과를 전달하는 교사는 '살아있는 귀신'이다."(李烘雨 외 2인, 2003, p.83)

李穡에게 나타나는 '鬼神'은 교사를 가장 이상적으로 표현한 말이다. 그는 하늘의 덕을 직접 학생들에게 보여주며, 학생들로 하여금 하늘의 덕을 실현하는 "가장 손쉬운 길"을 알려주는 직통로이다. 동시에 '鬼神'이 됨으로써 교사는 학생들에게 일반의 권력이나 힘이 갖는 권위와 다른, 새로운 '권위'를 부여받게 된다. 바로 이것이 일찍이 공자가 제자들에게 말한 "문화를 전승하는 힘"이다. 그러므로 교사는 사회를 구성, 유지하는 대단히 중요한 역할의 수행자이며, 학생들이 天道를 이해할 수 있는 하나의 통로가 되어주는 존재이다. 이는 마치 목사가 신의 뜻을 대리하여 수행하는 자가 되는 것과 같으므로, 종교적인 권위와 같이 교사의 권위를 끌어올린 것이다. 이러한 점은 李穡이 교육과 윤리의 본질을 매우 명확하게 꿰뚫어 보고 있었다는 점을 확연하게 드러내준다.

V. 李穡의 性理學(3): 認識論

이제 마지막으로 살펴보아야 할 것은 '살아있는 귀신으로서 敎師'가 바라보는 세계의 참 모습을 어떻게 알게 되는가 하는 것이다. 李穡은 이것을 "貴하게 여기는 바 聖人되기를 희망하여 참된 마음을 회복하는 것(所貴希聖以復其眞)"(『牧隱文藁』卷12 '致堂銘爲金敬先作')이다. 이는 이미 우리가 누차에 걸쳐 살펴보았던 것들과 크게 다르지 않다. 이제 남은 문제는 이러한 교사가 학생에게 어떻게 전수하여야 하느냐에 관한 것이다. 적어도 위의 말에 비추어 볼 때, 교사는 학생에게 다음의 것들을 성취시켜 주어야 한다. 그것은 1) 聖人이 되고자 하는 理想, 그리고 2) 회복된 참된 마음의 획득이다. 하나는 교육의 목표이며 다른 것은 교육방법이다. 그 중 특히 '認識論'은 후자에 관련된다. 만약 교육방법이 타당한 된다면, 그것으로 우리는 교육의 목표를 달성할 수 있다. 즉, 학생이 "자신도 聖人이 될 수 있다는 희망을 품는" 바로 그 순간, 이미 교육의 목표는 출발선성에 서게됨과 동시에 달성 되었다고 할 수 있다.

1. '戒愼'-참된 마음의 회복에 대한 李穡의 생각

"세상 사람들이 대부분 聖賢을 높게 생각하고 자기를 낮추어 보아서 聖人을 이미 자기와는 다른 사람이라고 생각해 버린다. 그러나 聖賢의 성품도 다른 보통 사람들과 똑같다. 보통 사람과 똑같은데 어찌 성현이 되는 것을 자기의 책임으로 삼지 않는가? 옛날부터 많은 사람이 태어났으나 자신이 할 수 있는 일을 다하려고 한 사람은 천만인 가운데 한두 사람도 없으니 다만 일생을 잘못 살아 왔구나(世人多以聖賢爲高 而自視爲卑 (……) 已別是一樣人 (……) 然聖賢稟性與常人一同 旣與常人一同 又安得不以聖賢爲 其任 自開闢以來 生多少人 求其盡己者 千萬人中無一二 只是滾同枉過一世)."(『朱子語類』卷8 '學'2, 總論爲學之方)"

朱熹는 일찍이 "聖賢의 성품이 凡人과 다르지 않음"을 말하면서 **누구나 聖人**

이 되고자 하는 희망을 가질 수 있다고 말하였다. 이것은 바로 教師 자신뿐만 아니라 學生들이 먼저 가져야 할 마음의 자세이다. 李穡 또한 이에 대해 같은 입장에 서 있었다.

> "본래 타고난 착한 마음은 그대로 있는 것이다. 사람이 어진 사람 못난 사람 지혜로운 사람 어리석은 사람의 차이가 있는 것은 무엇 때문일까. 기질이 앞에서 가리고 물욕이 뒤에서 구속하여 날마다 어두운 곳으로 달려가서 막히고 병이 되어 버리면 다시 구해낼 약이 없는 것이다(本然之善 固在也 而人有賢不肖智愚之相去也 何哉 氣質蔽之於前 物欲拘之於後 日趨於晦昧之地 不塞沈痼 不可救藥矣)."(『牧隱文藁』卷10 '說', 可明說)

李穡은 聖人이 되고자 하려는 '의지'가 없어서 문제이지, 聖人이 될 자질이 부족한 것은 아니라고 말한다. 이것은 朱熹와 크게 다르지 않다. 동시에 李穡의 이와 같은 주장 속에는 "氣質과 物欲으로부터 벗어나는 순간, 누구나 聖人이 되고자 하는 목표를 달성할 수 있다"라는 중요한 의미가 내포되어 있다. 이 점은 대단히 흥미로운 사실이 아닐 수 없다. 그러므로 李穡에게 있어서 교사가 해야 할 바는 보다 분명하게 드러난다. 그것은 참된 마음을 회복시켜 이른바 '意志의 轉回'를 이루는 것이다. 즉, 학생으로 하여금 배움의 의지를 갖도록 함으로써 배움의 출발선상에 서게 하는 것이 무엇보다도 중요한 목표가 된다.

그렇다면 학생, 더 나아가 교사 자신도 부단히 추구해야 할 '참된 마음'은 무엇이며 어떻게 해야 하는가? 이색의 말을 좀 더 들어보자.

> "임금을 극진히 섬기고 부모도 또한 극진히 섬겨 이것을 스스로 행하고 사물에 응하는 것은 中和뿐이다. 中和를 이루려고 하면 戒愼에서부터 시작해야 한다. 경계하고 두려워하면 어떻게 되는가? 存天理하게 된다. 愼獨하면 어떻게 되는가? 인간의 욕심을 막게 해준다. 그리하여 存天理 遏人欲 하면 모두 그 지극함에 이르는 것이니 聖人의 학문은 여기서 끝난다(事君事親 行己應物 中和而已 欲致中和 自戒愼始 戒懼之何 存天理也 愼獨焉何 遏人欲也 存天理 遏人欲 皆至其極 聖學斯畢矣)."(『牧隱文藁』卷10 '伯仲說' 贈李壯元別)

李穡이 제기하는 '참된 마음'의 첫 번째 기준은 '中和'이다. 이것은 이미 앞서 말한 바 있다. 中和는 본래 『中庸』에서 출발한 것으로 喜怒哀樂이 표현되기 '이전'의 상태와 '이후'의 모습을 정의한 것이다. 또한 이것은 天命의 다른 이름으로 한 실재의 다양한 측면 중 하나이다. 이것은 程朱學을 한 사람이라면 누구나 할 수 있는 말이다. 그런데 그는 여기서 또 다시 이 참된 마음의 회복을 하는 하나의 방안을 제시한다. 그것이 바로 '戒愼'이다. 이 역시 『中庸』에서 나온 것으로 "戒愼恐懼"의 줄임 말이다. 이것은 程朱學의 궁극적인 목적인 "天理를 보존하고 人欲을 멸하는" 단계로 가기 위한 중요한 방안이다. 이제 우리가 집중적으로 살펴보아야 할 것은 바로 이것이다.

'戒愼'은 聖人의 경지(中和)에 도달할 수 있는 출발점이자 통로이다. 이 점은 그가 "경계하고 삼가는 것으로부터 시작하는 것(自戒愼始)"이라는 말로 이미 드러낸 바가 있다. 그러나 李穡의 글 행간에는 '무엇(Etwas)'이 빠져 있다. 즉, 경계하고 삼가 해야 할 '대상'이 빠져 있는 것이다. 대체 그것은 무엇이란 말인가. 이를 위해 朱熹와 李穡의 출발점인 『中庸』으로 돌아가 볼 필요가 있다.

> "도는 잠시도 떨어질 수 없는 것이니, 떨어질 수 있다면 도가 아니다. 이러한 까닭에 군자는 그 보이지 않는 바(所不睹)를 경계하고 삼가며 그 들리지 않는 바(所不聞)를 두려워해야 한다. 그 은미한 곳보다 더 잘 보이지 않는 바는 없으며, 그 미세한 곳보다 더 잘 드러나는 바는 없으니, 군자는 그 홀로 아는 그곳(其獨)을 삼가야 한다(道也者 不可須臾離也 可離非道也 是故 君子戒愼乎其所不睹 恐懼乎其所不聞 莫見乎隱 莫見乎微 故君子愼其獨也)."(『中庸』首章)

李穡이 말한 '戒愼'의 대상은 바로 "보이지 않는 바", "들리지 않는 바", 그리고 "홀로 아는 그곳"이다. 이것은 시간·공간에서 경험할 수 있는 어떤 장소가 아니다. 만일 그와 같았다면 이 구절이 『中庸』의 首章에 있는 것이 도리어 어색하다. 어구의 의미에서 대략 짐작할 수 있듯이, '戒愼'의 대상은 분명 경험을 '초월', 또는 '앞선' 그 무엇이다. 그래서 太極, 또는 道에 관한 것을 깨달았을 때 반드시 삼가고 경계해야 하는 것이다. 이 점에서 이 '무엇'은 바로 道이며, 이렇게 해석할 때 처음 논했던 '天-性-道-敎'의 구조와 정확하게 일치한다.

더 나아가 이러한 점에서 李穡이 교사와 학생에게 제시하는 첫 번째 목표는 "홀로 그곳을 알아서 삼가서 天理를 보존할 수 있다는 것"(自戒愼始)이며, "홀로 아는 그곳을 삼가고 조심하는 경지에 이르게 된다면 인간이 가지고 있는 욕심을 막을 수 있다(愼獨焉何 遏人欲也)"는 말이다. 이러한 점에서 그는 참된 마음에 대해 우리가 "이르거나 도달해야 한다"는 당위성을 분명하게 강조하고 있다. 이 마음은 바로 '中和를 이룰 수 있는 마음'이다. 그래서 자연스럽게 우리는 李穡의 방법론에 주목하지 않을 수 없게 된다. 이것을 설명하기 위해서는 먼저 朱熹가 제기한 방법론－居敬窮理, 또는 居敬과 格物－을 먼저 살펴봐야 한다. 그것은 李穡의 방법론이 지니는 의의를 확인하는 첫 관문이다.

(1) "敬을 통해서 우리는 萬里를 갖출 수 있게 되며; 敬의 자세를 갖추면 德이 모이고, 不敬은 모든 것을 뿔뿔이 흩어지게 만든다. 敬은 모든 사악함을 이기며 ;……오로지 敬을 통하여 마음을 專一하게 되며;……사람이 항상〔天理〕를 공경함으로써 그 마음은 언제나 밝게 빛나며; 敬속에서 天理는 언제나 밝게 빛나게 드러나게 된다. 그렇게 되면 자연히 인간의 私的 欲望을 徵戒하고 억제하며 제거하고 다스릴 수 있다. 사람이 敬의 상태를 유지할 수 있을 때 그 마음은 맑아지고, 天理가 그 속에서 찬연히 빛나는 만큼, 더 이상 힘써야 할 곳도 힘쓰지 않아야 할 곳도 없게 된다(敬卽萬里具在……敬卽德聚 不敬則都散了; 敬勝百邪 只敬卽心便一…… 人常恭敬卽心常光明 敬卽天理常明 自然人欲徵窒消治 人能存得敬 則吾心湛然 天理粲然 無一分着力處 亦無一分 不着力處)."(『朱子語類』12)

'敬'은 사람들이 實在 또는 理를 추구하도록 격려하고 부추기는 모종의 힘(敬是 箇扶策人低物事, 『朱子語類』12)이다. 사람은 '敬'을 통해 萬理를 갖출 수 있고 天理가 밝게 되며, 궁극적으로 '敬'의 상태를 유지할 때 天理가 그 속에서 찬연히 빛난다. 그래서 朱熹는 "敬은 안으로는 마음이 理와 무관한 망상에 사로잡히지 않게 하며, 밖으로는 망령된 행동을 하지 않게 해준다(敬何以用功, 曰 只是內無妄想 外無妄動, 『朱子語類』12)"고 하였다.

그러나 敬에 머무는 것만으로는 완전하지 않다. 즉, 필요 충분의 조건이 아니라는 것이다. 이 점에서 '窮理'가 필요하다.

(2) "이른바 '致知는 格物에 있다'는 말은 곧 나의 앎을 지극히 하려면 사물에 卽하여 그 이치를 窮究해야 한다는 뜻을 담고 있다. 무릇, 인간의 마음은 영묘하여 알지 못하는 것이 없고, 천하에 만물은 理를 갖추지 않은 것이 없다. 다만 理를 窮究하지 못했기 때문에 그 앎이 다하지 못함이 있다. 그리하여 대학의 가르침의 출발점을 배우는 사람들로 하여금 천하의 사물에 卽하여 이미 알고 있는 것을 실마리로 하여 그것을 더욱 窮究하게 함으로써 그 궁극적인 理에 이르도록 하는 것이었다. 이렇게 힘쓰는 것이 오래되어 일단 활연관통이 이루어지면 모든 사물의 表裏精粗에 앎이 미치지 않음이 없고, 내 마음의 온 모습과 그 커다란 쓰임이 밝게 드러나지 않음이 없다. 이것을 일컬어 物을 格한다고 말하며, 또한 앎이 지극하다고 말한다(所謂致知在格物者 言欲致吾之知 在卽物而窮其理也 蓋人心之靈 莫不有如 而天下之物 莫不有理 惟於理有未窮 故其知有不盡也 是以大學始敎 必使學者 卽凡天下之物 莫不因其已知之理而益窮之 以求至乎其極 至於用力之久 而一且豁然貫通焉 則衆物之表裏精粗無不到 而吾心之全體大用무不明矣 此謂物格 此謂知之至也)."(『大學章句』'格物補傳')

朱熹의 이 말에는 敬에 머무는 궁극적인 목적이 담겨져 있다. 그것은 '物에 卽하여 그 理致를 窮究하는 활동(卽物而窮其理)'의 필요이다. 그러나 이 朱熹가 말한 '卽物'과 '窮理'는 대단히 많은 논란을 일으킨 대목이다. 그 이유는『大學』에서 그가 이 두 가지 활동의 '필요성'에 대해서만 언급했을 뿐, 이 활동의 '방법'을 여전히 말하지 않고 있기 때문이다. 따라서 이의 해석에 따라 많은 논변이 일어났다. 李穡은 이러한 朱熹의 부족한 바를 간파하고 이의 방법론으로『中庸』의 '自得'을 제시한다. 이 점은 또한 李穡의 교육 방법을 이해하기 위해 대단히 중요하게 다루어져야 할 부분이다. 흥미로운 점은 바로 李穡 자신이 敎師의 모습-鬼神-에 대해 언급하면서 이를 제시하고 있었다는 것이다. 이 점은 우리가 여전히 풀기 위해 남겨둔 질문-참된 모습의 회복-에 대해 李穡이 제시한 해답이다.

"'스승은 어떤 이를 스승으로 하는 것이 마땅합니까'라고 하니 말하기를 스승이란 다른 사람에게 있는 것이 아니고 글에도 있는 것이 아니다. 오직 自得할 뿐이다(問宜何師 曰師不在人也 不在書也 自得而已矣)."(『牧隱文藁』卷12, '讚-銘-箴-辨 答問')

2. ‘自得’ – 참된 마음을 얻는 길

이제 남은 것은 참된 마음의 회복에 대한 李穡의 방법이다. 그는 이것을 ‘自得’으로 말하였다. ‘自得’의 대상은 분명 마음이다. 이것이 居敬窮理와 별도로 논하여질 수밖에 없는 가장 중요한 이유는 이것이 성리학적 관점에서 본 마음의 구조를 교육적 맥락에 적용시킨 것이기 때문이다. 마음에 관한 문제는 특정한 맥락에서 제기될 때, 그 맥락과 관련하여 의미를 가진다(朴鍾德, 2004, p.46). 그것은 바로 中和와 性情의 관계에서 비롯된 것이다. 간략하게 말하자면 ‘中’은 “표현되기 이전의 표준”이며 이것이 외부로 드러난 것이 ‘和’라는 점을 ‘性’과 ‘情’의 관계에 그대로 적용, 새롭게 표현했다는 것이다. 이 점은 中和를 교육의 맥락에서 性情을 새롭게 정리하여 性理學을 구축한 것으로 볼 수 있다. 이 때 性情으로 ‘새롭게’ 표현했다는 점은 곧 교육의 맥락 속에서 中和를 구체화하고 그 역동적 상호교섭을 명료하게 했다는 것을 의미한다.

더욱이 이 性情의 역동적 상호교섭은 두 방향에서 동시에 일어난다. 그것은 외부에 대한 표현(情)을 통해서 마음 안의 기준(性)이 얻어지는 것과 이 기준(性)이 다시 외부로 표현(情)되는 것이다. 성리학에서는 이 두 방향이 역동적으로 교섭하여야만 마음이 획득될 수 있다. 이것은 대단히 중요한 문제 가운데 하나이다.

> “만약 그 두 가지 과정을 공간과 시간의 용어로 나타낸다면, 그 과정은 바늘구멍보다 더 좁은 공간에서 눈 깜짝할 사이에 은밀하게 일어나는 것이어서 거기서는 이쪽 방향과 저쪽 방향을 도저히 분간할 수 없다고 말할 수 있을 것이다.”(李烘雨, 2000, p. 65)

李穡의 ‘自得’ 역시 이와 같다. 명확하게 말하면 이것은 외부의 표현(情)에서 마음의 기준(性)을 획득하는 과정, 또는 그 상태를 가리킨다고 볼 수 있다(朴鍾德, 2004, pp. 47-8). 마치 이것은 程頤가 말한 ‘자신도 모르게 손발이 춤추는’ 상태와 같은 것이다.

> “『논어』를 읽기 전에도 그 사람이요, 읽고 난 뒤에도 그 사람이라면 이것은『논어』를 읽지 않은 것이다(如讀論語 舊時未讀 是這箇人 及讀了後來 又只是這箇人 便是不曾讀也).”(『近思錄』‘致知’ 30)

程頤는 이것을 讀書에 빗대어 표현한다. 즉, 책을 읽고 난 뒤에도 변화되지 않았다면 이는 역동적인 상호교섭이 전혀 이루어지지 않은 것이며, 마음의 '自得' 또한 전혀 일어나지 않은 '무용한 행위'가 되는 것이다. 이것은 대단히 재미있는 비유에 속한다.

> "天地帝洪爐,   하늘과 땅은 상제의 큰 화로,
> 鼓鑄一何勞,   두드려 주조함이 얼마나 수고로운지.
> 理以爲之主,   理로써 주인을 삼고,
> 氣以分其曹,   氣로써 무리를 나눈다.
> 少或似麟角,   적은 것은 기린의 뿔과 같지만,
> 多奚啻牛毛,   많은 것은 어찌 소의 털뿐인가.
> 仁義是膏粱,   仁과 義는 고기와 곡식이요,
> 禮法爲笏袍,   禮와 法은 笏과 솜옷이네.
> 粲然被天下,   밝고 밝게 천하를 입히니,
> 吾生安所逃,   나의 삶에서 어찌 피할 수 있으리오!"(『詩藁』卷 22, '有感')

仁義와 禮法은 늘 대하는 衣食과 같은 것이라는 李穡의 비유는 곧 독서의 의미가 무엇인지 분명하게 드러내준다. 그래서 李穡은 당시 교육받은 사람들을 '文種'이라고 불렀으니, 이것은 곧 '讀書種子', 즉 '대를 이어 가면서 독서하는 것이 끊어지지 않는 집안'(정재철, 2002, p. 43)을 가리킨다. 이러한 점에서 李穡은 교육의 방법론인 '참된 마음의 회복'을 위해 반드시 독서를 해야 한다는 점을 다시금 언급한다. 그것은 '自得'을 위해 성인군자로 가는 지름길인 독서를 포기해서는 안 되기 때문이다.

> "最愛幽居僻,   궁벽한 곳에서 조용히 사는 일이 가장 좋아.
> 林泉興有餘,   林泉에서 지내는 흥이 남아있어.
> 出門山擁馬,   문을 나서면 산이 말을 감싸고,
> 入室酒浮蛆,   방에 들어가면 술독에 쌀뜨물이 떠다닌다.
> 園靜宜扶策,   정원을 고요하여 지팡이 짚고 거닐기에 적당하고,
> 牖明快讀書,   창은 밝아 책을 읽는 것 즐겁네.
> 陶然是眞隱,   화평한 이 모습이 眞隱이러니,

何必賦歸歟,   어찌 반드시 귀거래를 읊어야 할까!"(『詩藁』 券5, '幽居')

이 詩에서 李穡이 보여주는 隱者의 삶은 '讀書'를 그 중심으로 한 삶이다. 특히 『中庸』에 대한 깊은 이해를 보여주었던 李穡은 20章의 5가지 방법에서 그 해답을 찾았다. 즉, 그것은 博學, 審問, 愼思, 明辨, 篤行이다. 이것을 다시 독서와 관련지어 다음과 같이 말해 볼 수 있을 것이다.

우선 좋은 책을 널리 구해 읽는 것이 博學이다. 이 때는 반드시 '良書'를 보는 눈이 필요하다. 읽을 때는 단지 '글자를 보고 암송하는 것'이 아니라 그 책의 저자가 품고 있는 質問을 발견하는 것이다. 또한 나도 좋은 質問을 저자에게 던져보고 행간에서 그 해답을 찾는 것이다. 이것이 審問이다. 응당 좋은 質問을 발견하였거나 내가 제기하였다면 조심스럽게 그 해답을 찾아나가야 한다. 이것이 愼思이다. 해답을 찾는 과정에서 우리는 그 책의 내용이 은밀하게 감추고 있던 진리를 차차 꿰뚫어 볼 수 있게 되며, 한 편으로 나 또한 새로운 質問을 통해 얻은 좋은 답변으로 참된 마음, 참된 삶을 이해할 수 있게 된다. 이것이 明辨이다. 그런데 여기서 유학자는 "탁상 위의 철학자"에 머물지 않는다. 그는 이것을 우리의 삶 속에서 적용해보고 몸소 체험하며 그 진정한 경지를 드러내고 경험한다. 이것이 篤行이다. 여기서 自得, 더 엄밀히 말해 그 自得의 과정인 讀書의 의미가 드러나고 學問이 완성되는 것이다.

Ⅵ. 要約 및 結論: 李穡 敎育理論의 適用

시종일관 우리가 붙잡은 물음은 李穡의 성리학이 과연 "부족한 것인가"에 관한 것이었다. 이것을 보다 분명하게 표현한다면 "성리학의 최종점인 聖人을 구현하는 데(즉, 교육이론으로서) 적절한가"라고 물을 수 있을 것이다. 그 단초는 바로 『中庸』과 『周易』이다. 李穡은 『中庸』이 天命을 논술한 것으로 보고 이를 자신의 행로의 지표로 삼으려고 하였으며(中庸述天命 行路之指南, 『詩藁』卷16, '君子有所事'), 『周易』이 때를 가르쳐 주므로 노년이 되어서도 편안하게 해준다(三絶韋篇只識時 老年胡不望安之, 『詩藁』卷16 '遺興')고 하였다. 특히 우리의 관점은 『中庸』과 『周易』이 성리학의 온전한 이론과 개념, 또는 그 초기 형태로 지니고 있다는 것이다. 李穡이 朱熹를 기준으로 한 程朱學의 이론적 체계를 얼마나 이해하고 이를 어떻게 표현하였는가는 이러한 점에서 대단히 중요한 문제가 된다.

이를 위해 우리는 『中庸』의 中和와 『周易』의 太極이 어떻게 성리학의 理와 氣, 性과 情에서 드러났는지를 되짚어 보았다. 특히 우리가 발견한 또 하나의 흥미로운 사실은 『중용』의 鬼神에 대해 李穡이 "誠이 되기 위한 道(誠之道)"라는 점을 접목했다는 것이다. 이러한 관점에서 鬼神은 기실 교사이다. 이것은 교사들의 교육이 출발하는 윤리론과 인식론에서 잘 드러난 바, 誠敬, 居敬窮理(格物致知), 自得, 讀書論, 修養論은 개념상 서로 밀접한 관련성이 있음을 확인할 수 있었다. 이러한 점에서 우리는 그의 성리학에 교육이론으로 전환하는 데 큰 문제가 없으며, 오히려 곳곳에서 朱熹가 미처 짚어내지 못한 것들을 더 분명하게 소개하고 있었다는 것을 확인했다. 그 결과 조선 성리학은 이후 끊임없이 발전하여 四七論辯과 人物性同異論 등과 같은 독보적인 논쟁 체계를 갖추게 되었으니 李穡의 업적이 바로 여기에서 더욱 빛을 발하는 것이다.

이제 우리는 잠시 앞선 얘기를 여기에 적용해보고자 한다. 대저 독서의 방법 가운데에는 "탁상 위의 철학"에 머무르지 않는 동양철학의 독특한 경지―篤行이 있었다. 李穡 역시 당대의 巨儒로서 현실의 정치, 또는 교육에 참여한 바가 있다. 그렇다면 그의 篤行을 살펴보는 것도 상당한 도움이 될 것이다. 가장 대표적으로 그가 고려의 국왕에게 학교에 관한 의견을 진술하는 대목을 보자.

> "대개 국학은 곧 풍속과 교화의 근원이다(蓋國學乃風化之原)."(『高麗史』卷115 「列傳」28, 李穡傳)

여기서 李穡이 말한 '教化'는 먼저 『禮記』 '學記'에서 그 단서를 찾아볼 수 있다. 『禮記』에 따르면, "君子가 만약 백성을 教化하고 風俗을 바로 세우고자 한다면,

반드시 학문을 통해서(君子如欲化民成俗 其必由學乎)"라고 설명하고 있다. 이것은 教化의 목적이 바로 風俗과 관련된다는 것이다. 朱熹 역시 "오로지 가르치고 배우는 것만이 백성을 교육받은 인간이 되게 하여 미풍양속을 세울 수 있게 된다(唯教學可以化民 使成美俗, '學記' 第18 朱子 註)."라고 말한다.

李穡은 여기서 한 걸음 더 나아간다. 그의 '教化'는『中庸』首章에 나오는 "性은 하늘이 명령한 것이며, 道는 性이 가시화된 형태로 드러난 것이고, 教는 道를 제도에 의하여 시행하는 것(天命之謂性 率性之謂道 修道之謂教)"에서의 '教'이다. 그래서 李穡은 이에 대해 다음과 같이 말하였다.

> "中國의 聖人이 하늘을 계승하여 법을 세울 때에 司徒의 직책과 음악을 맡은 관원은 中과 和의 덕을 가르쳤다(中國聖人繼天位極 司徒之職 典樂之官 敎人以中和之德)."(『牧隱文藁』卷12 '息牧叟讚')

李穡은 교육이 참된 마음의 회복에 있다고 보고 "스승은……自得일 뿐."(『牧隱文藁』卷12)이라고 하였다. 이것은 自得한 사람, 곧 君子에 대한 주목이다. 그래서 李穡은 일찍이 한 詩에서 "군자가 생각해야 할 것이 있으니, 세 번씩 세 가지 생각하고 세 가지 반성할 일. 밝고 밝은 한 치의 마음으로 절로 천지와 三才 되었네 (……). 마음을 하나 같이 하여 '敬'字 지키면, 물 맑아 하늘빛이 잠기리라(君子有所思 三思又兼三 明明方寸間 自與天地參 (……) 主一守敬字 水淨天光涵)."(『牧隱詩藁』卷15)고 말하였다.[18] 이 점은 교육에 있어서 우선적으로 중요한 문제가 바로 이 '君子'에 있다는 점을 생각한 것이다.

---

18) 여기서 말하는 '三思'는 깊이 생각하라는 뜻도 있겠으나 무엇보다 長, 死, 窮을 뜻하는 것으로 생각할 수 있다. 즉, 젊을 때는 자란 뒤를 생각하여 힘써 배우고, 나이가 들어서는 죽은 뒤의 일을 생각하여 자손을 가르치고, 넉넉할 때는 가난할 때를 생각하여 남을 도와주라는 말인 것이다(『孔子家語』). 또한 '三省'은 "하루에 자신의 몸을 세 번 돌보아 반성하는 것"으로, 『論語』'學而篇'에 "증자가 말했다. 나는 하루에 세 차례씩 내 스스로를 반성한다. 남을 위하여 일을 도모함에 있어 誠實치 못하지는 않았던가? 벗과 더불어 사귐에 있어 信義가 없지는 않았는가? 익히지 않은 바를 남에게 전하지는 않았던가?(曾子曰 吾日三省吾身 爲人謨而不忠乎 與朋友交而不信乎 傳不習乎)"에 나온다. 이와 같이해서 밝고 밝은 마음-즉, 참된 마음이 회복되면 하늘과 인간의 道가 하나가 된다. 이를 위하여 할 일이 바로 '敬'이며, 이 敬은 다시 '誠'의 표현한 것이다.

반면 학생의 입장에서 보면 다음과 같이 생각할 수 있다.

> "지금의 배우는 자는 장차 벼슬을 구하였으므로, 詩를 외우고 書를 읽었다 하나 道를 즐겨함이 깊지 못하여, 繁華를 다투는 것이 이미 흔해 빠진 일이 되었고, 문장을 아로새기고 글귀를 다듬는 데 마음을 지나치게 썼으니……(今之學者 將以干綠 誦詩讀書 嗜道未深 而繁華之戰已勝 雕章琢句 用心大過……)(『東文選』卷53 ‘李穡 奏議’)

공자도 "삼 년을 배우고서도 벼슬에 뜻을 두지 않기란 쉽지 않으니라(三年學 不至於穀 不易得也)(‘泰伯’ 12)"고 하였다. 처음 ‘登科有感’이라는 시에서 보여준 李穡의 뇌까림이 우리에게 감동을 주는 것은 바로 이러한 보통사람들의 생각과 다른 그의 입장 때문이다. 그래서 이색은 "문장은 바깥으로 드러냄이나, 마음에 뿌리를 내려야 한다(文章外也 然根於心)(『牧隱文藁』卷8 ‘栗亭先生逸藁序’)"라고 하였으며, "문장이란 말의 정화이나, 말은 꼭 마음에서 나오는 것만 아니요 모두 행동한 사실의 열매이다(文章 人言之精者也 然言未必皆其心也 皆其行事之實也)(『牧隱文藁』卷8 ‘動安居士李公文集序’)"라고 주장하였다. 이러한 점은 그의 학문적 최종점이 바로 凡人들의 관점과 다른, 올바른 인격의 형성에 있다는 점을 분명하게 보여주고 있다.

이것이 오늘날을 살아가는 우리에게 무엇을 시사해주는가? 李穡이 여기서 추구해야 한다는 교육 목표는 聖人이며, 이는 ‘쉽게 도달할 수 없는 기준’이다. 그러므로 학생은 이에 도달하기 위해 학문을 성취할 수 있도록 부단히 노력해야 한다. 바로 이와 같은 면은 오늘날 우리의 교육이 가지지 못한 독특한 면이다. 특히 李穡은 무엇보다 敎師의 임무를 대단히 중요하게 여기며, 현실에서 "살아있는 鬼神"과 같이 되기를 요구한다. 鬼神의 권위는 곧 그가 道와 人間, 더 정확하게는 道와 학생을 연결하여 주는 핵심적인 역할에서 나오는 것이다. 그러므로 이러한 교사를 양성하는 문제는 대단히 중요한 것으로 다가온다. 특히 그의 이 ‘귀신같은 능력’은 교사교육의 핵심이며, 그것은 ‘학문의 탁월성’과 그 학문내용의 전수 능력을 의미한다. 바로 이것을 실현할 수 있는 교사는 교육 문제뿐만 아니라, 이 세상 전체에 지대한 공헌을 이루게 되는 것이다. 바로 이 점이 李穡이 오늘날 우리에게 던지고자 하는 話頭인지 모른다.

參考文獻

[資　料]

李穡, 『牧隱詩藁』, 『韓國文集叢刊』 卷 3. 卷 4. 민족문화추진회.

李穡, 『牧隱文藁』, 『韓國文集叢刊』 卷 5. 민족문화추진회.

陳淳, 『北溪字義』

[論　著]

金時鄴, "牧隱의 君子意識과 民生의 風俗詩", 『牧隱 李穡의 生涯와 思想』, 一潮
　　　閣, 1996.

琴章泰, "牧隱 李穡의 儒學思想", 『牧隱 李穡의 生涯와 思想』, 一潮閣, 1996.

김충열, 『高麗儒學史』, 高麗大 出版部, 1993.

勞思光, 鄭仁在(譯), 『中國哲學史』 "송명편", 探求堂, 1988.

朴鍾德, "敎育課程理論으로서의 心法", 서울대학교 대학원 박사학위 논문, 2004.

박채형, 『주역의 교육과정 이론』, 성경재, 2003.

申千湜, "牧隱 李穡의 敎育思想", 『牧隱 李穡의 生涯와 思想』, 一潮閣, 1996.

尹絲淳, "牧隱 李穡의 思想史的 位相", 『牧隱 李穡의 生涯와 思想』, 一潮閣,
　　　1996.

李文遠, "牧隱의 生涯와 歷史的 位相", 『牧隱 李穡의 生涯와 思想』, 一潮閣,
　　　1996.

李貞馥, "高麗 末期의 儒學考辨: 牧隱의 詩에 나타난 性理學의 受容根據", 『牧隱
　　　李穡의 生涯와 思想』, 一潮閣, 1996.

李烘雨, 『性理學의 敎育理論』, 誠敬齋, 2000.

李烘雨외 7인, "性理學의 敎育理論", 『道德敎育硏究』, 韓國道德敎育學會, 2000.

李烘雨외 2인, 『교육과정이론』, 교육과학사, 2003.

張聖模, "敎育理論으로서의 朱子學과 陽明學", 서울대학교 대학원 박사학위논문,

1993.
中村 元 外 3人(編), 『岩波 佛教辭典』, 岩波書店, 1989.
정재철, 『이색 시의 사상적 조명』, 집문당, 2002.
Bruce, J. P., *Chu Hsi and His Masters*, Probsthain & Co., London, W.C., 1923.
de Bary, Wm. Theodore, *The Message of the Mind in Neo-Confucianism*, New York: Columbia University Press, 1989. Chapter 2.
James Legge(trans.), *The Chinese Classics*, vol.Ⅱ, Oxford: Clarendon Press, 1893.

3. 梅月堂 金時習의 教育理論硏究*

-儒敎觀을 中心으로-

壯志桑孤射四方　큰뜻으로 뽕나무 활메어 사방에 쏘고서
東丘千里負靑箱　동쪽나라 천리길을 푸른상자 지고 다녔네
欲參周孔明仁義　周孔의 仁義 밝히는 데 참여하려 하였고
又學孫吳事威揚　또 孫吳를 배워서 兵器를 가지고 하는 일도 하려 하였고
運到蘇奏縣相印　운수가 닿으면 蘇奏처럼 정승의 印을 찰 것이고
命窮正則賦離騷　命이 窮하면 正則처럼 離騷經이나 지으리라
如今落魄無才思　이제 와서는 몰락되어 한 치의 才思 없어서
曳杖行歌類楚狂　지팡이 끌고 노래하기 楚狂같이 하네.
(梅月堂 詩集 第一卷, 壯志)

* 「湖西之化硏究」第十輯, 1992.

I. 緖論

　'壯志'라는 詩만큼 梅月堂 金時習(1435~1493)의 일생의 삶의 모습을 잘 나타내고 있는 詩도 없으리라. 이제 이 詩를 통하여 金時習의 生涯를 더듬어보기로 한다. 우선 "큰뜻 심어주려 뽕나무 활을 메어 사방에 쏘고서"에서 '나무활'은 원래 禮記 射義篇에 "故男子生, 桑孤逢矢六, 以射天地四方, 天地四方者, 男子之所有事也, 故必先有志於基所有事"[1]에서 나온 말이다. 말하자면, 남자아이가 자라서 크게 成功하기를 비는 일종의 行事인 것이다. 이 말은 梅月堂 金時習의 경우 어떤 意味를 가지는가?

　金時習의 字는 悅卿이요, 號는 梅月堂, 東峯, 淸寒者, 碧山, 淸隱 등이다. 그는 세 살 때 능히 漢詩를 지었다고 한다. 어느 날 그의 乳母가 보리를 가는 것을 보고 큰 소리로 읊어 말하기를 "비도 아니 오는데 천둥소리 어디서 나는가"(無雨雷聲何處動) "누런 구름 조각조각 사방으로 흩어진다"(黃雲片片四方分)고 하였다. 五歲에 中庸, 大學을 통하였다 하여 이 소문을 들은 宰相 허조는 '老'字로 韻을 달아 詩 한 句를 지어 보라고 하였더니, 時習은 "늙은 나무에 꽃이 피었으니 마음은 늙지 않았다"(老木開花心不老)고 불렀다. 이것을 듣고 宰相 허조는 매우 놀랐다는 것이다.

　世宗이 이 所聞을 들으시고 知申事 朴以昌으로 하여금 時習의 실력을 시험해 보도록 하였다. 朴以昌은 "童子의 學問은 흰 鶴이 푸른 하늘 끝에서 춤추는 것 같구나"(童子之學 白鶴舞靑空之末) 했더니, "聖스러운 임금님의 德은 누런 龍이 바다 속에서 꿈틀거리는 것 같습니다"(聖主之德 黃龍飜碧海之中)라고 답하였다. 과연 잘하는지라, 世宗은 下敎하여 말하기를 "내가 친히 보고 싶지만 時俗사람들이 듣고서 놀랄까 염려되니, 마땅히 그 집에 勸하여 材識를 감추어 가르치고 기르게 하라. 그 學問이 成就되기를 기다려 장차 크게 쓰겠다" 하고 비단을 주어 집에 돌아가게 하니, 이에 名聲이 온 나라에 떨쳤고, 稱하기를 '五歲'라 하고, 이름

---

1) 그러므로 남자가 태어나면 뽕나무 활과 뺑대 화살 여섯 개로 천지 사방을 쏜다. 천지 사방은 남자가 일하는 곳이다. 그러므로 무엇보다도 먼저 일할 장소에 뜻을 갖도록 하는 것이다.

을 부르지 아니하였다고 한다.[2] 이와 같이 世宗의 恩寵을 입어, 金時習은 큰뜻을 품을 수 있었던 것이다. 그 후 金泮과 尹祥의 門下에서 學問에 힘쓰면서 장래의 大成을 期約하였던 것이다.

다음으로, "동쪽나라 천리길을 책을 넣은 푸른 상자를 지고 다녔네"(東丘千里負靑箱)라고 읊었다. 앞에서 보았듯이, 金時習이 아무런 일없이 그대로 잘 자랐더라면, 그는 누가 보아도, 장차 크게 벼슬하여 큰뜻을 펼 수 있었으리라고 짐작할 수 있다. 그러나 時習이 13세 되던 해에 그의 어머니를 여의게 되었고 그 후 외가의 농장으로 내려가서 몸을 의탁하였다. 그러던 중 그의 외조모마저 세상을 뜨니 그는 다시 서울로 올라왔다. 얼마 되지 않아 아버지마저 중병을 얻어 거의 가사를 돌보지 못하게 되었다. 이때 어린 時習의 마음은 어떠하였을까? 틀림없이 인생에 대한 번민을 하지 않을 수 없었으리라. 그리하여 時習은 佛敎에 관한 書籍을 耽讀하면서, 그의 마음을 달랬을 것이다. 이때의 心情을 알 수 있는 詩를 한 편 살펴보기로 한다.

> "즐거이 參禪하는 것 배워 티끌세상 떠나려는데
> 眞一空이 날보고 또 속는다 웃으리라
> 塵土의 名利 다툼엔 전연 뜻이 없지만
> 江湖에 放浪함은 이미 의심 않는 일
> 솔방울 떨어지는 소리 평상 위에 듣고
> 숲 사이로 가다가 대순 돋아나는 모양 보네
> 그저 마른 그림자랑 표연히 가거니
> 푸른 물 푸른 산 그 어디에 기약하리오."
>
> (峻上人에게 드리다. 其五)
>
> 肯學參禪求出離, 眞空笑我又相欺
> 爭名塵土渾無意, 放志江湖已不疑
> 榻上坐間松落子, 林間行見竹生雉
> 只將枯影飄然去, 綠水靑山何處期
>
> (贈峻上人, 其五)

---

2) 李珥, 金時習傳, 국역 매월당집, 34페이지.

이 詩에서 알 수 있듯이, 金時習은 그의 마음속에 이미 집을 떠나 放浪하기로 결심하였던 것이다. 그러나 그는 곧바로 집을 떠날 수는 없었다. 왜냐하면 그는 科擧의 때를 기다리고 있었기 때문이다. 마침내 端宗 元年 癸酉의 監試에 應하였던 것이다.3) 藍試에 不合格 될 리는 없고 이어서 增廣試에 應試하였다. 그러나 불행하게도 落榜되었던 것이다. 그것은 '逢全盡忠'이라는 金時習의 詩가 이를 證明하고 있다.

"계유년 봄에 科擧에 나아갔더니
성균관에 큰 수리 날아올랐오
그때 만나 計史를 따라 갔더니
試場에 들 것을 나와 약속했소
桃花 물결 아직도 여유가 없어
璞玉만 품에 안고 돌아왔구려
劉公도 지금까지 오래 屈하고
나 역시 緇衣를 물들였다오"

逢全盡忠
癸酉赴春闈
南宮一鶚飛
遇君隨計史
約我入荊圍
未綽桃花浪
空懷璞玉歸
劉公今久屈
余亦染緇衣
(梅月堂 詩集 第六卷)

여기서 우리의 注意를 끄는 것은 "空懷璞玉歸"(갈지 않은 玉덩이만 품에 안고 돌아왔구려)이다. 이 말은 곧 科擧에서의 落榜을 가리키는 것이다. 이때 天才니 神童이니 稱頌을 받았던 金時習의 마음은 말할 수 없이 쓰리고 아팠을 것이다.

---

3) 鄭杜東, 梅月堂 金時習 硏究, (서울, 民族文化社, 1983) 55-56페이지.

더 나아가서 "期余就仕日經術佐明君" 하겠다던 그의 꿈이 산산이 부서지는 느낌을 받았을 것이다. 당시의 그의 꿈을 잘 나타내고 있는 詩句가 "周孔이 仁義밝히는 데 참례하려 하였고, 또 孫吳를 배워서 兵事의 일을 하려 했네. 운수가 닿으면 蘇秦처럼 政丞의 印을 찰 것이고" 하는 것이 그것이다. 그러나 현실은 그의 꿈과는 너무나 어긋나고 있었다. 이와 같은 상태에 있던 중, 때마침 癸酉靖難이 일어났던 것이다. 이에 그는 곧 世俗을 떠나, 한때 머리를 깎고 중이 되어 號를 雲岑이라 하였다. 이것은 그의 본색을 감추기 위한 것이었다. 그리하여 그는 거짓 미치광이가 되어, 세상을 흘겨보고 조롱하며 갖가지 怪異한 행동을 하였던 것이다. 그 후 그는 放浪, 隱居, 徘徊로 일관하였던 것이다. 以上에서 金時習의 생애를 살펴보면 알 수 있듯이, 그는 天才的인 頭腦를 가지고 있으면서 不運한 家庭과 不運한 時代에 살았고, 思想的으로는 儒敎와 佛敎가 交替되는 時期에 살았던 不運한 知性人이었음을 알 수 있었다.

그러면 왜 우리는 梅月堂 金時習을 詩人이나 小說家가 아닌 敎育 理論家로 그를 내세우려고 하는가? 敎育은 人間의 구체적인 삶을 떠나서는 存在하지 않는다. 人間은 그 구체적인 삶 속에서 더 나은 삶을 追求하려고 하고, 이를 위한 중요한 노력 중에 하나가 바로 敎育인 것이다. 敎育이 일어나고 있는 諸現象을 說明할 수 있는 가장 일반적인 敎育理論은 哲學이다. 그리고 哲學은 인간의 總體的인 知慧로서 普遍性을 갖는다. 哲學이 지니고 있는 普遍性도 구체적인 人間의 삶 속에 들어 있다고 말할 수 있다. 그러므로 敎育理論은 過去나 未來를 잇는 現實에 대한 人間의 끊임없는 思索의 結果인 哲學에서 그 源泉을 찾는다. 우리가 지나간 哲學者의 思想에 關心을 갖는 理由도 여기에 있다. 梅月堂 金時習은 우리에게 小說家나 詩人으로 잘 알려져 있는 것은 사실이지만, 哲學者로는 잘 알려져 있지 않다. 그러나 그는 분명히 哲學者이며 나름대로의 思想을 우리에게 傳達하고 있다.

梅月堂 金時習 자신은 學問을 하였지만, 弟子를 가르치는 일에 힘쓰지 않았다. 그러므로 弟子가 많지 않았던 것은 사실이다. 그러면 왜 그는 學問의 境地는 높으면서 많은 弟子를 갖지 못하였는가? 그 理由로 放浪客, 狂客, 高踏的이요 偏狹함을 들고 있다.4) 그러나 이와 같은 理由는 金時習의 삶의 모습을 겉만 보고

---

4) 鄭杜東, 上揭書, 187~188.

判斷한 것이다. 따라서 이와 같은 理由는 金時習의 깊은 內面의 眞正한 理由를 들어낸 것이라고 보기 어렵다. 金時習이 남겨놓은 詩나 著作을 통하여 살펴보면, 그의 學問의 境地가 높았음을 충분히 알 수 있다. 그런데 이와 같이 높은 學問의 境地에 있으면서도 어째서 弟子들을 받아들이지 않았을까 그것이 궁금한 것이다. 여기에는 그렇게 할 수밖에 없었던 이유가 있을 것이다. 이 이유도 틀림없이 그의 敎育理論 속에 있을 것이다. 달리 말하면 그의 敎育理論에 비추어 보면 弟子들을 받아들이지 못한 理由를 說明할 수 있을 것이라는 말이다.

敎育理論은 적어도 그 內容에서 抽象性과 包括性을 가지고 있다. 말하자면, 敎育의 구체적인 事態에서 점점 멀리 떨어질수록 絶對水準의 論理的 假定에 가까워지며 그렇게 될수록 그것은 敎育에 관한 包括的인 說明이 될 수 있는 것이다.5) 이 말에 비추어 보면 梅月堂 金時習의 敎育理論을 探究한다는 것은 그 자신이 定立하고 있는 宇宙와 삶에 관한 根本原理인 理와 氣, 性과 情, 誠과 敬 등을 밝히고, 거기에 비추어 그의 敎育에 관한 諸發言과 敎育에 關聯된 行爲를 解釋해 내는 일이다. 이 일을 해 낼 때, 비로소 梅月堂 金時習과 같은 天才의 敎育에 관한 知慧를 오늘의 敎育現實에 되살릴 수 있게 될 것이다. 그러므로 우리는 그를 敎育理論家로 내세우려는 것이다.

梅月堂 金時習의 敎育理論의 궁극적인 모습은 理와 氣에 관한 形而上學的 體系속에 있다. 그의 形而上學的 體系는 絶對水準의 論理的 假定으로서 氣一元論이다.6) 말하자면, 그의 形而上學的 體系는 氣論이라고 할 수 있다. 물론 그의 哲學 전체는 儒, 佛, 仙 三敎가 批判的으로 受容되어 있는 것은 事實이다. 그러나 여기서는 주로 그가 믿고 따른 儒學 더 나아가 性理學, 특히 그의 氣論을 중심으로 考察하고자 한다.

그의 氣論이 敎育理論과 직접 관련을 맺기 위하여 그의 倫理論, 心性論, 個人과 社會와의 關係 等을 論議하고자 한다. 좀 더 구체적으로 말하면, 다음과 같다. 첫째, 梅月堂 金時習은 '어떻게 사는 것이 가장 올바르게 사는 것'이라고 보는가

---

5) 李烘雨, 理氣哲學에 나타난 敎育理論, 師大論叢, 第30輯(서울大學校 師範大學, 1985) 5페이지.
6) 申東浩, 梅月堂 金時習의 氣學思想研究(一) - 그의 反朱子學的 太極論을 中心으로 - 忠南大學校 人文科學研究所 論文集(第10卷 2號)1983, 2페이지.

하는 문제이다. 말하자면, 이것은 그의 倫理觀을 묻는 것이다. 이것을 밝히기 위하여 '人君義'(卷 20), '無思'(卷 16), '神鬼說'(卷), '山林'(卷), '性理'(卷 17) 등을 分析할 것이다. 둘째, 그는 '人間의 本性을 어떻게 보는가' 하는 문제이다. 말하자면, 이것은 心性論의 문제이다. 이것을 밝히기 위하여 '古風'(卷 1), '雜說-學'(卷 1), '性理'(卷 17) 등을 分析할 것이다. 셋째, 그는 '個人과 社會의 關係를 어떻게 보는가' 하는 문제이다. 말하자면, 個人과 社會와의 關係이다. 이것은 "仁義禮智'의 所有와 源泉에 관한 문제이다. 구체적으로 말하면, 個人이 社會의 影響을 받지 않고 스스로 '仁義禮智'의 意味를 規定할 수 있다고 생각하는 것과 個人이 社會로부터 '仁義禮智'의 意味를 배운 결과 그 意味를 받아들이게 된다는 것으로서 個人은 社會와의 關聯에 비추어 그 存在意義를 찾을 수 있다는 생각 중에 金時習은 어느 편이 옳다고 생각하는가 하는 문제이다. 이 문제는 敎育의 性格과 直接 關聯이 있다. 여기에는 '古今帝王國家興亡論', '古今忠臣-義士摠論', '人才說', '人君義', '記農失語' 등이 관련된다. 끝으로, 敎育에 관한 諸 發言이다. 이 發言들은 새롭게 誕生된 梅月堂 金時習의 敎育理論에 비추어 再解釋될 것이다. 여기에서는 '無思', '雜說', '敬', '工夫' 등에 나타난 發言 등을 중심으로 解釋할 것이다.

지금까지의 問題를 要約하여 提示하면 다음과 같다. 즉,

1) 理氣論에 관한 梅月堂 金時習의 觀點은 무엇인가?
2) 梅月堂 金時習은 人間이 가장 올바르게 사는 것을 무엇이라고 보았는가?
3) 그는 人間의 本性을 무엇이라고 생각하였는가?
4) 그는 個人과 社會의 關係를 어떤 方式으로 規定하였는가?
5) 그의 敎育에 관한 諸發言들은 그의 敎育理論에 비추어보면 어떤 意味로 될 수 있는가?

II. 理氣論

우리나라에 性理學이 들어온 것은 高麗末 때부터이다. 중심인물로는 安珦과

그의 門下에서 배운 白彝濟, 禹易東 등을 들 수 있다. 이들이 중심이 되어 性理
學은 그 受容 初期부터 朱子學的 傾向이 짙었던 것이 사실이다. 그 후 朝鮮朝
初期에 性理學을 널리 弘布한 權陽村의 "入學圖說", 鄭三峰의 "心氣理篇" 등을
보아도 朱子學的 傾向이 짙은 性理學이 그 기반을 이루게 되었던 것이다.

일반적으로 사람들은 朱子를 主理論자라고 말하고 있다. 그러므로 朝鮮朝 初
期에 主理論的 傾向을 연구하였던 것은 사실이다. 그러나 이와는 달리 우리나라
儒學史에는 朝鮮朝 맨 처음 氣一元論을 主唱한 學者로 金時習을 들 수 있다.[7]
우리의 관심은 최초의 主氣論者가 누구인가에 있는 것이 아니라 金時習의 主氣論
의 內容에 있다. 이 일을 위하여 우선 朱子의 '氣'의 의미를 밝히고 이것에 비추
어 金時習의 主氣論을 解釋하는 것이 順序일 것이다.

朱子에 의하면,[8] "모든 存在는 陰陽이다. 陰陽이 아닌 物은 없다"(都是陰陽,
無物不是陰陽, 語類, 65, 淳錄)고 하였다. 결국 氣없는 物은 하나도 없는 것이
다. 이것을 擴大 解釋하면, 모든 物은 氣로 構成되어 있고, 物은 自然現象, 社會
現象, 歷史現象, 精神現象 등을 포함하는 槪念이 되는 것이다. 예컨대 自然現象
을 氣로 說明하면 다음과 같다. 즉, "氣가 맑으면 하늘이 되고 日月이 되고 星辰
이 된다"(語類, 1, 碢錄), 淸剛한 것은 天이 되고, 重濁한 것은 땅이 되었다"(同
上, 道夫錄), "水의 極은 濁이요, 곧 땅이 된다. 火의 極은 淸이요, 곧 風, 雷,
電, 日, 星에 속하는 것이 된다"(語類, 1, 碢錄), "무릇 비란 대개 陰氣가 盛하
여 凝結되어 濕潤하게 되면, 아래로 떨어지는 것이다"(語類, 70, 學履錄) 등의
말을 보면, 日星天地 등의 天體, 風, 雷, 電, 露, 雲, 霧 등의 氣象에 관한 것도
모두 氣에 의하여 이루어진다고 하는 것을 알 수 있다.

여러 現象이 氣에 의하여 이루어지듯이, 自然物인 人間도 例外가 아니다. 身
體, 視聽과 呼吸의 機能, 마음의 機能, 知覺, 言語動作, 思慮, 記憶, 判斷 등이
모두 氣의 作用이다.[9] 말하자면, 氣 가운데는 본래 이와 같은 靈妙한 機能이 있
으며, 身體의 諸 器官의 機能은 말할 것도 없고 心의 思惟能力도 氣의 機能이

---

7) 申東浩, 前揭書, 269-270페이지. 보통 徐花潭으로 알려져 있으나 잘못이다.
8) 大濱浩, 朱子の哲學(東京, 東京大學出版會, 1982) 69~113페이지.
9) 凡人之能言語動作思慮營爲皆氣也(語類, 4, 碢錄) 人之能思慮計劃者魂之爲也 能記
   憶辨別者魄之爲也(語類, 3, 碢錄)

요, 氣의 作用이라는 것이다. 더 나아가 朱子는 "人生初間先有氣 旣成形是魄在 先 形旣生矣 神發知矣 旣有形後 方有精神知覺"(語類, 3, 淳錄)이라고 하였다. 말하자면, 인간이 처음 태어날 때 氣가 먼저 있고, 이것이 身體를 이루고, 身體가 있은 후에 비로소 精神과 知覺이 있다는 것이다. 그리고 "魄은 耳目의 精, 魂은 口鼻呼吸의 氣"(語類, 3, 無名)라고 한다. 심지어 生과 死도 "氣가 모이면 살고 기가 흩어지면 죽는 것"(語類, 3, 泳錄)이라고 말한다. 결국 氣는 存在와 現象의 基本이며, 原動力이며 構成要素이다. 氣는 全空間에 充滿하여 全時間을 통하여 流動하는 無形의 運動體이다. 그리하여 張橫渠도 氣의 本體를 太虛라고 하였다. 물론 生産은 氣의 운동이지만 理의 協力을 必要로 한다.

朱子에 의하면, "陰陽은 一氣에 지나지 않는다. 陽이 물러가면 곧바로 陰이 생긴다. 陽이 물러나자 別途로 陰이 생기는 것이 아니다"(陰陽只是一氣 陽之退便是 陰之生 不是陽退了又別有箇陰生, 語類, 65, 淳錄)라고 하였다. 陰陽은 非連續的인 것이 아니라 連續的이다. 그래서 朱子는 "陰陽은 하나의 氣에 지나지 않는다. 陰氣가 流行하여 陽, 陽氣가 擬集하여 陰, 陰과 陽은 二個의 서로 對가 되는 것이 아니다"(陰陽只是一氣 陰陽流行卽爲陽 陽氣凝集卽陰 非二物相對也(文集, 5, 答楊元範)라고 하였던 것이다. 陰과 陽은 그것이 別個의 獨立存在도 아니다. 그러나 氣를 流動의 면에서 보면 하나이지만, 氣를 對立의 면으로 보면 두 개의 氣가 있는 것이다. 陰과 陽이 서로 變하고 融合하여 五行을 낳는다. 陰陽은 氣이며, 五行은 質이다. 五行의 質은 땅에, 五行의 氣는 하늘에서 運行한다. 五行의 發生하는 順序를 말하면, 水火木金土이다. 이 경우 水木은 陽, 火金은 陰이다. 五行의 運行하는 順序를 말하면 木火土金水이다. 이 경우 木火는 陽, 金水는 陰이다. 결국 五行의 生成의 順序도 陰陽으로 나뉘고, 五行의 運行의 順序도 陰陽으로 나뉜다. 綜合해서 말하면 氣는 陽, 質은 陰이다. 五行이 動할 때 陽, 靜할 때 陰이다. 이와 같이 五行의 變化는 無限한 것이다.

그러면 지금까지의 朱子의 "氣"의 意味에 비추어 볼 때 梅月堂 金時習의 氣論은 과연 어떻게 解釋할 수 있는가? 우선 그의 太極說을 살펴보자.

"太極이란 極이 없다는 것이니, 太極은 無極에 근본한 것이다. 太極은 陰陽이요, 陰陽은 太極이나, 이것을 太極이라 하고 따로 極이 있다고 하면 이것은 極이 아니다. 極이란 至極하다는 뜻으로, 理致가 至極하여 에서 더 할 수 없다는 말이요, 太란 包容한다는 뜻으로, 道가 至極히 커서 이와 짝할 수 없음을 말하는 것이다. 陰陽 밖에 또 따로 太極이 있다면 陰陽을 陰陽되게 할 수 없을 것이요, 太極 속에 따로 陰陽이 있다면 太極이라 할 수 없다. 陰하고 陽하며 陰함과, 動하고 靜하며 靜하고 動하는 것은 그 理致의 無極한 것으로 太極이다. 그 氣로 말하면 動靜하고 開闢하니 陰陽이요—"(太極說, 梅月堂 文集 第20卷)라는 말이 있다. 여기서 우리의 注目을 끄는 것은 "太極陰陽也 陰陽太極也"라는 말이다. 朱子에 의하면 "陰陽只是一氣"(語類, 65, 淳錄)이다. 그렇다면 梅月堂 金時習이 말하는 太極은 一氣이며 一氣 또한 太極이 된다. 朱子는 "太極無形象只是理"(語類, 94, 寓錄)이라든가 "太極只是一箇理字"(語類, 一, 人傑錄)라 하였다. 따라서 金時習이 말하는 太極은 氣이며, 朱子가 말하는 太極은 理인 것이다. 여기서 우리는 梅月堂 金時習의 氣思想을 엿볼 수 있는 것이다. 梅月堂이 자신의 氣思想을 직접 언급한 대목은 "陰陽外別有太極 則不能陰陽太極裏 別有陰陽 則不可曰太極"이라고 한 것이다. 또한 이 말은 朱子가 말하고 있는 氣의 意味와 一致한다는 것을 알 수 있다.

다음으로 生死說을 보면, "天地 사이에 나고 또 나서 다함이 없는 것은 道요, 모였다, 흩어졌다, 왔다 갔다 하는 것은 理之氣이다. 모이는 것이 있으므로 흩어진다는 이름이 있게 되고, 오는 것이 있기 때문에 간다는 이름이 있게 되었으며 生이 있기 때문에 死라는 이름이 있게 되었으니, 이름이란 氣의 實事이다"(生死說, 梅月堂 文集 第20卷) 여기서 우리가 알 수 있는 것은 宇宙의 窮極的인 原理로서의 理와 그 本質的 具現體로서의 氣를 梅月堂은 하나로 보고 있다는 것이다. 다시 말하면 理는 太極의 運動法則이자 萬物의 存在原理이고 氣는 이 理를 몸소 具現하는 太極의 具現體이며 萬物의 原質로서, 太極一氣가 自己法則에 따라 東, 靜, 闔, 闢 함으로써 陰陽으로 나타나고, 이 陰陽은 氣의 聚, 散, 往, 來 하는 運動에 의하여 生生不窮하게 된다.[10] 여기서 우리가 주목하고자 하는 것은 "理之氣"이다. 理之氣이므로 理와 氣는 결코 별개의 形而上學的 本體일 수 없는 것이다.

셋째로 '天形'에서 보면, 聚, 散, 往, 來 하는 氣의 運動에 의하여 宇宙萬物의 生成變化를 說明하였다. 즉, "客이 묻기를 어떤 것이 氣인가 하고 물으니, 대답하

---

10) 申東浩, 上揭書, 279~80페이지.

기를 해와 달과 별들이 번갈아 運行함과 추위와 더위와 낮과 밤이 가고 옴이 그것이다. 客이 말하기를 해와 달과 별들이 어떤 것인가? 다시 상세히 설명해 달라고 하니, 淸寒子가 말하기를 그것은 氣 가운데에서도 가장 빛나는 것이며 陰陽兩儀의 精華이니, 陽의 精華를 얻은 것은 해요, 陰의 정화를 얻은 것은 달이며, 해가 되고 남은 빛이 나뉘어 별들이 된 것이다."(梅月堂 文集 卷 17, 天形, 第1) 여기에 引用된 말은 朱子의 "春은 生氣의 初動, 夏는 生氣의 盛動, 秋는 生氣의 收斂, 冬은 生氣의 終藏이다"(語類, 53, 胡泳錄)라든가, "氣가 맑으면, 天이 되고, 日月이 되고, 星辰이 된다"(語類, 1, 碣錄)는 말과 같다. 말하자면, 이것은 朱子가 氣는 여러 自然物, 自然現象의 基本的인 構成要素라는 생각과 같은 것이다.

넷째로, '服氣'에서 보면, "하늘과 땅 사이에 가득 찬 것이 모두 氣이다. 縱的으로 말하면, 해와 달이 가고 옴과 별들의 運行과 더위가 서로 바뀜과 陰과 陽이 서로 번갈아 交代하여 없어지고 생겨나며, 차고, 비는 것 또는 때를 얻고 잃음이 모두 氣이다. 그리고 橫的으로 말하면, 山岳이며 河川이 녹아 흩어지고 엉기어 모임과 바람 불고 비 내리며 서리나 이슬이 맺힘과 풀이며 나무가 繁盛하고 시듦과 사람이나 짐승이 움직이고 쉼과 聖賢과 愚昧한 이의 有別이 생기는 것 등, 맑고 흐리며, 純粹하고 雜駁하여 한결같지 아니한 것이 모두 氣의 兩面運動에 의한 것이다."(卷17 服氣 第6)라고 하였다. 여기에 引用된 말은 朱子의 "火의 極은 淸, 곧 風, 雷, 電, 日, 星에 屬하게 된다."(語類, 1, 碣錄)고 하고, "霜只是露結成, 雪只是雨結成"(語類, 2, 廣錄) 等을 말하면서 氣象 모두가 氣라는 것을 말하고 있다.

다섯째, "神鬼說"을 보면, "이 天地 사이에 오직 氣가 풀무질 할 뿐이다. 그런데 氣의 運動에는 일정한 法則이 있으니, 屈伸의 妙와 盈虛의 道가 그것이다. 즉, 氣의 펴고 굽히는 作用에 따라 차고 비는 現象이 생기니, 차면 事物이 나오고, 비면 事物이 돌아간다.

이때 事物이 생겨 나오는 것을 神이라 하고 滅하여 돌아감을 鬼라 한다. 그러나 이처럼 氣의 作用과 現象, 事物이 生滅하는 樣相과 名稱은 다를지라도 本源의 氣는 하나요 그 實理 또한 하나인 것이니, 다만 그 나뉨에 있어 다름이 생기게 되는 것이다. 그런즉, 神鬼가 循環往復하며, 萬物이 榮華枯落하는 造化의 자취도 그 根本에서 말하면 一氣가 內在的 自己理法에 따라 二氣로 나뉘면서 혹은 消하고 혹은 長하는 本然의 功能을 發揮함으로써 있게 되는 것이다."(卷 20 神鬼說) 앞의 인용은 주자가 "魂魄을 二氣의 時點에서 말하면, 陽은 魂이여, 陰은 魄, 一氣의 時點에서 말하면, 神은 魂, 屈은 魄"(語類, 65, 義剛錄)이라고 말한 것과 같다. 다만 여기서 注目을 끄는 것은 "天地 사이에 오직 氣가 풀무질할 뿐이다"라고 한 말과 "造化의 자취도 二氣로 나뉘면서 혹 消하고 長한다"는 말이다. 그런데 梅月堂 金時習이 一氣와 二氣가 구체적으로 무엇인지 밝힌 바는 없지만 "四時行 百物生者 唯一太極也"(卷 20 太極說)와 "其氣則動靜闔闢而陰陽也"(同上)라는 말에서 미루어 볼 때, 一氣란 宇宙萬物을 낳게 하는 窮極的 始元으로서의 唯一한 太極을 指稱함이요, 二氣란 太極一氣가 動靜闔闢하는 作用으로서의 陰陽을 指稱하는 것이 아닐까 推測해 본다.

以上에서 梅月堂 金時習의 '太極說' '生死說' '天形' '服氣' '神鬼說' 等을 分析하였고, 여기서 우리는 그가 朱子의 氣 槪念과 거의 같은 意味로 氣를 말하고 있음을 發見하였다. 그러나 한 가지 根本的으로 다른 점은 朱子가 太極을 理로 보는 데 反하여 梅月堂 金時習은 太極을 陰陽 卽 氣로 보고 있다는 事實이다. 따라서 朱子를 主理論자라고 말할 수 있다면, 梅月堂 金時習은 主氣論者라고 말할 수 있을 것이다.

Ⅲ. 敎育理論

敎育理論이 理論으로서의 제구실을 하기 위해서는 抽象性과 包括性을 가져야 한다. 그러므로 敎育理論은 자연히 形而上學的 性格을 띠게 마련이다. 이 생각에 비추어 볼 때 梅月堂 金時習의 敎育理論은 그의 理氣論 자체라고 말할 수 있다. 그러나 이와 같은 敎育理論은 窮極的이기는 하지만, 敎育實際와 너무나 동떨어져 있어서 空虛하게 들릴 可能性이 크다. 그리하여 敎育實際와 보다 가까운 敎育理論이 필요하게 된다. 여기서는 바로 그와 같은 敎育理論을 構築해 보고자 한다. 이 일을 위하여 우리는 이와 같은 教育 理論의 源泉으로서 梅月堂 金時習의 倫理觀과 心性觀 그리고 그가 個人과 社會와의 關係를 어떻게 보는가 등을 중심으로 論議해 보고자 한다.

우선 우리는 梅月堂 金時習의 養性箴을 살펴 볼 필요가 있다. 왜냐하면 여기에 그의 人性觀, 倫理觀 등이 凝縮되어 있기 때문이다. 그러면 그의 '養性箴'을 보기로 한다.

"하늘이 나를 낳으실 적 그때 벌써 命을 주셨으니
兩儀와 五行이 각각 그 바름을 이루었도다
다시 내게 理를 禀受하시니 그것이 本性이라,
여기에는 어리석은 이도, 知慧로운 이도 없으니,
凡人 聖人의 區別마저 없이 고루다 이 理를 賦與하시니,
廣大하고도 그 盛함이여! 오직 聖人만이 天性대로 따르는지라,
萬 가지 善이 스스로 넉넉하지만, 中人以下를 가지런히 하지 못해서
반드시 기른 뒤에야 本性으로 돌아가도다
本性을 기르는 方法은 단 한 가지 理致를 窮究함에 있는 것이니
그 事物의 理致에 따라 그 所以然을 다하는 것이요
이미 알고 있는 理致에 따라 가서 멈출 자리를 극진히 하는 것이로다
머문다는 것은 무엇인가 本性대로 따르는 것뿐이로다
窮究하는 것은 무엇인가 自己本性을 극진히 하는 것이로다
그 理致에 따르고 涵養하길 極盡하게 하면서
七情으로 하여금 멋대로 날뛰며 放蕩하게 하지 못하게 할 것이로다
隱微한 때에도 홀로 있을 때에도 삼가서 마음의 向方을 알면
吉凶의 올 일을 알며 지나간 일을 드러내나니 十分 가서 이르는 곳에서야
스스로 펴서 통하게 되는 것이니
거의 一生을 이것으로 의지삼을 만하리로다."

養　性　箴

天之生我, 旣授以命, 兩儀五行, 各遂其正,
復禀我理, 是之謂性, 無愚無智, 無凡無聖,
均賦此理, 浩浩其盛, 惟聖性者, 萬善自是,

中下不齊, 必養而復, 養之之道, 惟在窮理,
因其物理, 以窮其以, 因其已知, 以極其止,
止者何至, 率性而已, 窮者曷極, 盡性云耳,
率循是理, 極盡涵養, 勿使七情, 跋扈肆放,
隱微之際, 愼獨知嚮, 吉凶之幾知來,
彰往十分, 到處自然舒暢, 庶幾一生以爾爲伏

(梅月堂 文集 第21卷)

그러면, 以下에서 '養性箴'에 나타난 倫理觀과 이에 關聯된 事項을 풀어 보기로 한다. 먼저 倫理의 問題, 즉 '어떻게 사는 것이 가장 올바르게 사는 것인가'를 보겠다. 梅月堂 金時習은 앞에서 살펴본 바와 같이 主氣論者이다. 그렇다면 그는 이 세상에서 가장 올바르게 사는 것을 "誠"이라고 볼 수밖에 없다. 왜 그는 "誠"을 내세우지 않으면 안 되었는가? 이 問題를 답하기 위하여 우리는 무엇보다도 먼저 "誠"의 意味를 考察하고, 그가 言及한 "誠"의 意味를 再解釋하지 않으면 안 될 것이다. 歷史的 淵源을 보면,11) 中庸以前의 經典에서는 書經의 "鬼神無常享, 享于克誠"(性理大全, 卷 39, 性理, 9, 誠)이라는 말이 있고, 또한 "濬哲文明, 溫恭允塞"에서 "允塞"이 誠字의 뜻을 가지고 있다는 것이다.(上同) 앞에서의 誠의 뜻은 神에 대한 精誠을 意味하고 允塞은 '참으로 미쁘고 篤實함'을 意味하는 것이다. 그리고 中庸의 誠과 같은 意味로 易經의 "閑邪存其誠"과 "修辭立其誠"이 있다.

그러면 中庸에서 말하는 '誠'은 무엇을 뜻하는가? 中庸에는 "誠者, 天之道也, 誠之者, 人之道也"(第20章)라 하였다. 즉 "誠이라는 것은 眞實無妄을 말하는 것이요 天理 그 자체이다. 그리고 誠하려고 한다는 것은 아직 眞實無妄 하지 못해서 眞實無妄 하려고 애써 努力 하는 것이다"(朱子注) 여기서 誠 그 자체는 "理" 자체와 같으나 '誠之者'는 誠의 用으로 어떤 일을 成就하려 할 때 마음속에 가지고 있는 자세이다. 主氣論者인 金時習은 '誠之者' 즉 誠의 用으로서의 意味를 강조하고 있다. 그는 誠에 관하여 '人君儀'에서 다음과 같이 말하고 있다. "易에서 말하기를 天의 運行은 健全하니 君子는 그것을 法으로 삼아 自疆하여 쉬지 않는다고 한다. 그 쉬지 않는 까닭이 誠이다. 誠이므로 쉼이 없으며, 쉼이 없으므로

---

11) 金泰泳, 退-栗 誠敬思想 研究(忠南 大學校 大學院 博士學位 論文, 1988)4~6 페이지.

대개 망령됨이 없는 것이다. 한번이라도 私私로운 망령됨이 그 사이에 介在 한다면 天은 運行을 健全이 하여 萬物을 資生시킬 수 없는 것이다"(梅月堂 文集 20卷)라고 하였다.

'人君儀'에서 우리의 注目을 끄는 것은 '君子以自彊不息 其所以不息者, 誠也'라는 文句이다. 말하자면 어떤 일을 성취하기 위해서는 끊임없이 쉬지 않고 애쓰는 마음 즉 誠이 없으면 안 되는 것이다. 中庸에서 보면, "人一能之 己百之 人十能之 己千之"라고 쓰여있다. 이 말과 金時習의 誠과는 意味가 相通한다. 말하자면 誠 자체는 天道이지만, '誠之者人道'라는 것을 金時習은 철저히 體得하고 있었다. 그러므로 金時習은 "誠之者 人道"야말로 人間이 가장 올바르게 사는 길이라고 믿었던 것이다.

그러면 이와 같은 '誠之者 人道'를 갖춘 人間은 어떠한가? 金時習에 의하면 '어진 선비'이다. 具體的으로 말하면, 첫째 어진 선비라는 것은 어려서 배운 것을 어른이 되어 행하는 사람을 가리키는 것이다. 말하자면 實際에 適用하여 實踐한다는 것이다. 둘째로 世上이 어지러워도 抛棄하는 것이 아니라, 그 뜻과 所願은 세상을 평화롭고 文明하게 하고자 하는 것이다. 셋째로 나중에 나이가 먹어 늙어 隱退하더라도 임금과 나라에 대한 마음을 깊이 품으며, 비록 몸은 가더라도 마음은 높은 대궐에 걸려있고 忠臣의 班列에 있는 것이다.(梅月堂 文集 第16卷 三請第3)라고 하였다. 여기에서 알 수 있듯이 언제나 어떤 경우라도 임금과 백성을 위하여 끊임없이 努力하는 "誠實한 人間"을 가리키고 있다.

이와 같은 梅月堂 金時習의 倫理觀의 바탕에는 그의 心性論이 깔려 있다. 그의 心性論의 核心은 "人性이 善하지 아니함이 없으므로 可히 堯舜으로 될 수 있다. 다만 氣稟에 拘碍되어서 賢과 愚, 逆과 順이 있을 따름이다"(梅月堂 文集 卷1 古風 19首)라고 말하고 있는 것이다. 여기서 金時習이 말한 것은 性善說을 믿는다는 것과 性理學者들이 人性을 '天地本然之性'과 '氣質之性'으로 나누고, 天地本然之性은 無不善이요, 氣質之性은 有善惡이라고 나누어 主張하는 것과 같다는 것을 보여주고 있다.

이제 우리는 金時習이 倫理論의 主要 槪念인 道와 德을 무엇이라고 보았으며, 道心과 人心의 關係를 어떻게 보았는지 살펴 볼 때가 된 것 같다. 그에 의하면 "道는 天下의 公物이다. 先儒가 말하기를 '道는 길과 같다'고 하니, 생각건대, 性

밖에 道 없고, 道 밖에 性이 없다고 하였다. 그러므로 子思가 말하기를 '性을 따르는 것이 道'라고 하니, 그 性의 스스로 그러한 것을 따르면 날마다 쓰는 事物의 사이에 각기 마땅히 행하여야 할 길(路)이 있지 않음이 없을 것이다. 이것이 道"(梅月堂 文集 卷 17, 雜著, 性理, 第3)라고 하면서, 이어 말하기를 "德은 天下의 善을 主宰하는 것이다. 이것은 하늘이 준 性에서 얻은 것이요, 밖에서 오기를 기다릴 것은 없는 것을 말함이니, 先儒가 말하기를, 德이란 자기 몸에서 얻는 것이다라고 하였고, 또 이르기를 明德이란 사람이 하늘로부터 얻은바 虛靈하여 어둡지 않은 것으로서, 모든 理致를 다 갖추어 온갖 일에 應할 수 있는 것이라 하였다. 무릇 元亨利貞은 하늘의 德이요, 仁義禮知는 性의 德이니 하늘은 네 가지 德으로써 能히 運行을 쉬지 아니하고 萬物을 變化 育成하는 것이다. 그러므로 君子는 이것을 體得하여 내 몸에서 얻으면, 나에게 있는 性이 善하지 아니함이 없고, 물건이 미치는 德이 精誠스럽지 아니함이 없는 것이다."(上同)라고 하였다. 여기서 注目할 것은 德도 誠과 關係를 맺고 있다는 사실이다. 道와 性은 同一하고 德은 性에서 얻은 것이요, 이것이 바로 誠이라는 것이다. 그리하여 "人心이란 外物과 내(心)가 서로 들어나는 데서 생기는 것으로 人欲은 私요, 道心은 性命之正에 根源한 것으로 天理之公이라고 하면서 道心으로써 人心을 主宰하도록 해야 한다(上同)"는 것이다.

誠에 이르는 方法은 어떠한가? 中庸에서 보면, "誠實해 지려고 애쓰는 사람은 善을 가리어 굳게 지키는 사람이다"(誠之者 擇善而固執之者也)라고 하였다. 이 말은 곧 誠工夫의 過程으로서 擇善－明善－固執－誠身을 말하고 있고, 이것을 다시 知的過程과 行的過程으로 나눈다. 즉 窮理－擇善－明善은 知的過程이요, 固執－誠身이 行的過程이다.[12] 또한 中庸에서는 "博學之 審問之 愼思之 明辨之"(20章)를 言及하고 있는데, 이것도 역시 博學, 審問, 愼思, 明辨은 知的過程이요, 敦行은 行的過程을 말하고 있는 것이다. 말하자면 널리 배우고 모르는 바를 자세히 물어 善과 不善을 알아야 하며 스스로 깊이 생각하여 그것이 善인지 不善인지를 분명히 判斷해서, 이를 透徹하게 實踐해야 한다는 것이다. 여기서 반드시 언급하고 지나가야 할 것이 "愼獨"이다. 大學에서 朱子는 愼獨을 '自慊'과

---

12) 金泰泳, 前揭書, 31～32페이지.

'自欺를 막는 것'이라 하였다. 金時習도 "養性箴"에서 '窮究하는 것은 자기 本性을 극진히 하는 것이며, 그 이치에 따르고 涵養하길 극진하게 하면서 七情으로 하여금 멋대로 날뛰며 放蕩하게 하지 못하게 하는 것'이라 하였다. 이것을 보면, 金時習의 誠工夫도 대체로 中庸과 朱子의 方法을 따르고 있다고 볼 수 있다.

이제 金時習의 倫理思想의 核心인 "誠"의 '所有'와 '源泉'의 問題가 남아있다. 이 問題는 적어도 다음과 같은 두 가지 方式으로 파악할 수 있다.[13][14] 하나는 個人이 '誠'의 所有者임과 同時에 源泉이 된다는 경우이고, 다른 하나는 '誠'의 所有問題와 源泉의 問題를 구분하는 경우이다. 前者의 경우에는 個人이 社會와 따로 떨어져서 '誠'의 意味를 스스로 規定하는 것이다. 그리하여 個人이 社會와 關係없이 存在할 수 있는 것처럼 생각한다. 물론 이 사람들도 個人이 社會를 떠나서 存在할 수 없다는 事實을 否認하지는 않는다. 그럼에도 불구하고 個人은 社會의 影響을 받지 않고 스스로 '誠'의 意味를 規定할 수 있다고 믿는다. 이와 같이 생각하는 것은 個人과 社會의 關係를 '事實的 關係'로 파악하는 것이다. 말하자면 個人과 社會가 概念上 獨立되어 있는 社會는 個人의 事實的 集合이라는 것이다. 달리 말하면 個人이라는 概念이 社會以前에 社會와 떨어져서 存在할 수 있다는 것이다. 이 觀點을 敎育과 關聯시켜 생각해 보면 '誠'은 敎育과 別個의 것으로서 그 意味가 敎育以前에 이미 規定되어 있다는 것이다. 이와 같이 보면 敎育은 '誠'의 意味를 實現하는 手段이 된다.

後者의 경우에는 個人이 社會로부터 '誠'의 意味를 배운 결과 그 意味를 받아들이게 되며 個人은 社會와의 관련에 비추어 그 存在意義를 찾을 수 있는 것이다. 따라서 個人이 社會의 影響을 받아 비로소 '誠'의 意味에 관한 자신의 생각을 가지게 되는 것이다. 이와 같은 觀點은 個人과 社會와의 관계를 '論理的 關係'로 파악하고 있는 것이다. 말하자면 個人이 社會와 관련을 맺지 않고는 個人이 따로 存在할 수 없으며, 個人은 社會와의 관련에 의하여 비로소 그 實體가 規定될 수 있는 것이다. 이와 같은 생각을 敎育과 관련을 맺어보면, '誠'은 敎育과 별개가 아니라 敎育의 過程 그 자체이며, 따라서 '誠'의 意味는 미리 規定되어 있는 것이 아니라, 敎育에 의하여 '誠'의 意味가 論議되며, 그 자체가 敎育의 過程이며 敎育

---

13) 黃仁昌, 敎育에 있어서의 個人과 社會의 關係-플라톤의 「國家論」을 中心으로-
    (서울大學校 大學院 博士學位 論文, 1989) 83-85페이지.

은 '誠'을 實現하는 것 이외에 다른 것이 될 수 없다.

이상과 같은 두 가지 觀點中 梅月堂 金時習은 어느 觀點을 取할 것인지를 考察해 보겠다. 우선 '無思'를 살펴본다. "淸寒子가 말하기를 대저 배우고 생각하지 아니하면 위태한 것인데 생각이란 사특한 생각이 아니라, 道를 위한 所以를 생각함이요, 思慮한다 함은 미친 思慮가 아니라 배우는 所以를 思慮하는 것이다. 비록 집 앞마당을 거닐고 들판에 노닐면서 눈으로 보고 마음으로 생각하여 自然스럽게 精神을 涵養한다 하더라도 감히 배움을 폐하지는 못할 것이다. 그러므로 산에 오르면 그 높음을 배울 것을 생각하고 물에 임하면 그 맑음을 배울 것을 생각하고, 소나무를 보면 그 貞節을 배울 것을 생각하고 달을 대하면 그 밝음을 배울 것을 생각하는 것"(梅月堂 文集 第16卷)이라 하였다. 여기서 우리가 注目해야 할 것은 "高登山則思學其高, 臨水則思學其淸, 坐石則思學其堅, 看松則思學其貞, 對月則思學其明"이라는 文句이다. 만약 高, 淸, 堅, 貞, 明의 意味가 미리 規定되어 있지 않으면 어떻게 山, 水, 石, 松, 月을 보고 그와 같은 것을 배울 생각을 할 수 있겠는가? 따라서 敎育은 이미 規定되어 있는 高, 淸, 堅, 貞, 明의 意味를 배우는 것이다.

다음으로 '德行儀'에서 보면, "詩經에 이르기를 德行에 깨달음이 있으면 사방의 나라가 순종한다'고 하였다. 이것을 마음에 얻는 것을 德이라 하고 이것을 그 몸에 行하고 사업에 실시한 것을 行이라 한다. 德이란 行爲의 實體요, 行이란 德의 顯現이니, 德에 남음이 있으면 行이 스스로 나타나고 行에 허물이 있으면 德이 저절로 나타난다. 그러므로 「周易」에 말하기를 '活用을 이롭게 하여 몸을 편안하게 함은 德을 崇尙함이다'라고 하였다. 그러므로 德과 行은 서로 表裏가 되는 것으로 行에 넉넉함이 있는데도 德이 不足하거나, 德에 容儀가 있는데도 行이 미치지 못한 例가 아직은 없다. 그러므로 君子가 德을 삼가함에 있어서 窮理를 거듭하여 그것으로 그 근원을 이루고, 事物의 理致를 窮究함으로써 그 窮極에 이르게 하며 意志를 誠實하게 하여 그 거짓을 버리고 마음을 바르게 하여 그 사특함을 살펴서 스스로 마음을 얻게 하고 擴充하여 남음이 있으면 그 常行을 삼가며 괴롭게 깊이 파고드는 것을 하지 않더라도 자연히 밖으로 나타난다"(梅月堂 文集 第20卷)는 것이다. 여기서 알 수 있는 것은 梅月堂 金時習은 行에 强調를 두고 있다는 것이다. 왜냐하면 '行은 스스로 나타나고 行에 허물이 없으면 德이 저절로 가득 찬다'고 하였기 때문이다. 그리고 이 말에서 우리는 德이 무엇을 意味하는지 이미 規定되어 있다는 것을 암시받을 수 있었다. 또한 意志를 誠實하게 하는데 强調를 두고 있다는 점이다. 이 德 속에 이미 仁義禮知가 들어 있고, 德을 實現한다는 것은 곧 仁義禮知를 實現한다는 것이 된다. 그렇다면 行의 標準이 되는 仁義禮知의 意味는 이미 決定되었고, 教育은 仁義禮知의 意味를 誠意를 다하여 서서히 몸에 익히는 手段이 된다. 그러므로 教育에서는 "不求苦寫穿鑿"(上同) 할 必要가 없고, 오로지 仁義禮知의 意味를 몸에 붙도록 實行하여 "自然著現於外"(上同)하도록 하는 데 있다. 물론 여기서의 外는 집이며 國家 등을 말하고 있는 것이다.

요컨대, 梅月堂 金時習은 個人이 社會의 影響을 받지 않고 스스로 誠이나 仁義禮知의 意味를 規定할 수 있다고 믿었으며, 個人과 社會의 關係를 事實的 關係로 把握하였다. 달리 말하면 仁義禮知는 別個로서 그 意味가 教育以前에 이미 規定되어 있어서, 教育은 그것을 實現하는 手段이 되는 것이다.

Ⅳ. 教育理論의 適用: 教育的 發言의 再吟味

우리는 이제 梅月堂 金時習의 教育理論을 定立한 셈이다. 물론 그의 教育理論으로 教育事態를 說明할 수 있어야 한다. 그런데 여기서는 梅月堂 金時習이 살던 당시의 教育事態를 說明하려는 것이 아니라, 梅月堂 자신의 教育에 관한 여러 가지 發言을 그의 教育理論에 비추어 再吟味하고자 한다. 이 일을 하는 동안에 梅月堂 자신은 '왜 사람들이 教育을 받아야 하며 어떤 것을 教育內容으로 해야 하며, 어떻게 가르쳐야 하며, 教育者는 어떤 모습을 지녀야 하며, 梅月堂 자신의 教師像은 어떤 모습을 지녔는지'가 밝혀질 것이다.

우선, '人材說'을 보기로 한다. 梅月堂에 의하면, "人材란 柱石이다. 그러므로 나라를 다스리는 데에는 人材를 얻는 것으로써 根本을 삼고, 백성을 教化함에 있어서는 人材를 育成함으로써 우선을 삼는다."(梅月堂 文集 第20卷)고 하였다. 여기서 우리는 梅月堂 金時習이 왜 사람이 敎育을 받아야 하는지 또는 왜 國家가 敎育을 하지 않으면 안 되는지를 말하고 있는 것을 알 수 있었다. 그것은 다름이 아니라, 敎育을 받음으로써 人材가 되고, 國家는 人材를 기를 수 있기 때문이다.

그러면 이와 같은 人材의 有用性은 어디에서 구했는가? 梅月堂은 그 理想的인 모델을 文王에서 구하였다. 즉, "훌륭한 모양을 갖춘 많은 선비여! 文王이 그래서 便安하셨다. 勇猛하고 헌걸찬 모양의 武夫들이여! 公候의 防牌며 城이로다. 솔개는 날아서 하늘에 이르는데 물고기는 연못에서 뛰노는구나 容貌와 기상이 화락하면서 優雅한 君子여! 어찌 사람을 만들지 아니 하겠는가?"(上同)라고 읊었다. 여기서 우리는 人材의 有用性을 찾아낼 수 있었다. 즉 '人材는 文王을 편안하게 하셨다'고 하였는데, 그것은 人材가 國家와 社會를 편안하게 하는데 꼭 必要한 사람이며, 그들이 없다면 어찌 편안하게 살 수 있을 것인가 하는 뜻이다. 이어서 勇猛하고 헌걸한 武夫들이여! 公候의 防牌며 城이로다'에서 武人(人材)은 國家나 社會를 直接 外敵으로부터 지키며 國家 社會의 安寧과 秩序를 維持하는 데 꼭 必要하다는 뜻이다. 그러므로 '容貌와 기상이 화락하면서 優雅한 君子여 어찌 사람을 기르지 아니하겠는가'에서 國家와 社會는 이와 같은 人材를 기르기 위해서는 반드시 敎育을 하지 않으면 안 된다는 것을 말하고 있다. 그러나 인재도 "盛世" 또는 "알맞은 時機"에 맞아떨어져야 그 有用性이 빛을 發揮할 수 있다는 것이다.
(人材說 卷 20)

梅月堂 金時習은 主氣論者이다. 主氣論은 事物과 現象의 論理的 原因으로서의 理가 그 事物이나 現象과 따로 떨어져 있는 것이 아니라, 바로 그 속에 들어 있다는 것, 그리고 善이라는 것은 人間의 慾望과 떨어져서 그 자체로서 存在하는 것이 아니라 人間의 慾望이 발휘되어야 할 方向을 提示하는 것에 불과하다는 것을 주장하는 것이며, 또한 人間의 思考와 行動의 基準으로서 '意圖'를 認定할 것이다.[14] 그렇다면 主氣論자인 梅月堂 金時習은 人間의 思考와 行動의 基準으로서 '意圖'를 認定하고 있으므로, 敎育의 目的을 人材養成에 두고 있는 것은 당연하다고 할 것이다.

둘째로 梅月堂 金時習이 쓴 "學"을 보면, "小學의 方法은 물뿌리고 쓸고 應하고 對答하며, 들어가서는 孝道하고 나아가서는 恭敬하며, 움직임에 혹시라도

---

14) 李烘雨, '理氣哲學에 나타난 敎育理論' 師大論叢 第30輯(서울大學校 師範大學, 1985)13~14페이지.

理致에 어긋남이 없도록 할 것이니, 行하고 남음이 있거든 詩를 외우고 글을 읽으며, 읊고 노래하고 춤을 추되 생각이 혹시라도 지나침이 없어야 할 것이다"(梅月堂 文集 第23卷)라고 하였다. 여기에서 볼 수 있듯이 梅月堂 金時習은 敎育內容으로서 '行'을 强調하였던 것이다.

그렇다면 '行'의 내용은 무엇인가? 우리는 敎育內容으로서의 '行'의 內容의 端緖를 다음과 같은 글에서 찾아본다. 즉 "혹 나무로 농삿군이 밭갈고 김매는 형상을 만들었는데, 많기가 百여벌이나 되었다. 그것을 책상 옆에 벌여놓고 온종일 熟視하다가 통곡하고는 태워버렸고, 어느 때는 산에 들어가 중들에게 火田갈기를 勸하기도 하였다"(梅月堂 文集 序)고 쓰여있다. 이 端緖에서 示唆받을 수 있는 것은 다름이 아니라, 敎育의 內容은 우리의 삶과 직접 有用한 것이라는 것이다. 觀念的인 詩, 書, 經 등은 백성들의 삶과 별관계가 없다고 생각한 것이다. 그리하여 농사짓는 사람들이 백성의 대부분을 이루고 있으므로 이들에게 必要한 敎育은 "어떻게 하면 농사를 잘 짓도록 하는가"와 같은 實用的인 知識이지 觀念的인 內容인 四書三經이 아니라는 것을 暗示하고 있다. 이것은 또한 梅月堂 金時習의 氣思想에 비추어보면 충분히 납득할 수 있다. 現代敎育理論과 關聯을 지워보면, 존 듀이의 理論에서 찾을 수 있다. 왜냐하면 존 듀이 理論에서는 知識이 問題解決의 道具로서 價値를 가져야 하기 때문이다.

셋째로 敎育方法을 알아보기 위하여 金時習의 '窮理'라는 詩를 본다.

"한 理致는 偏黨이 없어 窮究하면 一萬理致에 通한다네.
精巧함과 粗雜한 것 망라하였고 가는 것과 큰 것을 融解一貫하였다.
내게 있어선 앎이 한이 없고 한편으로 格物함이 다함없네
精微롭게 硏究하여 神妙한데 들어가면 칼날이 큰 구멍 빈 데서 놀리라"

學　　問

(余嘗作窮理詩)一理無偏黨窮之萬理通,
包羅精與粗融貫細兼洪在, 我知無盡於
他格不窮, 精研入神妙游刃大窺空.
(梅月堂 文集, 第二十三卷)

이 詩에서는 敎育方法으로 梅月堂은 '格物'과 '窮理'를 들고 있다. 그러나 格物

과 窮理를 하기 위해서는 '至誠'이 요구된다. 梅月堂의 '至誠詩'를 보면, "정성(誠)이란 스스로 쉼이 없어서 품물이 이것 때문에 이루어진다. 하늘은 높고 땅은 너르고 두터우며 바다는 넓고 산은 깊고 가파르구나. 不二는 生함을 헤아리기 어렵지만 순진하여 도리어 저절로 통한다. 하늘을 법삼아 잘 생각한다면 그걸로 神明에 통할 수 있으리라"고 하였다. 말하자면 至誠이면 神明에까지 통한다는 것이다. 金時習은 敎育方法으로 '窮理' '格物' '至誠'을 들고 있다.

넷째로 梅月堂 金時習의 弟子關係를 보자. "時習은 많은 弟子를 갖지 못했다. 그 理由로서는 가만히 한자리에 앉아서 修道, 修學하는 道德君子가 못된 放浪客이었다는 것, 狂客으로 危言激論하기 때문에 그를 따르고자 한 자도 時人들의 눈을 두려워하기 때문이며, 그 성격이 너무나 高踏적이요 偏狹하였기 때문에 시시한 愚昧俗輩를 상대하기 싫었던 까닭이라는 것"15)이라는 것이다. 이와 같은 理由가 옳지 않은 것은 아니겠지만, 보다 더 根本的인 理由가 있지 않을까 생각해 본다. 만약 더 根本的인 理由가 있다면 그것은 무엇일까?

이 理由를 찾는 端緖로서 우리는 梅月堂의 '拒來學'을 보기로 한다.

> 經書와 歷史研究 다한 지 오래건만,
> 한 句節 말이 그대로 틀리고 잘못되었네.
> 눈 어두우니 줄 따라 읽기 잘못하고
> 마음 어두우니 잘못 생각하는 것도 많네
> 龍잡는다 공연히 힘만 虛費하였고,
> 句다듬다가 곧 魔가 되었네
> 정히 좋은 것 가죽나무처럼 허술해서
> 江과 湖水에서 짧은 도롱일 메는 걸세.

> 拒　來　學

> 研窮經史久
> 句語儘差訛
> 眼暗循行誤
> 心昏錯會多

---

15) 鄭杜東, 梅月堂 金時習 研究(民族文化社 1968) 188페이지.

屠龍空費力

琢句便成魔
正好爲樗散
江湖荷短蓑
　　　　(梅月堂 詩集 第十五卷)

　원래 이 '拒來學'은 와서 배우겠다는 이를 拒絶하며 쓴 詩이다. 이 詩를 통하여 짐작할 수 있는 것은 梅月堂 자신은 남의 스승이 되기에는 너무 부족하다고 생각하였다. 그리하여 詩에서 "經書와 歷史를 硏究한 지 오래건만 한 句節말이 그대로 틀리고 잘못됐네, 눈 어두우니 줄 따라 읽기 잘못하고 마음 어두우니 잘못 생각하는 것도 많네'라고 읊었다. 이와 같은 생각을 뒷받침하는 逸話16)를 들어보면, 다음과 같다. 즉, "여러 比丘들이 公을 推戴하여 神師로 삼고 따르며 매우 부지런하게 섬겼다. 하루는 입을 모아 懇請하기를, '弟子들은 大師님을 받든 지 오래되었으나 아직도 단 한번의 가르침을 아끼시니 大師께서는 淸淨한 法眼을 끝내 누구에게 주실 것입니까? 여러 사람이 方向을 가리지 못하니 금 참빗으로 때를 벗겨 주시기 바랍니다' 하면서 請하기를 굳게 하니, 公이 말하기를 '그대들은 大法筵을 열라' 徒들이 모여와 擁衛하고 合掌한 다음 죽 벌여 무릎 꿇고 앉아 귀를 쫑긋 세우고 말을 들으려 하는 참인데, 公이 또 말하기를 '소 한 마리를 끌고 오라'고 하였다. 여러 사람들은 그 까닭을 짐작할 수 없어 소를 끌어다 뜰아래 매어 놓았다. 公은 또 말하기를 '꼴다발을 가져오너라'고 하여 소 꽁무니에다 그것을 놓으라고 하고는 크게 웃으며 말하기를 '너희들이 佛法을 듣고자하는 것은 바로 이와 같은 類이니라'"고 하였다. 즉 迷惑되어 事理에 어두운 無識한 나에게 무엇을 배우려고 하는가 하는 뜻이다. 말하자면 여기서는 經書와 歷史硏究보다는 더 실용적인 學問을 하지 못한 것을 못내 아쉬워하고 있음을 말하고 있는 것이다. 그러나 梅月堂 같은 天才가 스스로 자신이 不足하다고 생각한 점은 오히려 위대한 敎師임을 立證한 것이기도 하다.

　다음으로 '龍 잡는다 공연히 힘만 虛費했고, 句 다듬다가 곧 魔가 되었네'라고

---

16) 梅月堂集 附錄 第1卷 遺蹟搜補. 46페이지.

하는 詩句를 보자. 梅月堂 金時習의 敎育理論에 의하면 敎育의 目的이 바로 人材를 기리는 것이요, 人材는 國家나 社會에 有用한 사람으로서 벼슬길에 오르는 것이다. 그러나 아무리 有用한 人材라 할지라도 '때'(時機)를 잘 만나야 한다. 그리하여 梅月堂은 '공연히 힘만 虛費했다'고 하였다. 따라서 자신에게 배우려고 오는 사람들은 대개 經書와 歷史를 배우려는 사람이요, 이와 같은 경우에 '句' 다듬다가 곧 魔가 되기 쉽다. 말하자면 공연히 아무런 실질적인 일을 하지 않고 놀고 먹고 지낼 可能性이 있다는 것이다. 이것은 梅月堂 자신의 氣哲學과는 맞지 않는다. 그러므로 弟子를 함부로 받아들이지 않았던 것이다.

셋째로 '정히 좋은 것은 가죽나무처럼 허술해서 강과 호수에서 짧은 도롱일 메는 걸세'라는 詩句는, 얼핏 보면, 한가하게 낚시나 하면서 消日한다는 뜻같이 보인다. 그러나 그의 敎育理論에 비추어 보면, 그 뜻보다는 漁夫나 農夫가 되어서 實質的으로 生産的인 일에 從事하는 것이, 되지 못한 詩나 文章을 짓는다고 歲月을 浪費하는 것보다 훨씬 世上에 有益한 일을 하는 것이라는 생각을 담고 있다고 보아야 한다.

지금까지의 論議에서 미루어 볼 때, 梅月堂 金時習은 와서 배우려는 사람을 거절한 이유가 자신의 不足과 자신이 알고 있는 經書, 歷史를 배우려다가 공연히 歲月만 浪費하지 말고 차라리 生産的인 일을 배우고 그것에 종사하는 것이 보다 건설적이라고 생각했기 때문이라고 볼 수 있다. 이 말에 비추어 보면, 梅月堂 金時習에게 배우려고 오는 사람들을 拒絶하였는데도 계속 따라오는 사람에게 활로 쏘겠다고 한 行爲는 단순히 이상한 일이나 미친 짓이 아니라는 것을 理解할 수 있다. 요컨대, 梅月堂 金時習이 理想的으로 보고 있는 敎師像은 스스로 不足함을 느끼면서 삶에 직접 도움이 되는 內容을 몸소 誠心誠意껏 實踐해 가면서 弟子들을 가르치는 敎師인 것이다.

V. 結論

이제까지 梅月堂 金時習은 世上에 주로 文學者로서 알려져 왔다. 그러나 이

研究에서 밝힌 바와 같이 梅月堂은 韓國 最初의 氣哲學者이며, 그 氣哲學에 바탕을 둔 멋진 敎育 理論을 가지고 있었음을 알 수 있었다. 말하자면 梅月堂의 敎育理論은 氣哲學에 바탕을 두고, 國家나 社會의 有能한 人材를 기르는 것이 敎育目的이며, 여기에 알맞은 有用한 知識을 敎育內容으로 하고 있고, '誠'의 정신을 바탕으로 한 實踐을 통한 行이 基本 方法이다. '誠'을 그 根本態度임을 强調하는 것이다. 이제 끝으로 梅月堂 金時習 자신이 무슨 생각을 하면서 이 세상을 살았는지를 그의 詩를 통하여 알아보기로 한다.

> 세상일 많이 변해 가는데
> 측측하게 내 마음 상한다.
> 아침에는 이리, 범의 집 겁내고
> 저녁에는 가시나무 덤불 피한다.
> 성큼성큼 대낮이 날라 가는데
> 당당하게 세월은 늙어간다.
> 대장부 세상에 살아가면서
> 어찌하여 품은 생각 펴지 못하나
> 인생이 맷돌 가는 것 같아서
> 다 가는 것, 당연히 그 시기 있나니
> 行藏을 삼가서 할 것.
> 뜻이 크다면 끝내 펼 기회 있으리
> 하늘이 만약 큰소리치게 못한다면
> 말적어서 뒷세상에 알리게 하라.(梅月堂 詩集 第1卷)

이 詩에서 볼 수 있는 바와 같이 梅月堂 金時習은 '뜻이 크다면 끝내 펼 기회 있으리'(志大終有期)를 믿고 기다리면서 열심히 살았고, 最惡의 경우 '하늘이 만약 큰소리치게 못한다면 말 적어서 뒷세상에 알리게 하라'(天如使不鳴, 立言要後知)고 하면서 그 수많은 詩, 雜著, 論, 贊, 傳, 說, 辨, 序, 義와 金鰲新話 등의 小說을 쓰면서 살아가지 않았는가 짐작해 본다. 과연 그의 豫言대로 '天如使不鳴'토록 하였지만, 그러나 그가 남긴 梅月堂 文集은 두고두고 後世에 傳하면서 後孫들에게 그의 知慧를 안겨 주었고, 앞으로도 그러할 것이니 그의 所願은 이루어진 셈이라고 보아야 할 것이다.

參考文獻

국역 매월당집 1, 2, 3, 4권(서울, 세종대왕기념 사업회, 1977)

金泰泳, 退－栗 誠敬思想硏究(忠南大學校 大學院 博士學位論文, 1988)

裵宗鎬, "梅月堂 金時習의 哲學思想" 韓國儒學의 哲學的 展開, 上(서울, 延世大學 出版部, 1985)

申東浩, 梅月堂 金時習의 氣思想硏究(一)－그의 反朱子的 太極論을 中心으로
－

忠南大學校 人文科學 硏究所 論文集(第10卷 2號) 1983

李烘雨, 理氣哲學에 나타난 敎育理論, 師大論叢, 第30輯(서울大學校 師範大學, 1985)

林熒澤, "金時習의 哲學思想" 韓國哲學硏究 中卷, 韓國哲學會編(서울, 東明社, 1978)

鄭炳昱, "金時習 硏究" 人文社會科學(서울大學校, 1958)

鄭柱東, 梅月堂 金時習 硏究(서울, 民族文化社, 1961)

黃仁昌, 敎育에 있어서의 個人과 社會의 關係－플라톤의 「國家論」을 中心으로－(서울大學校 大學院 博士學位論文, 1989)

大賓 晧, 朱子の哲學(東京, 東京大學出版會, 1982)

4. 朝鮮前期 無極太極論爭의 教育學的 解釋[*]

I. 서 론

중종 12년(1517년) 晦齋 李彦迪은 외숙인 忘齋 孫叔暾과 忘機堂 曺漢輔 사이에 오고 간 서신을 발견하게 된다. 당시 27세의 젊은 나이였던 그는 서신 가운데 의문이 생겨 같은 해 忘機堂에게 이를 정리한 "忘機堂의 無極太極說을 읽고 난 후 보내는 서신(書忘機堂無極太極說後)"을 보내게 되니 바로 이것이 조선 전기를 대표하는 無極太極論爭¹⁾의 서막이었다. 이 논쟁은 朱熹와 陸象山 사이에

---

* 本 '論文'은 未發表論文이다. 본 논문은 도덕교육학회에 2006년 10월에 발표되었다.

1) 이 무극태극논변에는 세 사람의 이름이 보인다. 즉, 손숙돈, 조한보, 이언적이 그들이다. 이들이 과연 어떤 인물인가를 어느 정도 알아두는 것이 본 논변을 이해하는 데 도움이 될 것이다. 이 세 사람의 공통점은 모두 경주사람들로서 같은 공간에서 같은 시대에 살다간 인물들이다. 우선 손숙돈을 보자. 號는 忘齋, 進士이다. 이 사람은 대한 자세한 것은 알 길이 없다. 왜냐하면 적어도 조선왕조실록에 나타나지 않는 인물이기 때문이다. 문집 또한 전해지고 있지 않다. 다만 알려진 것으로, 이언적의 모친은 경주 孫氏네 집안사람이라는 것이다. 이 모친의 아버지가 孫昭(1433-1484)이다. 손서는 鷄川君으로 封爵되었고, 통정대부, 공조참의 등의 내직을 거쳤고, 안동부사, 성주목사, 진주목사 등의 외직을 거쳤다. 이 손소의 셋째 아들이 곧 손숙돈이다. 말하자면 손숙돈은 곧 이언적의 외삼촌이다. 조한보는 진사시에 합격하여 성균관의 유생이 되었다. 그 후 조선왕조실록의 기록에 의하면, 성종

이루어진 鵝湖論爭과 주제와 입장에 있어서 유사성을 갖는다고 할 수 있을 정도로 주희는 이언적, 조한보는 육상산이라는 입장이 대체로 분명하게 구분된다. 李彦迪은 자신의 號에서 드러나듯 朱子(號는 晦菴)의 성리학적 입장을 견지하고 있으며, 曹漢輔는 그의 號인 忘機堂의 유래와 같이 상당히 道家的인 입장을 취하는 듯이 보인다[2]. 이러한 양자의 쟁점이 무엇이며 어떤 教育學的 含意를 가지고 있는가를 밝히는 것이 바로 본 논문의 취지이다.

李彦迪이 지적하고 있는 관점을 들여다보면 이와 같은 성격은 분명하게 드러난다. "忘機堂의 無極太極說을 읽고 난 후 보내는 서신(書忘機堂無極太極說後)"에서 그는 曹漢輔의 입장에 대해 다음과 같이 비판한다.

忘齋의 無極太極辨은 그 내용이 대개 陸象山에서 나왔다. 陸象山의 주장은 이미 朱子가 자세하게 논변하였으므로 내가 감히 덧붙여서 말할 수 없다. (……) 忘齋에 대한 忘機堂의 답서를 보면 표면상으로는 주렴계의 논지에 근거한 것 같

4년(1473) 7월 28일, 성균관원을 배척하고 동맹휴학을 하였다가, 벌을 받고 과거 시험의 응시자격을 박탈당하였다. 조한보는 그의 할아버지 조상치의 기질을 닮았다. 조상치는 길재의 문인으로서, 1419년(세종 1년) 문과에 장원하였고, 세종, 문종, 단종 세 임금을 섬겼다. 1455년(단종 3년)집현전 부제학에 발탁되었다. 세조의 왕위 찬탈 후 예조참판에 임명되었으나 곧 사퇴하였다. 이것으로 보아, 조상치는 맑고 깨끗한 기운을 지녔으므로, 비리를 참지 못하는 기질을 가졌을 것이다. 조한보는 이 기질을 물려받았을 것이다. 그리하여 그는 성균관내의 비리를 참지 못하고 마침내 동맹휴학을 감행하였을 것이다. 이로 인해 그는 과거를 영원히 볼 수 없게 되었으므로, 조선 초기 당시에는 유교와 불교가 공존하더니 시대이므로 조한보는 불교에 더 심취하지 않았을까 하는 짐작을 해본다. 조한보와 이언적과의 관계는 조한보가 상당한 연장자(이언적이 20대라면 조한보는 50대)로서 손숙돈과 학문적 친구였을 것이다. 짐작해 보건대, 두 사람이 모두 號를 忘자를 쓰고 있다. 이 때 忘자의 의미는 『莊子』 大宗師편에 道家的 眞人의 '忘而復之'의 삶, 안회의 坐忘의 태도를 이상적 경지일 것이다. 이 점에서 두 사람이 의기투합 학문적 친구가 되지 않았을까. 조한보 역시 문집이 전해지고 있지 않다. 조한보가 이언적에게 서한들은 현재 남아서 전해지지 않고 있다. 이언적(1491-1553)은 경주에서 태어나 10세 때 아버지를 여의고, 외숙인 손중돈(1463-1529, 김종직의 문인)의 손에서 자랐으며, 그에게서 글을 배웠다. 그러므로 이언적의 학통을 김종직에게로 소급한다고 할 수 있다. 그의 저서로는 『大學章句補遺』, 『續或問』, 『求仁錄』 등이 있다. 선왕조실록을 검색해 보면 무려 426건이나 그의 이름이 언급되어 있음을 발견할 수 있다.

2) 曹漢輔의 號인 忘機堂이 의미하는 '忘機'는 『莊子』 '天地篇'에서 유래한 것으로, 여기서 '忘機'의 '機'는 '機心'(세상에 대한 욕심)을 잊는다는 뜻이다.

으나 그 논의가 지나치게 높고 또한 멀다.

李彦迪은 曹漢輔가 언급한 "太極이 곧 無極이다(太極卽無極)"에 대하여 空寂의 상태에 떨어질 위험성을 경고한다. 이러한 표현은 지극히 고상하고 오묘한 듯하나 불교의 空虛와 유사하게 되어 儒學의 本領인 현실감에서 벗어날 수 있기 때문이다.

한 태극의 이치는 비록 고금을 관통하고 상하에 걸쳐 있으나, 모가 지거나 찌그러진 데가 없이 둥글둥글하여 차별이 없다. 그러나 정밀한 것과 조잡한 것, 근본과 지엽, 안과 밖, 주인과 손님의 구분이 그 가운데 선명하게 빛나서, 터럭만큼의 차이도 없다[3].

여기서 보여주고 있는 것은 李彦迪이 曹漢輔의 '太虛의 본체는 寂滅하다'에 대해 空虛에 病든 것으로 보고 전혀 儒家의 학설이 아니라고 강하게 비판[4] 하고 있는 점이다. 이 점은 그가 朱熹의 입장을 잘 대변하고 있는 것이다. 李彦迪의 입장에서 볼 때, 曹漢輔의 '太極'은 영속적일 수 없기 때문에 '無極'이며 (無極卽太極) 이 때문에 그 본체가 寂滅한다고 말한 것이다. 그러나 李彦迪에게 있어서 이것은 우주 삼라만상이 모두 寂滅하는 것이며 자칫 老莊의 虛無와 佛敎의 寂滅에 가까워질 위험성이 있다는 것이다. 즉, 太極을 경험적 실체와 같이 설명한 陸象山의 誤謬를 되풀이 하는 것이다.

이러한 점에서 볼 때, 李彦迪과 曹漢輔의 論辯은 朝鮮社會 안에서 鵝湖論爭을 재현한 것처럼 보일 수 있다. 즉, 李彦迪과 曹漢輔가 각각 朱子와 陸象山의 입장에 서서 동일한 주제에 대해 깊이 있는 토론을 전개했다는 것이다. 그러나 이후 朱-陸 양자 간의 감정적 대립은 물론, 그 學派 간 갈등으로 이어진 鵝湖論爭과는 달리, 이언적과 조한보 두 사람은 비교적 냉정하게 논의를 전개한다는 점 또한

---

3) 李彦迪, 「書忘機堂無極太極說後」, "此極之理, 雖曰貫古今徹上下 而渾然爲一致 然 其精粗本末 內外賓主之分 粲然於其中 有不可以毫髮着者."(朱熹의 太極圖說辨에 보면, "夫道體之全 渾然一致 而其精麤本末 內外賓主之分 粲然於其中 有不可以毫釐着者"를 비교해 보면 알 수 있다.)
4) 『中庸』에서 '하늘의 일은 소리도 없고 냄새도 없다'(上天之載, 無聲無臭, 『中庸』 33장) 라고 하는 말에서 '寂'의 뜻이 없는 것은 아니나 조한보가 지적한 '寂滅'은 아니다.

흥미로운 점이 아닐 수 없다. 그러므로 본 論爭은 朝鮮性理學의 수준을 가늠해볼 수 있는 주요한 척도 중 하나이다. 이러한 점에서 볼 때, 이들이 鵝湖論爭의 연장 선상에서 어떻게 접근하였으며, 더 나아가 『太極圖說』에 관한 해석과 세계관의 충 돌(성리학과 老莊, 佛敎)이라는 본 論爭의 핵심적 주제를 최대한 재구성해야만 이 러한 토론의 전모를 밝힐 수 있는 것이다. 즉, 전체적인 토론을 鵝湖論爭과 같이 생생하게 하나의 論爭 형태로 구성하여야만 그 의미를 분명하게 드러낼 수 있다.

이 일을 올바로 하기위하여 완전한 형태의 論爭으로 본래의 논의를 정리할 필 요가 있다. 그러나 이것은 자료의 입장에서 볼 때 난점이 있다. 이를 위해 필수조 건으로 전제되어야 할 양측의 균형적인 1차 자료가 결여되어 있기 때문이다5). 따 라서 이를 구성하는 밑그림을 그리기 위해 우선 기존 연구 성과를 중점적으로 검 토해볼 수밖에 없다. 그 대표적인 인물 중 한 명이 바로 李相殷(1974)이다. 李 相殷은 그의 논문6)에서 李彦迪 의 입장이 정통의 朱子學的 見解였음을 밝히고 있다. 그가 그와 같이 주장하는 배경은 바로 올바른 우주관과 인생관을 위해 주렴 계의 『太極圖說』에 있는 "無極而太極"에 대한 이해를 前提한다는 것이다. 더욱이 이 부분은 鵝湖論爭 이후 定說을 확립한 朱熹가 일관되게 陸象山과 대립하면서 堅持해온 것이다7). 朱熹는 이에 대해 다음과 같이 주장한다.

> "無極이라 말하지 않으면 太極이 하나의 물건과 같이 되어 萬化의 根이 되기에 부족하고, 太極이라 말하지 않으면 無極이 空寂에 빠져 萬化의 根이 될 수 없다8)"

---

5) 문제는 曹漢輔의 문집이 燒失되었기 때문에 "忘機堂의 無極太極說을 읽고 난 후 보내 는 서신(書忘機堂無極太極說後)"과 李彦迪이 직접 기록한 4통의 서신에 의지해야 한 다는 점이다. 이 때문에 2차 전거에 의한 설명을 덧붙일 필요가 있었다. 이후에서 기 존의 학자들이 전개한 論爭의 의미가 적절한 평가였는지 함께 검증하게 될 것이다.

6) 李相殷, 「李晦齋 無極太極辨의 學術史的 意義」, 『國譯 晦齋全集』(默民回甲記念會, 1974).

7) 朱子 당시부터 '無極而太極'은 해석에 관련하여 많은 논란이 있어왔다. '鵝湖論爭' 역시 바로 이러한 논란의 위에서 성립한 것이다. 당시의 초점은 '無極'이 주렴계가 직접적으로 창출한 개념이 아니라 道敎에서 차용된 문자라는 데 있었다. 이 문제는 처음 陸象山의 일가인 陸梭山과 용어의 차용 문제로 시작되었으나, 陸象山이 격렬 한 어조로 개입하면서 본체론적 철학문제로 발전하게 된다.

8) 이 글귀는 朱子가 梭山에게 보낸 서간의 첫 머리에 들어 있는 말이다. 이의 원문은 "然殊不知, 不言無極, 則太極同於一物, 則不足爲萬化之根, 不言太極, 則無極淪於

더욱이 李相殷은 鵝湖論爭에서 다루어진 여러 주제-有와 無, 理와 氣, 形而上과 形而下, 道와 器, 尊德性과 道問學의 문제-와 李彦迪-曹漢輔 간의 논쟁 사이에서 변화된 점들에 주목한다. 그에 따르면, 두 사람은 주로 道體의 認識, 어떻게 道體를 體得하는가, 道의 실천을 어떻게 해야 바로 하는 것인가 하는 문제에 집중되었다. 그리하여 '體得'의 방법론적 성격을 가지는 敬과 義, 下學과 上達의 문제까지 나아갔다고 본다. 이러한 論辯 간의 뚜렷한 차이점은 비단 宇宙論과 學問의 意義뿐만 아니라 실천적 성격의 方法論-사실 鵝湖論爭으로부터 시작된 朱陸論辨은 이 점을 상당 부분 결여하고 있다-으로 확대, 논의가 재생산되었다는 점에서 드러난다. 이러한 점에서 볼 때, 李相殷은 朱陸論辨과 본 論爭의 차이점, 정확하게는 특수성에 그 무게를 싣고 있다. 그러나 이러한 주장은 논의 참여자 간의 화제만을 부각시켰을 뿐, 실질적인 논쟁을 명확히 드러내도록 구성하는 데 있어서는 여전히 부족하다.

이러한 단점은 이후 李完栽(1977)와 柳正東(1981)에게서도 그대로 나타난다. 李完栽(1977)에 따르면, 李彦迪은 철저하게 朱子의 性理學에 입각하여 道의 본원을 밝히고 異端의 邪說을 물리친, 老佛에 대한 배격의 입장에 서 있었다고 주장한다9). 이러한 입장은 柳正東(1981) 역시 마찬가지로, 그는 "忘機堂의 無極太極說을 읽고 난 후 보내는 서신(書忘機堂無極太極說後)"과 4통의 書信을 모두 분석하고 朝鮮儒學史 상에서 李彦迪과 曹漢輔 사이에 있었던 이와 같은 논변은 韓國 性理學의 成熟이라는 중요한 의미를 갖는다고 설명하였다10). 이러한 점은 철저하게 朱熹의 입장을 여과 없이 받아들이고 두 사람의 論辨에 나타나는 意義에만 초점을 맞춤으로써 李相殷과 큰 차이점을 보여주고 있지 않다. 이러한 점 때문에 주로 젊은 학자들을 중심으로 이와 같은 意義에 대한 비판이 제기될 수밖에 없었으며, 대표적으로 황준연(2000)과 崔英成(1995), 김교빈(1995)에 의해 이와 같은 논의에 대한 비판이 이어졌다. 예컨대,

---

空寂, 而不能爲萬化之根"이다.
 9) 李完栽, 「晦齋와 曹忘機堂과의 太極論辨에 관하여」, 『大丘史學』 第 12, 13 合輯 (大丘史學會, 1977).
10) 柳正東, 「李晦齋와 曹忘機堂의 '無極而太極'에 관한 論辨」, 『韓國思想大係 Ⅳ』(成均館大學校 大東文化阮, 1981)

"기존의 연구물은 인간의 생리적 측면을 전혀 고려하지 않고 있다. 결국 철학적 사색도 인간의 활동인 이상 어떤 인간이 처한 사회적, 개인적 상황을 고려하는 것은 연구자의 마땅한 자세가 아닐까. (……) 이언적에 가려진 조한보의 입장을 깊이 이해하려고 하였고, 그가 처한 불행한 인간적 경험이 무극태극의 견해에 있어서 불교적 경향을 띠고 있는 것으로 판단하고 있다. 이와 같은 새로운 분석과 자료 해석을 통하여 사상적 균형을 바로 잡으려 하였다[11])"

"無極太極論辨은 한국유학사상 초유의 철학적 논쟁으로서, 비록 이언적의 독창적인 것은 아니라 하더라도 명실상부한 학술논쟁으로 이끌었다는 데 큰 의의가 있다"고 하면서 "이언적의 무극태극논변은 실로 한국 성리학사상 처음으로 정통 주자학의 입장에서 성리학의 본지를 발휘한 것이며, 특히 '태극'의 개념에 관한 논쟁은 최초의 본격적인 개념논쟁이라 할 수 있다[12)]."

"한국 주자학의 핵심적 논의가 이황과 이이에서 이루어졌지만, 그 같은 논의의 지평을 연 선구자는 서경덕과 이언적이었다. 두 사람은 모두 본격적인 우주론적 형이상학을 탐구하였으며, 理氣論에 대한 주장을 통해 각기 뚜렷이 강조점을 달리함으로써 독자적인 학문을 개척했다는 공통점을 지닌다고 하였다. 만약 서경덕이 李珥에게 많은 영향을 주었다고 하면 이언적은 李滉에게 많은 영향을 주었다. 이이가 서경덕을 호의적으로 평가하면서 이언적을 비판한 것과 이황이 서경덕을 비판하면서 이언적을 긍정적으로 평가한 것은 좋은 대조를 이룬다. (……) 이언적과 조한보의 태극논쟁은 중국에서 태극에 대한 이해문제를 놓고 주희와 육구연이 벌였던 이른바 朱陸 논쟁과 쌍벽을 이루는 것으로 평가된다. 이 논쟁은 鵝湖寺라는 절에서 시작되었기 때문에 아호논쟁이라 불리는 데, 논쟁의 핵심주제가 존재론적 범주에 있었다. 구체적으로는 주돈이의 태극도설에 나오는 '無極'이라는 표현이 필요한가, 極을 어떻게 해석해야 하는가, 理 와 氣는 어떻게 연관되어 있으며 형이상과 형이하가 어떤 연결을 갖는가 하는 것들이었다. 그런데 이언적의 무극태극논변은 여기서 한 걸음 더 나아간 모습을 보인다. 이 논쟁의 출발점은 주륙논쟁의 주제들과 같았지만, 주륙논쟁처럼 존재론적 범주에 머무른 것이 아니라, 무극 태극으로

---

11) 황준연, 「이언적의 무극태극설 논변: 李彦迪이 曺漢輔에게 답한 4편의 편지를 중심으로」, 『東洋哲學硏究』 24輯(* 이 논문은 2000년도 전북대학교의 지원연구비에 의해 연구되었음)

12) 崔英成, 『韓國儒學思想史 Ⅱ: 朝鮮前期篇』(서울 아세아문화사, 1995) 246쪽과 255쪽.

표현되는 '절대'를 어떻게 체득할 수 있으며, 그러한 체득이 실천과 어떠한 관련을 갖는가를 따지는 수양과 실천의 문제로 발전시켜 나갔다13)."

이와 같은 문제점은 李彦迪의 無極太極論辨을 이해하기 위해 定礎를 다졌다는 공헌에도 불구하고, 李彦迪이 말한 "無極而太極"과 曹漢輔의 "太極卽無極"이라는 두 가지 명제를 形而上學的 問題意識의 差異로 선명하게 부각하는데 실패하였으며14), 무엇보다도 이 논변을 '性理學의 本質的 構造'에 비추어 해석하고 있지 않다는 점으로 정리할 수 있다. 이때 우리가 말한 '本質的 構造'란 바로 太極과 人倫이 상호 形而上과 形而下로 구분되는 重層構造를 말한다15). 太極은 萬事의 '運營'에 있어서 표준이며 이상적 경지이므로 萬事는 太極과 합치됨으로써 완전해지며, 萬事가 어느 정도 표준에 도달하는가에 따라 그 의미가 결정 된다16). 이러한 관점에서 기존의 연구들은 太極이라는 성리학의 궁극적인 목적에 비추어 無極太極論辨의 意義를 찾지 않는다. 이 점은 논쟁의 개념들인 無極, 太極, 寂, 中, 和, 上學, 下學등이 教育과 어떻게 관련을 맺을 수 있는지에 대해 생각해 볼 여지를 남겨두지 않았다는데 있다.

教育과의 관련성을 논의하는 것은 性理學의 핵심 쟁점을 어떻게 올바로 이해하는가의 문제에 있어서 결정적인 과정이라 할 수 있다. 그것은 重層構造에 있어서 教育은 '위층'과 '아래층'을 연결하는 일종의 '통로'이기 때문이다. 이 論爭을 재구성하기 위해서는 바로 이러한 관점에 비추어, 본 논쟁에서 밝히고자 하는 주요 개

---

13) 한국철학사상연구회, 『강좌 한국철학: 사상, 역사, 논쟁의 세계로 초대』(서울 예문서원, 1995) 354-355쪽.

14) 가령 황준연(2000)은 "無極而太極"과 "太極卽無極"의 차이를 파악함에 있어 "어원상의 문제에 있어서 '而'字 와 '卽'字의 미묘한 차이를 볼 수 있는데, 실제로 이 글자의 차이가 압록강과 두만강이 흐르는 방향만큼 엄청난 차이를 발생시킨다"는 주장에 비해 그 차이를 선명하게 드러내는데 실패한 채 다만 李彦迪의 설명을 부연하고 있다.

15) 李烘雨 외(2000a), 「性理學의 教育理論」, 『도덕교육연구』 제12집 1호(한국도덕교육학회) 참조. 이에 따르면, 重層構造 하에서 形而上과 形而下는 논리적으로 구분되나 경험상 분리될 수 없으며, 논리적으로 形而上은 形而下의 기준으로서 의미를 가지며, 경험적인 인식, 더 나아가 지식은 이러한 논리적 기준과 합치되어야만 완전해질 수 있다는 것을 그 핵심으로 하고 있다.

16) 李烘雨 외(2003), 『교육과정이론』, (서울 교육과학사) 39쪽.

념을 재배열해야 하며 바로 이것을 통해서만 敎育學的 含意가 뚜렷하게 드러날 수 있다. 이것은 다시 朱陸論辨과 본 論爭을 함께 비교하여 그 특수성과 계승적 측면을 함께 검토해보고, 이를 통해 性理學의 쟁점들이 敎育을 통해서만 명확하게 이해될 수 있다는 점을 보여주게 된다. 가령 李彦迪과 曺漢輔가 前提하고 있는 "無極而太極"과 "太極卽無極"에서 나타난 太極의 존재방식에 대한 의문이 왜 성리학의 핵심문제를 다루고 있는 것인지, 또한 이에 관한 두 사람의 견해 차이 — '太極은 形而上으로 존재한다'와 '太極은 形而上과 形而下의 구분이 없이 존재한다' — 간 관련성은 교육을 통해서 볼 때보다 선명하게 볼 수 있다는 것이다. 보다 구체적으로 말해서, 太極論爭을 교육학적 관점에서 해석할 수 있는 가능성은 이 논쟁의 출발점이 오로지 太極 / 無極의 존재론적 범주에 머무르지 않고, 궁극적으로 1) 절대적 수준의 논리적 가정을 어떻게 인간자신의 마음에 체득할 수 있으며 2) 그러한 體得이 실제적 삶과 어떤 관련을 갖는가를 따지는 修養論과 그것의 구현과정이라는 점을 밝히는 것이다. 李彦迪과 曺漢輔는 "下學而上達"이라는 공통점에도 불구, 그 體得의 과정인 下學과 上達에 관해 상이한 견해를 제공하고 있다. 曺漢輔가 上達에 초점을 맞춘 데 반해 李彦迪은 朱熹의 관점에서 형이상학적 실체에 도달하는 것을 목적으로 "下學而上達"을 이것의 구현과정을 설명하고 있다.

우선 이일을 정확히 수행하기 위하여 두 사람이 취하고 있는 입장을 朱陸 각자에게 맞추어 볼 필요가 있다. 제2장에서는 먼저 예비적 고찰로서 朱熹와 陸象山이 진행했던 '鵝湖論爭'의 핵심적 쟁점들을 추적해보고, 제3장에서 이 쟁점들을 중심으로 無極太極論辨에서 제시된 상반된 견해가 무엇이며 이것이 太極의 존재방식에 관한 상이한 견해에서 비롯되었다는 점을 밝힌다. 또한 제4장에서는 無極太極論爭에서 나타난 두 사람의 견해차가 보여주는 교육학적 함의를 밝혀낸다. 이와 같은 과정은 실질적으로 鵝湖論爭을 그 단초로 하고 있으나 그 진행 과정에 있어서 판이하게 다르며, 한 걸음 더 나아가 性理學의 가장 중요한 핵심인 '敎育'의 문제로 어떻게 진입하였는가를 보여 준다. 따라서 이러한 과정을 따라 가다보면 이 論爭의 핵심적인 쟁점들이 일목요연하게 들어날 수 있을 것이며, 그 주제들이 어떻게 현대적인 의미로 재구성되어 우리의 삶에 빛을 던져 줄 수 있는지를 살필 수 있을 것이다.

II. 朱熹와 陸九淵의 無極太極論辨

李彦迪은 "忘機堂의 無極太極說을 읽고 난 후 보내는 서신(書忘機堂無極太極說後)"에서 다음과 같이 말한 바 있다.

"삼가 忘機堂의 無極太極辯을 살피니 그 말이 모두 陸象山으로부터 나왔고 예전에 朱子의 변론한 것이 상세한지라 내가(晦齋) 구태여 군말을 더하지 아니겠다."

李彦迪의 이러한 말은 기존의 연구자들이 그를 朱子의 입장으로 이해한 대표적인 발언 중 하나이다. 여기서 李彦迪은 분명한 어조로 자신과 曹漢輔의 입장을 대비시키고 있으며, 이것은 朱陸論辨의 두 논쟁 참여자의 입장으로 각각을 구분한다는 점 또한 분명하게 나타난다. 따라서 朱熹와 陸象山의 입장을 이 두 사람의 입장과 대비, 무엇이 문제였고 어떤 논의가 더 필요했는지 살펴볼 필요성이 있다. 특히 李彦迪이 분명하게 자신의 입장을 朱熹에 맞춘다고 선언하였기 때문에, 朱熹와 陸象山이 無極太極論辨에서 어떻게 자신의 관점을 설명하고 있는지 이해한다면 李彦迪이 취한 관점을 확실히 이해할 수 있을 것이다. 만일 이러한 李彦迪의 관점을 명확하게 밝힐 수 있다면, 朱陸論辨과 朝鮮시대의 이 論爭이 어떤 면에서 특수성을 갖는지 설명하는 것 또한 가능하다.

朱陸論辨은 1186년 당시 陸梭山이 朱熹에게 주렴계의 『太極圖說』 첫머리에서 언급된 "無極而太極"에 대한 물음으로부터 출발한다.17)

"[陸梭山 스스로 판단하건대], 그것은 아마도 주렴계가 지은 글이 아니거나 학문이 성숙하지 못할 때의 글이거나, 타인의 것을 후에 나온 사람이 주렴계가 지은 것이라고 하는 것이라고 주장한다. 그 근거로 『通書』 '理性命章'에 '一'과 '中'은 太極인데 그 위에 無極이란 말이 없다. 그리고 '動靜章'에도 五行, 陰陽, 太極을 말하고 있지만, 역시 無極이 없다는 것이다. 이와 같이 근거를 대면서 無極에 대하

---

17) Carsun Chang, *The Development of Neo-Confucian Thought vol.1*(New York; Bookman Associates.1957) pp.292-3.

여 의문을 일으키고 있다[18).]"

이에 대해 朱熹는 다음과 같이 답변하고 있다.

"無極을 말하지 아니하면 太極이 하나의 사물과 같아져서 만 가지 변화의 뿌리가 되지 못하고, 또한 太極을 말하지 아니하면 그 無極이라는 것이 空寂(허무)에 빠지게 되어 능히 만 가지 변화의 뿌리가 될 수 없다[19).]"

여기서 朱熹의 답변은 이후의 論辨에서도 일관되게 유지되는 입장 중 하나로, 梭山의 전개 방식(이후 象山 역시 유사하게 자신의 입장을 옹호한다)에 있어서 나타나는 특징과 뚜렷하게 대비된다. 梭山은 無極에 대한 『通書』내의 언급이 반복되지 않는다는 이유로 이 명제에 대해 의문을 제기하고 있기 때문이다. 이에 대한 朱熹의 답변은 다소 東問西答을 하는 듯이 보인다. 朱熹는 통상적으로 생각할 수 있는 '哲學史的, 또는 『通書』내에서 用例에 관해 언급'하기보다 오히려 無極에 대한 개념적 입장을 설명하고 있다. 이러한 朱熹의 입장은 비교적 陸氏 兄弟에 비해 論點에 대한 이해가 정확하다는 것을 보여주는 가장 좋은 근거이다. 그것은 이후 논의 과정에서 명확하게 드러나게 될 것이다.

2년 후인 1188년의 論爭 過程을 보자. 당시 梭山이 논쟁을 끝낼 무렵, 막내 동생이었던 陸象山이 형의 논쟁을 이어 받아 朱熹에게 이의를 제기한다. 이때에도 그 관점에는 큰 변화가 없다.

(……) 무릇 太極은 실제로 그 이치가 있은 뒤에 聖人이 그를 쫓아 드러내 밝힌 것일 뿐이다. (그러므로) 헛된 말로 논의를 세워 뒷사람들이 혀와 지필묵으로 놀리기 위함이 아닌 것이다. (태극이) 만 가지 변화의 근본이 되는 것은 진실로 스스로 그렇게 정해진 것이지, 부족한가의 여부와 할 수 있는가의 여부가 어찌 사람

---

18) 『象山全集』卷12「與朱元晦」, "(……)(梭山兄謂) 太極圖說與通書不類 疑非周子所 爲 不然則 或是其學未成時所作 不然則 或傳他人之文 後人不辯也 蓋通書理性命 章 言中焉止矣 二氣五行 化生萬物 五殊二寶 二本則一 曰一 曰中 卽 太極也 未嘗於 其上加無極者 動靜章言五行陰陽 陰陽太極 亦無無極之文."

19) 『晦菴集』卷36「答陸子美」, "不言無極 則太極同於一物 則不足爲萬化之根 不言 太極 則無極淪於空寂 而不能爲萬化之根."

이 말하는가의 여부 때문이겠는가? 『주역』 대전에 따르면, '역의 원리는 태극에 있다(易有太極)'고 하였으니 聖人이 있다고 말했다가 오늘날 없다고 말했다고 한 것이 무슨 상관이겠는가?20)

여기서 나타난바 역시 陸梭山의 오해를 되풀이하고 있다. 朱熹 역시 太極이 어떤 말에 의해 있고 없고를 결정하게 된다고 말한 적이 없기 때문이다. 그러면서 陸象山 역시 『주역』에 그러한 말이 없다는, 陸梭山이 내세웠던 반론의 요지와 유사한 형식을 취하고 있다. 이 점은 朱熹가 말한 "하나의 사물과 같아진다"는 의미를 전혀 이해하지 못한 것이며, 기존의 연구에서 이루어진 지적과 달리, 오히려 두 형제 모두 선결문제의 오류21)를 범하고 있는 것이다. 이러한 그의 오류는 이후 다시 제기하는 두 번째 서신의 내용 속에도 동일하게 반복되고 있다.

당신은 太極을 잘 살피지 못했다고 생각한다. 만약 잘 살펴보았더라면 위에 無極 字를 더할 필요가 없으며, 아래에 眞體란 字를 덧붙일 필요가 없는 것이다. 위에 無極 字를 더하면, 이것은 床에 床을 겹치는 것이요, 아래에 眞體 字를 더하면 이것은 집 밑에 집을 세우는 것이 된다22).

陸象山이 이와 같이 말하는 기준은 역시 典據(『주역』 계사전과 『노자』)이다.

---

20) 『象山全集』, 與朱元晦(1), "(……) 夫太極者, 實有是理, 聖人從而發明之耳. 非以空言立論, 使後人籤笑於頰舌紙筆之間也. 其爲萬化根本, 固自素定, 其足不足, 能不能, 豈以人言不言之故邪. 易大傳曰, 易有太極, 聖人言有今乃言無何也."

21) 朱子가 선결문제의 오류에 빠졌다고 보는 사람이 있다. 예컨대, 김민철, 「陸九淵의 心卽理 體系」(서울대학교 大學院 哲學科, 碩士學位論文; 1999) 그러나 '선결문제의 오류'는 증명해야 할 것을 전제로 어떤 주장을 하는 것을 말한다. (가령, "당신은 천재인가?"에 대해 "그렇다"고 답한 근거로 "내가 천재이니까"라고 한 경우와 같다) 朱子는 論爭에서 "왜 太極을 無極으로 형용해야 하는가"에 대해 논의를 전개한다. 그러나 陸象山과 陸梭山 모두 증명해야 할 전거의 내용을 들어 자신 주장의 근거로 내세우는 오류를 범한다. 가령 『通書』나 『周易』에 나오는 "太極"의 경우, 그것이 전거에 있는가의 여부보다는 왜 朱子가 그렇게 형용하는 것의 중요성을 강조했는가를 살펴야 한다. 지금 두 형제는 이러한 논의의 중점 자체를 의도적이든 그렇지 않든 배제한 채 오류를 계속 되풀이한다.

22) 『象山全集』, 與朱元晦(2), "某竊謂尊兄未曾實見太極, 上面不必更加無極字, 下面必不加着眞體字, 上面加無極字, 正是疊床上之床, 下面着眞體字, 正是架屋下之屋."

이 점은 주자가 太極에 대해 말하고자 했던 의도에 대해 어떤 경우이건 제대로 이해하지 못한 것이다. 그러므로 朱熹는 陸象山에게 다시 자신의 입장을 명확하게 설명한다.

> "太極의 의미에 관한 聖人의 뜻은 궁극적으로 지극하여 이름 지을 수 없기 때문에 다만 이것을 太極이라고만 하고 천하의 더 할 수 없이 막다른 지경을 들어 이것에 더할 것이 없다고 말하는 것과 같다. 처음부터 '極'을 '中'의 의미로 명명한 것은 아니다. (……) '極'에 관하여 선비들 중에 혹은 '中'으로 해석하는 사람도 있으나, 대개 사물의 지극함으로 항상 사물에 '中'에 있는 것이지 '極'자체를 '中'으로 해석하는 것은 아니다[23]."

極을 中이라고 명명한 것이 아니라고 한 朱熹의 태도는 性에 관한 呂大臨과 程伊川 간의 논변과 유사한 측면을 지니고 있다. 당시 伊川이 '性'을 '中'으로 해석하지 않고 사태를 묘사한 말로 주장한 것은 이 '中'이 喜怒哀樂의 표현에 喜의 中, 怒의 中—등등으로 해석되어 마치 하나의 사물에 가운데 있는 사물처럼 취급될 것을 경계했기 때문이다. 마찬가지로 지금 陸象山 역시 極을 中으로 곧장 해석함으로써 마치 "진실로 그 中을 잡으라(允執厥中)"는 말처럼 물건을 잡는 것과 흡사하게 이해할 오해의 소지가 강하기 때문에 朱熹 역시 이러한 주장에 대해 다시 陸梭山과 동일한 오해를 하고 있음을 재차 강조한 것이다. 물론 朱熹는 두 형제 모두 자신의 주장에 대해 이해하지 못했을 뿐만 아니라 論點마저 逸脫하고 있다는 점 또한 함께 지적한다. 즉, 朱熹는 太極의 역할을 이해하지 못했다거나 典據 어디에 있는지 몰랐기 때문인 것과는 처음부터 관심이 없었던 것이다.

> "無極이라고 하는 두 글자는 주렴계가 道의 體를 밝게 보아 보통사람들의 생각과는 달리 道의 이치를 말하였다. 뒤에 나온 학자들로 하여금 太極은 오묘함이 有에도 無에도 속하지 않고 구체적 공간에 떨어지지 않음을 분명히 알게 하니, 만약 이러한 이치를 다 파악할 수 있다면 다만 집 밑에 집을 놓거나 상 위에 상을 겹쳐

---

23) 『晦菴集』卷36「答陸子靜」(5), "聖人之意, 正以其究竟至極, 無名可名, 故特謂之太極, 猶曰擧天下之至極, 無以加此云爾. 初不以其中而命之也. (……) 諸儒雖有解爲中者, 盖以此物之極, 常在此物之中, 非指極字而訓之以中也."

놓은 것이 아님을 알게 될 것이라는 것이다[24]."

朱熹가 보기에, 陸象山이 자신을 공격하는 요체는 論點에 관한 이해보다는 자신의 흠집을 내는 데 더 여념 했다고 보았다. 朱熹는 陸氏 兄弟가 일반적으로 당시 學者들이 쉽게 빠지기 쉬운 맹점인 '선결문제의 오류'나 '形而上學에 대한 이해 부족'에 있음을 지적하면서 形而上學的 觀點에 의해 구성된 "삶의 기준"이 무엇보다도 중요하다는 점을 강조하고 있다. 陸象山이 강조하고 있는 "爲己之學", 또는 현실적인 善의 문제 역시,〔朱熹는 이미 충분하게 고려하고 있음에도〕, 단지 典據에 보이지 않고 실제로 경험도 할 수 없다는 이유만으로 朱熹의 입장을 배격하려는 그의 태도는 이후 朱熹 역시 더 이상의 논란 필요성을 할 이유가 없다고 판단, 중단을 요청함으로써 막을 내린다. 결국 이러한 朱陸論辨은 비교적 朱熹가 참을성 있게 전개하려 했음에도 불구하고 끝까지 陸象山이 감정적으로 대응함으로써 중단된 것이다.

Ⅲ. 李彦迪의 無極 太極論爭의 展開過程과 그 解釋

이제 李彦迪이 작성한 "忘機堂의 無極太極說을 읽고 난 후 보내는 서신(書忘機堂無極太極說後)"에 나타난 입장을 고찰해보자. 앞서 살펴보았듯이, 李彦迪은 철저하게 朱熹의 입장에 대해 "한 치의 더함도 하지 않을 것"임을 분명하게 표현하였다. 이러한 李彦迪의 입장은 이 論爭이 이전 朱陸論辨의 연장선임을 분명하게 드러낸 것으로 해석되며, 보다 자유로운 입장에서 진행되었던 점에서 朱陸論辨

---

24) 『晦菴集』 卷36 「答陸子靜」(5), "若論無極二字, 乃是周子灼見道體, 逈出常情. (……) 今後之學者, 曉然見得太極之妙, 不屬有無, 不落方體, 若於此看得破. (……) 非但架屋上之屋, 疊牀上之牀而已也."

의 미진한 면을 극복하였다고 이해할 수 있다. 과연 이언적은 朱陸論辨의 어떤 미진한 점을 어떻게 극복하였는가?

1. 論爭의 1차 展開

論辨의 發端은 역시 "忘機堂의 無極太極說을 읽고 난 후 보내는 서신(書忘機堂無極太極說後)"로부터 시작된다. 李彦迪은 당시 曹漢輔의 주장을 다음과 같이 구분하였다.

> 주장 1. (朱子가 말한) '太極'이 곧 無極인 것이 옳다. (太極)에 대해 有無를 논하고 內外를 나누는 것은 이름을 들어서 말하는 것 중 가장 나쁜 오류에 빠지는 것이다(太極卽無極也, 則是矣. 其曰其有論有無論, 分內分外, 滯於名數之末).
>
> 주장 2. 천하의 궁극적 표준을 얻는 것, 말하자면 人倫과 일상의 행위와 일의 변화에서 말한다면 그렇게 되지 않음이 없다. (……) 천하의 궁극적 표준을 말한다면서, 뒤섞어서 하나로 여긴다면, 어찌하여 또한 太極과 無極, 中의 유무에 대해서 논하는가. (其曰得其大本, 則人倫日用酬酢萬變事事, 無非達道. (……) 其曰大本達道, 渾然爲一, 則何處更論無極太極有中無中之有間)
>
> 주장 3. 太虛의 體는 본래 寂滅하다. (……) 빈 듯하나 신령하며, 고요한 듯하나 오묘하니 바로 靈妙한 본체라 하며 그 太虛를 충만하게 하여 곳곳에서 드러난다. (其曰太虛之體, 本來寂滅. (……) 虛而靈, 寂而妙, 靈妙之體. 充滿太虛, 處處呈露)

曹漢輔는 無極太極의 구분에 대하여 朱熹의 입장을 비판하며 陸象山의 입장을 보다 명확하고 간결하게 표기하여 '太極卽無極也'라고 표현한다. 이것은 陸氏 兄弟의 입장-불분명한 용어의 사용-과 동일하다. 그런데 한 걸음 더 나아가 曹漢輔는 '寂滅'이라는 말을 추가한다. 이것은 "無極을 말하지 않으면 太極이 하나의 사물과 같이 된다"는 朱熹의 언급을 더욱 노골적으로 비판한 것이다. 다만, 사료의 측면에서 접근했던 陸氏와 달리, 曹漢輔는 "無極으로 표현해야 할 의미는 이미 太極에 충분히 드러나 있다"는 입장을 피력한다. 그것은 "빈 듯하나 신령하며 고요한 듯하나 오묘하다"는 그의 표현에서 그대로 반영되어 있다. 李彦迪은 이에 대해 다음과 같이 반박한다.

> 주장 1에 대하여: "太極의 理란 것이 비록 옛날이나 지금이나 하나같고 위아래가 꿰뚫어 통하여 하나로 되지만, 그 면밀함(精)과 거칠음(粗), 근본(本)과 말단(末), 안(內)과 밖(外), 그리고 주인(主)과 손님(賓)의 분별이 분명해야 조금도 차질이 없는 것이다. 이것을 어찌하여 이것을 어지럽혀서, 이름을 들어 말한 것을 오류라고 할 수 있겠는가."(此極之理, 雖曰貫古今, 徹上下, 而渾然爲一致, 然其精粗本末內外賓主之分, 粲然於其中, 有不可以毫髮差者. 是豈漫無名數之可言乎)

> 주장 2에 대하여: "어찌하여 그 차별이 없는 모양을 얻었다고 하고 윤리와 질서는 가히 논의 할 것이 없다고 하면서, 반드시 寂滅 虛無한 지점까지 이른 뒤에 이 道의 극치가 된다고 할 수 있겠는가? 이제 소위 차별이 없는 모양의 큰 것만을 극단으로 말하고 저 분명한 모양이 처음부터 분리한 것이 아닌 것을 알지 못하였다. 그리하여 그 말이〔사실의 세계에서〕합한 것만 주장하고〔논리의 세계〕에서 나누어지게 하는 것을 싫어하며, 實을 떠나 虛로 들어가서, 마침내 눈이 없는 저울대와 寸(치)을 그리지 않은 잣대가 되고 만 것이다."(安有得其渾然, 則更無倫序之可論, 而必至於滅無之地而後, 爲此道之極致哉. 今徒知所謂渾然者之爲大. 而極言之, 而不知夫粲然者之未始相離也. 是以其說, 喜合惡離, 去實入虛, 卒爲無星之稱, 無寸之尺而後已)

> 주장 3에 대하여: "太虛의 體란 것이 본래 寂滅한 것이라 하고, 滅字로서 太虛의 本體를 말하려하니 이것은 우리 儒家의 학설이 아니다. (……), 어찌 다시 滅字를 寂字 아래 붙여서 上天의 道가 高遠虛滅한 극단의 허황된 대상이 될 뿐이라 하는데, 모든 것이 선명하게 천하에 道가 두루 퍼져 있는 상태로 존재하는 것을 알지 못하는가(其曰太虛之體, 本來寂滅, 以滅字說太虛體, 是斷非吾儒之說矣. (……) 然忘機於本來寂滅之下, 便沒滅字不說, 而却云虛而靈, 寂而妙, 靈妙之體, 充滿太虛, 處處呈露, 則可見忘機, 亦言其實理, 而說此滅字, 不去故如是, 豈非有所窮而遁者乎)."

李彦迪의 논박은 朱熹의 입장과 일치한다. 더욱이 그는 왜 朱熹가 '無極'을 강조하였는지 정확하게 알고 있었다. 그것은 바로 "분별"이라는 말 가운데 숨어 있다. 그가 말한 두 가지 대립적인 용어들은 朱熹의 重層構造를 설명하기 위한 것

이며, 그의 입장에서 중요한 것은 太極의 개념적 위치가 어떤 것인가를 명확하게
밝히는 데 있었다. 한 편으로 李彦迪은 이러한 입장에서 太極과 無極이 본디 하
나임을 설명하기 위해 사용하고 있는 '寂滅'이라는 용어에 대해 극렬히 반대한다.
얼핏 보면 佛敎의 표현을 그대로 차용하였다는 역사적 측면에 주목하기 쉽지만,
기실 李彦迪의 입장은 그보다 曹漢輔가 자신도 모르게 범하게 된 모순에 주목하
고 있었다. 李彦迪이 보기에, 曹漢輔는 太極이 현실과 밀접한 관련성이 있다고
말하면서도 太極을 형용함에 있어 無極에 대해 자신이 가했던 비판과 유사한 난
점에 직면하고 있었던 것이다.

> "망기당의 학설인즉 도대체 이러한 공부는 버리고 문득 무극태허의 본체 그것을
> 내 마음의 主宰로 삼아서 천지만물이 모두 나의 主宰 하에 지배되어, 씀에 구애됨
> 이 없이하려고 하니, 그것은 계단을 밟지 않고 하늘에 올라가려는 것이며, 다리 없
> 이 물을 건너겠다고 하는 것과 같다. 반드시 허무하고 고원한 이단에 빠져 아무런
> 소득을 얻지 못할 것이다. 대체로 보아 망기당의 학설이 그릇된 것은 空 과 虛를
> 마음에서 버리지 못한 것이 병이 되어 그 병의 소재는 이 글에서 찾아 낼 수 있다.
> (……) 만약 공부로 말한다면 다만 仁과 義에 엄정 집중하는 것이 반드시 이 理
> 를 이해하는 것이다. 여기에 별도로 일단의 근원 공부가 있고, 또 다시 학문을
> 講하며 배우는 이외의 일이 있는 것이 아니다[25]."

그렇다면 이에 대해 曹漢輔는 어떻게 대응하였으며 李彦迪에게 어떻게 이해되
고 있는가? 「答忘機堂」으로 명명된 4통의 편지 가운데 첫 번째 서신에서는 다음
과 같이 압축되어 나타난다.

> 주장 1: "無라 한즉 無가 아니라 虛靈本源이 독립했다고 하고, 有라 한즉 有가 아
> 니라 결국은 다 닳아 없어지는 것이다(無則不無, 而靈源獨立, 有則不有,
> 而還歸澌盡)."

---

25) 「書忘機堂無極太極說後」, "今忘機之說則都遺却此等工夫, 遽欲以無極太極之體, 作得
　　吾心之主, 使天地萬物, 朝宗於我耳運用無滯. 是乃欲登天而不慮其無階, 欲涉海而
　　不量其無橋, 其卒墜於虛遠之域而無所得也必矣. 大抵忘機堂平生學術之誤, 病於空
　　虛而其病根之所在則愚於書中. (……) 若論工夫則只中正仁義, 便是理會此事處,
　　非是別有一段根原工夫, 又在講學應事之外也.

　　주장 2: "無極의 참 세상에서 마음을 노닐게 하고, 虛靈本體를 내 마음의 主宰者가
　　　　　　되게 하라(若曰遊心於無極之眞, 使虛靈之本體, 作得吾心之主)."

　여기서 曹漢輔의 대응은 대단히 모호한 동시에 그의 성리학에 관한 이해를 드
러내고 있다. 그는 太極이 有無를 떠났다고 하면서도 "닳아 없어진다(漸盡)"는 불
분명한 용어를 사용하고 있으며, "無極의 참 세상(無極之眞)", "虛靈한 本體"등의
용어를 언급한다. 그런데 이 서신상의 내용으로부터 유추되어 지는 것은 바로 朱
熹가 언급한 '하나의 사물과 같은 취급'이 曹漢輔에 의해 그대로 드러난다는 점이
다. 더욱이 "無極之眞"은 마치 無極이 太極과 별개의 개념인 것처럼 다루어지고
있어 陸象山의 이해와 한 가지도 다르지 않음을 그대로 드러내고 있다. 바로 이
러한 점 때문에 李彦迪은 상대가 자신의 말을 정확하게 받아들이지 않았음을 인
식하고, 곧바로 이에 관해 보다 상세한 접근을 시도한다.

　　주장 1에 대해: "이른바 太極이라는 것은 이 道의 本體요, 만 가지 일과 만 가지
　　　　　　변화의 요긴한 곳이며, (……) 周子에 의하면, 無極이라는 것은 바로 방향
　　　　　　과 장소도 없고 형상도 없으며 만물이 있기 以前에 존재하면서 만물이 존재한
　　　　　　이후에도 항상 존재하는 것이다. 陰陽變化의 圈外에 있는 것이나 陰陽變化
　　　　　　內에도 이미 이 理의 流通이 일찍이 없지 않으니, 만 가지 존재하는 것 전
　　　　　　체를 관통하지 않은 것이 없다. (……) 구체적으로 '無라 한즉 無가 아니라
　　　　　　虛靈本源이 독립했다고 하고, 有라 한즉 有가 아니라 결국은 다 닳아 없어
　　　　　　지는 것이다'라고 하니, 이것은 온전히 氣(물체)로 化한 것을 理의 有無로
　　　　　　말할 수 없는 것이다[26]."
　　주장 2에 대해: "이제 '無極에 마음을 머물라 하고 내 마음의 주재자가 되게 하라'
　　　　　　고 하면 이것은 마치 無極太極으로 마음 밖의 物로 하고 별도로 마음이 거기에
　　　　　　머무르게 해서 그 理가 내 마음의 주재자가 되게 한다는 논의 인 것 같다[27]."

---

26) 「答忘機堂」第一書(戊寅), "夫所謂太極者, 乃斯道之本體, 萬化之領要, (……) 周子
　　所以謂之無極者, 正以其無方所無形狀, 以爲在無物之前而未嘗不立於有物之後, 以
　　爲在陰陽之外而未嘗不行於陰陽之中, 以爲通貫全體. (……) 今如來敎所云無則不
　　無, 而靈源獨立, 有則不有, 而還歸漸盡, 是專以氣化而語此理之有無, 豈云知道哉."
27) 「答忘機堂」第一書(戊寅), "今曰遊心於無極, 曰作得吾心之主, 則是似以無極太極,
　　爲心外之物而別以心, 遊之於其間然後, 得以爲之主也爲吾道計者."

첫 번째 論爭의 마지막에서 李彦迪이 발견한 것은 形而上, 즉 重層의 '윗 층'에 대한 曹漢輔의 불충분한 이해이다. 이 점은 두 번째 論爭에서 曹漢輔가 곧바로 주장 2의 몇 구절을 수정함으로써 논파에 성공한다. 李彦迪은 일관되게 자신이 말하는 '形而上'이 결코 이 세계에 머무르는 존재자를 의미하는 것이 아니라는 점을 강조한다. 특히 李彦迪은 朱熹에 비해 볼 때 '重層'의 의미를 보다 명확하게 설명하고 있으며, 이러한 틀로 인하여 曹漢輔 역시 쉽게 불분명한 용어의 사용을 할 수 없도록 철저하게 차단하고 있다.

> "엎드려 주신 가르침을 살피니 無極위에 '遊心'二字를 버리고 그 體 가 '至寂'하다는 아래에 '滅'字 하나를 버렸군요[28]."

이것은 曹漢輔가 老佛에 가깝다고 李彦迪이 지적한 바에 대해 이의 가능성이 있는 글귀를 제거하였음을 보여준다. 물론 이것이 그의 입장을 완전히 수정하였다고 보는 것은 무리가 있다. 이언적이 보기에 여전히 조한보는 重層의 '아랫 층'에 머물면서 形而上을 空寂한 것으로 오해하는 오류를 계속해서 범하고 있다.

> 주장 1: "虛靈無極의 참 세계라고 말한 것은 虛無가 바로 寂滅이요, 寂滅이 바로 虛無[29]."
>
> 주장 2: "敬을 존중하며 良心을 올바로 조절하면 良心을 갖게 되어 위로 天理를 통한다[30]."

曹漢輔는 여전히 삶의 기준을 여전히 形而下에 두면서 또 無極을 별개의 영역으로 두는 자신의 입장을 되풀이한다. 이에 李彦迪은 또 다시 다음과 같은 비판을 가한다.

> 주장 1에 대하여: "儒學에서 말하는 虛는 虛하면서 有하고 저들의 虛는 虛하면서

---

28) 「答忘機堂」第二書(戊寅), "伏睹來敎, 於無極上, 去遊心二字, 於其體至寂下, 去一滅字."

29) 「答忘機堂」第二書(戊寅), "今又擧虛靈無極之眞, 乃曰虛無, 則寂滅, 寂滅, 則虛無."

30) 「答忘機堂」第二書(戊寅), "主敬存心而上達天理"

無한 것이다. 儒家에서의 寂은 寂하면서 感應 하고 저들의 寂은 寂하면서 滅하는 것이다. 그래서 <u>儒家와 異端의 虛寂</u>은 표면상 같으나 의미상 절대적으로 다른 것이다31)."

주장 2에 대하여: "'下學人事'네 글자가 빠진 것은 우리 儒家의 가르침과는 다르다. <u>하늘의 이치(天理)는 사람이 해야 할 도리(人事)와 떨어져 있는 것이 아니다.</u> 그러므로 아래에서 사람이 할 도리를 다 배우면 저절로 하늘의 이치를 통달하게 되는 것32)."

李彦迪은 여전히 曹漢輔가 범하고 있는 용어의 모호성과 함께 자신이 말하는 "삶의 기준"이 결코 현실과 유리된 것이 아님을 강조한다. 특히 그가 教育을 강조한 것은 대단히 이채로운 장면인데, 李彦迪이 人事와 天理의 관련성을 강력하게 피력한 것은 朱熹가 언급한 '윗 층'의 표준이 바로 '아랫 층'에서 반영되며, 상호 필연적일 때만 삶의 올바른 모습을 드러낼 수 있다고 본 것이다. 그런데 曹漢輔는 또 하나의 층차를 언급함으로써 李彦迪이 마치 별개의 개념을 논하고 있는 것처럼 곡해하고 있다. 이러한 점 때문에 李彦迪은 다시 人事, 정확하게는 教育을 강조한다. 이러한 점은 李彦迪이 이전 朱-陸論辨과 달리 '위'의 기준과 '아래'삶 사이에 필연적인 관계가 성립하는 과정까지 논의를 확장하였음을 보여준다.

2. 論爭의 2차 展開

이제 논의의 쟁점은 확실하게 '教育'으로 초점이 바뀌게 된다. 李彦迪은 朱-陸이 논의하였던 개념의 정의뿐만 아니라, 상호의 관련성까지 확장하여 그 필연성을 피력한다. 이러한 점은 확실히 曹漢輔에게는 예상치 못한 부분이기도 하였다. 이러한 그의 당혹감은 세 번째 서신이 오고 갈 무렵의 대화에서 확실하게 드러난다.

---

31) 「答忘機堂」第二書(戊寅), "盖嘗析之, 曰此之虛, 虛而有, 彼之虛, 虛而無, 此之寂, 寂而感, 彼之寂, 寂而滅, 然則彼此之虛寂, 同而其歸絶異."

32) 「答忘機堂」第二書(戊寅), "却欠下學人事四字, 與聖門之教有異. 天理不離於人事, 下學人事, 自然上達天理."

주장 1: "세상 사람들은 假像이 언뜻 나타났다가 사라져 버리는 것을 붙잡고 확실히
참된 것이라고 생각하는 것을 부셔버리기 위하여 寂滅이라고 말했다[33]."
주장 2: "下學上達'은 어린아이들이 처음 도리를 배울 적에 하는 말이지, 뛰어난
재주와 덕을 갖춘 선비(豪傑之士)에게는 그런 것이 아니다[34]."

曹漢輔는 李彦迪의 '기준'이 결국 幻形에 불과하다고 주장하면서 이를 위해 寂
滅이라고 말한다 하였으며, 敎育의 기능에 있어서도 일시적인 역할을 지나치게 확
대 해석하였다고 비판한다. 그러나 이러한 그의 주장은 다소 拙劣한 점이 있어 보
인다. 최초의 논의 과정에서 나타난 '寂滅'은 無極에 관한 설명이었음을 우리가 누
차 확인하였기 때문이다. 이때의 '無極'은 曹漢輔 입장에서 太極의 중복된 표현에
불과하다. 그런데 만일 幻形을 형용하기 위한 표현이었다고 주장한다면 앞의 자신
입장과 모순을 범하게 되는 것이다. 이러한 점은 敎育的 側面 이라는 새로운 논
의 초점에 대해서도 마찬가지이다. 그의 표현은 마치 '上達'과 敎育의 관련을 오해
할 소지가 있다. 李彦迪은 이를 다음과 같이 비판한다.

주장 1에 대하여: "道는 形器와 떨어질 수 없는 것이다. 사람이 '形'을 가지고 있으면
그것은 사람이 되는 '理'가 있기 때문이며, 物의 '形'이 있으면 物의 '理'가 있
기 때문이다. (……) 만약 '形'이 있는데 道를 다할 수 없다면, 이는 쓸데없
이 '形'을 갖추고 있는 것인 동시에 '形'을 갖추게 하는 理도 잃어버리는 것이
다. 그러므로 形器를 버리고 '道'를 구한다면 어찌 그것이 道이겠는가[35]."
주장 2에 대하여: "聖人인 孔子도 또한 일찍부터 下學에 종사하지 않을 수 없었다. 구
체적으로 말하면 공자께서는 老子에게 禮를 물으셨고, 郯子에게 벼슬에 관
해 물으셨으며, 太廟에 들어가서는 每事에 물으셨으니 이것이 下學이 아니
고 무엇이겠나이까? 태어나실 때부터 알고 계시는 聖人으로서 나이가 童蒙
이 아닌데 오히려 下學하는 일을 하지 않을 수 없었는데, 항차 孔子에 훨씬
못 미치면서도 느닷없이 下學을 없애거나 下學에 힘쓰지 아니하면서도 하늘

---

33) 「答忘機堂」第三書(戊寅), "來敎又曰, 爲破世人, 執幻形爲堅實, 故曰寂滅."
34) 「答忘機堂」第三書(戊寅), "今曰下學上達, 乃指示童蒙初學之士, 豪傑之士, 不如是."
35) 「答忘機堂」第三書(戊寅), "是道, 不離於形器. 有人之形, 則有所以爲人之理, 有物
之形, 則有所以爲物之理. (……)若有其形而不能盡其道, 是空具是形而失夫所以得
其形之理也. 然則棄刑器而求其道, 安有所謂道者哉."

의 理致에 통달할 수 있겠는가?36)"

결국 曹漢輔 역시 수세에 몰려 '寂滅'을 빼고, "上達天理"아래 "下學人事"를 덧붙이게 된다37). 이와 같은 것은 결국 李彦迪의 입장을 전폭적으로 수용할 수밖에 없었음을 스스로 시인한 것이다. 이제 李彦迪은 정리하는 입장에서 이를 다음과 같이 말한다.

"우리 聖門之教(儒學)에서는 敬을 主로 삼고 그 大本을 세우며 理를 끝까지 추구하여서 앎의 극치에 도달하도록 한다. 또한 몸에 그 앎이 붙어서 실제 행동으로 옮길 수 있도록 하며 敬이라는 것이 이 세 가지 사이를 貫通하니 처음 이 되고 끝이 되는 것이다. 그러므로 敬을 主로 삼는 것이다. 그것은 '안'을 오로지 하나로 정신을 집중함으로써 '밖'을 다스리고, '밖'을 가지런히 함으로써 '안'을 보존하면서 크게 기르는 것이다38)."

3. 無極太極論爭의 解釋 - '教育'을 통해 朱 - 陸 論爭과 차원을 달리하다.

朱熹의 관점을 수용할 것인가(太極而無極), 아니면 陸象山의 관점에 설 것인가(太極卽無極)에 관한 본 論爭은 크게 보면 本體論의 문제로부터 修養論으로 전이되어 가는 과정을 보여주고 있다. 특히 이 점은 本體論에만 그쳤던 朱陸論辨에 비해 教育論의 문제로 전환함으로써 확연히 그 가치를 높였다는 점이다.

---

36) 「答忘機堂」第三書(戊寅), "愚請以孔子所親爲者白之, 孔子問禮於老聃, 問官於郯子, 入太廟, 每事問, 是非下學之事乎? (……) 夫以生知之聖, 年又非童蒙, 而猶不能無下學之事, 況不及孔子, 而遽爾頓除下學不用力, 而可以上達天理乎?"
37) 「答忘機堂」第四書(戊寅), "去寂滅二字而存下學人事之功."
38) 「答忘機堂」第四書(戊寅), "聖門之教, 主敬以立其本, 窮理以致其知, 反躬以踐其實. 而敬者, 又貫通乎三者之間, 所以成始而成終也. 故其主敬也, 一其內, 以制乎外, 齊其外, 以養其內."

"내 생각(朱熹)으로는 無極을 말하지 아니하면 太極이 하나의 물건과 같아져서 만 가지 변화의 뿌리가 되지 못하고, 또한 태극을 말하지 아니하면 그 무극이라는 것이 空寂(虛無)에 빠지게 되어 능히 만 가지 변화의 뿌리가 될 수 없다"

여기서 朱熹가 말하고자 했던 것은 '絶對水準의 論理的 假定'으로서의 太極이라는 것이다. 이것은 그가 "하나의 사물"과 "空寂에 빠질 위험"에 대해 언급한 것이다. 이 때 朱熹가 경계했던 것은 形而上에 대한 두 가지 오해의 경로이다. 그것은 경험되지 않는 세계를 경험의 용어로 표현함으로써 나타나는 잘못된 이해와 경험되지 않는 세계에 대한 자신의 곡해를 그대로 드러내는 경우이다. 이와 같은 위험은 陸象山의 다음과 같은 말에서 그대로 드러난다.

"만약 잘 살펴보았더라면 위에 '無極'字를 더할 필요가 없다면서(……) 위에 無極 字를 더하면 이것은 床에 床을 겹치는 것이다(……) 위에 無極의 두 字를 더할 필요가 없다."

陸象山의 이와 같은 입장은 원래 朱熹 역시 크게 다르지 않은 것이다. 陸象山은 太極을 설명하는 자신의 방식에 있어서 "하나의 사물"과 같이 설명하는 경우 – 가령, 極을 中으로 이해하는 것 – 가 나타나고 있다는 점을 크게 간과하고 있다. 이 점은 일찍이 程伊川 역시 지극히 경계했던 것이다. 그렇기 때문에 朱熹는 자신의 입장에 대해 이해하지 못하는 陸象山에 대해 여러 차례에 걸쳐 동일한 답을 보냈던 것이다. 흥미로운 점은 曹漢輔 역시 이러한 위험에 빠지게 되었다는 점이다.

"있다든가 없다든가, '안'과 '밖'으로 나누어 명칭을 헤아리는 말단에 빠진 것은 잘못이다"

曹漢輔 역시 합하는 것이 분별하는 것과 다르지 않다는 것에 있어서는 陸象山과 다르지 않다. 그러면서 동시에 현상계의 배후에 있는 궁극의 원인으로서 태극의 존재를 설정하고 또 그것이 현상의 앞면에 나타나게 되어 있음을 인정한다. 그럼에도 불구하고, 이처럼 용어를 합침으로써 오히려 개념적 위상을 이해하는 데 난점이 발생할 수 있다는 李彦迪의 지적을 피하지 못한다. 이 점은 朱熹가 陸象

山에게 지적한 바와 동일하다.

그러나 만일 이와 같은 논의에만 그쳤다면 太極에 관한 양자의 상이한 반응 - 絶對水準의 論理的 假定으로서의 太極과 獲得된 結果로서의 太極 - 에 대하여 양측의 입장을 서로 절충하는 데는 한계가 있다. 그것은 朱熹와 陸象山의 논의에서 이미 드러난 바이다. 李彦迪은 이를 돌파하기 위한 새로운 측면을 들고 나온 것이다. 이것이 바로 修養論, 즉 敎育의 문제를 제기한다.

> 아이는 알고 있다오, 어떻게 사랑해야 할지를.
> 그리고 자람에 따라 다른 이를 존경하는 것에 대해서도 안다오.
> **이 마음은 옛 聖人들이 전해준 것이라네.**
> 주춧돌이 있으면 그 위에 집을 지을 수 있으리.
> 주춧돌 없이도 설 수 있는 건물에 대해서는 들어 보지 못했다오.
> 가시밭길로 우리를 이끌어 들이는 脚注에 너무 관심을 쏟지 마시오.
> 세부적이고 미묘한 문제에 너무 많은 주의를 기울이니,
> 바다 속으로 빠지게 되는 것과 같도다.
> 여기에 모인 친구들, 이 순간 모두가 큰 즐거움을 누리도다[39].

朱熹는 이 시를 듣고 "이 시는 아름답다. 그러나 둘째 줄은 마음에 들지 않는다"고 말한 바 있다. 그 구절이 바로 "이 마음은 옛 聖人들이 전해준 것"이라는 구절이다. 朱熹의 입장에서 볼 때, 마음을 理('전해준 것'理)라고 풀이하는 것은 최초의 마음과 교육받은 후의 종국적 마음의 구분을 하지 않아 불분명하게 표현인 것이다. 이 점은 본 논의가 敎育으로 진행될 필요성이 엿보이는 첫 번째 단초이다.

> 묘지를 지나는 이는 슬픔을 보이고, 宗廟를 지나는 이는 존경심을 나타내도다.
> **이는 인류의 공통된 마음이니 바꿔어 질 수 없도다.**
> 가늘게 흐르는 물줄기가 모이면 큰 바다를 이루고,
> 한 주먹 한 주먹 돌이 쌓여 높은 산을 이루도다.
> <u>쉽고 간단한 공부는 마침내 위대한 것이 되지만,</u>

---

39) 『宋元學案』 卷57, 孩提知愛長知欽, 古聖相傳只此心, 大抵有基方築室, 未聞無址忽成岑, 留情傳注翻榛塞, 着意精微轉陸沉, 珍重友朋勤切琢, 須知至樂在於今.

처음부터 支離하게 흩어진 것은 마침내 바다에 이리저리 떠다니도다.
낮은 곳에서 높은 곳으로 올라가기 위하여,
이 순간 누구나 참과 거짓을 분별해야 되도다[40].

陸象山의 두 번째 시 구절 역시 이와 다르지 않다. 그는 "인류의 공통된 마음"을 거듭 강조하고 자신을 '易簡', 朱熹의 학설을 '支離'로 묘사하였다. 이 부분 역시 인류의 공통된 마음 그것이 과연 어떤 것인지 불분명한 채로 제시되어 있는 것이다. 교육받기 전의 어리석은 마음인지 아니면 교육받은 후의 聖人과 같은 마음인지 불분명하다. 이 또한 궁극에 가서 太極에 대한 양측의 입장이 선명하게 드러나는 부분이기도 하다. 이러하기에 朱熹 역시 자신의 입장을 명확하게 하기 위해서 다음과 같이 맞대응을 한다.

(나는) 그대의 德義 風流를 삼가 흠모하노니,
이별한지 3년이나 되었으나 그 마음 더욱 간절하다오.
지팡이에 의지해 추운 계곡을 벗어나와 보니,
멀리서 그대 가마타고 오는 모습 보았다오.
우린 서로의 학문에 관해 의견을 교환했으며,
어떻게 새로운 지식을 증진할 수 있는가에 관해 논의하기 위해 깊은 호수로 갔다오.
하지만 다만 아쉬운 것은 침묵에 관한 그대의 생각이니,
옛날이나 지금이나 나의 생각에는 변함이 없도다[41].

이 번역으로는 정확하게 파악되지 않는 오묘한 긴장감은 실제 漢詩의 구절에 쓰인 漢字의 쓰임을 보면 확연하게 드러난다. 朱熹는 정확하게 陸象山의 구절과 유사한 방식으로 시를 전개하면서도 자신의 입장을 뚜렷하게 드러낸다. 여기서 그가 '지식의 증진'과 '침묵(無言處)'[瞑想]라고 표현한 부분에 주목해 보면, 朱熹는 陸象山의 학문에 대한 태도의 못마땅함을 은연중에 드러내고 있음을 볼 수 있다.

---

40) 『宋元學案』卷57, 墟墓興哀宗廟欽, 斯人千古不磨心, 娟流積至滄溟水, 拳石崇成泰華岑, 易簡功夫終久大, 支離事業更浮沈, 欲知自下升高處 眞僞先須辨只今.
41) 『宋元學案』卷57, 德義風流夙所欽, 別離三載更關心, 偶携黎杖出寒谷, 又枉籃輿度遠岑, 舊學商量加邃密, 新知培養轉深沈, 却愁說到無言處, 不信人間有古今.

李彦迪과 曹漢輔의 논쟁은 이러한 점에서 朱陸論辨에 대한 계승과 발전이라는 두 가지 측면을 뚜렷하게 보여준다. 두 사람이 제시하고 있는 '太極卽無極'과 '太極而無極'의 두 명제는 이전 朱陸論辨이 제기하고 있는 本體論 - 더 정확하게는 삶의 기준에 대한 규정 - 의 연장선상에 있다. 흔히 "눈에 보이지 않는 것이 눈에 보이는 것보다 더 진짜[42]"이듯이, 李彦迪은 '絶對的으로 옳은 것이 있다'는 확신을 가지고 이 논변에 참여하고 있다. 이것은 바로 朱陸論辨의 다음에서 분명하게 확인된다.

> 朱　熹: "無極을 붙여 놓으면 곧 虛無, 好高의 폐단이 생긴다고 하였는데, 象山께서 말하고 있는 太極이라고 하는 것은 形과 器가 있는 것인가, 아니면 없는 것인가. 만약 形體가 없고 단지 理致만 있다면 無極은 곧 無形이요, 太極은 곧 有理임이 분명하다"
>
> 陸象山: "太極이란 것은 바로 이 理"

이미 앞서 살펴보았듯이, 李彦迪과 曹漢輔의 1차 논쟁(제1-2서신) 역시 이와 같은 내용의 반복에 지나지 않는다고 할 수 있을 정도이다. 실제로 우리는 李彦迪과 曹漢輔의 주장 속에서 이의 일치를 쉽게 확인할 수 있다는 사실을 보았다. 1차 논쟁이 支離 하게 전개되었던 것은 朱陸論辨이 이처럼 本體論의 입장에서 정체되었기 때문이었다.

그러나 1차 논쟁이 종결된 제2서신에서 李彦迪이 敎育의 문제를 제기함으로써 상황은 역전된다. 그 단초가 바로 이것이다.

> "'下學人事'네 글자가 빠진 것은 우리 儒家의 가르침과는 다르다. 하늘의 이치(天理)는 사람이 해야 할 도리(人事)와 떨어져 있는 것이 아니다. 그러므로 아래에서 사람이 할 도리를 다 배우면 저절로 하늘의 이치를 통달하게 되는 것."

이것은 良心의 문제를 언급한 曹漢輔에 대해 반격한 李彦迪의 주장이다. 天理와 人事의 관련성에 대해, 李彦迪은 "下學"을 제기한다. 이것은 바로 敎育이며 性

---

42) 李烘雨, 「敎育과 形而上學」, 『敎育의 目的과 難點』(1984) 75쪽.

理學의 궁극의 목적이 바로 이것을 기반으로 할 때 올바로 실현될 수 있음을 보여주는 것이다. 이언적에 의하면, 교육은 본체론과 같이 고원하고 애매한 문제를 보다 선명하게 들어 내 줄 수 있다는 생각을 가지고 本體論에 머물를 수 밖에 없었던 無極太極論辨의 화제를 돌린 것이다. 이로 인하여 曹漢輔는 '遊心'에 이어 '寂滅'마저 폐기하지 않을 수 없게 되었고, 처음의 입장을 고수한다는 그의 전제에도 불구, 李彦迪에게 사실상 논쟁의 패배를 시인하게 된다. 이 점은 絶對水準의 論理的 假定을 쉽게 받아들이지 못하는 관점에 대해 "敎育은 반드시 올바른 基準을 가져야 한다"는 명제를 받아들이게 함으로써 스스로 자신의 입장을 폐기하는─자칫 放縱이 될 수 있음을 시인하는─쪽으로 돌아서게 한 것이다.

지금까지의 논의로 보아, 朱陸論辨과 朝鮮王朝時代의 晦齋와 忘機堂의 無極太極論辨의 상관적 관계는 본질적으로 마음, 또는 마음에서 드러나는 인간의 올바른 측면이 과연 무엇인가에 관한 의문으로부터 출발한다고 할 수 있다. 陸象山과 曹漢輔는 『孟子』의 "萬物皆備於我"를 근거로 마음의 완전성을 확신했기 때문에 "자신의 본심에 호소하여 正道를 발현"한다거나 "먼저 그 體를 수립한다(先立其體, 「答忘機堂」제4서)"고 주장한 것이다. 이러한 점은 敎育의 방법론에 있어서도 "오로지 虛靈한 것을 붙잡고 修練을 하는 데 정신을 집중"하는 것으로 나타난다. 이에 비해 李彦迪은 朱熹의 입장을 敎育에 투영하여 이러한 경험적 마음의 위험성을 경고한다. 그의 입장에서 '마음'은 결국 下學의 완성을 통해 얻어졌을 때만 비로소 "갖추어졌다"고 할 수 있으며, 이를 무시한 陸象山과 曹漢輔는 궁극적으로 基準이 모호해져 자신의 입장을 폐기할 수밖에 없을 것이라고 본 것이다. 실제로 曹漢輔는 2차 논쟁에서 차차 자신의 입장을 거둠으로써 이러한 가능성을 보여주었던 것이다.

Ⅳ. 요약 및 결론

본 연구를 통해 우리는 無極太極論辨이 가지는 敎育學的 含意를 드러내 보였다. 이미 살펴본 바와 같이, 본 논변은 朱陸論辨의 연장선상으로서 계승적 측면과 함께 발전된 측면을 같이 보여준다. 朱陸論辨 당시에도 本體에 관한 관심뿐만 아니라 이를 修養, 즉 教育의 문제로 이끌 수 있는 단초는 분명 존재했다고 본다. 특히 그것은 두 사람이 나눈 시 구절에서 그 일단을 찾을 수 있었다. 그럼에도 불구하고 두 사람은 언어의 表現 문제에만 지리하게 매달리다가 끝내 종결을 짓지 못하였을 뿐만 아니라, 처음부터 두 사람의 주장이 서로 강렬하였고 象山이 朱熹의 입장에 대해 철저하게 이해의 부족을 보임으로써 종결되고 만다. 이것은 한 단계로 발전할 수 있었던 논의를 양측의 단순한 감정싸움-예컨대, 이후 제자들에게서 나타나는 학파 간의 갈등-으로 비추어 보도록 한 원인을 제공하였다. 이러한 점에서 朱陸論辨은 未完의 논쟁이었다고 볼 수 있다.

이에 비해 無極太極論辨은 시간적 차이가 있었음에도 李彦迪이 논의의 맥락을 잡았다는 점에서 대단히 독특한 나름의 장점을 가지고 있다. 1차 논쟁에서 "無極而太極"과 "太極卽無極"의 문제를 제기하면서 양측이 보여주었던 관점은 앞선 朱陸論辨과 마찬가지로 "絶對的 水準의 論理的 假定으로서의 太極과 獲得結果로서의 太極", 또는 "客觀的 世界에 속하는 論理的 마음과 主觀的 世界에 속하는 現實的 마음"으로 나타난다. 그러나 李彦迪은 이를 教育의 문제로 전환함으로써 상대의 입장에 대한 논의상의 우월성을 확보한다. 이것이 가능했던 것은 실질적으로 教育에 曹漢輔의 입장을 적용했을 때 그의 난점이 확연히 드러나기 때문이다. 마음이 본래 완전하다는 것만을 강조할 경우, 教育 그 자체의 가치가 크게 약화될 뿐더러 기준이 모호해진다. 더욱이 李彦迪의 주장대로 六藝를 가르쳤던 孔子 이래의 儒學이 갖는 특징을 부정하게 됨으로써 오히려 儒學으로부터 조한보 자신이 일탈하는 결과마저 초래된다는 것이다.

이러한 教育의 중요성을 근간으로 한 性理學의 이해는 이후 한국 性理學이 독자적인 학문적 성과를 창출하도록 하는 큰 힘이 되었다. 최근의 연구에서 四七論辨[43]과 湖洛論爭[44]이 無極太極論辨의 연장선상에 있었다는 입장이 뚜렷하게 제기되는 것 또한 이 때문이다. 이 두 論辨은 모두 한국 性理學만이 가지고 있는 고유한 특징을 보여주는 것으로 널리 인정받고 있는 대표적인 학문적 성과들이다. 더욱이 이 두 논변이 無極太極論辨이 취했던 본체론적 입장과 수양론적 입장을

---

43) 朴鍾德, 「四端七情論辨의 教育學的 含意」(서울대학교 大學院 教育學科, 1994)
44) 申春浩, 「朝鮮後期 湖洛論爭의 教育學的 解釋」(서울대학교 大學院 教育學科, 2000)

그대로 차용하고 있다는 점 또한 본 논변의 중요성을 다시 한 번 보여준다. 결국 朱陸論辨에서 완성하지 못한 중요한 부분을 한국 性理學의 주요 論辨들이 채워줌으로써 한국의 儒學 또한 이후 日本 등 주변국의 性理學 발전에 지대한 영향력을 갖는 힘을 가졌으며 朝鮮王朝의 사상적 발전 모태가 되었다. 이러한 점은 오늘날 性理學에 대해 불고 있는 각종 편견들에 대한 사상적 반성에 있어서도 중요한 의의를 갖는다.

끝으로, 앞서 朱子의 詩를 연상하면서, 晦齋의 詩 한 수를 적어 본다.

爲學應須學聖人.	학문을 한다함은 응당 모름지기 聖人을 배움이니
聖功元是本彝倫.	聖人의 功이란 본래 이 떳떳한 인간도리에 바탕을 두니
數篇格語眞繩墨	두 어 篇 적절한 말씀이 참으로 먹줄 같으니,
熟講精通可律身.	외우고 익혀서 밝고 자세하게 되면 가히 몸을 다스릴 수 있으리라.

晦齋集 卷一

參考文獻

四庫全書; 『象山全集』 卷12; 書; 「與朱元晦」

四庫全書; 『朱子語類』, 『近思錄』 '道體'1

晦齋集, 『韓國文集叢刊』 24.

柳正東, 「李晦齋와 曹忘機堂의 '無極而太極'에 관한 論辨」, 『韓國思想大係 Ⅳ』(成均館大學校 大東文化阮, 1981)

『國譯 晦齋全集』(默民回甲記念會, 1974)

默民記念事業會 編, 『晦齋 李彦迪의 哲學과 政治思想』(2000)

金基鉉, 「晦齋 李彦迪의 哲學思想」, 『民族文化研究』(1980)

한국철학사상연구회, 『강좌 한국철학: 사상, 역사, 논쟁의 세계로 초대』(예문서원, 1995)

김민철, 「陸九淵의 心卽理 體系」(서울대학교 大學院 哲學科, 1999)

金漢相, 「朱熹의 太極論」(서울대학교 大學院 哲學科, 1996)

朴鍾德, 「四端七情論辨의 教育學的 含意」(서울대학교 大學院 教育學科, 1994)

朴鍾德, 「教育課程理論으로서의 心法」(서울대학교 大學院 教育學科, 2004)

申春浩, 「朝鮮後期 湖洛論爭의 教育學的 解釋」(서울대학교 大學院 教育學科, 2000)

李相殷, 「李晦齋 無極太極辨의 學術史的 意義」, 『國譯 晦齋全書』(默民回甲記念會, 1974)

李完栽, 「晦齋와 曹忘機堂과의 太極論辨에 관하여」, 『大丘史學』 第 12, 13 合輯(大丘史學會, 1977)

李烘雨, 『教育의 目的과 難點』(教育科學社, 1984 / 1987)

李烘雨 外(2000a), 「性理學의 教育理論」, 『道德教育研究』 第12輯 1號(韓國道德教育學會)

李烘雨 外(2003), 『教育課程理論』(教育科學社)

유영모 옮김 박영호 풀이, 『老子에세이 - 빛으로 쓴 얼의 노래』(無碍, 1992)
張聖模, 「教育理論으로서의 朱子學과 陽明學」(서울대학교 大學院 教育學科, 1993)
崔英成, 『韓國儒學思想史 Ⅱ: 朝鮮前期篇』(아세아문화사, 1995)
황준연, 「이언적의 무극태극설 논변: 李彦迪이 曹漢輔에게 답한 4편의 편지를 중심으로」, 『東洋哲學研究』第24輯.

Carsun Chang, *The Development of Neo-Confucian Thought vol.1* (New York; Bookman Associates, 1957)
Wing-tsit Chan etd, *Chu Hsi and Neo-Confucinanism*(university of Hawaii Press, 1986)

退溪 李滉

5. 義理之學과 教育*

I. 序 論

退溪 李滉(1501-1570)은 韓國의 哲學思想에 있어서 매우 중요한 위치를 차지하고 있다. 그의 哲學體系가 형성 되어 가는 것을 보면, 前期에는 鄭之雲의 '天命圖改訂', '論夙興夜寐箴註解', '拔延平答問', '朱子書節要', '宋季元明理學通錄', '答黃仲擧書論白', '鹿洞規集解', '伊山書院記' 등이 있고, 後期에는 '答奇高峯書辨四端七情', '陶山記', '心無體用辨', '戊辰六條疏', '聖學十圖' 등이 있으며, 奇大升과의 저 유명한 四七論으로 그의 思想 體系를 완성 하였고, 그의 思想體係가 가장 잘 나타난 것이 바로 '聖學十圖'이다. 이 聖學十圖는 과연 그의 主著라고 할만하다. 여기에는 敬의 實踐—義理之學의 요체가 잘 나타나 있다. 退溪가 주장하는 敬의 實踐—義理之學은 朱子와 다르다는 점을 나타내는 핵심이기도 하다.

그러나 우리의 관심을 끄는 것은 退溪가 70살의 生涯를 마칠 때까지 그의 門下에 많은 弟子들을 輩出 하였다는 사실이다. 政丞을 지낸 사람이 10명이 넘고, 諡號를 받은 인물이 30여명이 되며, 大提學을 지낸 사람이 10명이 넘는다. 明宗末로부터 宣朝朝에 걸쳐 당시의 名聲을 떨친 名士 중에 李滉의 門下에 왕래 하

---

* 「義理之學 과 敎育」, 敎育理論 支脈 1994, "李退溪의 敎育理論" 교육과학사, 1994. 「퇴계학보」 72輯, 국제퇴계학회

지 않은 이가 없었으니, 一世의 儒宗이요 指導者였다. 더구나 李滉의 門人중에 書院 및 祠宇에 配享된 이들이 74명에 이른다. 이와 같은 사실들로 보아 李滉의 影響이 後世에 얼마나 크게 끼쳤는지를 알 수 있다'[1]는 점이다. 과연 退溪는 어떤 사람이며, 어떤 敎育理論을 가지고 있었기에 그와 같은 엄청난 일을 成就 하였을까? 물론 退溪 자신은 분명히 말해서 敎育學者는 아니다. 그러나 그는 훌륭한 敎育者임에 틀림없다.

II. 問題의 提起

退溪는 자신의 일생을 다음과 같이 시로 읊은 것이 있다.

生而大癡 壯而多疾
中何嗜學 晩何叨爵
學求愈邈 爵辭愈嬰
進行之跆 退藏之貞

退溪, 言行錄 卷一

위의 시귀는 退溪의 '自銘'의 첫 귀절이다. 이 自銘에는 그의 한평생이 그대로 반영되어 있다. 특히 '중년에 어찌하여 학문을 즐겼으며, 늘그막에 어이하여 벼슬을 탐했던고, 학문은 구할수록 멀어지고, 벼슬은 싫다 해도 더욱더 주어졌네'[2]라든가 중간귀절에 '내 생각 제 모르니 내 즐거움 누구를 줄까, 옛 사람 생각에 내 마음 쏠리누나'[3]라든가 마지막 구절 중에 '천지의 이치를 타고 돌아가노니 더 바랄 것이 무엇이랴'를 보게 되면, 저절로 옷깃을 여미게 된다. 이와 같은 말들은

---

1) 柳正東, '李滉의 哲學思想', 韓國哲學史(中卷) 韓國哲學會編, 東明社, 1987, p.234.
2) 中何嗜學 晩何叨爵 學求愈邈 爵辭愈嬰.
3) 我懷伊阻 我佩誰玩 我思考人 實獲我心.

退溪의 일시적인 시흥에서 나온 말들이 아니라, 그가 한평생 갈고 닦은 修己의
결과로 빚어낸 말이라고 생각한다. 여기서 우리의 注目을 끄는 것은 "學求愈邈,
爵辭愈嬰"이라는 글귀이다. 이 글귀는 오늘날 우리의 교육현실과는 너무나 대조적이
다. 대개의 경우 사람들은 교육을 받으면, 스스로 무엇인가를 알고 있다고 생각 하
는데 반하여, 退溪는 '학문은 구할수록 멀어진다'고 하였고, 교육을 받는 목적을 돈
이나 사회적 지위의 획득에 두는데, 退溪는 '벼슬은 싫다 해도 더욱더 주어진다'고
안타까워하고 있는 것이다. 왜 그는 이와 같은 생각을 하지 않으면 안되었는가?

退溪 자신은, 학문을 하면서 제자 기르기를 좋아 하였다. 그러므로 그는 훌륭
한 교육자임에 틀림없다. 또한 그는 제자를 가르치는 동안 교육에 관한 여러 가지
발언을 하였다. 예컨대, '군자의 학문은 자기를 위할 따름이다. 이른바 자기를 위
한다는 것은 저 장경부가 말한 '위하는 바가 없이' 하는 것이다. 우거진 숲 속에
난초가 온종일 향기를 피우지만은 스스로는 그 향기로움을 모르는 것과 같은 것이
니, 군자의 자기를 위하는 뜻에 꼭 맞는 말로서 마땅히 깊이 본받아야 할 것이다
.'4)라고 말한 것이 그것이다. 이와 같은 退溪의 교육에 관한 발언을 우리는 어떻
게 이해해야 하는가? 구체적으로 말하면, 退溪의 "君子之學 爲己而已"라고 한 말
과 R. S. Peters의 교육의 內在的 目的과 같은 뜻인가? 아니면 다른 뜻인가?
이와 같은, 문제를 해결하기 위하여 우리는 退溪의 '敎育理論'을 탐구 하지 않으
면 안 된다. 退溪의 '敎育理論'에 비추어 볼 때 그의 교육에 관한 발언을 올바르
게 해석할 수 있으며, 왜 그렇게 말할 수밖에 없었는지를 알 수 있게 된다. 왜냐
하면, 敎育理論은 적어도 그 내용에서 抽象性과 包括性을 가지고 있기 때문이다.
이 말속에는 구체적인 사태에서 점점 멀리 떨어질수록 絶對水準의 論理的 假定에
가까워지며, 그렇게 될수록 그것은 교육에 관한 포괄적인 설명이 될 수 있다는 뜻
이 들어 있다.5) 그러므로 '敎育理論'을 탐구 한다는 것은 退溪 자신이 정립하고
있는 우주와 삶에 관한 근본원리인 '理와 氣', '性과 情', '道心과 人心' 등을 밝히
고 거기에 비추어 그의 교육에 관한 제 발언을 해석해 내는 것이다. 그러므로 敎

---

4) 先生曰 君子之學 爲己而已 所謂爲己者 卽張敬夫 所謂無所爲而爲也 如深山筱林
   之中 有一蘭草 終日熏香而不自知己爲香 正合於君子爲己之義 宣深體之. 李德弘,
   退溪 言行錄(一) 敎人.
5) 李烘雨, 理氣哲學에 나타난 敎育理論, 師大論叢 第30輯(서울大學校 師範大學,
   1985), p.5.

育理論은 形而上學的 性格을 띠게 된다. 退溪 教育理論에 비추어 그의 教育에 관한 제 발언을 해석해야 그의 교육적 지혜를 오늘의 교육현실에 되살릴 수 있는 것이다.

退溪 教育理論의 궁극적인 모습은 理와 氣에 관한 形而上學的 體系이다.[6] 그러나 이 형이상학적 체계는 교육현실에 너무나 멀리 떨어져 있는 絶對水準의 論理的 假定이므로, 교육현실을 설명하기에는 너무나 抽象性과 包括性을 띠고 있다. 그러므로 절대수준의 논리적 가정 보다는 낮으면서, 교육현실 보다는 단계가 높으면서, 교육과 직접 관련이 있는 분야의 논리적 가정을 탐구함으로써 교육현실을 보다 잘 설명할 수 있고 예측할 수 있는 教育理論이 될 수 있을 것이다. 본 연구에서는 退溪의 이 수준에서의 教育理論을 정립하고 그의 교육에 관한 제발언을 해석 하고자 하는데 그 목적이 있다. 따라서 이 목적을 성취하기 위하여 退溪의 윤리론, 개인과 사회의 관계, 인식론을 주로 다루겠다.

退溪의 윤리론은 그의 인간상과 가치론을 포함한다. 그의 윤리론은 그의 학문의 要諦이며, 이 윤리론을 정립 하고자 한 평생을 바쳤다고 해도 지나친 말은 아닐 것이다. '어떻게 사는 것이 가장 올바르게 사는 것인가' 하는 문제에 관한 그의 대답은 '求人成聖'을 이룩하려고 노력하면서 사는 것이다. 그는 바로 이것 때문에 學問도 하였다고 볼 수 있다. 그리하여 退溪는 '朱門大居敬而貴窮理爲學問第一義'(退全上, p.345)라고까지 말하여 居敬窮理를 처음과 끝으로 삼았다.[7] 이 말을 형이상학적으로 설명하기 위해서는 '理發氣發'을 철저하게 이해하여야 하고 그것이 仁, 敬, 窮理 등과 무슨 관계가 있는지를 밝혀야 한다.

다음으로, 退溪는 '개인과 사회의 관계를 어떻게 보는가' 하는 것이다. 이 문제는 '仁義禮智'의 所有와 源泉에 관한 것이다. 구체적으로 말하면, 개인이 사회의 영향을 받지 않고 스스로 '仁義禮智'의 意味를 규정할 수 있다고 생각하는 것과 개인이 사회로부터 '仁義禮智'의 意味를 배운 결과 그 의미를 받아들이게 된다는 것으로서 개인은 사회와의 관련에 비추어 그 존재의의를 찾을 수 있다는 생각 중에 退溪는 어느 편이 옳다고 생각 하는가 하는 문제이다. 어느 쪽으로 생각하느냐

---

6) John Dewey, Democracy and Education(New York, Macmillan, 1916, p.384. p.386.
7) 蔡茂松, 退栗思想의 比較研究, 成均館 大學校 大學院 博士學位 論文, 1971, p.88.

하는 것은 교육의 성격과 직접 관련이 있다.

셋째로 認識論의 문제이다. 性理學이 그러하듯이 退溪 자신도 認識論에 관한 심각한 탐구를 한 것 같지 않다. 그러나 退溪는 나름대로의 '義理之學'을 발전시키면서 認識論에서도 '格物致知'라든가, '知行竝進', '窮理活法' 그리고 '眞知' '理自到 說'에 관한 그의 생각을 나타내었다. 이점을 보다 명백히 밝히면서 일반적으로 認識論의 핵심적인 문제인 '안다는 것은 무엇인가' '안다고 하는 기준이 무엇인가' '알도록 하는 방법은 무엇인가' 등과 직접 관련을 짓기는 무척 어려운 일이겠지만, 최대한 노력하여 退溪의 認識論에 관련되는 발언을 보다 명백히 해보고자 한다. 그러나 退溪 자신의 관심은 어디까지나, '仁義禮智'가 어떻게 내면화 되면서 그것들이 실천에 이르게 되느냐 하는데 있었다. 이점을 부각시켜 논의 하려고 한다.

지금까지의 문제를 요약하여 제시하면 다음과 같다. 즉,

첫째, 理氣論에 관한 退溪의 관점은 무엇인가?

둘째, 退溪는 인간이 가장 올바르게 사는 것을 무엇이라고 생각하였는가?

셋째, 退溪는 개인과 사회의 관계를 어떤 방식으로 규정하였는가?

넷째, 退溪는 인간이 도달할 수 있는 앎의 최고 상태는 어떤 것이라고 생각하였으며, 그 앎의 방법을 어떤 것이라고 생각하였는가?

다섯째, 退溪의 교육에 관한 諸發言들을 그의 敎育理論에 비추어 보면, 어떤 뜻으로 해석 될 수 있는가? 등이다.

Ⅲ. 理氣論

일반적으로 말하면 退溪는 朱子의 理氣論을 거의 그대로 이어받았다고 말할 수 있다. 그러나 구체적으로 말하면, 朱子와 차이점도 많이 있다. 朱子는 '道理' 방면과 '義理' 방면 둘 다를 강조하고 있으나, 退溪는 '義理' 방면을 강조하여 연구하였다. 그러므로 '義理之學'에 관해서는 退溪가 朱子보다 훨씬 치밀한 것이다. 그것도 그럴 것이 退溪는 어떻게 하면 인을 구하고 덕을 이루어 聖人이 될 수 있

는가에 역점을 두었기 때문이다. 그런데 '義理'와 '道理'는 모두 그 근원을 理氣論에 두고 있다. 그러면 退溪가 주장하는 理氣論은 어떤 것인가? 이하에서 退溪의 理氣論을 밝히는 동안에 理와 氣의 의미, 理와 氣의 關係, 理發氣發 등도 함께 논의 하게 될 것이다.

退溪는 理를 '義理之學'의 입장에서 해석하려고 하였다. 退溪는 朱子의 理氣論 자체를 발전시키거나 비판하기 보다는 인간의 삶 속에서 실천하는 理를 보다 심각하게 연구하였고, 실천의 입장에서 理의 의미를 밝혀보려고 하였다. 그러므로 退溪의 '義理之學'의 궁극점은 어디까지나 理에 있는 것이다. 그리하여 退溪는 이 理자의 철저한 이해 없이 실천이 이루어질 수 없다는 생각을 갖게 된 것이다. 그러나 다음과 같은 退溪의 말은 理를 이해하기가 얼마나 어려운가를 뒷받침해준다. 즉, '대체로 생각하여보니 일찍이 옛사람과 지금 사람의 學問이나 道術의 차이는 다름이 아니라, 오직 理자를 알기 어려웠기 때문이다. 이른바 理자를 알기 어렵다는 것은 대강 아는 것이 어려운 것이 아니라, 충분히 이해하여 깊숙한 데까지 알게 되는 참다운 앎(眞知)를 이룩하기 어려운 것이다.'[8] 그런데 여기서 말하고 있는 理는 솔개(鳶)가 날고 물고기가 뛸 때 날으는 '所以'와 뛰는 '所以'이다[9]라고 할 때의 '所以'이다. '所以'는 事物과 現象의 變化의 原因과 理由, 原理 등을 뜻한다. 그러나 退溪는 바로 그 理가 나자신 밖에 있어서는 별 의미가 없고, 그 理가 내자신 안으로 內面化될 때 비로소 그 진가를 발휘할 수 있다는 것이다. 물론 理 자체는 '無聲臭, 無方體, 無內外, 無情意, 無計度, 無造作, 無生死, 無窮盡'[10]한 것이지만, 그 理가 내 자신에 內面化되어 眞知가 되면 '지극히 虛한 듯 하되 지극히 實하고, 없는 듯 하되 있으며, 動한듯 하되 動함이 없고 靜한듯 하되 靜함이 없어서 그 맑고 깨끗함에 조금이라도 더할 수 없고 조금이라도 減할 수 없어서 이것이 능히 陰陽五行, 萬物萬事의 근본이 되나 陰陽五行, 萬事萬物 가운데 에워싸이지 않은 것을 훤히 볼 것'[11]이라고 하였다. 여기서 우리는 理의

---

8) 嘗深思古今人學問道術之所以差者, 只爲理字難知故耳, 所謂理字難知者, 非略知之爲難, 眞知妙解到十分處爲難爲(退溪全書 答 奇明彦 別紙).

9) 鳶飛魚躍必理與氣之使然也……所以飛所以躍者理也(退溪全書, 答교姪問目).

10) 全書 答 鄭子中 別紙.

11) 若能窮究衆理到得十分透徹, 洞見得此個物事, 至虛而至實, 動而無動, 靜而無靜, 潔潔淨淨地, 一毫添不得一毫減不得, 能爲陰陽五行萬物萬事之本而不囿於陰陽五行

성격을 엿볼 수 있다. 그러면 理의 성격은 무엇일까?

첫째, '至虛而至實, 至無而至有'는 理의 實在性을 나타내고 있는 말이다. 退溪도 이 말을 해석하여 '진실되게 말하자면 천하에 理보다 實한것은 없고 소리도 냄새도 없으니 천하에 理보다 더 虛한 것은 없다. 오로지 無極而太極이라는 이 한마디 말 밖에 할 것이 없다'[12]고 하였다. 無極而太極이라는 말에서 '太極은 실로 뭇 理致의 根本과 만 가지 變化의 根源이 되어서 그 전체가 되어 歸一하는 것이 저 極과 같으므로 極이라 한 것이다. 그리하여 太極이라고 이름한 것이 비록 形狀과 方所로 인한 것이나, 有로써 無를 比喩하고 實로써 虛를 比喩한 것이요, 그 처음부터 어떤 形狀과 方所가 있어서 찾을 수 있는 것이 아니다.'[13]라고 하면서 '無極이란 두 자를 더한 것이니, 대개 無極과 太極을 빌어서 眞理를 比喩하여 理가 形狀과 方所가 없으면서 지극히 實한 것이 있다는 것을 밝힌 것'[14]이라 하였다. 退溪는 항상 太極과 理를 관련시켜 말하면서 '理卽太極, 太極卽理'라 하였다.

둘째로 '動而無動, 靜而無靜'은 理의 絶對性을 나타내고 있는 말이다. 動한 듯한데 動하지 않고, 靜한 듯한데 靜하지 않는다'고 하였지만, 여기서 留意해야 할 것은 無動無靜이지 不動不靜은 아니라는 것이다. 無는 없다는 것이 아니라, 絶對라는 뜻이다. 따라서 靜중에 動이요 動중에 靜인 理는, 超越的 絶對性을 가졌다는 뜻이다. 周廉溪도 '動而不動, 靜而無靜神也'라고 하였고, 朱子가 이것을 註하여 말하되 '神則不離於形, 而不囿於形矣' 즉, 神은 形에 떨어져 있지 않으나 形에 휩싸여 있지 않다고도 하였다. 이 말이야 말로 理의 絶妙한 絶對的인 實在임을 말하고 있는 것이다.

셋째, '潔潔淨淨地, 一毫添不得, 一毫減不得'은 理의 完全性을 나타내는 말이다. '지극히 맑고 깨끗한 것이며, 추호도 더 할 수도 없고 덜 할 수도 없으니' 理는 조금도 결함이 없는 완전한 實在인 것이다.

萬物萬事之中(全書, 答 奇明彦).

12) 自其眞實無妄而言, 則天下莫實於理, 自其無聲無臭而言, 則天下莫虛於理, 只無極而太極一句可見(全書, 答 鄭子中書).

13) 至於太極實爲衆理之本萬化之原, 而其總合歸會底意思, 有類於極故亦以極名之, 然則太極之得名, 雖因其形狀方所, 而以有喩無以實喩虛, 初非有形狀方所之可尋也(全書, 答 李公浩問目).

14) 故又以無極二字加之, 蓋其假彼喩此, 以明此理之無形狀無方所, 而至有者在焉至實者存焉爾(全書, 答 李公浩問目).

넷째, '能爲陰陽五行萬物萬事之體, 而不有於陰陽五行萬物萬事之中'은 理의 根本性을 나타내고 있다. 陰陽과 五行과 萬事萬物의 根體이면서 이것에 制限받지 않는 것이 理이다. 왜냐 하면, 陰陽은 氣이고, 五行은 그 氣의 分化이며, 萬物萬事는 陰陽과 五行의 구체적인 결과이지만, 理는 이것들의 根本이며 存在根據이기 때문이다.

이상과 같이 退溪는 理의 성격을 實在性, 絶對性, 完全性, 根本性으로 把握하였다. 여기서 退溪의 최대 특색인 '理貴氣賤'의 생각을 낳게 된 것이다. 退溪에 의하면, '사람의 한몸에는 理와 氣가 겸비되어 있으며, 理는 귀하고, 氣는 賤한 것이나 理는 無爲하고 氣는 有慾하기 때문에 理를 실천하는 것을 위주로 하는 자는 氣를 기르되 그 가운데 있으니 聖賢이 그러하다.'15)라고 하였다. 退溪 자신은 理를 실천하는 것을 위주로 하여 평생을 살았다. 그렇다면 氣에 관한 退溪의 생각을 좀더 구체화 해보기로 한다.

朱子에 의하면, '모든 것의 存在는 陰陽으로 되어 있으며 陰陽없는 物은 하나도 없다'16)고 하면서 '陰陽은 오로지 一氣'17)라는 것이다. 말하자면 氣없는 物은 하나도 없으며 모든 物은 氣로 구성되어 있다. 그러므로 物은 自然現象, 社會現象 심지어 精神現象까지도 포함하고 있다. 이것으로 미루어보아 모든 존재, 모든 현상은 氣로 구성되어 있다고 말할 수 있다. 인간을 例로 하여 구체적으로 말하면, '사람이 태어 날 때 처음에 먼저 氣가 있다. 그 氣가 신체를 이루고 魄이 먼저 내재 한다. 신체를 다스리는 정신 즉, 魄이 발동하여 지각한다'18)는 것이다. 그러나 여러 가지 事物, 모든 現象은 理와 氣의 협동에 따라 생기며, 사물과 현상이 천차만별하게 된다. 여기서 理는 統一의 原理이며, 氣는 差別의 根據이다.

退溪도 氣는 소위 氣運을 뜻하고 質은 형체와 형질을 뜻한다고 하였다.19) 구체적으로 사람에게 적용한 것이 있다. 그것은 제자 김성일과의 문답에 나타나 있

---

15) 人之一身, 理氣兼備, 理氣貴賤, 然理無爲, 理氣有欲, 故主於踐理者, 養氣在其中, 聖賢是也(全書, 與 朴澤之).
16) 都是陰陽, 無物不是陰陽(朱子語類, 65, 淳錄).
17) 陰陽只是一氣(文集, 答 楊元範).
18) 人生初間先有氣, 旣成形是魄在先, 形旣生矣, 神發知矣, 旣有形後, 方有精神知覺(語類, 淳錄).
19) 有生之後氣行於質之中……呼吸運動氣也……耳目形體質也(全書, 答 李宏仲).

다. 즉, '사람은 똑같이 하나의 氣를 받았는데 어찌하여 氣質이 같지 않습니까?' 하고 물으니 선생왈 '氣를 동일하게 받았으나 그 氣는 균일하지 않으며 一氣가 나뉘면서 음양이 되고 그 氣는 본래의 청탁으로 나뉘고 음양은 오행으로 나뉜다. 그 氣란 혹 생기게 하기도 하고 억누르기도 하고, 혹은 순하게 혹은 逆으로, 혹 오르고 혹 내리고, 혹 가고 혹 오고, 혹 열리고 혹 닫히고 혹 왕성하고 혹 쇠약하고 뒤엉키고, 거꾸로 서로 얽히기도 하고, 맑고 깨끗하기도 하고, 흐르기도 하여 모든 것들이 서로 같지 않으므로 사람도 氣로 태어났으나 그 기질은 같지 않은 것이다.'[20]라고 하였다.

退溪는 氣를 有限한 것으로 보았다. 그리고 理는 無限한 것으로 보면서 '理無限量, 惟氣有限量, 有形故也'라 하였다. 氣가 有限한 것은 形이 있기 때문이라는 것이다. 그러나 사람들이 지나치게 有와 無를 따지는 것을 보고 '理는 본래 有無가 없는데도 有無를 말하는 것이 있는 것 같다'고 退溪는 말하였다. 이 말을 현대철학적 용어로 풀이하여서 말해보면, 理와 氣는 본래 形而上學的 論議의 絶對水準의 論理的 假定임에도 불구하고 사람들이 이를 잘못 이해한 것 같다고 말하는 것이다. 한편, 退溪는 氣를 다시 事實的 水準에까지 끌어내려 '만약 氣로 말하면 至而伸하고 聚而形하여 有가 되지만, 反而歸하고 散而滅하여 無가된다. 따라서 어찌 (氣)有無가 없다고 말할 수 있겠는가. 氣가 흩어지면 자연 소멸하여 퇴장해버리는 것'[21]이라 하였다. 이렇게 놓고 보니 인간의 육체도 氣로 이루어진 것이므로 義理之學을 추구하고 있는 退溪는 祖上의 祭祀와 관련된 사항을 생각하니 문제가 생기는 것을 알아차렸다. 그리하여 이후 이점을 명백히 하기위하여 다음과 같이 말한다. "滉은 전일에 氣가 흩어지면 곧 無가 된다고 생각하였다. 그런데 근래 곰곰이 생각해보니 이것도 편견이요 미진한 생각이었다. 모든 음양의 왕래소식은 점차로 이르러서 펴고 돌아가 움추리지 않은 것이 없는 것이다. 모든 것이 그

---

20) 人同稟一元之氣, 而氣質之不同, 何也, 先生曰, 人之生也, 雖曰同稟一元之氣, 而一元之氣, 逆雜不齊, 蓋自一元而分爲陰陽, 則其氣固有淸濁之分, 陰陽又分爲五行則, 其爲氣也, 或生或克, 或順或逆, 或升或降, 或往復, 或來或去, 或闢或闔, 粉綸交盪, 顚倒錯綜, 淳漓淸濁, 有萬不齊, 人稟是氣而生, 則其氣質之不同(退溪言行錄, 答, 金誠一書).

21) 若氣則至而伸, 聚而形爲有, 反而歸, 散而滅爲無, 安得謂無有無耶, 氣之散也, 自然消盡而泯滅(全書, 答 鄭子中 講目).

러한데 이미 펴버린 氣가 돌아가 움추리게 되는데 그 펴진 氣의 나머지 것도 갑자기 없어지는 것이 아니라 당연히 차차 그렇게 된다고 해야 할 것이요, 이미 움추린 氣도 無에 이르게 되지만 그것도 갑자기 없어지는 것이 아니라 차차 없어진다고 하였다. 그러므로 모든 사람의 죽은 魂도 갑자기 없어지는 것이 아니라 차츰차츰 없어지는 것이다. 옛날에 事死如事生이라 하고 事亡如事存이라고 한 것이 이치에 닿지 않는 것이 아니다. 이렇게 해서 孝子의 心理를 慰勞함은 바로 이런 까닭이다."22) 말하자면, 氣는 갑자기 없어지는 것이 아니라 차츰 없어지는 것이다. 따라서 여기에서 祖上이 죽었어도 살아있는 것처럼 모시는 祭祀의 意義를 여기에서 발견할 수 있다는 것 이다. 다시 점차 없어지는 氣를 비유해서 설명하기를 불은 이미 없는데 화로중에 熏熱이 있지만 오래되면 열기는 사라져 버리는 것이다. 또 여름날 태양은 이미 넘어갔지만 餘炎이 아직 남아있는 것 같으나 그것도 夜陰이 盛하게 되면 없어진다23)고 하였다.

이제 理氣의 관계를 논할 때가 된 것 같다. 朱子에 의하면, '이른바 理와 氣는 확실히 二物이다. 다만 在物上으로 보면, 그 二物이 서로 엉켜 각각 떨어져 따로 자리를 잡고 있다고 말할 수는 없지만, 그래도 그 二物이 각각 一物을 이루고 있지 않다고는 말할 수 없다. 在理上으로 보면, 비록 사물이 있기 전에도 그 사물의 理는 있다고 볼 수 있다. 그러나 역시 이 경우에도 그 理만 있을 뿐이며 실지로 사물이 있는 것은 아니다.'24)라고 말하였다. 여기서 '在物上으로 보면'이라는 말은 事實的 水準에서 본다는 말이요 '在理上으로 보면'이라는 말은 論理的 水準에서 본다는 말이다.25) 그러므로 사실적 수준에서 보면 理와 氣는 구분이 되지

---

22) 溷前以爲氣散卽無, 近來細思, 此亦偏而未盡, 凡陰陽往來消息, 莫不有漸至而伸, 反而屈, 皆然也, 然則旣伸而反於屈, 其伸之餘者, 不應頓盡, 當以漸也, 旣屈而至於無, 其屈之餘者, 亦不應頓無, 豈不以漸乎, 故凡人死之鬼, 其初不至遽亡, 其亡有漸, 古者事死如事生, 事亡如事存, 非謂無其理, 而姑說此以慰孝子之心理, 正如此故也(全書, 答 南時甫).

23) 火旣滅爐中猶有熏熱, 久而方盡, 夏月日旣落餘炎猶在, 至夜陰盛而方歇, 皆一理也(上同).

24) 所謂理與氣決是二物, 但在物上看, 則二物渾淪不可分開, 各在一處, 然不害二物之各爲一物也, 若在理上看, 則雖未有物而已有物之理, 然亦但有理而已, 未嘗實有是物(朱子大全, 卷 46, 答 劉叔文).

않지만, 논리적 수준에서 보면 理와 氣는 구분된다.

退溪는 理와 氣의 관계를 '同時共存'이라고 말한다. 즉, '理와 氣는 같은(同)가운데 다름(異)이 있음(同中異)을 알고, 다른 가운데 같음(異中同)이 있음을 알아 나누어 둘이 되어도 떨어지지 않는 데가 있고, 합하여 하나가 되어도 그 내용에 있어서는 섞이지 아니하고 서로 한쪽에 치우침이 없게 된다.'[26]는 것이다. 여기서 同中異의 '同'은 理氣가 共存하는 '同'이니 理는 理로서 氣는 氣로서 共存하고 있는 것을 말한다. 異中同에서 異는 理와 氣가 自己分을 지니는 '異'이다.[27] 달리 말하면 事實的 水準에서는 同中異의 同이요, 論理的 水準에서는 異中同의 異이다. 그러나 退溪의 理氣論에서는 '理先'의 뜻이 있다. 사물이 있기 전에 먼저 그 理가 있음을 말한 것이다. 君과 臣이 아직 있기 前에 이미 먼저 君臣의 理가 있고, 父와 子가 있기 전에 이미 父子의 理가 있는 것과 같다. 원래 理가 없다면 곧 군신과 부자가 있기를 기다려서 道理를 가져다 그곳에 넣을 수가 없다. 사물이 아직 있지 않을 때 이 理가 이미 갖추어 있는 것이니 그 뒤에 적용하는 것이 다만 氣인 것뿐이다.'[28]라고 말하였다. 그러나 '理先'을 인정하면 '理氣共存'과 상충하는 것같이 보인다.

이점을 분명히 하기위하여 '理先'을 설명할 필요가 있다.[29] 여기서 '理가 먼저 있다'는 말은 '시간상'으로 먼저 있다는 말이 아니라, '논리적'으로 먼저 있다는 말이다. 氣도 또한 사실의 세계를 설명하는데 쓰이는 개념이며, 동시에 원인이 되기도 한다. 따라서 理와 氣가 共存한다고 할 때, 이것은 곧 氣가 독립적으로 작용하는가, 아니면 거기에는 理라는 논리적 원인을 필요로 하는가 하는 문제가 생긴다. 朱子는 이 문제에 있어서 氣는 스스로 작용할 수 없고 그 작용의 원인으로서의 理의 도움을 받아야 한다고 보았다.[30] 즉, 理가 氣의 원인이 된다고 보는 것

---

25) 李烘雨, 前揭書, pp.10-11.

26) 就同中而知其有異, 就異中而其有同, 分而爲二, 而不害其嘗離, 合而爲一而實歸於不相雜, 乃爲周悉而無偏也(文集, 卷 16, 答 奇明彦).

27) 宋兢燮, "李退溪哲學에 있어서의 理氣不可分의 意味" 退溪學硏究, 慶北大學校退溪學 硏究所, 1977, pp.49-50.

28) 未有事先有這理, 知未有君臣, 理先有君臣之理, 未有父子, 已先有父子之理, 不成立無此理, 直待有君臣父子, 却旋將道理人在這裏面, 未有事物之時, 此理已具, 少間應處, 只是此理(文集, 答 鄭子中).

29) 李烘雨, 前揭書, p.10에서 引用.

은 오직 論理的으로 볼 때 그러할 뿐이요, 事實의 世界에서는 오히려 氣가 理에 優先하여 理는 氣에 依存하다고 보아야 한다는 것이다(李烘雨, 1985. p.10. 馮友蘭,[31] 1934. p.906, 柳正東,[32] 1982, p.103.). 退溪 자신도 朱子의 견해를 받아들이면서 理를 보다 충실히 설명하기 위하여 二重體用說[33]을 취하였다. 말하자면, 退溪는 體와 用을 다시 論理的 水準에서 理의 세계를, 事實的 水準에서 氣의 세계를 二重的으로 파악한 것이다. 요컨대, 退溪는 理와 氣의 관계를 不相離, 不相雜한 것으로 보고 있다.[34] 不相雜으로 보았기 때문에 退溪는 理氣를 二物로 강조할 수밖에 없다. 理氣를 둘로 나누고 그 不雜性을 강조하고 理의 所當然을 중시하다보니 결국 理를 貴하게 여기고 氣를 賤하게 여기는 생각을 갖게 되었다. 그리하여 退溪는 '理發'를 주장하고 本然之性, 四端, 道心, 存天理의 소중함을 주장하기에 이른다. 그렇다면 구체적으로 '理發氣發'은 무엇이며, 이 說의 意義는 어디에 있는가?

退溪의 理發氣發은 어디서 나왔는가를 살펴보겠다. 그것은 奇明彦과의 서신 교환중 제 二書에서 나왔다. 직접 그 대목을 보기로 하자. '사람은 理와 氣가 합하여 이루어졌기 때문에 理와 氣는 서로 發하여 작용하고 또 發해서는 共存(相須)하는 것이다. 發이므로 주로 하는바가 있음을 알 수 있고, 공존하므로 理氣가 그 가운데 있는 것을 알 수 있으며, 또 共存하니까 混合(渾淪)해서 말할 때가 있고, 理, 氣는 각각 주로 하는바가 있으므로 分해서 理라하고 氣라 말하여도 不可함이 없다'[35]라고 말하였다. 여기서 '互發'은 '互有發用'의 줄인 말이라는 점과 핵심은 '理와 氣는 서로 發하여 작용하고 또 發해서 공존(相須)하는 것이다.'라는데 있다는 것을 알 수 있다(二者(理, 氣) 互有發用, 而氣發又相須也). 그러면 이 말은 구체적으로 무엇을 뜻하는가? 이 뜻을 밝히기 위하여 '互發'에서 '發'의 의미

---

30) 理有動靜, 故氣有動靜, 若理無動靜, 則氣何自而動靜乎(朱子文集, 答 鄭子上).

31) 馮友蘭, 中國哲學史 上, 下, 商務印書館(1931, 1934).

32) 柳正東, "程一朱의 太極論", 韓國東洋哲學會(編), 1982, pp.95-107.

33) 韓明洙, "理氣動靜과 生成의 問題", 退溪學研究, 七集(慶北大學校, 1980), p.14.

34) 理外無氣, 氣外無理, 固不可斯須離也(文集, 續集 卷 8, 雜著).

35) 蓋人之一身, 理與氣合而生, 故二者互有發用, 而其發又相須也, 互發則各有所主可知, 相須則互在其中可知, 互在其中, 故渾淪言之者, 固有之各有所主, 故分別言之, 曲無不可論(奇高峯에게 한 第二答書).

와 '相須'에서 '須'의 의미를 알아보겠다. 宋兢燮 敎授에 의하면,[36] 退溪의 '癸丑四七記'를 言及한 여러 번역서나 저서에는 '發'字의 해석없이 그대로 '發하여 云云'으로만 기술하고 있으며, '發에 대한 문제성의 올바른 파악과 그 논리의 해득은 退溪철학을 이해하는데 핵심이라 지적하고 넘어갔다는 것이다. 그리하여 宋敎授는 古典을 통하여 發字의 용례를 찾아보고 이중 가장 공통성이 많은 起, 出, 開, 現, 明 등을 들면서 그 의미를 '顯現'으로 보았다.[37] 그러면 '須'자의 의미는 무엇인가? 그것은 用을 보아야 한다고 생각한다. 그리하여 '互有發用'은 서로 顯現(나타남)하여 작용하는 바가 있으며, '而其發相須也'는 理氣가 나타나서 서로 쓰이는 (의존)바가 있다는 뜻이 된다. 그러므로 退溪는 '理가 나타나고 氣가 순종하면 善이요, 氣가 가리워서 理가 숨겨지면 惡이다.'[38]라고 말하였다.

다음으로 '互發' 하는 것이니 각각 主된 것이 있고, 相須하는 것이니 서로(理氣)가 그 가운데 있음을 알 수 있다(互發則各有所主可知 相須則在其中可知)고 하였는데 여기서 '各有所主'란 무엇인가? 理와 氣는 그 하는 바가 각각 있으며 主된 것이 理가 될 수도 있고 氣가 될 수도 있다는 뜻이다. 그리하여 退溪는 '理가 나타남에 氣가 따른다 함은 理를 주로 한다고 말할 수 있고 理氣는 공존하지만 氣를 따로 하고 理를 말할 수 없고 理를 주로 한다고 말하는 것이 四端이며, 氣가 發해서 理를 탄다는 말은 理를 따로 하고 氣를 말할 수 없고 氣를 主로 한다고 말한 것이 七情이다.'[39]라고 말하였다. 이 말은 말하자면 退溪가 四端은 主理이며 善이지만 七情은 主氣이며 善惡이 아직 未定인 것을 말한 것이다(七情, 善惡未定也 第一 答書). 그러나 미정은 惡의 가능성도 있지만 善의 가능성도 있는 것이다. 문제는 性理學에서 善惡을 어떻게 규정하고 있는가 하는 것이다. 일반적으로 性理學에서는 악을 過不及의 상태를 말한다. 그러므로 善은 中庸이라고 하기도 하고 中節이라고 하기도 하다. 그렇게 되면 退溪는 中節의 善과 七淸의 善을 인정하는 셈이 된다. 그러므로 退溪는 이 둘을 綜合할 필요를 느껴서 '一則理爲主는 善이요, 一則氣爲主는 惡이다'라는 理氣互發의 理論으로 統合하여 說明

---

36) 宋兢燮, "李退溪의 理氣互發說硏究", 退溪學硏究 第二輯, 1972, pp.47-48.
37) 上同.
38) 理顯而氣順, 則善, 氣揜而理隱, 則惡(文集, 答 鄭子中講目).
39) 有理發而氣隨之者, 則可主理而言耳, 非謂理之外於氣, 四端是也. 有氣發而理乘之者, 則可主氣而言耳, 非謂氣之外於理, 七淸是也(第二答書).

하고자 하였다.

理氣互發의 要諦는 萬物이 理氣로 구성되어 있어서 만약 理가 주로 되면 氣가 약해져서 理를 나타내게 된다. 반대로 氣가 주로되면 理가 약해져서 주로 氣가 나타난다. 따라서 사람의 경우 修養하여 氣를 排除하게 되면 主理로 되어 善해지는 것이다. 다시 말하면, 善의 系列로 理之發은 氣髓之요, 主理면 理顯이 되어 결국 理强氣弱이 된다.[40] 主理가 된다거나 主氣가 될 때 한꺼번에 되는 것이 아니라 차차 그쪽으로 되어지는 것이라고 할 때 이것을 修養에 적용하면, 退溪의 주장과 같이 '積漸純熟'으로 된다.

Ⅳ. 教育理論

教育理論이 理論으로서의 제구실을 하기위해서는 抽象性과 包括性를 가져야 한다. 그러므로 教育理論은 마땅히 形而上學的 性格을 띠게 된다. 이렇게 놓고 보면, 退溪의 教育理論은 당연히 그의 理氣論 자체라고 말할 수 있다. 그러나 이와 같은, 教育理論은 궁극적이기는 하지만 教育實際와 너무나 떨어져 있어서 空虛하게 들릴 가능성이 있다. 그리하여 教育實際와 보다 가까운 教育理論이 요구된다. 여기서는 그와 같은 教育理論의 세 가지 원천인 倫理, 個人과 社會와의 關係, 認識論을 중심으로 退溪의 생각을 밝혀보겠다.

우선 倫理의 問題-'개인은 어떻게 사는 것이 가장 올바르게 사는 것인가'-에 관한 退溪의 생각을 말해보겠다. 退溪에 의하면 '理'를 실천하면서 사는 삶이야말로 가장 잘 사는 것이다. 退溪에 있어서 理는 人格形成의 絶對的 準據이다. 따라서 退溪에 의하면, 學問의 목적은 理를 밝히고 德을 쌓아 人格을 修養하는 데 두고 있다. 결국 退溪에 의하면, 삶의 궁극적 목적은 '求仁成聖'인 것이다. 退溪는 聖學十圖 第七仁說에서 말하기를 '사람의 마음됨에 그 德이 넷이 있어서 仁, 義,

---

40) 其言性如此, 故氣發而爲情, 亦皆指其善而言, 如子思所謂中節之情, 孟子所謂四端
　　之淸……是也(進聖學十圖의 第六 心統性情圖說).

禮, 智라 하는데 仁은 포함 하지 않은 것이 없다.'41)고 하였다. 그렇다면 理와 仁은 어떤 관계인가?

退溪는 '君과 臣이 아직 있기 전에 이미 먼저 君臣의 理가 있고 父와 子가 있기 전에 먼저 父子의 理가 있는 것과 같다. 원래 理가 없다면 곧 君臣과 父子가 있기를 기다려서 道理를 가져다 그 속에 넣을 수는 없는 것이다. 事物이 아직 있지 않을 때 理가 이미 갖추어져 있는 것이다.'라는 것을 믿고 있다. 이 말을 우리의 삶에 적용해 보면, 가령 부자관계에서 볼 때 그 아버지가 어떤 형편에 있는 경우라도 자식된 사람이 그 아버지를 받들어 모셔야 한다. 사실상 이일이 가능하기 위해서는 仁(여기서는 극기, 사랑, 용서, 자기희생이 포함된다)으로 일관하지 않으면 불가능한 것이다.42) 仁은, 무릇 善의 根源이며 백가지 행실의 근본이다. 따라서 仁은 理를 인간의 삶에 적용하는 최고의 가치로 변용 하여 제시한 개념이다.

仁을 올바르게 구하기 위해서는 무엇보다도 먼저 인간의 마음을 살펴보아야 한다. 인간의 마음은 理氣를 합한 것이므로 마음에서 우러나오는 행위가 반드시 理에 합당하다고 볼 수 없다. 그리하여 退溪에 의하면, '四端은 理가 發하는 데 氣가 따르는 것이고, 七情은 氣가 發하는데 理가 탄(乘)것이다. 理는 氣의 따름이 없으면 무엇인가를 이룰 수 없고 氣는 理가 타지 않으면 利欲에 빠져 새나 짐승이 되고 만다. 이는 변하지 아니하는 정해진 이치이다.'43)라고 말하였다. 이와 같이, 四端과 七情에 관련되는 인간의 마음은 더욱 구체화 되어 人心과 道心으로된다. 말하자면, 理와 氣가 합한 것이 마음이라 하고 이것이 나뉘어져서 人心과 道心으로 구별된다. 四端과 七情 그리고 人心과 道心 등은 다같이 理氣共存과 互發로 설명이 된다. 여기서 한 가지 留意 해야 할 것은 人心과 人欲의 구분이다. 人心과 人欲은 구별이 있고 두 가지는 근본과 가지의 관계이다.44)

그러면 이 人欲을 없애는 길은 무엇인가? 그것은 다름 아닌 道心의 保存이다. 달리 말하면, 하늘의 理를 보존하는 일인 것이다(存天理事). 그리하여 退溪는 '무릇 사람의 욕심(人欲)을 끊어 없애는 일은 마땅히 人心이라는 하나의 측면에 속

---

41) 人之爲心其德亦存四曰仁義禮智而仁無不包.
42) 宋兢燮, 前揭書, p.77.
43) 四端理發而氣隨之, 七淸氣發而理乘之, 理而無氣之隨, 則做出不成, 氣而無理之乘, 則陷 利欲而爲禽獸, 此不易之定理(答 李宏仲問目).
44) 人心者, 人欲之本, 人欲者, 人心之流(答, 審姪問目, 中庸).

하고 하늘의 理를 보존하는 일은 마땅히 道心이라는 다른 하나의 측면에 속한다고 할 수 있는 것'45)이라고 말하였다. 그러므로 인간은 存天理를 하기 위하여 居敬窮理에 힘쓰지 않으면 안 된다. 이 길이야말로 人欲을 끊고 仁의 완성으로 가는 길이기도 하다.

이제 인간의 올바른 삶의 방법인 '居敬窮理'를 좀더 구체적으로 말하겠다. 그러나 여기서는 주로 '居敬'만을 말하고 '窮理'에 관해서는 認識論을 다룰 때 자세히 論하기로 하겠다. 退溪가 주장하는 삶의 태도는 '敬'이라 할 수 있다. 그리하여 그는 '敬'으로 안을 곧게하는 것만을 가지고 일상공부의 으뜸가는 義로 삼는다46)고 하였다. '居敬'이란 말은 論語의 子路篇에 '居處恭執事敬'의 첫 글자와 끝 글자를 따서 생긴 말이다. 즉 居處할 때에는 반드시 恭遜히 하고 게으르고 산만하지 아니한 마음을 가지는 것이며 일이 있을 때는 공손하고 삼가하며 게으르고 소홀함이 없는 마음을 가지는 것이라는 뜻이다. 그러면 왜 퇴계는 삶의 태도를 '敬'으로 하지 않으면 안 되었는가? 그 이유는 퇴계가 삶의 목적을 '理'로 하였고, 그것을 자기 자신이 것으로 내면화 하는데 두었기 때문이다. 理은 완전성, 실재성, 절대성, 근본성을 가지고 있으므로 이와 같이 理를 자신의 것으로 내면화 하기위해서는 당연히 敬의 태도를 지닐 수밖에 없다. 그리하여 퇴계는 '대저 사람의 학문하는 방법은 유사와 무사, 유의와 무의를 막론하고 오직 敬을 주로 삼아 靜할 때나 시끄러울 때나 그 敬의 마음을 잃지 말아야 한다.'47)고 하였다. 朱子에 의하면 '敬은 오로지 畏자와 비슷하다고 하면서, 이것은 덩어리를 뭉쳐놓은 것처럼 움직이지도 않고 앉아 있으면서 귀로 듣지도 않고 눈은 보지도 않아 전연 일을 살피지 않는 것을 말하는 것이 아니라, 다만 身心을 收斂하며 외모를 단정히 하고 內心을 깨끗이하고 가지런히하여, 純一한 상태로 되어 방종하지 않아야 敬이다.48) 이말에서 보면, '敬'은 삼가 두려워 하는 것과 비슷하다는 뜻과 심신을 한군데로 모으고 외모를 단정히 하고 純一한 상태를 유지하는. 것이다'라고 하였다.

---

45) 凡遏人欲事, 當屬人心一邊, 存天理事, 當屬道心, 一邊可也(答 李宏仲 甲子).

46) 只將敬以直內爲日用第一義(答 金而精).

47) 大抵人之爲學, 勿論有事無事, 有意無意, 惟當敬以爲主, 而動靜不失(文集 券 28, 答 金惇敍).

48) 然敬有甚物, 只如畏字相似, 不是塊然兀坐, 耳無聞目無見, 全不省事之謂, 只收斂身心, 整齊純一, 不恁地放縱, 便是敬.(朱子語類, 卷 12, 持守).

　　다음으로 '敬의 대상인 '理'를 어떻게 알아 그것을 내면화하여 실천할 수 있는 가'하는 문제이다. 이 문제는 認識論에 속한다. 그러나 性理學에서 다루는 認識論 은 西洋哲學에서 논하는 認識論과 꼭 一致할 수는 없다. 退溪의 관심은 窮極的 으로 實踐을 위한 '眞知'이다. '眞知'없는 實踐은 空虛하며, 實踐없는 '眞知'도 무 의미하다. 그러므로 退溪는 '知行竝進'을 주장하며 이 주장이야말로 退溪 敎育理 論의 최대의 특색이라고 말할 수 있다.(이점은 뒤에 상세히 논하겠다)

　　다시 敬의 문제로 돌아가서 敬의 대상인 '理'를 모르는데 어떻게 敬의 태도를 지닐 수 있는가? 이 문제에 관하여 朱子는 말하기를 '學者의 공부는 오직 居敬窮 理에 있다. 이 두 가지 일은 相互 發하는 것이다. 능히 窮理한즉, 居敬工夫가 날 로 나아가고 능히 居敬한 즉 窮理工夫가 날로 정밀해진다.'49)고 하였다. 이 생각 을 이어받아 退溪는 '오직 十分窮理居敬의 공부를 힘써야 한다. ……二者가 서로 首와 尾로 되지만 실지로는 양단 공부니 절대로 분단하는 것을 근심할 것은 없다. 반드시 互進하는 것을 法으로 삼을 따름이다.'50)라고 말하였다. 말하자면 朱子는 居敬과 窮理를 서로 發하는 관계라고 하였는데 退溪는 首尾의 관계라고 말하면서 互進하는 법으로 삼아야 한다고 말하였다.

　　이제 좀더 자세히 생각해 보면 居敬과 窮理를 연결지워 주는 것은 아는 것, 그 것도 참으로 아는 것(眞知)이다. 居敬하면서 窮理하여 알게 되면 처음보다 더욱 敬하게 되며 그와 같은 敬한 태도로 窮理하다 보면, 더욱 깊이 알게 된다는 말이 다. 그렇다면 여기서 '참으로 아는 것(眞知)'은 무엇을 뜻하는가? 退溪에 의하면, '恭敬을 위주로 하여 모든 사물이 마땅히 그러한 바(所當然)와 그러한 까닭(所以 然)이 되는 연고를 연구하여 마음을 가라 앉혀 반복해서 깊이 생각하고 두고 두 고 탐구하여 몸소 체험하며 그 지극한 도리를 극진히 해서 세월이 오래되고 공력 이 깊은데 이르러서는 一朝에 놀랍도록 의혹이 석연히 가시게 되고 시원하게 진 리에 관통하는 바 있는 것이니 그렇다면 비로소 體와 用이 한 근원이 되고 顯과 微사이가 없음을 참으로 알게 되어 지극히 작은데 미혹하지 않고 조금도 잡된 것

---

49) 學者工夫, 唯在居敬窮理, 此二事互相發, 能窮理則居敬工夫日益進, 能居敬則窮理 工夫日益密(性理大全, 卷 48, 朱子曰).
50) 惟十分勉力於窮理居敬之工, ……二者雖相首尾, 而實是兩段工夫, 切勿以分段爲 憂, 惟必以互進爲法(全書, 卷 14, 答 李叔獻).

이 섞이지 않고 순수함(精一)에 현혹됨이 없이 中을 잡을 수 있다. 이것이 이른
바 참된 知라는 것이다.'[51]라고 말하였다. 여기서 주목해야 할 점은 '깊이 생각하
고 두고두고 탐구하여 몸소 체험한다'는 말이다. 이점은 退溪는 다른 곳에서도 '이
치를 깊이 연구하는 일은 실천해서 체험해야 참으로 아는 것이 되고, 공경하는 것
을 주로 하는 일은 마음을 두 가지 세 가지로 함이 없어야 비로소 진실하게 얻을
수 있는 것이다.'[52]라고 하였다. 이점을 구체적으로 退溪는 다음과 같이 말하고
있다. 즉, 朱子가 말하기를 '始初에 十分 노력해서 공부를 하면, 그 다음에는 八
九分만 공부하여도 된다고 하였으니 비단 讀書만이 그러한 것이 아니라 義理를
연구하는 데 있어서도 또한 그렇게 해야 한다. 하늘이 부여한 理는 나와 본래 같
으나 다만 氣에 구속되고 欲의 가림으로 말미암아 겹겹으로 간격이 이루어지는
것이니 理를 窮究하고 힘써서 공부에 전진하여 처음에 한겹의 벽(隔子)을 뚫기는
어려우나 그 다음에 또 한겹의 벽을 뚫는 어려움은 먼저보다 덜하고 다음에 또 한
겹을 뚫고나면 공부의 힘이 생겨서, 뚫기가 점점 쉬워짐을 깨닫게 되니 義理의 마
음은 곧 물욕을 뚫어 없애는 도수에 따라 점차적으로 드러날 것이다. 비유컨대,
거울이 본래는 깨끗하나 먼지와 때가 끼어서 약으로 갈고 닦는데 처음에 아주 힘
들어 긁어내고 닦아내어야 한 겹의 때를 겨우 벗겨내게 되니 어찌 어려운 일이 아
니겠는가. 계속해서 두 번 갈고 세 번 갈면 힘이 차츰 적게 들고 그 거울의 맑음
도 때를 벗겨낸 분량에 따라 점점 드러날 것이라 하였다.'[53] 이것이 소위 退溪의
'漸進法'이라는 것이다.

　　지금까지의 논의에서 알 수 있는 것은, 窮理는 眞知를 얻기 위함이요, 眞知는

---

51) 敬以爲主, 而事事物物莫不窮其所當然與其所以然之故, 沈潛反覆, 玩索體認, 而極
　　其至, 至於歲月之久, 功力之深, 而一朝不覺其有洒然融釋, 豁然貫通處, 則所謂體
　　用一源, 顯微無間者, 眞是其然, 而不迷於危微, 不眩於精一, 而中可執, 此之爲眞
　　知也(全書, 卷 6, 戊辰六條疏).

52) 窮理而驗乎踐履, 始爲眞知, 主敬而無二三, 方爲實得(全書, 答 李叔獻).

53) 朱子曰: "第一項須著十分工夫了: 第二項只弗得八九分工夫" 云云, 非但讀書爲然,
　　研究(窮) 義理亦然, 降衷之理與我本一, 緣氣拘欲蔽, 遂成遮隔重重了. 窮理做工,
　　用力硏精, 初問消磨了這重隔子極難, 次又消磨了一重, 其難不至如前, 次又消磨了
　　一重, 覺得爲力稍易, 理義之心, 輒隨消磨分數, 漸次而見, 譬如鏡本明, 爲塵垢重
　　蝕, 用藥磨治, 初番極用力刮拭才玄垢一重, 豈不甚難, 繼之以再磨, 三磨, 用力漸
　　易, 而明隨垢玄分數而漸露,(全書, 答 李平叔問目 大學).

實踐을 포함하고 있다는 것이다. 물론 여기서 '敬'이 있음은 말할 것도 없다. 여기에서 退溪의 '知行竝進說'의 단서를 볼 수 있다. 退溪의 知行竝進說은 朱子의 知行竝進說을 發展시킨 것이다. 朱子에 의하면 '知와 行은 항상 서로 기다리는 것이니, 눈이 있어도 발이 없으면 갈 수 없고 발이 있어도 눈이 없으면 볼 수 없는 것과 같다. 그 先後를 논하자면 知가 먼저 되고 그 輕重을 논하자면 行이 重하게 된다.'54)고 말한다. 退溪는 '眞知와 實踐은 수레의 두 바퀴와 같아서 그 하나를 缺하여도 불가하다'55)든가 '그 옳은 것을 배운다는 것은 그 아는 바에 의하여 이를 몸소 實踐한다는 것이다.'56)라고 말하였다. 退溪의 경우 '知行竝進'은 먼저 알고 행하고, 행하면서 더욱 깊게 알아 다시보다 철저하게 행하는 것으로서 竝進하는 것이며, 知와 行의 輕重을 가리지 않는다. 그리하여 退溪는 '대개 聖門의 學은 이를 마음에서 구하지 않으면 어두워져서 얻는 것이 없다. 그러기에 반드시 생각해서 그에 통해야 하며, 그 일을 익히지 않으면 위태하여 불안하다. 그러므로 반드시 배워서 그 실상을 실천해야 한다.'57)고 하였다. 이렇게 볼때 退溪는 實踐을 통한 認識作用을 주장한 것이라고 말할 수 있다.

그러면 이와 같은, 생각을 갖도록 해준 시발은 어디에 있는가? 그것은 '格物致知'에 있다고 본다. '格物致知'라는 말은 원래 大學의 八條目에서 나왔다. 그러면 '格物致知'란 말은 무슨 뜻인가? 朱子의 大學章句註解에서 보면 '사물의 이치를 끝까지 캐어 그 아는 바를 다하지 못한 것이 없게 한다'58)는 뜻으로 되어 있다. 그러나 이 註解만을 가지고는 格物致知를 이해하는 데 몇 가지 문제가 있다. 즉, 첫째 여기서 말하는 '格物'에서 物의 意味는 무엇인가? 事와 같은가? 그렇다면 事는 또 무엇인가? 둘째 '格'의 범위는 어디까지인가? 셋째 '窮理'와는 어떤 관계인가? 넷째 '致知'는 어떤 상태인가? 등이다. 以下에서 차례로 고찰해 보겠다.59)

---

54) 知行常相須, 如目無足不行, 足無目不見, 論先後知爲先, 論輕重, 行爲重(性理大全, 卷 48, 學 朱子曰).

55) 眞知與實踐, 如車輪厥一不可云云(文集, 卷6, 戊辰六條疏).

56) 學其可者此因其所知而身履之也.(自省錄, 答 李叔獻別紙).

57) 蓋聖門之學, 不求諸心, 則昏而無得, 故必思以通其微, 不習其事, 則危而不安, 故必學以踐其實(進聖學十圖).

58) 李相殷, "退溪의 格物−物格辨疑 譯解, 退溪學報, pp.47-48.

59) 여기서는 주로 大濱晧 著 '朱子の哲學' 東京出版會 1982, pp.239-267을 참고하였다.

우선 '物'의 의미는 '格物致知'에서 대단히 중요하므로 비교적 자세히 논의 하겠다. 朱子에 의하면, 物은 形器의 定體가 있는 것을 말한다(語類, 九四, 周子之書, 寓錄). 이때 形器의 器는 形이 있고 象이 있는 모든 것이다. 그리고 定體란 일정하고 구체적인 形을 가리킨다. 그러므로 物이란 有形有象을 가리키는 것이라고 일단 말할 수 있다. 朱子는 다시 '무릇 聲色貌象이 있으면서 천지간에 가득한 것은 모두 物'이라 하였다(大學或問 文集, 五五). 여기서 類推할 수 있는 말은 物이란 知覺의 대상이 된다는 것이다. 다시 말하면, 天地宇宙를 物로 보는 것이다.60) 여기서 다시 人도 物인가 아닌가 그리고 心도 物인가 하는 문제가 생긴다. 朱子는 人과 心을 物로 보기도 하고 때로는 보지 않기도 한다. 구체적으로 말하면 人을 物의 개념 속에 집어넣지 않은 경우 예컨대, 大學或問에서 '그 理를 가지고 말하면 만물은 一原이므로 처음부터 人物 貴賤이 구분되지 않는다. 그 氣를 가지고 말하면 바르고 通하는 것은 人이다. 그 편벽되고 막힌 것은 物이다. 그것에 따라 貴하다 혹은 賤하다고 하였다. 그러나 朱子는 사람이 物의 개념에 들어갈 뿐 아니라, 그의 생활, 행위도 物에 들어간다고 하였다.

心도 物로 보기도 하고 때로는 구별하기도 하였는데61) 그와 같이 人과 物, 心과 物을 구분하는 것과 구분하지 않는 것은 어떤 意味를 주는가? 心과 物을 구별하는 것은 物에 대한 心의 優位를 인정하는 것이 되고 나아가 만물에 대하여 인간의 優位까지도 생각하게 된다. 心과 物을 구분하지 않는 것은 心이 육체의 소산이므로 心의 절대성을 부정하고 상대성을 인정하는 것이 되고 더 나아가 악도 존재할 수 있다고 생각하는 데 그 意義가 있다.

그러면 物과 事는 어떤 관계인가? 朱子 자신은 物과 事를 명백히 구분하지 않고 거의 同義語로 사용하고 있다. 분명히 朱子는 大學章句에서 '物猶事也'라고 하였다. 그래서 별로 구분하지 않은 채로 '萬物'(語類, 一五, 道夫, 淵), '事物'(語類, 一四, 水之), '事事物物'(語類, 一四), '天下之事皆爲之物'(語類, 一五, 道夫) 등을 사용하고 있다. 그러나 朱子는 事를 여러 가지 現象으로 본다. 事는 개인을 포함한 인간세계의 諸現象이다. 따라서 事는 學問의 對象이 되고 思考의 對象이 된다. 그러므로 格物은 事에 관한 理致라고 말할 수 있다. 물론 여기서의

---

60) 眼前凡所應接底都是物(語類, 十五, 賀孫錄).
61) 衣食作息, 視聽擧履, 皆物也(中庸或問).

事는 思考現象, 社會現象, 文化現象, 自然現象 등을 가리킨다(大賓, p.246).

다음으로 '格'의 범위는 어떠한가? 格物은 한꺼번에 되는 것은 아니다.[62] 一物에 格하여 萬理를 통하는 것은 顔子도 거기에 이르지 못하였고 오늘 一物을 格하고 다음날 또 一物을 格하여 그것이 오랜 세월 쌓인 후에야 豁然貫通하게 되는 것이다. 格物은 천하의 物을 모두 끝까지 궁구하려고 욕심을 부려서는 안된다. 다만 一事에 힘을 다하여 끝까지 窮究하면 그밖에 다른 것은 類推할 수 있다.[63] 말하자면 格物은 사물의 理를 구하되 그 방법은 여러 가지가 있다. 예컨대, 책을 읽으면서 理論的 探究를 한다든가 實踐을 통하여 格한다든가 할 수 있다. 그리고 一理를 究明하면 萬理에 통하는 것이 아니라 一物의 理를 窮究하면 그것에 限하되 그것이 어느 정도 쌓이면, 비약적 窮極의 眞理에 도달 할 수 있다. 그러나 一物의 理를 窮究하면 그것에 限한다고 해서 천하의 모든 物의 理를 하나하나 다 구하고자 할 필요는 없다. 類推의 방법도 있다는 것이다.[64]

셋째로 格物과 致知와 窮理는 어떤 관계인가? 사실 朱子의 或問과 語類, 文集 등에서는 이 두 概念이 어떤 관련을 밝히지 않은 채로 여기저기 나오고 있다. 그러나 자세히 보면, 格物은 個個의 物에 대한 그 理의 窮究함을 다하는 것으로서 理의 追究自體(絶對善)이다. 그리고 致知는 事物의 理를 窮究하여 깨달은 狀態를 말한다. 그러므로 '格物致知는 是窮理'인 것이다.(文集, 五一, 答 黃子耕第四書)

朱子는 사실상 伊川의 格物說을 이어 받았다. 退溪는 다시 朱子의 格物說을 이어받은 것은 사실이다. 그러나 朱子의 格物說을 이어받은 단계는 초기 단계로서 退溪자신의 理論이 별로 없는 단계이다.[65] 그러나 그 후 독자적인 理論이 드

---

62) 一物格而萬里通, 雖顔子亦未至此, 惟今日而格一物焉, 明日格一物焉, 積習旣多, 然後脫然, 有貫通處耳(上同, 卷十九, 劉元承錄, 上同, 卷十八, 劉元承錄, 上同 卷二, 呂與叔錄).

63) 凡有一物必有一理, 窮而至之, 所謂格物者也, 然而格物亦非一端, 如或讀書講明道義或論古, 今人物而別, 其是非或應接事物而處其當否, 皆窮理也(二程全書, 卷 19, 劉元承錄).

64) 格物非欲盡窮天下之物, 但於一事上窮盡其他可以類推, 至於言者, 則當求其所以爲孝如何, 若一事上窮不得, 但別窮一事, 或先其易者, 或先其難者各隨入淺深, 譬如 千蹊萬徑皆可以適國, 但得一道而入, 則可以類推而通其餘矣, 蓋萬物各具一理, 而 萬里同出一原, 此所以可推而 無不通也(二程全書, 卷 16, 入關語錄).

65) 尹絲淳, 退溪哲學의 理想主義的 性格, 退溪學報,(서울, 退溪學研究院, 1978) p.104.

러나는 단계가 그 당시 유행하던 '理自到說'의 영향을 받아 退溪 역시 사물의 理의 自到를 인정하면서부터 나타난다. 말하자면 事物의 理에 관한 認識은 내 마음의 窮究와 더불어 理의 自到에 의하여 이루어진다고 생각하였다. 즉, '이전에 내가 誤說을 바꿀 줄 몰랐던 것은 다만 朱子가 말한 理의 無情意, 無計度, 無造作說을 따르기만 하여 내가 物理의 極處에 窮到할 수 있지 理가 어찌 極處에 스스로 이를 수 있겠는가'[66]라고 생각하였다. 그리하여 格物의 格이나 無不到의 到를 모두 내가 格하고 내가 到하는 것으로 보았다. 그러나 朱子는 말하기를 '理에는 반드시 用이 있으니 어찌 또 心의 用을 말할 것이 있는가'라고 하였다. 그 用은 비록 人心을 벗어나는 것이 아니지만 그 用의 妙를 이루는 까닭은 실로 理의 발견 때문이니 마음의 이름에 따라 事物의 理致가 이르지 않음이 없게 된다. 다만 나의 格物이 이르지 못함을 걱정할 뿐 理가 自到할 수 없음을 걱정해서는 안 된다. 그러므로 格物이라 함이 어찌 物理의 極處가 나의 窮究함에 따라 이르지 않음이 없음을 말하는 것이 아니겠는가? 이로써 情意, 造作이 없다는 것은 理의 '本然之體'이고 그 窮究함에 따라 발견되어 있지 않음이 없다는 것은 理의 '지극히 神妙한 用'임을 알 수 있다. 그前에는 다만 理의 本體의 無作爲만을 알았을 뿐 그 妙用이 나타나 행할 수 있음을 알지 못하였다'[67]고 하는 것이 그것이다.

여기서 우리가 留意해야 보아야 할 것은 두 가지이다. 하나는 '내가 物理의 極處에 窮到할 수 있지 理가 어찌 極處에 스스로 이를(到) 수 있겠는가'의 의미는 무엇인가 하는 것이며, 다른 하나는 '왜 退溪가 理의 本然之體와 妙用을 구분하지 않으면 안 되었는가' 하는 것이다. 첫째의 의미는 理本體의 無作爲性을 前提로 하여 생각할 때 내가 物理의 極處에 窮到할 수 있는 것만을 생각할 수 있지 理가 極處에 스스로 이를 수 있는 것은 생각할 수 없었다는 뜻이다. 그러나 두 번째 문제를 생각하여 보면, 退溪 자신이 理發氣發을 인정하고 있는 만큼 '理의

---

66) 前此滉所以堅執誤說者, 只知守朱子理無情意不計度無造作之說, 以爲我可以窮到物理之極處……(全書, 答 奇明彦 別紙).

67) 理豈能自至於極處, 故硬把物格之格, 無不到之到, 皆作已格已到看……然而又曰, 理必有用, 何必又說是心之用乎? 則其用雖不外乎人心, 而其所以爲用之妙, 實是理之發見者, 隨人心所至而無所不到無所不盡, 但恐吾之格物有未至, 不患理不能自到也……則豈不可謂物理之極處, 隨吾所窮而無不到乎, 是知無情意造作者, 此理本然之體也, 其隨寓發見而無不到者, 此理 至神之用也, 向也但有見於本體之無爲, 而不知妙用之能顯行(全書, 答 奇明彦別紙).

發現'을 부인할 수는 없었다. 그리하여 退溪는 理의 無作爲性과 發現性을 인정하기 위해서는 '體用'을 도입하지 않을 수 없었다. 그리하여 退溪는 理의 '本然之體'와 '神妙한 用'으로 설명하였다. 그러나 理의 自到가 내 마음을 窮究하든가 내 마음이 氣의 作用과 전혀 관계가 없는 것은 아니라는 점을 생각해 보면 '理의 神妙한 用'만으로 완전히 설명할 수 없다는 문제가 여전히 남아 있게 된다.[68] 또 하나의 문제는, '理의 能動性(理到說)을 인정하게 되면 心의 作用과 理의 用이 一致된다. 心이 無所不盡하면 理도 無所不到하게 되어 이 점에서 心과 理는 하나가 되어 陽明의 '心卽理'에 가까워진다. 그러므로 退溪는 '나의 格物이 이르지 못함을 걱정할 뿐 理가 自到할 수 없음을 걱정해서는 안된다'고 하였다. 만약 '心卽理'를 승인하면, 退溪의 근본 입장인 理氣不雜性을 否認하게 되고 人欲을 天理로 보는 결과가 된다. 그러나 여기서의 해결의 실마리는 心을 物의 개념에 들어가는 것으로 보는가 들어가지 않는 것으로 보는가에 달려있다. 만약 心이 物의 개념에 들어가지 않으면 心은 하나의 絶對主體이며 따라서 主客으로 나뉘지 않으며, 心을 對象으로서 보는 知的自覺을 超越하는 것이 된다. 이렇게 心을 보면 理와 다름이 없고 따라서 心卽理라고 보아 아무런 문제가 退溪의 주장에는 생기지 않는다.

지금까지의 居敬窮理와 格物說은 적어도 退溪의 義理之學과 관련이 있다. 다시 말하면, 退溪의 最大關心은 四端(仁義禮智)을 어떻게 자신에게 內面化 하느냐 하는 데 있다. 그러나 여기에는 근본적으로 '所有'와 '源泉'의 문제가 들어 있음을 看過해서는 안된다.

仁義禮智의 所有와 源泉의 관계를 파악하는 방식에는 두 가지가 있을 수 있다. 하나는 個人이 仁義禮智의 所有者임과 동시에 源泉이 된다는 경우이고, 다른 하나는 仁義禮智의 所有問題와 源泉의 問題를 구분하는 경우이다.[69] 前者의 경우에는 個人이 社會와 따로 떨어져서 仁義禮智의 意味를 스스로 規定하는 것이다. 그리하여 個人이 社會와 關係없이 存在할 수 있는 것처럼 생각한다. 물론 이 사람들도 個人이 社會를 떠나서는 存在할 수 없다는 事實을 否認하지는 않는다. 그럼에도 불구하고 個人은 社會의 影響을 받지 않고 스스로 仁義禮智의 意味를 規

---

68) 李相殷, 退溪의 格物-物格說辨의 譯解, p.65.
69) 黃仁昌, 敎育에 있어서의 個人과 社會의 關係-플라톤의 國家論을 中心으로-서울 大學校 大學院 博士學位論文 未出版, 1989, pp.83-85.

定할 수 있다고 믿는다. 이와 같이 생각하는 것은 個人과 社會의 관계를 '事實的 關係'로 파악하는 것이다. 말하자면 個人과 社會가 槪念上 서로 獨立되어 있고 社會는 個人의 事實的 集合이라는 것이다. 달리 말하면 個人은 個人이라는 槪念이 社會 '以前'에 社會와 떨어져서 存在할 수 있다는 것이다. 이 觀點을 敎育과 關聯지워 생각해보면 仁義禮智는 敎育과 別個의 것으로서 그 意味가 敎育以前에 이미 規定되어 있다는 것이다. 이와 같이 보면 敎育은 仁義禮智의 意味를 實現하는 手段이 된다.

後者의 경우에는 個人이 社會로부터 '仁義禮智'의 意味를 배운 결과 그 意味를 받아들이게 되며 個人은 社會와의 관련에 비추어 그 存在意義를 찾을 수 있는 것이다. 따라서 個人이 社會의 影響을 받아 비로소 仁義禮智의 意味에 관한 자신의 생각을 가지게 되는 것이다. 이와 같은 觀點은 個人과 社會와의 關係를 '論理的 關係'로 파악하고 있는 것이다. 말하자면 個人이 社會와 관련을 맺지 않고는 個人이 따로 存在할 수 없으며 個人은 社會와의 관련에 의하여 비로소 그 實體가 規定될 수 있는 것이다. 이와 같은 생각을 敎育과 관련지어 보면 '仁義禮智'는 敎育과 각각 별개가 아니라, 敎育의 過程 그 자체이며, 따라서 仁義禮智의 意味는 미리 規定되어 있는 것이 아니다. 따라서 敎育에 의하여 仁義禮智가 論議되며 그 意味를 論議하는 敎育의 過程이 '仁義禮智'이며 敎育은 仁義禮智를 實現하는 것 以外의 다른 것이 될 수 없는 것이다.

이상과 같은 두 가지 관점 중 退溪는 어느 觀點을 취하였는가를 考察해 보겠다. 우선 '答 李平叔問目'을 살펴본다. 즉, '(그대가)仁義禮智의 네 글자를 解釋할 때 만약, 그 글의 뜻만을 보아 외거나 풀이함에는 비록 털끝만큼도 어김이 없다 하더라도 결국 무슨 利益이 있으리오. 오직 네 글자의 뜻으로 題目을 삼아서 생각하며 고요히 앉아서 마음을 가다듬고 硏究하고 또 吟味하며 體得하여 仁이 나의 마음에 있으면 어찌하여 마음의 德이 되며 어찌하여 愛의 理가 되며 어찌하여 溫和慈愛의 道理가 되는 것이며 義가 나의 마음에 있으면 어찌하여 마음의 節制가 되고 어찌하여 裁斷하는 理致가 되는 것인가를 體驗하고 禮와 智에 있어서도 또한 이와 같이 할 것이다.'[70]라고 말하고 있다.

---

70) 仁義禮智四個字釋, 若徒看文義, 雖記誦解釋, 不差毫釐, 畢竟何益, 須將四個字義
　　做題目入 思議靜坐潛心硏究玩味體認體驗, 仁在吾心, 若何而爲心之德, 若何而爲

여기서 우리가 注目해야 할 점은 退溪 자신이 '그대가 만약 仁義禮智의 네 글자를 解釋하면서 만약에 그 글자의 뜻만을 보아 외거나 풀이함에는 털끝만큼도 어김이 없다 하더라도 필경 무슨 利益이 있으리오'(仁義禮智四個字釋, 若到看文義, 雖記誦解釋, 不差毫釐, 畢竟何益)라고 말한 점이다. 만약 仁義禮智의 意味가 이미 規定되어 있다면 외거나 풀이하는 것은 그것대로의 利益이 될 것이다. 그러나 退溪는 그것이 아무 利益이 없다고 말하면서 '仁이 나의 마음에 있으면 어찌하여 마음의 德이되며 어찌하여 愛의 理가 되며 어찌하여 溫和慈愛의 道理가 되는 것이며 義가 나의 마음에 있으면 어찌하여 마음의 節制가 되고 어찌하여 일(事)의 마땅한 바가 되며 어찌하여 裁斷하는 理致가 되는가를 體驗하고 德과 知에도 또한 이와 같이 할 것이다'(仁在吾心, 若何而爲心之德, 若何而爲愛之理, 若何而爲溫和慈愛底道理, 義在吾心, 若何而爲心之制, 若何而爲事之宜, 若何而爲斷制裁割底道理, 於德於智, 亦當如此). 여기서 알 수 있는 것은 仁義禮智의 意味가 예컨대, 仁이 어찌하여 마음의 德이 되는가, 어찌하여 愛의 理가 되는가 등을 研究하는 過程에서 體得된다는 것을 말하고 있다. 그리고 '네 글자의 뜻으로 題目을 삼아서 생각하며 고요히 앉아서 마음을 가다듬고 研究하고 또 吟味하여 體得하는 것'은 그 자체가 이미 敎育이라는 것을 示唆하고 있다.71) 어떻게 敎育을 받지 않고 '研究하고 吟味하며 體得'할 수 있겠는가? 이 말을 달리 表現하면, 退溪는 사람들이 敎育을 통하여 또는 社會로부터 仁義禮智의 意味를 배우고 그 意味를 받아들여야 한다는 것을 암암리에 말하고 있는 것이다. 그러므로 退溪는 무엇보다도 먼저 스스로 書院을 세웠고 거기서 弟子들을 平生토록 敎育한 것이다.

다음으로 '聖學十圖箚'를 살펴본다. 이 聖學十圖에는 退溪가 어떤 생각을 갖고 聖學十圖를 임금에게 지어 올렸는가 하는 점이 잘 나타나 있다. 그것을 구체적으로 보면 다음과 같다. '이제 여기에 그 圖와 解說을 만든 것을 겨우 열 폭밖에 안되는 종이에 베풀어 놓았습니다. 만일 이것을 보고 생각하고 익혀서 평소에 조용히 혼자 계실 때에 공부를 하신다면 여기에 道가 엉기고 聖人이 되는 要領이 있으며 근본

애之理, 若何而爲溫 和慈愛底道理, 義在吾心, 若何而爲心之制, 若何而爲事之宜, 若何而爲斷制裁割底道理, 於禮於智, 亦當如此(全書, 答 李平叔問目 大學).

71) 金忠烈, 中國哲學散稿, 汎學圖書, 1977, pp.301-2에 보면, 淸나라 儒學者 顔元이 孔子에 의한 敎育과 理學에 의한 敎育의 모습을 그린 것 中에서 理學에 의한 敎育의 모습과 類似하다.

마음을 바르게 하여 나라를 다스리는 根源이 모두 여기에서 나옵니다. 오직 殿下께서는 精神을 가다듬어 뜻을 더하셔서 처음부터 끝까지 여러 번 反復하되 하찮은 것이라고 소홀히 하지마시고 싫증이 나고 번거롭지만 그만 두지 않으신다면 國家로서도 매우 다행한 일이며 臣下와 百姓들에게 매우 다행한 일이라 하겠습니다.'72)라고 말하고 있다.

여기서 注目해야 할 점은 '만일 이것을 보고 생각하고 익혀서 평소에 조용히 혼자 계실 때 공부를 하신다면'이라는 말이다. '생각하고' '익히고' '공부하는' 것은 敎育을 받는다는 말이다. 이와 같이 敎育을 받으면 '여기서 道가 엉기고 聖人이 되는 要領이 있으며 根本 마음을 바르게 하여 나라를 다스리는 根源이 모두 여기에서 나온다'는 것이다. 말하자면 敎育을 받으면 敎育받는 그 過程속에 聖人이 되고 나라를 다스리는 根本도 알게 된다는 뜻이다. 따라서 聖人이 되는 要領이나 道가 이미 規程되어 있는 것이 아니라, 敎育을 받으면서 그 要領과 意味를 터득할 수 있다는 것이다.

退溪 당시 社會에서 보면, 임금은 곧 國家나 마찬가지이다. 임금은 個人이면서 國家이다. 그러나 비록 임금일지라도 仁義禮智를 實現할 수 있는 것은 오로지 敎育을 통하여 자신이 聖人이 되고 그 敎育은 國家(社會)와 關聯을 맺지 않고는 안된다는 것을 뜻하고 있다. 그러므로 임금의 경우는 個人이면서 國家이기 때문에 얼핏 보면 혼자 공부하는 것 같아도 國家(社會)가 個人에게 敎育을 시키는 것이며, 이 敎育을 통하여서 오로지 '仁義禮智'를 社會에 實現시킬 수 있다는 것이다. 요컨대 退溪는 個人과 社會의 關係를 論理的 關係로 보았고, 敎育이야말로 '仁義禮智'를 實現하는 가장 核心的인 일이라고 생각한 것이다. 그러므로 우리는 退溪가 晩年에 이르기까지 온갖 정성을 다하여 弟子들을 敎育한 것을 이해할 수 있을 것 같다.

---

72) 是其爲圖爲說, 僅取敍陳於十幅紙上, 思之習之, 只做工程於平日燕處而凝通, 作聖
之要, 端本出治之源悉具於是, 惟在天鑑留神加意反復終始, 勿以輕微而忽之厭煩而
置之則宗社幸甚 臣民幸甚.

V. 敎育理論의 適用: 敎育的 發言의 再吟味

　　지금까지 우리는 退溪의 敎育理論을 정립하였다. 敎育理論은 包括性과 抽象性을 띠고 있으므로 구체적인 敎育의 事態를 설명할 수 있어야 한다. 여기서는 退溪 당시의 敎育의 實際事態를 설명하려는 것이 아니라, 退溪 자신이 敎育에 관한 여러 가지 發言을 그의 敎育理論에 비추어 再吟味하고자 한다. 退溪 자신의 敎育에 관한 發言은 첫째 敎育은 왜 받아야 하는가, 둘째 어떤 것을 敎育內容으로 하여야 하며 그 이유는 무엇인가, 셋째 그 敎育內容을 가르치는 方法은 무엇인가, 넷째 敎育者는 어떤 모습을 지녀야 하는가 등을 중심으로 다루겠다.

　　退溪에 의하면, '敎育은 倫理를 밝히는 것을 根本으로 삼는다.'73)고 하였다. 敎育을 받는다는 것이 學問을 하는 것이라면 學問을 하는 目的은 곧바로 倫理道德을 바르게 아는 데 있다. 그리하여 退溪는 學問의 目的을 '爲已之學'에 두고 있는 것이다. 退溪에 의하면 '爲已之學'은 道理를 우리들이 마땅히 알아야 할 것으로 삼고, 德行을 우리들이 마땅히 해야 할 것으로 삼아서, 먼 곳보다 가까운데서, 겉보다 속부터 공부를 시작해서, 마음으로 얻어서 몸소 행하기를 期約하는 것이다.74) 그러면 이와 같은, 말을 할 수 있는 根據는 무엇인가?

　　인간의 마음은 理와 氣로 형성되어 있다. 그러므로 '性이 곧 理이니 본시 善하지마는 惡이 없다. 心은 理와 氣가 합한 것이니 德이 있음을 免하지 못하나 가장 始初를 論한다면 心 또한 善하고 惡이 없다. 왜 그렇다고 말할 수 있는가? 그것은 心이 發하지 않아 氣가 用事하지 않을 때는 오직 理뿐이니 어찌 惡이 있으리오. 오직 發할 때에 氣가 理를 가리우게 되고 그때 惡으로 옮긴다.'75)고 하였다. 여기서 理는 '至虛而至實, 動而無動, 靜而無靜, 潔潔淨淨地, 一毫添不得, 一毫減不得'하므로 인간은 바로 이 理를 몸과 마음에 體認하도록 하기 위하여 學問

---

73) 蓋其爲敎也本於明倫(全書, 卷 29, 答 金而精).

74) 先生曰爲己之學以道理爲吾人之所當知, 德行爲吾人之所當行, 近裏著工, 期在心
　　得, 而躬行者, 是也(言行錄, 敎人 金富倫記).

75) 性卽理固有善無惡, 心合理氣以未免有惡, 然極其初而論之, 心亦有善無惡何者, 心
　　之未發, 氣未用事, 唯理而已, 安有惡乎, 椎於發處, 理蔽於氣, 方趨於惡(全書, 卷
　　13, 答 洪應吉).

을 하는 것이다. 그러므로 學問을 통하여 마음속에 理를 保存하며 氣가 가리우지 않도록 하며 氣가 가리워지면 이를 除去하도록 노력해야 하는 것이다. 退溪는 이 것을 比喩하여 설명하기를 '君子의 學問은 자기를 爲할 따름이다.'라고 하면서, 이른바 자기를 爲한다는 것은 저 張敬夫가 말한 '爲하는바'가 없이 하는 것이다. 우거진 숲 속에 있는 蘭草가 온종일 香氣를 피우지만 스스로 그 香氣로움을 모르 는 것과 같은 것이니 君子의 자기를 爲하는 뜻에 꼭 맞는 말로서 마땅히 깊이 본 받아야 할 것이다.'라고 말한 것과 같은 것이라고 하였다.

退溪에 의하면, 敎育을 받아야 하는 이유는 '마음을 바르게 하는 데 있는 것'[76]이다. 말하자면 敎育은 다른 것을 위한 手段이 아니라 그 自體 目的이라고 한 말과 같은 것이다. 그러므로 退溪는 '爲人之學'을 반대한다. 왜냐 하면, '爲人之學'은 마음으로 얻어서 몸소 行하기를 힘쓰지 않고 거짓을 꾸미고 따라서 이름 을 구하고 稱讚을 취하는 것이기 때문이다. 그리하여 退溪는 세상 사람들이 學問 하여 科擧를 보아 高官되기를 좋아하므로 '슬프다 이 세상 사람들이여! 高官되기 를 사랑하지 말지어다.[77] '科擧에 及第하는 것이 儒子의 할 바가 아니다.'라고 하 면서 당시의 儒子로서 學問을 한다고 하는 사람들을 보고 '歎息하여 가로되 세상 에 허다한 英才가 俗學에 汚染됨이 더욱 심하다.'[78]고 하였다.

다음으로 '마음을 바르게 하기 위한' 敎育內容으로 退溪는 어떤 것을 들고 있으 며 그 內容을 支持하는 理由와 根據는 무엇인가? 우선 배워야 할 것은 持敬이요 이를 위하여 뜻을 세워야(立志)하는 것이다. 그리하여 退溪[79]는 '사람이 일을 하 려면 반드시 뜻을 세움으로써 根本을 삼아야 한다.'고 말하면서 '뜻이 서지 않으면 일을 할 수 없는 것이요, 또 비록 뜻을 세웠다 해도 진실로 居敬하여 이 마음을 가지지 않으면 또한 찬찬하지 아니하여 主張이 없어지고 아무 하는 일없이 날을 보낼 것이며 실속 없는 말만 그치고 말 것'이라고 말하였다. 그러면 立志와 持敬 을 어떻게 하는가? 敬의 槪念이 사용되는 脈絡을 크게 여섯 가지로 나눌 수 있 다.[80] 즉, 朱子가 말하는 敬은 첫째, 일종의 두려운 感情으로서 이른바 畏와 類

---

76) 學問所以正心也(上同).

77) 嗟爾世上人, 愼勿愛高官(全書, 卷 1, 詩).

78) 取科第非儒也, 因歎曰世間許多英才混泊俗學更有甚(言行錄, 論科擧之弊).

79) 人之爲事, 必立志以爲本, 志不立則不能爲得事, 雖能立志, 敬不能居敬以持之, 此 心亦乏然而無主, 悠悠終日, 亦只是虛言(言行錄, 論持敬, 李德弘記).

似한 意味를 지니며(如畏字相似), 둘째, 實在로서의 道 또는 理에 收斂되는 마음의 상태로서 道와 관련을 맺지 않은 것은 아무것도 受容하지 않은 것(敬是收斂其心不容一物), 셋째, 오로지 한 마음으로 일을 수행하는 것(敬是隨事專一, 主一之謂敬), 넷째 일을 遂行하면서 반드시 그 일을 하나하나 세밀하게 點檢하는 것(敬須隨事點檢), 다섯째 敬은 마음을 흐리지 않고 항상 맑게 하는 방법(敬是常惺惺法)을 뜻하며, 끝으로 敬은 行爲나 容貌가 항상 嚴齊嚴肅한 모습(敬是整齊嚴肅)을 뜻한다. 이와 같이, 朱子가 말한 바에 비추어 退溪는 어떻게 敬을 생각하였는가? 退溪[81]는 '뜻을 세우면 모름지기 事物밖으로 높이 뛰어 넘어서야 하고 居敬하려면 항상 事物 가운데 있으면서 이 敬과 事物로 하여금 어긋나지 않게 하여야 하는 것'이라 하였다. 이 말은 어떤 意味를 가지는가? 예컨대 '뜻을 세우면 모름지기 사물 밖으로 높이 뛰어 넘어서야 한다'고 하였는데 어떻게 하란 말인가? 그것은 다름 아니라 立志와 持敬의 意味를 알 수 있는 學問을 하라는 뜻이다. 이와 같이 말을 할 수 있는 근거는 退溪[82]가 '글을 배우는 것을 어찌 소홀히 할 수 있는가'라고 하면서 '學問은 마음을 바르게 하는 방법'이라고 말한 것과 '글을 배우지 않으면 聖賢의 聖法을 생각하지 못하고 事理의 當然함을 알지 못하여 行하는 것이 혹 私事 뜻에서 나오게 되어 野한데로 빠지게 된다'고 말하는 데서 찾을 수 있다.

그러면 구체적으로 말해서 學問을 하면 立志와 持敬이 이루어질 可能性이 있음에도 不拘하고 왜 退溪는 立志와 持敬을 우선 行해야 한다고 말하고 있는가? 그것은 人間이 學問을 통하여 '理'를 몸에 體得해야 되며, 그 理는 '極尊無對命物者'이고 '有差無惡'이며 '至神妙用'한 것이기 때문에 이와 같은, 理를 體得하기는 매우 어려운 일이기에 미리 단단한 각오를 가지고 立志를 하여야 하며 너무 尊嚴한 것이기에 持敬하지 않을 수 없는 것이다.

이제 그 구체적인 學問의 內容과 배워야 할 理由를 들어보겠다. 물론 여기서는 千字文과 같은 것은 언급하지 않겠으며 적어도 본격적인 學問의 內容과 그것을

---

80) 錢穆(民國 60), 朱子新學案, 卷二, 臺北, 文史出版社, pp.302-330.
81) 立志必須高出事物之表, 而居敬則常存於事物之中, 令此敬與事物, 皆不相違(上同).
82) 先生曰學文豈可忽哉, 學問所以正心也(言行錄), 謂力行而不學文, 則無以考聖賢之成法, 識事理之當然, 而所行或出於私意, 非但失之於野而已(論語, 學而註 退溪).

배워야 할만한 理由를 들되, 주로 退溪 자신이 言及한 것을 中心으로 論議해 나
가겠다.

우선 退溪는 小學을 들고 있다. 그것을 배워야 하는 理由는 다음과 같다. 즉,
'萬有가 나고 자라 열매 맺고 돌아감은 변함없는 自然의 法則이고 어진마음, 올바
른 행동, 禮에 맞고, 슬기로움은 人間本性의 大原理이다. 모든 사람의 人性은 처
음부터 착하지 않음이 없다. 아름답게 잘 갖추어진 四端은 느낌에 따라 나타난다.
어버이 사랑하고 형을 공경하며 나라에 충성하고 어른을 받드는 것은 本性이니
가이없이 이를 따라야 한다. 오직 聖人의 本性은 하늘과 같이 넓고 넓어 티끌만
큼 보태지 않아도 온갖 착함 가득하다. 어느 사람은 어리석고 어두워 物慾으로 착
한 마음을 가지고 本性을 무너뜨리고 쉽게 이것을 버린다. 聖人이 이것을 안타깝
게 여기어 배움터 세워 스승을 모시고 本性을 잘 키워 북돋우고 일상생활을 펴나
가게 하였다. 어린이를 가르치는 方法은 물 뿌리고 쓸고 淸掃하며 對人關係에 禮
節지키고 집에서 孝道하고 어른께 恭遜하며 行動은 道理에 어긋나지 않게 하면서
이렇게 實踐하고 남은 힘 있으면 詩도 배워 외우고 책도 읽으며 노래 부르며 춤
추고 즐기더라도 생각이 法度를 넘지 않는다. 이것이 바로 이 學問의 큰 요지이
다'83)라고 하였다. 그러므로 '만약 小學을 어렸을 때 배우지 않으면 커서는 더욱
輕薄하고 奢侈해지니 鄕村에는 美風良俗이 온데간데없어지고 세상에는 어진 재목
을 찾을 길이 없어진다.'84)고 하였다.

다음에는 大學이다. 왜 大學을 배워야 하는가? 즉, '大學의 原理는 明德을 밝
히는 데 있고, 백성을 새롭게 하는데 있으며, 최고의 善에 머무르는 데 있다. 멈
출 곳을 안 뒤에 目標가 정해지고 目標가 정해진 뒤에라야 마음이 平靜되고, 마
음이 平靜된 뒤에라야 편안해질 수가 있으며, 마음이 편안해진 뒤에 깊이 생각할
수가 있게 되며, 깊이 생각한 뒤에 最高의 善에 이를 수가 있는 것이다. 物에는
根本과 末端이 있고, 일에는 먼저 해야 할 것과 나중에 해야 할 것이 있다. 먼저
해야 할 것과 나중에 해야 할 것을 알게 되면 道에 가까워질 것이다.85)

---

83) 小學之方灑掃應對, 入孝出恭動罔或悖, 行有餘力誦詩讀書, 詠歌舞蹈思罔或, 窮理
　　修身斯學之大(聖學十圖, 小學題辭).
84) 是以方其幼也, 不習之於小學, 則無以收其放心養其德性, 而爲大學之基本, 及其長
　　也不進之於大學, 則無以察夫義理措諸事業(上同).
85) 物有本末, 事有終始, 知所先後, 則近道矣(全書, 聖學十圖, 大學經).

옛날에 明德을 天下에 밝히고자 한 사람은 먼저 자기 나라를 잘 다스렸다. 자기 나라를 잘 다스리고자 한 사람은 먼저 자기 집안을 公正하게 잘 이끌었다. 자기 집안을 公正하게 이끌고자 한 사람은 먼저 스스로 修養했으며, 스스로 修養하고자 한 사람은 먼저 그 마음을 바르게 했다. 마음을 바르게 하고자 한 사람은 먼저 그 뜻을 精誠스럽게 했고, 그 뜻을 精誠스럽게 하고자 한 사람은 먼저 그 앎의 境地를 最上에 이르게 하였다. 앎의 境地를 最上에 이르게 하는 것은 事物의 理致를 끝까지 캐서 밝히는 데 있다. 事物의 理致가 끝까지 밝혀진 뒤에 앎의 境地가 最上에 이르게 되고, 앎의 境地가 最上에 이른 뒤에 뜻이 精誠스럽게 되며, 뜻이 精誠스럽게 된 뒤에 마음이 바르게 된다. 마음이 바르게 된 뒤에 몸이 修養되며, 몸이 修養된 뒤에 집안이 公正하게 이끌어지고, 집안이 公正하게 이끌어진 뒤에야 나라가 잘 다스려진다. 나라가 잘 다스려진 뒤에 天下가 泰平하게 되는 것이다.

天子로부터 庶人에 이르기까지 한결같이 다 修身으로 根本을 삼는다. 그 根本이 잘 되지 않고서 末端이 잘 이루어지는 法은 없고, 그 두텁게 한 것이 엷게 되거나, 엷게 한 것이 두텁게 되는 경우는 없다.'86)고 하였다. 이것이 바로 大學을 배워야 하는 이유이다.

大學과 小學의 內容을 보다 철저하게 공부하는 것으로 退溪는 朱子全書를 들고 있다. 왜냐 하면, '朱子全書를 읽으면 가슴속에서 문득 시원한 기운이 생기는 것을 깨닫게 되어 저절로 더위를 모르게 된다.'87)고 하면서 '사람이 이 책을 읽으면 學問하는 方法을 알 수 있을 것이며 이미 그 方法을 알게 되면 반드시 느끼게 되어 興이 일어날 것이다. 여기서 공부를 시작하여 오랫동안 익숙한 뒤에 四書를 다시 보면, 聖賢의 말씀이 마디마디 맛이 있어서 비로소 자기에게 쓰이는 바가 있게 될 것'88)이라고 하였다.

셋째로 近思錄과 心經, 그리고 '朱書의 書'(書簡集)이다. 近思錄은 義理의 精微한 것을 詳細하게 分析하고 있다. 그러나 배우는 자들을 깨우치고 感動시켜 奮

---

86) 自天子以至於庶人, 壹是皆以修身爲本(上同).
87) 先生曰講此書便覺胸膈生凉自不知其暑(言行錄).
88) 又曰人能讀此(朱子書) 則可知爲學之方, 旣知其方則必此感發興起從此做工, 積習旣久, 然後回看四書, 則聖賢之言, 將節節有味, 於身上方有受用處(上同).

發하게 하는 것이 부족하다. 초학자가 처음 시작하는 데는 心經이 좋다. 왜냐 하면, 心學의 淵源과 心法의 精微함을 알 수 있게 하기 때문이다. 또 '朱子의 書'는 일종의 書簡集이므로 그 속에는 '친구들이나 제자들의 성질이나 병통이 제각기 다름에 따라 가르치고 證驗에 따라 藥을 썼으므로 潛心하고 吟味하여 朱子에게 직접 가르침을 받는 것같이 한다면 공부에 많은 도움을 받을 것이기 때문이다.[89] 그리하여 이 책을 추천한 것이다.

넷째로 太極圖說과 西銘 등을 공부하는 것이다. 太極圖說을 배우는 이유는 다음과 같다. 즉, '朱子는 말하기를 太極圖說에서 먼저 陰陽 變化의 根本的 原因을 말하였고, 다음에 사람이 하늘로부터 받은 稟性을 밝혔다.'[90] 오직 사람만이 그 빼어남을 얻어 가장 영특하다는 것은 사람의 純粹하고 지극히 善한 本性을 말한 것이다. 肉身이 생기고 精神이 發現되는 것은 陽이 움직이고 陰이 멈추게 되자 비로소 되어진 것이다. 五性이 느껴 움직인다는 것은 陽이 變하고 陰이 合하여 물, 불, 나무, 쇠, 흙의 성질이 생겨난 것이다. 善과 惡이 나누어진다는 것은 마치 男性이 이루어지고 女性이 이루어지는 現象과 같은 것이다.

人間萬事가 나타난다는 것은 마치 萬物이 생겨나는 것과 같다. '聖人은 그것을 알맞음, 바름, 어짐, 의로움 등으로 정하고 마음을 평정하게 함을 으뜸으로 삼는 것을 인간에 있어서 가장 큰 倫理의 標準으로 삼는다'함은 人間이 太極 全體를 얻어서 天地와 混合하여 一致됨을 말한 것이다. 聖人은 修養할 필요 없이 저절로 그렇게 되었고, 여기에 아직 이르지는 못했을 지라도 君子는 그것을 修養하여 吉하게 되고, 小人은 그것을 모르고 어겨서 凶하게 된다. 修養하고 어기는 것은 謹愼하고 放心함의 차이에 있을 뿐이다. 謹愼하면 慾心이 적고 事理가 밝아진다. 慾心을 줄이고 줄여서 無慾의 境地에 이르게 되고, 고요할 때 비고 움직이면 바르게 되어 聖人의 學行을 배울 수가 있다. '대체로 聖人의 學行을 배우고자 하는 사람은 여기서 실마리를 찾아서 小學, 大學 등에서 제시하는 바를 힘써 배우고 實踐해서, 그 노력이 무르익어 道理의 大根源으로 끝까지 이르게 되면 이것이 이

---

89) 又曰以余觀之, 無踰於朱子書, 知舊門人, 資質病痛, 有萬不同, 故因材施敎, 對證下藥, 許多問答之中, 豈不有偶合於我者乎, 筍能沈潛玩繹, 如承而命, 則其於自修之工, 豈曰小補之哉(言行錄, 讀書, 金粹記).

90) 朱子曰圖說, 首言陰陽變化之原, 其後卽以所稟受明之自(全書, 太極圖說).

른바 理致를 探究하여 人間의 착한 本性을 다 發揮하여 天命을 完遂하는 것이며, 또 이른바 神妙한 世界를 探究하여 造化를 알아서 德을 完璧하게 갖춘 사람이 된다.'91) 그러므로 聖人의 學行을 배우고저 하는 사람은 누구나 이 太極圖說을 배우지 않으면 안 된다.

退溪가 직접 언급한 理由를 보면 다음과 같다. 誠一이 大學을 읽다가 理-氣 問題에 있어서 모르는 것을 물었더니 선생은, "그대는 '太極圖說'을 배우지 못해서 그렇다" 하고, 곧 읽게 하였다. 그리고 선생은 太極圖說 가운데, '君子는 이것을 닦아서 吉하고 小人은 이것을 거슬러 凶하다.'92) 하는 이 두 글귀는 學者로서 공부하는데 가장 힘써야 할 곳이니 어찌 두렵지 않겠는가 하였다.

西銘을 배워야 하는 이유는 다음과 같다. 즉, '程子에 의하면 理는 하나이면서 여러 갈래로 나누어짐을 밝힌 것이다. 대체로 하늘(乾)로 아비를 삼고 땅(坤)으로 어미를 삼는 것은 살아 있는 것이라면 모두 그렇지 않는 것은 없다. 이것이 이른바 "理가 하나"라는 것이다. 그러나 사람을 비롯하여 피가 돌고 있는 生命體들은 각각 그 어버이를 어버이로 섬기고 그 자식을 자식으로 키우고 있으므로 그 나눔이 어찌 여러 갈래가 아니겠는가? 하나로 統一되면서도 萬가지로 서로 다른 까닭에 비록 天下가 한 집안이고 中國이 한 집안과 같다 하더라도 兼愛의 弊端에 흐르지 않는 것이다. 萬가지로 각기 서로 다르면서도 또한 하나로 꿰뚫고 있으므로 비록 親하고 먼 情의 差異가 있고 貴하고 賤한 差等이 있다 하더라도 자신만을 위하는 私私로움에 얽매이지 않는 것이다.'93)

그러면 이와 같은, 學問의 內容을 어떻게 가르쳐야 하는가 하는 方法의 問題가 있다. 물론 여기서의 核心은 '居敬窮理'임에 틀림없다. 그러나 여기서 이것을 되풀이할 필요는 없고 이 '居敬窮理'가 구체적으로 살아 움직이도록 適用되는 例를 찾아 提示해보겠다.

---

91) 蓋學聖人者, 求端自此, 而用力於小大學之類, 及其收功之日, 而遡極一源, 則所謂窮理盡性而至於命, 所謂窮神知化, 德之盛者也(全書, 太極圖說).
92) 修之, 君子之所以吉也, 不知此而悖之, 小人之所以凶也(全書 太極圖說).
93) 程子以爲明理一而分殊, 蓋以乾爲父坤爲母, 有生之類, 無物不然, 所謂理一也, 而人物之生, 血脈之屬, 各親其親, 各子其子, 則其分, 亦安得而不殊哉, 一統而萬殊, 則雖天下一家, 中國一人, 而不流於兼愛之蔽, 萬雖而一貫, 則雖親疎異情, 貴賤異等, 而不梏於爲我之私(全書, 西銘).

敎育方法의 核心的인 問題는 어디까지나 배우는 學生이 어떻게 하면 '마음의 눈'(心眼)이 열리는가 하는데 있다. 말하자면 배우는 자의 知的 眼目이 어떻게 달라질 수 있는가 하는 問題이다. 退溪는 이 問題를 어떻게 말하고 있는가?

退溪에 의하면 '熟讀 하기를 오래하니 점점 그 意味를 알게 되면서 나도 모르게 마음이 기쁘고 눈이 열리는 듯'94)하다고 하였다. 말하자면 '玩熟蓋久' 하니 '漸見意味'하게 되었고 그 結果 마음이 기쁘고 눈이 열리는 것 같다는 것이다. 좀더 구체적으로 글을 읽는 법을 물으니 '그저 익숙히 읽는 것뿐이다. 글을 읽는 사람이 비록 글의 뜻을 알았으나 만약 익숙하지 못하면 반드시 읽는 대로 곧 잊어버리게 되어 마음에 간직할 수 없을 것이다. 이미 알고 난 뒤에 또 거기에 자세하고 익숙해질 공부를 더한 뒤라야 비로소 마음에 간직할 수 있으며 또 흐뭇한 맛도 있을 것이다.'95) 좀더 자세히 말하면 '고요히 앉아 마음을 편안하고 맑게 하여서 天理를 體認하라.'96)는 것이다. '혹시 모르는 곳이 있으면 억지로 알려고 하지 않고 우선 한쪽에 미루어 두었다가 따로 다시 끌어내어 마음을 비워서 깊이하면 드디어 환히 통하지 못하는 곳이 없다'97)고 하였다. 말하자면 '不强探力索', '虛心玩味', '默坐澄心', '體認天理'한다는 말이다.

마지막으로 敎育者로서 갖추어야 할 모습은 어떤 것일까? 몇 가지 구체적인 예를 들어 보겠다. 첫째, '學者들이 할일을 묻고 좋은 말을 청하면, 그 깊고 얕음을 따라 알려 주시되, 만일 깨우치지 못하는 곳이 있으면 여러 번 되풀이해서 자세히 설명하여 알아들은 뒤라야 그치었다. 깨우쳐 주고 이끌어 주심에 있어서, 싫어하지도 않고 게으르지도 않아서,98) 비록 病患이 있어도 講論을 멈추지 않았다.

---

94) 不學心悅而眼開, 玩熟蓋久, 漸見意味(言行錄一, 學問).
95) 問讀書之法, 先生曰止是熟, 凡讀書者, 雖曉文義, 若未熟則旋讀旋忘, 未能存之於心, 心也旣學而又加溫熟之功, 然後方能存之於心, 而存浹洽之味矣(言行錄, 讀書, 金誠記).
96) 先生曰延平默坐澄心體認天理之說, 最關於學自考, 讀書窮理之法, (言行錄, 金誠一記).
97) 如有不得者, 亦不强探力索, 姑置一邊, 時復拈出, 虛心玩味, 未有不洞然處(言行錄, 學問)
98) 訓誨後學, 不厭不倦, 待之如朋友, 終不以師道自處, 士子遠來, 質疑請益, 則隨其淺深而告詔之, 必以立志爲先, 主敬窮理爲用工地頭, 諄諄誘掖, 啓發乃已(言行錄一, 敎人)

돌아가시기 전달에 이미 중한 병환에 있었지만, 여러 弟子들과 講論하심이 보통 때와 다름없어서, 弟子들은 오랜 뒤에야 비로소 알고 講論을 그쳤지만, 며칠 뒤 病患은 重해졌다(金誠一).' 둘째, '선생은 학자와 더불어 講論하다가 疑心나는 곳에 이르면, 자기의 所見을 固執하지 않고, 반드시 널리 여러 사람의 의견을 취하였다. 그래서 비록 章句에 대한 卑俗한 선비의 말이라도 또한 留意하여 듣고 마음을 비워 硏究해 보며, 또 거듭거듭 참고 하고 고쳐서 끝내 바른 곳으로 歸結지은 뒤에야 그만두었다. 그가 辯論할 때에는 기운이 부드럽고 말은 온화하며, 이치가 밝고 뜻이 바르며, 비록 여러 가지 의견이 다투어 일어나더라도 조금도 거기에 휩쓸리지 않았다. 이야기할 때에는, 반드시 상대방의 말이 그친 뒤에라야 천천히 한마디로 條理를 따지어 解釋하지만은, 꼭 "자기의 의견"이 옳다고 하지 않고, "내 소견은 이러한데 어떠할지 모르겠다"고 하였다(金誠一).99) 셋째, 後輩들을 가르침에는 싫어하지도 않고 게을리 하지도 않으며, 친구처럼 대접해서 끝까지 "스승으로 자처하지 않았다." 젊은 선비들이 멀리서 찾아와 물으며 가르침을 청하면, 그 깊고 얕음을 따라 가르치되, 반드시 뜻을 세우는 것으로써 공부하는 첫머리로 삼아서 다정스레 타일러 알게 한 뒤에야 그만 두었다.(金誠一)100)

지금까지의 구체적인 例에서 우리가 찾을 수 있는 教育者로서의 態度나 모습을 말해 보면, 다음과 같은 것일 것이다. 즉, 첫째 가르침을 좋아 하였다는 점, 둘째 열심히 부지런히 가르쳤다는 점, 셋째 친구처럼 다정스럽게 했다는 점, 넷째 끝까지 알도록 해주었다 는 점, 다섯째 스승으로 자처하지 않았다는 점 등이다. 여기서 우리의 注目을 끄는 점은 "스승으로 자처하지 않았다"는 점이다. 왜냐 하면, 이 점이 우리로 하여금 참다운 '스승'의 像을 聯想하게 하기 때문이다. 보통의 경우 教師는 '아는 자'로 등장 하는데, 退溪는 자신을 스승으로 자처하지 않고 '모르는 자'로서 등장하여 배우는 자로 하여금 스스로 探究할 意慾을 갖도록 해주었다. 따라서 退溪는 '배우는 자와 더불어 講論하다가 疑心나는 곳에 이르면 자기의 所見을 固執하지 않고 반드시 널리 여러 사람의 의견을 취하였다.'101)는 것이다. 더 나아가서 '스승'으로 자처하지 않은 결정적인 이유를 奇明彦에게 주는 便紙에

---

99) 先生與學者講論到疑處, 不主已見, 必博采衆論(言行錄, 二, 講辨).
100) 註 97과 같은 내용이다.
101) 註 98과 같은 내용이다.

서 發見할 수 있었다. 그 便紙에 의하면, '義理의 無窮함을 깊이 알게 되면 "항상 不足함"을 느낄 것이며 내 허물 듣기를 기뻐하고 착한 것을 취하기를 즐기어서 참다운 노력을 오래 쌓으면 道가 이루어지고 德이 서게 되어 功이 저절로 높아지고 業이 저절로 넓어지게 될 것'[102]이라 하고 있다. 이 便紙를 통하여 敎育者가 本을 받아야 할 놀라운 점은 '義理의 無窮함을 깊이 알게 되면 항상 不足함을 느낀다'는 것이다. 이 점이야말로 最高의 敎育을 받지 않고는 말할 수 없는 最高로 敎育받은 狀態요, 敎育者로서 지녀야 할 마지막 모습이 아닐까 하는 생각이 든다.

VI. 結 語

退溪의 敎育理論을 하나의 試論으로서 硏究한 본 硏究의 目的은 退溪 자신의 理氣論이 그의 窮極的인 敎育理論이라는 것과 이것은 너무 抽象的이어서 敎育現實과 너무나 거리가 떨어져 있어서, 이보다 敎育現實에 가까운 倫理論, 認識論, 個人과 社會와의 關係 등을 核心으로 하여 敎育理論을 構築하고 이 敎育理論에 비추어 退溪 자신의 敎育에 관한 諸發言을 吟味하려는 데 있었다. 과연 이 일이 얼마나 성공적이었는가 하는 것은 차치하고, 이 硏究를 하는 동안에 많은 것을 느꼈다. 그 느낀 바를 제시함으로써 본 연구의 결론에 대신 하고자 한다. 대개의 경우 훌륭한 理論과 命題 등을 만들어 세상에 내놓은 사람들은 많지만, 자기가 만들어 내놓은 理論대로 살았던 사람은 그리 흔하지 않다. 그러나 退溪는 자신이 定立한 理論대로 살려고 온갖 努力과 精誠을 아끼지 않았던 것이다. 이제 비로소 退溪의 自銘에 나와있는 '學求愈邈'이라는 말이 나에게 더욱 새롭게 앞으로 다가오는 것 같다.

---

102) 深知義理之無窮, 常歉然有不自滿之意, 喜聞過樂取善而眞積力久, 則道成而德立, 功自崇而業自廣(全書, 答 奇明彦).

부 록

退溪의 生涯와 學問과 思想에 관한 年譜

이제 우리는 그의 삶을 돌아보고 싶은 의욕이 생긴다. 과연 그는 어떻게 태어나서 어떤 생각을 가지고 살았는지 궁금하다. 退溪 李滉은 朝鮮王朝 燕山君 7年 辛酉(1501年) 11月 25日 慶尙道 禮安縣 溫溪里에서 進士 埴의 7男 1女 중의 막내아들로 태어났다. 어머니는 春川朴氏이다. 어머니가 退溪를 孕胎하였을 때 꾼 胎夢은 '孔子가 집에 찾아'온 꿈이었다. 어릴 때 兒名은 '瑞鴻'이며, 名은 滉, 字를 景浩라 하였다. 生後 일곱 달 만에 아버지가 40세로 世上을 떠나고 어머니 밑에서 가난한 가운데 자랐다. 退溪가 6세 되던 해 우연히 이웃에 千字文을 가르칠 수 있는 노인이 있어서 배우기 시작 하였다. 본격적으로 공부를 시작한 것은 12세 때 그의 叔父 松齊先生에게서 論語를 배울 때부터라 할 수 있다. 退溪의 最初의 스승이라 할 수 있는 叔父 松齊先生은 어떤 人物인가? 그는 成均館 典籍 및 南學 敎授, 春秋官 修撰官, 經筵 特進官 그밖에 官職을 두루 거친 사람이다. 그가 거친 官職을 보면, 우리는 그의 學問과 人品이 매우 훌륭하였을 것이라는 짐작을 할 수 있다. 退溪는 이와 같이, 훌륭한 스승에게서 學問을 배우기 시작한 것이다. 이때의 雰圍氣를 짐작할 수 있는 端緖를 退溪의 叔父의 詩에서 찾아본다.

碧嶺圍屛雪打樓	솔밭 두른 산속엔 눈덮여 쌓이고,
佛幢深處可樊油	절간 깊은 방에서 기름 불로 공부하리.
三多足使三冬富	긴긴날에 三多(多讀, 多作, 多商量)에 힘써,
一理當從一貫求	하나의 眞理를 한결같이 뚫으라.
經術誰言靑紫具	그 누가 經學을 出世 方便 삼았던고,
藏修須作立揚謀	쉼없이 學問하는 것이 立身揚名 圖謀하는 길

古來業白俱要早	착한 일은 옛날부터 일찍하라 하였거늘,
槐市前頭歲月遷	科擧 볼 앞날도 그리 멀든 않으리라.

또 다른 詩에서 보면,

讀書人道若遊山	學問하는 사람의 길은 山 오르기와 같나니,
深淺優遊信往還	깊고 얕음 잘 해내면 가도 옴도 미더우리
況是淸凉幽絶處	하물며 저 청량은 경치좋고 그윽하여,
我會螢雪十年間	내 일찍 십년간을 거기서 공부했지.
遊蹤猶入眼森森	내 놀던 발자취 눈에 삼삼 아른거려,
此去須修遊錄返	이번가 修學하고 좋은 기록갖고 오라.
篋中重欲較前尋	상잣속 옛 記錄 찾아 前後 比較 하리라.

　이와 같은, 雰圍氣 속에서 退溪가 12살 때 叔父인 松齊公에게 論語를 배울 때 일이다. 어느 날 弟子가 들어가면 孝道하고 나가면 恭遜해야 한다는 대목을 배우게 되자, 退溪는 感歎하여 말하기를 "사람된 道理는 마땅히 이래야만 할 것이옵니다."라고 말하였다고 한다. 또 한번은 "모든 일에 옳은 그것이 곧 理옵니까?"하여 숙부를 놀라게 하였다는 것이다. 이 '理'자야 말로 그가 한 平生 硏究할 題的이였음을 누가 알았으랴!

　退溪는 조상 때부터 내려오는 많은 책을 열심히 읽었고, 이책을 읽는 사이에 혼자 조용히 사색하는 버릇조차 생겼으며, 심지어 많은 사람이 모인 자리에서도 언제나 벽을 향해 혼자서 사색에 잠겼다. 이와 같이, 열심히 공부에 열중한 나머지 몸이 쇠약해졌다. 이로 말미암아 한 평생 신병으로 고생하게 된다.

　退溪는 15세에 이미 詩를 잘 짓게 되었다. 이때 지은 詩로 게(蟹)를 보고 지은 것이 있다.

負石穿沙自有家	돌을 지고 모래를 파니 집이 절로 되고,
前行却走足偏多	앞으로 가고 뒤로도 가니 발이 많기도 하다.
生涯一菊山泉裏	한평생을 한웅큼 샘물 속에서 살아 갈 수 있으니
不問江湖水幾何	江湖에 물이 얼마이건 물어 무엇하리오.

이 詩의 앞의 二聯은 그야말로 천진난만한 마음을 잘 나타낸 것이기는 하지만, 우리가 注目해야 할 것은 나머지 二聯이다. 즉, "한옹큼의 샘물속"이 말은 자신에게 주어진 與件이며, "江湖에 물이 얼마이건 물어 무엇하리오"이 말은 자신의 할일을 洞察하고 다른 것을 탐낼 이유가 없다는 것을 暗暗裡에 말하고 있는 것이 아닌가. 말할 것도 없이 자신의 할 일이란 '學問'에 精進하는 일일 것이다. 이 얼마나 놀라운 哲學的 洞察이며, 確固한 人生觀인가. 그의 哲學的 洞察力을 證明이라도 하듯이 19세때 멋진 詩를 지었다.

獨愛林盧萬卷書   홀로 草堂에서 만권 책을 愛讀하며,
一般心事十年餘   한결같은 뜻으로 십년을 지내왔네.
爾來似與源頭會   이제사 宇宙의 原理를 깨달은 듯 싶어,
都把吾心簡太虛   내마음 꽉 붙잡고 太虛를 보았노라.

이 詩에서 "宇宙의 原理를 깨달은 듯싶어"라든지 "내 마음 꽉 붙잡고 太虛를 보았노라"라고 하는 것은 19세 때 叔父집에서 '性理大全' 중에 '首'(周敦이의 太極圖說)와 '尾'(蔡沈의 洪範黃極)들을 가져다 한참 공부하고 있었고, 周易 研究에 沒頭 하였던 것으로 보아, 退溪는 性理學과 周易의 形而上學的 問題를 深刻하게 알게 되었고, 아마 이때부터 本格的인 性理學과 周易의 研究를 시작하였다고 보아야 될 것이다.

이제 退溪는 靑年 時節로 접어든다. 그는 23세에 成均館에 들어간다. 2개월 후에 歸鄕하게 되지만, 서울에서 그는 '心經'을 구한다. 이 책을 몇 번이고 반복하여 읽고 또 읽으면서, 行爲에 관한 意味를 探究하기도 하고, 義理의 精粹를 洞察하기도 하였다. 오래 오래 생각하였더니 자연히 깨닫게 되어 막히는 곳이 없게 되었다고 한다. 後에 退溪는 心經의 중요성을 다음과 같이 말하고 있다. 즉, "吾得心經而後 始知心學淵源 心法精微 又曰 初學用功之地 莫切於是書"라고 하였다.

當時의 風潮로 보아 退溪같은 선비가 科擧에 관심이 없을 수 없었다. 그는 24세 때 세 번이나 應試하였으나 失敗 하였다. 이때 그의 心情을 記述해보면 다음과 같다. "내가 비록 科擧에 應試하였지만 처음에는 그 得失에 대하여 不安해 하지 않았다. 24세 때 세 번의 試擧에도 뜻을 펴지 못했으나 失意 하지 않았는데

하루는 누가 찾아와서 '李書房'하고 불렀다. 나를 부르는 것 같아 조용히 살펴보았더니 찾아온 사람은 늙은 下人이었다. 곧 나는 '成名하지 못하였기 때문에 이러한 辱을 당하는구나! 하고 歎息하였다."고 하였다. 그 후 꾸준히 공부를 게을리 하지 않았고, 26세 되던 해 한평생 자신의 할일을 결심한다. 이 결심을 詩로 읊었다.

高齋瀟灑碧山傍	푸른 산 곁에 있는 큰집이 쓸쓸하나,
遠有圖書萬軸藏	그 안에는 萬卷 圖書 가득하여라.
東澗祇門西澗合	저 멀리 동서 개울 洞門이루고,
南山接翠北山長	남북으로 뻗은 산은 翠碧을 맞잡았다.
白雲夜宿留簷濕	흰 구름 밤에 와서 자니 처마가 젖고,
淸月時來滿室涼	밝은 달은 비추니 하늘이 차다.
莫道山居無一事	산속에 사는 사람 할 일 없다 말을 말라,
平生志願更難量	내 평생 하고픈 일 헤아리기 어려워라.

이 詩에서 우리의 注目을 끄는 것은 "莫道山居無一事 平生志願更難量"이라는 句節이다. 24세 때 科擧에 대한 생각과는 얼핏 보아 對照를 이루는 것 같으나, 사실 後日에 退溪는 당시의 科擧에 대한 關心과 動靜에 대하여 敏感하게 느낀 것을 反省하고, 弟子들에게 이를 들어 警戒하였다고 한 言行錄을 보면, 26세 때의 詩는 오히려 이때부터 그의 學問의 뜻을 더욱 굳건히 하였던 것으로 보아야 할 것이다.

34세에 마침내 文科에 及第하여 出身하였다. 이 소식을 듣고 母夫人은 "너 學業이 이미 成就하였으므로, 科擧에 登科 하는 것은 걱정하지 않았으나 단지 너의 性品이 남과 다르므로 벼슬은 縣監 한 자리만 하는 것이 좋을 것이다."라고 하였던 것이다. 이 말에 대하여 여러 가지 解釋이 있으나, 내 생각은 退溪의 어머니는 退溪가 벼슬 보다는 공부를 하는 것을 더 좋아하는 것을 看破하고 學問을 계속할 것을 勸誘한 뜻이 들어있지 않았을까 하는 것이다. 그 후 그는 계속 벼슬이 높아져 갔다. 그러나 벼슬자리가 아무리 높아져도 退溪의 간절한 마음은 오로지 故鄕에 돌아가 學問연구에 專念하는데 있어서, 機會만 있으면 벼슬에서 물러갈 생각뿐이었다.

43세에 벼슬이 成均館司成에 올랐다. 이때 부터 52세가 되기까지 10년 사이에 세 차례나 辭表를 내고 落鄕하려고 하였으나 그때마다 뜻을 이루지 못하였다. 그 무렵 退溪는 本職과 兼職을 합하여 모두 30여 종류의 벼슬이 提受되었고, 실지로 職咸을 받은 것은 11개였고 나머지 20여개는 任命되었어도 받아들이지 아니하고 辭讓하였던 것이다. 특히 正三品 이상의 벼슬은 하나도 받아들이지 않았던 것이다.

잠시 여기서 退溪가 주로 지낸 벼슬을 보기로 하자. 退溪는 弘文館, 承文院, 春秋館, 經筵官 등을 거쳤다. 특히 經筵官은 國王에게 經典과 史書를 講義하고, 古今의 歷史와 時政에 대한 論評을 講論하는 官職이다. 退溪는 이 職責을 여러 해에 걸쳐 이 일을 兼任하였다. 말하자면 國王의 스승노릇을 한 셈이다.

50세 이제 知天命의 나이이다. 자신의 일을 깨달았는지 그는 正月에 豊基 任所를 떠났다. 그러나 바로 그 이유로 '奪告身二等'의 처분을 받았다. 이때의 심정을 아들에게 전한 글 속에 나타나 있다. 즉, "府內에서 전하는 말에 따르면, 이미 罷職을 하였다고 하니 이제 마음이 편하다."고 하였다. 그러면 退溪는 어떤 마음을 가졌을까? 다음의 詩에서 그 마음을 엿볼 수 있을 것 같다.

我本山野質	나는 애당초 시골 사람 기질로서
愛靜不愛喧	고요함을 사랑하여 지껄임을 싫어했네
愛喧固不可	지껄임을 좋아함은 실로 옳지 않겠지만
愛靜亦一偏	고요함을 사랑함도 또 하나의 외진 일을
君看大道人	한길을 걷는 사람 그대는 살펴보라
朝市等雲山	서울에서 살면서도 시골이나 다름없네
義安卽蹈之	정의롭이 편안하니 곧장 이를 행하련다
可往亦可還	가야할 젠 가고 그쳐야 할 젠 멈춰야지
但恐易磷緇	다만 세속 물들기가 쉬울까 저어하니
寧敦靜修言	차라리 고요함으로 마음 수양 좋으리라

(李家源 譯)

그러면 그의 學問의 境地는 어떠하였을까? 다음의 두 詩에서 엿보기로 한다.

我思千載人	천년 전 그 사람을 나는 줄창 생각할 제,

蘆峯建陽境　　　蘆峯이니 建陽이니 머나먼 그 경지를
藏修一庵晦　　　글집지어 藏修[1]하여 참된 빛을 가리우고
著書萬古醒　　　책을 많이 저술하여 만고 홀로 깨었도다
往者待折衷　　　옛날의 경전들은 그를 만나 절충되고
來者得犁領　　　후배들은 그를 얻어 요령을 깨달았네
懿哉盛授授　　　아리따운 그 제자들은 이어 받음 융성터니
源源遠雜魯　　　그 근원이 먼 오늘에 魯. 潁이 섞이어라
口耳障狂瀾　　　얕은 학문 미친 물결 한때에 막았으니
心經嘉訓炳　　　心經의 한 절 글에 밝은 교훈 실려있네

舜文久徂世　　　순임금과 주문왕 세상 버린지 오래니
朝陽鳳不至　　　朝陽에 빛난 鳳새 이르지 않는고야
祥麟又已遠　　　상서로운 저 麒麟 그 마저 멀어져서
叔季如昏醉　　　말세가 혼탁하여 혼혼히 취한 듯이
仰止洛與閩　　　낙수와 민중을 멀리서 우러르니
群賢起鱗次　　　수많은 현인들이 뒤를 이어 일어났네
吾生晩且僻　　　내 어이 태어남이 때늦고 외지어서
獨昧修良貴　　　홀로 닦느라고 어두움을 해맸노라
朝聞夕死可　　　아침 나절 깨달으면 시어져도 좋다더니
此言誠有味　　　참으로 이 말씀이 깊은 맛을 지녔도다

(李家源 譯)

　　여기서 우리는 이 두 詩에서 "心經의 한 절 글에 밝은 敎訓 실려 있네"와 "아침나절 깨달으면 시어져도 좋다더니 참으로 이 말씀이 깊은 맛을 지녔도다"를 注目해 보아야 할 것 같다. 退溪의 學問에 커다란 影響을 준 것은 다름 아닌 心經이라는 사실을 생각해 보면 이때 확실히 자신의 思想이 이 心經을 통하여 더욱 확실해 짐을 깨달은 것 같다. 그리고 "아침나절 깨달으면 시어져도 좋다더니 참으로 이 말씀이 깊은 맛을 지녔도다"하는 句節이다. '朝聞道 夕死可矣'라는 말은 '程

---

1) 禮記 學記에 보면, '君子之於學, 藏焉, 修焉, 息焉, 遊焉'이라 하였다. 藏焉이란 세상의 번잡한 것에서 멀리 떨어져 있는 것이며, 修焉이란 게으름을 피우지 않고 열심히 공부하는 것을 말한다. 그러므로 여기에서 '藏, 修'라는 문귀는 세상의 번잡함을 떠나 부지런히 공부하는 것을 가리킨다.

子曰言人 不可而不知道 筍得 聞道 雖死 可也. 又曰 皆實理也 人知而信者爲難 死生亦大의 非誠有所得 豈以夕死爲可乎'(論語 里仁篇 註에나옴)라 하지 않았던 가. 이 말의 意味를, 깊이 맛을 알 정도로 깨달았다는 것이다. 이제 退溪의 決心 은 確固한 것이다. 아무리 누가 말려도 그는 자기의 길을 갈 것을 또 한번 굳게 다짐한다. 그러면 이 굳은 결심을 갖고 누구를 따르면서 學問을 할 것인가? 紫陽 朱夫子의 道를 따르겠다는 『有嘆』이라는 詩를 보고, 杜甫의 詩에 화답하면서 '問 道探玄'의 修鍊을 樂으로 삼겠다는 詩를 보기로 한다.

今世何人第一流, 脊梁硬鐵擔千秋
須知少味還多味, 若道無愁轉有愁
謝透利關緣事洛, 胡明物瀆爲從涪
自憐半百無貴仰, 依舊人間寂寂傳

이 세상에 어떤 사람 제일 가는 도학자 나타나서,
斯文 바칠 센 기둥되어 千古의 聖敎 맡아줄꼬.
모름지기 맛 없는게 도리어 맛있는 줄을 알았는데
근심이 없음을 말하려 하여도 오히려 근심은 더 크기만 하네
謝上蔡는 利의 門을 뚫고나와 程子에게 배워 道를 이었고,
胡籍溪는 物慾의 어둠에서 벗어나 초배룽에 從師하고 道를 朱子에 이었네
애닯다 내 나이 쉰인데도 歸仰할 곳 없으니,
저 옛날 隱居하여서 큰 일을 이룬 그 분을 依託 하리라.

問道探玄

幽人在何許   그윽한 임이시여 어느 곳에 계시나요,
擧世誰同歸   온 세상 사람중에 뉘와 서곰 거닐을 꼬
中林遠垢氣   숲속에 맑은 경지 세속 티끌 멀어지고
獨立靜其儀   임 홀로 서 있으니 그 얼굴 아리따워
茝蘭以爲佩   난초와 온갖 향초 온몸에 둘러 차고
松桂以爲期   솔과 계수 푸르르니 마음 기약하오리라
我欲扣雲關   나는 하고파라 구름 문을 두들기어
問道探玄微   방술을 물어가서 현묘한 곳 찾으리라

願無斬石髓　　　돌가루 신선 약을 아끼지 말으소서
精處茹玉芝　　　내 정성 어리어서 옥버섯을 먹는다면
千年有餘年　　　천년이 지나도록 즐거움이 남으리니
一介寧戀悲　　　한 점의 티끌 생각 아랑곳이 있으리요

(李家源 譯)

　　이 詩들에서 우리는 退溪가 51세 되었을 때의 마음의 상태를 짐작해 볼 수 있을 것 같다. 그의 마음을 구태여 읽어본다면, 그것은 自然속에 파묻혀 學問硏究에 온 마음과 精誠을 애오라지 할 수 있는 것이었다. 마침내 그렇게도 바라던 所願이 이루어진 것이다. 그것은 다름이 아니라, 豊基 郡守를 辭職한 것이다. 그동안의 그의 業績은 바로 紹修書院을 賜額書院으로 昇格시킨 일이다. 책 두어 궤짝을 가지고 故鄕에 돌아온것이다. 오래간만에 마음놓고 책을 읽을 수 있었던 것이다. 退溪는 이때가 얼마나 즐거웠던지 52세 되는 正月初 2日에 立春詩를 아래와 같이 읊었다.

窓外東風料峭寒　　　창밖에 동녘 바람 봄 기운이 차가울 제
窓前流水碧潺潺　　　창 앞에 시냇물은 잔잔히도 푸르도다
但知至樂在書室　　　알쾌라 내 즐거움 書齋에 있고 보니
不用高門送榮盤　　　高門의 저 榮盤이야 보내오길 기다리랴
黃卷中間對聖賢　　　묵은 책 속에서 옛 聖賢들을 뵈오려
虛明一室坐超然　　　희밝은 방 안에 超然히 앉았으니
梅窓又見春消息　　　梅花 피는 창가에 봄소식이 다시 뵈네
莫向瑤琴嘆絶絃　　　무엇을 걱정하랴 거문고 줄은 안 끊기리

(李家源, 鄭飛石 譯)

　　이 무렵 退溪는 學者로서 세상에 널리 알려져 있었다. 그리하여 그가 故鄕에 돌아 왔다는 소식이 세상에 전해지자 사방에서 젊은이들이 그에게서 學問을 배우려고 몰려 왔다. 이후부터 退溪는 자신의 學問을 硏究하면서 弟子들을 敎育하였고 또한 그것을 즐거움으로 삼았다.

　　그러나 나라에서는 退溪를 그냥 내버려 두지는 않았다. 52세 되는 해, 弘文館

校理, 知製敎, 春秋館 記注官, 經筵 侍讀官, 承文院 校理, 이어 成均館 大司成에 임명 되었다. 얼마 지나지 않아 곧 辭職願을 내었다. 물론 允許 받지 못했다. 53세에 다시 大司成을 任命 받았다. 당시 四學의 학생들에게 通文을 돌려 諭示하였다. 그 內容을 보면, "이제부터 學生들은 모든 日用飲食이나 禮節을 義理에 좇아 행할 것이며, 서로 激勵해서 묵은 惡習을 버리는데 힘쓸 것과 學堂에 들어와서는 父, 兄을 섬기는 마음으로 어른과 윗사람을 섬기라……또 안으로는 忠誠과 믿음을 주로하고, 밖으로는 溫順하고 恭遜한 것을 實行하여, 國家에서 文化를 崇尙하고 敎化를 일으키기 위하여 學校를 設置하고 선비를 養成하는 뜻에 報答해 달라"고 당부 하였다. 이때 그는 정지운의 天命圖를 개정 하였다. 56세에 주자서 절요를 편집하여 완성하였다. 57세 啓蒙傳疑가 완성 되었다. 그리고 陶山남쪽에 書堂지을 터를 마련하였다. 이에 흡족하여 詩를 읊었다.

風雨溪堂不庇壯	비바람 치는 溪堂 책상하나 못 가릴 제
卜遷求勝偏林岡	좋은 곳에 옮겨 보려 숲속 두루 찾았더니
那知百歲藏修地	어찌 알았으랴 백년 藏, 修할 땅이
只在平生採釣傍	나물캐고 고기 낚던 그 곁에 있을 줄이야
花笑向人情不淺	꽃은 나를 맞아 웃어 깊은 정을 머금은 듯
鳥鳴求友意偏長	벗 찾는 새소리는 그 뜻이 더욱 길도다
誓移三徑來棲息	三徑을 옮겨와서 깃들기를 다짐하니
樂處何人共襲芳	기쁠 때 꽃다움을 뉘와 함께 찾으리오
陶丘南畔白雲深	陶山 남녘 기슭에 흰 구름이 깊어 있고
一道蒙泉出艮岑	한 줄기 어린 샘이 동편에서 솟는도다
晚日彩禽浮水渚	석양의 영롱한 새는 물가에 노닐으고
春風瑤草滿巖林	봄철의 기이한 꽃 바위 숲에 찬란토다
自生感慨幽棲處	그윽히 깃들지니 감개가 절로 나고
眞愜盤桓暮境心	느지막에 盤桓 할 곳 참으로 쾌적토다
萬化窮探吾豈敢	조화를 더듬음이야 어찌 감히 이르리오
願將編簡誦遺音	원컨대 옛 經典 속 끼친 글을 외우고자

(李家源 譯)

58세 되든 해 2월 李珥의 방문을 받았다. 3일간 도산서원에 머물렀다. 이는 제자들을 가르치기 위하여 陶山書院을 연지 얼마 되지 않은 때였다. 율곡은 退溪에 초면 인사를 올리고 나서, 그의 學德을 讚揚하는 詩를 읊었다.

溪分洙泗派	시냇물은 洙泗(공자학을 가리킴)에서 나뉜 가닥이고
峯秀武夷山	드높은 봉우리는 武夷(주자학을 가리킴)처럼 뛰어났소
活計經千券	학문을 닦으면서 살아가시니,
生涯屋數間	이룩한 도덕이 이 한방에 가득 하오이다.
襟懷開霽月	뵙고 싶던 회포푸니 구름속 달 보듯 머리 트이고,
談笑止狂瀾	웃음 섞인 말씀 듣고나니 어리석은 생각 씻기네.
小子求聞道	소자가 와 뵌 뜻은 道學을 받으러 함이었으니
非偸半日閑	한나절 헛되이 보냈다 생각하지 마옵소서.

(栗谷集)

여기에 대한 답으로 退溪는 다음과 같은 詩를 읊어 화답하였다.

病我牢關不見春	병들어 문 닫고 봄빛을 못 보다가
公來披豁醒心神	그대 만나 얘기를 나누니 심신이 상쾌하다
已知名下無虛士	선비의 높은 이름 헛되지 않음을 알았으니
堪愧年前闕敬身	지난날 사귀지 못했음이 적이 부끄럽소
嘉穀莫容梯熟美	깨끗한 곡식에 가라지 자라지 말게 하오
纖塵猶害鏡磨新	새로 닦은 거울에는 티끌도 해가 되오
過淸詩語須刪去	부질없는 이야기를 모두 제쳐놓고
努力工夫各日親	힘써 공부하여 서로 더욱 친해 보세

(鄭飛石 譯)

이 詩들로 보아 退溪와 栗谷은 그 人物을 서로 알아보았던 것 같다. 59세 이 해는 저 유명한 奇高峰과의 四端七情에 관한 論辨을 시작한 해이기도 하다. 여기서는 論辨 자체를 논하기 보다는 論辯하는 가운데 주고받는 便紙속에서 우리는 退溪의 人品을 알 수 있을 것이다. 이 점을 주로 밝혀 보고자 한다. 편지 전부를 거론할 수는 없고 여기서는 처음에 退溪가 高峰에게 준 便紙만을 가지고 생각해 보겠다.

奇高峰은 退溪에게 學問이 성취되지 못하고 선불리 나왔다가 벼슬에 뜻을 빼앗길까 두려워하여 돌아가서 大業을 窮究하고자 한다고 말하면서, 어떻게 處身하면 좋은가를 물었던 것이다. 이에 대하여 退溪는 다음과 같이 답을 하였다.

"대체로 出處居就는 마땅히 스스로의 마음에서 決斷할 것이요, 다른 사람과 꾀할만 한 것이 못되며, 또한 다른 사람이 參與할 수도 없는 것이다"라고 말한 胡康候의 말을 前提 하면서, "公은 영발한 기상과 棟梁의 才質을 갖추어, 아직 出世하기도 전에 이름이 벌써 遠近에 퍼졌고, 벼슬길에 나가자마자 온 나라가 다 '公'에게 쏠렸으니, 긴 길을 달리는 출발이 비로소 시작되었는데, 나와 같은 병도 지니지 않으면서 벼슬을 버리고 숨고자 하니, 세상 사람들이 달게 公을 놓아 줄 것입니까"라고 걱정하면서, "아직 出世 하기 전에 일찍이 뜻을 決定하였더라면 곧 學問에 專念할 수 있고 道를 얻을 수 있어서" 이로 말미암아 한 세대에 뚜렷한 標榜을 세워 東方의 끊어졌던 學問을 主唱하는 者가 될 수도 있었을 것이나, 지금 公의 위치는 그렇지 못해서 科擧에 應하여 벼슬을 찾았고, 또한 이미 머리를 굽혀 욕됨을 참으며 免新을 행한지라, 이제 남에게 計策을 물어서 물러가 자기 본래의 所願을 다하려하니, 너무 늦게 깨달은 것입니다."라고 答하였다.

그러나 退溪는 다정하게 奇高峰에게 다음과 같은 따듯한 忠告를 아끼지 않았다. 즉, "대개 선비가 세상에 나서 벼슬을 하거나 집에 있거나, 혹은 때를 만나거나 때를 만나지 못하거나를 막론하고, 그 목적은 자기 몸을 깨끗이 하고 옳게 행하는 것뿐이니, 禍와 福은 논할 것이 못됩니다. 그러나 일찍부터 괴이하게 여겨지는 것은, 우리 東方의 선비로서 좀 뜻이 있고 道와 義를 思慕하는 사람은 禍를 당하는 이가 많으니, 비록 땅이 좁고 人心이 薄한 까닭이라 할지라도, 역시 그 스스로 未盡함이 있어서 그런 것입니다. 그 未盡하다는 것은 다름이 아니라, 學問은 제대로 이르지 못하고서 너무 높이 自處하며, 때를 헤아리지 못하고 世上을 經綸하겠다고 용감히 날뛰기 때문이니, 이것이 그 失敗를 가져오는 길입니다. 그러니 큰 이름을 띠고 큰일을 담당한 사람이 절실히 삼가야 할 일입니다. 그러므로 公을 위하여 오늘날에 處할 道理를 말하면, 자신을 지나치게 높여 處身 하지 말고 너무 急히 世上을 經綸하려고 서두르지 말 것이며, 모든 일에 處하여서는 자기의 主張을 너무 내세우지 말아야 될 것입니다."라고 말하고 있다.

그러면 退溪는 더 구체적으로 벼슬은 하란 말인가, 아니면 그만 두라는 것인가? 이 점에 관해서도 그는 친절하며, 적절하게 다음과 같이 자상하게 말해주고 있다. 즉, "몸이 이미 出世하여 나라에 바쳤으면 어찌 물러갈 뜻만을 가질 것이며, 뜻을 道에 두었고 義로써 準則을 삼았으면, 어찌 나아가기만 하고 물러가지는 않겠습니까. 곧 孔子의 말씀에 보면, "學問하여 餘裕가 있으면 벼슬하고, 벼슬하여 餘裕가 있으면 學問한다."(學優仕優)고 하였으니, 이 가르침을 處身하는 節度로 삼아서, 義理의 적당한 바를 자세히 살펴야 합니다."라고 말하고 있다.

그러면, 以上에서 우리가 배워야 할 점은 무엇인가? 첫째, 決定한 것은 後悔하지 말 것이며, 둘째, 學問만을 한 平生業으로 하는 것이 가장 좋은 일이며, 셋째로, 부득이 벼슬을 한다면, 자기주장만 내세우고 조급하게 세상을 經綸하려 하지 말 것이며, 넷째, 스스로 자신이 가장 잘 났다고 생각하지 말며, 다섯째, 벼슬에 나아가기 만을 생각하지 말고, 스스로 부족함을 깨달아 물러날 것도 생각하되, 자신의 學問에 精進할 것을 언제나 생각하라는 것이다.

60세 되던 해, 奇高峰의 편지에 회답하여 '四端七情論'을 辯論하였다. 이후부터 退溪는 벼슬을 받으면, 辭免해 줄 것을 懇請 하였고, 다시 벼슬을 내리면, 다시 辭免해 줄 것을 懇請하면서, 마침내 70세가 되었다. 그해 正月에 글을 올려 치사를 청하고, 아울러 글을 올려 辭免을 빌었으나, 허락하지 않았다. 5월에 여러 弟子와 易東書院에서 啓蒙을 講論하였다. 7월에 心經을 講論 하였다. 11월에 피곤하다 하여, 弟子들을 돌려보냈다. 이때 柳應見에 보낸 詩 가운데 다음과 같은 詩가 있다.

孔聖猶箴擇里人　　孔子 聖人도 되려 동네 고르는 사람을 경계하였고,
會云文會補成仁　　會子는 글로 모여 서로 도와 仁을 이룬다 하였네.
老來更覺疎爲學　　늙어지면서 다시 學問하는 데 소홀함을 깨달았노라.
慙愧空環又待春　　빈손으로 돌아와서 또 봄 기다리는 것 부끄럽네.

이 詩는 退溪가 죽기 한 달 전에 지은 것이다. 여기에서 우리는 學問에 소홀하지 않으려고 애쓴 그의 모습을 역력히 볼 수 있었다. 12월이 되자, 退溪는 자신

의 목숨이 얼마 남지 않은 것을 알아차리고, 壽器(염습할 때 쓰는 기구)를 준비
시켰고, 書籍 등을 門人. 李德弘에게 맡게 하였다. 殞命하는 날 아침에 모시고
있는 사람을 시켜서 화분에 심은 梅花에 물을 주라 하고, 마침내 누운자리를 정돈
하게 하고 부축되어 일어나 앉아서 편하게 눈을 감았다.

6. 朝鮮王朝時代 朋黨*

I. 序 論

　朋黨은 한편으로 정치이념과, 다른 한편으로 그 이념을 실현하기 위한 권력장악이라는 두 측면의 결합으로 성립된다. 이 두 측면과 관련하여 전자는 붕당의 '君子的'측면을, 후자는 붕당의 '小人的'측면을 지칭한다. 黨爭을 순전히 소인적 측면에서의 붕당과 관련하여 해석할 때, 그것은 단순히 정치적 권력투쟁에 불과한 것으로 된다. 이것이 당쟁에 관한 종래의 지배적인 해석이었다. 당쟁이 붕당 사이의 알력과 투쟁의 양상을 띠는 것은 어쩔 수 없는 일인지도 모른다. 붕당이라는 것은 정치이념을 공유하는 집단을 가리키며, 그 집단이 구체적으로 자신들의 정치이념을 실현시키려고 할 때 거기에는 권력장악이라는 부수적인 요소가 개입되기 마련이라는 것이다. 말하자면, 붕당에는 군자적 측면과 함께 소인적 측면이 늘 끼어들게 되어 있다는 것이다. 실지로 조선왕조 시대의 교육과 정치구조로 보면 당쟁은 거의 필연적인 현상이라고 까지 말할 수 있다.

　그러나 이 당쟁은 그것을 어떤 관점에서 해석하느냐에 따라 그 모습이 완전히 달라질 수 있다. 그 이유는 당쟁을 군자적 측면에서 해석할 수도 있고 소인적 측면에서도 해석할 수 있기 때문이다. 事實의 세계에서 일어나는 당쟁의 사태에는

---

* 『도덕교육연구』 제9집, 한국교육학회 도덕교육연구회, 1997. pp.1-34.

붕당의 군자적 측면과 소인적 측면이 분리되지 않은 상태로 들어 있는 것이다. 말하자면 양자는 事實上 분리되지 않는다는 것이다. 당쟁은 학문을 하고 수양을 쌓은 선비들이 자신들의 이론을 현실 정치에 반영시키는 과정에서 빚어지는 사건이므로 거기에는 이론적 문제를 가지고 토론하는 일 이외에도 권력장악을 위한 암살, 암투, 비방, 음모, 모함, 사기, 질투, 아첨, 분노 등등, 당쟁에 일어날 수 있는 모든 활동이 포함된다. 이러한 두 가지 활동들은 모두 당쟁의 범위 전체에 걸쳐 있고 또 혼연일체로 용해되어 있기 때문에, 만약 우리가 실지로 일어난 당쟁에서 그 중 어느 하나의 활동을 들어올린다면-도대체 그것이 가능하다면-마치 자석에 쇳가루가 달라붙듯이, 그 밖의 모든 활동들이 한꺼번에 따라 올라올 것이다. 1) 이와 같이 당쟁은 두 가지 활동들이 혼연일체로 용해되어 있는 복합적인 總體이며, 그것이 바로 조선왕조 시대의 당쟁의 모습이다. 그러나 비록 당쟁의 두 가지 활동들이 별도의 공간에서 따로 일어나는 것이 아니라 하더라도, 그 각각을 머리 속으로 분리하여 생각하는 것은 언제나 가능하다. 다시 말하면 당쟁의 여러 국면을 '槪念上'으로 구분할 수 있다는 것이다. 이제 우리의 작업은 당쟁의 두 가지 활동들이 분리되기 이전의 원래의 맥락에서 그 본래의 모습을 파악하는 일이다.

일반적으로 말하여, 역사연구에는 事實的-因果的 연구도 있고 論理的-槪念的 연구도 있다. 그러나 어떤 史實도 역사적 사건의 원인만으로는 설명될 수 없다. 물론 역사 연구가 논리적-개념적 연구만으로 되어야 하는 것은 아니지만 역사 연구를 사실적-인과적 연구로 몰아가려는 경향은 위험한 일임에 틀림없다. 예컨대, 당쟁에 관한 연구를 사실적-인과적으로 연구할 때, 당쟁의 소인적 측면만이 부각될 가능성이 많다. 왜냐하면 사실적-인과적 관계의 연구는 당쟁이라는 현상의 특정한 측면만 문제삼기 때문이다. 사실적-인과적 연구에서는 한편으로 원인으로 지목되는 것과, 다른 한편으로 결과로 지목되는 것에만 관심을 한정하여, 그 사이의 관련을 밝히는 것으로 만족하기 쉽다. 달리 말하여 사실적-인과적 연구는 抽象에 근거하고 있다고 말할 수 있다. 그러나 역사에 있어서 특정한 사건은 어디까지가 원인이고 어디까지가 결과인지 불분명한 채 한꺼번에 작용하여 발생한다. 당쟁을 사실적-인과적 접근방식에 의하여 연구할 때에는 당쟁을 소인적 측면에서

---

1) William Boyd, *The History of Western Education*, 李烘雨·朴在文·柳漢九(譯), 「西洋敎育史」, 교육과학사, 1994, p.xix

규정하게 되며, 그리하여 당쟁의 모습이 반쪽밖에 드러나지 않게 된다. 당쟁에 관한 종래의 연구는 '붕당이 한편으로 정치이념과 다른 한편으로 그 이념을 실현하기 위한 권력 장악의 결합으로 성립된다'는 이 말을 정당하게 이해하지도, 그것을 연구에 반영하지 못한 데에 결함이 있다. 종래의 연구에서 군자적 측면과 소인적 측면을 사실상 별개의 것으로 간주한 것은 위의 결함에서 따라오는 논리적 귀결인 것이다.

그러면 당쟁을 논리적-개념적 접근방식에 의하여 연구하면 어떻게 되는가? 이 접근방식에 있어서는 당쟁에 참여한 등장인물의 행동의 의미를 정확하게 파악하는 일이 무엇보다도 중요하다. 행동의 개인적 의미 또는 심리적 의미는 원칙상 개인에게 의식되며, 따라서 행동의 개인적 의미 또는 심리적 의미가 있다는 것은 조금만 생각해 보면 납득할 수 있을 것이다. 그러나 행동의 의미에는 그러한 개인적 또는 심리적 의미만 있는 것이 아니며, 당사자에게 의식되지는 않지만 개념적 분석방식에 의하여 파악되는 측면 또는 차원이 있다. 행동은 반드시 특정한 신념에 입각해 있으며, 개인이 어떤 행동을 할 때, 개인은 실지로 의식하는가 않는가는 무관하게 그 행동의 근거가 되는 論理的 假定과 그 행동에 수반되는 論理的 歸結을 받아들이지 않으면 안 된다. 이 논리적 가정과 논리적 귀결은 개인의 심리상태를 나타내는 것이 아니면서도 그 행동에 '의미'를 부여한다. 그리고 이 점에서 그것은 행동의 '의미'를 파악하는 또 하나의 차원을 이룬다. 아마도 당쟁에 참여한 인물 개인의 행동에 근거가 되는 그 행동의 '이유'는 필연적으로 자신의 性理學的 이론과 관련을 맺고 있을 것이다. 구체적으로 말하면 조선왕조 시대에서 당쟁을 하지 않으면 안 되는 '이유'는 성리학의 이론적 발전과 그에 따른 정치이념의 대립(학파간의 이론적 대립)에 있다고 말할 수 있을 것이다. 이것이 바로 붕당의 군자적 측면에 해당한다. 종래의 붕당연구는 이 군자적 측면을 거의 드러내지 못했거나 소홀히 다루었다는데 결함이 있다고 할 수 있다. 당쟁을 군자적 측면에서 규정할 때에는 당쟁의 모습 전체가 드러난다. 본 연구는 논리적-개념적 분석에 의존하며, 바로 이 점에서 본 연구는 다른 분야의 역사 연구와 비교하여 특이성을 갖는다.

이상의 취지에서 본 연구는 붕당에 함의되어 있는 군자적 측면을 밝히려는 데에 그 목적을 둔다. 붕당을 연구하는 데에 있어서 역사적-인과적 접근방식으로도

연구할 수도 있으나, 본 연구는 특히 논리적, 개념적 분석에서 붕당을 해석하고자
한다. 2장에서는 붕당의 개념적 구조를 드러내고자 한다. '說明의 樣態'를 통하여
歐陽修의 '朋黨論'을 중심으로 하여 붕당의 君子的 측면과 小人的 측면을 밝힌다.
3장에서는 붕당의 역사적 사례로서의 당쟁의 모습을 탐색한다. 이것은 당쟁의 두
모습, 즉 한편으로 권력장악을 위한 투쟁과, 다른 한편으로 정치이념의 실현을 각
각 밝히는 일에 해당한다. 그러나 권력장악의 측면과 정치이념의 실현의 측면은
개념적으로만 구분해 낼 수 있을 뿐, 사실상 분리불가능하며, '현실을 넘어선 삶의
이념과 현실 속의 삶의 이념'을 통하여 당쟁의 두 측면은 전체로서 탐색 될 것이
다. 4장에서는 붕당의 교육사적(politico-pedagogical) 의의를 밝힌다. 여기에
서는 徐敬德, 李滉, 曺植, 李珥의 성리학 이론들이 제시되며, 이 이론들은 붕당의
군자적 측면에 중요한 요소로 작용하고 있다는 점을 언급하고, 또한 붕당의 군자
적 측면이 교육과 관계있다는 것을 확인할 것이다. 당쟁을 이해하는 일은 성리학
을 이해하는 일과 다르지 않다. 이런 의미에서의 당쟁은 역사발전 과정에서 응분
의 역할을 수행하였다고 말할 수 있다.

Ⅱ. 朋黨의 槪念的 構造

'朋黨'이라는 말에서 '朋'은 同門同師 관계의 벗, 반갑고 친근한 존재를 의미하
는 좋은 뜻을 지닌 것이며(예컨대, 有朋自遠方來 不亦樂乎, 論語, 學而), '黨'은
이해관계 때문에 생긴 모인 집단, 즉 私利의 도모를 위한 私黨的 성격이 강한 부
정적인 개념으로 이해되는 것이 일반적 경향이다.[2] 여기에서 우리는 붕당의 군자
적 측면과 소인적 측면을 개념적으로 구분해낼 가능성을 엿볼 수 있을 것 같다.
그러나 한 가지 의문은 종래의 붕당연구에서는 왜 '붕'의 이념이 고려의 대상이 되
지 않았는가 하는 것이다. 이 문제는 설명의 양태와 관련이 있다.

---

2) 최완기, '18세기 붕당의 정치적 역학관계', 한국정신문화연구원, 「精神文化研究」,
   1986 여름, p.83.

1. 說明의 樣態

설명의 양태에는 세 가지가 있다. 즉, 原因에 의한 설명, 動機에 의한 설명, 理由에 의한 설명 등이 그것이다. 이것은 모두 활동 또는 행위의 의미를 규정하고 설명하는 데에 활용된다.3) 원인은 '왜(어째서)이런 일이 일어나는가'에 대한 대답이며, 동기와 이유는 '왜(어째서) 이런 일을 하는가'에 대한 대답이다. '왜 이런 일을 하는가'에 대해서 있을 수 있는 두 가지 대답인 동기와 이유 사이의 차이는 인간현상에 있어서는 가장 중요한 관심사이기도 하다. 동기와 이유 사이의 차이에 유의하여 세 가지 설명 양태의 차이를 말하자면, 원인은 機械的 수준의 설명이며, 동기는 心理的 수준의 설명이며, 이유는 制度的 수준의 설명이라고 말할 수 있을 것이다.

원인은 사태 또는 사건을 因果的 관계로 설명하는데 사용되는 개념이다. 인과적 설명은 자연과학자나 사회과학자들이 흔히 사용하는 설명 양태이다. 원인과 결과는 별도의 공간에서 관찰된다는 뜻에서 사실상 분리되어 있으며, 과학적 법칙은 이와 같이 사실상으로 분리되어 있는 두 가지 현상을 관련짓는 것이다. 여기에서 다루는 사태와 사건은 자연적 필연성에 지배된다. 그렇다면 역사적 현상에 있어서 因果의 연결이 자연과학적 현상에 있어서와 같이 엄밀한 것인가? 역사적 인과관계에서는 원인과 결과를 잇는 연결의 필연성이 희박하고, 원인과 결과를 지배하는 법칙의 확정성이 결여되어 있으며, 그러므로 원인에 의한 사태의 설명은 항상 未決의 상태에 있는 것이다.4)

일반적인 관례에 의하면, 동기와 이유를 각각 '원인'과 대비시키고 있다. 예컨대 세이퍼는 「마음의 철학」에서 행위를 설명하는 개념으로서의 '이유'를 원인과 대비시키고 있다.5) 이 대비에 비추어 보면 이유는 행위자가 가지고 있는 것 - 다시 말하면 행위자의 의식이 따르는 원리 규칙 등 - 이며, 행위의 이유를 묻는 것은, 행위자의 입장에서, 그가 특정한 행위를 할 때 의식적으로 따르고 있는(또는, 있었던) 원리나 규칙이 어떤 것인가를 묻는 것이다. 이 점에서 '이유'는 행위를 '안'에

---

3) 이하의 원인, 동기. 이유에 관한 설명은 주로 李烘雨, '敎育의 正當化 槪念으로서의 動機와 理由', 「增補 敎育課程硏究」(박영사, 1996), pp.413-9에 의존하였다.
4) 車河淳, 「歷史의 本質과 認識」(학연사, 1988), p.209.
5) J. A. Shaffer, *Philosophy of Mind*(Prentice-Hall Inc.,1968).

서, 즉 행위자 개인의 마음속에서 보는 관점을 나타내고 있다고 말할 수 있다. 여기에 비하여 '원인'은 행위자가 아닌 '관찰자가 가지고 있는 것'-다시 말하면 행위자의 의식과는 관계없이, 특정한 행위를 관찰하는 사람에게 나타나는 因果的 法則-을 지적하는 것이며, 행위의 원인을 묻는 것은 특정한 행위가 어떤 인과적 법칙의 한 사례인가를 묻는 것이다. 앞서 말한 '이유'의 경우와 대비시켜 말하자면, '원인'은 행위를 '밖에서', 즉 행위자 개인의 마음 밖에서 보는 관점을 나타내고 있는 것이다.

핸슨은 「意味로서의 文化」에서 인간의 행동의 의미를 분석하는 두 개의 차원을 구분한다.6) 하나는 個人的 차원이며, 다른 하나는 制度的 차원이다. 이 구분은 제기되는 질문의 종류에 의하여 구분된다. 즉, 개인적 차원의 질문은 사람들이 가지고 있는 필요, 동기, 욕구, 목적 등에 관한 것이다. 제도적 차원의 질문은 관념, 신념, 풍속, 사회조직의 형식 그 자체를 문제삼는다. 따라서 이 두 가지 질문은 서로 상이한 종류의 질문이며, 그것이 요구하는 대답 또한 상이하다. 다시 핸슨은 개인적 차원에서 규정되는 행동의 의미를 '意圖的 의미'라고 하고, 제도적 차원에서 규정되는 행동의 의미를 '含意的 의미'라고 하고 있다. 이것은 다시 각각 '心理的 의미'와 '論理的 의미'라 부를 수 있을 것이다.7)

심리적 의미는 動機라고 부를 수 있는 것이다. 개인 행위자의 입장에서 보면, 행위의 의미는 그 행위를 하는 행위자의 의도, 행위자가 그 행위를 통하여 달성하고자 하는 목적에 있다. 그러므로 동기는 반드시 手段-目的의 관계에 의하여 파악된다. 행위를 할 때 행위자는 그의 행위가 어떤 목적을 위한 수단이 되는가 하는 관점에서 파악하며, 행위자에게 있어서 그 행위의 의미는 바로 그 행위를 수단으로 하여 달성하려고 하는 목적에 비추어 규정된다. 그러므로 원칙상 동기는 개인 행위자에게 의식된다. 그러나 논리적 의미는 理由라고 부를 수 있는 것이다. 이유는 수단-목적의 관계나 그것에 대한 개인 행위자의 의식과는 아무런 관계가 없다. 그것은 개인적 차원에서 규정되는 것이 아니라, 제도적 차원에서 규정되는 의미이다. 이유는 행위의 논리적 분석에 의하여 밝혀진다. 그리하여 동기가 원칙상 개인 행위자에게 의식되는 것과는 달리, 이유는 행위자가 심리적으로 의식하는가 않는가 와는 관계없이 논리적으로 받아들이지 않으면 안 되는 의미인 것이다.

---

6) F. A. Hanson, *Meaning in culture*(Routledge and Kegan Paul,1975).
7) 李烘雨, 上揭書, pp.413-5.

2. 朋黨의 相異한 두 側面

종래의 연구에서는 붕당이 원인과 동기에 의하여 설명되어 왔기 때문에 그 소인적 측면이 크게 부각되거나 강조될 수밖에 없었다. 말하자면 종래에는 '왜 당쟁은 일어나는가'하는 질문은 원인을 묻는 질문으로 취급되어 왔으며, 그에 대한 대답은, 첫째로 정권을 얻지 못하면 생활은 확보되지 못한다는 사실, 둘째로 정권을 쟁탈하기 위하여 상대방의 목숨뿐만 아니라, 그 아들, 손자, 친구, 심지어 상대방의 혈연 또는 동류로 보이는 자는 모두 絶滅시켜 버렸다는 사실 등이다.8) 여기에 기술되고 있는 사실은 모두 당쟁을 그 '밖'에서 본 결과이며, 이 결과들은 모두 소인적 측면만을 드러내고 있을 뿐이다.

'왜 당쟁을 하는가'에 대한 대답으로서 원인 이외에 다른 두 가지 대답이 있을 수 있다. 하나는 동기에 의한 대답이요 다른 하나는 이유에 의한 대답이다. 우선 동기에 의한 대답을 들어보면, 예컨대, 李瀷은 그 동기가 한마디로 '관직은 적은 데 관직을 차지하고자 하는 사람이 많은데에 있다'(官員少而應調多)는 것이다.9) 科擧를 너무 자주 실시하여 지나치게 많은 관직 지망생을 量産했기 때문에 관직을 차지하기 위하여 당파가 여러 갈래로 갈라져서 서로 헐뜯고 다투게 된다는 것이다. 한 당파가 정권을 잡게 되면 자질이 부족해도 자기 黨人만 쓰고, 남의 당인은 원수처럼 보게 된다는 것이다. 말하자면 당쟁은 수단-목적의 관계로 파악된다는 것이다. 당쟁은 관직을 차지하기 위하여 한다는 것이다. 여기서도 당쟁의 소인적 측면만 드러날 뿐이다.

붕당에는 다시 또 하나의 측면인 군자적 측면이 부각되어야 할 것이다. 이 측면을 부각시키기 위해서는 당쟁의 이유를 밝혀야 한다. 이 일을 하는 데에는 당쟁에 참여한 개인의 의식은 전혀 고려의 대상이 되지 않는다. 다만 행위자의 행위에 들어있는 의미, 즉 그 행위의 논리적 가정을 밝히는 것이 대단히 중요한 일로 부각된다. 당쟁의 이유는 바로 당쟁에 참여한 사람들의 신념과 이론에서 찾을 수 있을 것이다. 붕당에 관여한 관료들은 모두 성리학을 공부한 선비이며, 이들은 학자이면서 동시에 관리이다. 구체적으로 말하면 그들은 소위 主理論과 主氣論을 공

---

8) 細井筆, 「朋黨士禍の檢討」(朝鮮問題研究所, 1911), 序文.
9) 李瀷, '朋黨論', 「星湖雜著」(星湖先生文集 제30권, 경인문화사, 1972).

부한 선비들이다. 예컨대, 주리론은 君과 臣이 있기 전에 군과 신을 규제하는 理가 있다고 하고, 주기론은 원래 이가 없다가 군과 신의 관계가 생기기를 기다려서 그 도리가 생겨난다고 본다. 모든 정치현실에서 이와 같은 입장이라면 그들은 당쟁을 할 수밖에 없을 것이다. 그러므로 당쟁에는 군자적 측면이라고 볼 수 있는, 학문의 대립과 갈등이 들어 있을 수밖에 없다. 물론, 붕당의 상이한 두 측면으로서의 군자와 소인은 따로따로 존재하는 별개의 인간을 가리키는 것이 아니라, 정치에 참여하였던 개개 인간의 이상적 측면인 군자적 측면과 그 이상적 측면의 불완전한 표현을 나타내는 소인적 측면을 말하는 것이다. 측면(aspect)이라는 용어는, 예컨대 사람의 옆모습을 그 사람의 한 '측면'이라고 할 때와 같은 가시적 의미를 전달하기 때문에 유의해야 할 필요가 있다. 여기서 언급하고 있는 측면은 抽象의 의미를 나타내는 용어로서의 측면이다. 그러므로 여기에서의 측면은 한쪽 면이 아닌 전체를 드러낸다는 뜻이다.

　忠과 信, 道와 義만을 갖춘 인간이 있고, 이익과 봉록만을 탐하는 인간이 있다는 생각은 소위 '君子小人辨이 안고 있는 문제로서, 서로 상대방을 군자가 아닌 소인으로 볼 수밖에 없게 한다. 그리하여 당쟁에 참여한 인간들 중의 어느 누구도 군자로는 보이지 않고 소인으로만 보일 수밖에 없는 것이다. 그 이유는 사실의 한 부분을 바로 진실의 전부인 것처럼 확대하여 일반화시키는 잘못을 저질렀기 때문이다. 적어도 당쟁에 참여하고 있는 인간에게는 소인적 측면과 군자적 측면이 동시에 작용하고 있다고 말해야 할 것이다. 그들은 이익과 봉록에 마음이 끌리면서 동시에 忠과 信, 道와 義에도 마음이 끌리면서 살아간다는 것이다. 이 두 측면 중 어느 한쪽도 부당하게 무시되어서는 안 된다. 그 두 측면을 균형있게 고려할 때 붕당은 그 온전한 모습을 드러내게 될 것이다. 이하에서는 이 두 측면을 좀더 자세히 고찰해 보겠다.

3. 君子的 側面과 小人的 側面

　조선왕조 시대에 교육받은 선비라면 누구나 읽었을 것으로 짐작되는 歐陽修의 '朋黨論'을 들어보고 여기서 붕당의 군자적 측면과 소인적 측면을 도출해내고자 한다.

대체로 말하여 君子들은 그 신봉하는 바 道를 같이 한다는 점 때문에 모여 붕당을 이루며, 小人들은 서로 이익을 같이 한다는 점 때문에 모여 붕당을 이룹니다. 이 것은 자연스러운 순리입니다. 그러나 제 생각에는 소인들에게는 朋이라는 것이 없고, 다만 군자에 한하여 朋이 있다고 생각합니다. 그 까닭은 무엇입니까? 원래 소인이 좋아하는 바는 이익과 봉록 입니다. 언제나 마음속에 갖고 싶은 것은 재화입니다. 이익이 같은 경우에는 잠시 동지로 벗이 되는 것 같으나 이것은 거짓입니다. 이 익이 눈앞에 있으면 자신이 먼저 차지하려고 다투며, 이익이 없어져 버리면 서로 멀어지는 것입니다. 심지어 멀어져 버린 나머지 오히려 서로 해를 끼치기도 합니다. 형제 친척이라 하더라도 거리낄 것이 없습니다. 그러므로 제가 소인들에게는 벗이 없으며, 있다고 하더라도 일시적인 것이며, 그것은 거짓된 것이라고 말씀드린 것입니다. 군자는 그렇지 않습니다. 마음속에 간직한 바는 道와 義요, 밖으로 행하는 바는 忠과 信이요, 소중하게 아끼는 바는 名과 節입니다. 이것들은 몸을 닦아 도를 같이하여 서로 이익을 얻고, 이것들로서 나라를 섬기면 一心同體가 되어 私心없이 국가의 큰일을 무사히 처리해 나갑니다. 언제나 서로 사귀고 변함이 없이 始終如一 친밀하게 지냅니다. 이것이 다름 아닌 군자의 朋이라는 것입니다.[10]

이 '붕당론'에 나타나 있는 말로 보면, 마치 완전한 군자가 있고, 완벽한 소인이 있는 것처럼 기술되어 있다. 그러나 현실 세계에서는 이와 같은 인간은 없다고 보아야 한다. 적어도 조선왕조 시대에 교육받은 선비라면 이 두 측면을 동시에 갖고 있다고 보아야 한다. 여기서 측면이라는 말은 어떤 부분을 말하는 것이 아니라 추상된 전체를 나타내는 말이라는 것에 주목해야 한다. 이 말을 시간상으로 이해하면 어떤 때는 한 인간이 완전히 소인의 모습을 나타내기도 하고 또 다른 때에는 그 같은 인간이 완전히 군자의 모습을 나타내기도 하는 것으로 된다. 그러나 사실의 세계에서는 그 한 인간이 진실로 군자인지 소인인지 분별하기가 매우 어렵게 되어 있다. 이와 같이 사실적으로는 군자와 소인을 구별하기가 어렵기는 하지만, 개념적으로는 교육받은 선비를 군자적 측면과 소인적 측면으로 구분할 수 있는 것이다.

---

10) 大凡 君子與君子以同道爲朋 小人與小人利同利爲朋 此自然之理也 然臣謂 小人無朋 惟君子則有之 其故何哉 小人所好者利祿也 所貪者貨財也 當其同利之時暫相黨引以爲朋者僞也 及其見利則爭先 或利盡則交梳 甚者 反相賊害 雖其兄弟親戚不能相保 故臣謂 小人無朋 其暫爲朋者僞也 君子則不然所守者道義 所行者忠信 所惜者名節 以之修身 則同道而相益 以之事國 則同心而共濟 終始如一 此君子之朋也 (歐陽修, '朋黨論', 歐陽文公集, 卷17).

歐陽修의 '붕당론'에서 군자를 군자적 측면을 나타내는 것으로 파악하면, 당쟁에 참여하는 선비의 마음속에 道와 義가 있고, 그것이 밖으로는 소중하게 아끼는 바는 忠과 信이다. 그렇다면 여기서 말하는 도, 의, 충, 신, 명과 절은 어디서 왔는가? 그것은 四書三經과 그것을 바탕으로 한 性理學을 교육받은 결과 개인이 갖추게 된 덕목이라고 보아야 한다. 특히 성리학은 理와 氣, 性과 情등을 기본 개념으로 하여 정치, 경제, 사회, 문학, 예술 등 만물에 관한 가장 포괄적인 설명을 하고 있는 이론이다. 그리하여 군자적 측면에서 파악된 인간은 하늘의 道를 표준삼아 언제나 자신의 부족을 느끼고 스스로 그 도에 가까이 가기 위하여 끊임없이 노력하는 인간이다. 그 도에 가까이 간다는 말은 곧 학문을 통하여 그 도에 접근한다는 것이다. 이 일을 보다 잘하기 위하여 같은 학문의 길을 걷고 있는 사람끼리 朋을 이루어 자신의 부족한 점을 고치고 새롭게 하는 것이다. 이 힘들고 긴 과정을 거치면서 군자는 남루한 옷과 거친 음식을 부끄러워하지 않고 道를 죽을 때까지 추구하게 되는 것이다. 그가 정치에 참여하는 것은 자신의 부귀영화를 위해서가 아니라, 바로 자신이 지금까지 추구해 오던 도와 의를 이 세상에 펴기 위해서이다.

다시 구양수의 '붕당론'에서의 소인을 소인적 측면을 나타내는 것으로 파악하면, 朋이 무리를 지으려면 소인적 측면이 낄 수밖에 없다. 왜 그렇게 말 할 수 있는가? 비록 선비라 하더라도 그 또한 불완전한 인간이기 때문이다. 불완전한 인간이라는 말은 육체를 가진 인간이라는 말이다. 육체를 가졌기 때문에 이익과 봉록, 재화를 전혀 도외시할 수 없다는 것이다. 그리하여 이익이 눈앞에 있으면 먼저 차지하고 싶어 다투게 되며, 이익이 없어지면 서로 멀어지는 것이다. 이와 같이 불완전한 인간이 모이면, 소인적 측면에도 차이가 나기는 하지만, 소인적 측면이 발휘되지 않을 수 없는 것이다. 그리하여 朋의 이념인 군자적 측면을 잊어버리게 되는 것이다.

군자적 측면과 소인적 측면이, 한 인간이 동시에 가지고 있는 두 측면이라고 말할 수 있다면, 이것은 다시 道心과 人心으로 바꾸어 설명할 수 있을 것이다. 율곡에 의하면, '心은 원래 하나 뿐이다. 그럼에도 불구하고 그 心을 道心이라고도 하고 人心이라고도 하는 것은 性命과 形氣를 구분하여 말하기 위한 것이다. 인심과 도심은 비록 이름은 둘이나 그 근원은 오직 하나의 마음이다. 다만 그 표현이 理와 義를 위하기도 하고 혹은 食色을 위하기도 하기 때문에 그 표현이 드러내고자 하는 것의 차

이에 따라 이름을 달리한 것이다'라고 하고 있다.11) 위 인용구에서 '心'이 하나라
는 말은 사실로서 주어진 인간의 마음이 그렇다는 뜻이다. 여기에서의 인심과 도
심의 구분은 인간의 마음을 개념적으로 소인적 측면과 군자적 측면으로 구분하는
것과 다르지 않다.

소인적 측면으로서의 人心은 '배가 고플 때 먹으려 하고, 추울 때 옷을 입으려
고 하고, 목마를 때 물을 마시려고 하고, 가려울 때 긁으려 하며, 눈이 좋은 빛깔
을 보려고 하고, 귀가 아름다운 소리를 들으려고 하며, 사지가 편하기를 원하는
것'등의 마음의 상태를 말하며, 군자적 측면으로서의 道心은 '사람의 마음이 감동
할 때에 仁에 머물려 하고, 義로 말미암으려 하며, 禮에 돌아가려 하고, 理致를
窮究 하려 하고, 임금께 충성하려 하고, 가정을 바르게 하려고 하고, 형을 공경하
려고 하고, 친구에게 간절히 선행을 권면 하고 격려하는 것'등의 마음을 지칭한
다.12) 이때 心이 인심과 도심으로 개념상 구분되는 것이거나, 붕당이 군자적 측
면과 소인적 측면으로 구분되는 것이거나 모두 동일한 종류의 구분이다. 이것을
통하여 짐작할 수 있는 것은 붕당이나 당쟁도 결국 인간의 마음의 반영이며, 붕당
의 개념적 구조 또한 인간 마음의 개념적 구조의 반영이라는 것이다. 그러면 이제
붕당의 역사적 사례로서의 당쟁의 두 모습을 보기로 한다.

Ⅲ. 朋黨의 歷史的 事例로서의 黨爭:
黨爭의 두 모습

이상에서 정립된 관점을 통하여 본 장에서는 東西, 南北, 西南의 붕당들을 통한
당쟁들의 구체적 모습을 보기로 한다. 동일한 당쟁이 어떤 경우에는 권력장악을
위한 투쟁으로서의 당쟁의 모습으로 나타나고, 또 어떤 경우에는 정치이념의 실현

---

11) 李珥, 「栗谷全書」, 卷10 書2.
12) 李珥, 「栗谷全書」, 卷10 書2.

으로서의 당쟁으로 나타나는 것이다. 그러나 이 두 모습은 사실상 분리불가능하며 다만 개념적으로만 구분될 뿐이다. 이하에서는 이 두 가지 모습이 다시 '현실을 넘어선 삶의 이념과 현실 속의 삶의 이념'으로 논의가 변환되어 설명될 수 있음을 보여줄 것이다.

1. 權力掌握을 위한 鬪爭

우선 東西朋黨의 당쟁부터 그 원인을 기술해 보겠다. 吏曹 銓郎 자리에 누구를 추천하느냐에 관한 사건이 있었다. 처음에 전랑으로 있던 吳健이 金孝元을 추천하였으나, 당시 외척이면서 士林을 보호한 功으로 인하여 선배 士類들이 좋게 여기는 沈義謙이 반대를 하였던 것이다. 그 근거는 김효원이 벼슬하기 전 明宗朝 때 領相인 尹元衡의 집에 머물렀던 것을 가지고, '어찌 학문하는 선비가 權門의 무식한 자제와 같이 기거하는가. 결코 깨끗한 선비는 아니다'라고 생각한 것이다. 말하자면 비루한 김효원이 어떻게 淸要職인 銓郎자리에 나아갈 수 있는가 하고 생각한 것이다. 그러나 김효원은 그 뒤에 장원 급제하여 재주와 명성이 날로 성하여 몸단속을 請簡하게 하고 관직에 책임을 다하니 朝士들이 앞다투어 추천하고 오건이 더욱 힘써 천거하였던 것이다. 결국 추천할 당시에는 전랑자리에 나아가지 못하고 그후 7년만에 전랑이 되었다. 전랑이 되자 일을 당하면 곧 바로 행하고 회피하지 않으니 후배 사류들이 그를 따랐다. 김효원이 전랑이 된 후 어느 날 '심의겸의 아우 충겸을 당신의 후임으로 천거하는 것이 어떻소'하는 이가 있었다. 그 말을 들은 김효원은 '전랑은 왕실 외척의 소유물이 아니오'라고 응수하니 이 말이 심의겸의 귀에 들어가고 심의겸은 '왕실의 외척이 문객만 못하겠는가'하고 사뭇 분개하였던 것이다.

이러할 즈음 臺諫 許曄이 宣祖에게 고하기를 '右議政 朴淳이 소송을 결재함에 있어 체통을 잃었사오니 지난 허물을 엄하게 캐어 물으시기를 청하나이다'라고 했다. 이것을 알게 된 박순은 두말없이 벼슬을 버리고 물러갔다. 박순은 심의겸과 친근한 사람이요 허엽은 김효원과 친근한 사람인데 여기서부터 원한에 찬 黨議가 일어나게 된 것이다. 그리하여 김효원의 편을 드는 김우옹, 유성룡, 이발, 정유길 등을 '東人'이라 하니 이것은 김효원이 서울 東便에 살았고, 심의겸을 편드는 박순, 김계휘, 정철 등을 '西人'이라 하니 이는 심의겸의 집이 서울 서편에 살았기 때문이다. 그런데 여기서 박순이 안옥에 체통을 잃었다는 것이 무엇인가를 말하면 다음과 같다. 즉, 재령군에서 종이 주인을 죽인 사건이 있었다. 검시의 착오로 그 죽은 원인을 알아내지 못하자 이때 박순이 委官이 되었다. 조정에서는 의견이 분분하였는데도 박순은 마침내 임금에게 물어 그 혐의자를 석방시켰던 것이다. 그러나 이 문제가 다시 사헌부, 홍문관 등에서 '이 사건은 經常 大變이니 다시 조사하자'고 들고 일어나자, 임금은 이것을 허락하고 허엽으로 대사간을 삼으니 허엽은 종에게 죽은 주인의 族黨이라 항상 옥사가 성립되지 않음을 분히 여겨 박순을 推考하고 파면하자고 제의하였던 것이다. 결국 박순(西人)과 허엽(東人)이 서로 대립하게 되었던 것이다.

東西간의 당쟁이 심화되자, 이를 수습하려는 움직임이 있었으니, 그 대표적인 인물이 栗谷이었다. 처음 심의겸과 김효원 사이에 是非가 일어났을 때 이 일을 수습하기 위하여 그는 두 사람을 잠시 외직에 보내면 될 것이라고 믿었다. 그러나 사태는 더욱 심각하게 되어 갔다. 당시 사류들은 구양수와 주자의 '君子小人辨'과 '進君子退小人'을 그야말로 문자 그대로 믿고, '이 당은 君子黨이고 저 당은 小人黨'이라고 주장하면서 그야말로 소인적 측면을 들어내었던 것이다.

율곡이 죽자, 동서분당에 따른 여러 불미스러운 사태를 조정할 인물이 없어진 셈이 되었다. 그리하여 서인이 항상 동인의 공격을 받아 오다가, 선조 22년 10월 2일(1589년) 황해감사의 密啓에 의하여 동인 鄭汝立의 음모가 발각되자, 서인의 우두머리인 정철이 판관으로서 그것을 처리하게 되었는데, 이 때 동인이 많이 죽었다. 그후 2년 후인 1591년 建儲(世子를 세우는 일)의 紛紜이 일어났다. 당시 상황은 영의정 이산해(동인), 우의정 유성룡(동인), 좌의정 정철(서인) 등이 조정에 자리를 잡고 있었다. 선조의 왕비에게는 자식이 없었는데, 후궁들에게는 자식이 많았다. 朝臣들의 신망을 받고 있는 사람은 공빈의 소출인 광해군이었고 선조의 사랑을 받은 사람은 인빈 김씨였으며 여기에 소출인 신성군이 있었다. 연려실기술(13-14권 참조)에 의하면, 이산해, 유성룡, 정철은 다 함께 建儲의 문제를 임금에게 상의하기로 하였는데 입궐전 이산해는 그의 아들 이경전으로 하여금 인빈의 동생인 김공량의 집에 가서 정철이 광해군을 세자로 세우려 한다는 것을 알리자,

김공량은 크게 놀라 그 사실을 인빈에게 고하고 인빈은 울면서 왕에게 고하였으나, 처음에는 믿지 않다가 정철이 建儲의 문제를 끄집어내자(이산해는 입조하지 않았고, 유성룡은 말하지 않았다), 왕은 대노하여 질책하면서 정철의 관직을 삭탈하고 유배시키는 사건이 일어났다. 그후 동인이 등장하여 집권했고, 이어 선조 31년 이경전이 銓郎에 추천되었으나 정경세(동인)가 반대하였다. 이산해는 정경세가 유성룡의 사주를 받았을 것이라고 의심하여 남이공(동인)으로 하여금 유성룡을 공격하게 하였다. 사람들은 유성룡의 집이 영남이므로 여기에 동조하는 사람들을 남인이라 하고 이산해의 집이 서울에 있으므로 여기에 동조하는 사람들은 北人이라 하여 동인이 마침내 南北으로 갈라지게 되었던 것이다.

선조가 승하하자 광해군이 즉위하였다. 광해군은 反明의 외교정책으로 생기는 亂政과 인륜을 그르친 廢母 사건 등을 명분으로 내세운 仁祖反正으로 쫓겨 나가고, 인조가 즉위한다. 인조반정은 서인들이 세력을 만회하기 위한 일종의 쿠테타이다. 인조반정의 주도세력은 西人 이귀, 김류 등이었다. 이 반정에는 남인들은 참여하지 않았다. 그러나 일단 반정이 성공하자, 당시 어쩔 수 없는 상황 때문에 원로 대신이었던 남인 李元翼을 영의정으로 추대하고 서인, 남인의 연립정권을 수립하게 된다. 이러는 가운데 反正 初 李适의 亂과 李仁居의 作變의 때를 맞이하여 大北派의 인사들이 대량으로 숙청되며, 그후 그들은 정계에 다시는 등장하지 못하게 되었던 것이다.

이제 남은 사람들은 서인과 남인들이다. 이 당시 서인들은 沙溪 金長生을 정신적 지주로 여기고 있었다. 김장생의 스승은 율곡이며, 우계도 스승의 친구로서 존경하였던 것이다. 정권을 답은 율곡, 우계의 문인들은 자기네 스승의 학문적 정통성을 인정받기 위해서 율곡과 우계 두 스승을 文廟에 從祀시켜 退溪와 같은 반열에 올라야 한다고 생각하였던 것이다. 그러나 남인들은 정치적 세력은 약하지만, 학문적으로 우월하다고 생각하고 있었다. 그러므로 율곡과 우계의 문묘종사를 결사적으로 반대하였다.13) 인조가 승하하자 효종이 즉위한다. 효종은 북벌 계획을 추진하기 위하여 산림의 도학자들을 조정에 불러들인다. 그들 중 서인의 대표적인 인물이 송시열, 송준길, 김수항, 이유태, 박세당, 박세채 등이며, 남인의 대표적

---

13) 이 문제는 그 후 인조, 효종, 현종, 숙종 등 4대 58년간이라는 긴 시간을 끈 역사적 사건이다.

인물이 許穆, 尹鑴, 윤선도 등이다. 이들의 등장으로 유교의 명분론이나 의리의 문제가 더욱 날카롭게 조명되는 분위기가 되었던 것이다. 왜냐하면 이들은 모두 산림에 묻혀 소위 학문에 전념했던 인물들이기 때문이다. 이와같은 분위기 속에서 효종의 계모 慈懿大妃의 服喪問題(一次 己亥禮訟)가 일어나고, 다시 현종 15년 왕대비 장씨가 죽자 그 시어머니인 慈懿大妃의 복상문제(二次 甲寅禮訟)가 일어 났다. 이 예송을 거쳐가는 과정에서 서인들은 남인들을 두 번에 걸쳐 몰아내었으며, 이때 남인에 대한 태도에 따라 온건파인 少論와 강경파인 老論으로 서인이 갈라진다.

2. 政治理念의 實現

동서붕당의 핵심 인물인 심의겸이 김효원을 보고, '어찌 학문을 배운 자로서 權門의 무식한 자제들과 함께 기거하는가, 결코 그는 깨끗한 선비가 아니다'라고 한 대목이 있다. 심의겸은 왜 이렇게 말할 수 밖에 없었는가? 심의겸은 한 때, 퇴계를 師事하였다. 심의겸이 퇴계에게서 배웠다면, 틀림없이 성리학에서 主理論을 배웠을 것이다. 따라서 그는 '理는 貴하고 氣는 賤하다'라는 생각을 가지고 있었을 것이다. 달리 말하면, 자신의 형편이 어떠하든지 간에 원칙이 있다는, 즉 절대로 옳은 것이 있다는 믿음으로 살아야 한다는 신념을 가지고 있었을 것이다. 만약 이 대원칙을 어기면 그 사람은 천하다고 심의겸은 판단했을 것이다. 심의겸은 자신이 외척임에도 불구하고, 절대로 옳은 것이 있다는 신념에 비추어 그는 자신의 고모부인 李樑도 처벌받도록 한 인물이다. 이와 같은 신념에 찬 심의겸은 사림을 주륙내버린 윤원형의 집에 식객으로 있는 김효원을 천하다고 판단한 것은 우연이 아니다. 그리하여 그는 후에 김효원의 전랑 추천에 반대한 것이다. 그러면 왜 오건은 김효원을 전랑으로 추천하였는가? 오건이 보기에 김효원은 자신과 같이 南冥 曺植의 문하에서 수학하였기 때문에 우주 삼라만상에 관한 생각이 같으며, 과거에도 장원급제한 인물이므로 淸要職인 전랑자리에 추천할 만한 인물이라고 믿었기 때문이다.

다른 사례로 서인 朴淳이 종이 주인을 죽인 사건의 처리 문제를 놓고 동인 許曄

과 대립을 보인 것이다. 박순은 현실적으로 증거가 그다지 뚜렷하지 않고 확신이 서지 않았기 때문에 두루 조정의 의견을 물었고, 임금에게 고하여 일을 처리하였던 것이다. 이에 대하여 허엽은 經常大變의 사건을 처리함에 있어서 시간이 아무리 많이 걸려도 철저히 파혜쳐 그 진상을 밝혀야 한다는 것이다. 박순과 허엽은 둘다 화담 서경덕의 문인들이다. 비록 같은 문인들이라 하더라도 그 스승의 학설 중에서 어느 입장을 취했는가에 따라 사건 처리의 시각이 달라질 수 있다. 예컨대, 화담의 '後天氣'의 입장에서 처리한 것이 박순이라면, 화담의 '先天氣'의 입장에서 처리한 것이 허엽이라고 말할 수 있을 것이다. 거기다가 선조 임금은 임금대로 자신의 왕권강화를 위하여 어느 때는 서인편이 옳다고 하고, 또 다른 때는 동인편이 옳다고 하였던 것이다. 그리하여 붕당의 사태를 해석하기가 매우 어려운 것이다.

세 번째 사례로서 동인이 남인 북인으로 갈라진 '이유'를 말해야 할 것이다. 동인에는 원래 남명의 문인들과 퇴계의 문인들로 구성되어 있었다. 구체적으로 말하면 남인(퇴계 문인)에 속하는 인물로는 우성전, 유성룡, 정구, 정경세 등이며, 북인(남명 문인)에 속하는 인물로는 이발, 정인홍, 정여립, 이산해, 남이공 등이다. 이들이 동인에서 남북으로 갈라진 이유는 남명의 학문과 퇴계의 학문의 차이 때문이라고 보아야 한다. 그렇다면 그 차이는 어떤 것인가? 조식은 평생 도학에 관심을 갖고 있었으면서도 老莊 및 陸王學에도 관심을 가지고 있었다. 특히 노장사상은 그의 사상에 직접 영향을 준 듯하다. 그리하여 그것 때문에 이황은 '조식은 南華之學을 唱導한다'(有曹南冥 唱南華之學)고 비판하였던 것이다.14) 한편 조식은 이황에게 보낸 서한에서 '학자들이 손으로는 灑掃하는 汎節도 모르면서 입으로는 천리를 담론하여 이름만 도적질하고 사람을 속이고, 해를 입히니 선생 같은 長老께서 이것을 꾸지람해서 말리시는 것이 어떻습니까'라든가,15) '斯文의 宗匠(李滉)께서 오로지 上達만을 주장하고 下學을 강구하지 않아 구제하기 어려운 습관이 되었다'고 말하고 있는 것을 볼 수 있다.16) 남명이 보기에 퇴계는 현실과 실천에 관심이 별로 없는 사람처럼 보인 것이다. 일반적으로 말하면, 퇴계의 문인들이 도

---

14) 李德弘, 溪山記善錄(下), 「艮齋集」, 卷6.
15) 曺植, '與退溪書', 「南冥集」, 3권.
16) 曺植, '與吳子强書' 「南冥集」, 2권.

덕적 자아의 내면적 각성과 계발에 힘썼다면, 남명의 문인들은 훨씬 개방적, 자주적, 창의적인 학풍을 지녔다. 퇴계의 문인들이 공리공론에 빠질 위험이 있었다면, 남명의 문인들은 현실의 추세에 매몰될 위험이 있었다. 사실상 북인들은 서인과 남인 편으로 자신들의 형편과 현실의 추세에 따라가 버렸고, 그리하여 북인이라는 자취는 당쟁에서 완전히 없어져 버렸던 것이다.[17]

네 번째 사례로서 서인과 남인의 학문적 대립이라 할 수 있는 두 개의 문제가 있다. 하나는 文廟從祀 문제이며, 다른 하나는 禮訟 문제이다. 문묘종사는 조선왕조에서 매우 중요한 의미를 가지고 있다. 왜냐하면 조선왕조가 유교를 국가 지도이념으로 채택하고 있기 때문이다. 이 문묘에는 유교의 정신적 지주인 孔子를 비롯하여 유학에 공을 세운 인물과 道脈을 이은 인물들을 배향하고 있다. 문묘에 종사되는 인물은 그 인물의 학문이나 덕행을 공인 받는 일이기도 하면서 유학을 하는 사람으로서 최고의 예우를 받는 것이다. 어떤 인물이 문묘에 종사되었다고 하면 그 인물의 학문적 경향이나 그의 덕행은 온 나라에 영향을 끼치는 것이다. 그러므로 문묘에 종사된 인물의 문인들이나 자손들은 문묘에 종사된 스승과 조상으로 말미암아 대단한 영광을 누리는 것이다. 그런데 왜 율곡과 우계의 문묘 종사 문제로 남인과 서인이 대립되었는가? 그 이유는 남인의 정신적 지주인 퇴계와 서인의 정신적 지주인 율곡 사이에 생겨난 학문적 대립 때문이다. 말하자면 퇴계의 '理氣互發說' 또는 '理發氣隨 氣發理乘說'에 대한 대안으로서 율곡의 '氣發理乘一途說'과 '理通氣局說'의 대립인 것이다.

王家에서의 服制는 국왕의 宗統, 즉 왕위의 정통성을 확인하는 절차라는 점에서 매우 중요하다. 복제는 禮이다. 조선왕조 사회는 예에 의하여 유지 발전되어 왔으므로 예를 두고 논쟁을 벌린 것은 당연한 일이다. 효종은 사실 次嫡으로서 임금자리를 이었고, 長嫡인 소현세자가 세상을 떠났을 때 이미 인조와 慈懿大妃가 國朝五禮儀에 따라 衆長의 구별이 없는 朞年으로 服喪을 치뤘던 것이다. 이제 효종이 승하한 것이다. 효종이 次嫡이지만 大統을 이었으니 3년복을 입어야 한다는 주장이 당연히 제기될 수 있다. 그러나 문제는 長嫡인 소현세자가 죽었을 때 승통 이전의 죽은 아들에게는 복을 입지 않는 것이 예인데 이미 朞年服을 입었던 것이

---

17) 한국사상사연구회(편), 「조선 유학의 학파들」(예문서원,1996), pp.56-196

다. 서인은 朞年服을 주장하고 남인은 3年服을 주장한 것이다.

己亥禮訟의 경우, 율곡학파인 송시열에 의하면, 효종은 인조에 대하여 '體而不正'(身體는 비록 아버지를 계승했지만(體) 嫡長이 아닌(不正)경우)에 해당하며, 장자가 죽어서라는 말은 그 죽은 시기가 언제인지 알 수 없는데, 이미 성인이 된 뒤에 죽은 것을 말하는 것이라면 그 아버지가 이미 그를 위해 3년을 입었는데도 그 다음 적자를 세워 장자라 하다가 그가 죽으면 다시 3년을 입을 수 없다고 하면서 慈懿大妃가 삼년복을 입을 수 없다고 하였다. 여기에 대하여 퇴계학파인 허목은 서자를 세워 후사를 삼는 것은 '體而不正'이라 하였지만, 효종은 여기에 해당하지 않는다고 하면서 인조의 장자인 소현세자는 이미 죽고 효종은 인조의 둘째 장자로 이미 종묘를 이어받았으므로 慈懿大妃가 효종을 위해 삼년복을 입어야 하며, 복제를 낮추어 정하는 것은 종법을 두 갈래로 나누고 임금을 비하시키는 것이라고 주장하였다. 허목은 효종이 왕이므로 이 왕이라는 것을 중심으로 '원칙'을 강조하고 있는데 반하여, 송시열은 효종이 인조의 次子라는 '사실'을 강조하였고, 현실적으로 문제를 처리하는데 관심이 있었던 것이다. 甲寅禮訟의 경우, 己亥年에 송시열 등이 朞年服을 주장한 것은 '庶子을 세워 後嗣를 삼는다'는 설에 의거한 것이다. 그러므로 예조에서 國制에 따라 慈懿大妃가 服을 기년복으로 결정해서 임금에게 아뢴 것은 국제에 따르면 아무런 문제가 없기 때문이다. 그러나 송시열이 주장한 기년복과는 맞지 않게 된다. 그리하여 禮曹에서는 大功服으로 바꾼 것이다. 그러자 당장 남인들은 '기해년에 기년복을 국제로 했다면 기년복으로 일관할 것이지 이제 다시 대공복으로 낮추는 이유는 무엇인가'라고 반박하고 나선 것이다. 서인들은 현실적인 이유를 들어 대공복으로 할 수밖에 없었던 것이다.

3. 삶의 理念과 現實

우리의 삶 속에서는 붕당간에 벌어지고 있는 당쟁이 권력장악을 위한 투쟁인지, 아니면 정치이념의 실현을 위한 노력인지 사실상 분리불가능하다. 그러나 우리는 개념적으로 권력장악을 위한 투쟁과 정치이념의 실현을 분리하였던 것이다. 그러나 적어도 표면상 투쟁으로 나타나고 있는 모습에서 순전히 이익과 봉록 때문에 투쟁하는 것이 아니라, 정치이념의 실현이라는 중대한 의미를 가지고 있음을 밝혔다. 도대체 그들이 실현하고자 한 정치 이념이라는 것이 오늘날 우리에게 어떤 의미를 가지고 있는 것인가? 당시의 성리학 이론의 대립에서 그 의미를 찾아보는 것이 순서일 것이다. 성리학 이론의 대립은 퇴계의 이론과 율곡의 이론의 대립이라고 말할 수 있다. 처음 퇴계와 고봉은 사칠논변을 통하여 성리학의 이론적 대립을 보였으나, 후에 율곡이 고봉의 이론을 지지함으로써, 결과적으로 퇴계와 고봉의 대립은 퇴계와 율곡의 이론의 대립이라고 말할 수 있게 된 것이다.

일반적으로 말해서 성리학자들은 인간이 살아가는데 삶의 이념이라는 것이 있다는 것에 대해서는 견해를 같이한다. 그러나 문제는 이 삶의 이념의 존재방식에 관해서는 성리학자들 사이에 견해를 달리하고 있다는 것이다. 퇴계의 경우를 보면, 삶의 이념이 우리의 삶의 현실 속에 있는 이념과는 별도로 그 자체로서 존재한다. 말하자면 '絶對的인 삶의 이념'이 있다는 것이다. 이와 같은 관점에 대하여 반대하는 것이 고봉과 율곡이다. 고봉이나 율곡이 보기에 삶의 현실 속에 존재하는 이념 이외에 별도의 이념이라는 것은 존재하지 않으며, 그 이념이 존재한다면 그 이념은 반드시 현실 속의 이념으로 존재한다는 것이다. 퇴계와 율곡의 대립을 달리 말하면, 삶의 현실 속에 존재하는 이념 이외에 그것과는 다른 '절대적인 삶의 이념'이라는 것이 있을 수 있는가 없는가에 관한 대립이라고 말할 수 있다. 퇴계는 절대적 이념이 있다고 하고 율곡은 그런 것이 없다고 주장한다.[18]

물론 퇴계도 이념에 초월적 측면과 내재적 측면이 동시에 존재한다는 것을 인정한다. 그러나 퇴계는 四七論辯에서 그 두 측면을 동등하게 취급하기보다는 오히려 絶對的 이념 쪽을 더 부각시키고 있는 것이 사실이다. 여기에는 퇴계의 특별한 의도가 있다고 보아야 한다. 그러므로 퇴계의 주장을 이해하기 위해서는 이 특별한 의도를 고려하여야 올바로 이해할 수 있는 것이다. 이 특별한 의도를 고려해서 퇴계의 주장을 이해해 보면, 퇴계의 주장은 이념의 절대성이 보장되는 방향으로 살아가야 한다는 점을 강조하고자 한 것이라고 이해되어야 한다. 퇴계의 이와 같은 주장에 비추어 볼 때, 고봉이나 율곡의 견해는 이념을 욕망에 종속시키는 결과를 초래하게 된다. 이것을 다시 고봉이나 율곡의 견해에 비추어 보면, 이념은

---

18) 朴鍾德, '教育의 根本問題로서의 四端七情論辯' 퇴계학연구원, 「退溪學報」 제91집 (1996), pp.141-3.

그 자체로서 존재하는 것이 아니라 인간의 욕망이 발휘되어야 할 방향을 제시하는 것에 불과하다. 이와 같은 주장을 하고 있는 고봉이나 율곡도 역시 명백한 의도를 가지고 있는 것이다. 고봉이나 율곡이 보기에, 퇴계의 견해는 인간이 육체를 가지고 살아야 한다는 점을 지나치게 무시하는 쪽으로 나아간다고 할 수 있으며, 그리하여 퇴계의 견해에는 그 이념이 적용되는, 육체를 가지고 살아가는 인간의 삶을 과소평가할 가능성이 있다. 만약 육체를 가지고 살아가는 인간의 욕망을 완전히 눌러버린다면 그것은 이념의 발판이 되는 삶의 현실을 부정하는 것이 되고 마는 것이다.

결국, 붕당의 역사적 사례로서의 당쟁에는 '현실을 넘어선 삶의 이념'과 '현실속의 삶의 이념'이라는 성리학의 이론적 대립이 깔려있다. 당쟁은 이 이론적 대립의 역사적 표현이며, 이점에서 당쟁은 올바른 삶의 문제에 대한 이론적 대립이 역사적 현실로 표현된 것이라고 말할 수 있다. 동서 분당은 이 점을 보여주는 좋은 보기이다. 당쟁에는 필연적으로 소인적 측면이 개입될 수밖에 없지만, 군자적 측면에서 보면, 전랑 문제나 '經常之大變'(한 국가나 집안을 다스리는 대법에 어긋나는 큰 변)의 문제는 바로 '현실을 넘어선 삶의 이념'과 '현실 속의 삶의 이념' 사이의 대립에서 빚어진 것이다. 먼저, 전랑 문제를 둘러싼 동서분당은 한편으로 우리의 현실이 어떻든 지 간에 전랑자리에 합당하지 않은, 절대적 이념에 맞지 않는 사람은 그 자리에 나아갈 수 없다는 주장과, 다른 한편으로 우리의 현실을 감안해서 그래도 정해진 이념에 가장 알맞은 사람을 그 자리에 앉혀야 한다는 주장의 대립이라고 볼 수 있다. 다음으로, 종이 주인을 죽인 사건은 經常之大變임에 틀림없다. 그 당시의 절대적 이념에 비추어 보면 무슨 일이 벌어지든지 간에 종을 잡아 만천하에 법도가 있음을 보여 주어야 한다. 그러나 현실적으로 증거가 불충분하다면 죄인으로 의심받은 백성을 함부로 다쳐서는 안되는, 현실 속의 이념을 구현해야 한다는 견해가 있을 수 있다. 남북으로의 붕당이 갈라진 것이나 문묘와 예송의 문제로 서남으로 붕당이 대립된 것도 따지고 보면 바로 '현실을 넘어선 삶의 이념'과 '현실 속의 이념'의 대립이라고 말할 수 있을 것이다.

Ⅳ. 朋黨의 敎育史的 意義

본 장에서는 지금까지 논의한 문제가 '올바른 삶'의 문제와 관련된다는 것을 탐색하고, 그것이 바로 교육의 문제라는 것을 말하고자 한다. 따라서 붕당의 문제는 단순히 정치의 문제일 뿐만 아니라, 바로 교육의 문제이기도 하다는 것을 밝힘으로써 교육사적 의의를 말하고자 한다.

1. '올바른 삶의 문제'의 提起: 士禍

조선왕조라는 국가를 성립시키고 유지 발전시켜 온 철학이 있다면 그것은 다름 아닌 성리학이다. 성리학이 고려말에 처음 들어와서 신진 士類인 李穡에 이르기까지는 별다른 문제가 없었다. 그러나 이색이후 鄭夢周계열과 鄭道傳, 權近 계열이 마침내 우주관과 인생관에 차이를 나타내기 시작한다. 정몽주 계열은 伯夷와 叔齊 를 바람직한 인간상으로 여기며, 春秋를 바탕으로 한 대의명분을 내세우는 節義를 중시하는 데 비하여, 정도전, 권근 계열은 周易의 변화론을 중시하여 시대의 상황에 능동적으로 대처하는 變通을 우선하였던 것이다. 그러므로 정도전 계열은 혁명을 높이 평가하고 왕조의 교체를 주장하고 관념적인 의리보다는 국가주위의 실용적, 공리적 측면을 중시하는 현세지향적 경향이 강하였다. 그리하여 이들은 조선왕조의 국가기반을 확고하게 하고 왕권을 강화하는 등 현실의 당면 문제를 해결하는 성리학을 필요로 하였다.

世宗, 世祖代를 지나면서 조선왕조는 정치, 경제, 사회전반에 걸쳐 안정을 찾게 되었다. 이제는 다져진 국가기반을 더욱 공고히 할 지배이념으로서 성리학이 요청되기에 이른다. 불교를 중심으로 흥성한 고려가 부패하면서 시대적 문제를 해결할 수 있는 능력을 상실하게 되자, 새로운 왕조를 개창하여 조선을 건국한 개국공신들은 불교를 대신할 통치이념으로서 성리학을 수용하고 이를 중심으로 문물제도를 정비하여 새 왕조의 정통성을 인정받게 된 것이다. 그러나 세조를 세운 勳舊勢力은 여전히 종교로서 불교를 믿으면서 부패와 부조리를 일삼고 있었다. 사실 이때는 왕조를 유지 발전시킬 수 있는 지도 이념으로서 節義情神에 기반을 둔 성리학이 요청되었다. 세조의 왕위 찬탈은 절의정신에 기본을 두고 있던 성리학자들의 눈에는 不義로 보일 수밖에 없었다. 여기에서 死六臣, 生六臣이 나오는 등 절의정신이 충일하게 된다. 이때 영남사림이 등장한 것이다. 成宗은 훈구대신들의 부패와 불의를 못마땅하게 생각하고 이를 시정하기 위하여 김종직, 김굉필, 정여창 등 일군의 사림 출신의 師友關係에 있는 인물들을 중앙 정계에 진출시켰던 것이다. 여기서 우리는 진정한 의미의 붕당의 싹을 볼 수 있게 된다. 이들은 孝悌忠信을 가르쳐 五輪的 질서를 확립하고 성리학의 정밀한 이해를 통해 理氣論, 心性論, 修養論을 일관된 체계로 정립하면서 성리학의 道學化에 힘을 기울였다. 물론 여기에는 영남지방 이외에도 기호지방을 비롯한 각지에서 사림계열에 참가하게 된다.

사림이 중앙 정계에 진출하자, 훈구세력들은 자신의 신분과 지위에 일대 위협을 느끼게 되고 이들을 쳐 없애 버리려는 꿈을 가지게 된다. 이때 연산군이 등단한다. 연산군을 이용하여 戊午士禍(연산군 4년, 1498년)와 甲子士禍(연산군 10년, 1504년)를 일으켜, 김종직 등의 신진 士類들을 탄압하였던 것이다. 연산군의 폭정에 맞서 이를 극복하고자 至治主義를 내세우며 성리학의 차원높은 義理情神을 확대 구현하고자 하였으니 그 대표적인 인물이 조광조이다. 그러나 조광조는 마침내 己卯士禍(중종 14년, 1519년)로 희생된다. 이어서 乙巳士禍(인조 1년, 1545년), 丁未士禍(명조 2년, 1565년)가 일어난다. 이와 같이 연거푸 일어나는 사회로 말미암아 사류들은 모두 도시를 버리고 향리로 내려가 문호를 열거나 유배지에서 자제들을 가르쳐서 성리학이 널리 각지에서 연구하는 풍조가 생겨났다. 이 시대야말로 격변과 급변의 시대, 다시 말하면 새로운 제도를 향하여 몸부림치면서 새로운 사회질서의 기초를 이룩하기 위하여 젊은 자제들을 올바르게 가르쳐야 한다는 데 관심을 기울였던 시대라고 말할 수 있을 것이다.[19] 성리학은 이 시대의 사람들에게 할 수 있는 최대의 봉사를 하기 위하여 '올바른 삶'에 대한 문제를 어느 때보다 심각하게 제기하였다.

---

19) William Boyd, *The History of Western Education*, 李烘雨·朴在文·柳漢九(譯), 「西洋敎育史」, (교육과학사, 1994), pp.40-1.

2. '올바른 삶'의 문제의 體系的인 追究: 性理學

성리학은 우주 자연의 원리와 인간 사회의 질서를 설명하고 그 관계를 形而上學的으로 탐구하는 유교철학이며, 궁극적으로 유학의 근본정신인 修己治人의 이상을 실현하기 위해 철학적으로 그 근거를 밝히는 학문이라고 볼 수 있다. 달리 말하면, 이 성리학은 '올바른 삶'의 문제가 무엇이며, 그것의 해결 방안이 어떤 것인지를 탐구하는 학문이라 할 수 있다. 여기에 이 시대의 대표적인 성리학자들인 徐敬德, 李滉, 曺植, 李珥 등의 이론 속에서 '올바른 삶'의 문제가 어떻게 다루어지고 있는가를 탐색해 보겠다.

徐敬德은(성종20년~명종1년, 1489~1546, 號 花潭)은 程子나 朱子의 성리학을 기반으로 그 성리학을 발전시키거나 변형시키려고 한 것이 아니라, 자신의 새로운 성리학을 구축하려고 하였다고 말할 수 있다. 말하자면 그 나름대로의 올바른 삶의 문제를 해결해 보려고 한 철학자인 것이다. 특히 그는 周易에서 출발하여 거기에 서 머무르며 거기서 '올바른 삶'의 의미를 찾으려고 하였던 것이다. 그리하여 그는 변화에 초점을 맞추되, 氣를 '先天氣'와 '後天氣'로 나누고 이를 조정하는 것으로서 '機自爾'라는 독특한 개념을 만들어 내었다.[20] 이 이론 속에서 화담은 자연의 변화 속에 담겨있는 법칙이나 원리가 인간행위의 원리로서 적용될 수 있다는 생각을 하게 되었던 것이다. 예컨대, 그는 冬至日에 주목한다. 동지는 일년중 추위가 극치인 날이자, 동시에 따뜻한 봄기운이 회복하기 시작하는 날이다. 화담은 이 동지일을 가리켜 '동지는 천지가 바야흐로 되돌아서 음양이 처음으로 변화하는 날이다. 그러므로 이르기를 後에 그 천지의 마음을 볼진저'라고 말하고 있다.[21] 그가 주목한 것은 靜中動의 내면적 변화에 주목한 것이다. 이 변화를 알아차리기는 무한히 어려운 일이다. 그것은 깊은 사색 끝에 얻어지는 통찰을 통하지 않고는 알 수 없는 것이다. 다른 예를 하나 더 들면, 그는 자연이 보여주는 멈춤의 현상에 주목한다. 화담은 특히 주역의 艮卦에 '艮은 멈춤이니 때가 멈춰야 할

---

20) 화담은 기의 운동과 작용이 결코 다른 원인이나 존재에 의해서 생기는 것이 아니라, 기 속에 자체적으로 내재한 내적 필연성에 의한 것으로 본다. 모든 변화자체를 기의 취산으로 설명하면서, 변화의 필연성은 다름 아닌 자체 내에서 저절로 발생하는 것으로 말한다. 이것이 機自爾이다.

21) 徐敬德, '復其見天地之心說', 「花潭集」.

때는 멈추고 때가 행해야 할 때에는 행하여 動과 靜이 그 마땅한 때를 잃지 말아야 그 道가 광명하게 된다'고 하였다. 화담의 해석은 '대개 행해야 할 때에 행한다는 것은 곧 행에 멈춘다는 것이고 멈춰야 할 때에 멈춘다는 것은 멈춤에 멈춘다는 것이다. 이미 멈춰야 할 곳에 멈추어 있으면 詩를 억지로 읊을 필요가 없고, 벼슬을 억지로 달려가서 구할 필요가 없고 몸가짐도 억지로 서두를 필요가 없다. 번거롭게 움직이며 생각만 하다가 어찌 마음만 들떠 서두르는데 멈추겠는가'고 해석하였다.22) 화담이 생각하는 '올바른 삶'은 주역의 復卦와 艮卦에 담겨 있음을 알 수 있다.

周易의 復卦를 해석하면, '사태가 불리한 데서 유리한 데로 전환하는 것이 하늘의 이치이다. 이 전환의 징조를 예리하게 관찰하여 회복을 앞당겨야 한다. 이 기회를 놓치는 것은 현명한 일이 못된다. 주위의 사람들이 뜻을 같이 하지 않을 때 혼자라도 正道를 따르며 그것에 확신을 가지도록 해야 한다. 다른 사람을 움직이는 것보다는 스스로를 가다듬는 것이 더 중요하다'.23) 이어서 艮卦를 해석하면 '사람들이 서로 뜻이 엇갈려 등을 돌리고 있을 때는 묵묵히 자신의 본분을 지키는 것으로 만족해야 한다. 사람들의 마음을 돌려 공동의 사업을 도모하는 것은 성과를 거둘 수없다. 답답한 마음은 어쩔 수 없겠지만 조용히 心身을 가다듬어야 하며 특히 남의 일에 관하여 이런저런 말을 하면서 간섭한다는 인상을 주지 않도록 해야 한다. 내적 평정을 유지하면서 떳떳한 덕을 잃지 않고 자중자애하면 반드시 호전될 것이다'라고 말할 수 있을 것이다. 이 두 괘를 통하여 화담이 생각하는 '올바른 삶'이라는 것은 사태 전환의 예리한 징조를 관찰할 수 있는 깊은 사고력을 갖추고, 혼자라도 정도를 따르며, 내적 평정을 유지하면서 떳떳한 德을 잃지 않고 자중자애하는 삶이라고 말할 수 있을 것이다. 화담 자신도 이 '올바른 삶'에 따라 살았으며, 그의 제자들인 朴淳, 許曄, 李之菡 등도 또한 그렇게 살았다고 보아야 한다.

曺植(1501~1572 號 南冥)은 퇴계와 더불어 영남의 좌우에 자리잡고 있으면서 그 빛을 서로 비추고 있었다. 비록 서로 직접 만나지 않았지만 마음으로 흠모

---

22) 蓋時行而行 則行而止也 時止而止 則止而止也 旣坐止止之城 則詩不必苦吟 仕不必馳鶩 形亦不必抖擻 煩動而思 鳥可憧憧往來 而不止乎, 徐敬德, '途沈敎授序'「花潭集」.

23) 이 해석은 서울대학교 사범대학 교육학과 李烘雨 敎授의 해석이다.

한 지는 오래 되었다. 남명은 어렸을 때부터 經史之集을 폭넓게 읽고, 천문, 지리, 醫數, 궁마, 兵陣에 널리 통하고, 특히 老莊學에 심취하였다. 그의 이론을 보면,[24] 그는 無極과 太極을 같은 것으로 보았다. 그러나 그는 陰陽動靜을 말할 때에는 그것을 태극과 함께 말하고 있다. 즉, '太極之有動靜 是天命之流行'이라고 한 것을 보면, 그는 태극을 理로 보지 않고 있다는 것이 된다.[25] '一陰一陽'하는 것 자체를 道라고 본 것이다. 말하자면 그는 생성변화에 관심을 두었다고 말할 수 있을 것이다. '陰陽一太極也'라 한 것을 보면, 음양이 함께 공존하는 상태가 태극이며, 음양 이외에 따로 태극이 있는 것이 아니다. 그러므로 태극이 바로 氣요, 음양의 유행이 바로 動靜이라 할 수 있다. 이것으로 보아 남명은 氣論者임을 알 수 있다. 그리하여 태극과 유행은 眞實无妄하고 純粹無雜하지만 인간과 만물은 그렇지 못하다. 인간과 만물의 경우 動은 常을 잃게 하는 계기가 되므로 진실과 순수를 되찾는 길은 靜을 취하는 도리밖에 없다고 생각하는 것이다. 知行의 문제에서도 그는 근본 이치를 알면 뜻이 흔들리지 않으며, 그 마땅한 바를 알아 행동의 어긋남이 없게 된다는 것이다. 따라서 남명이 생각하고 있는 '올바른 삶'의 意味를 말한다면, '선비는 세상 일을 잘 파악하고 나를 위하지 말 것이다. 뜻이 높은 선비도 벼슬을 하지 않을 수 없으니 어찌 일을 함에 있어 조금이라도 放心할 수 있겠는가. 뜻이 있는 선비는 무엇보다도 먼저 천하만물을 대할 때 어떤 동요도 일어나지 않는 자기 자신의 참다운 자기가 정립되어야 하며, 그렇게 되면 만사는 그 근본에 따라 적응되므로 여유가 생긴다. 혼자서 조용히 생각하기는 쉬우나 넓은 세상에 나가 실지로 천하의 일을 다루기는 어렵다. 배움은 넓은 것이 귀한 것이 아니요, 바른 것이 귀한 것이다. 다스리는 일은 속이지 않는 것이 귀한 것이요, 오로지 백성을 기쁘게 하는 일만 해야 할 것이다'라고 말하고 있다.[26] 그는 이와 같은 선비가 되기 위해서는 道의 요체인 敬과 義에 주로 의지해야 한다고 하였다. 남명 자신은 드높은 기개와 기백의 소유지이며, 그의 문하에는 유난히 節義之士가 많이

---

24) 金忠烈, '曺植의 學問과 思想', 韓國哲學會(編), 「韓國哲學硏究(中)」(1982), pp.203-21.

25) 無極而太極 註에 '非太極之外復有無極也'라고 한 것은 朱子說과 같고, 또 陰陽動靜 註에 '太極之有動靜 是天命之流行'이니 '太極形而上之道 陰陽形而下之器'라 한 것 또한 伊川,晦庵과 같은 것 같으나, 天命의 流行에 있어서 太極 자체가 動靜하는 것으로 본 것은 결국 太極을 理로 보지는 않은 것이므로 크게 다르다 하겠다.

26) 曺植, '學記類編', 「南冥集」, 卷4.

나왔다. 그의 제자들에는 吳健, 鄭仁弘, 崔永慶, 金宇顒 鄭逑 등이 있다.

李滉(1501~1570, 號 退溪)은 한국 성리학의 거봉의 자리를 차지하고 있다. 그가 이와 같은 자리를 차지한 것은 그의 앞에 李彦迪(1491~1553)과 같은 인물이 있었기 때문이다. 특히 이언적의 태극론은 주자 이래 理說을 확립하여 理의 객관성 실재성을 분명히 드러내어 퇴계와 율곡의 '互發'과 '一途設'의 前奏가 되었던 것이다.

퇴계가 가지고 있었던 '올바른 삶'에 관한 문제의식은 마음에 관한 탐색과 관련을 가지고 있는 것이다. 따라서 理와 氣 등의 개념은 마음이 아니라, 세계를 설명하는 것이며, 그러한 개념은 그 자체로서는 완결될 수 있는 것이 아니라, 마음에 관한 설명과 어떤 형태로든지 관련을 맺어야 한다는 것이다. 이것이 문제로 노출된 것이 바로 '四七論辯'이다. '四端七情論辯'은 마음을 설명해 주는 두 가지 개념인 四端과 七情의 관련을 理氣哲學에 비추어 설명하려는 시도이다. 퇴계는 理도 發하고 氣 도 發한다고 주장한다. 여기서 '發'의 의미를 시간적 선후관계로 파악하면, 이라는 개념이 시간상 먼저 있고 그것이 사단으로 표현되는 것이다. 그러나 이라는 개념은 현상에서 추론될 뿐 그 자체로서는 실체를 가질 수 없는 것인데 마치 실체가 있는 것처럼 되어 버린다. 퇴계가 보기에 이는 사단이 있기 이전에 그것과는 별도로 존재하는 것이 아니라, 사단으로부터 추론되는 것이므로, 이 점에서 사단은 곧 이이며, 마찬가지로 칠정 또한 기와 동일한 성격을 가지는 것이다. 달리 말하면, 칠정은 원칙상 개인에게 의식되는 상태를 가리킨다는 점에서 '경험적 마음'이라 부를 수 있고, 사단은 칠정과는 달리 현재 개인에게 지각되지 않지만 갖추어야 할 표준이 된다는 점에서 '형이상학적 마음'이라고 부를 수 있을 것이다.[27] 그리하여 사단과 칠정은 이와 기가 구분되듯이 엄연히 구분되어야 한다는 것이다. 그렇다면 '올바른 삶'은 인간이 따라야 할 절대적 기준이 있으며, 그 기준에 따라 살아가도록 노력하는데 의미가 있다는 것이다. 그의 제자들에게는 趙穆, 金誠一, 柳成龍 등이 있다.

李珥(1536~1584, 號 栗谷)는 그 이전에 이루어졌던 퇴계와 고봉 사이에 벌어진 '사칠논변'을 이어받고 있다.[28] 그는 퇴계보다는 고봉을 지지하고 있을 뿐만

---

27) 朴鍾德, 前揭書, pp.105-8.
28) 張聖模, '栗谷思想의 敎育學的 解釋', 한국정신문화연구원, 「栗谷의 思想과 그 現

아니라, 고봉의 입장을 보다 철저하게 이론적으로 뒷받침하고 있다. 율곡이 '四端七情說'에서 고봉과 입장을 같이하고 있으면서, 나름대로 독특한 人心道心說을 논의하고 있다. 그의 인심도심설은 하나의 마음이 드러내는 사실적 측면과 규범적 측면을 각각 인심과 도심으로 구분하고 양자의 관계 방식의 차이 또는 변화의 양상에 의해서 마음의 발달을 논의하였다. 또한 율곡의 '心性情意一路說'은 퇴계의 '四端七情理氣分對說'과 '人心道心理氣分對說'에 대한 대안으로 제시하고 있다. 결국 율곡의 理氣哲學은 '氣發理乘一途說'과 '理通氣局說'로 구성되어 있다고 말할 수 있을 것이다. '氣發理乘一途說'이 이와 기의 비분리성을 주장하는 것이라면 , '理通氣局說'은 이와 기의 상이한 존재양상을 부각시키는 이론이다. 이 설명에서 보면, 理는 경험을 초월한 형이상학적 실체로서의 의미를 가지며, 따라서 그것이 표현되기 위해서는 시간적 차원에서 움직이는 기와 결코 무관할 수 없다. 오히려 시간적 차원에서 기를 타고 움직이는 이의 운명은 그가 깃든 기의 운명에 의하여 구속을 받을 수밖에 없다. 그러므로 氣局은 이의 운명을 결정하는 기의 존재 양상을 한정하는 개념이다. 말하자면 기는 그 자체로서 국한성을 지니고 있지만 그 국한성은 하나로 고정되어 있는 것이 아니라, 그것이 유행하면서 淸濁 粹駁의 수준에 있어서 다양한 차이를 드러낸다. 달리 표현하면, 삶에서 추구해야 할 이상적 기준은 초월해 있으면서도 동시에 삶 그 자체 속에 이미 내재해 있다는 말이 되는 것이다. 이 말에서 '올바른 삶'의 의미를 추론해 보면, 인간으로서 품부받은 기질을 갈고 닦아서 가장 맑고 순수한 상태로 도달하고 이를 유지함으로써 聖人의 경지까지 끌어올리는 삶이야말로 가장 '올바른 삶'이 되는 것이다. 그의 제자들로는 金長生, 金集, 宋時烈 등을 들 수 있다.

3. '올바른 삶'의 意味의 政治的 實現: 黨爭

이 시대를 거쳐 나온 사류들은 이 '올바른 삶'의 문제를 정치이념으로 구현하고자 붕당을 만들어 당쟁을 해왔으며, 실지로 당쟁을 통하여 시대에 알맞은 이념을

代的 意味」(1995), pp.397-473.

실현시켰다고 보아야 한다. 이 말을 좀더 구체적으로 말하기 위해서는 우선 정치의 의미를 두 가지 관점에서 규정해 보고 그것과 관련하여 교육이 어떤 위치를 차지 할 수 있는가를 생각해 보고자 한다.[29] 그 두 가지 관점이라는 것은 정치에 관한 消極的 관점과 積極的 관점이다. 먼저 소극적 관점에서 정치의 의미를 규정하자면, 정치의 본질은 다른 활동들이 잘 수행되도록 도와주는 데에 있는 만큼, 정치는 스스로의 필요성이 최소한으로 되는 상태, 다시 말하면 다른 활동들이 정치의 도움을 최소한으로 요구하는 상태를 실현하는 데에 힘써야 한다는 것이다. 정치와 관련하여 교육은 정치가 다른 활동들과 맺는 것과 동일한 관련을 다른 활동들과 맺는다. 하나의 구체적인 활동으로서의 교육이 가지는 특이성이 있다면, 그것은 정치와 마찬가지로 스스로의 존재의의를 없애 버리는 것을 목적으로 한다는 점이다. 말하자면 교육이라는 활동은 그 대상인 피교육자들로 하여금 거기서 배운 활동을 혼자 힘으로 할 수 있도록 도와주는 일이며, 그 활동의 목적은 마침내 피교육자가 더 이상 도움을 필요로 하지 않게 될 때 달성되는 것이다. 교육은 이점에서 정치와 유사성을 가진다. 이제 이 말을 반대편에서 말하면, 교육은 이점에서 다른 활동과 구분된다는 뜻이 된다.

적극적인 관점에서 정치의 의미를 밝히기 위해서는 정치는 다른 활동들이 '잘 수행되도록 한다'는 것이 무엇을 뜻하는가 하는 것이 밝혀져야 한다. 활동들이 '잘 수행되도록 한다'는 것이 무슨 뜻인가 하는 질문은 결국 '올바른 삶'의 의미가 무엇인가'하는 질문과 통한다. 정치는 이 '올바른 삶'의 의미가 무엇인가 하는 문제와 정면으로 마주 대하고 있다. 정치는 사람들로 하여금 각각의 활동에 종사하면서 살도록 하되, 그 삶의 과정이 부단히 '올바른 삶'의 의미를 추구하고 그 의미에 따라 살수 있도록 꾸준히 도와주는 일이다. 이것이 바로 적극적 관점에서 본 정치의 본질이다. 그렇다면 소극적 관점에서의 정치와 적극적 관점에서의 정치는 서로 모순되는가? 반드시 양자가 모순된다고 볼 필요는 없다. 이것은 곧 정치의 적극적 의미가 소극적 의미 속에 함의되어 있다는 뜻이요, 적극적 의미는 소극적 의미에 함의되어 있는 내용을 명시적으로 드러내어 말한 것에 불과하다는 뜻이다. 정치의 의미를 적극적인 관점에서 해석할 때, 교육과 정치는 '올바른 삶'의 의미를 확인하

---

29) 이하의 敎育과 政治의 관계는 李烘雨, '政治와 敎育', 「敎育의 自的과 難點」(교육과학사, 1984), pp.260-71에 의거하였다.

고 구현한다는 공통의 관심사를 매개로 하여 긴밀한 관련을 맺고 있는 것이 된다. 교육은 정치에 대하여 '올바른 삶'의 의미를 규정해 주고 제시해 주어야 하며, 정치는 그 '올바른 삶'의 의미가 구체적으로 실현되도록 사람들의 삶을 방향지워 주어야 할 것이다.

붕당에서 보여주고 있는 당쟁의 모습을 교육과 정치의 관계에서 해석해 보면 어떻게 되는가? 선비들이 스승에게서 교육받는 것은 '올바른 삶'의 의미를 늘 새롭게 규정하면서 살아가는 과정이라고 볼 수 있다. 달리 말하면 선비들은 스승에게서 성리학의 이론을 배우면서 이것을 자신의 것으로 만들기 위하여 피나는 수양을 쌓아간다. 그리고 마침내 선비들은 성리학 이론을 자신의 것으로 체득하게 된다. 그러나 선비들은 여기에 그치는 것이 아니라, 그 이론을 실지로 만 백성들에게 구현하고자 한다. 이 일을 하기 위해서는 정치에 나아가야 한다. 정치에 참여하는 사람들은 각자 서로 다른 스승 밑에서 '올바른 삶'의 의미가 들어 있는 성리학 이론을 배운 것이다. 이 성리학 이론을 정치에서 실현하는 일은 혼자서 할 수 있는 일이 아니다. 성리학의 이론을 같은 스승 밑에서 배웠거나 그 이론에 찬성하는 사람들이 함께 모여 그 이론을 정치를 통해 실현하게 되는 것이다. 이 과정에서 다른 성리학 이론을 배운 사람들과도 어울려서 일을 해야 한다. 선비들은 상대방을 이해시키거나 설득하지 않으면 안 되며, 이 과정이 조선왕조 시대에는 당쟁의 형태-당쟁의 군자적 측면-으로 나타나는 것이다. 말하자면 교육의 정치적 표현이 당쟁인 것이다. 따라서 붕당을 이해하기 위해서는 성리학을 이해해야 하고 성리학을 이해하지 못하면 당쟁을 이해할 수 없게 되는 것이다.

역사적 사실을 두고 말한다면, 영조에 이르자 당쟁에 폐해가 많다고 생각하여 이를 없애 버리려고 여러 가지 노력을 하다가, 마침내 영조는 蕩蕩平平策을 써서 당쟁을 막았다. 당쟁을 막자, 이제는 본격적으로 勢道 정치가 시작되었다. 구체적으로 말하면 정조 초의 洪氏 세도와 辛亥邪獄이 있었고 정조가 승하하고 純祖가 즉위하면서 辛酉邪獄이 일어나고, 金氏 세도와 趙氏 세도가 생겨났다. 세도정치로 말미암아 신음하고 분노한 민중들이 많아졌으며, 그 일단이 홍경래의 난, 동학란, 진주민란 등으로 표현되었다. 그리고 그밖에 여러 재해가 끊이지 않고 일어났던 것이다. 붕당이 있어서 당쟁이 있었을 때에는 大義와 名分으로 상호 감시하여 부패와 부정을 막을 수 있었다. 이 점이야말로 붕당의 군자적 측면의 효과, 즉 성리학 연구의 정치적 실현이라 아니할 수 없다. 그러나 이 장치가 없어지자 곧 바로 세도정치가 생기게 되고, 이 세도정치로 말미암아 백성들이 도탄에 빠져 신음하다가 마침내 민란을 일으키는 불상사를 빚어내게 되었던 것이다. 그러므로 붕당이 조선왕조를 망하도록 한 것이 아니라, 오히려 붕당으로 말미암아 조선왕조가 유지 발전해 나갔다고 보는 것이 타당하다고 말할 수 있을 것이다.

V. 結 論

본 연구는 붕당을 오로지 소인적 측면에서만 파악할 수 있는 것이 아니라, 군자적 측면에서도 파악할 수 있다는 것을 입증하려고 하였다. 더 적극적으로 말하면 붕당을 소인적 측면에서만 파악할 때에는 붕당의 반쪽밖에 파악할 수 없는데 반하여, 붕당을 군자적 측면에서 파악하면 붕당의 진정한 모습 전체를 파악할 수 있다는 것을 보여주고자 하였다.

붕당은 개념적으로 소인적 측면과 군자적 측면으로 구분되며, 두 측면 중 군자적 측면은 당쟁을 설명의 양태 중에서 '이유'에 비추어 보았을 때 잘 드러난다. 그리고 붕당의 역사적 사례를 들어 권력장악을 위한 투쟁과 정치이념의 실현으로 당쟁의 모습을 그려보면, 당쟁의 두 측면은 '현실을 넘어선 삶의 이념'과 '현실 속의 삶의 이념'이라는 두 차원의 대립으로 변환된다. 이를 바탕으로 깊이 생각해보면, 결국 붕당은 그 당시 선비들에게 '올바른 삶'의 문제를 제기하도록 요구하였으며, 이 문제를 체계적으로 추구하는 과정에서 성리학은 발달할 수밖에 없었던 것이다. 그리하여 당쟁은 올바른 삶의 의미를 정치에서 실현하고자 노력하는 모습으로 나타났던 것이다. 이 점에 이르러 교육과 정치의 관련성을 생각하지 않을 수 없었으며, 마침내 정치와 교육의 불가불리성이라는 점이 드러나게 된 것이다. 이 점이야말로 바로 교육사적 의의인 것이다. 더 나아가 성리학을 이해하지 못하고서는 당쟁을 이해할 수 없는 것이다. 끝으로 당쟁이 없어진 후의 역사적 양상을 보면 당쟁이야말로 조선왕조를 유지 발전시킨 '교육의 정치적 표현'이라고 말할 수 있을 것이다.

　종래의 연구에서는, 과거 역사에서 그랬듯이, 붕당을 나쁜 것으로 인식해 왔던 것이다. 그러나 본 연구에서 보았듯이 붕당은 나쁜 것만 있는 것이 아니라, 오히려 훌륭한 점이 많다는 것을 알게 되었다. 사실 붕당이 조선왕조 시대의 독특한 정치적 역할을 하였던 것임에도 불구하고 오히려 부끄러웠던 사실로 한국 국민에게 인식되어 온 것은 참으로 유감스러운 일이 아닐 수 없다. 물론 본 연구가 붕당의 모든 면모를 남김없이 드러내었다고는 말할 수 없지만, 붕당의 긍정적 모습을 드러내었다는 데에 의의가 있다. 앞으로 이 방면의 보다 철저한 연구가 뒤를 이어 계속 있어야 한다. 왜냐하면 이와 같은 연구를 통하여 우리의 선조들이 부끄러웠던 존재들이 아니라, 오히려 우리 선조들이 자랑스러운 존재라는 것을 확인할 수 있기 때문이다. 특히 학교 교육에서 지금도 여전히 붕당을 우리 선조들이 저지른 부끄러웠던 과거 행위로 가르치고 있는 것은 하루 빨리 시정되어야 할 것이다. 자랑스럽게 여겨야 할 일을 제대로 교육받지 못한 후손들 때문에 오히려 오점으로 인식되게 한 우리 자신을 부끄럽게 생각해야 할 것이다. 교육을 제대로 시키지 못했을 때의 재앙은 그 후대에서 후손들로부터 받는다. 우리 선조들도, '朝鮮黨爭關係資料集'에 수록된 내용들에 의하면, 붕당과 당쟁의 폐단과 타파를 주장하였던 것이 사실이며, 이를 토대로 일본 식민지 시대의 학자들이 이를 악이용하여 조선민족을 완전히 몹쓸 민족, 모이기만 하면 싸움만 하는 민족으로 매도한 것은 주목해야 할 일이다. 이제라도 늦지 않았다. 후손인 우리들이 보다 넓고 깊게 학문을 自得하여 우리의 참 모습을 드러내는데 게으름을 피워서는 안 된다는 것을 마음속 깊이 아로새겨야 할 것이다.

參考文獻

姜光植, '朝鮮朝 朋黨政治文化의 構造와 機能', 한국정신문화연구원, 「精神文化硏究」제13권 제4호(통권21호), 1990.

고영진, '17세기 전반 남인학자의 사상: 정경세, 김응조를 중심으로', 한국역사연구회, 「歷史와 現實」 제8집, 1992.

고영진, '16세기 호남사림의 활동과 학문', 경상대 남명학 연구소, 「南冥學硏究」제3집, 1993.

歐陽修, '朋黨論', 「歐陽文公集」.

國史編纂委員會(編), 「朝鮮王朝實錄」.

金龍德, '朋黨政治論 批判: 朝鮮時代 黨爭의 性格', 한국정신문화연구원, 「精神文化硏 究」, 1986 여름호.

金鍾德, '李朝 黨爭에 관한 社會學的 硏究－黨議通略의 葛藤分析을 중심으로', 「韓國 學報」제24집, 1981.

金忠烈, '曺植의 哲學思想', 韓國哲學會(編), 「韓國哲學硏究(中)」, 동명사, 1982.

南智大, '朝鮮後期의 "黨爭"과 淸要職', 한국문화연구원(편), 「朝鮮後期 黨爭의 綜合 的 檢討」, 1991.

民族文化推進會(譯), 「연려실기술」.

民族文化推進會(譯), 「大東野乘」.

朴在文, 「義理之學과 敎育」, 敎育理論 支脈 H94, 교육과학사, 1993.

朴鍾德, '敎育의 根本問題로서의 四端七情論辯', 퇴계학연구원, 「退溪學報」 제91집, 1996

徐敬德, '復期見天地之心說', 「花潭集」.

細井筆, 「朋黨士禍의 檢討」, 朝鮮問題硏究所, 1911.

申範植, '士禍와 朋黨: 社會思想史的 觀點에서', 「韓國思想」제5집, 1962.

신병주, '17세기 전반 북인관료의 사상', 한국역사연구회, 「歷史와 現實」제8집

1992.

오항녕, '17세기 전반 서인산림의 사상: 김장생, 김상헌을 중심으로', 한국역사연구회, 「歷 史와 現實」제8집 1992.

유봉학, '18세기 南人 분열과 畿湖南人 學統의 성립: 桐巢謾錄을 중심으로', 한신대, 「논문집」, 1983

유봉학, '18-9세기 老論學界와 山林', 한신대, 「논문집」 제3집, 1986.

李德弘, '溪山記善錄(下)', 「艮齊集」, 卷6.

李相伯, 「韓國史近世前後期」, 을유문화사, 1962.

李成茂, '朝鮮後期 黨爭의 原因에 대한 小考', 「李基白古稀紀念 韓國史學 論叢 (下)」, 일조각, 1944.

李相弼, '16세기 儒學思想의 展開와 南冥의 學問', 경상대 남명학 연구소, 「南冥 學硏 究」 제2집, 1992.

李銀順, 「朝鮮後期 黨爭史硏究」, 1983.

李銀順, '朝鮮後期 黨爭史의 性格과 意義', 한국정신문화연구원, 「精神文化硏究」, 1986 여름호.

李珥, 「栗谷全書」.

李離和, '朝鮮朝 黨論의 展開過程과 그 系譜', 한국정신문화연구원, 「韓國史學」제 8 집, 1986.

李瀷, '朋黨論', 「星湖雜著」, 「星湖先生文集」30권, 경인문화사, 1972.

李鐘恒, '李朝黨派 分裂의 原因에 대한 一考察', 경북대, 「論文集」제2집, 1958.

李烘雨, 「敎育의 目的과 難點」, 교육과학사, 1984.

李烘雨, '理氣哲學에 나타난 敎育理論', 서울대학교 사범대학(편), 「師大論叢」제 30 집, 1985.

李烘雨, 「增補 敎育課程硏究」, 박영사, 1996.

張聖模, '栗谷思想의 敎育學的 解釋', 한국정신문화연구원(편), 「栗谷의 思想과 그 現代 的 意味」, 1995.

張立文, '南冥性理哲學硏究', 남명학연구원, 「南冥學硏究論叢」 제3집, 1995.

鄭萬祚, '朝鮮時代 朋黨論의 展開와 그 性格', 한국정신문화연구원, 「朝鮮後期 黨爭의 綜合的 檢討」, 1991.

鄭玉子, 「朝鮮後期 知性史」, 일지사, 1993.

曺植, 「南冥集」.

車河淳, 「歷史의 本質과 認識」, 학연사, 1989

崔英成, 「韓國儒學思想史 Ⅲ」, 아세아문화사, 1995.

최완기, '18세기 붕당의 정치적 역학관계', 한국정신문화연구원, 「精神文化研究」, 1986 여름호.

幣原坦, 「韓國政爭志」, 삼성당, 1907.

韓國思想史研究會(編), 「조선유학의 학파들」, 예문서원, 1996.

韓國周易學會(編), 「周易과 韓國易學」, 범양사 출판부, 1996.

許捲洙, 「朝鮮後期 南人과 西人의 學問的 對立」, 법인문화사, 1993.

Boyd, William, *The History of Western Education*, 李烘雨·朴在文·柳漢九(譯), 「西洋教育史」, 교육과학사, 1994.

Hanson, F. A., *Meaning in culture*, R. K. P., 1975.

Shaffler, J. A., *Philosophy of Mind*, Prentice-Hall Inc., 1968.

7. 燕巖 朴趾源의 "實學精神":
敎育學的 解釋*

Ⅰ. 問題의 提起

우리는 흔히 實學이라고 하면 朝鮮王朝 後期에 일어난 새로운 學風을 가리켜 왔고, 또 거의 관습적으로 이 생각을 받아 써 왔다. 그러나 좀더 자세히 역사를 들여다보면, 사실은 麗末에 朱子學이 새로 수입된 때에 이미 實學이라는 말이 실제로 사용된 것을 볼 수 있다. 구체적으로 말하면, 益齊 李齊賢이 忠宣王에게 올린 讚辭에서 "實學"이라는 말을 볼 수 있다. 즉, "今殿下誠能廣學校 謹庠序 尊六藝 明五教 以闡先王之道 孰有背眞儒而從釋于 捨實學而習章句 將見彫虫篆刻之士 盡爲經明行修之士矣"(李齊賢 櫟翁稗說 中)(이제 殿下께서 학교를 넓히시고 참다운 교육의 장소(庠序)로 삼으셔서, 禮樂射御書數의 六藝를 존중하고 五倫의 가르침을 밝히 알게 하여서 先王의 道를 널리 펼치신다면, 어느 누가 참다운 유학을 배반하여 불교를 따르고 實을 버리고 章句를 익힐 것입니까? 진실로 교육이 올바르게 되면 詩賦의 겉치레만 꾸미는데 힘썼던 선비들도 장차 모두 경전에 밝고 거기에 따른 행실을 닦는데 힘쓰는 (經明行修) 선비가 될 것입니다.)라고 말하고 있는 것을 볼 수 있다. 이것이 아마도 거의 처음으로 實學이 언급된 장면이

* 「教育研究論叢」 2003. Vol.24 No.1 pp.129-150

아닌가 추측해 본다. 여기서 말하고 있는 實學은 高麗時代 내내 행하여진 詩賦章句의 학문을 버리고 經明行修의 學問으로 돌아가는 것을 가리키고 있는 것이다. 달리 말하면 고려시대의 학문을 虛學이라 규정하고 새로 수입된 宋學(程朱學)을 가리켜 實學이라고 말하고 있는 것이다.

朝鮮王朝 때 權近도 窮經實學이라는 말을 쓰고 있다(太宗 7年 3月 上書文). 이 말은 經明行修와 다른 말이 아니다. 이 말이 바로 조선왕조 초기에 말하는 實學이었다. 그러나 어쩌다가 조선왕조 후기에 와서 다시 實學이라는 학풍이 대두되게 되었는가? 이 學風이 일어나게 된 원인을 대체로 다음과 같이 생각하고 있는 것을 볼 수 있다. 즉, 麗末에 傳來된 朱子學은 朝鮮王朝에서 政治와 敎育의 理念이 되었다. 따라서 學問은 자연스럽게 朱子學에 기울어졌다. 政治的으로는 朝鮮王朝가 세워지고 시간이 흐름에 따라 勳舊派와 新進士流 사이에 벌어지는 다툼으로 인하여 사회는 점차 굳어지기 시작하였다. 더 나아가 壬辰倭亂을 겪고 나서는 사회가 더욱 안정을 잃었다. 지배층의 대립이 격화되고 정국은 점점 혼란상태로 빠져들어 갔다. 그 결과 농촌은 더욱 피폐해졌다. 이와 같은 상황에서 學問도 개인의 심성을 수양하여 聖人이 된다는 생각만으로는 安心立命할 수 없게 된 것이다. 그런데 때마침 중국을 통하여 새로운 학풍인 西學과 淸代의 考證學이 전해졌다. 말하자면 종래의 空理空論의 죽은 학문보다도 實際로 이로운 산 학문을 말하는 것이다. 이것이 바로 利用厚生의 학문을 말하는 것이다. 그리고 우리 고유의 문학과 역사도 연구하여야 하겠다는 생각을 가지게 되었다. 이러한 학문경향을 지닌 일련의 학자들을 가리켜 實學派라 한다.[1]

燕巖 朴趾源(1737-1805)도 아마 위에서 언급한 흐름 속에서 생겨난 한 사람의 학자라고 생각할 수 있다. 그러나 이렇게 생각하는 것이 옳은가? 아니 그보다도 그러한 규정이 과연 燕巖 朴趾源의 實學精神을 올바르게 나타내고 있는 것인가? 韓國의 知性史를 돌아 볼 때, 實學이 독자적인 성격을 띤 하나의 학풍으로 인식되기 시작한 것은 1930년대였다.[2] 그 이전에 實學은 儒學이나 性理學이었다. 그러나 사회에서 유학적 전통이 급속도로 퇴조하면서 實學 가운데 非儒學的인 측면들이 더욱 주목을 받게 되었고, 마침내 그와 같은 측면들을 實學의 本質

---

1) 韓㳓劤, "李朝 實學의 槪念에 對하여", 震檀學報 20 輯, 1959, p.27.
2) 千寬宇, 韓國史의 再發見, 一潮閣, 1974, pp.127-136.

로 파악하기에 이른다. 심지어 최근의 연구들은 현대 사회기반이 되는 근대적 특성들, 예컨대, 신분제의 타파, 민주적 제도 및 생활양식, 합리적이고 개인주의적인 습관과 태도, 교육의 기회균등 등이 實學 가운데 어떤 형태와 수준으로 존재하는 것으로 확인하여, 이것으로 實學을 다시 평가하는 데 주력하는 모습을 보여주고 있다. 이 와중에서 燕巖 朴趾源도 그 한 부류에 속하는 학자로 취급하게 되었을 것이다. 그러나 연암 박지원을 과연 이와 같은 방식으로 취급해도 좋은가 하는 의문이 생긴다.

이와 같은 의심을 해결하기 위한 방안으로 우선 實學의 근본적인 의미를 생각해 보는 것이 순서일 것이다. 중국사람들은 원래 옛부터 實에 대하여 관심이 많았던 것 같다. 예컨대, "孟子曰 仁之實, 事親是也, 義之實, 從兄是也, 智之實, 知斯二者不去是也, 禮之實, 節文斯二者是也. 樂之實, 樂斯二者. 樂則生矣, 生則惡可已也. 惡可已, 則不知足之蹈之 手之舞之."(孟子, 離婁章 上)(맹자가 말했다. 仁愛의 핵심적 구현은 바로 부모를 섬기는 것이고 義理의 핵심적 구현은 바로 兄長을 공경하는 것이고 智慧의 핵심적 구현은 바로 앞의 두 가지〔孝와 悌〕를 잘 알아서 지키고 이탈하지 않는 일이다. 그리고 禮의 핵심적 구현은 바로 그 두 가지〔孝와 悌〕를 실천함에 있어 調和의 美로써 꾸미고 지나치거나 부족함이 없이 조절하는 것이다. 또한 음악의 핵심적 구현은 바로 그 두 가지〔孝와 悌〕를 실천함에 있어 즐거운 마음으로 하게 만드는 것이다. 마음이 즐거우면 더욱 그 두 가지를 실천할 생각이 나고, 따라서 그만둘 수 없게 된다. 마음에서 우러나 그만둘 수 없으니 자기도 모르게 손과 발을 흔들고 춤을 추면서 孝와 悌를 실천하게 마련이다.)

우리는 여기서 仁之實, 義之實, 禮之實, 智之實 등에서 "實"字를 눈 여겨 볼 필요가 있다. 實은 과연 무엇을 의미하는가? 적어도 여기서 사용하고 있는 "實"字의 의미는 本質, 核心, 實在이다. 이 의미에 비추어 보면, 孟子 離婁章에서 보이는 "實學"의 의미는 仁義禮智를 핵심적으로 구현하는 학문이라고 할 수 있다. 그러나 이 의미만 맹자에 있는 것은 아니다. 孟子 告子 下에 보면, "淳于髡曰 先名實者, 爲人也. 後名實者, 自爲也. 夫子在三卿之中, 名實未加於上下而去之, 仁者固如此乎?"(순우곤이 맹자에게 말했다. 명예와 공적을 앞세우는 사람은 백성들을 위해서 일하고, 명예와 공적을 뒤로 돌리는 사람은 자기를 착하게 지키고자 합니다. 선생께서는 三卿속에 계시면서 명예나 공적을 上下에 더하시지 않고 그대로 이 나라를 떠나려 하시니, 仁者는 원래 그렇습니까?) 그러면 여기서 말하고 있는 '名實'은 무슨 뜻인가? 趙岐註에 의하면, "名者有道德之明, 實者治國惠民之功實也"(名이란 도덕에 밝음을 말하며, 實이라는 것은 나라를 잘 다스려 백성들에게 혜택이 돌아갈 수 있도록 하는 功績을 말한다.)라고 되어 있다. 이상의 경우에서 알 수 있는 것은 "實"字의 의미는 人間修練과 經世治國을 가리키며, 따라서 實學은 이 두 가지의미를 실현시키기 위한 學問으로 되는 것이다. 그리하여 孟子 이후 "實"은 文(文飾也, 꾸미는 것), 虛(不眞實也, 거짓된 것), 空(虛也, 빈 것), 華(文飾曰華, 화려하게 꾸미는 것)등의 반대되는 개념으로 쓰여졌던 것이 사실이다. 이와 같은 사실로 미루어 보아 儒學에서는 實을 매우 중시하였다는 것을 알 수 있을 것이다.

원래 儒學에서는 자신의 학문을 實學이라고 하면서, 한편으로는 한 個人의 心性을 수양하여 聖人이 되게 하는 학문이면서, 다른 한편으로 經世治國하여 백성들에게 잘 먹고 살도록 해주는 학문이라고 하였던 것이다. 이 實學의 의미를 정확히 파악하고 있던 인물이 조선왕조 시대 초기의 權近이었던 것이다. 그에 의하면, "임금으로서 나라를 다스리고자 한다면, 반드시 경전을 널리 보고 익힌 후에 이치를 窮究하여 마음을 바로 잡을 수 있고, 그리하여 자신을 다스리고 만천하를 평화롭게 할 수 있다"(凡欲爲治 必須博觀典籍 然後可以窮理正心, 而致修齊治平之效也, 陽村集 卷 14 記類 信齊記)고 하였다. 이로써 窮經實學이라는 것을 표명하였고, 다시 治人, 治國을 강조하였던 것이다. 그는 다시 "대저 병사들이 용감하고 백성들이 물질에 만족해하며 禮樂이 興하면, 이미 다스리는 道에 들어있다. 孔門諸子들의 뜻이 모두 이러하다. 이것을 모두 實學이라한다"(夫兵勇民足 而禮樂興 爲治道備矣 孔門諸子其志如此 皆實學也, 陽村集 卷 22 跋語類 鑄字跋)고 하면서, 實學이 되기 위해서는 그 목적의 하나로 經世治國을 강조해야 한다는 것을 밝혔다.

조선왕조 초기에 권근과 같은 최고 관료이면서 학자들에 의하여 實學으로서의 儒學의 의미를 잘 유지해 오다가, 世祖篡奪을 계기로 문제가 생겼던 것이다. 말하자면 儒學을 공부한 臣下들 사이에 틈이 벌어지기 시작하였던 것이다. 세조에 붙어 勳功에 따라 세력기반을 구축한 이른바 勳舊派(官學派)와 鄭夢周-吉再-金叔玆를 思慕하고 따르는 義理學派라 할 수 있는 嶺南學派(士林派)로 갈라졌던 것이다. 그리하여 훈구파에게 있어서 학문은 관직에 登用되는 방편이었다. 그 결과 학문은 典儀와 詞章을 위주로 하게 되었던 것이다. 이에 반하여 成宗 이후 정계에 등단한 소위 新進士類들은 혁신세력으로 나타났다. 新進士類들의 정치적 요구는 성리학의 정치적 이념을 실천하고자 하였던 것이다. 이 두 세력간의 갈등은 士禍로 이어지고 마침내 實學으로서의 儒學이 서서히 빛을 잃어가기 시작하였던 것이다. 여러 차례 이어지는 士禍로 말미암아 사회는 점차 안정을 잃고, 정치기강은 문란해졌다. 그로 인하여 관료들은 苛斂誅求를 하게되고 稅制는 있으나 마나 한 제도가 되어 버렸다. 세제가 그 모양으로 되었다면 兵制, 學制인들 온전하였겠는가. 농촌의 형편이 극도로 피폐하게 된 것은 당연하다 하겠다.

宣祖朝에 이르러 新舊對立의 양상은 朋黨이라는 새로운 모습으로 변모하였다. 임진왜란으로 말미암아 사회상태는 매우 악화되어 갔으나, 그나마도 붕당으로 말미암아 국가사회가 유지될 수 있었다.3) 여기에 사회에 커다란 변화를 가져온 두 가지 사건이 일어났다. 하나는 經濟史的 중대의미를 갖는 稅制改編인 大同法의 實施이며, 다른 하나는 肅宗 이후로 이어지는 貨幣의 유통이다. 사회의 변혁이 크면 클수록 黨爭은 격화될 수밖에 없다. 그래도 이 당쟁으로 농촌의 피폐를 어느 정도 막을 수 있었다. 여기서 우리가 주목해야 할 사실은 붕당으로 말미암아 필연적으로 생기는 당쟁을 해나가는 가운데 성리학의 본래의 정신을 살려서 修己治人의 實을 거두어야 한다는 소리가 들렸다는 것이다. 예컨대, 기강의 문란, 진실의 기풍이 없음에 대한 景宗이 답한 "務實"(경종 4년 9월 승정원 일기)이라든가, 領議政 崔奎端도 임금이 節用愛民의 道를 묻는 말에 답하기를 '務實의 意'를 체득한 實心, 實政 治民治國을 말하였다는 것이다(英宗實錄 券 1 13張). 이와 같은 기풍의 올바른 모습을 들어 낸 正言 韓德全이 英祖元年 4月에 올린 上疏는 주목할 만하다.

"殿下께서 비록 학문하시는 뜻은 있으나, 실로 학문하시는 방도를 알지 못하십니다. 대저 이른바 학문이라고 하는 것은 꼼짝하지 않고 앉아서 글을 읽으며 課程만을 좇아가는 것을 말하는 것이 아닙니다. 모름지기 是非의 귀착점을 분명히 알고 邪正의 분별을 자세히 살펴서 私意를 깨끗이 떨쳐 버리고 한결같이 義理의 正道를

---

3) 박재문, '조선왕조 시대 朋黨의 교육사학적 해석' 도덕교육연구 제 9집, 한국교육학회 도덕교육연구회, 1997, pp.1-34.

따를 수 있게 된 후에야 바야흐로 학문이라 할 수 있는 것입니다. 그러므로 古人이 학문을 논하는 방도는 조문(條緖)이 아무리 많더라도 궁리를 근본으로 삼는 것이며, 궁리의 방도에 있어서는 지름길이 한 둘이 아니지만 實見이 요체가 되는 것입니다. 이치가 이미 밝아졌고 견해가 이미 참다워졌다면 是非와 邪正은 각기 分界가 있으므로 어떤 일이 눈앞에 닥쳐도 손이 가는 대로 판결이 나게 될 것이니, 문득 어긋나고 머뭇거리는 근심이 없는 법입니다. 지금 전하께서는 그렇지 않으셔서 文義의 끝머리와 經旨 사이에 비록 부지런히 공부하시지만 일을 처리할 때에 미쳐서는 거기서 힘을 얻는 효과가 없으십니다. 더러는 陰陽의 구별에 어두우셔서 두루뭉실하게 처리하시는 것이 있기도 하고, 더러는 마음속으로 善惡을 구분하셔서 사정을 보아가며 해결하시는 것이 있기도 합니다만, 마침내 한 칼에 사태를 두 조각내듯이 일을 결단 내리시는 뜻이 없으십니다."(殿下雖有爲學之志 實未知爲學之方也 夫所謂學者 非兀坐讀書趁果趨程之謂也 必須明於是非之歸 審於邪正之分 克祛私意 一聽於義理之正 然後方可謂之學也 是故 古人論學之方 條緖雖多 而窮理爲本 窮理之道 蹊逕不一 而實見爲要 理旣明矣 見旣實矣 是非邪正 各有分界 事到面前 隨手剖判 便無齟齬遲疑之患矣 今殿下則不然 其於文義之末 經旨之間用功雖勤 而及至做事之時 未有得力之效 或昧陰陽之別 而鶻圇而處之者有焉 或心知淑慝之辨 而假借而用之者有焉 終無一刀兩段斬釘截鐵底意. 英宗實錄 卷 5 10장 表 -裏 英祖元年 4月 丙子條)

여기서 우리가 알 수 있는 것은 學問은 窮經實學이어야 한다는 것이며, 조선왕조 초기에 주장했던 實學의 뜻과 같다는 것이다. 말하자면 實心, 實政, 窮理 등이 그것이다. 英祖도 이에 발맞추어 "요즈음 선비들이 오로지 詞章에만 힘을 쓰고 實(참다운 것, 거짓이 아닌 것, 핵심적인 것)에 힘쓰지 않으니 이것이 내가 보기에 病이라고 생각한다. 겉치레로 꾸미는 것을 취하지 말고 그 實을 취하며 또 선비들로 하여금 글을 씀에 화려함만을 강조하지 말고 참다움(實)에 힘쓰며 꾸밈에 힘쓰지 않는 것이 옳으니라"(近來士子專尙詞華 不爲務實 予實病之, 不取文華 而取其實旨 且令士子輩作文 務實而不務文 可也. 英祖實錄 英祖 2年 11月 壬子條)고 하면서 선비들이 實에 힘쓰지 않음을 경고하고 이어서 考試에서도 글을 헛되이 꾸미는 것만을 하지 말고 實에 힘써 쓰라고 적극 권장하고 있다.

이와 같은 "시대적 반성"의 분위기 속에서 정권에서 떨어져 나간 재야의 학자들에게 杜門不出 현실에 대한 哀切한 諦念 속에서 장래에 희망을 두고 폭넓고 깊은 경전과 역사에 관한 지식을 바탕으로 현실사회의 여러 문제를 정확히 보고 비판하고 구체적 방안을 제시하였던 것이다. 그러나 朝鮮王朝 後期의 實學은 지나치게 "經世治用에 강조를 두었다는 느낌을 받는다. 이 實事求是, 經世致用을 주도한 이들이 바로 磻溪 柳馨遠, 星湖 李瀷, 朴趾源, 李重煥, 丁若鏞 등이다. 본 논문에서는 이들 가운데 燕巖 朴趾源의 實學精神을 특별히 밝혀 보려고 한다. 왜냐하면 연암 박지원에게는 그 나름의 독특한 實學精神이 있다고 생각하기 때문이다. 燕巖 朴趾源의 實學精神은 政治의 道, 地方制度, 土地制度, 財政, 農事, 科擧制, 學制, 兵制, 官制 등 어느 것을 다루어도 나타나 있다. 그게 과연 무엇일까? 그 精神이 바로 "法古而知變 創新而能典"에 담겨져 있다. 이 말의 의미는 과연 무엇일까? 과연 燕巖 朴趾源은 다른 實學者들과 어떻게 다른가? 오늘날 우리의 삶, 특히 교육에 어떤 시사점을 줄 수 있는가? 이들 의문을 이하에서 다루어 보기로 하겠다.

Ⅱ. 法古而知變

燕巖 朴趾源(1737-1805)은 자신이 살아온 세상이 잘못되고 있다는 것을 의식하고 있었다. 그가 가장 문제삼고 싶었던 것은 學問에 대한 선비들의 생각이었다. 당시 선비들이 생각하고 있는 學問은 오로지 修己治人으로만 생각하였던 것이다. 燕巖은 이 점이 잘못된 것이며, 선비들이 자신들의 學問觀이 잘못되었다는 것을 알지 못하는 데 문제가 있다고 보았던 것이다. 燕巖의 말을 직접들어 보면, "무릇 孔-孟이나 程-朱의 서적을 읽고 義理에 관해 講論하는 것은 '마음을 다스리는 것과 몸을 닦는' 방도이며 이들은 물론 선비의 學問임에 틀림없다"(夫誦孔孟程朱之書 相與講說義理 以爲治心修身之方者 是故士之學. 燕巖集 권 16. 課農小抄 張 67)고 하였다. 그러나 그는 다시 "선비의 참다운 학문(實學)은 農-工-商의 원리를 포함한다"(同上, 권 16, 張 22. 士之實學兼包農工賈之理-)고 하였다. 당시 선비들이 잘 모르고 있었던 점이 바로 이것이라는 것이다. 구체적으로

말해보면 당시 선비들이 볼 때, 性理學의 學問觀은 農－工－商의 원리는 학문의 대상이 되지 않는 다고 보았던 것이다. 과연 이 관점은 옳은가? 燕巖이 보기에는 이와 같은 생각을 하고 있는 선비는 잘못된 學問觀을 가지고 있다고 본 것이다.

燕巖 朴趾源이 말한 "不知學問之過也"(燕巖集 卷 7 北學議序)는 그의 實學精神을 밝히는 실마리일 뿐 전부가 아니다. 그의 學問觀은 農－工－商의 原理에 대한 연구는 말할 것도 없고 治心과 修身도 함께 연구해야 한다는 것이다. 그러므로 燕巖을 오로지 利用厚生學派로 몰아 세우는 것은 잘못이다. 이와 같은 燕巖의 學問觀의 모습을 보다 철저하게 알기 위해서는 燕巖의 實學精神을 밝혀야 한다. 그 출발점을 우리는 燕巖의 楚亭集序에서 찾아보고자 한다.4)

"문장을 함은 어찌 해야 하는가? 논하는 자는 말하기를 '반드시 옛것을 본받아야 한다'고 한다. 그리하여 세상에는 마침내 흉내내어 모의하고 남의 모습을 본뜨면서도 이를 부끄러워하지 않는 자가 있게 되었다. 이는 王莽(왕망)의 周官이 禮樂을 제정하기에 충분하고, 陽貨가 공자와 모습이 닮았다 하여 만세의 스승이 될 수 있다고 하는 것일 뿐이다. 그러나 法古를 어찌 할 수 있으랴(爲文章如之何? 論者曰: 必法古. 世遂有擬摹倣像 而不之恥者 是王莽之周官, 足以制禮樂; 陽貨之貌類, 可爲萬世師耳, 法古寧可爲也).

그렇다면 創新은 괜찮은가? 세상에는 마침내 괴상하고 허탄하며 음란하고 치우치면서도 두려움을 알지 못하는 자가 있게 되었다. 이는 석자의 나무가 關石보다 낫고, 李延年의 목소리를 淸廟에 올릴 수 있다는 것이니 創新을 어찌 할 수 있겠는가? 대저 어찌해야만 괜찮을까? 내가 장차 어찌 할까? 그만둘 수는 없는 걸까?(然則 創新可乎? 世遂有怪誕淫僻 而不知懼者, 是三丈之木, 賢於關石, 而延年之聲, 可登淸廟矣. 創新寧可爲也. 夫然則如之何, 其可也? 吾將奈何! 無其已乎!)

아아! 옛것을 본받는다는 자는 자취에 얽매이는 것이 병통이 되고, 새 것을 창조한다는 자는 법도에 맞지 않음이 근심이 된다. 진실로 능히 옛것을 본받으면서 변화할 줄 알고, 새 것을 만들면서도 법도에 맞을 수만 있다면 지금의 글이 옛글과 같게 될 것이다(噫! 法古者病泥跡, 創新者患不經, 苟能法古而知變, 創新而能典, 今之文猶古之文也).

옛사람에 책읽기를 잘한 사람이 있는데 公明宣이 바로 그 사람이다. 옛사람에

---

4) 여기에 제시된 한글 번역은 정민 교수의 「비슷한 것은 가짜다」(태학사, 2000, pp. 159-164)에 있는 내용을 옮긴 것이다.

글을 잘 지은이가 있으니 회음후 韓信이 그 사람이다. 왜 그럴까? 공명선이 증자한테 삼 년을 배웠는데 책을 읽지 않자 증자가 이를 물었다. 그가 대답하였다. "제가 선생님께서 가정에서 생활하시는 것을 보았고, 선생님께서 손님 접대하시는 것을 보았으며, 선생님께서 조정에 처하시는 것을 보았습니다. 배웠지만 아직 능히 하지 못합니다. 제가 어찌 감히 배우지 않으면서 문하에 있겠습니까?(古之人, 有善讀書者, 公明宣是己. 古之人, 有善爲文者, 淮陰候是己. 何者? 公明宣學於曾子三年, 不讀書, 曾子問之, 對曰: "宣見夫子之居庭, 見夫子應賓客, 見夫子之居朝廷也, 學而未能, 宣安敢不學而處夫子之門乎?")

　　물을 등지고 진을 치라는 것은 병법에 보이지 않으므로 여러 장수들이 따르지 않는 것이 당연했다. 그러자 회음후 한신은 말하기를 "이것이 병법에 있는데, 생각건대 그대들이 살피지 않은 것일 뿐이다. 병법에 '죽을 땅에 놓인 뒤에 산다'고 하지 않았던가?" 그런 까닭에 배우지 않음을 잘 배우는 것으로 여긴 것은 魯男子의 홀로 지냄이고, 부뚜막에 숫자를 늘이는 것을 부뚜막 숫자를 줄이는 것에서 본따온 것은 虞升卿의 변화를 앎이다(背水之陣, 不見於法, 諸將之不服, 固也. 乃淮陰候則曰: "此在兵法, 顧諸君不察. 兵法不曰: '置之死地而後生'乎? 故不學以爲善學, 魯男子之獨居也; 增竈術於減竈 虞升卿之知變也).

　　이로 말미암아 보건대, 하늘과 땅이 비록 오래되었지만 끊임없이 생명을 내고, 해와 달이 비록 오래 되었어도 그 광휘는 날마다 새롭다. 책에 실려 있는 것이 비록 방대하지만 가리키는 뜻은 제각기 다르다. 때문에 날고 잠기고 달리고 뛰는 온갖 생물 가운데에도 간혹 이름이 드러나지 않은 것이 있고, 산천초목에는 반드시 비밀스런 靈이 있게 마련이다. 썩은 흙에서 芝草가 나오고, 썩은 풀이 반딧불로 화한다. 禮에는 訟事가 있고 樂에는 의논이 있으며, 글은 말을 다하지 못하고, 그림은 뜻을 다하지 못한다. 어진 이가 이를 보면 仁이라 하고, 지혜로운 자가 이를 보면 智라고 한다. 그런 까닭에 백 세 뒤의 聖人을 기다리더라도 의혹하지 않는다는 것은 앞선 聖人의 뜻이고, 순임금과 우임금이 다시 살아나 일어나신다 해도 내 말은 고치지 않을 것이라고 한 것은 뒷 어진이의 말이다. 禹稷과 顔回가 그 법도가 한 가지이나, 소견이 좁아 융통성 없는 것과 제멋대로 공손치 않음은 군자가 말미암지 않는다(由是觀之, 天地雖久, 不斷生生; 日月雖久, 光輝日新; 載籍雖博, 旨意各殊. 故飛潛走躍, 或未著名; 山川草木, 必有秘靈, 朽壤蒸芝, 腐草化螢, 禮有訟, 樂有議, 書不盡言, 圖不盡意. 仁者見之謂之仁, 智者見之謂之智, 故俟百世聖人而不惑者, 前聖志也; 舜禹復起, 不易吾言者, 後賢述也. 禹稷顔回, 其揆一也, 隘與不恭, 君子不由也).

박씨의 아들 齊雲은 나이가 스물 셋인데 문장에 능하여 호를 楚亭이라 하며 나를 좇아 배운 것이 여러 해가 되었다. 그 글을 지음은 先秦兩漢의 글을 사모하였으나 그 자취에 얽매이지는 않았다. 그러나 陳腐한 말을 제거하기에 힘쓰다 보니 간혹 근거 없는 데서 잃고, 논의를 세움이 지나치게 높은 것은 간혹 법도에 어긋남에 가까웠다. 이는 명나라의 여러 작가들이 法古와 創新으로 서로 서로를 헐뜯으면서도 함께 바름을 얻지 못하고 나란히 말세의 자질구레함으로 떨어져서, 도를 지키는 데 보렴이 없어 한갓 풍속을 병들게 하고 교화를 손상시키는 데로 돌아간 것이니, 나는 이것을 염려한다. 새 것을 만들어 巧妙하기보다는 차라리 옛것을 본받아 보잘것없는 것이 더 나으리라(朴氏子齊雲, 年二十三, 能文章, 號曰楚亭, 從余學有年矣. 其爲文 慕先秦兩漢之作, 而不泥於跡, 然陳言之務祛, 則或失于無稽; 立論之過高, 則或近乎不經, 此有明諸家於法古創新, 互相呰謷, 而구不得其正, 同之幷墮于季 世之瑣屑, 無裨乎翼道, 而徒歸于病俗而傷化也. 吾是之懼焉. 與其創新而巧也, 無寧法古而陋也).

내 이제 그의 楚亭集을 읽고, 공명선과 노남자의 독실한 배움을 나란히 논하고서 회음후 한신과 우후의 기이한 계책을 냄이 예전의 법을 배워 잘 변화하지 않음이 없음을 보였다. 밤에 초정과 더불어 이와 같이 말하고, 드디어 그 책머리에 써서 권면하노라(吾今讀其楚亭集, 而並論公明宣魯男子之篤學, 以見夫淮陰虞詡之出奇 無不學古之法而善變者也. 夜與楚亭, 言如此, 遂書其卷首而勉之).

위의 긴 引用文에서 우리가 찾을 수 있는 것은 '法古而知變'과 '創新而能典'이다. 여기서 우리는 燕巖의 "實學精神을 찾아야 한다. 이 정신을 밝히기 위해서 우선 法古와 知變을 논의해 보겠다. 燕巖은 法古를 설명하기 위해서 들고 나온 문제가 바로 문장을 하는 방법에 관한 것이다. 즉, "문장을 어떻게 해야 합니까?" 이 질문에 대한 답으로 燕巖의 先代나 당시 사람들은 일반적으로 어떻게 답하였을까? 그것은 다름이 아니라, "마땅히 옛것을 본받아야지"(必法古)라고 말한다. 이 말에 근거하여 당시 사람들은 唐宋八家文이나 四書三經, 諸子百家의 책을 거의 외우고, 그 말투를 본뜨려고 노력하였다. 얼핏 생각해보면 그리 썩 좋은 방법이 못되는 것 같지만 책을 외우고 그 말투를 본뜨려고 노력하는 것이 문장을 제일 잘 배우는 방법이라고 가르쳐 왔고 또 오랫동안 그렇게 해옴으로써 결국 믿지 않을 수 없었던 것이다. 그리하여 추호의 의심도 없이 그렇게 해 온 것이다. 그러나 여기서의 문제는 무엇인가? 그것은 옛사람들의 글과 가까워지면 질수록 스스로 옛사람이라도 된 듯이 잘못 생각하는 데 있다.

燕巖은 다시 여러 곳에서 法古의 문제점을 지적하고 있다. "옛것을 본떠 글을 지음을 마치 거울이 형상을 비추듯 하면 비슷하다 할 수 있을까? 좌우가 서로 반대로 되니 어찌 비슷함을 얻으리요. 그렇다면, 물이 형체를 그려내듯 한다면 비슷하다고 말할 수 있을까? 본말이 거꾸로 보이니 어찌 비슷하다 하리오. 그림자가 형상을 따르듯 할진대 비슷하다 할 수 있을까? 한낮에는 난장이 땅달보가 되고, 저녁에는 꺽다리 거인이 되니 어찌 비슷하다 하겠는가? 그림이 형체를 묘사하듯 한다면 비슷하다 할 수 있을까? 길가는 자가 움직이지 않고, 말하는 자는 소리가 없으니 어찌 비슷함을 얻겠는가.

그렇다면 끝내 비슷함을 얻을 수가 없는 것일까? 말하기를 대저 어찌하여 비슷함을 구하는가? 비슷함을 추구한다는 것은 진짜는 아닌 것이다. 천하에서 이른바 서로 같은 것을 두고 반드시 '꼭 닮았다'고 하고 구분하기 어려운 것을 또한 '진짜 같다'고 말한다. 대저 진짜 같다고 하고 꼭 닮았다고 말할 때에 그 말속에는 가짜라는 것과 다르다는 뜻이 담겨있다. 그러므로 천하에는 이해하기 어려워도 배울 수 있는 것이 있고, 완전히 다른 데도 서로 비슷한 것이 있다. 통역과 번역으로도 뜻을 통할 수가 있고 篆書(전서)와 籒文(주문), 隷書와 楷書로도 모두 문장을 이룰 수가 있다. 왜 그럴까? 다른 것은 겉모습이고, 같은 것은 마음이기 때문일 뿐이다. 이로 말미암아 보건대, 마음이 비슷한 것(心似)은 뜻이고, 겉모습이 비슷한 것(形似)은 皮毛일 뿐이다……(綠天館集序)라고 말하고 있다.

燕巖에 의하면, 綠天館集序에서 지적한 바와 같이, 옛것을 모방하는 것은 문제가 있다는 것이다. 즉, 글을 지을 때 사람들은 자기 자신의 생각과 언어로 짓지 않고 옛것을 흉내내려고 한다. 그러면 옛 것을 흉내낸다고 하여 옛사람과 분간하기 어려울 정도로 하면 그것으로 모든 것이 해결되는가? 거울에 비추듯 하면 될 듯싶어도 그것은 언제나 진짜 내가 아니다. 물위에 어리는 모습은 항상 거꾸로 보이기 마련이고, 그림자는 해의 길이에 따라 난장이도 되었다가 꺽다리가 되기도 한다. 이것도 또한 진짜 내가 아니다. 그러면 그림으로 그리면 어떨까? 그리더라도 그림 속의 나는 걷지도 말하지도 못한다. 이것도 역시 진짜 내가 아니다. 앞에서 든 모든 예들은 모두 비슷(似)하기는 하지만, 진짜 내가 아닌 것이다. 이와 같이 아무리 옛것을 모방해도 비슷하기는 하겠지만 결국은 옛것은 될 수가 없다.

이미 楚亭集序에 나온 王莽의 例와 陽貨의 例를 가지고 法古의 문제점을 말해 보겠다. 왕망은 한나라 사람으로 平帝를 폐하고 新이라는 나라를 세웠다. 그는 주나라 때의 예악제도를 그대로 흉내내어 만든 제도로 개혁하였으나, 많은 문제점을 일으키고, 민심을 잃고 결국 패망하고 말았다. 왕망은 주나라 때 예악문물제도를 본뜨면 태평성대를 누리리라고 생각하였다. 그러나 그것은 잘못되어도 한참 잘못된 것이었다. 왜냐하면 결국 왕망이 세운 新이라는 나라는 패망하고 말았기 때문이다. 이제 陽貨의 例를 보자. 춘추시대 노나라의 대부인 양화는 생긴 모습이 공자와 아주 비슷하였다. 공자가 匡(광)땅을 지나가다가 그를 양화로 착각한 그곳 사람들에 의해 구류 당한 일이 이었다. 이 예가 들어내고자 하는 뜻은 겉모습이 꼭 같다고 하더라도 실지까지 같을 수는 없다는 것이다. 껍데기는 어디까지나 껍데기일 뿐이다. 그러므로 껍데기를 본뜬다고 하더라도 알맹이는 같아지는 것이 아니다.

지금까지의 논의로 보아, 燕巖은 '法古를 하지 말라'고 하고 있다. 그러나 문제는 法古를 하지 않고는 새것을 창출해 낼 수 없다는 데 있다. 그렇다고 해서 그러면 옛것을 따르지 말라고 하였으니 새 것을 추구하면 되겠구나 생각할 수 있다. 연암은 이 생각에 고개를 내젓고 있다. 그 근거로 예전 진나라의 商鞅의 例를 들고 있다. 석 자 나무로 백성들을 현혹시켜 가혹한 새로운 법을 내어놓았다. 전에 없던 새로운 방법으로 변법의 시행에 성공하였는지는 모르나, 결국 상앙 자신이 죽음을 자초한 격이 되었다. 그러므로 새것이라 무조건 고개를 끄덕일 수 있는가?

이제 어찌하면 좋을까? 燕巖은 '知變'을 내세운다. '變'을 알아야 한다는 것이다. 여기서의 핵심은 '變'이다. 그렇다면 '變'이란 무엇인가? 옛 것이 좋긴 하지만 그대로는 안 된다는 것이다. 다른 것으로 변화할 수 있어야 한다는 것이다. 周易에 보면 이 생각이 아주 정확하게 나타나 있다. 周易에 의하면, 易은 窮하면 變한다. 변하면 통하니, 통해야만 오래 갈 수 있다는 것이다. 옛것이라는 낡고 오래된 것을 뛰어 넘어, 지금의 것으로 變해야 옛것이 의미가 있는 것이다. 문제는 어디에 있는가? 옛것을 배우라고 하면 옛것의 겉껍데기만을 흉내내는 것을 배운다는 점에 문제가 있다. 옛것의 진짜 핵심인 精神을 배워야 한다. 말을 달리하면, 변화할 수 없는 옛것은 우리에게 아무런 가치가 없다. 오래된 옛것은 오늘날에도 통하도록 시간의 껍데기를 벗기고 變하도록 해야 한다. 그러나 이 變하는 방법을 알아야 한다.

燕巖은 法古而知變의 대표적인 예로 앞에서 인용한 공명선의 책읽기를 들고 있다. 책을 읽지 않는다는 스승의 질책에 공명선은 다음과 같이 답한다. "선생님, 제가 어찌 배우지 않으면서 선생님의 문하에 있겠습니까? 저는 지난 3년 간 선생님의 일거수 일투족을 배우려고 애썼습니다. 가정에서의 몸가짐과 손님 접대의 방법과 벼슬길에서의 마음가짐이 어떠해야 하는 가를 배웠습니다. 그렇지만 아직도 선생님처럼 할 수가 없습니다. 배우지 않다니요. 선생님!" "그랬다. 다른 제자들이 論語를 외우고 제자백가를 밑줄쳐 가며 익힐 때에 그는 스승이라는 '살아있는' 텍스트를 읽었던 것이다. 문자의 지식이야 굳이 증자한테서가 아니라도 얼마든지 배울 수 있는 것이다. 사변의 지식을 거부하고 스승이라는 살아 숨쉬는 교과서를 익히고자 했던 공명선의 독서는 과연 法古而知變의 해당한다고 할 만하다."(정민, 2000, p.168) 여기서 法古는 스승 밑에서 배웠다는 것이다. 옛날이나 그 당시나 지금이나 마찬가지로 스승 밑에서 제자가 공부를 했고 하고 있다. 그러나 '知變'에서 주의를 요한다. 공명선의 행동을 이해하려면, 이미 논어와 제자백가를 통해서 배운 개념의 틀을 가지고 선생님의 一擧手 一投足을 살아있는 교과서로 변화시켜 배웠다는 것이다. 다시 말하면, 증자가 공명선에게 論語와 諸子百家를 가르치되 살아있는 지식으로 가르쳤다는 말로 이해해야 한다. 공명선이 살아있는 교과서를 잘 읽을 수 있도록 증자가 올바르게 가르쳤다는 뜻일 것이다.

燕巖이 주장하고 있는 '法古而知變'은 그의 實學精神을 어떻게 나타내고 있는가를 보여준다. 燕巖 朴趾源은 자신이 본래 성리학의 전통 속에서 성장했을 뿐만 아니라 유학적 전통을 버리지 않았다. 그러므로 그가 주장한 "선비의 實學은 農-工-商의 원리를 포함한다"(燕巖集, 卷 16 課農小抄, 張 22)라고 한 말은 '法古而知變'의 精神에 비추어 이해되어야 할 것이다. 燕巖이 공부한 性理學의 궁극적 목적은 聖人이 되는 데 있다. 그러므로 그가 공부한 性理學은 말하자면 法古에 해당한다. 그러나 시대가 변하고 사회도 변하고 주변환경도 변해간다. 주위를 둘러보니 백성들은 모두 굶주리고 있고, 나라의 경제는 날로 피폐하고 군대는 점점 약해져서 다른 나라의 침략을 받을 수밖에 없는 처지에 놓여있게 되었다. 그렇다면 聖人이 되면서도 이 상황에 맞게 變하지 않으면 안 되었다. 燕巖은 그것을 알았던 것이다. 그리하여 그는 선비가 공부를 할 때 農-工-商의 原理도 함께 공부하야야 참다운 학문(實學)이 된다고 믿었던 것이다. 이것이 바로 '知變'인 것이다. 오늘날 현대 교육학의 관점에서 보아도 틀리지 않은 것이다. 교육의 내용은 역사상 대가들이 축적해 놓은 방대한 문화유산-과학, 역사, 수학, 종교적, 심미적 인식 등 사고의 형식과 도덕적, 예의적 및 기술적 사고와 행동의 양식-에 입문되도록 하는 것이다.5) 여기에 최고상태로 도달한 사람이 聖人인 것이다.

결국 '法古而知變'은 철저한 '自己批判'의 정신을 가리킨다. 自己批判을 철저히 할 수 있도록 하기 위해서 그는 非我法을 주장하기에 이른다. 말하자면, "저 아닌 남이 되어 저를 보아야만 저도 비로소 다른 물건과 다른 바 없음을 알 수 있을 것이다. 그 경지에 이르러서야 비로소 몸이 움직이는 곳마다 아무런 거리낌이 없을 것이다. 聖人은 이 방법을 지녔으므로 세상을 버리고도 아무런 고민이 없었으며, 외로이 서 있어도 아무런 두려움이 없었던 것이다."6)

燕巖은 인간이 얼마나 偏狹된 눈을 가지고 있는가를 劇的으로 보여주고 있다. "白湖 林悌는 조선 중기의 멋진 사나이였다. 어느 날 잔치 집에서 거나하게 취한 그가 신발을 짝짝이로 잘못 신고 나와 말에 올라타려 하자, 하인이 거들고 나선다. '나으리, 신발을 짝짝이로 신으셨습니다요!' '예끼 이놈! 길 오른 편에서 나를 본 자는 저 사람이 가죽신을 신은 게지 할 터이고, 길 왼편에서 나를 본 자는 저이가 나막신을 신었구만 할 터인데, 짝짝이고 아니고가 무슨 상관이더란 말이냐. 어서 가기나 하자!'"(蜋丸集序) 우리의 시야는 언제나 이 모양으로 한정되어 있다. 法古만을 주장하는 사람은 짝짝이를 신고서도 자신이 한쪽으로 치우쳐 있는지를 전혀 모르는 것이다. 이럴 때일수록 철저한 自己批判이 요구되는 것이다. 自己批判을 철저히 하는 동안 '知變'하게 되는 것이다.

'知變'은 과연 무엇을 뜻하는 것일까? 직접 대답하기가 매우 어렵다. 아니 말로 표현할 수 없는지 모르겠다. 이를 뒷받침해 줄만한 좋은 例를 莊子 山木篇에서 찾아 볼 수 있다. 이것이 '知變'을 알 수 있는 하나의 단서가 될 수 있을지 모르겠다. "장자가 산 가운데로 가다가 가지와 잎새가 무성한 큰 나무를 보았다. 나무 베는 사람이 그 곁에 멈추고도 베지 않았다. 그 까닭을 물으니, '쓸만한 곳이 없다'고 하였다. 장자가 말하기를 '이 나무는 쓸모 없음을 가지고 그 타고난 수명을

---

5) R. S Peters, *Ethics and Education*, 이홍우·조영태(역), 「윤리학과 교육」 (서울: 교육과학사, 2003), p.69.

6) 燕巖集 卷 12, 熱河日記, 東嶽廟記, 8月 4日條, "乃以非我觀我 而我遂與萬物無異其於遊身 恢恢乎有餘地矣 聖人用是道焉 遯世而無悶 獨立而不懼"

마치게 되었구나'라고 하였다. 장자가 산에서 나와 친구의 집에 머물게 되었다. 친구가 기뻐 하인에게 거위를 잡아서 삶으라고 명하니, 하인이 묻기를 '한 놈을 잘 울고 한 놈은 울 줄 모르는데 어느 놈을 잡을까요?' 하자, 주인이 말하기를 '울지 못하는 놈을 잡아라'라고 하였다. 그런데 여기서 둘 다 쓸모 없기는 마찬가지인데 이제 그 결과는 반대로 되었다. 제자가 장자에게 묻기를, '선생님은 어디에 처하시겠느냐'고 하자, 장자는 천연스레 그 '가운데'에 처하겠노라고 대답한다. 내가 보기에 이것이 바로 '知變' 아니겠는가.

　燕巖集을 보면, 앞뒤가 서로 모순되는 말들에 부딪친다. 예컨대, 淸의 치세를 칭찬하면서 中國의 異民族支配를 안타까워하고, 斥和派들의 氣槪와 民族的 自覺에 눈물을 흘리면서 北伐論者들을 꾸짖고, 經學을 擁護하기도 하고 罵倒하기도 하고, 重商을 주장하는가 하면, 양반의 업을 버리는 것을 장사치와 다름없다고 조롱하기도 하였고, 守節의 비정한 측면을 폭로하는가 하면, 守節의 고귀함을 찬양하기도 하는 글을 보게 된다. 흔히 사람들은 이와 같은 현상을 그의 사상에 일관성이 결여되었다고 말하거나 그의 사상의 시대적 限界 때문이라고 말하기도 한다. 그러나 그것은 그의 독특한 인식방법인 非我法 때문이라는 주장을 하기도 한다.[7] 그러나 연구자가 보기에 이것은 철저한 自己批判을 통한 法古而知變 때문에 그럴 수밖에 없다고 생각한다. 사실상 그의 글들은 서로 矛盾되는 모습을 보이지만, 그러는 가운데 무엇인가 참다운 眞理를 전달하려고 意圖하였다고 보아야 할 것이다. 말하자면 연암의 글은 일종의 '파라독스'(paradox)라고 할 수 있다.

Ⅲ. 創新而能典

　만약 法古에 문제가 많다면, 創新은 괜찮은가? 연암은 이 문제에 대해서도 "세상에는 마침내 괴상하고 허탄하며 음란하고 치우치면서도 두려움을 알지 못하는

---

7) 李昌國, 燕巖 朴趾源의 敎育思想硏究, 敎育學 博士學位論文, 서울大學校 大學院 1987. p.36.

자가 있게 되었다. 이는 석자의 나무가 關石보다 낮고 李延年의 목소리를 淸廟에 올릴 수 있다는 것이니 創新을 어찌 할 수 있겠는가" "대저 그렇다면 어찌해야만 괜찮을까 내 장차 어찌 할까?" 하고 創新에도 문제가 있음을 한탄하며, "진실로 능히 옛것을 본받으면서 변화할 줄 알고, 새 것을 만들면서도 법도에 맞을 수만 있다면 얼마나 좋을까!"

創新而能典(새것을 만들면서도 法度에 맞는 것) 이것이 무엇인가? 例를 몇 가지 들어보겠다.

例 1. "韓信이 趙나라를 칠 적에, 정상적인 방법으로는 도저히 이길 수 없음을 알아, 兵法과는 반대로 물을 등져 진을 쳐서 도리어 조 나라를 물리쳤다. 이기고 난 후 여러 장수들이 한신에게 묻자, 한신은 병법에는 산을 등지고 물을 앞에 두고 진을 치라고 되어 있지만, 지금의 군대는 훈련을 받지 않은 烏合之卒들이어서 살 땅에 두면 모두 도망 갈 것이므로 죽을 땅에 놓아 그들로 하여금 죽기 살기로 싸우게 했던 것이라고 설명하였다."(司馬遷 史記 淮陰候列傳) 여기서 "병법과는 반대로 물을 등져 진을 쳤다"는 것, 이것은 그야말로 創新에 해당하는 새로운 것이다. 그러나 병법에는 背水陣라는 진법이 없다. 그러나 이것을 創新한 사람은 韓信이다. 이 背水陣의 典據는 어디에 있는가? 그것은 병법에 '죽을 땅에 놓인 뒤에 살고, 망할 땅에 둔 뒤에 남는다'는 말이다. 전혀 새로운 것 같지만 뿌리가 있다. 이 뿌리가 없으면 새로움은 괴상한 것이 되고 만다.

例 2. "에라, 나는 차라리 한 평생에 벗 하나를 사귀지 못할지언정 자네의 말처럼 군자의 사귐을 할 수 없네. 하고는 그제서야 세 사람이 서로 붙들고 갓과 옷을 모두 찢어 버리고 때묻은 얼굴, 다북처럼 흐트러진 머리, 그리고 새끼를 띠삼아 허리통을 졸라매고 온 저자로 쏘다니면서 노래를 불렀다."(馬駔傳 一部) 우선 군자의 사귐, 즉 선비의 사귐은 수세기 동안 거대한 유교이념의 인간관계를 설명한다. 勢-名-利를 배격하는 인간관계 또는 천하에 가장 커다란 사귐은 유교체제의 바탕이다. 군자의 사귐이 勢-名-利를 배격하는 사귐인데 여기서는 그런 사귐을 할 수 없다고 하는데서 創新을 보는 듯하다. 그러나 여기서 "그제야 세 사람이 서로 붙들고 갓과 옷을 모두 찢었다는 것이다." 이것이야말로 전통의 굴레에서 벗어나듯이 이 모든 虛와 假에서 벗어났으니, 오히려 勢-名-利를 벗어난 군자의 사귐을 갖는 것이다. 이로써 이들은 "때묻은 얼굴, 다북처럼 흐트러진 머리, 그리고 새끼를 띠 삼아 허리통을 졸라매고 온 저자로 쏘다니면서 노래를 불렀다."는 것이다. 겉으로 보기에는 몹씨 더러운 모습으로 보이나, 마음만은 가장 순수하고 깨끗한 마음을 갖는다는 것이다.

例 3. 廣文이는 비록 헤어진 옷에 그 행동이 창피하긴 하나 그의 뜻은 몹시 자유로웠다. 그리고 눈구석이 진물러서 곱이 끼인 채 거짓 술취한 듯이 트림을 지으며, 양의 털처럼 생긴 그 머리로써 뒤꼭지에다가 상투를 높이 짰다. 온 자리에 앉은 이들은 모두 깜짝 놀랐다. 서로 눈짓해서 광문이를 두들겨 몰아내려 했다. 그러나 광문이는 더한층 앞으로 처억 다가앉아서 무릎을 어루만지며 가락을 뽑아 콧노래로 장단을 맞추었다. 그제야 雲心이도 부랴부랴 일어나서 옷을 갈아입고 광문이를 위하여 칼춤을 췄다. 일좌가 모두 기뻐했다. 그들은 다시금 광문에게 벗하기를 청하고 흩어져 버렸다.

이 例에서 광문이는 정상인 아닌 거지라는 점이 전혀 새로운 점이며 '헤어진 옷에 그 행동이 창피하기는 하나'라는 것이 정상이 아니라는 것을 더욱 새롭게 강조하고 있으나, '그의 뜻은 몹시 자유로웠다'는 이 말은 創新만이 아니라 能典에 해당하는 것이라고 볼 수 있다. 얼굴이 몹시 더러워 감히 누가 그에게 결혼할 사람이 없다는 것이다. '모두 깜짝 놀랐다'든가 '서로 광문이를 두들겨 몰아 내려했다'든가 하는 것이 '가락을 뽑아 콧노래로 장단을 맞췄다'든가 '일좌가 모두 기뻐했다'는 사태의 諧謔性의 默示的 創新은 人間平等思想에 기초를 둔 '能典'인 것이다. 그러므로 이 소설은 괴상한 것이 아니다.

例 4. "옆집 노총각에게 마음을 두고 있던 이웃의 과부가 밤중에 비에 제 집 담이 무너지자, 노총각의 집 문을 두드리며 하룻밤 재워줄 것을 청했다. 그러자 이 고지식한 청년은 禮에 남녀는 60이전에는 한 자리에 있을 수 없다고 하면서 안 된다고 단호하게 거절했다. 그러자 과부는 현인 柳下惠는 예전에 곤경에 처한 여인을 재워 주었어도 사람들이 亂行이라고 일컫지 않았는데 너는 왜 그렇게 하지 못하느냐고 따지고 들었다. 노총각은 '柳下惠라면 능히 그렇게 할 수 있겠지요. 그는 현인이니까요 그렇지만 저는 그렇게 할 자신이 없기 때문에 柳下惠처럼 할 수가 없어요. 柳下惠가 여인을 재워주고 제 이름을 보전한 것이나, 내가 당신을 재워주지 않고 내 절개를 지키는 것이나 결과는 같습니다. 그러니 나는 柳下惠를 배우지 않는 것으로 柳下惠를 따르고자 합니다.' 柳下惠는 이렇게 했는데 그는 저렇게 했으니 새롭지만, 그 안에 담긴 뜻은 한 가지이다. 옛것을 본뜨지 말아라. 새것을 추구하라. 그렇지만 그 추구는 마땅히 변치 않을 정신에 토대를 둔 것이라야 하리라."8)(詩經, 小雅 巷伯의 毛傳에서 나온 이야기) 노총각은 柳下惠와 자신을 비교 검토하면서 철저한 自己反省을 통해 자신이 할 수 있는 것과 할 수 없는 것을 찾아내어 그것으로 행동한 점이 바로 燕巖의 實學精神이라고 할 수 있지 않을까?

위의 例로 열거된 네 가지는 바로 創新而能典의 참다운 의미를 찾아보고자 열거한 例들이다. 이 네 가지 예들은 적어도 표면상으로 보면, 그 모습이 각각 다르다고 하지만, 그 뜻에 있어서는 하나라고 생각한다. 본 받아야 할 것은 원리이지 그것을 그대로 따라해서는 안 된다. 그리고 精神을 본받아야지 형식을 따라 해서는 안 된다. 말하자면 본받을 것은 껍데기가 아니라 속 알맹이라는 것이다.

燕巖의 實學精神을 잘 들어내 주고 있는 孟子에 보면(離婁章 下), "夏나라의 禹왕이나 周나라의 后稷은 태평성세를 당해서도 백성을 위해 바쁘게 뛰었고, 禹왕은 세 번이나 자기 집 앞을 지나면서도 들어가지 않았다. 이에 공자는 이들을 현자라 칭찬했다. 顔回는 春秋의 혼란시기에 누추한 거리에 살며, 대로 엮은 도시락밥을 먹으며 표주박에 물을 떠서 마시며 살았다. 다른 사람 같으면 그러한 고생을 견디어 내지 못할 것이나, 안회는 끝까지 安貧樂道를 지켰다. 공자는 그를 현자라 칭찬하였다.

이에 대하여 맹자가 비판하여 말했다. '우왕과 후직 및 안회의 태도는 같은 道를 지키는 것이었다.' 또 「孟子」 公孫丑 上 에 보면, "伯夷는 仁政을 펴는 임금이 아니면 섬기지 않았고, 신의를 지키는 벗이 아니면 사귀지 않았다. 또 그는 나쁜 임금의 조정에는 나서지 않았고 나쁜 사람과는 말을 하지 않았다. 나쁜 임금의 조

---

8) 정민, 전게서, 태학사. 2000년, pp.169-170.

정에 나서는 것이나 나쁜 사람과 말하는 것을 마치 관복과 관모로 성장을 하고 도탄에 앉아 있는 것 같이 꺼림칙하게 생각했다. 그렇듯이 나쁜 것을 미워하는 그의 마음으로 미루어 볼 때 아마도 그가 마을 사람들과 한 자리에 있다가도 그 중의 한 사람의 冠帽가 바르지 않은 것을 먼 눈으로 보게 되면 마치 자기도 더럽혀지는 듯 이내 자리를 떴을 것이라 생각된다. 그러므로 諸侯들이 아무리 좋은 말을 하여 그를 초청해도 그는 수락하지 않았다. 수락하지 않을 뿐만 아니라, 그런 제후들에게 만나러 가는 것조차 창피하게 여겼다.

그러나 노나라 대부 柳下惠는 더러운 임금에게 出仕하는 것도 羞恥로 여기지 않았고 또 얕은 벼슬도 踐하게 여기지 않았다. 나아가 벼슬을 하게 되면, 자신의 현명한 지혜를 숨기는 일 없이 마냥 실력을 발휘했으며, 또한 반드시 바른 도리로써 직분을 다했다. 남에게 버림을 받아도 원망하지 않았고, 곤궁한 처지에 빠져도 걱정하지 않았다. 그리고 그는 말했다. '너는 너고 나는 나다. 비록 내 옆에서 너희들이 옷을 벗고 알몸뚱이가 된다 하더라도 나를 더럽힐 수는 없을 것이다.' 따라서 그는 언제나 유연한 태도로 나쁜 사람들과 함께 있어도 자신을 잃지 않았다.

이 두 사람의 행적은 정 반대이다. 그러나 자신이 옳다고 생각하고 믿었던 것은 끝까지 지켜 나갔다. 그렇지만 맹자에 의하면, "伯夷는 좁고 柳下惠는 소홀하다. 좁거나 소홀하거나 君子는 어느 쪽도 따르지 않느니라."라고 평하고 있다. 伯夷의 길만을 끝까지 밀고 나가면 法古에서 문제가 생겨나고, 柳下惠의 길을 받아들이고 추구하다 보면 創新에서 病痛이 생긴다. 어떻게 하면 좋을까? 하나의 길은 法古와 創新의 調和일 것이다.

Ⅳ. 燕巖의 "實學精神": 敎育學的 解釋

이제 우리는 燕巖의 '法古와 創新'의 調和를 敎育學的으로 解釋할 때가 되었다. 이것은 다시 傳統(法古)과 改革(創新)의 調和로 볼 여지가 있다. 흔히 우리는 전통과 개혁의 조화라는 말을 많이 듣고 있다. 그러나 이 말이 과연 무엇을 의미하고 있는지를 정확히 밝힌 것은 매우 드물다고 보아야 한다. '傳統과 改革의 調和'라는 말을 이해하는 방식에는 두 가지가 있을 수 있다. 하나는 먼저 전통을 공부하고 난 다음에 전통에 단점이나 문제가 발견되면 다음에 개혁을 한다는 것이다. 이것은 전통과 개혁과는 서로 아무런 관련이 없는 것이다. 말하자면 전통은 전통이고 개혁은 개혁인 것이다. 그러므로 전통과 개혁의 조화라는 말은 '전통 5 +개혁 5＝조화'로 이해하는 것이다. 다른 하나는 전통과 개혁은 서로 무관한 것이 아니라, 전통과 개혁은 논리적 관련을 가진다는 이해의 방식이다. 말하자면 전통 속에는 이미 개혁의 의미가 담겨있고 개혁 속에는 전통의 의미가 담겨 있다는 것이다. 전자를 '加法的으로 보는 方式'이라 할 수 있고, 후자를 '乘法的으로 보는 方式'이라고 할 수 있다.9) 여기서는 후자의 입장을 취할 것이다. 그 이유는 교육학적 해석에 올바른 의미를 창출해 낼 수 있기 때문이다.

전통과 개혁의 조화를 승법적으로 보는 방식에 의하면, 傳統과 改革은 갈등을 일으키는 것이 아니라, 전통 속에 이미 개념상 개혁의 의미가 들어 있다고 보는 것이다. 그러므로 여기서는 갈등이 일어나지 않는다. 예컨대, 전통을 강조한다고 해도 이미 그 전통 속에는 개혁이 들어 있기 때문에 전통과 개혁은 배타적일 수 없다. 설사 개혁을 강조하더라도 이미 개혁 속에는 전통을 바탕으로 깔지 않으면 안 되는 것이다. 따라서 전통이나 개혁 어느 한쪽을 강조하더라도 승법적 방식으로 본다면, 아무런 문제가 일어나지 않는다. 비록 서로 '전통이다, 개혁이다'라고 말을 달리할지 모르지만 결국 같은 결과를 가져오게 된다.

法古－知變－創新－能典을 加法的으로 보는 방식에 따르면, 이 연결고리는 아무런 의미가 없다. 왜냐하면 이 각각의 개념은 서로 아무런 관련이 없기 때문이다. 이 경우 法古는 法古대로 놀고, 能典도 별로 관련이 없는 듯이 보인다. 그러나 이것을 乘法的으로 보는 방식에 따르면, 法古(傳統)－知變(改革)은 創新－能典과 아무런 관련이 없는 것이 아니다. 두 가지 파라다임(paradigm)은 결국 서로 같은 것이지만, 다른 것이 있다면 강조점이 다른 것이다. 法古－知變이 傳統(法古)을 강조하였다고 하면, 創新－能典은 改革(創新)을 강조하였다고 보아야 한다.

燕巖에 의하면, '傳統을 배운다'고 할 때 두 가지 방식이 있을 수 있다는 것이

---

9) 이홍우, '全人敎育論', 도덕교육연구, 제 8집, 한국교육학회 도덕교육연구회, 1996. pp.1-21.

다. 하나는 傳統의 '껍데기'를 배우는 것이며, 다른 하나는 傳統의 '속알맹이'(精神)을 배우는 것이다. 唐나라 劉知幾는 옛것을 배우는 방법을 두 가지로 제시하고 있다 (史通; 模擬). 하나가 貌同心異이고, 다른 하나가 心同貌異이다. 그 내용을 직접 들어 보자. 즉,

> 대저 작가들이 魏나라 이전에는 三史를 많이 본받았고, 晉나라 이래로는 五經 배우기를 즐겼다. 대저 史書의 글은 얕고 모방하기가 쉽지만, 經典의 글은 뜻이 깊고 模擬하기가 어렵다. 이미 어렵고 쉬운 차이가 있고 보니 얻고 잃음 또한 달라지게 마련인 것이다. 대개 겉모습은 달라도 마음이 같은 것은 모방 중에서 윗길 가는 것이고, 겉모습은 같지만 마음이 다른 것은 모방 중에서 아랫길이 된다. 그런데 사람들은 모두 貌同心異만을 좋아하고 心同貌異는 숭상치 아니하니 어찌된 것일까? 대개 眼目이 밝지 않고 嗜好하는 것에 치우침이 많아 '似史'를 기뻐하며 '眞史'를 미워하기 때문이다.[10]

貌同心異는 겉모양은 비슷하지만 속 알맹이는 다른 것이다. 예컨대, 옛 책을 배웠다고 하면서 옛 책의 내용을 그대로 옮기거나 비슷하게 흉내는 내지만 그 정신의 핵심은 배우지 못한 것이다. 그러나 心同貌異는 정신은 같지만 겉모습은 전혀 다른 것 같이 보이는 것이다. 그러나 貌同心異에서 어떻게 心同貌異로 갈 수 있는가 하는 데 문제가 있다. 전통에서 배워야 할 것은 心同이어야지 貌同이어서는 안 된다. 燕巖 식으로 말하면 心似이어야지 形似이어서는 안 된다. 말하자면 "같기를 추구하면서도 똑같아서는 안 되며, 다름을 추구하되 실질은 다르지 않은, 이른바 '尙同求異'의 정신을 지녀야 한다. 진정한 닮음이란 껍데기에 있지 않다. 껍데기는 전혀 다른데도 알맹이는 같은 그런 닮음이다."(정민, 2000. p.109)

燕巖에 의하면, 옛 聖賢들의 '精神'은 배워야 하지만, 껍데기인 形式은 각 시대에 따라 새로워지고 발전된 모습으로 변해야 한다는 것이다. 이때 여기서 말하는 발전된 형식은 물론 거기에는 옛 聖賢들이 애써서 만들어낸 '精神'이 그 옛 시대에 구현된 것에 바탕을 두어야 한다. 創新而能典의 정신이 들어있어야 한다는 것이다. 구체적으로 말하면, 발전된 새 형식이 있다고 할 때, 거기에 옛 형식 속에

---

10) 여기에 제시된 내용은 정민, 「비슷한 것은 가짜다」(서울: 태학사, 2002) p.109에서 재인용한 것이다.

이미 胚胎되어 있는 보편 타당한 精神의 참다운 습득이 없이 만들어진 발전된 형식이라면, 그것은 燕巖이 말하고 있는 진정으로 발전된 새 형식은 아니다.

　燕巖 朴趾源이 實學者라면, 그에게 그 나름대로의 實學精神이라는 것이 있을 것이다. 지금까지의 논의로 보면, 연암의 實學精神은 "法古而知變"이며 "創新而能典"이다. 그 속에 들어있는 精神은 自己批判이며 自己反省이다. 달리 표현하면, 傳統과 改革의 調和이다. 이 모든 것은 마음 또는 精神으로 統合하여 말할 수 있다. 이 精神은 길러 주어야 의미가 있다. 이 精神은 글자에 담겨있는 것이 아니다. 사람의 마음속에 살아 움직여야 한다. 이와 같이 되기 위해서는 교육을 하지 않으면 안 된다. 어떻게 하면 좋을까? 예를 들어 말해보면, "오늘날 서예를 배우는 사람들은 왕희지의 蘭亭序의 集字聖敎序라는 것을 金科玉條로 떠받든다. 이것을 모르고는 행서를 말할 수가 없다. 그뿐인가. 十七帖과 喪亂帖을 곁에 끼고서 草書의 교법으로 삼는다. 왕희지 이전에는 전서와 예서 뿐이었다. 당시에 그것은 시쳇말로 젊은애들 사이에 유행하던 글씨에 지나지 않았던 것이다. 그렇다면 이치는 분명하지 않은가? 진정한 고전은 옛날에 있지 않고 바로 지금에 있다. 우리가 옛것을 흠모하여 그것을 따르고 흉내낼수록 우리는 옛것에 멀어진다. 중요한 것은 정신이다. 인간을 인간이게 하는 정신은 결코 변하지 않으면 안 된다. 새 술을 헌 부대에 담으려 들지 말아라. 헌 부대에 새 술을 담으면 부대가 터지고 만다. 제 목소리를 찾아라. 그 안에 시간이 흘러도 썩지 않을 정신의 빛을 깃들여라."(정민, 2000. p.112) 연암은 이렇게 외치고 있다. 그래 이 정신의 빛을 깃들이기 위해 우리는 어떻게 가르쳐야 하는가? 전통(法古)에 성립된 교과내용(知識)은 無氣力한 지식이 되어서는 안 된다. 달리 말하면 교과내용에 담겨있는 지식이 서로 각각 흩어져 떨어진 조각들의 集合이되어서는 안되고, 전체적으로 사물을 보는 眼目을 이루도록 가르쳐야 한다는 것이다(知變). 또한 철저한 自己批判과 自己反省을 통하여 학문을 이해하였다고 하면, 그것은 어떤 "思考의 形式" 안에 들어와 있어야 하며 그 학문분야에 獻身한다는 뜻을 내포하고 있도록 가르쳐야 한다는 것이다.

V. 結 論

　연암 박지원의 實學精神은 과연 무엇인가? 이 문제를 직접 다루기 전에 實學이라는 것이 이 땅에서는 애초에 여말 선초에 있었던 학풍이었으며, 이 학풍이 왜 조선왕조 후기로 오면서 점차 그 의미가 퇴색되었는가를 생각해 보았다. 그리하여 조선왕조 초기에 권근을 비롯한 학자들의 생각, 즉 經明行修가 곧 實學이었다. 그러나 이 문제를 정확히 다루기 위하여 맹자 때까지 소급하여 올라가 생각해 보았다. 특히 '實'字의 의미 추적은 實學의 의미를 규명하는데 매우 유용하였다. 여기서 말하는 實學은 개인의 인격의 완성(聖人)과 사회의 경제적 풍요성을 동시에 강조하고 있는 것이다. 조선왕조도 마찬가지로 동일한 의미의 實學을 받들고 있었다. 조선왕조의 초기에, 知性史에 획기적인 영향을 준 것은 世祖의 篡奪이다. 이로 인해 세조의 편을 든 소위 훈구파와 성리학의 이념을 현실에 그대로 실천해야 한다는 사림파의 대립은 국가와 농촌 사회를 점차 혼란스러운 상태로 빠져 들어가도록 하였다. 여기에 더욱 기름을 부은 것은 다름 아닌 임진왜란이었다. 임진왜란과 양대 호란은 경제적 혼란은 말할 것도 없고, 백성들의 가치관에 큰 타격을 주었다.

　이 혼란 속에서 학자이면서 정치가들인 선비들은 朋黨을 이루어 나라의 정치를 올바르게 하려고 많은 애를 썼다. 자신들이 믿고 있는 올바른 가치관을 현실에 실현시키기 위해 黨爭은 필연적으로 일어날 수밖에 없고, 여기에 소인적 측면이 드러났던 것이다. 만약 붕당이 없었다면, 조선왕조는 임진왜란 이후 더 급속도로 멸망의 길을 걸었을 것이다. 그러나 붕당을 통해 임진왜란과 양대 胡亂을 통해 생겨난 가치관의 혼란을 막기 위해 西人 宋時烈은 禮學을 부르짖고, 金育은 대동법을 제안하고 이를 시행하였다. 그러나 禮學은 禮訟으로 되면서 繁文縟禮로 흐르게 되고, 대동법의 시행에도 불구하고 苛斂誅求는 점점 기승을 부리고, 백성들의 경제적 삶은 극도의 피폐로 몰아갔다. 특히 농촌경제의 荒廢化는 더욱 심했다. 여기에 시대의 흐름은 청나라로부터 考證學이 서양에서는 西學이 들어오면서, 새로운 學問的 自覺이 일어나기 시작하였다. 이 흐름 속에 일군의 학자들은 '이용후생 경세치용'에 지나친 강조를 부르짖었던 것이다. 당시에 사회 경제적 상황을 볼 때,

어느 면에서는 수긍이 가는 점이 없지 않다. 그러나 이와 같은 방향으로 흐른 것은 과연 옳았던가하는 것은 별도의 문제이다. 이들 중 우리가 주목해야 할 사람은 바로 燕巖 朴趾源이다.

연암 박지원은 實學者이면서 實學者가 아닌, 역설적으로 말해, 實學者가 아니기 때문에 實學者일 수밖에 없는 모순에 둘러 싸여 있다. 이 점 때문에 우리는 연암 박지원의 實學精神을 깊이 연구해야 할 필요가 있다. 그의 여러 주장 중에서도 그의 實學精神을 잘 나태내고 있는 것이 '法古而知變, 創新而能典'이다. 이것을 여러 측면에서 분석해 본 결과 나타난 의미는 自己批判과 自己反省으로 되면서, 이것은 다시 傳統과 改革의 調和로 전환되었다. 전통과 개혁의 조화는 다시 두 가지 접근방식으로 생각해 볼 수 있다. 그 하나가 전통과 개혁을 가법적으로 접근해 보는 방식이며, 다른 하나가 그것을 승법적으로 접근해 보는 방식이다. 후자의 방식으로 접근해 본 결과, 전통 속에 개혁이 있고, 개혁 속에 전통이 있다. 그러므로 法古而知變은 전통에 강조를 두면서 조화를, 創新而能典은 개혁에 강조를 두면서 조화를 도모했다는 것을 발견하였다. 요컨대, 연암 박지원의 實學精神은 전통의 껍데기를 배우지 말고, 전통의 속알맹이(정신)을 배우면, 그 전통 가운데에 개혁이 있고, 創新하되 전통에 지나치게 멀리 가지 말아야 한다는 것이다. 이제 마무리하는 이 시점에서 나는 한유의 다음과 같은 말이 새삼스럽게 떠오른다. "뜻을 본받을 뿐 그 말과 형식은 본받지 않는다(師其意 不師其辭). 그 말과 형식은 오히려 除去하기에 힘써야 할 대상이다(務去陳言). 표현은 자기만의 것이어야 한다(詞必己出)."는 말이다. 이 말은 燕巖의 '法古而知變, 創新而能典'과 표현은 다를지 모르지만, 그 속에 들어 있는 뜻은 한 가지이다. 아아! 요즈음 교육을 통하여 이와 같은 엄청난 일을 할 수 있는 참다운 스승은 어디에 있는가!

參考文獻

「朝鮮王朝實錄」

金都鍊, ʻ燕巖文學에 대한 小考ʼ, 「韓國學論叢」 4輯, 국민대 한국학연구소, 1981.

金永琪, ʻ否定과 生成: 燕巖 朴趾源論ʼ, 「現代文學」 241號, 1975년 1월호.

朴宗采, 宋旭(역), ʻ나의 아버지 朴燕巖ʼ, 「文學思想」 20·21호, 1974년 7·8월호.

朴趾源, 「燕巖集」 卷 12, 熱河日記, 東嶽廟記, 8月 4日條.

朴在文, ʻ조선왕조 시대 朋黨의 교육사학적 해석ʼ, 「도덕교육연구」 제9집, 한국교육학회 도덕교육연구회, 1997, pp.1-34.

李昌國, ʻ燕巖 朴趾源의 教育思想研究ʼ, 教育學 博士學位論文, 서울大學校 大學院 1987.

李烘雨, ʻ全人教育論ʼ, 「도덕교육연구」 제8집, 한국교육학회 도덕교육연구회, 1996. pp.1-21.

全海宗, ʻ釋實學ʼ, 「震檀學報」 20輯, 1959.

정 민, 「비슷한 것은 가짜다」, 서울; 태학사, 2002.

千寬宇, 「韓國史의 再發見」, 一潮閣, 1974, pp.127-136.

韓㳓劤, ʻ李朝 實學의 概念에 對하여ʼ, 「震檀學報」 20 輯, 1959.

Peters, R. S., *Ethics and Education*, 이홍우·조영태(역), 「윤리학과 교육」, 교육과학사, 2003.

8. 李德懋의 『士小節』에 관한 研究: 敎育學的 解釋*

Ⅰ. 緒 論

오늘날처럼 도덕이 난맥상을 보이는 시대도 드물 것이다. 그런 시대를 살고 있는 우리들은 도덕적으로 혼란스러운 이 사회에 빛을 던질 수 있는 새로운 생각이 나오기를 간절히 바라게 된다. 흔히 학자들은 이런 경우에 아무도 생각해보지 않은 참신한 아이디어를 제시하고 싶어한다. 과연 그러한 시대를 사는 이들에게 합당한 참신한 도덕적 아이디어는 어떤 것일까? 먼저 미래를 예측하여 도덕적 아이디어를 생각해보자. 그러나 예측은 대단히 어렵다. 그렇다고 지금 현재의 조건을 생각해서 만들려고 해도 신통한 것이 나올 지는 미지수이다. 어찌하면 좋겠는가? 우리는 '과거에서 배워야 한다는 것'을 자주 잊으며 살고있다. 불행하게도, 언제부터인지는 모르지만, 우리 민족의 과거를 경시하는 습성마저 가지게 되었다.

그러나 조선왕조 시대의 학자로 '조선왕조 시대에 잘 맞고, 삶 속에서 그냥 자연스럽게 습득할 수 있는 행동규범'을 제시한 이로 李德懋가 있다. 그는 이 행동규범들을 『士小節』이라는 책에 제시해 놓았다. 이 책은 「士典」, 「婦儀」, 「童規」의 총 3편, 924장으로 구성되어 있다. 그가 『士小節』을 지은 것은 "아버님께서 나를 가르치시던 뜻을 저버리지 않기 위함"이라고 하였다. (『士小節』序文) 구체적으로 "「士典」은 나 자신을 깨우쳐 가급적 허물을 만들지 않도록 하기 위함이요, 「婦儀」는 우리 부인을 경계하기 위함이요, 「童規」는 우리 자제들을 훈육하기 위함"이라 하였다. 가르친 방법은 "아버지께서 나에게 매를 대거나 꾸짖으면서 가르치지 않으셨다. 그리고 스승을 구하여 맡기지도 않으셨고 집을 벗어나지 않게 하셨다."고 하면서, 궁극의 목적은 "서책들에 전념하고 밖의 일에 끌리는 것을 막으려 하셨을 뿐이었다"라고 하고 있다. 『士小節』은 조선왕조 후기에 조선 땅에서 생겼난 도덕적 규범이므로, 오늘날에도 여전히 "그 규범들이 우리에게 친숙하게 느끼는것들이 많으며, 건전한 인간, 도덕적으로 올바른 인간이 될 수 있도록 해주는데 필요한 원천"이 될 수 있는 책이다.

『士小節』의 서문에 보면, "대개 小節을 살펴서 허물을 적게 하기 위함"이라는 말이 나온다. 그러나 이덕무가 보기에, "사람들은 언제나 사소한 예절에는 구속을 받지 않으려" 한다. 그는 이러한 경향에 대해 "경전의 뜻에 위배되는 것"이라고 하였다. 그 典據로『書經』을 들고 있다. 거기에 보면, "사소한 행실을 삼가지 않으면 끝내는 大德을 상하게 될 것"(不矜細行, 終累大德, 『書經』「周書」〈旅獒〉)이라고 하면서 "小節을 精進하여 배우지 않고서 大義를 실천하는 자를 보지 못하였다"고 말하고 있다. 그러나 문제는 이 '小節'이다. 그가 서문에서 언급하고 있는 '小節'은 逐字的으로 '작은 예절'이다. 특히 여기서 이 '작다', 또는 '크다'는 것을 무엇을 기준으로 말할 수 있는가 하는 것이 가장 문제이다. 이 문제의 출발점은『禮記』에 있다.

"禮也者 猶體也 體不備 君子謂之不成人 設之不當 猶不備也 禮有大有小 有顯有微 大者不可損 小者不可益 顯者不可揜 微者不可大也 故經禮三百 曲禮三千 其致一也 未有入室而不由戶者, 「禮器」24

禮는 體와 같다. 四肢를 온전하게 갖추지 못한 사람을 가리켜 '不具'라고 부른다. 사지를 모두 갖추고 있기는 하되 팔다리가 제자리에 붙어 있지 않다면, 그 또한 '不具'와 다름없다. 예에는 '큰 것'과 '작은 것'이 있으며, '드러나는 것'과 '은미한 것'이 있다. '큰 것'을 덜어내어 작게 만들어서도 안되고 '작은 것'에 보태어 크게 만들어서도 안되며, '드러나는 것'을 감추어 보이지 않게 해서도 안되고 '은미한 것'을 드러내어 크게 보이게 해서도 안 된다. 예에는 삼백 가지의 '경례'와 삼천 가지의 '曲禮'가 있다고 하지만, 그 궁극적 목적은 다르지 않다. 이미 방에 들어가 있는 사람으로서 문을 거치지 않은 사람은 있을 수 없다."

위의 인용문에서 보면, '禮'에는 大禮와 小禮, 顯禮와 微禮, 그리고 經禮와 曲禮의 구분이 있다. 이 여섯 가지 분류가 각각 다른 것인가, 아니면 동일한 구분의 상이한 표현인가 하는 문제가 있을 수 있다. 大禮와 微禮, 그리고 小禮와 顯禮는 각각 經禮와 曲禮의 특징을 나타내는 개념이며, 동일한 구분의 상이한 표현으로 보는 편이 타당하다(朴相哲, 2003, p.2). 李德懋 자신도『士小節』서문에서, "公卿 大夫, 元士의 適者는 13세가 되면 비로소 小學에 들어가 '작은 예절'을 견습하고 小義를 실천하며, 20세가 되면 대학에 들어가 '큰 예절'을 견습하고 大義를 실천한다"고 하면서 연배에 따라 大禮와 小禮의 순서를 구분하고자 하였다. 앞서 말했던 "작은 예절을 닦지 않고 능히 큰 의리를 실천하는 자를 보지 못하였다"는 말은 이 구분에 의한 것이다. 그러나『士小節』서문에 보면, "상세한 것들은 모두 '작은 예절'에 속하는 데 그것을 曲禮에 이르러 비로소 나타났다"는 말을 하고 있다. 이 말에도 여전히 經禮와 曲禮의 구분이 모호하다.

大禮와 小禮의 구분을 연령에 따라 小學과 大學을 언급하고 있는데, 이것을 내용으로 구분해 보면 다른 측면이 드러날지도 모른다. "'작은 예절'에 구속되지 않는다는 말이 널리 유포되자 선비들은 차차 겸양하는 바가 없게 되었다. 그래서 朱子는 이를 걱정하여『小學』을 저술하였다. 여기서 立敎, 明倫, 心術, 威儀, 衣服, 飮食의 예절이 모두 '작은 예절'에 속한다."(『士小節』서문) 그러나 이 말 역시 여전히 '작은 것'이 무엇을 의미하는지 불분명하다. 다만 이덕무 자신이 자신만의 어떤 생각을 가지고 이 말을 했을 것으로 추정할 수는 있다. 그러므로 그의 생각을 밝히고 그 생각에 비추어 보지 않고는 이덕무의 士小節의 '小'를 정확히 이해할 수 없을 것 같다. 연구자는 그의 생각의 틀을 形似와 寫意에서 찾아보려고 한다. 원래 이 용어는 畵論에서 사용되었던 것을 이덕무는 문학론에도 원용하고 있다.(최신호, 1990, p.109.) 만일 그가 문학론에서 생각하고 있는 '形似-寫意'의 개념 틀이 도덕교육론의 핵심인 大禮와 小禮의 의미 파악과 구분에 원용될 수 있다면, 이 槪念 틀을 원용함으로써 士小節의 의미가 분명하게 되고 오늘날 도덕교육론에 어떤 시사를 줄 수 있을 것이다. 끝으로, 현대 도덕교육론의 하나인 피터즈의 '理性-習慣'과의 관련을 밝혀내면서, 『士小節』의 교육학적 해석을 시도해 보고자 한다.

지금까지의 논의를 토대로 본 논문에서 취급하고자 하는 문제들은 다음과 같다.

첫째, 이덕무가 가지고 있는 개념 틀인 '形似-寫意'는 무엇인가?

둘째, 이 개념 틀 ('形似-寫意')에 비추어 『士小節』을 해석하면 '大'와 '小' 의미는 무엇이며, 각각 『士小節』에 어떻게 나타나 있는가?

셋째, 『士小節』에 나타난 내용은 현대 도덕교육론의 하나인 피터즈의 '理性-習慣'과 어떤 관련을 가질 수 있으며, 그것이 현대 도덕교육론에 주는 시사는 무엇인가?

Ⅱ. 形似-寫意

形似와 寫意라는 용어는 애초에 畵壇에서 쓰던 용어였다. 그러나 李德懋는 文學論에서도 여전히 그림이야기를 많이 하고 있다. 예컨대 "그림을 그리되 詩意를 모르면 색채가 메마르게 되고, 詩를 짓되 畵意를 모르면 詩脈이 막히게 된다."(畵而不知詩意 畵液暗枯 詩而不知畵意-詩脉潛滯, 『靑莊館全書』三十六卷, 蟬橘堂濃笑)고 하였다. 이것은 이덕무가 화단에서 사용하던 形似-寫意를 적절하게 문학론에 援用한 例이다. 이제 여기서 한 걸음 더 나아가 "形似-寫意"가 道德 敎育論인 『士小節』에 적용해 보고자 한다.

그러면 왜 하필 『士小節』에 '形似-寫意'의 생각의 틀을 적용하려고 하는가? 달리 말하면 이러한 이 생각의 틀을 적용함으로써 무엇이 더 자세하게 밝혀지는지를 말하려는 것이다. 『士小節』을 보면 알 수 있듯이 그 내용이 거의 모두가 구체적인 행위 규범, 거기에 쓰인 말로는 '작은 예절'에 속하는 것들이 대부분이다. 달리 말하면 작은 예절은 겉으로 표현되는 행위 규범이다. 이 규범을 曲禮라 한다. 작은 예절이 있다고 하면 큰 예절이 있을 수 있다. 이것을 흔히 經禮라 말한다. 朴相哲(2003. 8 p.13.)은 이 구분을 다음과 같이 말하고 있다.

"대체로 말하여 곡례와 경례는 행위와의 관련성 여부에 비추어 구분된다. 행위와의 관련성이 강한 것일수록 곡례라 부를 수 있으며, 삶에 관한 형이상학적 이론의 성격을 띤 것일수록 경례라고 부를 수 있다."

이 설명에서 곡례가 무엇인가는 비교적 잘 알 수 있다. 그러나 여전히 '삶에 관한 형이상학적 이론의 성격을 띤 것'은 우리에게 이해되기가 어려운 것이다. 이와 같이 어려운 것을 보다 쉽게 알 수 있도록 하는 데 形似-寫意의 개념틀은 도움이 될 수 있을 것이다. 왜냐하면 그림을 가지고 설명하면 보다 시각적으로 손에 잡힐 듯이 생동감을 가지고 볼 수 있기 때문이다. 말하자면 작은 예절과 큰 예절에서 작은 것과 큰 것의 구분이 잘 들어날 수 있다는 것이다. 종래의 『士小節』에 관한 연구는 조선왕조 후기에 살았던 사람들의 기본예절이 무엇이었는가를 알아보는 것에 중점을 두었고, 그 결과 『士小節』은 지난 것 낡은 예절 또는 행위규범이라는 생각을 가지게 할 뿐 현재의 우리 삶과는 관계없는 죽은 것처럼 되어버렸다는 데 문제가 있다.

그러면 '形似'와 '寫意'가 구체적으로 무엇을 의미하는지 살펴보겠다.

1. 形 似

形似라는 것은 사물을 그릴 때, 그 사물과 가장 近似하게 그리는 것을 말한다. 순전히 近似한 것만을 기준으로 삼는다면, 아마도 寫眞을 따를 것이 없을 것이다. 그러나 寫眞도 藝術의 카테고리 속에 들어오게 하기 위해서는 오로지 形似 또는 近似만으로는 부족할 것이다. 그러면, 李德懋 자신은 '形似'를 어떻게 이해하고 있는가?

  1) 世界大粉本 造化翁大畫史 鳥舅樹冷艷而老紅 誰其設銀硃赭石珊瑚末耶 桃花瓣
     臙脂綿汁 滴滴欲漬 秋菊色 藤黃鮮抹 雪晴烟嵐 二靑三靑 句分遠近 急雨奔江
     滿灑水墨 渲染無罅 蜻蜓眼 石綠隱隱 蝶翅 暈以乳金－秋江夕陽 粉本㝡好 此
     造化翁得意筆也 (靑莊館全書 36卷「蟬橘堂濃笑」)

   세계는 큰 화판이고 조화옹은 큰 화가이다. 오구목 꽃은 요염하게 주황색으로 붉
었는데 누가 수은으로 된 붉은 모래가루, 붉은 빛의 돌가루, 산호가루를 뿌려 놓았을
까. 매화의 잎에는 연지 같은 붉은 즙이 뚝뚝 떨어지는 것만 같고, 가을 국화의 꽃
빛은 등황색을 발라놓은 듯하다. 눈이 갠 뒤에는 산에 가득히 피어오르는 안개사이로
푸른 빛깔이 이리저리 엇갈려 원근에 고루 나누어져 있다. 소나기가 강 위를 급히 달
려 水墨을 가득히 뿌리므로 채색을 점점 엷게 하여 색을 흐리게 할 틈이 없다. 잠자
리의 눈은 푸르고, 훨훨 나는 나비의 날개는 금빛으로 물들었다.－노을이 깔린 가을
강의 화판이 가장 좋은 데, 이는 조화옹의 그림 가운데 제일 잘된 것이다.

   위의 사례는 '形似'의 한 경우인 模寫－자연의 풍경을 그대로 옮김－한 것이다.
이 때 模寫라는 것을 구체적으로 말해 보겠다. (1) 오구목 꽃을 模寫하였다. 구
체적으로 주황색으로 되었는 데 요염하다는 것이다. (2) 매화잎을 模寫하였다.
연지 같은 붉은 즙이 뚝뚝 떨어지는 것만 같다는 것이다. (3) 국화꽃을 模寫하였
다. 등황색을 발라놓은 듯하다. (4) 오구목, 매화, 국화 꽃들이 피어 있는 장소에
배경이 되는 산에 가득히 피어오르는 안개로 푸른 빛깔이 이리저리 엇갈려 원근에
고루 나누어져 있다. (5) 갑자기 쏟아지는 소나기를 묘사하였다. 마치 시커먼 구
름에서 쏟아지는 빗줄기는 水墨을 가득히 뿌리는 것 같다는 것이다. 끝으로, 잠자
리의 눈은 푸르고, 나비의 날개는 금빛으로 물들었다. 강가에는 노을이 깔려 있
다. 을 있는 그대로 그려 놓은 것이다.

  2) 秋日鳥巾白裕 搖綠沈筆 評海漁圖 蠟窓明快 白菊花作欹斜影 抹淡墨欣然摹寫
     一雙大蝴蝶 逐香而來 立花中 鬚如銅線 的歷可數 仍添寫 又有一雀握枝而顯 尤
     奇之而恐其驚去急寫了 鏗然擲筆 (靑莊館全書 36卷「蟬橘堂濃笑」)

   가을날 검은 두건과 흰 겹옷을 입고 녹침필을 놀려서 海漁圖를 평하는데, 밀랍

으로 바른 창문에 시원하게 하얀 국화꽃의 그림자가 비친다. 얇게 먹을 갈아서 기꺼이 한 쌍의 큰 나비를 그리니 드디어 향기가 나는 꽃 속에 깃든다. 수염은 銅線마냥 역력히 셀 수 있었다. 또 그 위에다 가지에 앉은 참새 한 마리를 그리니 더욱 기이하였다. 그리고는 놀라서 날아가 버릴 것을 두려워하여 그리기를 그만두고는 붓을 내던지고 말았다.

여기서의 形似의 핵심은 생명력이다. 구체적으로, 그림으로 그린 그 나비가 향기가 나는 꽃 속에 깃드는 모습이 살아있는 나비와 같았다. 이 생명력에 넘치는 그림은 어디서 오는가? 아무나 따라 할 수 없는 관찰이다. 그리하여 그림을 그리되 구리선과 같은 수염까지를 똑똑히 셀 수 있을 정도로 생생하게 그렸다는 것이다. 다시 그 위에 그려진 새는 마치 살아있는 새가 나래 치며 날아 갈 것같이 생동적으로 그렸다. 이 말을 강조하는 표현으로 '놀라서 날아 갈 것 같아 그리기를 그만두었다'고 하였다.

이덕무가 말하고 있는 形似는 우선 '있는 그대로 그린다'는 것이다. 이 경우에는 당장 나올 수 있는 말은 '그렇다면, 사진으로 찍으면 되지 않겠는가'라는 것이다. 그러나 사진으로 찍으면 적어도 표면상으로는 '있는 그대로 그린다'는 것에 가장 가까운 것 같이 보이지만, 이것만으로는 여전히 무엇인가 부족한 점을 느낀다. 그리하여 이덕무는 여기에 하나를 덧붙인다. 그것이 생명력을 불어넣는 일이다. 이발소에 걸려 있는 그림은 얼마나 寫實的으로 잘 그렸는가? 그럼에도 불구하고 여전히 죽은 그림처럼 느껴지는 것은 웬일인가? 거기에는 다름 아닌 '생명력'이 빠져 있기 때문이다. 문제는 이 생명력이 어디서 오는가 하는 것이다. 두말할 것도 없이 그 생명력은 작가에게서 오는 것이다. 그러므로 形似는 模寫만으로 모든 일이 끝났다고 보아서는 안 된다. 작가의 마음의 작용이 있어야 할 것이다. 이 말이 구체적으로 무엇을 뜻하는가?

2. 寫　意

寫意는 사물, 또는 풍경을 '있는 그대로' 그리는 形似(寫實性)와 달리, 그것의 본질적 특성을 포착해서 중점적으로 나타내는 것이다. 달리 말하면 사물이나 풍경의 그림을 통해서 작가의 정신세계를 밖으로 들어낸 것이라고 말 할 수 있다. 구체적으로 李德懋에 의하면, 寫意는 사물과 풍경의 살아 움직이는 '참다운 생명력'을 알아내어 표출하기도 하고, 때로는 사물과 풍경을 빌어 작가가 홀로 마음속 깊이 간직하고 있는 세계를 보이는 것이라고 하였다. "原於性靈 假於物象者"(性靈에 바탕을 둔 생각을 物象을 빌어서 하는 것, 『靑莊館全書』51卷「耳目口心書」四)라는 것이 그것이다. 이 표현 중에 '性靈에 바탕을 두었다'고 하는 것은 사물과 풍경을 있는 그대로 나타내되 그 사물과 풍경이 살아 움직이도록 해주는 중층구조의 윗층에 해당하는 기준에 가장 가깝도록 나타내 주는 것을 말하고 있다. 이것은 예리한 관찰력과 풍부한 상상력을 필요로 하고 있다.

좀더 구체적으로 '性靈에 바탕을 두었다'는 말이 무엇을 뜻하는지를 알아보아야 한다.

   1) 奇秀之氣寂然 則無論萬品皆墜谷臼 山無是氣 則敗瓦也 水無是氣 則腐溲也 -
       至於蟲魚花奔書畵器什無不皆然 - 是故有炯然雙眸 一俯一仰又四顧之 先察是氣
       之銷旺 森羅萬象不可遁情. (『靑莊館全書』卷 48.「耳目口心書」一)

기이하고 빼어난 氣가 없다면 어떤 물건이건 평범한 것으로 되어 버린다. 산이 산으로서 氣가 없다면 깨어진 기왓장이고, 물이 물로서 氣가 없다면 썩은 오줌이다. -蟲魚, 花奔, 書畵, 器什이 다 이와 같다. -그러므로 먼저 밝은 두 눈으로 내려다보고 올려다보며, 또 사방을 돌아보아 이 氣가 줄고 왕성한 것을 살필 줄 알면 森羅萬象이 그 情狀을 숨기지 못할 것이다.

'性靈'은 존재하는 사물의 윗층에 있으며, 그것이 눈에 보이는 아래층에 존재하는 사물에 나타날 때는 氣로 나타난다. 달리 말하면 그 사물을 사물답게 하는 것은 氣라는 것이다. 이것은 '性靈'에 바탕을 두지 않았다면 아랫 층에 존재하는 사물에 '氣'가 없게 되며, 우리가 경험하는 대상이 존재 의의를 가질 수 없게 된다.

   2) 이보다 더 性靈이 구체적으로 무엇을 말하고 있는가를 잘 나타낸 말이 아마도
       다음과 같은 말이라고 생각한다. 즉, "嬰兒之啼笑 市人之買賣 亦足以觀感 驕
       犬之相關 黠猫之自弄 靜觀則至理存焉 春蠶之蝕葉 秋蝶之採花 天機流動 萬蟻
       之陳不藉旗鼓 而節制自整 千蜂之房 不憑棟樑 而間架自均 斯皆至細至微者 而

各有至妙至化之無邊焉."(『青莊館全書』卷 48「耳目口心書」一)

어린이가 웃다 울다 하는 것과 시장에서 사람들이 물건을 사고 파는 것을 잘 살펴보면 그 무엇을 느낄 수 있고, 사나운 개가 서로 싸우는 것과 교활한 고양이가 재롱을 떠는 것을 가만히 관찰하면 지극한 이치가 이들 속에 있게 된다. 봄누에가 뽕잎을 갉아먹는 것과 가을 나비가 꽃 꿀을 채집하는 것에는 하늘의 조화가 그 속에 움직이고 있다. 많은 개미들이 陳을 이루고 행진할 때 깃대와 북을 빌지 않아도 節制가 잡혀 균형을 이루고 있고, 1000마리 벌의 房은 기둥과 들보가 없는데도 칸 사이가 저절로 고르게 되어있다. 이것들은 모두 지극히 가늘고 지극히 작은 것이지마는 그 곳에는 너무도 묘하고 너무도 무궁하게 조화된 것이 있다.

적어도 이 글에 나타난 바에 의하면, 性靈은 '그 무엇을 느낄 수 있는 것', '지극한 이치', '하늘의 조화'라고 말하고 있지만, 그래도 부족하여서 다시 '너무도 묘하고 너무도 무궁한 조화'라고 말하고 있다.

3) 그렇다면 形似와 寫意는 과연 어떤 관련을 가지고 있는가? 아니면 아무런 관련도 없는가? 심각하게 따지지 않고 얼핏 보면, 形似와 寫意의 관계는 우연적 관계같이 보인다. 달리 말하면, 形似와 寫意는 時間上 先後關係처럼 보인다. 그러나 그림을 그리는 것을 가지고 설명을 해보면, 먼저 사물을 그야말로 '있는 그대로 그리는 것'이다. 여기서 주의해야 할 것은 '있는 그대로 그리는' 바로 그 순간에 이미 '寫意'가 작용하였다는 것이다. 그렇다면 形似와 寫意의 관계는 시간상 선후관계가 아니라 논리적 관계임에 틀림없다. 이 관계를 염두에 두고 이덕무의 『士小節』을 살펴 볼 것이다.

Ⅲ. '形似-寫意'의 概念 틀과 『士小節』

'形似-寫意'의 개념틀은 書畵의 의미를 설명하는 주요한 개념틀로서, 『士小節』 안의 여러 가지 이론적 문제들을 어느 정도 잘 설명해 줄 수 있을 것이다. 그러나 종전의 연구들은 이와 같은 개념의 틀이 없이『士小節』의 내용을 문자 그대로 지나간 과거의 도덕적 행위규범으로만 취급하였다. 그 결과 오늘날 우리의 삶에 어떤 빛을 던져 주지 못하였다. 이제 '形似-寫意'의 개념 틀이 『士小節』과 어떻게 관련지을 수 있을까 하는 데 초점을 맞추어 설명해 보겠다.

1. '形似'와 『士小節』

먼저 다루어져야 할 문제는 '形似'의 의미와 『士小節』의 '작은 禮' 사이의 관련성이다. 形似의 핵심은 寫實性, 또는 구체성이다. 이것이 '작은 禮'와 어떤 관련성을 맺기 위해서는 밖에서 관찰되는 개인적 행위 규범으로서의 예('작은 禮')를 어떻게 이해하는가에 달려 있다. 예컨대 書畵상에서 '形似'의 寫實性은 사물을 사진에 담어 내듯이 들어내는 것이 아니라 어떤 생동감을 느낄 수 있어야 한다. 이 말은 곧바로 일상생활에서 '인간이 행할 수 있는 세세한 행동'과 관련된다. 구체적으로 이덕무가 말한 '작은 禮'에 해당한다. 이것은 한 개인의 생활에 있어서 기본이 되는 것이다. 어렸을 때에는 이것들을 익혀서 습관화 시키는 것이 목적이라고 할 수 있다. 이것을 다시 書畵로 말하면, 표현하고자 하는 대상에 대해 대상을 '있는 그대로' 파악하는 것과 같다. 말하자면 그것이 그 사물을 가장 잘 표현하는 방법이다. 마찬가지로 우리의 일상에서 우리의 善性을 가장 잘 표현하는 방법은 小禮의 준수에 있다. 예컨대, 어떤 연구에서는 『士小節』을 크게 사회적 인간관계를 위한 기본 생활 습관, 자기 수신을 위한 기본 생활 습관, 일상 생활훈련을 위한 기본 생활 습관의 세 가지로 구분하고 있는 것을 볼 수 있다.(박혜상, 2003, pp.24-40.)

구체적으로 『士小節』에서 '작은 禮'에 해당하는 例를 몇 가지 찾아 보겠다.

> 例 1. 見客必拜 客不逢長子 必敬恭聞客何處來 有何事 祥記念 俟長子來 卽謹告焉-(「敬長」19)

손님을 보면 반드시 절을 하고, 손님이 어른을 만나지 못하였으면 반드시 공손하게 손님이 어디서 오셨으며 무슨 일을 가지고 오셨는지 여쭈어서 자세히 기억하

였다가, 어른이 돌아오시기를 기다려 곧 삼가 말씀을 올리고-

例 2. 賓客者老者來 童子下堂肅迎 扶護以上 以其杖倚于壁間 俟其起 而先整履 奉杖 仍又扶護下堂.(「敬長」 21)

손님이나 노인이 오셨을 때, 어린이는 마루에서 내려가 엄숙하게 맞고 잘 부축하여 마루 위로 오르시게 하고, 그 지팡이는 벽에 기대 놓았다가 노인이나 손님이 일어서시는 것을 기다려 먼저 신을 가지런히 놓고 지팡이를 드린 다음에, 또 먼저처럼 부축하여 마루에서 내려가시게 할 것이다.

例 3. 尊者對案食 勿遽拜也(士典 動止 37)

윗사람이 밥상을 받고 식사할 때에는 다급히 절하며 인사하지 말라.

例 4. 凡入人家 不可回頭轉睛 忙看四壁 雜抽書帙 亂檢器什 主人苦止 之而若 猶前焉者 決非莊士. (士典 動止 48)

무릇 남의 집에 들어갔을 때는 머리를 돌리고 눈동자를 굴려 바쁘게 방안을 둘러보거나, 책을 마구 빼 보거나, 기물을 함부로 들추어보아서는 안 된다. 주인이 굳이 이를 그만두라고 하는데도 오히려 그대로 행동하는 사람은 결단코 예의 바른 선비가 아니다.

例 5. 凡見賓友族親 拜揖起居 不可少缺 今人不講此禮 揖則手至乳而因弛 或合手斜揭 拜則急投於地 背傾尻仄 或拜太遲 我尙俯而彼已起立 皆失儀也 客來而無坐席 主人不可兀然獨坐席.(士典 2 動止 52)

무릇 손님, 벗 친족 친지를 보고서 절하고 읍(揖)하는 행실에 조금이라도 모자람이 있어서는 안 된다. 지금사람들은 이러한 예절을 익히지 않아, 읍(揖)할 때는 손이 가슴에 이르렀다가 이내 늘어뜨려 버리고, 혹은 손을 모아 비스듬히 들어 절하고는 곧 땅에 내려 버리며, 등을 굽히거나 혹은 절이 매우 느려 내가 아직 엎드려 있는데 저쪽은 이미 일어서게 하는 것은 예의를 잃은 행동이다. 그리고 손님이 와서 앉을 자리가 없는데 주인이 움직이지도 않고 홀로 자리에 앉아 있으면 안 된다.

例 6. 友雖狎 不可爾汝 雖自童子時相交 旣各壯大 不可仍呼小名 - (交接 23)

벗이 비록 친하다고 해도 함부로 너라고 불러서는 안 된다. 비록 어릴 때부터 서로 통교하고 지냈다고 해도 이미 각자 장성하였다면 어릴 때의 이름으로 불러서는 안 된다.

例 7. 出入進退 有信有漸 不可如驟雨 去如飄風(士典 動止 3)

나가고 들어오고, 나아가고 물러날 때는 정성스럽고 차츰차츰 차례를 밟아야지, 소나기처럼 갑작스럽게 오거나, 회오리 바람처럼 급하게 가서는 안된다.

例 8. 搖扇勿拂拂 曳履勿軋軋(士典 動止 5)

부채를 획획 휘젓지 말고, 신발을 찍찍 끌지 말라.

지금까지의 예시로 보아『士小節』에서 볼 수 있었던 '작은 예절'이란 '形似'에서 보는 바와 같이, 대개의 경우, 웃어른, 형제, 친구에 대해 가져야 할 예절, 특히 몸가짐에 있으며, 또한 손님이 집에 오실 때, 손님을 모시고 나갈 때 등의 구체적인 행동이며, 비록 친구라 하여도 말을 삼가 조심하여 사용해야 한다고 하고 있다. 그리고 주변 환경의 청결, 일상생활에서 지켜야 할 행동 등이 여기에 포함되어 있다. 그러면, 이 작은 예절들은 어디서 나왔는가?

2. '寫意'와 士小節

'寫意'의 핵심은 눈에 드러나 있지 않고 그 이면에 들어 있는 정신인 것이다. 이덕무는 이것을 '氣', 또는 작가의 정신세계를 표출해 내는 일, '性靈', '自家의 神宇' 라고 표현하였다. '寫意'와 『士小節』을 관련짓기 위해서는 「禮器篇」에 나와 있는 말-'未有入室而不由戶者'(이미 방에 들어가 있는 사람으로서 문을 거치지 않은 사람은 있을 수 없다.) -특히 '문'(戶) 과 '방'(室)의 대비에 주목할 필요가 있다. 『禮記』에서 이 말은 曲禮와 經禮의 關係를 드러내기 위한 것이었다.(朴相

哲, 2002, p.9), 李德懋는 이것을 '形似'와 '寫意'의 대비로 설명했다. 즉, '이미 寫意의 단계에 들어와 있다면 形似를 거치지 않은 사람은 있을 수 없다'는 것이며, 다시『士小節』과 관련을 지었을 때 '작은 禮節'을 거치지 않고 '큰 禮'에 들어갈 수 없다고 설명할 수 있다.

그러나『士小節』에는 과연 말 그대로 '작은 禮節' 뿐이고 '큰 禮'에 관한 것은 없을까?

> 內四端外九容, 曁五品天之庸, 修則吉悖迺凶, 吉維何禮爲墉 凶維何慾爲鋒, 握不隳作士宗 (「士典」1)

> 안으로 惻隱, 羞惡, 辭讓, 是非가 仁義禮智의 네 端緒되는 것과, 밖으로 足容重, 手容恭, 目容端, 口容止, 聲容靜, 頭容直, 氣容肅, 立容德, 色容莊 등과 五倫은 天道의 떳떳함이다. 이것을 닦으면 吉하고, 거스르면 凶하다. 吉은 어떻게 되는가? 禮가 담 구실을 한다. 凶은 어떻게 되는가? 慾이 칼날 구실을 한다. 이상 세 가지 일을 꼭 지켜 떨어뜨리지 않아야 선비의 으뜸이 된다.

여기서 '안'에 해당되는 것이 바로 '寫意'이다. 이에 대비된 '밖'―氣容肅, 立容德, 色容莊 등―은 '의표(儀表)'에 해당한다. 특히 흥미로운 것은 '안'에 속하는 것이 仁義禮智와 관련된다는 것이다. 물론 위와 같은 말만으로는 여전히 '寫意'와 『士小節』의 관련이 불투명하다. 仁義禮智는 너무나 광범위한 의미를 담고 있기 때문이다. 그것은『士小節』안에서 '寫意'에 해당하는 것을 찾아 살펴야 할 것이다.

첫째. 不近人情 最違天理 (「士典」一 '性行')人情에 가깝지 않은 행동은 天理에 가장 어긋나는 것이다. 여기서 '寫意'에 해당하는 개념이 바로 天理이다. 天理는 눈에 보이지 않은 것이며, 그 裏面에 들어 있는 理이며, 그야말로 절대로 옳은 理致에 해당하는 것이다. "人情에 가까운 행동"에는 이미 '天理'가 들어 있다는 것이다.

> 둘째, 凡今之人 資稟之善不善 習俗之醇不醇 余以三事觀之 見小學書近思錄 能不欠伸歟 對拱手危坐修整威儀者 能不訕笑歟 聞忠信義理之言 能不厭苦歟 於此三者悅而服之 則不失爲吉人善士 惡而違之 則不爲浮薄悖戾之徒者 幾希矣.(士典 第

一 性行)

　　대체로 말하여 오늘날의 사람들의 성품이 착한가 착하지 않은가와 습속이 순박한
가 순박하지 않은가를 다음과 같은 세 가지를 기준 삼아 판단할 것이다. 첫째로, 『
小學』이나 『近思錄』을 보면서 하품을 하지 않은가 하는가, 둘째로 손을 마주잡고
단정히 앉아서 威儀를 갖추는 자를 대하면 비웃지 않는가 비웃는가, 셋째로, 忠信
하고 義理있는 말을 들으면 싫증을 내지 않는가 싫증을 내는가 이다. 이 세 가지를
기뻐하고 복종하면 吉人과 善士가 될 것이다. 그러나 이 세 가지를 싫어하고 미워
하고 어기면 천박하고 경솔한 인간이 되거나, 도리에 어긋나는 행동만을 일삼는 인
간이 되지 않을 수 있는 자는 매우 드물다.

　　위의 인용문에서 알 수 있는 것은 '寫意'에 해당하는 것은 학문, 즉 理性을 연
마하는 것이고, 다음이 겉으로 나타난 단정하고 품위가 있는 모습에 담겨있는 '큰
禮'이며, 마지막으로 忠, 信, 義, 理 등이다.

　　세째로. 易乾坤二儀均 詩關雎造彝倫 匪淑貞曷守身 匪順婉曷事人 匪潔誠曷饗
神 勤曁儉吉咸臻

　　『周易』에 보면 乾坤이라는 卦에는 陰陽이라는 두 가지가 고루 퍼져있고 『詩經』
「關雎篇」을 보면 어진 부인의 덕을 칭송하고 있다. 貞淑이 아니면 어떻게 몸을 지
켰으며, 유순하지 않고 어떻게 다른 사람을 섬기며, 참으로 깨끗하지 않고서 어떻
게 神을 欠饗하도록 할 수 있겠는가. 부지런하고 검소하면 상서로운 일이 계속 일
어난다.

　　위 인용문은 「婦儀篇」 첫 머리에 있는 말이다. 이 말은 「婦儀」 全篇을 꿰뚫고
있는 '寫意'를 잘 설명하고 있다. 여기서 보면 직접으로 '寫意'를 나타낸 말은 '陰
陽', '彝倫', '婉順', '誠潔', '勤儉' 등이다.

　　넷째로, 「童規」 첫머리에 보면, "天賦性罔或慝 親遺身罔或式 一念慮咸有則 一
動作咸有式 整爾衣節厥食 童無準長益仄, (하늘이 부여한 성품을 조금도 邪慝하게
하지말고, 어버이가 주신 몸을 조금도 어긋나게 하지 말라. 한번 생각하는 데도 법
칙이 있고, 한번 動作하는 데도 규칙이 있다. 너희 의복을 整齊하고 음식을 절제

하라. 어려서 準則이 없으면 자라서 더욱 不正해진다.

여기서 말하고 있는 '寫意'는 1) 하늘이 부여한 性品이 있다는 것, 2) 부모가 물려준 몸을 잘 간수하라는 것, 3) 모든 생각과 동작에는 지켜할 법칙이 있다는 것, 4) 어려서 본 받을 만한 모범과 지켜야 할 규칙이 없다면 커서 옳지 못한 짓을 한다는 것 등이다.

지금까지의 논의로 보아, 『士小節』에 들어있는 제반규범들은, '寫意'에 비추어 '形似'에 해당하는 여러 규범들을 진술하고 있다는 알 수 있다. 즉, '큰 禮'에 비추어 '작은 禮節'을 진술하고 있다. 또한 『士小節』전체를 두고 볼 때 "未有入室而不由戶者(이미 방에 들어가 있는 사람으로서 문을 거치지 않은 사람은 있을 수 없다)"라는 이 原理에 기초하여 저술한 것이다. 물론 이 원리는 "작은 예절"을 거쳐 "큰 禮"로 나아간다는 것이다. 이 원리에 따라 『士小節』의 세 가지 구성요소인 「士典」, 「婦儀」, 「童規」에는 각각 敎習, 敎育, 敎習이라는 항목을 두고 있다.

앞에서 논의한 바대로, 形似는 적어도 표면상 대상을 '있는 그대로' 그려내는 것이며, 寫意는 이러한 진실한 '그려냄'의 과정에서 드러나는 작가의 정신세계를 가리키는 말이다. 여기서 주의해야 할 점은 形似와 寫意는 대립되는 개념이 아니라는 것이다. 물론 출발은 形似부터 출발한다. 그렇다고 寫意는 전혀 없는가? 그렇지 않다. 그 수준에 해당하는 만큼의 寫意를 가지고 있다고 보아야 한다. 形似를 열심히 해 나가는 과정에서 서서히 寫意가 더욱 확실하게 생기게 되고, 이 寫意를 바탕으로 形似를 진행 해나간다. 이 말을 오해하면 形似와 寫意를 관계를 시간상 先後로 말한 것같이 들린다. 그러나 形似속에 이미 寫意의 씨앗이 숨어있고 寫意에도 여전히 形似의 인식이 작용하고 있는 것이다. 이와 같이 상호 관계를 맺으며 영향 주고 받으면서 성장하여, 마침내 이것은 최종적인 단계, 즉 '會心'의 경지에 이르게 된다.

이 때 會心의 경지는 과연 무엇일까? 이 경지를 간접적으로 표현한 것과 직접 표현한 것이 있다. 우선 간접적으로 표현한 것을 보자.

有超世先生 萬峯中雪屋燈明 硏朱點易古鑪香煙 嫋嫋靑立 空中結綵毯狀 靜玩一二刻 悟妙忽發笑 右看梅花齊綻蕚 左聞茶沸響 作松風檜雨 澎湃潚泫, (『靑莊館全書』

卷 三十六「蟬橘堂濃笑」
　　세속에 초연한 선생이 깊은 산중에 눈이 소복하게 쌓인 집에서 등불을 밝히고
朱墨을 갈아 『周易』에 圈點을 치는데 낡은 화로에서 피어오르는 푸른 향기 나는
연기가 하늘하늘 허공으로 오르면서 오색 빛 찬란한 공 모양을 짓는다. 조용히 한
두 시간쯤 그 모양을 구경하다가 오묘한 이치를 깨닫고 문득 웃었다. 오른편에는
일제히 꽃봉오리를 터뜨린 매화가 보이고, 왼편에는 솔바람 회나무에 듣는 빗소리
와 보글보글 차 끓이는 소리가 들린다.

　　위의 글에서 주목받아 마땅한 글은 "조용히 한두 시간쯤 그 모양을 구경하다가
오묘한 이치를 깨닫고 문득 웃었다"라는 글이다. 여기에서 相은 『周易』에 圈點치
는 선생, 화로에서 피어오르는 香煙, 꽃봉오리를 터뜨린 매화, 솔바람, 빗소리,
보글보글 끓는 차(茶)등이다. 이 글에 등장하는 인물은 이 相을 통해서 性을 보
고 있는 것이다. 그 性은 '깨달음'을 통해서만이 볼 수 있는 것이다. 말하자면 形
似에서는 相을 보는 것으로 만족할 수 있지만, 寫意에서는 性까지 보아야 한다.
이것은 다시 말하지만 '깨달음'의 경지에서만 얻어지는 것이다.
　　이덕무의 '會心'은 이처럼 形似와 寫意의 구분을 뛰어넘어 완전히 하나가 되는
경지이다.

　　다음으로, 會心의 경지를 이덕무 자신이 직접 表現한 것을 보자.

　　筆枯鈞死□ 也　墨陳膠剩煤也　紙敗麻爛穀也　硯老瓦頑鐵也　何與人精神意想奇變
幻化事也　今以筆紙墨硯　謂似血肉之心包　屈伸之腕指　耽耽之眼孔　則人必不信矣
且謂筆肯墨　墨肯紙　紙肯硯　心肯眼　眼肯腕　腕肯指也　則雖明月張瞻　仰思俯察　不
其近矣　然吾心一寓境觸象　若有所爲　則忽眼爲之轉　腕爲之運　指隨以操　硯須墨　墨
須筆　筆須紙　紙橫仄左右馳驟　頃刻飛騰出入變化　氣得意滿無所不可　心忘眼　忘眼
腕　腕忘指　指忘墨　墨忘硯　硯忘筆　筆忘紙　當此之時　呼腕指爲心眼可也　呼筆紙墨
硯爲心眼腕指可也　呼墨硯爲筆紙可也　及其寂然墨心收　湛然眼定　腕指拱于袖拭墨
洗硯　閣筆軸紙則俄然之間　筆紙墨硯　心眼腕指　不相爲謀　又忘前之周旋矣.（『靑莊
館全書』卷 四十八「耳目口心書」一）

　　붓은 마른 대나무와 죽은 토끼털로 이루어져 있고, 먹은 아교나 남은 그을음으

로 되었으며, 종이는 떨어진 삼베와 해진 천 조각으로 이루어져 있고, 벼루는 낡은 기와와 쇠 조각들로 이루어졌는데, 이것들을 가지고 어떻게 정신, 뜻, 생각에 기막힌 변화와 조화를 부려 밖으로 잘 드러나게 할 수 있는가. 지금 붓, 종이, 먹, 그리고 벼루를 가지고, 신체(身體)를 부리는 마음, 굽혔다 폈다하는 팔과 손가락, 그리고 완상(玩賞)하고 있는 눈초리를 비슷하게라도 흉내내어 그려 낼 수 있다고 한다면 사람들은 아무도 믿지 않을 것이다. 또한 우리가 '붓이 먹의 특성을 그대로 사용하고, 먹이 종이의 특성에 맞게 잘 번지며, 종이 재질이 벼루의 그것과 맞게 되고, 마음이 눈을 통하여 (지칭하는 대상을) 그대로 담으며, 팔에 그 눈으로 본 형상을 실어내고, 팔이 손가락을 통해서 그 형상을 그대로 옮겼다'고 주장한다고 하여도, 밝은 눈을 가지고 우러러보면서 생각하고 아래로 굽어 관찰해 보면 결코 서로 비슷하지도 않다고 말할 것이다.

그러나 내 마음을 하나로 하여 마치 뭐라도 할 수 있는 것처럼 세상에 있는 대상에 집중해본다면 홀연히 눈앞이 바뀌면서 팔이 움직이고 손가락이 하고 싶은 대로 움직여 벼루에서 먹을 갈고 그 먹물을 붓에 묻혀 종이 위에 그려내니, 오호라 ! 종이 위에 좌우로 내달려 가는 듯 하더니, 잠깐 사이에 날아오르거나 들고나는 변화를 거쳐 어느 듯 글씨로 나타난다. 이것은 기운이 뜻을 얻어 하지 못함이 없는 것처럼 된다는 경지이다. 그리하여 마음은 어느새 눈을 잊어버리고 눈은 팔의 움직임을 잊으며, 팔은 손가락의 움직임을 잊고 손가락은 먹을 잊으며, 먹을 갈면서 벼루를 잊어버리고, 벼루는 붓을 잊으며, 붓은 종이를 잊게 되어버리니, 이와 같이 되면 마음의 눈이 보는 대로 팔과 손가락을 움직여 대상을 그려낼 수 있을 것이다. 그렇게 되면, 붓과 종이, 먹과 벼루는 마음과 눈, 그리고 팔과 손가락과 하나가 되었다고 할 수 있을 것이다.

이제 말없이 조용하게 마음을 수습하면, 눈이 편안하고 안정되어진다. 먹과 벼루를 닦으며 붓을 거두고 종이를 말고 팔과 손가락을 소매사이에 두면, 잠깐 사이에 붓, 종이, 묵, 그리고 벼루와 마음, 눈, 팔, 그리고 손가락이 억지로 돌리려 하지 않아도 황홀경에 들어가기 以前의 상태로 돌아오게 되는 것이다.

위의 사례에서 보면, 이덕무는 '會心'을 몇 가지의 단계로 나누어 설명하고 있다. 이 단계들은 앞서 말했던 形似와 寫意의 과정을 거쳐 이루어진다. 그것이 바로 肖-須-氣 得意-忘의 단계들이다. 이 때 肖는 形似의 단계요, 須-氣 得意-忘은 寫意 단계로, 각 단계별로 각각 차원이 다르다.

처음 肖의 단계는 붓은 먹을 닮으려고 애를 쓰고, 마음은 눈을 닮으려고 애를 쓰는 과정을 말하는 것이다. 예컨대, '마음이 눈을 닮으려고 애를 쓴다'는 것은 '마음이 눈과 같이 무엇을 보아야 한다'는 것이다. 이 말은 形似의 단계이다. 그러나 肖의 단계를 뛰어 넘기 위해서는 '내 마음을 하나로 하여 마치 무엇이라도 할 수 있는 것처럼 세상의 대상에 집중해 홀연히 눈앞이 바뀌어야' 한다. 다시 여기서 마음먹은 대로 눈이 움직이고 팔뚝에 움직이며 손가락이 좇아서 잡게 되면 올바른 글이나 그림으로 表現할 수 있다. 이것이 '氣가 뜻을 얻어 하지 못하는 것이 없는 경지'이다. 그리고 최종적으로 忘의 단계에 이르면 莊子의 坐忘처럼 "마음이 눈을 잊고, 눈은 팔뚝을 잊고, 팔뚝은 손가락을 잊으며, 손가락은 먹을 잊고, 먹은 벼루를 잊으며, 벼루는 붓을 잊고, 붓은 종이를 잊으니 모든 것이 하나가 되는" 경지가 되는 것이다.

Ⅳ. 現代道德敎育에 주는 示唆

지금까지 이덕무의 『士小節』을 해석하기 위한 개념 틀로서 '形似-寫意'를 설명하였다. 그리고 이 개념 틀이 『士小節』전체를 해석하는데 어떤 도움을 줄 수 있는가를 논의하였다. 이제 우리는 "未有入室而不由戶者(이미 방에 들어가 있는 사람으로서 문을 거치지 않은 사람은 없다)"라는 말을 본격적으로 해석해보자. 이 문제를 정확하게 다루기 위해서는 '形似-寫意'와 '理性-習慣'의 관계를 밝히고, 道德的 行動規範을 몸에 體得하는 것과 道德性이 발달한다는 것 사이의 관계 또한 밝혀 내야 할 것이다.

'形似'와 '寫意'의 설명은, '寫意'는 그 자체로서 독자적인 실체를 가지는 것이 아니며, '形似'도 '寫意' 없이는 그 의미가 없다는 것을 말해주고 있다. 즉, '寫意'는 精神을 지칭하는 것이며, '形似'는 작은 예절, 구체적인 행위규범을 지칭하는 것이지만, '形似'와 '寫意'는 사실상 별개의 것으로 존재할 수 있는 것이 아니다. '寫意'는 그 자체로서 존재할 수 없고 반드시 '形似'와 결합된 형태로 존재하며, 마찬가지로 '形似' 또한 그 자체로서 존재할 수 없고 반드시 '寫意'가 개입된 형태로 존재한다. '形似'는 '寫意'에 비추어 보았을 때 비로소 의미를 가지며, '寫意'는 '形似'를 통하여 실현될 수밖에 없다.

이덕무에 있어서 '形似'와 '寫意'가 결합되어 있는 그 곳은 우리의 행위가 일어나는 사태이며, 이 사태와 관련하여 '寫意'는 행위를 수행하는 개인의 意圖 또는 目的을 가리키는 것으로, '形似'는 의도나 목적을 표현하는 것을 가리키는 것으로 된다. 『士小節』에 들어있는 규범에는 그 행위를 통하여 실현하고자 하는 精神, 氣가 작용한다. 개인의 精神 또는 氣가 작용하지 않는다면, 행위는 도저히 일어날 수 없는 것이다. 그러나 『士小節』에 들어있는 규범에는 그 규범에 근거가 되는 '氣' 또는 '寫意'가 작용한다. 이 '寫意' 또는 '氣'는, 그것이 행위 당사자인 개인에게 분명하게 의식되는가 그렇지 않은가 와는 무관하게 행위의 裏面에 존재하며, 그 행위가 지향하는 특정한 방향을 지시한다. 물론 행위가 이와 같이 '形似' 와 '寫意'라는 두 측면에서 파악될 수 있다고 하여 그 각각의 측면에서 규정되는 행위가 따로 따로 존재하는 것은 아니다. 행위자 개인의 '寫意' 또는 '氣'는 '形似' 또는 '밖으로 표현된 행위'는 동일한 행위의 相異한 두 측면에 지나지 않는 것으로서, 그 두 측면은 개념상 구분될 뿐 사실상 분리되지 않는다.

이상과 같은 해석은 이덕무의 『士小節』이 현대 도덕교육에 시사점을 주는 데에도 그대로 적용된다. 『士小節』에 나타난 각가지 개인 행위규범 또는 도덕적 습관, 그 이면에는 올바른 삶의 기준이 가정되어 있다. 이렇게 볼 때, 대체로 시대가 지나버린 것으로서 아무 의미가 없는 것 같은 이덕무의 『士小節』은 특별히 유의하여 해석될 필요가 있다. 『士小節』에 들어있는 각가지 도덕적 습관에는 명백히 한국인으로서 올바른 삶의 기준이 가정되어 있을 것이므로 오늘날의 도덕교육사태에서도 그 삶의 기준을 행위로 연결시키는 일이 부단히 요청된다. 이때 전통적인 도덕적 습관은 그 일을 보장하는 확실하고도 강력한 수단 또는 통로가 된다.

도덕적 습관은 모든 습관이 그러하듯이, 그 습관에 들어있는 의미를 언제나 의식하거나 알고 있는 것이 아니다. 그대로 막연한 채로 몸에 배인 채로 행위로 이루어진다. 도덕적 습관도 한번 습관이 되면 좀처럼 고칠 수 없는 것으로 된다. 이것은 비교적 항구적으로 마음에 형성된 의지 또는 힘을 말한다. 가볍게 보면 반복적으로, 기계적으로 그리고 맹목적으로 이루어지는 것 같으나, 사실은 이미 어느 방향으로 방향을 잡고 움직인다고 보아야 한다.

도덕적 습관이 언제나 의식되지 않은 채로 행위와 연결된다는 점 때문에 자칫 잘못하면, 이것을 지나치게 얕보는 경향이 생길 소지가 얼마든지 있다. 그러나 우리가 놓쳐서는 안 되는 것은 '形似-寫意'에서 보았듯이, 形似속에 이미 '寫意'가 들어있으며, 이와 같은 논법으로 도덕적 습관의 裏面에는 정신 또는 기준이 들어있으며, 도덕적 습관이라는 행위를 통하여 精神 또는 基準이 불완전한 형태로나마 구현되고 있다. 말하자면 개인은 도덕적 습관을 통하여 그 裏面에 들어있는 精神을 실현하고 있다고 보아야 한다. 그러므로 도덕교육에서 이 도덕적 습관을 소홀히 취급해서는 안될 것이다.

개인에게 있어서 도덕적 습관은 부모와 교사에 의하여 형성되기도 하고 지속되기도 한다. 이점을 이덕무는 『士小節』에서 "어른을 싫어하여 피하고 낮은 계층과 어울리는 아이는 날로 용렬하고 천하고 비루하고 나쁜 데로 들어가게 된다. 어려서 하인과 놀던 사람은 비록 장년이 되더라도 끝내 말이나 몸가짐이 속된 기풍에서 벗어나지 못한다. 그러므로 자제를 가르침에는 반드시 그들로 하여금 순후하고 근실하고 바르고 아담한 사람들을 따라 놀게 하여야만, 마침내 불초하고 무상한 지경에 이르지 않을 것이다."(「童規」動止 37)라고 하고 있다. 이것은 아동이 주변 환경에 영향을 크게 받는 다는 점을 강조한 것이다. 말하자면 아동들은 不知不識간에 주위 사람들의 도덕적 기준을 내면화하게 된다는 것이다.

이덕무의 '形似-寫意'의 개념 틀에 비추어 본『士小節』의 이론적 문제-形似를 거쳐 寫意로 가는가, 아니면 形似와 寫意는 각각 이미 形似에는 寫意가, 寫意에는 이미 形似를 거쳤는가-는 사실상, 「禮器篇」에 "未有入室而不由戶者"(이미 방에 들어가 있는 사람으로서 문을 거치지 않은 사람은 있을 수 없다)의 해석에서 비롯된 문제이다. 여기서 '방'은 寫意로, '문'은 形似로 대치하여 말해 보면, "이미 寫意를 가진 사람으로서 形似를 거치지 않은 사람은 없다"로 말할 수 있을 것이다. 그러면 과연 形似와 寫意의 관계가 분명해졌는가? 여전히 形似와 寫意의 관계가 시간상 선후의 관계로 보인다.

다시 形似와 寫意의 관계를 피터즈가 말하는 '理性의 宮殿에 들어가기 위해서는 반드시 습관의 마당을 지나야 한다.'(Peters, 1981(번역판), p.351)는 말과 관련 지워 보면, 그것은 '관례적 도덕생활'과 '반성적 도덕생활'의 관계로 해석 될 수 있다. 관례적 도덕생활은, 모국어를 배우듯이, 습관적으로 처신하는 사람들과 어울려 삶으로써 관례를 배우게 된다. 이와 같은 생활에서는 행동들을 명확히 의식하여 비교검토 한다든가 그 결과를 반성해 본다든가 하는 일은 일어나지 않으며, 단지 지금까지 자라면서 접하였던 도덕적 행위의 전통을 따르는 일만이 있을 뿐이다. 이러한 과정을 통해 사람들은 도덕적 성향을 습득하게 된다. 관례적 도덕생활에 익숙한 사람이 잘못 행동했을 때, 위축감을 느낀다. 그리하여 이 관례적 도덕생활에서 배우게 된 행동의 범위가 모든 사태에 대처하기에 불충분하여 반성을 필요하게 하거나, 자신있게 행동할 수 있도록 하지 못하였다면, 이 관례적 도덕생활에서의 배움은 실패로 간주된다. 이 사람들이 도덕적 이상이나 규칙에 無知하다고 하여, 관례적 도덕생활의 가치를 가볍게 보아서는 안 된다. 관례적 도덕생활에서는 생활이 곧 도덕교육이다.(M.Oakeshott, (pp.62-63.)

한편, 반성적 도덕생활은 관례적 도덕생활과 매우 다르다. 반성적 도덕생활은 규칙의 반성적 적용으로서의 도덕적 생활은 도덕적 이상이나 규칙을 적용하여 생활해 가는 것이므로, 무엇보다도 그 도덕적 규준들이 중요하게 다루어진다. 이와 같은 도덕적 생활을 추구하는 사람들은 세 가지 능력을 겸비해야 한다. 첫째, 도덕적 이상들과 규칙들을 알아 볼 수 있어야 하고, 특정한 행동에 불완전하게 표현될 수밖에 없는 도덕적 이상들이나 규칙들을 체계화하거나 정당화하는 등, 그것들을 知的으로 다룰 수 있어야 한다. 셋째, 특정한 사태에서 이 도덕적 규준들을 적용하여 행동할 수 있어야 한다. 이들 능력은 일상생활에서 획득할 수 없기 때문에 특별한 교육프로그램을 필요로 한다. (M.Oakeshott, pp.66-68)

위에서 보았듯이, 관례적 도덕생활과 반성적 도덕생활은 전혀 다른 도덕생활이다. 그러므로 이 두 가지 도덕생활 사이에는 서로 어긋나는 점이 있다. 예컨대, 관례적 도덕생활에서는 교육프로그램이 별도로 필요 없는데 반하여, 반성적 도덕생활에서는 특별한 교육프로그램이 필요하다는 것이 그것이다. 따라서 반성적 도덕생활을 하기 위해서는 반드시 관례적 도덕생활을 거쳐야 한다는 말은 성립하지 않는다. 그럼에도 불구하고 인간의 실제적 삶에서는 이런 일들이 일어나고 있는 것이다. 말하자면 인간은 어렸을 때에는 신체적 발달문제라든가 정신적 발달의 한계 때문에 어쩔 수 없이, 오로지 관례적 도덕생활을 할 수밖에 없으며, 그 후 한참 성장한 후에야 비로소 반성적 도덕생활을 할 수 있는 것이다. 관례적 도덕생활과 반성적 도덕생활은 전혀 다른 종류의 도덕생활이므로 이 두간의 移行은 일어나지 말아야 함에도 불구하고 실지 우리의 삶 속에서는 여전히 일어나고 있다. 이것이 다름 아닌 '삶의 파라독스'이다. 이 삶의 파라독스를 해결하기 위해서 피터즈는 '習慣과 理性'이 서로 적대관계에 있는 것이 아니라는 것을 밝힘으로써 이 파라독스를 해결하고자 하였다. 말하자면 '습관에 이미 이성이 이미 작용하고 있다'는 것이다. 다시 말하면, '이성은 습관에 시간상으로가 아니라 논리상으로 우선한다'고 한 것이다.(박상철, 2003. p.104)

이제 여기서 새롭게 인식해야 하는 것으로, 李德懋의 '形似-寫意'의 틀에서 "形似를 거쳐서 寫意에 이른다"는 말도 피터즈의 "습관과 이성의 관계"가 그러하듯이 그 양자의 관계를 시간상의 선후관계로 볼 가능성이 얼마든지 있다. 이덕무의 경우에서도 '形似'의 단계를 거치고 난 후에 다시 '寫意'의 단계로 새롭게 들어가는 경우로 해석할 수 있고, 피터즈의 경우에서도 '습관의 마당'이라는 것이 먼저 있고, 그 다음으로 '이성의 궁전'으로 나아간다고 볼 수 있는 소지는 충분히 있다. 그러나 이것은 그릇된 생각이다. 이덕무의 '形似'와 '寫意'나 피터즈의 '습관의 마당'과 '이성의 궁전'이 별도로 존재하는 것이 아니다. 보다 정확히 말하자면, '形似'와 '寫意'는 形似라는 과정을 거치는 것에는 이미 寫意를 가지고 거치고 있는 것이며, 寫意에는 이미 形似를 거친 것으로 되며, 이와 마찬가지로 습관과 이성의 관계에서도 '습관의 마당'을 지나는 것이 곧 '이성의 궁전'으로 나아가는 것으로 이해되어야 한다. 그러므로 도덕적 습관을 거치지 않고 도덕성을 획득하는 길은 없다고 보아야 한다.

參考文獻

民族文化推進委員會 (1980). 李德懋, 靑莊館全書, 「雅亭遺稿」 二 第 十 卷,
    韓國學文集叢刊,
民族文化推進委員會 (1980). 李德懋, 「士小節」第 27卷 - 31卷. 上同
民族文化推進委員會 (1980). 李德懋, 「蟬橘堂濃笑」第 36卷, 上同
民族文化推進委員會 (1980). 李德懋, 「耳目口心書」一 第 48卷, 上同
民族文化推進委員會 (1980). 李德懋, 「耳目口心書」二 第 49卷, 上同
民族文化推進委員會 (1980). 李德懋, 「耳目口心書」四 第 51卷, 上同
漢, 鄭玄 注, 唐, 孔穎達 疏, 「禮器篇」, 『禮記正義』13卷, 北京大學出版社. 2000.
朴相哲(2003), 禮敎의 內容으로서의 經禮와 曲禮, 서울 大學校 大學院 博士學
    位論文
朴鍾德(1994), 道德教育에 있어서의 習慣의 位置, 『道德教育』第 6 輯.
박혜상(2003), 사소절(士小節)에 나타난 기본 생활습관 교육분석, 서울여자대학
    교 대학원 석사학위논문.
崔信浩(1990), 李德懋의 文學論에 있어서의 形似와 寫意 問題, 『古典文學研究』
    第5 輯

Oakeshott, M., Rationalism in Politics and other essays, Methuen,
    1962.
Peters, R.S (1996), Ethics and Education, London; George Allen &
    Unwin Ltd., 李烘雨(譯)(1981), 『倫理學과 教育』, 서울: 教育科學社.

제2부
교육학일반에 관한 연구부문

1. 지식의 구조와 구조주의*

Ⅰ. 문제의식

학문중심 교육과정의 기본 원리는 주로 교육내용으로서의 '지식의 구조'의 성격과 그 중요성에 관한 것이다(이홍우, 1975). 그러므로 그 기본 원리를 이해하기 위해서는 지식의 구조의 성격이 무엇인가 하는 문제와 그것이 교육내용에서 어떤 위치를 차지하고 있는가 하는 문제를 검토하지 않으면 안 된다. 교육내용에서의 지식의 구조의 위치를 밝히기 위해서는 먼저 지식의 구조의 성격을 밝힐 필요가 있는 만큼, 위의 두 문제는 상호 관련되어 있다. 그러나 또 한편, 지식의 구조의 성격이 밝혀진다고 하여 교육내용에서의 그 위치가 자동적으로 밝혀지는 것이 아닌 만큼, 두 문제는 별개의 문제이다.

본 연구는 교육내용으로서의 지식의 구조의 성격을 밝히기 위한 것이다. 위의 두 문제의 논리적 선후관계에 비추어 볼 때, 본 연구에서 다루는 문제는 교육내용에서의 지식의 구조의 위치를 밝히는 데에 기초가 된다고 말할 수 있다. 그러나 본 연구에서 지식의 구조의 성격이 밝혀진다고 하더라도, 지식의 구조가 교육내용의 전부인가, 아니면 한 부분인가, 만약 한 부분이라면, 지식의 구조와 그 이외의

---

* 本 章은 '구조주의 인식론에 비추어 본 브루너의 지식의 구조' 서울大學校 大學院 博士 學位(1981. 8) 논문이다.

교육내용과의 관련이 무엇인가 하는 문제는 별도의 연구에 의하여 밝혀져야 한다. 이 나중의 연구가 중요하다는 것을 충분히 의식하면서도, 본 연구에서는 교육내용과 교과내용을 특별히 구분하지 않고 교과내용의 한 부분으로서의 지식의 구조의 성격 문제를 다룬다.

브루너의 「교육의 과정」(Bruner, 1973)은 교육내용으로서의 지식의 구조를 설명한 최초의 저서이며 아마 대표적인 저서라고 볼 수 있을 것이다. 이 점에서 그 책은 교과내용이 무엇인가 하는 문제를 취급하고 그것을 특별한 관점에서 해답한 것이라고 말할 수 있다. 그 해답의 관점을 대체로 말하면, 교과내용이라는 것은 각 학문의 내용 또는 기본 개념들을 각 학문의 탐구 방식이나 논리에 따라 조직해 놓은 것을 가리킨다는 것이다. 브루너가 말한 지식의 구조는 대체로 이런 뜻에서의 교과내용을 가리킨다. 이하에서 자세하게 논의할 바와 같이, 브루너는 「교육의 과정」과 다른 글에서 지식의 구조를 몇 가지 방식으로 설명하고 있다.

지식의 구조에 관한 주장은, 교과내용을 규정하는 어떤 다른 관점과 마찬가지로, 교육의 실제 프로그램에 영향을 주려는 의도를 나타내고 있다. 그러므로 그 주장이 원래의 의도를 실현하기 위해서는 지식의 구조에 관한 설명이 실제 프로그램을 시사할 만큼 구체적인 것이어야 한다. 그러나 지식의 구조에 관한 브루너의 설명에는 이론적으로 해명되어야 할 문제가 있다. 지식의 구조에 관한 브루너의 설명을 보면, 그는 지식의 구조를 '교과내용의 성격'으로 설명하기도 하고, 그러한 교과내용을 '배운 상태'로 설명하기도 하고, 또 그 교과내용을 '가르치는 방법'으로 설명하기도 한다. 이제 이 세 가지 설명방식을 차례로 고찰하면서 그 설명에 들어 있는 이론적 문제점을 지적하겠다.

첫째로, '교과내용의 성격'으로서, 지식의 구조는 학문의 기저를 이루고 있는 '일반적 아이디어', '기본 개념 및 원리'와 동의어로 쓰일 수 있다고 브루너는 설명한다. 좀 더 구체적으로, '일반적 아이디어'는 일반적 전이(轉移)가 일어날 수 있는 개념이나 원리라고 브루너는 설명하고 있다(Bruner, 1973, pp.54-5). 그리하여 그는 일반적 아이디어를 학습하고 나면, 그 뒤에 부딪치는 문제들은 이미 학습한 일반적 아이디어의 특수한 사례로 보고 그 아이디어에 비추어 새로운 문제를 해결할 수 있다고 말하면서, 생물학, 수학, 언어의 구조를 '향성'(向性), '방정식의 기본 법칙', '문장의 변형 규칙'을 보기로 하여 설명하고 있다. 생물학의 경우에,

자벌레가 만약 기어 올라가야 한다면, 지면과 15도 경사를 이루고 올라가려는 일반적 아이디어를 발견하고 나면, 하등생물은 일정한 정도의 광도, 염분도, 온도 등을 좋아하여 이런 것이 있는 쪽으로 나아가는 경향이 있다든지, 메뚜기 떼가 이동할 때 그 진로의 온도 때문에 메뚜기 떼의 밀도가 조절된다는 특수 사례들을 이 '향성'이라는 일반적 아이디어에 비추어 이해할 수 있다는 것이다. 수학에서 예컨대, 방정식의 기본 법칙에 스며 있는 일반적 아이디어를 파악하고 나면, 특수 사례인 현재 풀려고 하는 새로운 방정식을 쉽게 해결할 수 있다는 것이다. 그리고 언어에서 '문장 변형의 규칙'에 스며있는 일반적 아이디어를 알면, 문장의 특수 사례인 다른 여러 가지 문장으로 바꿀 수 있다고 하였다. 이상에서 알 수 있듯이 브루너는 지식의 구조의 의미를 일반적 전이의 결과로 설명하고 있다.

둘째로, 브루너는 지식의 구조의 의미를 학생이 교과내용을 '배운 상태'로서 다음과 같이 설명하고 있다. 즉, 1) 기본적인 사항을 이해하면 교과를 훨씬 쉽게 파악할 수 있다. 2) 세세한 사항은 그것이 '전체적으로 구조화된 형태' 안에 들어 있지 않는 한, 쉽게 잊혀진다. 3) 어떤 사물을 보다 일반적인 개념의 한 특수한 사례로 이해한다는 것은—이것이 바로 기본적인 원리나 구조를 이해한다는 뜻이다—한 특수한 사물들을 비추어 배웠다는 것뿐만 아니라 '앞으로 당면하게 될 그것과 비슷한 사물들을 비추어 이해할 수 있는 모형'을 배웠다는 것을 의미한다. 4) 초등학교와 중등학교에서 가르치는 학습자료가 어떤 기본적인 성격을 나타내고 있는가를 끊임없이 재조사함으로써 우리는 고등지식과 초보지식 사이의 간극을 좁힐 수 있다(Bruner, 1973, pp.86~9).

위의 설명에 비추어 보면, 브루너는 지식의 구조를 '배운 상태'가 어떤 것인가를 나타내는 말로서, 이해가 빠르고 쉽게 되며, '적용모형'을 배웠다는 말을 하고 있다. 그리고 지식의 구조를 배움으로써 학생들은 각 학문에 종사하고 있는 학자들과(수준은 다르지만) 동일한 방식으로 사고할 수 있다는 것이다. 브루너의 이와 같은 말에서 파악할 수 있는 지식의 구조의 의미는 이해와 기억의 경제성이 높고, '학습하는 방법을 학습'할 수 있는 고등지식이나 초보지식 사이에 차이가 별로 없는 아이디어라고 볼 수 있다.

셋째로, 브루너는 '가르치는 방법'을 통하여 지식의 구조의 의미를 설명하려고 하였다. 그는 가르치는 방법에 관하여 다음과 같은 두 가지 아이디어를 제시하고 있다. 즉, 하나는 발견학습법이며, 다른 하나는 나선형 교육과정이다. 우선 발견학습법에 관하여 말해보면, 브루너는 '수업을 통하여 학습과 탐구에 대한 태도, 추측과 가설 설정에 대한 태도, 혼자 힘으로 문제를 해결할 수 있다는 자신감을 길러주어야 하며 이를 위하여 "발견의 희열"을 맛보도록 해 주어야 한다'(Bruner, 1973, p.79)고 하면서, 이와 같은 수업의 아이디어가 발견학습법이라는 것이다. 그리고 발견학습법은 '수학이나 물리학과 같이 고도로 체계화된 교과에 국한한 것이 아니며'(Bruner, 1973, p.80) 인문학이나 사회과학의 경우에도 적용될 수 있다고 말하고 그 보기로서 지리 수업을 들고 있다(Bruner, 1973, p.81).

다음으로, 나선형 교육과정의 아이디어를 살펴보면, 이것은 지식의 구조를 아동의 발달 수준에 맞게 '번역'하는 데 관한 문제가 핵심이다. 즉, 그는 초등학교 3학년 아이들에게 2차 방정식을 가르치기 위하여, 나무토막을 정사각형으로 짜 맞추기도 하고(작동적 표현), 짜 맞추어진 나무토막을 보거나 머리 속에 그리기도 하고(영상적 표현), 나중에는 $(x+2)^2=x^2+4x+4$라는 기호로 적도록 하는(상징적 표현) 수업을 예시하였다(Bruner, 1966, pp.39~72). 이 예시는 특정한 발달단계의 아동은 상징을 이해할 수 없으므로 '구체적 표현물'(이홍우, 1977, p.271)을 써서 가르쳐야 한다는 것을 시사하고 있다. 브루너는 이 수업을 통하여, 지식의 구조는 1) 표현방식(modes of representation), 2) 경제성(economy), 3) 생성력(power)이라는 세 가지 특징이 있음을 보여주었다. 여기서 가장 중요한 것은 세 가지 표현방식이다. 브루너는 '어떤 영역의 지식이든지 세 가지 방식으로 표현될 수 있다'(Bruner, 1966, p.44)고 하였다. 그러나 이 세 가지 표현방식 중에서 최종적으로 가르쳐야 할 것은 상징적 표현이다. 만약 최종적으로 가르쳐야 할 것이 상징적 표현이 아니라고 하면, 브루너는 아동들에게 작동적 표현이나 영상적 표현만을 시키고 말 것이지 나중에 상징적 표현은 시키지 않아도 좋았을 것이다. 이 상징적 표현이야말로 브루너가 지식의 구조의 특징으로 지적한 경제성과 생성력이 있는 것이다. 여기서의 경제성은 기억해야 할 정보의 양이 적은 것은 물론이며, 쉽고 빠르게 이해된다는 것을 가리키는 것이며, 생성력은 한 가지 현상을 알면, 그것과 관련되는 여러 가지 현상과의 관계를 파악하는 힘을 가리키는 것이다. 브루너는 천칭의 원리를 가지고 세 가지 표현방식을 예시하면서, 아주 어린 아이들은 사이소오를 탈 때, 상대방을 고려하여 자리를 잡을 줄 안다(작동적 표현).

그보다 나이든 아이들은 천칭의 모형을 다루거나 그림을 통하여 천칭의 원리는 '이해'하며(영상적 표현) 아주 나이든 아이들은 천칭의 원리를 나타내는 언어나 수학공식을 사용할 수 있다(상징적 표현)고 하였다(Bruner, 1966, p.45). 여기에서 표현방식과 발달단계와는 모종의 관련이 있을 것이라는 점을 시사받을 수 있다. 가르치는 방법과 관련하여 브루너가 설명한 지식의 구조의 의미는 어떤 발달단계의 아동에게도 가르칠 수 있는 올바른 지적 표현방식을 가진 경제적이고 생성력 있는 상징체계이며, 발견학습을 통하여 이 상징체계를 파악하는 동안에 학문의 탐구방법, 추측과 가설의 설정 및 자신감을 길러줄 수 있다는 것으로 요약할 수 있다.

이상, 지식의 구조의 의미에 관한 브루너의 세 가지 설명을 요약하면 다음과 같다. 1) 교과내용의 성격과 관련하여, 지식의 구조는 일반적 전이가 가능한 아이디어이다. 2) 지식의 구조를 아는 상태와 관련하여, 지식의 구조는 이해와 기억의 경제성이 높고, '학습하는 방법을 학습'하는 것이 가능하며, 고등지식과 초보지식 간에 별 차이가 없는 특성을 가진 아이디어이다. 3) 지식의 구조를 가르치는 방법과 관련하여, 지식의 구조는 어떤 발달단계의 아동에게도 가르칠 수 있는 표현방식을 가진 생성력 있는 상징체계이며, 발견학습을 통하여 이 상징체계를 파악하는 동안 아동은 탐구태도, 추측 및 자신감을 습득할 수 있다. 이 세 가지 설명을 종합해보면, 지식의 구조는 인식의 과정에서 경제성을 고도로 발휘할 수 있는 일반적 아이디어이며, 이 일반적 아이디어를 인식한 결과로 말미암아 학습하는 방법을 아는 상태가 되며, 동시에 어떤 발달단계의 아동에게도 가르칠 수 있는 표현방식을 갖되, 가르치는 과정에서 교과 내용의 성격이 반영되어야 한다는 것이다.

그러나 지식의 구조의 의미에 관한 브루너의 설명에는 몇 가지 해명되어야 할 이론적 문제가 있다. 먼저 지식의 구조를 규정하는 일반적 아이디어를 일반적 전이에 비추어 설명한다는 데에 문제가 있다. 즉, 교과에서 일반적 아이디어를 선정할 때, 일반적 전이라는 것이 선정기준이 될 수 있는가 하는 것이다. 사실상 종래의 교과에 포함된 아이디어는 그것이 어떤 것이든지 일반적 전이를 가능하게 한다고 볼 수 있다. 예컨대, 만약 어떤 아이가 '과일'이라는 개념을 학습했다고 하면, 그 아이는 '과일'이라는 개념에 스며있는 일반적 아이디어를 가지고 특수사례인 사과, 배, 감……등등이 무엇이라는 것을 이해할 수 있게 된다. 그러므로 교과에 들어있는 어떤 아이디어든지 일반적 아이디어로 볼 수 있다는 결론이 나온다. 따라서 지식의 구조는 일반적 전이가 가능하다고 하는 말은 옳지만, 일반적 전이를 교과내용의 선정기준으로 삼겠다는 말은 의미 없는 말이 된다. 말하자면, 여러 아이디어 중에서 지식의 구조에 해당하는 것과 그렇지 않은 것을 구분하는 기준은 별도로 연구되어야 한다는 것이다. 그리하여 교과내용의 선정기준으로서 지식의 구조의 의미를 파악하기 위하여 지금까지 별로 관심을 두지 않았던, '학문의 기저를 이루는'(underlying)이라는 일반적 아이디어를 한정하는 표현 속에서 어떤 실마리를 잡아 보겠다. 이 일을 위한 한 가지 방안으로서 구조주의에서 말하는 '구조'의 의미를 밝힐 필요가 있으며, 이것을 통하여 교과내용 선정기준으로서의 지식의 구조에 관한 새로운 해석을 탐색할 것이다.

다음으로, 교과내용은 논리적 측면과 심리적 측면으로 파악될 수 있다. 이 두 가지 측면에 처음으로 주의를 환기시킨 사람은 존 듀이이다. 듀이에서 교과의 논리적 측면은 전문가 또는 교사에게 이해되는 상태로서의 교과, 그리고 심리적 측면은 아동 또는 학습자의 마음속에 발달되어 가는 과정의 교과를 가리키며, 아동이 교과를 학습하는 과정은 곧 그 심리적 측면이 논리적 측면에 접근 내지 일치하는 과정으로 기술된다. 교과의 논리적 측면과 심리적 측면을 이런 방식으로 이해하면, 그것에 관하여 한 가지 이론적 문제가 제기된다. 즉, 학습자의 마음속에서 일어나는 심리적 과정이 어떻게 교과의 논리적 형식에 연결될 수 있는가 하는 것이다.

듀이는 「아동과 교육과정」(Dewey, 1956)에서 시작하여 「민주주의와 교육」(Dewey, 1916)에 이르기까지, 교과의 심리적 측면과 구분되는 것으로 취급해 온 논리적 측면을 사고방법의 정확성('논리성')이라는 개념으로 대치함으로써 두 측면이 관련된다는 것을 보이고자 하였다. 이 문제는 듀이에 의하여 제기되었고 또 그 해답이 시도된 것이지만, 그 문제는 브루너의 지식의 구조에 대해서도 그대로 제기될 수 있다. 즉, 브루너에 의하면, 학습자가 지식의 구조를 학습한다는 것은 곧 그 교과의 내용을 학습하는 것이기 때문에, 전문가나 교사가 이해하는 상태로서의 논리적 측면과 학습자가 학습하는 상태로서의 심리적 측면의 관련이 지식의 구조에서는 한층 더 표면화된다고 볼 수 있다. 논리와 심리의 관련 문제는 아동의 지적 발달과정을 설명하기 위한 피아제의 이론에서 중요한 문제로 취급되고 있다. 즉, 그는 논리와 심리의 문제를 학문의 논리적 구조가 어떻게 아동의 심리적 과정에서 형성 발달되는가로 다루었다. 따라서 피아제의 견해는 지식의 구조에서 논리적 측면과 심리적 측면이 어떻게 관련되는가를 이해하는 데 단서를 제공해 줄 수 있을 것이다. 그러므로 피아제의 견해에 비추어 지식의 구조의 학습과정에서의 논리적 측면과 심리적 측면을 다루겠다.

마지막으로, 논리와 심리의 관련 문제는 한 특정한 시점에서 지식의 구조의 논리적 측면이 학습자의 심리적 과정에 어떻게 부합되는가에 관한 문제이다. 그러나 학습은 발달상의 계열을 따라 이루어진다. 그러므로 교과를 가르칠 때에는 한 특정한 시점에서의 학습자의 이해를 도모하는 데에만 관심을 가질 것이 아니라, 그 이해가 다음의 보다 높은 단계로 이어지도록 계획하지 않으면 안 된다. 브루너는 나선형 교육과정에 의하여 지식의 구조를 발달단계에 맞도록 '번역'하는 원리로서 피아제의 지적 발달이론을 구체적으로 언급하고 있다. 그리고 브루너는 지식의 구조를 가르치는 방법으로서 지식을 '세 가지 표현방식'으로 표현하는 아이디어를 제시한 바 있다. 그리하여 브루너의 세 가지 표현방식과 피아제의 지적 발달단계의 표면상의 유사성 때문에 나선형 교육과정에서의 지식의 구조의 '번역' 문제는 곧 그 세 가지 표현방식으로 해결된다는 견해가 널리 퍼져있다. 그러나 여기에는 적어도 두 가지 문제가 있다. 첫째로, 지식의 세 가지 표현방식에 관한 브루너의 설명은 「교육의 과정」에서의 나선형 교육과정에 관한 설명과 상당히 다르다. 둘째로, 브루너 자신이 지적한바, 발달이론과 학습이론의 성격이나 입각점의 차이가 또한 학습과 발달을 긴밀하게 관련지을 수 있는가를 의심스럽게 한다. 따라서 지식의 구조를 발달단계에 맞도록 번역하는 원리로서의 '지식의 세 가지 표현방식'에 관하여 두 가지 문제를 제기한다. 하나는 세 가지 표현방식이 피아제의 발달단계와 일치하는가 하는 것이며, 또 하나는 위의 대답에 관계없이, 세 가지 표현방식이 나선형 교육과정의 원리로서 타당성을 가지는가 하는 것이다. 이 문제들을 해결하기 위하여 피아제의 지적 발달이론에 비추어 지식의 표현방식과 나선형 교육과정의 원리를 규명해 보겠다. 이 연구에서 해답하고자 하는 문제는 다음의 세 가지로 요약할 수 있다.

1) '지식의 구조'를 일반적으로 정의하는 일반적 아이디어는 구조주의에서의 '구

조'의 특징에 비추어 상세화될 수 있는가?

2) '지식의 구조'가 내면화되는 과정에서 교과의 논리적 측면과 심리적 측면은 피아제의 구조주의에 비추어 보면 각각 어떤 역할을 하는가?

3) 지적 발달과정을 이론적으로 기술한 피아제의 발달단계와 '지식의 구조'의 학습과정을 이끄는 실제적 원리로서의 브루너의 '표현방식'은 어떻게 조화될 수 있는가?

이상과 같이 이 연구에서 해답하고자 하는 문제를 요약하여 제시해 놓고 보았을 때, 다음과 같은 질문이 뒤따른다. 즉 '지식의 구조는 가치가 있는가' 또는 '지식의 구조가 교과내용으로서 왜 가치가 있는가' 하는 문제이다. 이 문제는, 말하자면, 교과내용의 정당화 문제이다. 지식의 구조를 교과내용으로 한다고 할 때 정당화하는 방법은 두 가지로 볼 수 있다. 하나는 내재적 정당화(intrinsic justification)이며, 다른 하나는 외재적 정당화(extrinsic justification)이다. '왜 지식의 구조를 교과내용으로 볼 수밖에 없는가' 하는 질문에 대하여 해답할 수 있는 하나의 방법은 외재적 정당화로서 이것은 목적과 수단의 관련을 '사실적인' 것으로 파악하는 것이다. 또 다른 하나의 방법은 내재적 정당화로서 이것은 '논리적 관련'에 입각한 정당화이다. 사실상, 외재적 정당화와 내재적 정당화 방법은 교과내용(여기서는 지식의 구조)이 왜 가치 있는가 하는 질문이 묻고 있는 바가 애매하기 때문에, 많은 경우에 정당화 문제를 논의하는 데 혼란이 야기되기도 한다. 또한 학문이 교과내용으로서 정당화될 수 있으려면, 교과내용과 학문의 논리적 관계를 밝히는 한편, 학문의 내용이 보다 구체적으로 무엇을 뜻하는가를 명확히 밝히지 않으면 안되기 때문에 이 문제는 매우 복잡하다.

사태를 더 어렵게 하는 것은 이 두 방법 중의 어느 하나를 채택하여 지식의 구조가 교과내용으로서 왜 가치가 있는가를 답할 수 있으나, 이 두 가지 정당화 방법 중에서 어느 쪽이 더 타당한가 또는 어느 쪽을 택하여도 옳다고 볼 수는 없는가 하는 등등의 문제는 이 연구에서 해답하고자 하는 문제의 범위를 벗어나는 것이다. 그러므로 이 연구에서는 이 문제를 직접 다루지 않고 '지식의 구조'는 교과내용으로서 가치가 있다는 것을 전제로 받아들이고 출발할 것이다. 이 연구에서는 지식의 구조가 종래의 교과내용과 얼마나 같은가 또는 다른가 하는 방식으로 논의하려는 것이 아니라, 교과내용을 어떻게 해석하느냐에 관심이 있다. 말하자면 교과내용 항목보다 교과내용이 어떻게 해석되느냐에 관심이 있다는 뜻이다. 본 연구는 학문전체의 구조를 지식의 구조로 보고 그 의미를 찾는 데 관심이 있는 것이 아니라, 각 학문내용을 반영하고 있는 교과의 각각의 구조를 지식의 구조로 보고 그 의미를 찾는 데 관심이 있다.

이 논문은 다음과 같이 조직된다. 제2장에서는 먼저 구조주의의 전체적인 주장과 관련하여 '구조'의 의미 또는 성격을 고찰하고 지식의 구조를 재해석하는 범위 내에서 구조주의에서의 구조의 성격을 종합하고 그것에 비추어 지식의 구조의 의미에 관한 브루너의 여러 가지 설명, 그리고 브루너 이외의 다른 학자들의 교과관을 고찰하며, 제3장에서는 교과의 논리적 측면과 심리적 측면을 논리주의와 심리주의에 비추어 논의한다. 피아제가 취급한 대로의 논리와 심리의 문제는 학문의 논리적 구조가 어떻게 아이들의 심리적 과정에서 형성, 발달되는가를 다룬 것이므로, 여기서는 피아제의 이론에서 논리와 심리의 관련이 어떻게 취급되는가를 알아보고, 그것에 비추어 지식의 구조의 학습과정에서의 논리적 측면과 심리적 측면의 관련을 고찰하겠다. 제4장에서는 지식의 구조가 학습자의 발달단계에 따라 어떻게 제시되어야 하는가에 관한 문제를 다룬다. 그리하여 먼저 조작의 발달에 초점을 맞추어 피아제의 지적 발달 이론을 개관하고, 그것에 비추어 지식의 표현방식과 나선형 교육과정의 원리를 고찰하겠다. 결론으로서, 이상과 같은 고찰을 기초로 브루너의 지식의 구조의 교육이론상의 의미를 밝히겠다.

II. 일반적 아이디어의 의미

1. 문제의 성격

「교육의 과정」(Bruner, 1973)에서 '지식의 구조'라는 말은 학문의 기저를 이루고 있는 일반적 아이디어, 기본 개념 및 원리 등과 동의어로 쓰이고 있다. 만약 이 것을 아주 피상적인 수준에서 받아들이면, 지식의 구조를 가르쳐야 한다는 주장은 종래의 교육과정 이론에 비하여 그다지 새로울 것이 없다. 지식의 구조라는 말이 나오기 전에도 '교과'는, 적어도 표면상으로는, 해당 학문의 기본 개념과 원리들로 구성되어 있다고 볼 수 있기 때문이다. 그러나 종래에도 교과는 '일반적 아이디어, 기본 개념과 원리'로 구성되어 있었다든지, 따라서 지식의 구조는 하등 새로울 것이 없다는 식의 주장은 지식의 구조와 동의어로 쓰이는 '학문의 기저를 이루고 있는 일반적 아이디어, 기본 개념과 원리'의 의미를 좀 더 엄밀하게 파악함으로써 자세하게 검토되어야 한다.

물론, 브루너는 「교육의 과정」에서 지식의 구조가 학문의 기저를 이루는 기본 개념과 원리 및 일반적 아이디어와 동의어로 쓰일 수 있다는 것 이외에, 그 말의 의미를 여러 가지로 부연하고 있다. 예컨대, 그는 일반적 아이디어를 '일반적 전이'와 관련하여 다음과 같이 설명하고 있다.

> 본질상 일반적 전이는 원래 기술의 학습이 아니라, 일반적인 아이디어(개념이나 원리)의 학습과 관계가 있다. 일반적 아이디어를 학습하고 나면, 우리는 그 뒤에 부딪치는 문제들을 이미 학습한 일반적 아이디어의 한 특수한 사례로 보고 그 아이디어에 비추어 새로운 문제들을 해결할 수 있을 것이다. ……교육의 과정의 핵심을 이루고 있는 것은 바로 이러한 일반적 전이이다. 교육에서의 일반적 전이란 곧 기본적이고 일반적인 아이디어로서 부단히 지식의 폭을 확장하고 깊이를 심화하는 것을 의미한다(Bruner, 1973, p.74~5).

위의 인용문에 의하면, 일반적 아이디어는 '일반적 전이를 가능하게 하는 아이디어'라는 식으로 설명된다. 그러나 지식의 구조 또는 그것과 동의어로서의 일반적 아이디어의 의미를 이런 식으로 설명하는 데에는 매우 근본적인 문제점이 있다. 위의 인용문에 나와 있는 대로, '일반적 아이디어를 학습하고 나면' 우리는 일반적 전이라는 것을 할 수 있게 된다. 그러므로 일반적 전이는 일반적 아이디어를 학습하고 난 뒤에 생기는 결과이다. 문제는 일반적 전이라는 '결과'로 일반적 아이디어 또는 지식의 구조의 의미를 설명할 수 있는가 하는 데에 있다.

만약 '일반적 전이를 가능하게 하는 아이디어'를 지식의 구조의 의미로 생각한다면, 교과에서 '지식의 구조'(즉, 일반적 아이디어)를 선정하는 일은 전혀 불가능하게 될 것이다. 왜냐하면, 교과에 포함된 아이디어는 어떤 것이든지 '일반적 전이를 가능하게 하는 아이디어'라고 볼 수 있으며, 따라서 어떤 아이디어든지 지식의 구조로서의 일반적 아이디어가 된다고 보아야 한다. 이것은 일반적 아이디어를 설명하는 표현인 '일반적 전이'라는 말이 지식의 구조의 선정기준으로서 하등 의미가 없다는 것을 뜻한다. 그렇다고 해서 지식의 구조가 일반적 전이를 가능하게 한다는 주장이 그릇되었다는 뜻은 아니다. 다만, 지식의 구조를 설명하는 일반적 전이는 지식의 구조로 말미암아 가능한 전이이며, 따라서 일반적 전이를 가능하게 하는 아이디어 중에서 지식의 구조에 해당하는 것과 해당하지 않는 것은 별도의 기준에 의하여 구분되지 않으면 안 된다는 뜻이다. 이런 식으로 지식의 구조의 의미를 파악하는 한 가지 중요한 단서는 일반적 아이디어를 한정하는 데에 사용된 '학문의 기저를 이루는'(underlying)이라는 표현에서 찾아볼 수 있다. 이 표현은 지식의 구조의 의미를 파악함에 있어 매우 중요시 했어야 함에도 불구하고 이때까지 너무 소홀하게 취급했다는 느낌이 있다.

브루너는 왜 아무런 조건 없이 기본개념 및 원리 또는 일반적 아이디어라 하지 않고 '학문의 기저를 이루는'이라는 조건을 붙였을까? 만약 '학문의 기저'라는 말의 의미를 분명히 한다면, 해당 학문의 일반적 아이디어, 기본개념 및 원리의 성격 또는 의미가 보다 확실하게 될 것이다. 여기서 지식의 구조의 의미를 보다 정확하게 파악하는 한 가지 방법으로서 구조주의에서 말하는 '구조'의 의미를 밝힐 필요가 대두된다. 구조주의에서 말하고 있는 '구조'도 '탐구대상의 기저에 있는' 법칙이나 원리로 설명되고 있다. 다만 여기에 고려해야 할 점이 있다면, 브루너의 경우는 '지식의 구조'이지만 구조주의에서는 그 탐구대상이 '문화의 구조', '인간심리의 구조', '언어의 구조'에 있다는 점이다. 그러나 이와 같은 차이에도 불구하고 학문의 기저이든 문화현상의 기저이든 간에 '기저에 있다'는 점에서는 공통이다. 그러므로 기저에 있다는 점에 초점을 맞추어 지식의 구조의 의미를 규정한다면, 지식의 구조와 동의어로 쓰인 일반적 아이디어의 의미를 좀 더 분명하게 파악할 수 있을 것이다. 즉, 구조주의에서의 구조와 관련을 맺을 때, 지식의 구조는 '해당 학문의 개념, 원리, 법칙 등의 관계망'으로, '법칙의 변형체계'로, 또는 현상을 탐구하는 '개념적 도구'로 설명될 가능성이 생기는 것이다. 이상과 같은 관점에서, 여기서는 구조주의에서의 구조의 의미에 비추어 지식의 구조에 대한 새로운 해석을 시도하겠다. 이 장에서는 구조주의의 전체적인 주장과 관련하여 구조의 의미를 고찰하고, 지식의 구조를 재

해석하는 범위 내에서 그 부분을 다시 종합한 뒤에 그것에 비추어 지식의 구조의
의미에 관한 브루너의 여러 가지 설명, 그리고 브루너 이외의 다른 학자들의 교과
관을 고찰하겠다.

2. 구조주의에서의 구조

구조주의의 핵심은 어디까지나 '구조'를 무엇으로 보는가 하는 데에 있다. 우선
어원의 측면에서 볼 때, '구조'(structure)는 라틴어의 'structura'와 'struere'
라는 말에서 나왔다. 그러나 이 말이 널리 사용되기는 17세기경 건축 분야이며
차차 해부학, 문법에까지 퍼졌다. 이 당시 '구조'라는 말은 '전체'를 뜻하거나 부분
간의 상호관계를 지칭하는 것이었다. 19세기에 와서는 스펜서(H. Spencer)가
생물학에서 이 '구조'라는 말을 처음 도입하였으며, 이때 '구조'라는 말은 관찰가능
한 부분의 조직 전체였다(Glucksman, 1974, p.15). 20세기에 와서는 헤겔의
'전체성의 아이디어'가 사회현상에 적용되었다. 그리하여 철학자, 역사가들은 사회
를 '관념의 구현물'로 이해한 것이다. 심리학에서는 이 생각을 받아들여 형태심리
학을 탄생시켰다. 형태심리학에서는 전체가 부분의 총합이 아니라는 것을 경험적
으로 설명해 보려고 했었다(Glucksman, 1974, p.16). 그 후 언어학에서 소쉬
르가 등장하였고, 오늘날에는 심리학에서 피아제, 언어학에서 촘스키, 인류학에서
레비 스트로스, 문학에서 롤랑바르트(Barthes, 1963) 등이 구조주의를 제창하
면서 '구조'라는 말을 사용하게 된 것이다.

그러나 과연 '구조'라는 말이 어떤 의미를 갖고 있는가 하는 문제에 직면하였을
때, 답을 하기는 그리 쉬운 일이 아니다. 왜냐하면, '구조'라는 말은 여러 가지 서로
다른 학문의 배경에 따라 '방법', '개념', '철학적 의미' 등을 수반하고 있으며, 더욱
사태를 어렵게 만들고 있는 것은 분명히 구조적 측면이 있음에도 불구하고 '구조'라
는 말을 하나도 쓰고 있지 않기 때문이다. 여기서는 피아제, 레비 스트로스, 그리고
촘스키를 중심으로 그들이 쓰고 있는 '구조'의 성격이 무엇인가를 고찰하고 이들을
종합하여 그 성격을 규명해 보겠다.

1) 피아제

피아제는 구조의 성격을 다음과 같이 세 가지 기본 아이디어로 구성되어 있다고 본다. 즉, 전체성, 변형, 그리고 자기조정성 등이다. 이하 이 기본 아이디어를 좀더 구체적으로 고찰하겠다.

(1) 전체성(Piaget, 1970b, pp.6~10)

수학, 언어학, 그리고 심리학 분야에서 구조주의자라고 하는 사람은 적어도 누구나 전체성을 구조의 가장 두드러진 특징의 하나라고 인정하고 있다. 그러나 여기서 구분해야 할 것은 '구조'와 '총합'이다. '구조'는 전체를 뜻하지만, '총합'은 하나하나의 독립된 요소로 구성된다는 뜻이다. 그렇다고 해서 '구조'가 요소를 갖고 있지 않다는 것이 아니다. 구조가 갖고 있는 요소들은 법칙에 속해 있으며, 법칙의 입장에서 보면, 구조는 체제로 정의될 수 있다. 그러므로 구조는 요소들만이 모여진 총합과는 다르다. 더구나 구조에는 요소를 하나하나의 성질과 구분되는 '전체성'이라는 것이 있다.

전체성의 아이디어는 크게 두 가지 문제로 나눌 수 있다. 하나는 전체성이라는 아이디어의 본질이 무엇인가 하는 문제이고, 다른 하나는 어떤 물체가 생겨날 때, 처음부터 전체의 모습이 축소되어 그 속에 있다가 생성되면서 본래의 형태로 되는가, 아니면 처음에는 전체의 모습이 없이 혼합되어 있다가 차차 생성되는 과정에서 본래의 형태가 하나씩 생겨 나오는가 하는 문제이다. 원자론적 입장을 취하는 사람들은 전체라는 것을 생각할 때 간단한 것에서 차차 발전되어 복잡한 것으로 나아간다고 보는 것이 자연스럽다고 생각하였다. 그러나 원자론적 입장을 비판하는 사람들은 전체라는 것을 모종의 출현의 결과로 보았다. 예컨대, 콩트 같은 사람은 인간이라는 관점에서 인간성을 설명하지 않고, 인간성이라는 관점을 설정해 놓고 인간을 설명하려고 하였다. 뒤르껨 같은 사람은 원자들이 모여 분자를 이루듯이 개인이 모여 사회전체를 이룰 때 출현하는 사회의 전체성을 생각하였다. 또한 형태 심리학자들도 전체라는 것이 요소들의 단순한 결합이 아니라는 점을 지적하는 데에 공헌하였다. 그러나 이와 같은 입장들은 전체를 구성해 내는 법칙을 간과해 버렸고, 문제를 단순화시켰다는 비난을 면치 못할 뿐만 아니라, 특히 구조라는 것이 어디서 생겼는가 하는 문제는 해결해 주지 못하고 있다.

그러면 구조주의는 '구조 없는 발생'과 '발생 없는 구조' 중의 어느 하나를 취하지 않으면 안 될 것인가? 만약 구조주의가 '구조 없는 발생'의 관점을 취하면 경험주의에서 흔히 볼 수 있는 원자론적 사고방식으로 빠지게 되며, '발생 없는 구조'의 관점을 취하면 후설의 요체론, 플라톤의 형식, 칸트의 선험설로 빠져버리는 딜레마에 부딪치게 한다. 결국 구조의 발생 문제는 '전체성'의 아이디어만으로는 해결될 수 없고, 변형이라는 두 번째 구조의 기본 아이디어와 관련시켜 볼 때 해결의 어떤 실마리를 얻을 수 있을지 모르겠다.

(2) 변형(Piaget, 1970b, pp.10~13)

만약 구조화된 전체의 특징이 구조를 구성해 내는 법칙에 달려 있다면, 이 법칙들은 구조화하는 바로 그 전체의 본질임에 틀림없다. 구조주의자들이 사용하고 있는 법칙은 '구조화하고', '구조화되는' 양극성을 모두 포함하고 있다. 말하자면, 구조의 구성법칙은 구조를 이루는 체제의 변형을 지배하는 것으로 볼 수 있다. 언어학과 심리학의 구조주의 역사를 살펴보면, '구조를 이루는 체제의 변형을 지배하는 것이 구성법칙이다'라는 말은 의외일지 모른다. 언어학의 경우, 소쉬르에서 시작된 구조주의는 '구조'를 이루는 것이 체제의 변형이며, 이것을 지배하는 것이 구성법칙이라는 주장을 지지하고 있는 것 같지 않다. 소쉬르의 경우에는 다만 체제라는 말에 '통시적 균형법칙'을 포함시키고 있을 뿐이다. 형태심리학의 경우는 지각적 형태를 정적인 것으로 보았다. 그러나 만약 '변형'이라는 아이디어가 없다면, '구조'는 모든 중요한 의미를 잃어버리게 된다. 왜냐하면, 그럴 경우 '구조'는 정적인 것으로 되어버리기 때문이다.

변형의 아이디어에서 중요한 문제는 기원이다. 말하자면, 변형과 형성과의 관계에 관한 문제이다. 여기서 구분해야 할 것은 구조를 구성하는 요소와 그 요소에 적용되는 변형법칙이다. 사실상 변화 또는 변형되는 것은 요소들이기 때문에 변형은 불변인 것으로 생각하기 쉽다. 이와 같은 경우의 대표적인 인물이 촘스키이다. 그는 변형에 관한 심리학적 기원에 별로 관심을 보이지 않고 단지 타고난 것으로 보았다. 그러므로 그의 생성문법은 생득적 통사규칙을 전제하고 있다. 말하자면, 언어규칙의 획득은 '균형이론'으로 설명할 수 없다는 것이다. 그리하여 촘스키는 인간은 태어날 때부터 언어능력을 갖고 태어났다는 생물학적 가설에 호소하면 심리학적 설명(예컨대, 애초에 이와 같은 능력이 어떻게 형성되었느냐 등)에 포함될 복잡한 문제가 생기지 않을 것이라고 생각한 것 같다. 그러나 '변형에 관한 심리학적 기원의 문제'로 대표되는 변형의 핵심적 문제는 논쟁의 소용돌이에서 벗어나기는커녕, 바로 그 중심부에 있다.

(3) 자기 조정성(Piaget, 1970b, pp.13~16)

구조의 기본적인 아이디어의 하나인 자기조정성은 '폐쇄성'을 가지고 있다. 자기조정성에 '폐쇄성'이 있다는 말은 '구조' 속에 내재해 있는 변형이 실제로 이루어질 때, 절대로 체제 밖에 있는 요소를 끌어들이는 것이 아니고, 구조 속에 있는 요소들을 가지고 변형을 해 나간다는 의미이다. 이런 의미에서 '구조'는 폐쇄되었다고 할 수 있다. 어떤 구조가 보다 큰 상부구조의 하부구조일 수 있다. 그러나 하부구조가 제 자신의 영역을 잃어버리는 것이 아니다. 말하자면, 상부구조에 하부구조가 덧붙여 있는 것이 아니라는 것이다. 하부구조는 자신의 법칙에 따라 움직인다.

자기조정은 여러 가지 절차나 과정에 따라 하게 된다. 그러므로 이것은 다시 형식화의 문제로 돌아간다. 형식화를 가장 높은 수준에서 말한다면, 완전하고 명백한 법칙을 적용하여 움직이는 '자기조정'이며, 목하 논의하고 있는 구조이다. 구조적 측면에서 볼 때, 조작은 역이 이루어지는 체제이다. 만약 역이 이루어지지 않는다면, 조작이 아니다. 구조라고 해서 반드시 논리 수학적 성질을 모두 갖추고 있는 것은 아니다. 예컨대, 언어구조, 사회구조, 심리구조가 바로 그 경우이다. 그러나 이 경우에도 변형은 이루어지지만, 이런 종류의 변형은 사이버네틱스의 피드백의 상호작용과 같은 것이라고 할 수 있다. 그리고 아주 단순한 것이지만, 일상생활의 '리듬'도 구조적 기제를 지배하는 규칙이며 이것 역사 자기조정의 일종이라고 할 수 있다.

전체성은 구조에도 있지만, 체제에도 있다. 그러나 여기에서 '구조'가 구조로서 의미를 가지려면 변형이 있어야 하며, 이 변형은 '구조'의 종류에 따라 '리듬', '규칙', '조작'의 모습으로 나타난다. 그러므로 자기조정성이야말로 '구조'를 구조답게 하는 가장 핵심적인 아이디어라고 볼 수 있다. 만약 '구조'의 원형을 들라고 하면, 수학의 군을 들 수 있을 것이다.[1] 이것은 '구조'의 모든 특성을 다른 어느 것보다도 고루 갖추고 있다(Piaget, 1970b, p.19).

---

1) 공집합 아닌 집합 G가 다음 조건을 충족시켰을 때 군이라고 부른다.

   ⅰ) 임의의 두 개의 조작(a, b)을 연결하는 제3의 원 $c = a + b$로 정한다.(합성)

  ⅱ) $a + (b + c) = (a + b) + c$(결합)

  ⅲ) $a + 0 = 0 + a = a$(동일)

 .ⅳ) $a + (-a) = (-a) + a = 0$

2) 레비 스트로스

레비 스트로스가 말하고 있는 '구조'가 어떤 것인지 그렇게 분명한 것은 아니다. 왜냐하면, 그는 '구조'를 '방법론', '사물을 보는 수단', '형식과 내용' 등으로 표현하고 있기 때문이다. 여기서는 레비 스트로스의 저작에 나타난 '구조'의 의미와 용법을 살펴보겠다. 그는 「토테미즘」에서 '구조'를 방법으로 보고 다음과 같이 말하고 있다.

> 1) 둘 이상의 용어, 실재와 가정된 것 사이의 관계를 연구하기 위하여 연구하고자 하는 현상을 정의한다. 2) 이들 용어들 사이의 가능한 변화를 표로 작성한다. 3) 이 표를 이용하여 필요한 연결을 시켜 보고 가능한 조합체제를 구성해 본다 (Lévi-Strauss, 1966, p.16).

위의 인용문에서 보면, 레비 스트로스가 말하는 '구조'는 탐구대상의 구성요소들의 '관계망'을 찾는 방법이다.

다음으로, 「구조인류학」을 보면, '구조'를 인류학에 한정된 개념내지 도구로 보지 않고, 사회과학 전반에 걸친 모형으로 보고 다음과 같이 말하고 있다.

> 구조는 다음 몇 가지 요건들을 충족시키는 모델로 이루어졌다. 첫째, 구조는 한 체계의 특성을 나타내며, 구조를 이루는 몇 가지 요소의 변화를 초래하게 한다. 둘째, 어떤 주어진 모델에는 일련의 변형을 동일한 형의 모델들의 한 집단으로 귀착되도록 정돈하는 가능성이 있어야 한다. 셋째, 위의 특성은 만약 모델의 요소들 중의 하나 혹은 그 이상이 수정을 받게 된다면, 그 모델이 어떻게 반응할 것인지 예측할 수 있게 한다. 끝으로 모델은 모든 관찰된 사실들을 즉각적으로 유의미하게 만들 수 있도록 구성되어야만 한다. 따라서 모델 혹은 모델들의 집단은 이처럼 내적 일관성을 지녀야 그것의 타당성에 기본적 입증을 제공할 수가 있게 되는 것이다 (Lévi-Strauss, 1963, pp.279~80).

최근에 레비 스트로스는 '구조주의의 재고'라는 강연에서 구조를 다음과 같이 정의하고 있다.

구조주의가 철학을 지칭하는 것이 아니고 어느 주의를 지칭하는 것도 아니라면, 도대체 무엇이란 말인가. 나로서는 오히려 하나의 인식론적 태도라고 말하고 싶다. ……그리하여 구조의 정의는 다음과 같다. 즉, 구조란 요소와 요소 간의 관계로 이루어진 전체이며, 이 관계는 일련의 변형과정을 통하여 불변의 특성을 보유한다. 이 정의에는 세 가지 주목할 점이 있다. 바꾸어 말한다면, 어떤 관점에서는 형식으로 보이는 것이 어떤 다른 관점에서는 내용으로 나타나고, 내용으로 보이는 것도 역시 형식으로 나타날 수 있다. 모든 것은 어떤 레벨에 서느냐에 따라 다르다. 따라서 형식과 내용 사이에는 항상적 관계가 존재한다. 둘째, 불변이란 개념인데 이것이 중요한 개념이다. 왜냐하면 우리가 탐구하고 있는 것은 다른 모든 것이 변화할 때 오히려 변화하지 않는 것이기 때문이다. 셋째, 변형의 개념이다. 이 개념 때문에 구조라고 불리우는 것과 체계라 부르는 것의 차이가 이해된다. 왜냐하면 체계도 요소와 요소 간의 관계로 이루어진 전체라고 정의할 수 있지만, 체계에는 변형이 가능하지 않기 때문이다. 이에 대해 '구조'의 특성은 그 균형상태에 어떤 변화가 가해졌을 경우 변형하여 다른 체계가 되는 그런 체계라는 것이다(LéviStrauss, 1978, p.37).

레비 스트로스의 이 정의에 의하면, 구조의 가장 핵심적인 특성은 변형이다. 변형을 통하여 문화현상 밑에 깔려있는 원리가 추출되어 나올 수 있는 것이다. 결국 레비 스트로스는 '구조'의 개념을 스스로의 내면적 정합성에 의해서 지배되는 체제로 보았다. 이와 같은 정합성은 분리된 체계의 단편만을 보는 관찰자에게 접근이 안 되고, 변형의 방식에 의해서만 나타난다. 이 방법에 의해서 겉으로 상이하게 보이는 체계들 속에 유사한 속성들이 재발견된다는 것이다(김형효, 1976, p.101에서 재인용).

3) 촘스키

촘스키에 의하면, 언어는 표층구조와 심층구조의 두 가지 구조를 가지고 있다. 표층구조는 음성으로 표현된 말이 나타내는 '구조'이며, 심층구조는 그 말 이면에 들어있는 의미를 나타내는 구조이다. 촘스키가 심층구조라는 추상적 구조를 설정하게 된 이유는 변형규칙의 의미 불변의 원칙을 고수하기 위해서 그랬을 뿐만 아니라, 보다 더 깊은 언어의 일반적 특성을 규명하려고 했기 때문이다(양동휘, 1977,

p.177). 따라서 촘스키의 언어학에서는 심층구조가 '구조'의 성격을 대표한다고 할 수 있다.

촘스키의 심층구조는 보다 광범위한 언어의 일반적 특성을 설명하기 위하여 구절구조 규칙과 더불어 변형 규칙을 설정하고 있다(양동휘, 1977, p.177). 촘스키의 심층구조의 특성 중의 하나는 보다 광범위하게 언어의 일반적 특성을 규명할 수 있다는 것이다. 또 다른 특성은 언어능력 규명을 위한 의미해석 규칙의 설정이다. 각 문장의 모든 의미를 밝혀내려는 이 의미해석 규칙은 심층구조에만 적용되도록 되어 있다. 그 이유는 다음과 같다(양동휘, 1977, p.180). 첫째, 변형 규칙의 의미불변의 원칙이 각 문자의 모든 의미가 심층구조에 함유될 것을 보장해 준다. 심층구조에서 표층구조를 유도하는 데 적용되는 모든 변형규칙 의미를 전혀 변경시키지 않는다면, 심층구조에 함유되었던 의미가 그대로 표층구조의 의미가 될 것이다. 둘째, 변형규칙의 의미불변의 규칙은 엄밀한 의미에서 심층구조도 표층구조와 똑같이 그 문장의 의미를 내포하고 있지만, 실제로는 심층구조가 표층구조보다 훨씬 더 문장의 의미를 충실히 표현해 주고 있다. 셋째, 의미해석에 중요한 역할을 하는 주어나 목적어와 같은 문법적 관계의 명시적 규명이 심층구조에서만 가능하다. 따라서 심층구조는 변형부문과 의미부문의 입력이 된다. 이때 심층구조는 구절구조 규칙을 포함하는 기저 부문에 출력이 되며, 표층구조는 변형 부문으로 출력이 되는 동시에 음운 부문에 입력이 된다. 요컨대, 촘스키의 심층구조는 언어의 일반적 특성의 구명과 설명, 그리고 언어능력의 규명을 위하여 설정한 '구조'이지만, 이 심층구조는 변형의 규칙에 의하여 규명한다.

4) 종 합

지금까지 피아제, 레비 스트로스, 그리고 촘스키 등이 심리학, 인류학, 그리고 언어학에서 '구조'의 성격을 어떻게 규정하고 있는지를 살펴보았다. 여기서는 '지식의 구조'를 교과내용 선정 기준으로서의 의미를 들어낼 수 있는 범위 내에서 피아제, 레비 스트로스, 그리고 촘스키 등의 구조의 성격을 종합해 보겠다.

우선 구조는 표면상에 나타나 눈으로 관찰할 수 있는 것이 아니라, 대상의 저변에 숨겨져(underlying) 있다는 특징이 있다. 구조주의자들이 '구조'를 찾는다는 것은 겉으로 나타난 개별적인 행동, 사건, 또는 현상이 아니라, 그 모든 것들의 이면에서 그 사건과 현상들을 조정하는 규칙이나 원리이다. 구조주의자 피아제, 레비 스트로스, 촘스키 등은 각각 심리학적 현상, 인류학적 현상, 언어학적 현상에 내재해 있는 원리나 규칙을 탐구하였다. 레비 스트로스의 경우를 보면, 그는 모든 사회에서 실천되고 있는 근친금혼(近親禁婚)의 본질을 설명하면서, 종래의 근친금혼의 원인에 관한 설명과 달리, 친족체계의 기능은 남녀의 성적 결합이나 위계서열의 유지보다는, 한 집단이 근친결론에 의하여 경제적 이익을 얻는다고 주장하였다. 즉, 경제생활에 있어 재화와 용역의 순환과 유사한 여자의 자유로운 순환이 발생된다는 것이다. 여자를 집단간에 교환할 수 있는 기호로서 간주하여, 이 기호들을 교환함으로써 서로가 공통적인 유대와 협력관계를 얻을 수 있다는 것이다. 이와 같이 레비 스트로스는 근친금혼을 호혜성의 원칙(rule of reciprocity)으로 설명한다(박옥줄, 1977, p.22).

위의 예시에서 알 수 있는 바와 같이 레비 스트로스는 근친금혼 현상의 이면에 숨겨져 있는 호혜성의 원칙을 찾아낸 것이다. 이 설명에서 구조는 대상의 본질 또는 대상의 성질 그 자체라는 것을 시사받을 수 있다. 왜냐하면 호혜성의 원칙은 바로 근친금혼의 '구조'이기 때문이다. 만약 레비 스트로스의 주장과 같이 근친금혼의 '구조'가 호혜성의 원칙이라면, 근친금혼의 본래의 성질이 바로 호혜성이라고 말할 수 있을 것이다. 피아제의 경우는 아이들의 지적발달 과정에 겉으로 나타나는 여러 가지 현상에 관심이 있는 것이 아니라, 그러한 현상을 인간정신 내부에서 조정하는 규칙을 찾는 데 관심이 있었다. 또 촘스키도 '언어수행'은 '언어능력'의 아주 작은 부분이라고 하면서, 어린이가 언어를 익히는 근거로 '내재된 언어능력'을 가정해야 한다고 하였다(김병익, 1979, p.87).

둘째, 구조의 성격은 '변형'에 있다. 리치는 변형과 구조와의 관계를 다음과 같은 예로 설명하고 있다(Leach, 1973, p.40). 즉, 만약 내가 피아노 소나타를 방송에 의하여 듣는다면, 그 음악은 일련의 변형을 통해서이다. 왜냐하면 처음에는 원래의 악보가 있고, 그 악보를 보고 피아니스트가 연주하였고, 이것을 방송국의 전기, 기제를 통하여 녹음되어 이것을 다시 전파를 통하여 마침내 내가 정형화된 음으로 듣게 되기 때문이다. 원래의 악보, 피아니스트가 연주한 음, 방송국에 녹음된 음, 전파를 타고 나온 음 등은 엄격히 말하면, 서로 다른 음인 것이다. 그러나 우리는 원래의 음과 동일한 음으로 듣게 된다. 원래의 음과 다르지만, 동일한 음으로 우리가 듣게 되는 것은 변형을 통하여서, 그리고 그 변형은 아무렇게나 이루어지는 것이 아니라 일정한 규칙에 따라 이루어졌기 때문이다. 다시 말하면, 원래의 음과 피아니스트가 연주한 음은 다르지만 변형규칙에 의하여 관계를 맺었기 때문에 동일한 음으로 듣게 된다. 여기서 말하는 변형규칙이라는 것은 피아니스트가 피아노 치는 규칙, 녹음기가 음을 녹음하는 기제, 방송국에서 전파를 발사하는 규칙 등을 가리킨다. 원래의 음, 피아니스트의 음, 녹음된 음, 방송으로 전파를 타고 나온 음 등은 한 가지 공통된 것이 있으니, 이 공통된 것, 즉 내적으로 조직화된 관계의 정형(定型), 이것이 구조이다. 변형에서 중요시해야 할 점은 두개가 서로 다르다고 하더라도 변형규칙에 의하여 서로 관계를 맺도록 한다는 것이다.

구조주의자들은 구조의 성격 가운데 변형을 매우 중요시하고 있다. 예컨대, 레비 스트로스는 구조와 체계의 차이를 바로 이 '변형'의 존재 여부에 두고 있다. 피아제도 모든 구조－수학에서 친족 구조에 이르기까지－는 예외 없이 변형체계라고 하고 있으며, 만약 구조에 변형이라는 아이디어가 없다면, 구조는 모든 중요한 의미를 잃어버린다고 말하고 있다(Piaget, 1970, p.11). 구조의 성격 가운데 변형을 중요시한다는 것은 사실이지만, 변형의 구체적 내용은 구조주의자들에 따라 서로 다르다. 촘스키 문법의 밑바닥에는 구절구조 규칙을 포함하며 이들은 각 문장의 심층구조를 결정한다. 변형부는 문장의 심층구조를 표층구조로 전환시킨다. 예컨대 'The book will be read by the boy'와 'The book will read the book'과 같은 두 개의 표층구조는 하나의 심층구조로 유도된다. 그리고 'I like her cooking'의 경우에는 하나의 표층구조가 여러 개의 상이한 심층구조로 유도된다(Searle, 1979, pp.58~9). 따라서 심층구조는 언제나 하나는 아니다.

셋째, 구조의 성격으로 들 수 있는 것은 '전체성'(wholeness)이다. 구조가 전체성이 있다는 말은 요소들이 모여서 구조를 이루는 것이 아니라, 먼저 전체적인 구조가 있고 요소는 그 전체적인 구조에 비추어 의미를 가진다는 뜻이다. 이런 점에서 구조는 요소에 대하여 논리적으로 우선하며 요소의 단순한 총합 이상이라고 말할 수 있다. 그러므로 개개의 구성 요소는 그것을 구성하고 있는 전체와의 관련 아래에서 의미 있는 것이 된다. 피아제가 말한 바와 같이, 적어도 심리학, 언어학, 인류학 분야에서 구조주의자라고 하면, 구조의 특징으로 전체성을 들지 않은 사람은 없다는 것이다.

넷째로 들 수 있는 구조의 성격은 구조가 사물을 보는 '수단' 또는 '개념적 도구'라는 것이다. 사실상 이 넷째 성격은 위의 세 가지 성격에 추가되는 또 하나의 성격이라기보다는 그 세 가지 성격에서 논리적으로 따라오는 의미를 말한 것이라고 볼 수 있다. 즉 위의 세 가지 성격은 사물을 '구조(주의)적'으로 이해한다는 말의 의미를 구체적으로 밝혀주는 것이며, 이런 점에서 구조는 사물을 보는 개념적 도구가 된다고 볼 수 있다.

지금까지의 '구조의 성격'을 종합하여 말한다면, 다음과 같이 말할 수 있을 것이다. 즉, 구조는 요소와 요소 간의 관계이며, 이것은 변형의 규칙에 따라 관계망(전체)을 이루고 있는 추상적 구안이며, 동시에 이 추상적 구안(構案)을 통하여 사물이나 현상의 저변에 스며있는 원리나 법칙을 찾아내는 또는 볼 수 있는 수단이라고 말할 수 있다.

3. 지식의 구조: 재해석

구조주의의 '구조'의 의미가 '교과'의 구조에 그대로 적용되려고 하면, 예컨대 레비 스트로스가 인류학적 현상에서 찾아내려고 한 것과 동일한 구조가 '교과'에도 존재한다고 보지 않으면 안 된다. 다시 말하면, 인류학적 현상(예컨대, 혼인제도)에 '요소와 요소 간의 관계', '변형규칙' 등이 있는 것과 마찬가지로 '지식' 또는 '교과'(예컨대, 물리학 지식)에도 그런 것들이 확인될 수 있어야 한다. 문제는 이것이 확인될 수 있는가, 그리고 그것이 확인될 때 지식의 구조는 어떤 의미를 가지는가, 또한 이 새롭게 규정된 지식의 구조의 의미는 브루너의 설명이 가지고 있는 문제점(즉, 지식의 구조의 선정 기준이 불분명하다는 문제점)을 보완할 수 있는가 하는 데에 있다.

우선 이미 선정된 교과내용(교과서에 나와 있는 지식)을 어떻게 보아야 하는가 하는 문제부터 다루어 보겠다. 구조의 아이디어에 의하면, 교과서에 나와 있는 지식은 말하자면 '지식의 현상' 또는 '지식의 표층'에 해당된다고 볼 수 있고 그 지식의 표층 '이면'에 지식의 구조에 해당하는 것이 내재해 있다고 볼 수 있다. 또한 그 지식의 구조는 요소와 요소와의 관계로 이루어져 있으며, 그 관계는 변형의 규칙에 의하여 지배된다. 그리고 마지막으로 그 지식의 구조는 하나의 전체를 이루고 있으며, 각각의 요소의 의미는 전체 안에서의 그 위치에 의하여 규정된다.

이와 같은 방식으로 생각하면, 교과서에 나와 있는 지식(지식의 현상)은 두 가지 종류에 관련을 맺고 있다. 하나는 지식의 표층과 그 이면에 들어 있고 그 표층에 상응하는 지식의 구조(요소) 사이의 관련이며, 다른 하나는 그 지식의 구조 내에서의 그 요소와 다른 요소와의 관련이다. 다시 말하면, 교과서에 나와 있는 지식은 독립적으로 존재하고 있는 것이 아니라, 그 이면에 내재해 있는 보다 일반적인 원리와도 관련을 맺고 있으며, 그와 동시에 일반적인 원리와 관련된 다른 일반적인 원리와도 관련을 맺고 있다. 이런 의미에서 교과서에 나와 있는 지식은 그 두 가지 일반적 원리의 표현이며, 따라서 그 지식(교과서 지식)의 의미는 그러한 일반적 원리와 관련해서 파악되어야 한다.

그러면 실제로 교과서에 나와 있는 지식이 앞에서 언급한 대로 지식의 표층 이면에 들어 있고 그 표층에 상응하는 지식의 구조(요소) 사이의 관련을 어떻게 맺고 있으며, 그 지식의 구조 내에서 어떻게 그 요소와 다른 요소와 관련을 맺고 있는가를 예시해 보겠다. 여기서 예시하고 있는 것은 중학교 사회과 교과서 '중세 유럽의 봉건사회와 문화'라는 단원 중 둘째 소단원인 '유럽의 봉건사회와 문화', 그리고 그중에서 첫째 대목은 '봉건제도'에 관한 것이다. 이 대목은 '로마교회의 발전'이라는 대목으로 이어진다. 교과서의 내용을 그대로 옮겨 적으면 다음과 같다(이홍우, 1978, pp.8~9).

> 봉건제도: 민족의 대이동이 있은 후, 유럽의 여러 나라에서는 국왕이 공신들에게 농토를 나누어 주어, 평시에는 기사를 훈련하게 하여 싸움이 있을 때에 대비하게 하였다.
>
> 이런 땅을 차지한 사람들은 귀족으로서, 이들을 '영주'라고 하고, 큰 영주를 '제후'라고 한다. 영주는 다시 그 땅을 부하인 기사들에게 나누어 주고, 기사는 또다시 그 땅을 농민들에게 빌려주어 경작하게 하였다.('봉건사회의 계급 관계'에 관한 도해: 황제, 국왕, 영주, 기사, 영민(농민) 등의 위계 관계가 도시되어 있음.)
>
> 이와 같이 위로부터 받은 땅을 '봉토'라고 하고, 봉토를 받은 사람을 '봉신'이라고 한다. 봉신은 상전인 영주의 보호를 받는 대신, 노동력이나 그 땅에서 생산된 수확물을 영주에게 바치고, 필요할 때에는 무력으로 봉사할 의무를 가졌다.

　이와 같이, 위로부터 보호를 받고 그 대신 봉사를 해 줌으로써 위아래의 계급이 서로 주종 관계를 맺어 가는 것이 봉건제도이며, 봉건사회에서 사실상 백성을 다스린 것은 왕이라기보다도 이들 봉건 영주들이었다. 이러한 봉건제도는 8세기경 프랑코 왕국에서 시작되어 10세기경에 이르러 가장 성행하였으며, 이것이 중세 유럽 사회의 기틀이 되었다.('서양의 중세 기사' 사진과 '장원의 구조에 관한 도해: 한 장원 내부의 땅과 건물을 표시하고 있음.)

　봉건사회에서 경제의 기본이 되는 것은 토지이다. 영주가 차지한 토지를 '장원'이라고 하는데, 장원은 봉건사회의 사회생활과 경제생활의 기초가 되었다. 장원에는 영주와 성직자, 기사, 그리고 농민과 일용품을 만드는 수공업자들이 살고 있었으며, 외부와의 교섭이 거의 없는 자급자족의 한 세계를 이루었다.

　봉건사회에서 가장 중요한 활동을 하는 사람은 '기사 계급'이다. 평시에 그들은 주군의 의식이나 사무에 봉사하는 한편, 수렵 혹은 무술경기 대회에 나가서 무술을 닦아 전쟁이 있을 때에는 주군을 위하여 목숨을 걸고 싸웠다.

　이런 생활에서 기사들은 스스로 아름다운 기풍을 길러 갔으며, 신앙이 두텁고 의협심이 강하여 약한 자를 도울 줄 알고, 체면을 중히 여겨 명예를 목숨과 같이 귀히 여겼다. 이런 기풍을 '기사도'라고 하며, 서양의 신사도는 여기서 유리한 것이라고 한다.

　위의 인용문에 나타나 있는 내용은 '역사 지식의 현상' 또는 역사 지식의 표층에 해당하는 것이다. 다시 말하면, '봉건 제도는 토지를 매개로 한 계약에 의하여 이루어진 주종 관계의 사회 체제이다', '이 주종 관계의 계약에서 한 쪽은 보호를 주고, 한 쪽은 충성을 맹세한다', '봉건사회의 윤리관을 대표하는 것은 기사도이며, 그것은 충성, 예절, 약자 보호, 경신 등을 그 내용으로 한다', '장원은 중세 사회의 경제적 단위이며, 이것은 폐쇄된 자급자족의 독립 사회를 뜻한다' 등등은 '역사 지식의 현상' 또는 '역사 지식의 표층'이라고 볼 수 있다. 그러면 이 역사 지식의 표층의 이면에 들어 있는 지식의 구조(요소)는 어떤 것인가? 그것은 '중세 봉건사회의 생활을 지배하는 원리'이다. 예컨대, 중세 봉건사회 제도 속에 살아가는 사람들의 사고방식, 세계관, 인생관 등이 그것이다. 그러므로 '중세 봉건사회의 생활방식에 관한 원리'들과 교과서에 나타난 중세 봉건사회에 관한 '지식의 표층'과는 관련이 있어야 한다. 한편 그 지식의 구조 내에 내재해 있는 일반적인 원리인 영주, 기사, 농노 등의 인생관, 세계관, 생활방식의 제 원리 등은 서로 관계를 맺고 있으며 이 관계도 역시 변형규칙에 의하여 맺어진다. 그리하여 중세 봉건사회의 생활방식에 관한 원리들은 하나의 전체를 이루고 있으며 각각의 원리의 의미는 그 전체 안에서의 위치에 의하여 규정된다. 따라서 교과서에 나타난 봉건제도에 관한 지식은 그러한 일반적 원리와 관련하여 파악되어야 할 것이다.

이상과 같은 설명과 예시는 교과내용의 선정에 관하여 무엇을 시사해 주는지 고찰해 보고자 한다. 일반적으로 사람들은 교과내용의 선정이라는 말을 많은 교과내용 중에서 어떤 내용이 뽑혀진다는 의미로 쓰고 있다. 그러나 앞에서 말한 바와 같은 의미로 지식의 구조를 파악한다면, 교과내용은 지식의 표층 이면에 내재하고 있는 일반적 원리이다. 그리고 이 일반적 원리는 지식의 표층과 밀접하게 관련되어 있으며, 지식의 구조 내에 내재하고 있는 다른 일반적 원리와 관련이 있다. 교과내용은 바로 이 일반적 원리들을 가리키는 것이 된다. 따라서 교과내용의 선정은 많은 교과내용 중의 어떤 내용을 선정하는 것이 아니라, 교과내용의 성격을 밝히는 것이 되며, 지식의 구조는 교과내용의 성격에 관한 해답이라고 볼 수 있다. 종래의 사람들은 지식의 표층에 해당되는 것을 교과내용으로 보았으나, 브루너의 지식의 구조는 지식의 표층에 해당되는 것을 교과내용으로 보지 말고, 그 지식의 표층 이면에 내재해 있는 일반적 원리들과 그들 간의 관계, 그리고 그 지식의 표층과의 관련 속에서 교과내용을 파악하여야 한다는 새로운 교과관을 나타내고 있다고 보아야 할 것이다.

지금까지의 논의는 지식의 구조에 관한 브루너의 설명에서 동떨어진 것이 아니라, 그의 설명의 의미를 더욱 명백하게 파악하는 데 도움이 될 것이다. 예컨대 브루너는 교과의 구조라는 말의 뜻을 설명하기 위하여 생물학과 수학과 언어에서 한 가지씩 간단한 보기를 들었다(Bruner, 1973, pp.54~7). 즉, '생물학에서 먼저 판자 위에 깔아놓은 그래프용지 위를 기어가는 자벌레의 경우를 생각해 보자. 판자를 기울여 경사각이 위로 30도가 되도록 한다. 그러면 자벌레는 직선으로 기어가는 것이 아니라 직선과 45도의 각을 이루며 옆으로 기어간다. 판자를 60도 기울이면 자벌레는 직선에서 75도의 각을 이루며 옆으로 기어간다.' 이와 같은 내용은 생물학 지식의 표층에 해당하는 것으로서 그 표층 이면에 내재하고 있는 생물학의 지식의 구조는 향성 — 하등생물은 일정한 정도의 광도, 염분도, 온도 등을 좋아하며 이런 것이 있는 쪽으로 나아가는 경향이 있다는 일반적 원리 — 이다. 일단

이와 같은 관계를 설정해 놓고, 예컨대 메뚜기 떼가 이동할 때 밀도가 여러 가지로 다른 현상(지식의 **표층**)의 표면에 내재하고 있는 일반적 원리(메뚜기 떼의 밀도의 조절은 그 진로의 온도에 의한다)는 앞에서 언급한 향성의 원리와 관계를 맺고 이것은 다시 산에 사는 곤충들의 종족 순수성 유지라는 생물학적 현상(지식의 **표층**) 그 이면에 내재하고 있는 일반적 원리(산의 높이에 따라 산소의 양이 다르고 산에 사는 곤충들은 종류에 따라 일정한 양의 산소를 선택하여 움직여 다닌다)와도 관계를 맺고 있다. 이 예시는 생물학 지식의 표층과 그 이면에 내재해 있고 그 표층에 상응하는 지식의 구조 사이의 관련과 그 생물학 지식의 구조 내에서의 일반적 원리와 다른 일반적 원리와의 관련을 보여 준다.

다음으로 브루너가 수학에서 들고 있는 예를 고찰해 본다. 대수에서 미지수와 기지수를 방정식에 배열하려고 하면 그 모양은 여러 가지일 것이다. 이것들을 구조의 아이디어에 비추어 보면 대수 지식의 표층에 해당되며, 그 이면에 내재해 있는 지식의 구조는 교환, 분배, 결합의 법칙[2]이다. 브루너는 이 예시에서 미지수와 기지수를 방정식에 배열하는 여러 가지 모양(지식의 **표층**)과 그 표면에 내재해 있는 교환, 분배, 결합의 법칙과 관련되고 동시에 구조를 이루는 요소로서 교환, 분배, 결합의 법칙들이 서로 관련되어 있는 전체에서 교과내용이 파악되어야 함을 보여준다.

브루너는 언어의 예에서 수많은 문장(언어 지식의 **표층**)과 그 표면에 내재해 있는 문장 지식의 구조인 변형규칙을 설명하고 있다. 모국어의 표면상에 나타난 수많은 문장은 그 모국어의 이면에 내재하고 있는 변형규칙의 반영이며, 모국어의 이면에 내재하고 있는 변형규칙들은 서로 관계를 맺어 모국어 전체의 구조를 이루는 것이다.

브루너는 지식의 구조를 설명하면서 다음과 같은 네 가지 일반적 주장을 하고 있다. 이 주장들도 앞에서 제시한 방식대로(구조주의의 구조의 아이디어에 비추어) 해석할 수 있을 것이다. 즉, 첫째 주장은 기본적인 사항을 이해하면 교과를 훨씬 쉽게 파악할 수 있다는 것이다. 예컨대 한 국가는 살기 위해서 무역을 해야

---

2) 교환법칙: $a+b=b+a$, $a \cdot b=b \cdot a$
   분배법칙: $a(b+c)=ab+ac$
   결합법칙: $(a+b)+c=a+(b+c)$, $(a \cdot b) \cdot c=a \cdot (b \cdot c)$

한다는 기본적 아이디어를 일단 파악하고 나면, 미국 식민지 시대의 삼국 통상을 훨씬 쉽게 이해할 수 있다는 것이다. 이 주장의 예에서 미국 식민지 시대의 삼국 통상이라는 현상, 구체적으로 말해서 미국이 영국의 통상규칙을 멋대로 어기면서 당밀과 사탕수수와 럼주와 노예를 사고파는 현상 등은 사회과 지식의 표층에 해당되며, 한 국가는 살기 위해서 무역을 해야 한다는 기본 아이디어는 그 지식의 표층 이면에 내재해 있는 지식의 구조이다. 그러므로 미국 식민지 시대의 삼국통상이라는 현상은 그 이면에 내재해 있는 '기본적 아이디어'(즉, 한 국가는 살기 위해서 무역을 한다)에 따라 나타나고 있는 표층의 여러 가지 현상 가운데 하나이므로 구조를 알면 훨씬 쉽게 이해될 수 있다는 말은 당연한 말이다. 그리고 구조를 알면 기억하기 쉽고 또 학습 사태에서 배운 내용을 다른 사태에 적용할 수 있다는 것도 마찬가지로 앞에 든 바와 같은 해석이 가능하다. 또한 구조는 고등지식과 초보적인 지식 사이의 간극을 좁힐 수 있다는 것이다. 이 말을 구조주의의 아이디어에 의하여 해석하면, 지식의 초보와 고등의 의미는 지식의 표층이 단순한가 복잡한가에 따라 붙인 이름에 불과하다. 그러나 그 지식의 표층에 나타난 현상이 단순한가 복잡한가에 관계없이 그 이면에 내재하고 있는 지식의 구조 또는 일반적 아이디어는 동일하다고 볼 수 있다. 그리고 지식의 구조 내에 일반적 아이디어들(요소들)은 서로 밀접한 관계망을 이루고 있다. 이와 같이 해석할 때, 브루너의 나선형 교육과정의 아이디어와 브루너의 가설, 즉 '어떤 교과든지 그 지적 성격에 충실한 형태로 어떤 발달 단계에 있는 어떤 아동에게도 효과적으로 가르칠 수 있다'는 말이 의미를 가지게 된다. 사실상 브루너가 주장하고 싶었던 점은 지식의 구조 내에 있는 일반적 아이디어들은 많지 않으며, 이 아이디어들은 초등학교에서부터 중학교, 대학에 이르기까지 공통으로 가르쳐야 할 교과내용이라는 점일 것이다. 만약 그의 주장이 이것이라면, 초보 지식과 고등 지식은 간격이 좁아지는 정도를 넘어 동일한 아이디어로 구성되어 있다고 보아도 좋을 것이다.

지금까지 말한 지식의 구조의 의미(해석)는 교과내용의 성격에 관련될 뿐만 아니라, 그것은 가르치는 방법에도 관련된다(부분적으로 이것은 다음의 두 장과 관련되어 있다). 종래 교육에서의 문제점은 지식의 표층만을 가르쳤으며, 그 지식의 표층 이면에 내재해 있는 지식의 구조를 가르치지 않았다는 것이다. 그리하여 종래의 교육에서는 지식의 표층에 있는 '사실의 더미'거나 해당 학자들의 탐구 결과만을 외우게 했다는 것이다. 브루너는 이와 같은 사태를 교과의 중간 언어만을 가르쳤다고 하였다. 브루너는 '물리학을 공부하는 초등학교 3학년 학생은 물리학자와 동일한 일을 한다'(Bruner, 1973, p.68)고 하였다. 이 말은 매우 중요한 말이다. 종래 학생들이 교과를 배운다는 것은—예를 들면, 물리라는 교과를 배운다는 것은 물리학자들이 물리학을 탐구한 결과로 얻어진 지식—다시 말하면 결과로서의 지식을 수동적으로 받아들이는 것을 의미했다. 그러나 '물리학을 공부하는 초등학교 3학년 학생은 물리학자와 동일한 일을 한다'는 말은 그것이 교과의 의미가 아니라는 것을 나타내는 것이다. 물리라는 교과는 물리학자들이 만들어 낸 법칙을 가르치는 것이 아니라 바로 물리학자들이 하는 일, 또는 그 법칙을 발견하는 동안에 물리학자들이 하는 일, 바로 그것이 물리라는 교과이다. 물리라는 교과를 가르칠 때 학생이 배워야 할 것은 그런 법칙 그 자체가 아니라, 그 법칙을 다루는 데 쓰이는 사고방법 또는 탐구방법이다. 이것은 구조의 아이디어에 의하면 '개념적 도구'에 해당된다.

앞에서 지식의 구조라는 말은 교과내용을 새롭게 규정하는 말이라고 하였지만, 이와 같이 새롭게 규정된 교과내용의 의미는 다음과 같이 말할 수 있을 것 같다. 말하자면, 교과라는 것은 지식의 덩어리가 아니라, 그 지식을 낳게 한 탐구방법 바로 그것이다. 예컨대, 빛은 직진한다는 것을 가르칠 경우, 종래에 이것을 가르칠 때에는 '빛은 직진한다는 것'을 학생에게 일러주었다. 그러나 그것이 과연 학생들에게 과학이 무엇이라는 것을 알려줄 수 있는지 의심스럽다. 과학이라는 것이 곧 과학자들이 하는 일을 말하는 것이라고 하면, 또 과학을 배울 때 학생들은 과학자들이 하는 일이 어떤 일인가 하는 것을 배우는 것이라고 하면, 빛은 직진한다는 것을 다른 사람에게서 듣는 것이 과학을 배우는 것이 아니다. 과학자들이 하는 일은 곧 어째서 빛은 직진한다고 보지 않으면 안 되는가, 빛이 직진한다는 것은 어떤 과학적 현상을 설명하기 위하여 만들어진 것인가, 그 현상을 설명하는 데 빛의 직진이라는 원리가 어떻게 쓰이는가 등등의 문제를 해결하는 일이다. 말하자면 교사가 과학을 가르치는 동안에 과학적 현상(물리현상, 화학현상 등)을 탐구하는 모습을 보여주고 학생들은 그 과정에 함께 들어가 있어야 한다는 것이다. 여기서 발견학습의 문제가 대두된다(이 점에 관해서는 다음 장에서 자세히 고찰할 것이다). 그리고 초등학교 학생과 물리학자가 하는 일의 종류는 동일하다고 하더라도

'수준'에 있어서 동일한 것은 아니다. 여기에 발달이라는 문제가 대두된다(이 점에 관해서는 제4장에서 자세히 고찰할 것이다).

지식의 구조에 대한 이상과 같은 해석은 교과내용에 관한 다른 학자들의 견해를 이해하는 데에 도움이 될 것이다. 우선, 타바는 교과내용을 몇 가지 상이한 수준으로 파악하고 있다(Taba, 1962; 이영덕, 1976, pp.173~6). 즉, 1) 특수사실, 2) 기본 아이디어, 3) 개념, 4) 사고체계가 그것이다. '특수사실'은 교과내용의 가장 낮은 수준으로서 기본 아이디어와 개념의 '원료'가 된다. '기본 아이디어'는 '특수사실'의 다음 수준에 있는 교과내용의 기본적 원리이다. 자연 환경과 인간 문화와의 인과관계에 관한 지식이라든지, 자연과학의 법칙이나 수학적 원리 등은 이 두 번째 수준의 내용에 해당한다. '개념'은 제3의 수준에 속하는 것으로 분류되고 있다. 개념은 다양한 상황 속에서 가지는 연속적인 경험에 의해서만이 구축될 수 있는 고도로 추상적인 아이디어들의 복합체이다. '사고 체계'는 탐구 및 사고의 흐름을 이끌어 가는 명제와 개념들로 구성된다. 이러한 체계는 물어야 할 질문과 얻어야 할 대답의 종류, 해답을 구하는 방법을 제시해 준다. 브로우디 등(Broudy, 1964, p.150)도 타바와 비슷하게 교과내용을 1) 사실, 2) 기술적 개념(분류적, 관계적, 조작적), 3) 가치적 개념과 규범(처방적, 규제적, 도덕적), 4) 원리 등으로 구성된다고 하고 있다.

교과내용을 이와 같이 분류해서 파악하는 것은, 타바나 브로우디 등의 원래 의도와는 달리, 그 수준들 사이의 관련을 과소평가하거나 도외시하게 되는 결과를 가져오기 쉽다. 앞에서 고찰한 지식의 구조의 의미에 비추어 보면, 교과내용에 있어서의 문제는 어떤 수준의 내용이 있는가가 아니라, 그 수준들이 어떻게 관련되어 있는가 하는 데에 있다. 예컨대, 교과내용으로서의 '사실'은 그 자체로서 의미를 가지는 것이 아니라 '원리'나 '사고체계'에 비추어 그 의미가 밝혀진다. 교과내용을 지식의 구조로 규정하는 입장은 타바나 브로우디 등이 구분한 여러 수준들 사이의 관련을 명백히 드러낸다고 볼 수 있다.

피닉스와 슈바브는 이와는 다른 관점에서 교과내용을 분류하고 있다. 피닉스(Phenix, 1964, pp.322~41)는 브루너의 교과내용으로서의 지식의 구조와 비슷한 '대표적 아이디어'와 '탐구방법'을 들고 있다. 여기서 말하는 대표적 아이디어라는 것은 해당 학문의 구성원리이고 논리이며, 학습에 드는 노력을 효율성 있게 해 주는 아이디어이다. 그리고 바로 이 대표적 아이디어를 도출하는 과정이 탐구 과정인 것이다. 피닉스는 대표적 아이디어를 좀 더 구체화하면서 그것은 위계적 순서로 되어 있다고 하였다(Phenix, 1964, p.325). 즉, 해당 학문의 특징을 가장 잘 드러내 주는 개념을 제일 꼭대기에 두고, 그보다 정도가 낮은 것은 다음에, 그리고 더 낮은 것은 그 다음 순으로 내려간다는 것이다.

슈바브에 의하면, 학문은 '실질적 구조'(개념)와 '구문적 구조'(탐구방법)에 의하여 정의된다. 실질적 구조는 '결과'로서의 교육내용을 가리킨다. 슈바브는 '실질적 구조'를 도출하는 방안으로서 다섯 가지를 들고 있다(Schwab, 1964, pp.40~42). 즉, 분석, 분류, 원리화, 자료 확인, 상식적 추측 등이 그것이다. 예컨대, 원소와 세포(분석), 분류 체계와 분류 대상(분류), 수학 공식(원리화), 개별적 사실(자료 확인), 주먹구구식 법칙(상식적 추측)이다. 이와 같이 교과내용을 개념과 탐구 방법으로 구분하는 것은 '결과로서의 지식'과 '과정으로서의 지식'이라는 구분과 함께 우리에게 잘 알려져 있다. 이러한 구분에서 탐구방법이나 과정은 학습자들의 심리작용과 밀접하게 관련되어 있다는 점 때문에 교과내용이 학습자에게 이해되어야 한다는 것을 강조할 때, 사람들은 흔히 결과로서의 지식보다는 과정으로서의 지식이 더 중요하다는 말을 하게 된다. 그러나 이 경우에 과정 또는 탐구 방법이 결과 또는 개념과 유리된 것으로 생각한다면, 그 말은 분명히 그릇된 말이다. 다시, 지식의 구조는 양자 사이의 관련을 명백히 드러내는 데 도움이 된다. 이것이 다음 장에서 고찰될 내용이다.

결국 브루너가 갖고 있는 문제는 교과내용 선정 기준을 제시함에 있어 '학문의 기저'를 이루는 것이라는 말만 하였을 뿐 그것의 의미를 충분히 밝히지 않은 채로 기본 개념, 원리, 법칙에 강조를 두었기 때문에 비판을 받을 만하다. 그러나 구조주의의 구조의 아이디어에 비추어 지식의 구조를 재해석해 보면 다음과 같은 새로운 해석이 가능하다는 시사를 받을 수 있을 것이다. 즉, 지식의 구조는 지식의 표층에 있는 단편적인 토픽이 아니라, 그 이면에 내재해 있는 원리로서, 이 원리는 표층과 부단히 관계를 맺으면서, 동시에 구조의 구성 요소인 다른 일반적 원리와 상호 관계를 맺고, 그 관계는 변형 규칙에 지배된다는 것이다. 이런 뜻에서의 지식의 구조는 하나의 전체를 이루며 각각의 일반적 원리의 의미는 그 전체적인 구조 안에서의 위치에 의하여 규정될 수 있다. 다만 여기서 유의해야 할 점이 있다면, 그것은 지식의 구조와 교과의 구조를 다르게 보는 관점이 있다는 것이다. 말하자면, 지식의 구조는 학문 전체의 구조를 가리키는 것이고, 교과의 구조는 각 단위 학문의 구조를 가리키는 것으로 본다는 것이다. 지금 여기서 다루고 있는 것은 각각의 교과를 이루고 있는 학문의 내용이며, 따라서 만약 이와 같은 방식으로 지식의 구조와 교과의 구조를 구분한다면, 여기서 말하는 '지식의 구조'는 교과의 구조에 해당한다.

Ⅲ. 논리와 심리의 관계

1. 문제의 성격

종래 교육과정 이론에서 '논리'와 '심리'의 문제는 교육내용 또는 교과의 조직방식과 관련된 것으로 취급되어 왔다. 즉, 교과는 '논리적 원칙'에 따라 조직될 수도 있고 '심리적 원칙'에 따라 조직될 수도 있다는 것이다. 이와 같이 교과내용이 두 가지 원칙으로 조직될 수 있다는 것은 곧 교과내용에 각각의 원칙으로 파악될 수 있는 측면-즉, 논리적 측면과 심리적 측면-이 있다는 것을 뜻한다. 교과내용의 논리적 측면과 심리적 측면에 처음으로 주의를 환기시킨 사람은 듀이이다. 교과내용의 그 두 측면에 관한 듀이의 관심은 1902년의 「아동과 교육과정」(Dewey, 1902)에서 시작하여 「민주주의와 교육」(Dewey, 1916), 그리고 「사고의 방법」(Dewey, 1933)에까지 이어진다. 「아동과 교육과정」에서 그는 '경험의 논리적 측면과 심리적 측면'에 관하여 다음과 같이 말하고 있다.

아마 경험의 논리적 측면과 심리적 측면을 서로 구분하고 양자를 관련짓는 것이 유용할 것이다. 전자는 교과 그 자체를 가리키며, 후자는 교과가 아동과 관련되는 방법을 가리킨다. 경험의 심리적 측면을 진술하기 위해서는 경험이 실제로 성장해 가는 과정을 따라야 한다. 심리적 측면은 시간 계열에 따라 실제로 거쳐 지나가는 단계를 표시하며 그 단계 중에는 잘된 것만 있는 것이 아니라 잘못된 것도 있다. 여기에 비하여 논리적 측면은 발달의 과정이 어떤 완성단계에 도달해 있음을 나타낸다. 논리적 측면은 과정(過程)을 문제삼는 것이 아니라, 결과만을 문제삼으며, 그 결과에 도달하기까지 실제로 거쳐 온 단계로부터 분리하여, 도달된 결과를 요약하고 정리한다(Dewey, 1933, p.19).

　위의 인용문에 나타나 있는 바와 같이, 듀이에 있어서 경험의 논리적 측면은 '완성된 단계에 도달해 있는 교과 그 자체'를 가리키며, 경험의 심리적 측면은 교과가 아동의 마음속에 학습되어 가는 과정, 또는 보다 정확하게 말하면, 그 과정에서의 교과의 상태를 가리킨다. 경험의 심리적 측면은 이와 같이 논리적 측면으로 발달해 가는 상태에 있는 교과를 가리키기 때문에, 그것은 논리적 측면처럼 완성된 상태로 요약, 정리될 수 있는 것이 아니라, 늘 유동적인 상태에 있다고 말할 수 있다. 그러나 이런 유동적인 상태에 있는 경험의 심리적 측면이 최종적으로 도달해야 할 단계는 완성된 상태로서의 교과, 즉 경험의 논리적 측면이다.

　이와 같이 경험의 논리적 측면과 심리적 측면을 구분했을 때, 듀이의 의도는 과거의 교육이 그릇된 가정을 기초로 하고 있었다는 것을 지적하는 것이었다. 「민주주의와 교육」에서, 교과로서의 과학에 대하여 언급하면서, 듀이는 아동들에게 '완성된 형식'으로서의 과학을 직접 가르쳐서는 안 된다는 것을 주장하고 있다. '과학을 완전히 배우지 않은 사람에게 이 완성된 형식은 장애물이다.〔이 완성된 형식을 가르치는 경우에는〕학습자료가 지식의 증진을 그 자체의 목적으로 삼는 식으로 제시되기 때문에 그 학습자료와 일상생활의 자료와의 관련이 드러나지 않는다'(Dewey, 1916, pp.256~7). 또한 '학습자의 관점에서 보면, 과학의 형식은 교육의 출발점이 아니라, 도달해야 할 이상이다'(Dewey, 1916, pp.256~7). 그럼에도 불구하고 종래의 교육에서는 아동이 과학을 공부할 때 교과가 '전문가들이 알고 있는 순서에 따라 토픽으로 조직되어 있는 교과서'를 가지고 시작한다. 전문적인 술어나 법칙이 초기 단계부터 도입되어서, 결과적으로 아동은 그들에게 의미 있는 일상생활의 자료를 '과학적으로 다루는 방법'을 배우는 것이 아니라, 완성된 논리적 형식으로서의 '과학'을 배운다. 그리하여 교과로서의 과학이 아동의 의미 있는 경험 속에서 유리되는 결과가 초래된다. 이것이 듀이가 본 과거의 교육의 결합이었다.

두이(Dewey, 1916, pp.257~8)의 견해에 따르면, 과거의 교육의 결함은 한 마디로 말하여 아동의 학습과정을 반영하는 '심리적 방법' 대신에 전문가들의 '논리적 방법'을 썼다는 것으로 표현된다. 이 심리적 방법이라는 것은 다른 말로 '발달적 방법'(chronological method)이라고도 불리는 것으로서, 그것은 학습자의 경험에서 시작하여, 거기서부터 일상생활의 자료를 과학적으로 다루는 올바른 방법으로 나아가도록 하는 것이다. 종래의 논리적 방법에 비하면, 여기서는 표면상 시간이 낭비가 있는 듯이 보이지만, 그 손실은 학생들의 '이해와 흥미에 의하여 벌충되고도 남음이 있다'(Dewey, 1916, p.258).

이런 식으로 하여, 두이는 교과의 완성된 논리적 형식을 직접 아동에게 가르치는 것이 잘못 되었다는 것을 지적하고 교과가 아동의 경험 속에서 심리적으로 발달하는 과정을 존중하여 가르쳐야 한다고 주장하였다. 그러나 두이는 교과의 논리적 형식이 교육에서 가지는 중요성을 간과한 것은 아니다. 「사고의 방법」에서 그는 교과의 논리적 측면과 심리적 측면을 '결과와 과정'이라는 용어로 표현하고, '결과'를 나타내는 '논리적 형식'이 교육에서 어떤 위치를 차지하고 있는가를 말하고 있다(Dewey, 1933, pp.73~4). 여기서 두이는 종래의 교육에서 결과가 원래 차지해야 할 위치가 아닌 그릇된 위치를 차지해 왔다는 점을 시사하고 있다.

결과로서의 논리적 형식이 교육에서 차지하고 있는 위치를 설명하기 위하여 두이는 지도의 비유를 들고 있다. 지도는 탐험과 조사의 '결과'로 만들어진다. 여기에 비하면, 지도를 만드는 동안에 하는 탐험과 검사는 '과정'이다. 지도의 가치는 그것이 일단 '만들어진 뒤에' 발휘된다. 완성된 결과로서의 지도는 다른 사람들로 하여금 탐험과 조사를 하지 않고도 목적지에 갈 수 있도록 도와주는 일을 한다. 이와 마찬가지로 교과의 논리적 형식은 어떤 결론을 얻는 과정이나 지식과 신념에 도달하는 과정을 나타내는 것이 아니라, 이미 얻어진 결론을 가장 효과적으로 표현하는 방법을 나타내며, 따라서 얻어진 결론의 타당성을 확인하는 기준으로서 의미를 가진다(Dewey, 1933, p.74).

이상의 설명을 들어보면, 두이에서 교과의 논리적 측면은 전문가 또는 교사에게 이해되는 상태로서의 교과, 그리고 심리적 측면은 아동 또는 학습자의 마음속에 발달되어 가는 과정의 교과를 가리키며, 아동이 교과를 학습하는 과정은 곧 그 심리적 측면이 논리적 측면에 접근 내지 일치하는 과정으로 기술된다. 교과의 논리적 측면과 심리적 측면을 이런 식으로 이해하면, 그것에 관하여 한 가지 이론적 문제가 제기된다. 즉, 학습자의 마음속에서 일어나는 심리적 과정이 어떻게 교과의 논리적 형식에 연결될 수 있는가 하는 것이다. 듀이는 이 문제를 해결하기 위하여 '논리적 형식'과 '논리적 방법'을 구별해야 한다고 말하고 있다(Dewey, 1933, p.75). 여기서 '논리적 형식'이라는 것은 앞의 완성된 지도에 비유되는, 학습의 결과에 해당하는 것이며, 그것에 비하여 '논리적 방법'이라는 것은 학습자의 심리적 과정, 또는 보다 구체적으로 '사고의 과정'이 따라야 할 '논리성'에 해당한다. 이 후자의 의미에서의 '논리성'은, 예컨대, '역사의 논리'라는 말에서와 마찬가지로, '타당성' 또는 '합리성'(reasonableness)과 동의어이다(Dewey, 1933, p.76). 이런 의미에서의 논리는 심리와 상반되는 것이 아니다. 결국 듀이는 「아동과 교육과정」에서 시작하여 「민주주의와 교육」에 이르기까지, 교과의 심리적 측면과 상반되는 것으로 취급해 온 논리적 측면을 사고방법의 정확성('논리성')이라는 개념으로 대치함으로써 두 측면이 관련된다는 것을 보이고자 하였다.

듀이에 의하여 제기되고, 그 해답이 시도된, 교과의 논리적 측면과 심리적 측면의 관련 문제는 브루너의 지식의 구조에 대해서도 그대로 제기될 수 있다. 그뿐만 아니라, 앞장에서 고찰한 바와 같이, 한 교과의 지식의 구조는 해당 분야의 학자들이 각각 관련된 현상을 '구조적으로' 이해할 때 그 이해의 내용을 가리키는 것이며, 학습자가 지식의 구조를 학습한다는 것은 곧 그 이해의 내용을 학습하는 것이기 때문에, 전문가나 교사가 이해하는 상태로서의 논리적 측면과 학습자가 학습하는 상태로서의 심리적 측면이 지식의 구조에서는 한층 더 밀접하게 관련되고, 따라서 듀이에 의하여 제기되었던 그 문제가 지식의 구조에서는 그만큼 표면화된다고 볼 수 있다. 그러므로 지식의 구조에서 교과의 논리적 측면과 심리적 측면이 어떻게 관련되는가를 파악하는 것은 지식의 구조의 의미를 좀 더 명확하게 파악하는 데에 도움이 될 뿐만 아니라, 듀이의 해답에 나타난 '사고방법의 논리성'이라는 말이 가지고 있는 의미를 구체화하는 데에도 도움이 될 것이다.

논리와 심리의 관련 문제는 아동의 지적 발달 과정을 설명하기 위한 피아제의 이론에서도 중요한 문제로 취급되고 있다. 피아제가 취급한 대로의 논리와 심리의 문제는 학문의 논리적 구조가 어떻게 아동의 심리적 과정에서 형성, 발달되는가를 다룬 것이므로 그 문제에 관한 그의 견해는 지식의 구조에서 논리적 측면과 심리적 측면이 어떻게 관련되는가를 이해하는 데에 단서를 제공해 준다고 볼 수 있다. 여기서는 먼저 피아제의 이론에서 논리와 심리의 관련이 어떻게 취급되는가를 알아보고 그것에 비추어 지식의 구조의 학습 과정에서의 논리적 측면과 심리적 측면의 관련을 고찰하겠다.

2. 논리주의와 심리주의

인식론사적으로 볼 때 '논리주의'라는 말은 '심리주의'가 생겨난 다음에 있었던 말이다. 이렇게 보면, '심리주의'가 먼저 생겨났고, 그 다음에 '논리주의'가 생겨난 것 같지만, 사실은 그렇지 않다. '심리주의'가 생겨나기 전에는 '논리주의'라는 말은 없었고, '논리주의'의 아이디어만 있어 왔으나, 이 아이디어를 비판하기 위하여 '심리주의'라는 말이 생겨났고, 그 대안적인 아이디어를 '논리주의'라고 한 것이다. 이것은 마치 '경험중심 교육과정 이론'을 제안하기 위하여 그 전에 있었던 교육과정 이론을 '교과중심 교육과정 이론'이라고 한 것과 비슷하다. '논리주의'와 '심리주의'의 갈등은 실험심리학이 나오기 이전에는 없었다.

'논리주의'와 '심리주의'의 대결의 의미를 보다 구체적으로 알아보기 위해서 각각 이것들이 어떤 것인가를 고찰해 볼 필요가 있을 것이다. 논리주의의 기본 아이디어는 '심리'가 '논리'에 환원될 수 있다는 것이다. 이것은 전통적인 관념주의(idealism)의 관점으로서, '논리'는 '경험'에 선행하여 존재한다는 데에서 비롯된다. 즉, 논리적 법칙은 내재적 구조를 가지며, 그것은 경험과 별도로 존재한다는 말이다(Bolton, 1972, p.11). 이 점은 플라톤주의와 맥을 같이한다고 볼 수 있을 것이다. 플라톤의 상기설(想起說)은 논리주의의 기원으로서 '논리'는 '경험'에 선행하여 존재한다는 것을 보여주고 있는 좋은 예이다.

우리들은 '아름다움'은 어떤 것인가 하는 것을 자기 자신의 경험에 의하여 알고 있다. 그러나 우리들이 새로운 '아름다움'을 경험하게 될 때, 우리들의 인식이 과거의 경험의 테두리 안에서 한정된다고 하면, 즉 우리들의 인식이 기지(既知)의 사실에 한정된다고 하면, 어떻게 새로운 '아름다움'을 인식할 수 있을 것인가?

한편 지금까지 경험해 온 '아름다움'이 '아름다움'에 대하여 인식할 수 있는 전부라면, 그 이상의 '아름다움', 그것을 초과하는 '아름다움'은 어떻게 알 수 있겠는가? 우리들의 비판안(批判眼)은 기지의 '아름다움'에 대해서, 그것만으로는 만족하지 못하며, 무언가 새로운 보다 완전한 이미지를 마음속에 그리게 한다. 이러한 것이 언제나 새로운 경험을 가능하게 하며 이상을 그리게 하는 것이다. 그러나 현재의 우리들은 영혼의 날개를 잃고 육신의 무게 때문에 지상에 떨어져 있으므로 하늘 밖의 '진실재'(眞實在)를 볼 수 없으며, 그것을 기억조차 할 수 없다. 이때 문득 지상에서 아름다운 것을 보았을 때 우리들의 영혼은 비로소 천상에서 본 아름다운 것을 상기하게 될 것이다. 고귀한 영혼에는 또다시 날개가 생겨나려고 하며, 진리 탐구의 정열이 불타게 된다(정명오, 1970, pp.44~5).

위의 인용문에 의하면, '논리'라는 것이 우리 '심리' 밖에 있기 때문에, '심리'는 그 외적 논리로 동화되어야 한다는 것이다. 말하자면, 어디까지나 '논리'가 '심리'에 우선하여 실재한다는 것이다. 그러나 '논리'가 '심리'에 우선하여 실재한다고 믿었던 사람들이 그들의 주장을 '논리주의'라고 말한 것은 아니다. 사실상 '논리'와 '심리'의 관계를 처음 들고 나온 학파는 심리주의이다. 심리주의에 의하면, '논리'는 '심리'에서 비롯된다는 것이다. 즉, 우리의 사고를 지배하는 규칙이 있고, 이것은 논리의 체계로 표현되지만 그것은 경험에서 나온다는 것이다. 그리하여 심리주의는 인식의 문제를 해결함에 있어 오로지 심리학에 기초를 두어야 한다고 주장한다. 여기서 말하는 심리학은 고전적 연결주의 심리학을 가리킨다. 고전적 연결주의 이론에 따르면, 사고는 상념의 연쇄이다. 상념은 과거 기억의 잔재물 또는 흔적이며, 사고를 연구한다는 것은 이 상념이 연속되는 과정이 어떤 법칙에 의하여 지배되는가를 연구하는 것이다.

심리주의에 비판을 가한 대표적인 사람은 후설이다(Husserl, 1977). 그는 자연법칙과 논리적 법칙을 구분한다. 자연법칙이라는 것은 경험에서 귀납적으로 세운 법칙을 말한다. 후설에 의하면, 논리적 법칙은 경험적인 사실과는 별도로 그 자체 진과 위를 설명하는 법칙이라는 것이다. 심리주의는 사고의 법칙이 자연법칙으로 구성된다고 주장하였지만, 후설은 심리주의가 논리적 관계와 판단을 혼동하고 있다고 비판하였다. 만약 논리법칙의 원천을 심리적 사실에 두어야 한다면, 그것은 심리적 내용을 담고 있어야 한다고 하면서, 후설은 어떤 논리적 법칙도 심리적 사실과는 무관하다고 하였다. 또한 후설은 심리주의를 비판하는 이유로 심리주의는 회의적인 상대주의에 빠져 있다는 것이다. 회의적인 상대주의라는 것은, 진(眞)은 시간과 장소에 따라 변하므로 절대적 진 또는 보편적 진은 이 세상에 없다는 것이다. 그러나 후설은 이 세상에 절대적 진이 없다면 상대주의도 진이 아니기 때문에, 상대주의는 절대적인 진이 없다고 하면서 절대적 진이라고 하는 자기모순을 범하고 있는 것이다. 후설은 '논리'와 '심리'는 별개의 문제로 본다. 그의 관심은 이상적인 논리법칙을 구축해 내는 것이다. 소위 '현상학'은 사실과는 독립적으로 이해할 수 있는 논리적 관계를 연구하는 것이다.

심리학 내에서 연결주의를 비판하여 생긴 심리학이 형태심리학이다. 연결주의가 원자론적 관점에서 사고 과정을 설명하려고 하였으나, 형태심리학에서는 학습, 지각, 감각 등은 전체의 상황 속에서 의미 있게 관련되고 이러한 관점에 의하여 사고의 과정이 설명되어야 한다는 것이다. 형태심리학은 후설의 심리주의의 비판을 받아들이고 있지만, 그렇다고 해서 심리주의가 전적으로 부정되는 것이 아니라는 것이다. 그리하여 형태심리학은 전통적인 관념주의에 바탕을 둔 '논리주의'와 심리학의 '연결주의'를 비판하고 사고의 구조적 관계를 강조한다. 말하자면, 대상의 '구조적 기능'을 파악한다는 것과 대상의 구조적 기능과 문제해결 사이의 내적 연관성을 파악한다는 것이 형태심리학이 주장하고 있는 생산적 사고의 본질적 특성이며, 이 특성을 설명하는 데 연결주의는 아무런 단서도 제공하지 못한다. 또한 논리주의에 비추어 보면 생산적 사고는 일련의 명제를 전개해 나가는 과정으로 볼 수 있을 것이다. 논리주의에서 강조하는 전통적인 논리학은 사고과정 속의 각 단계의 고정된 형식만을 다루기 때문에 그 과정이 진행되는 역동적인 모습은 보여주지 않는다. 예컨대, 베르트하이머에 의한 생산적 사고는 '구조의 개선적 변화'를 위한 지적 과정이다. 이 과정은 구조적으로 불완전한 사태에서 보다 구조적으로 완전한 사태에 이르는 과정이다(Wertheimer, 1945, p.239). 그러나 밖에 있는 논리와 개인 안에 있는 심리가 어떻게 일치되는가 하는 문제가 있다. 이 문제에 관하여 후설은 직접 직관(direct intuition)이라고 답하고, 형태심리학에서는 통찰(insight)이라고 해답한다. 이 두 가지 답은 여전히 밖에 있는 논리와 개인 안에 있는 심리가 일치되는 과정을 기술하고 있는 것이 아니다.

후설이 이 사고에 관한 연구에서 심리주의, 특히 연결주의 심리학의 오류를 지적한 점에 관해서는 그의 공적이 인정된다. 그러나 후설은 논리와 심리는 서로 구분되어야 한다고 하면서, 그는 '논리' 쪽으로 기울어졌다. 형태심리학은 후설의 연결주의 심리학의 오류를 인정하지만, 그것이 심리주의의 부정으로 보지 않고 심리 속의 논리를 제안하면서 여전히 심리주의 쪽으로 기울어졌다. 이와 같은 형편을 보면 아직도 '논리'와 '심리'의 관계는 그대로 문제인 채 남아 있는 것이다.

논리주의와 심리주의는 이유가 서로 다르지만, 논리와 심리의 동일성을 주장한다. 그리고 제3의 입장으로 논리와 심리가 별개로 존재한다고 하는 입장이 있을 수 있다(Henle, 1969, pp.366~78). 이와 같은 세 가지 주장을 하나로 통합하기 위한 한 가지 방안으로서 '~에 의존한다'든지 '~에 비롯된다'는 것을 '약한 의미'와 '강한 의미'로 구분해 보는 것이다. 강한 의미로 볼 때, 어떤 학문이 다른 학문에서 '비롯'된다는 것은 한 학문이 다른 학문으로 환원될 수 있다는 것이다. 그러나 약한 의미로 보면, 예컨대 '논리'가 '심리'에서 '비롯'된다고 할 때 '논리'가 '심리'에 기원을 두고 있지만, 논리학자가 제시한 절차와 규칙이 심리학적 조건으로 직접 환원될 수 없다는 말이 된다. 이때 제기할 수 있는 가설로 '논리적 조작은 경험과 행동에 의해 발달하며, 그것은 기능적으로 그리고 자율적으로 형성, 발달된다'(Bolton, 1972, p.13)는 말을 할 수 있을 것이다. 이 가설을 사고의 발달에 적용해 보면, 각 학문(예컨대, 물리, 논리, 수학)은 그 학문 자체로 발달되지만, 심리학적 원리로 환원될 수 없다고 말할 수 있다. 그러나 그 뿌리는 여전히 '심리적 과정'(psychological process)에 있는 것이다. 따라서 문제는 어떤 종류의 '심리적 과정'이 논리적 사고의 발달과 관계 법칙을 실현시키는가 하는 데 있다.

모든 사람이 논리학자가 제시하고 있는 규칙에 따라 사고한다고 말할 수 없다. 논리학자는 여러 가지 종류의 '논리'를 발전시킬 수 있으며, 사람들이 실지로 사고하는 방식에 관한 연구를 적절하게 할지도 모른다. 그러나 여러 가지 다른 논리가 존재한다는 것과 논리적 행위의 심리학적 설명을 탐구한다는 것은 서로 모순되지 않으며, 논리적 모형이 일반적으로 사람들이 사고하는 모습을 기술하는 데 유용하다는 말과도 모순되는 것은 아니다.

앞에서 우리는 '논리'와 '심리'의 관계를 약한 의미로 볼 때, '논리'와 '심리'는 서로 관련되어 있으나, 이 둘은 각각 그 어느 하나로 직접 환원될 수 없다는 것을 알게 되었다. 피아제는 논리와 심리의 관련 문제를 누구보다도 심각하게 고려하여, 논리와 심리가 서로 관련은 되어 있지만 서로 어느 한 쪽으로 환원될 수 없음을 인식하고 그 사이에 어떤 조화를 시킬 수 없겠는가를 심각히 연구한 끝에 하나의 가설을 제시하게 되었다. 즉, 그는 논리의 내재적 특징은 주체의 활동 속에 그 기원을 두고 있다는 가설을 받아들이면, 논리와 심리는 화해될 수 있다는 것이다(Beth & Piaget, 1966, p.136). 그 구체적인 방안으로 피아제는 '조작'(operation)이라는 개념을 도입하여 논리와 심리를 관련 지우려고 한 것이다. 피아제가 쓰고 있는 조작이라는 개념은 심리적 활동이며, 다른 한편으로 논리와 뗄 수 없는 상징조작 체제(system of symbolic manipulation)인 것이다.

이제 우리는 피아제가 말하고 있는 '조작'의 개념을 좀더 구체적으로 설명할 때가 온 것이라고 생각한다. 피아제에 의하면, 조작은 '가역성(reversibility)과 내면화된 가능성을 가지고 있는 지적 활동을 가리키며, 이 조작은 서로 결합되어 통합된 구조'이다(Inhelder & Piaget, 1958, p.136). 조작의 내용 중에서 중요한 것은 분류, 관계, 서열 등을 나타내는 논리적 조작이다. 논리적 조작은 경험에서 발달된다. 그러나 이 경험은 다시 물리적 경험(physical experience)과 수리-논리적 경험(logico-mathematical experience)으로 나뉜다. 논리적 조작의 발달은 바로 수리-논리적 경험에 의하여 이루어지는 것이다. 수리-논리적 경험과 심리적 경험은 다르다. 예컨대, '일을 너무 오래하여 피곤하다'든지 '순서대로 늘어놓은 것은 어렵다'든지 하는 것은 심리적 경험에 속한다. 수리-논리적 경험은 이와 같이 개인이 각각 겪는 현상이 아니라, 모든 사람이 동일한 활동을 할 때 얻을 수 있는 동일한 경험을 말한다.

수리-논리적 경험을 제공하는 지적 활동의 성질에 관하여 피아제는 다음과 같이 말하고 있다.

> 사실상 결합(또는 분리), 순서, 분류, 관계와 같은 기초 조작의 출발을 형성해 주는 활동은 외적 사물이나 현상에 대처하는 그런 단순한 활동이 아니다. 지적 활동의 쉐마는 모든 활동의 일반적 조정을 나타낸다. 이것은……개개인의 단순한 행동이 아니라는 데에 그 특징이 있다(Beth & Piaget, 1966, p.235).

피아제는 '조정'(coordination)을 중요한 것으로 보았으며, 이것은 모든 활동을 관련지어 전체를 이루어 주는 일을 하고 있는 것이다. 말하자면, 수리－논리적 경험을 이루는 지적 활동의 성질은 '조정'이라고 말할 수 있으며, 이 조정은 '동화'와 '조절'로 이루어지는 '균형'을 말하고 있는 것이다.

피아제는 사고의 구조가 단순한 상태에서 복잡한 상태로 발달한다는 것을 설명하기 위하여 '균형'이라는 아이디어를 도입하였다. 원래 유기체는 '안정상태' 또는 '환경과의 균형상태'를 유지하려는 경향이 있다. 균형상태가 이루어질 때 우리는 유기체가 환경에 적응하였다고 한다. 유기체가 가지고 있는 능력 범위 내에서 상대적 불안정 상태로부터 점차 더욱 안정된 적응의 상태로 나아가며, 이것이 이루어질 때 발달했다고 한다. 이때 적응의 발달과 사고의 논리적 구조의 발달은 병렬적이다. 왜냐하면, 이 두 가지의 발달은 모두 균형의 과정 속에서 이루어지기 때문이다. 이상과 같은 피아제의 관점에 비추어 보면 '논리'와 '심리'의 관계는 어떻게 말할 수 있는가? 논리와 심리는 어느 한쪽으로 환원될 수 있는 것이 아니라, 오히려 논리학은 조작적 구조의 '형식적 틀'을 마련해 주고, 심리학은 조작적 구조의 발달이 어떻게 이루어지며 그 기능이 무엇인가를 알려주는 것이므로(Piaget, 1949; Bolton, 1972, p.33), 논리와 심리의 관계는 병렬적 관계라고 말할 수 있다.

그러면 위의 논의를 예로 들어 설명해 보겠다. 아이가 언어학을 배운다고 하자. 이때 아이는 어떻게 언어학을 내면화해 나가는가를 피아제의 '논리'와 '심리'의 관계에 관한 관점에 비추어 대답하면 다음과 같이 될 것이다. 즉, 개인이 언어 현상을 '언어학적 관점으로 이해'[3]하기 위해서는 언어 현상을 설명하는 언어학의 구조가 개인이 가지고 있는 심리적인 구조와 일치해야 하며, 이는 개인이 언어 현상을 그런 눈으로 보아야 한다는 뜻이다. 또 한편 언어학의 구조를 파악하는 심리학적 과정은 심리 현상으로서의 지적 발달 과정에 관한 심리학적 설명(즉, '조절'과 '동화')과 일치해야 한다. 그러므로 개인이 언어학을 배우는 과정은 두 가지 병렬적 과정을 반영하고 있다고 볼 수 있다. 즉, 1) 언어학적 현상에 관한 학문적 설명(언어학의 자기조정 과정)과, 2) 심리학적 현상(지적 발달 과정)에 관한 학문적 설명('조절'과 '동화'에 의한 점진적 균형으로서 심리학의 자기조정 과정)이 그것이

---

3) 피아제에 의하면 언어 현상을 변형기제로 파악하는 것.

다. 그러므로 언어학이 가지고 있는 구조가 '논리'에 해당하는 것이라면, 개인이 그 구조를 학습하는 동안의 구조는 '심리'라고 볼 수 있다.

3. 발견학습의 논리

브루너에 의하면, 교사가 가르치는 내용도 지식의 구조이며, 학생이 배워야 할 내용도 지식의 구조이다. 이 말을 교과의 논리와 심리라는 용어를 써서 표현하면, 교사가 가르치는 내용으로서의 지식의 구조는 '논리'이며, 학생이 배우는 내용으로서의 지식의 구조는 '심리'라고 할 수 있다. 그러므로 교사와 학생이 지식의 구조를 가르치고 배우는 과정은 교과의 논리적 측면과 심리적 측면의 관련으로 설명할 수 있을 것이다.

브루너는 '지식의 최전선에서 새로운 지식을 만들어 내는 학자들이 하는 것이거나 초등학교 3학년 학생이 하는 것이거나를 막론하고 모든 지적 활동은 동일하다'(Bruner, 1973, p.68)고 말하였다. 이 말에 비추어 보면, 교사는 학생들로 하여금, 예컨대, 물리학자나 수학자와 동일한 지적 활동을 하도록 가르쳐야 할 것이며, 학생은 교사의 가르침에 따라 물리학자나 수학자와 동일한 지적 활동을 해야 배울 수 있을 것이다. 브루너는 다른 저서(Bruner, 1972, p.109)에서 지식의 구조를 가르치는 것은, 예컨대 물리학을 토픽으로 가르치는 것이 아니라 사고방식으로 가르치는 것이라고 하였다. 그리하여 그는 물리학자와 동일한 지적 활동을 하도록 가르치고 배우는 방법을 '발견학습'이라고 하면서, 이 발견학습의 방법은 수학이나 물리학과 같이 고도로 체계화된 교과에 국한되는 것이 아니라고 하였다. 그리고 그 증거로 하버드대학교 인지문제연구소(Center for Cognitive Growth)에서 실시한 사회생활과의 실험 연구를 들었다(Bruner, 1973, p.68).

만약 발견학습의 핵심적인 아이디어를 '이해'라고 볼 수 있다면, 그것은 교수-학습의 중요한 원리로 받아들여져야 할 것이다. 말하자면, 교수의 원리로 받아들여져야 할 것이다. 다시 말하면, 교수의 원리도 '이해'이며, 학습의 원리도 '이해'라는 뜻이다. 그러나 교과전문가는 교과의 원리, 법칙 등을 '이해'하고 있으나, 학생은 그것을 '이해'하고 있지 못하다. 그러므로 교과전문가는 교과의 원리를 일방적으로 학생들에게 주입시킬 가능성이 크다. 발견학습은 사실상 이 말을 경계한 '아이디어'이며, 교과내용을 가르치되 그 내용이 학생들에게 '이해'될 수 있도록 가르쳐야 한다는 아이디어라고 할 수 있다. 그리고 발견학습의 아이디어는 이 점에서 지식의 구조와 동일한 아이디어를 나타내고 있는 것이다.

이제 우리의 관심은 학생의 마음속에서 일어나는 심리적 과정이 어떻게 교과의 논리적 형식에 연결될 수 있는가 하는 데에 있다. 피아제에 의하면, 어떤 것을 '안다'는 것은 어떤 것에 행위를 가하는 것이거나, 그 어떤 것과의 상호작용의 결과이다. 이 말에 비추어 보면, 단순히 어떤 것을 암기한다는 것을 안다고 할 수 없다. 물론 아이들이 '모르면서' 어떤 것을 암기할 수는 있다. 그러나 그것은 곧 잊어버리게 마련이다. 왜냐하면 그가 받은 정보에 의미를 부여하는 의미구조(schema)가 없기 때문이다. 이와는 반대로 아이들이 알려고 하는 대상에 행위를 가하거나 그 대상과 상호작용을 한다면, 그것을 하는 동안에 학습 경험을 가지며, 그 결과 정신구조가 생긴다.

이것을 좀 더 구체적으로 설명해 보고자 한다. 학습자의 '이해'가 심화되어 간다는 말은 피아제의 용어로 표현한다면, 인간 유기체가 정신적으로 육체적으로 그의 환경과의 '균형'을 이루려고 애쓴다는 말로 나타낼 수 있다. 만약 어떤 학생이 교과의 어떤 내용이 이해가 되지 않는다면(어떤 개인이 정신적으로 불균형 상태가 되었다면), 그는 이해를 하려고 노력할 것(균형을 취하려고 애쓸 것)이다. 이 균형에 관하여 필립스는 다음과 같이 설명하고 있다.

> 구조는 계속해서 균형의 상태를 유지하려고 하지만 이 균형은 상대적일 뿐이다. 한번 균형이 깨지고 다시 균형을 이루는 것을 상대적 균형이라고 하며, 이렇게 될 때 구조는 전보다 더욱 정련되었다고 할 수 있다. 각각의 균형상태는 그 균형 속에 이미 균형을 파괴하는 씨앗을 안고 있다(Phillips, 1969, p.10).

위의 인용문에 의하면, 학습자의 인지구조 속에서 균형과 불균형을 거쳐 가는 동안에 '이해'는 심화되어 간다고 볼 수 있다. 이것을 다시 교수－학습과 관련지어 보면, 학습자는 사실상 '균형'의 상태에서 출발하는 것이다. 교사는 학생으로 하여금 그의 인지구조 속에서 '불균형'이 일어나도록 도와주어야 한다. 그러나 실지로 아무도 이 균형의 상태를 깨뜨릴 수 없고, 오직 학습자 스스로 새로운 증거, 모순을 발견하여 이 균형을 깨뜨려야 한다. 그리하여 피아제는 인지과정을 설명하는 가운데에서 대상을 수동적으로 받아들이는 것보다는 대상에 능동적으로 행위를 가하는 것에 강조를 두었다. 그리고 학습자가 대상을 파악하는 정도는 그의 정신구조의 힘만큼 파악하며, 학습자가 갖고 있는 정신구조는 그 당시까지 그가 거쳐 온 '균형'과 '불균형'의 복합적 결과라고 피아제는 보고 있다.

이상의 피아제의 인지 과정에 관한 고찰은 발견학습의 이론적 기초가 된다. 그러면 이 기초를 발판으로 하여 발견학습에 관한 교육학적 고찰을 시도해 보겠다. 일반적으로 말해서, 발견학습이라는 것은 학생들에게 몇 가지 '관련된 사실'을 제시해 주고 그 사실들로부터 그것에 함의된 '원리'를 학생들 자신이 '발견'해 내도록 하는 교수방법이라고 할 수 있다(이홍우, 1979, p.63). 이 말에서 추론해 낼 수 있는 것은 교사가 적극적으로 '사실'을 가르쳐 주어야 하지만, '원리'는 가르쳐 주어서는 안 된다는 것이다. 따라서 발견학습의 핵심적 대상은 어디까지나 교과내용 중의 '원리'이지 '사실'이 아닌 것이다. 이와 같이 말을 하고 나면, 교사가 가르쳐 주지 않은 '원리'를 학생이 어떻게 배울 수 있는가 하는 문제가 생긴다.

피아제에 의하면, 원리는 학생의 마음속에 있는 것이다. 왜냐하면 아동은 자기 자신의 활동에 의하여 원리를 생산해 내기 때문이다. 그리고 그것은 그 당시까지의 학생이 경험한 균형과 불균형의 결과이다. 그러므로 이 견해에 비추어 보면, 발견학습에서 학생들이 원리를 발견해야 할 때, 학생들은 이미 그 발견해야 할 원리를 가지고 있다고 보지 않으면 안 된다. 그렇다면, 교사가 발견학습에서 '가르친다'는 것은 무슨 의미인가?

이 문제를 직접 다룬 사람은 디어덴이다. 그는 '직접전달과 발견학습'(Dearden, 1967)에서 다음과 같은 견해를 제시하고 있다. 그는 사람들이 흔히 직접전달(instruction)과 발견학습(learning by discovery)을 '가르침이 있다'든가 '가르침이 없다'든가 하는 식으로 구분하는 상식적인 견해를 비판하고 있다. 즉, 교사가 교육내용을 학생에게 직접 일러주는 직접전달이 가르치는 일의 유일한 형태라고 생각하고, 발견학습은 교사의 교육적인 노력이 거의 전적으로 배제된 학생들 자신의 '놀이'를 의미한다고 보고 있다. 그러나 그는 사람들이 발견학습을 이런 뜻으로 해석할 때, 그것은 지식을 가르치는 올바른 방법이 될 수 없다고 비판하고 있다.

좀 더 구체적으로 말하면, 사람들이 발견학습에 관해 두 가지 그릇된 견해를 가지고 있다. 하나는 '유치원 교육모형'(pre-school model)이며, 다른 하나는 '추상이론'(abstractionism)이다. 유치원 교육모형은 아동들에게 지식을 가르치기 위해서는 아동 자신으로 하여금 사물을 관찰하고 조작하고 탐색하도록 해야 한다는 것이다. 그리고 추상이론은 학생들이 개별적인 사물에서 일반적인 속성 내지 원리를 추상해 낼 수 있다는 것이다. 그러나 이 두 견해는 아이들이 개별적인 사물이나 현상을 경험함으로써 거기서 일반적인 원리를 발견해 낼 수 있으려면, 학생들에게 이미 일반적인 원리가 있어야 한다는 관점에 의하여 비판할 수 있다는 것이다. 이 관점은 사실상 피아제의 관점과 일치한다고 볼 수 있다. 그리하여 디어덴은 자신의 관점인 '문제해결'을 제안하면서, 교사는 단순히 자료를 제시하고 적절한 환경을 마련해 주는 것 이상으로 학생들이 발견해야 할 내용에 관하여 질문을 하고 할 일을 시사하는 등 '언어를 미묘하게 구사하고 경험을 안내하는'(Dearden, 1967, p.151) 일을 한다. 따라서 디어덴은 순전히 문자 그대로의 '발견'은 논리적으로 불가능하며, 여기에는 교사의 개입이 절대적으로 필요하다고 하였다. 그러나 이 교사의 개입은 직접전달과는 달라야 한다는 것이다. 디어덴의 관점에 따르면, 발견학습에서는 학생이 가지고 있는 '원리'로 교과내용의 '원리'를 보는데, 교사는 학생이 가지고 있는 '원리'와 교과내용의 '원리' 사이에 벌어진 차이를 극복하여, 교과내용의 원리가 학생 자신의 원리가 되어, 그 원리로 현상을 '볼 수 있도록' 여러 가지 활동을 하여야 한다. 그러므로 교사는 사실상 교과내용을 직접 전달하는 것보다 훨씬 복잡하고 어려운 일을 해야 한다는 것이다.

학습자의 마음속에 일어나는 심리적 과정을 교과의 논리적 형식에 연결하기 위하여, 듀이는 반성적 사고를 하도록 하였다. 즉, 문제를 확인하고 잠정적인 해답을 제시하며, 가설을 추리하고 검증하며, 최종적인 답을 결정한다는 것이다. 이와 비슷하게 브루너도 문제를 확인하고 가설을 설정하고 검증하여, 결론을 얻고, 그 동안의 과정을 분석하는 것으로 되어 있다. 말하자면, 듀이와 브루너는 모두 인식방법을 '심리적 측면'으로 파악한 것이라고 할 수 있다. 이 경우에 '심리적 측면'이라는 것은 반드시 논리적 측면과 대립되는 것이 아니다. 사실상 심리적 측면으로서의 인식과정도 논리적 규칙을 따라야 하는 것이다.

그러나 듀이와 브루너의 표면상의 유사성에도 불구하고 차이점이 있다. 그것은 사고의 내용이 듀이는 '경험'이며, 브루너는 학문이다. 그리고 브루너의 교육이론은 피아제의 지적 발달 이론에 바탕을 두고 있다. 앞에서도 말한 바와 같이, 피아제는 학문의 논리적 구조가 어떻게 아동의 심리적 과정에서 형성·발달되는가를 직접 다루고 있다. 피아제의 '논리'와 '심리'의 관계에 관한 관점은 '논리'와 '심리'가 어느 한쪽으로 환원될 수 있는 것이 아니라 병렬적 관계를 가지고 있다는 것이다. 이와 같은 피아제의 관점에 비추어, 지식의 구조의 학습과정에서 논리적 측면과 심리적 측면의 관련을 해석해 보면, 개인이 지식의 구조를 배우는 과정은 두 가지 병렬적 과정을 반영하고 있다고 볼 수 있다. 즉, 1) 지식의 구조의 자기 조정과 2) 심리의 자기조정 과정이다. 따라서 지식의 구조가 '논리'에 해당하는 것이라면, 개인이 그 구조를 학습하는 동안의 구조는 '심리'라고 볼 수 있다. 발견학습은 바로 지식의 구조가 학생이 가지고 있는 심리적 구조와 일치하도록(학생이 자기 자신의 안목으로 지적 현상을 볼 수 있도록) 하는 교수-학습의 방법에 관한 일반적 아이디어라고 볼 수 있다.

발견학습의 논리에 관한 이상과 같은 해석은 교수-학습의 논리적 측면과 심리적 측면을 각각 고찰한 함린(Hamlyn, 1967)과 허스트(Hirst, 1967)의 관점을 이해하는 데 도움이 될 것이다. 먼저, 함린의 '학습의 논리적 측면과 심리적 측면'을 보면, 그의 주된 관심은 두 가지이다. 즉, 1) 교과라는 것은 학생이 사고해 나가기 편리하게 만든 이상적인 묶음이다. 이렇게 보면, 교과를 한꺼번에 이해시킨다는 것은 너무 복잡하기 때문에, 교과 내용을 '심리적'으로 보다 쉽게 이해할 수 있기 위하여 어떻게 짜야 할 것인가 등의 문제를 생각하지 않을 수 없다. 어렵다는 것은 더 많은 지식이 요구된다거나 보다 추상적이라는 말이다. 그리하여 추상성과 복잡성은 '어렵다'는 말의 기준이 되고 있다. 그러므로 교과를 학습해야 하는 학습자의 입장에서 보면, 간단한 것에서 복잡한 것으로, 구체적인 것에서 추상적인 것으로 제시되어야 한다는 결론이 나오게 된다. 그러나 함린에 의하면 개인에 따라서는 복잡하고 추상적인 것이 쉽다고 생각하는 사람이 있으므로 이것은 심리학의 문제가 아니라는 것이다. 따라서 그는 심리학적 고려보다는 논리적 우위에 따라 학생에게 교육내용이 제시되어야 한다는 것이다. 그가 말하고 있는 심리학적 고려라는 것은 개인이 학습을 하는 데에 있어서 '교사가 부드러워야 한다'든지, '기분이 좋아야 한다'든지 하는 심리적 조건의 고려를 말하고 있는 것이다. 2) 교과를 '이해' 하였다는 말은 그 교과의 원리나 아이디어를 응용할 수 있다는 뜻이다. 칸트가 '내용 없는 사고는 공허하며, 개념 없는 직관은 맹목'(Kant, 1977, p.125)이라고 말한 바와 같이, 학습자에게 원리와 아무런 관련 없는 정보 부스러기를 제공하는 것은 교과를 이해하는 데에 아무런 도움도 되지 못하며, 그렇다고 원리만 집중적으로 제공해 준다는 것도 마찬가지로 만족스럽지 못한 결과를 초래한다. '원리'와 '사실' 간에는 미묘한 균형 문제가 있다. 이상과 같은 함린의 말 가운데 문제삼을 수 있는 점은, 첫째, 그는 학습의 심리적 측면을 부당하게 또는 불필요하게 과소평가하고 있다는 점이며, 둘째, '원리'와 '사실' 간에 미묘한 균형 문제가 과연 어떤 것인지 알 수 없이 그대로 문제로 남아 있다는 점이다.

다음으로 허스트의 '교수의 논리적 측면과 심리적 측면'을 보면, 다음과 같은 주장을 하고 있다. 즉, 교과를 가르치는 방법에 관한 문제는 교과자체에 속하는 문제가 아니다. 말하자면, 역사를 가르치는 방법에 관한 문제는 역사학의 문제가 아니라는 뜻이다. 그러나 역사에 관한 풍부한 지식이 없으면, 역사를 가르치는 방법에 관한 정확한 대답을 할 수 없다. 따라서 역사에 관한 지식은 역사를 잘 가르치는 방법에 관한 필요조건이지 충분조건은 아니다. 만약 역사를 가르친다는 것이 역사적 사고방식을 가르치는 것이라고 하면, 역사적 사고방식을 추출해 내어야 하는데 이것은 심리학적 연구로는 불가능하다. 그러므로 역사학자들이 사고할 때 사용하는 용어, 개념, 원리, 법칙 등의 관계망에 관한 논리적 분석을 할 수밖에 없다.

요컨대, 그가 주장한 점은 다음과 같이 요약할 수 있다(Hirst, 1967, pp.58~60). 즉, 1) 교과(물리학 또는 역사 등)는 해당 교과의 용어를 의미 있게 활용하는 데에 관계되는 논리적 문법(logical grammar)을 갖고 있다. 따라서 모든 교과를 교수하는 데에는 이 논리적 문법에 일치해야 한다. 2) 어떤 경우에는, 논리적 문법은 용어의 순서를 포함한다. 즉, 어떤 용어의 의미는 다른 용어의 의미를 자명한 원리로 받아들인다. 이 경우 교수는 물론 논리적·순서(logical order)를 존중해야 한다. 3) 용어에 관한 의미의 이해는 벽돌 쌓듯이 엄격한 순서에 따라 이루어지는 것은 아니다. 4) 교과는 논리적 법칙에 따라 구성되지만, 교과를 제시하는 논리적 계열(logical sequence)을 결정하는 유일한 원천은 아니다. 5) 교과를 가르치는 데에 논리적 계열이 있다는 말은 교사가 논리적 계열을 따르라는 말이 아니다. 6) 논리적 문법에는 여러 가지의 논리적 계열이 있으며, 이것은 교과의 분석에 의하여 결정되는 문제이지, 경험적 연구로 결정되는 것이 아니다. 7) 교과를 가르치기 위해서 우선 충분한 논리적 분석이 선행되고, 이를 기초로 구체적인 집단에서 얼마만큼의 효과를 얻을 수 있는가 하는 경험적 연구가 있어야 한다. 이상과 같은 허스트의 주장은 함린에 비하면 '심리적 측면'에 관하여 비교적 온당한 견해를 갖고 있다. 그러나 허스트도 함린과 마찬가지로 교수-학습의 '심리적 측면'보다 '논리적 측면'을 강조하고 있다.

대체로 말하여 '교과중심교육과정이론'이 지나치게 교수-학습의 '논리적 방법'을 강조한 것에 대한 반발로, 듀이는 교수-학습의 '심리적 방법'을 제안하였다고 볼 수 있다. 그러나 브루너는 듀이의 '논리적 방법'을 받아들이면서, 듀이에게서 약화된 듯한 교수-학습의 '논리적 방법'에 관하여 지식의 구조를 제안하면서 '논리적 방법'과 '심리적 방법'의 균형을 취하려고 애를 썼다. 브루너의 발견학습은 이 점에서 교육이론상 중요한 의의를 갖고 있는 것이다. 그러나 브루너 자신이 이와 같이 교육이론상 중요한 의의가 있다는 것을 주장하고 있으면서 과연 그와 같은 중요성을 충분히 인식하고 주장하였는지는 의문의 여지가 있다.

Ⅳ. 발달과 학습

1. 문제의 성격

앞장에서 고찰한 논리와 심리의 관련문제는 한 특정한 시점에서의 학습에 관련된 것이다. 다시 말하자면, 그것은 한 특정한 시점에서 지식의 구조의 논리적 측면이 학습자의 심리적 과정에 어떻게 부합되는가에 관한 문제였다. 그러나 학습은 반드시 발달상의 계열을 따라 이루어진다. 그러므로 교과를 가르칠 때에는 한 특정한 시점에서의 학습자의 이해를 도모하는 데에만 관심을 가질 것이 아니라, 그 이해가 다음의 보다 높은 단계로 이어지도록 계획하지 않으면 안 된다. 이 장에서는 지식의 구조가 학습자의 발달단계에 따라 어떻게 제시되어야 하는가에 관한 문제를 다룬다. 이러한 발달적인 측면에서 지식의 구조를 이해하는 것은 지식의 구조의 논리적인 측면과 심리적인 측면의 관련을 이해하는 것과 마찬가지로 교과내용으로서의 지식의 구조를 이해하는 데 필요 불가결하다.

지식의 구조를 발달단계에 맞게 제시하는 문제는 「교육의 과정」에서의 브루너의 '대담한 가설', 즉 '어떤 교과든지 그 지적 성격에 충실한 형태로 어떤 발달 단계에 있는 어떤 아동에게도 효과적으로 가르칠 수 있다'[4]는 가설에서 직접 파생되어 나온다. 이 가설에서 두 가지 점을 추론해 낼 수 있다. 첫째로, 비교적 명백한 것으로서, 발달단계에 관계없이 아동에게 가르쳐지는 교과는 그 지적 성격에 있어서 동일하다는 것과, 둘째로, 그럼에도 불구하고 각각의 발달 단계에 있는 아동에게 교과를 가르치기 위해서는 그 발달 단계에 맞도록 그 교과를 '번역'해야 한다는 것이다. 지식의 구조의 발달적인 측면에 관한 문제는 곧 이 '번역'이 어떤 원리에 의하여 이루어질 수 있는가에 관한 것이다.

「교육의 과정」에서 브루너는 지식의 구조가 발달 단계에 따라 배열되는 원리를 '나선형 교육과정'이라는 말로 표현하고 있다. 그에 의하면,

> 예컨대, 만약 아동들에게 인간 비극의 의미와 그것에 대한 공명감을 가르쳐 주는 것이 바람직하다면, 되도록 어린 나이에 비극문학을 깊이 있게 다루되 겁을 주지 않도록 가르칠 수 있지 않을까? 여기에는 여러 가지 방법이 있을 수 있다. 즉, 좋은 신화를 쉽게 고쳐서 이야기해 주는 것, 아동문학의 고전을 사용하는 것, 교육적으로 가치 있는 영화를 보여주고 해석해주는 것 등이다. 몇 살 때 꼭 어떤 자료를 쓸 것이며 그 효과가 정확하게 무엇인가 하는 것은 여러 방면으로 연구되어야 할 문제이다. 먼저 우리는 아동이 비극을 어떻게 보고 있는가 하는 것을 알아볼 수 있을 것이다. 여기에는 피아제와 그의 동료들이 물리적 인과관계, 도덕성, 수 등등에 관한 아동의 사고를 연구한 것과 같은 방법이 사용될 수 있을 것이다. 과학에 있어서도 마찬가지이다. 만약 수, 측정, 확률 등에 대한 이해가 과학을 공부하는 데 필수적으로 중요하다고 하면, 이런 주제는 아동의 사고방식에 알맞게 지적으로

---

4) 'Any subject can be taught effectively in some intellectually honest form to any child at any stage of development'. 이홍우의 번역(1973)에는 '어떤 교과든지 지적으로 올바른 형식으로 표현하면, 어떤 발달단계에 있는 어떤 아동에게도 효과적으로 가르칠 수 있다'고 되어 있으나, 그 후 역자 자신이 위와 같이 번역하였음(이홍우, 1978, p.69)

충실한 형태로, 또 일찍부터 가르치기 시작하여야 할 것이다. 그리고 그런 주제는 고학년에 가서 몇 번이고 다시 전개되어야 한다(Bruner, 1973, pp.135~6).

위의 인용문에서 보듯이, 브루너는 나선형 교육과정에 의하여 지식의 구조를 발달 단계에 맞도록 '번역'하는 원리로서 피아제의 지적 발달 이론을 구체적으로 언급하고 있다. 제1장에서 살펴본 바와 같이, 브루너는 「교육의 과정」 이후 다른 글(Bruner, 1966, pp.39~72)에서 지식의 구조를 가르치는 방법으로서 지식을 '세 가지 表現방식'으로 表現하는 아이디어를 제시한 바 있다. 그 세 가지 表現방식 -즉, 작동적, 영상적, 상징적 표현방식-이 피아제의 지적 발달단계-감각 동작기 와 전조작적 사고기, 구체적 조작기, 형식적 조작기-와 표면상 유사성이 있다는 사실 때문에 나선형 교육과정에서의 지식의 구조의 '번역' 문제는 곧 그 세 가지 표현방식으로 표현하는 것으로 해결된다는 견해가 널리 퍼져 있다(Ripple, 1964, p.54). 물론, 이러한 견해는 교육이 아동의 심리적 발달과 상응해야 한다 는 일반적인 원리에 의하여 더욱 촉진된 것이라고 볼 수 있다.

그러나 상이한 발달 단계에서의 지식의 구조의 학습이 브루너가 말한 세 가지 표현방식에 따라 이루어져야 한다는 식으로 학습과 발달을 긴밀하게 관련짓는 데 에는 적어도 다음의 두 가지 문제가 있다. 첫째로, 지식의 세 가지 표현방식에 관 한 브루너의 설명은 「교육의 과정」에서의 나선형 교육과정에 관한 설명과 다르다. 앞의 인용문에 나타나 있듯이, '아동들에게 인간 비극의 의미와 그것에 대한 공명 감을 가르쳐 주는 방법으로 좋은 신화를 쉽게 고쳐서 이야기해 주는 것, 아동문학 의 고전을 사용하는 것, 교육적으로 가치 있는 영화를 보여 주고 해석'하는 것 등 에는 지식을 작동적으로, 또는 영상적으로 표현한다는 아이디어가 전연 나타나 있 지 않다.

둘째로, 브루너 자신이 지적한바, 발달 이론과 학습 이론의 성격내지 입각점의 차이가 또한 학습과 발달을 긴밀하게 관련지을 수 있는가를 의심스럽게 한다. 예 컨대, 피아제의 이론은 아동의 지적 발달 과정을 '사후에 기술'하고 있으며, 여기 에 비하여 지식의 구조를 발달 단계에 따라 가르치는 일은 '사전에 처방'하는 것을 요구한다. 사후에 기술하는 입장과 사전에 처방하는 입장 사이에는 차이가 있다. 예컨대, 피아제의 지적 발달에 의하면, 전조작기에 있는 아이들은 대부분이 '보존

개념'을 가지고 있지 않다. 이 이론은 특정한 연령층에 있는 아동의 지적 발달 상태에 관해서는 중요한 것을 알려주고 있지만, '보존개념'을 가지고 있지 않은 아이들에게 그 개념을 가지도록 하기 위하여 어떻게 해야 하는가 하는 문제는 오직 그 사실에 의해서만 대답될 수 있는 것이 아니다. 사실상 가르치려는 사람의 입장에서 볼 때, 피아제의 지적 발달 이론을 보면, '우리가 너무 일찍이 가르치려고 하면, 아동들은 배울 수 없고, 우리가 가르치는데 너무 시기가 늦으면, 아동들은 이미 알고 있다'(Duckworth, 1979, pp.277~303)는 딜레마를 느끼게 된다. 피아제의 지적 발달 이론의 관심은 '어떠한 수준의 이해가 다른 수준의 이해로 넘어가는 과정이 무엇인가' 하는 것이다. 그러나 교육자의 관심은 '어떻게 하면 지적 능력이 빨리 자라나도록 도와줄 수 있는가' 하는 것이다.

위에서 말한 학습이론과 발달이론에 있어서의 관심의 차이는 학습과 발달에 관한 피아제의 견해(Piaget, 1964, pp.176~86)와도 관련이 있다. 피아제에 의하면, 학습과 발달은 '매우 다른 문제'이다. 발달은 전반적인 성숙과 결부되어 있는 '자발적인 과정'이며 전반적인 지적 구조의 변화를 가져오는 포괄적인 과정임에 비하여 학습은 외적 상황에 의하여 '유발된 과정'이며 단일한 문제 또는 단일한 구조에 관계되는 제한된 과정이다(Piaget, 1964, p.177). 발달과 학습의 관계에 관하여, 피아제는 '학습은 발달에 종속된다고 보아야 하며 그 역은 아니다'(Piaget, 1964, p.184)라고 말하고, 발달이라는 것을 일련의 특수한 지식 항목을 학습한 결과의 합으로 보는 견해가 그릇된다는 것을 지적하고 있다.

지적 발달에 있어서의 언어의 역할에 관한 피아제의 견해에 비추어 보더라도 위와 같은 발달과 학습의 차이를 짐작할 수 있다. 언어가 이해를 위한 지름길이라고 보아서는 아마 안 될 것이다. ……이해의 수준에 따라 언어가 달라지는 것이지, 그 역은 아닌 것 같다. ……대체로 말하여 언어는 우리가 이미 이해하고 있는 것을 번역하는 데 도움이 될 뿐이다. 그렇지 않고, 만약 아직 이해되지 않는 상태에서 새로운 아이디어를 도입하는 데에 언어가 사용된다면, 그 언어는 위험을 가져다 줄 수도 있다(Piaget, 1964, p.181). 이 말은 지적 발달에 있어서는 언어가 제한된 역할밖에 수행할 수 없을지 모르지만, 학습에서는 언어가 '새로운 아이디어를 도입하는 데에' 가장 중요한 역할을 하며, 대부분의 경우에 학습은 언어를 통하여 학습자의 이해를 촉진하는 과정이며, 이 과정은 발달이라는 '자발적인 과정'과 반드시 상응할 필요가 없다는 말이 된다.

이상의 고찰은 지식의 구조를 발달 단계에 맞도록 번역하는 원리로서의 '지식의 세 가지 표현방식'에 관하여 두 가지 질문을 제기한다. 하나는 세 가지 표현방식이 피아제의 지적 발달단계와 일치하는가 하는 것이며, 또 하나는 위의 대답에 관계없이, 세 가지 표현방식이 나선형 교육과정의 원리로서 타당성을 가지는가 하는 것이다. 이하 이 장에서는 먼저 조작의 발달에 초점을 맞추어 지적 발달 이론을 개관하고 그것에 비추어 지식의 표현방식과 나선형 교육과정의 원리를 고찰하겠다.

2. 조작의 발달

심리학적으로 말해서, 조작은 내면화될 수 있고, 가역적이며, 그리고 체제로서 그 체제의 구성전체를 지배하는 법칙을 따르는 지적 활동이라는 특징을 갖고 있다. 말하자면, 조작은 '활동'이라고 할 수 있다. 왜냐하면 그것은 기호에 대해서보다는 먼저 대상에 대하여 행하여지는 경험이기 때문이다. 다음으로, 조작은 내면화될 수 있는 것이다. 왜냐하면 '활동'의 원래의 성격을 잃어버리지 않은 채로 사고에 대해서도 행하여질 수 있기 때문이다. 예컨대, 수학에서 쓰는 기호를 생각해 보면, '='은 환치가 가능하다는 것을 표시하고, '+'라는 표시는 결합이라는 행위를 기호화한 것이다. 이들 행위는 외부적으로 나타나기도 하지만, 사고의 조작이라는 내면화된 형태(=, +)로도 표현될 수 있는 것이다. 조작은 비가역적이고 단순한 동작과는 달리 '가역적'이다. 예컨대, 결합이라는 조작은 곧바로 분리라는 역조작으로 바꿀 수가 있다. 또 글을 쓸 때 왼쪽에서 바른 쪽으로 쓰는 동작을 거꾸로 해서 오른 쪽에서 왼쪽으로 쓰려고 하면, 원래의 습관과는 다른 새로운 습관을 형성하지 않으면 안 되는 것이다. 마지막으로, 조작은 따로 따로 존재하는 것이 아니라, 하나의 통합을 이룬 전체구조로서 서로 결합되어 있다. 예컨대, 하나의 부류(class)를 이룬다는 것은 그 배후에 분류의 체계(예: 고양이→포유류→척추동물)를 암암리에 전제로 하고 있고, 또 A⟨B라는 것이 성립되는 것을 알기 위해서는 순서체계 A⟨B⟨C……를 예상하고서야 비로소 가능하다.

피아제의 이해는 분류와 서열에 관한 사고, 그리고 명제적 추리 등에 포함되어 있는 논리적 조작의 발달과정을 다룬 것이다. 피아제에 의하면, 일체의 논리적 조작의 기원은 '동작'(action)에 있다. 그러므로 피아제는 지식이 체계의 수동적 복사라는 점에 반대한다. 어떤 대상을 안다는 것은 그 대상에 행위를 가하는 것이며, 동화되어 변형체제를 구성한다는 것을 의미한다. 동작으로부터 논리-수리적 구조가 추상화되어 나오는 과정을 설명하는 데는 두 가지 가능성이 있다. 하나의 가능성은 대상 자체로부터 지식이 비롯된다는 것이다. 예컨대, 아이가 두 개의 물체의 무게를 실지로 들어봄으로써 A는 B보다 무겁다든지 B는 A보다 가볍다든지 하는 것을 아는 것이 그것이다. 이때 그 지식은 물체 자체로부터 추상화한 것이라고 볼 수 있다. 이것은 사실상 경험론의 관점이다(Evans, 1973, p. xiv). 그리고 다른 하나의 가능성은 아이가 대상에 행위를 가하였을 때, 그 행위 자체에서 또는 조작에서 지식을 추상화해 낼 수 있다. 이것이 바로 논리-수리적 구조의 기초라고 말할 수 있다. 예컨대, 아이가 바둑알을 가지고 논다고 하자. 이때 아이는 10개의 바둑알을 일렬로 늘어놓는다. 왼쪽에서 바른쪽으로 세어 본다. 다시 오른쪽에서 왼쪽으로 세어 본다. 아이는 둥글게 놓고 세어 본다. 이렇게 어느 형태로 늘어놓고 세어도 10이라는 것을 알게 된다. 여기서 아이는 수학에서 말하는 교환성(commutativity)을 발견한 것이다. 10이라는 합은 순서와는 별도의 문제이다. 이러면 아이는 이 교환성을 어떻게 발견한 것일까? 이 교환성은 바둑알 자체의 성질에서 나온 것이라고 볼 수 없다. 왜냐하면 바둑알을 이리저리 놓아 보고 세어 본 것은 아이이기 때문이다. 그러므로 이 교환성이라는 지식은 바둑알에서 비롯되었다기보다는 아이가 이리저리 놓고 세어본 행위 자체에서 추상화된 것이라고 보는 것이 더 타당할 것이다.

피아제는 대상 자체에서 비롯된 지식을 단순추상(simple abstraction)이라고 하며, 행위 또는 조작 그 자체에서 비롯된 지식을 반성적 추상(reflective abstraction)이라고 한다. 여기서 동작(action)의 두 가지 종류를 구분해 낼 수 있다. 하나는 개별적 동작, 예컨대, 던지고, 만지고, 비비고 하는 것 등등이 그것이다. 단순추상은 개별적 동작에서 나온다. 여기에 비하여 반성적 추상은 개별적 행위가 아니라, 협응된 동작(coordinated action)에서 나온다. 논리의 뿌리는 동작의 협응 속에서 찾아볼 수 있으며, 이것이 바로 반성적 추상이기도 하다.

피아제의 인식의 발달을 이해하기 위한 핵심적 아이디어는 조작이다. 그러면 어떤 발달과정을 밟아서 아이들은 조작을 획득할 수 있는가? 피아제는 지적 발달의 단계를 다음과 같이 4단계로 구분한다. 즉, 감각동작기, 전조작적 사고기, 구체적 조작기, 형식적 조작기 등으로 구분한다(Flavell, 1963, p.296). 여기서는 피아제의 조작의 발달을 개관하되, 그 초점은 각 단계의 괄목할 만한 특징을 기술하는 데 둔다.

감각동작기에서 가장 중요한 지적 성취는 '상재성'(permanence)이라고 볼 수 있다. 이것은 물건이 이미 자신의 지각 범위에서 벗어나도(보이거나, 들리거나, 감각되지 않아도) 여전히 존재한다는 것을 아는 것이다. 보통 어린 아이는 이 '상재성'을 갖고 있지 않다. 물건을 칸막이 뒤에 숨겨버리면, 그것이 없어졌다고 생각해서 찾으려고 하지 않는다. 그러나 물건의 '상재성'은 공간을 유기적으로 구성하는 데서 획득된다.

전조작기에서는 서서히 언어를 구사할 수 있게 된다. 그러나 이 시기에는 아직 조작이 나타나지 않는다. 다시 말하면, 보존개념을 갖고 있지 않다는 말이다. 이 단계의 아이들의 사고의 특징은 자기중심성(egocentrism), 비가역성(irreversibility), 관점제한성(centering), 정지된 상태와 변형(state and transformation)의 무분별 등이다.

구체적 조작기에서는 앞의 두 단계의 여러 가지 형태의 사고 활동이 '동적' 균형상태가 된다. 말하자면, 가역성을 획득하였다고 볼 수 있다. 즉, 결합, 분리, 순서지우기, 대응의 정립 등의 여러 가지 행위를 통합할 수 있는 논리적 조작을 할 수 있게 되며, 이렇게 됨으로써 가역적 체계를 얻었다고 한다. 그러나 이 시기의 논리적 조작들은 구체적인 물체들의 부류(class)와 관계(relation)들을 직접적이거나 상상적으로 조작하는 정도에 머문다. 사실상 구체적 조작의 범위는 부류와 관계에 대한 가법적 및 승법적 조작에 한정된다. 그리하여 분류, 계열 및 대응 등의 구조를 만들어 내는 데 그친다. 이 시기의 약점은 지적 활동이 구체적 사물에 '매어' 있어서 한번에 한가지만을 다룰 수밖에 없고, 서로 단절되어 통합된 전체를 이루지 못하고 있다는 점이다.

형식적 조작기에서는 구체적 조작기의 약점을 보완하는 것이 이 시기의 지적 성취가 된다. 이 시기는 조작의 발달의 최후 단계이다. 이때부터 어른의 논리로 들어간다. 이 시기에 나타나는 새로운 특징은 가설을 세워 사고할 수 있다는 것이다. 특히 가설 연역적 사고를 한다는 것이 특징이다. 좀 더 구체적으로 말하면, 구체적 조작기에서 획득한 기술로 현실의 자료에 포함되어 있는 여러 가지 요소를 조직한다. 그 다음에 그들은 이렇게 조직된 요소들을 명제의 형식에 담는다. 조합적 분석방법에 의하여 그들은 이 명제 사이의 가능한 모든 조합을 석출(析出)하고 검토한다. 이 명제의 조합은 곧 그들이 현실에서 검증하여야 할 가설이며, 그들은 이 가설을 연속적인 단계를 거쳐 검증함으로써 현상의 참된 모습을 알려고 한다.

그러면 이와 같은 조작의 발달을 촉진하는 요인은 무엇인가? 피아제는 다음과 같은 4가지 요인을 들고 있다. 즉, 성숙, 경험, 사회적 전수(social transmission) -여기에는 교육도 포함된다-그리고 균형 또는 자기조정성이다. 이 자기조정성은 다시 '동화'와 '조절'에 의하여 이루어진다.

피아제의 조작의 발달과 브루너의 세 가지 표현방식과의 관련에서 특히 유의해야 할 점은 '상치'(相馳, décalage)이다. 어느 단계에 도달하였다고 모든 개념이 일시에 획득되는 것이 아니라 시기상 차이가 있다. 예컨대, 구체적 조작기에서 '양의 보존개념'은 '무게의 보존개념'보다 1~2년이 빠르다. 이것을 피아제는 수평적 상치(horizontal décalage)라 한다. 이것과는 달리, 두 가지 상이한 발달단계에서 나타나는 상이한 행동(performance)이 동일한 논리적 형식을 표현하는 경우가 있다. 이것은 특히 감각동작기와 구체적 조작기에서 흔히 볼 수 있는 현상으로 감각동작기의 동작과 구체적 조작기의 사고가 동일한 논리적 형식으로 기술될 수 있는 경우이다. 이런 현상을 피아제는 수직적 상치(vertical décalage)라고 한다. 브루너의 작동적, 영상적 표현이 동일한 지식의 다른 표현이라고 하면, 이것은 피아제의 수직적 상치의 아류라고 생각해 볼 수 있다. 그러나 과연 그러한가? 이 점을 보다 구체적으로 파악하기 위하여, 피아제의 지적 발달 단계와 브루너의 세 가지 표현방식의 일치여부를 검토할 필요가 있다.

피아제의 지적 발달의 계열(sequence)과 브루너의 지식의 표현방식의 계열은 동일하다는 해석은 그릇된 것이다. 그 이유를 보면 다음과 같다. 즉, 브루너의 작동적 표현-영상적 표현-상징적 표현은 지적 발달의 단계를 나타낸다(Bruner, 1974, pp.325~30). 그러나 그것이 과연 지적 발달단계를 나타내는가 하는 것은 피아제의 전조작기-구체적-형식적 조작기의 순서와는 별도로 문제되어야 한다. 다시 말하면, 피아제의 지적 발달 단계가 전조작기-구체적 조작기-형식적 조작기로 나타나는 것이기 '때문에' 브루너의 작동적 표현-영상적 표현-상징적 표현도 발달단계를 나타낸다고 말하는 것은 잘못이다. 왜냐하면, 피아제의 발달단계와 브루너의 표현방식은 의미가 다르기 때문이다. 피아제의 구조는 '내용'의 차이이다. 예컨대, 구체적 조작기의 구조는 분류관계이지만, 형식적 조작기의 구조는 명제적 사고와 가설연역적 사고이다. 그러나 브루너의 표현방식은 '내용무관'이다. 예컨대, '어떤 지식이든지 세 가지 방식으로 표현될 수 있다'는 것이다. 따라서 피아제의 지적 발달단계와 브루너의 표현방식은 1:1로 대응하지 않는다. 만약 이 말을 받아들일 수 있다면, 피아제의 수직적 상치와 브루너의 표현방식도 대응관계에 있다고 볼 수 없다.

브루너의 세 가지 표현방식은 '발달단계'를 나타낸다고 보는 것 이외에 다음과 같은 방식으로 해석할 수 있을 것이다. 즉, 브루너의 세 가지 표현방식은 피아제의 지적 발달단계와는 관계없이, 피아제의 지적 발달단계의 각각에서의 '구조'를 표현하는 방식이라는 것이다. 이 해석에 의하면, 피아제의 전조작기의 구조, 구체적 조작기의 구조, 형식적 조작기의 구조가 각각 작동적 표현, 영상적 표현, 상징적 표현 방식으로 표현된다. 이들 표현방식에 의하여 표현되는 구조가 동일하다는 점에 비추어 보면, 오히려 이 해석이 더 올바르다고 볼 수 있다. 브루너가 세 가지 표현방식의 아이디어가 실지로 어떻게 적용되는가를 보이기 위하여 초등학교 3학년(8세) 아동 4명에게 수학을 가르친 예를 보고하였다(Bruner, 1966, pp.60~2). 이 보고에 의하면, 아이들은 $(x+2)^2 = x^2 + 4x + 4$의 의미를 깨닫기 위하여, 구체적인 나무토막을 조작하였다. 아이들은 추상적 기호체계로서의 '수학적 원리'를 이해하기 위하여, 나무토막을 짜 맞추는 '동작'을 통하여 나무토막의 모양을 그림(영상)으로, 드디어는 그것을 상징을 써서 2차 방정식의 공식(수학적 원리)을 표현하였다. 이때 우리가 유의해야 할 점은, 초등학교 3학년 아이들이라는 점이다. 그들은 피아제의 지적 발달이론에 의하면 구체적 조작기에 속하는 아이들이다. 말하자면 그들은 구체적 조작 구조를 갖춘 아이들로서 작동적, 영상적, 상징적 표현을 한 것이다. 이것은 앞의 해석을 뒷받침하는 예인 것이다.

또 한 가지 가능한 해석은 브루너가 그의 인지 연구(Bruner, 1974, pp.327~8)에서 아이들은 나서부터 시작하여 1~2세까지는 오직 동작을 통하여 사물을 지각하고, 이어서 구체적인 사물의 외면적 속성을 영상을 통하여 지각할 줄 알게 되고, 최종적으로 구체적인 사물을 재현(representation)하는 상징을 통하여 상징적으로 이해하는 방향으로 발달한다는 것을 기초로, 가장 나이가 어린 아이에게는 작동적으로 교과를 가르치고, 가장 발달된 아이에게는 상징적으로 가르친다는 해석이다. 말하자면 상징의 의미를 이해할 만한 지적 능력이 없는 아이들에게 '구체적 표현물'을 써서 가르쳐야 한다는 말이다. 그러나 이와 같은 해석은 피아제의 지적 발달이론과 하등 관계가 없다.

그러면 피아제의 조작의 발달은 교육과 관련하여 어떤 것을 시사해 줄 수 있는가? 여기서 검토되어야 할 문제는 지적 발달이론은 아이의 특정한 발달단계에서 교과내용과 방법을 지시하고 있는가 하는 것이다. 피아제는 수학과 물리학의 내용을 가지고 주로 아이들의 지적 발달을 연구하였기 때문에, 피아제가 연구한 내용의 범위는 적어도 교과내용으로 고려해 볼 수 있을 것이라는 생각을 할 수 있다. 그러나 이 생각은 피아제의 입장을 생각해 본다면 그렇게 쉽게 받아들일 수 있는 생각은 아니다. 왜냐하면 피아제의 주된 관심은 아이들의 논리적 구조의 발달이며, 교육에서 가르치고자 하는 내용은 그 발달을 종국점으로 보는 것이 아니라 그것을 출발점으로 하여 그 이상의 단계로 끌어 올리려는 데 관심이 있었기 때문이다. 오히려 피아제의 지적 발달이론은 개인이 교과내용을 학습해 가는 과정을 기술하는 것으로 받아들인다면, 교육방법에 주는 시사는 크다고 할 수 있다(Copeland, 1974, pp.354~63). 이해 과정은 가르치는 과정과는 밀접한 관련이 있기 때문에, 보다 확실하게 아동의 이해 과정을 알면 알수록 가르치는 과정에 주는 시사는 크다고 볼 수 있다.

3. 나선형 교육과정

교과내용을 '지식의 구조'로 보는 관점은 학문에 내재하고 있는 원리는 동일할 것이므로 학년수준별 교과내용은 학년수준의 차이에 관계없이 동일하다는 것이다. 이것은 적어도 교과내용이 학년수준에 따라 다르다고 보는 생각이 그릇되다는 점을 지적한다. 표면상, 학년수준별 교과내용은 같다기보다는 다르다고 볼 가능성이 더 많다. 학년별(또는 학교급별) 교과서의 내용은 결코 동일하지 않고, 대부분의 경우에 한 학년에서 가르치지 않는 내용이 다음 학년에서는 가르쳐지고 있다. 이 것을 보면, 두 학년의 교과내용이 서로 다르다고 생각할 수 있다. 그러나 이것은 교과내용을 '표층의 현상'으로 볼 때 나오는 생각이다. 학년별 내용의 차이는 동일 한 지식의 구조의 '표현상'의 차이이며, 표면상 상이하게 보이는 학년별 내용은 동 일한 지식의 구조를 상이한 단계에서 표현하는 것이라고 보아야 한다. 한 학년의 교과내용(교과서에 나와 있는 지식)과 다음 학년의 그것은 비유해서 말하자면 동 일 실체를 두 개의 상이한 평면에다 표현하는 것이라고 말할 수 있다. 이것은 앞 의 제2장(문제 1)에서의 지식의 구조의 해석과 완전히 일관된다.

이 장(4장)에서는 이와 같이 동일한 원리를 상이한 단계에 맞도록 표현(또는 '번역')하는 데에 지적 발달이론이 어떤 관련을 맺고 있는가 하는 문제를 다룰 것 이다. 이 문제에 대하여 한 가지 가능한 대답은, 예컨대, 피아제의 이론에서 밝혀 진 것과 같은 지적 발달단계가 곧 단계별 표현방식을 결정한다는 것이다. 이러한 식의 생각에는 일단 매력이 있다. 교과내용을 발달단계에 맞도록 번역하는 것은 그 내용을 학생들이 잘 이해하도록 하기 위한 것이며, 학생들은 각자의 사고방식 에 맞는 내용을 잘 이해한다(문제 2와 관련). 그러므로 교과내용을 단계별로 번 역함에 있어서 그 단계의 특유한 사고방식에 맞게 표현해야 한다는 것은 매우 자 연스러운 것으로 보인다.

브루너의 세 가지 표현방식은 흔히 피아제의 지적 발달단계에 맞게 교과내용을 번역하는 방식을 나타내는 것으로 이해된다. 즉, 작동적 표현방식은 전조작적 사 고기(및 그 이전 단계로서의 감각 동작기)의 학생들에게 알맞게 교과내용을 번역 하는 방법이며, 영상적 표현방식은 구체적 조작기의 학생들에게, 그리고 상징적 표현방식은 형식적 조작기의 학생들에게 알맞은 표현방식이라는 것이다. 세 가지 표현방식에 관한 브루너의 설명은 표현방식과 지적 발달단계 사이의 그러한 직접 적인 대응을 시사한다. 예컨대, 작동적 표현방식에 관해서 브루너는, 가장 나이 어린 아이들은 ~로 이해한다는 식으로 말하고 있다(Bruner, 1966, pp.44~ 5). 이것은 그 단계의 아이들은 그런 방식으로 사물을 이해하기 때문에, 교과내용 도 그러한 이해방식으로 표현해야 한다는 뜻으로 해석된다. 이와 마찬가지로 '영 상'은 '상징'에 비하여 '구체성'을 띤다는 점에서 영상적 표현방식은 구체적 조작기 의 이해방식에 적합하다는 해석이 가능하다.

그러나 이러한 해석에는 문제가 있다. 이 문제는 다음과 같이 두 단계로 제기될 수 있다. 첫째, 브루너의 세 가지 표현방식이 교과내용을 단계에 맞게 번역하는 방법으로서 타당한가 아닌가가 피아제의 발달단계와 관련이 있는가? 다시 말하면, 브루너의 세 가지 표현방식은 피아제의 세 가지 단계에 있는 학생들에게 교과내용을 번역하는 방식인가? 이것은 브루너의 표현방식과 피아제의 발달단계와의 대응에 관한 문제이다. 이 문제에 관한 답으로 브루너의 표현방식은 피아제의 지적 발달단계와는 별도로 타당성을 가질 수 있다고 제시한 바 있다(제4장 2절의 설명이 여기에 관련된다).

둘째로, 브루너의 세 가지 표현방식은 교과내용을 단계에 맞게 번역하는 방법으로서 타당한가 하는 문제를 제기할 수 있다. 이 문제는 학교에서 가르치는 모든 지식을 세 가지 표현방식으로 번역할 수 있는가 하는 것이다. 브루너는 천칭의 보기와 2차 방정식 수업의 예에서 작동적 표현과 영상적 표현은 논리적 지식과 실증적 지식에서 상징적 표현을 위한 보조수단이라는 것을 보여준 바 있다.

> 아이들이 학습하는 과정을 본 결과 한 가지 놀라운 사실을 알게 되었다. 아이들이 처음에는 즉각적인 지각 내용을 초월하는 방향으로 사물을 자기 자신에게 표현하는 능력을 가지고 있지 않다는 것이다. 아이들이 보다 종합적인 통찰을 얻게 되는 그러한 즉각적인 지각 내용을 초월하여 그 지각 내용을 매개로 해서 표현하는 표상구조(representational structure)를 형성할 필요가 있다. 이 표상구조는 동작이나 영상이 따르는 일련의 계열을 동시적으로 통합하고 있다는 점에서 동작이나 영상 그 자체와 구별된다. 아이들이 어떤 개념을 이해하고자 할 때에는 반드시 먼저 그 개념의 구체적인 표현물을 구성한다. 이것은 개념을 조작적으로 정의하는 데에 필요한 구체적인 모형이 된다. 이러한 모형을 구성한 결과로 아동은 개념을 '대신하는' 어떤 영상과 몇 가지 조작(operation)을 가지게 된다. 이때부터 우리가 해야 했던 일을 구체적인 표현물이나 특수한 영상에 얽매이지 않는 표현수단을 아동들에게 가르쳐 주는 일이었다. 개념을 이런 방식으로 표현하는 수단은 상징적인 조작밖에 없다(Bruner, 1966, p.65).

그러나 규범적 지식(예컨대, 도덕적 명제, 심미적 명제)은 진리 조건의 성립가능성조차 문제가 되는 것은 말할 것도 없으며, 또 도덕적 명제나 심미적 명제를 작동적 영상적으로 표현한다는 것이 무엇을 의미하는지 알 수 없다. 따라서 모든 교과를 세 가지 표현방식으로 표현할 수는 없다.

결국 지적 발달단계에 관한 이론적 기술과 나선형 교육과정 구성의 실제는 평행선을 이룬다고 볼 수 있다. 말하자면 브루너의 세 가지 표현방식은 피아제의 지적 발달단계와 관계없이, 나선형 교육과정 구성의 실제적 원리로서 타당성을 가질 수 있다. 이 말은, 다시, 세 가지 표현방식의 아이디어는 피아제의 이론과는 별도로 그 타당성이 확인되어야 한다는 뜻이다. 그리고 이와 같이 피아제의 발달단계와의 관련을 끊어버리면, 브루너의 세 가지 표현방식은 교과내용을 발달단계에 맞게 번역하는 유일한 방법이 아님을 알 수 있다. 예컨대, 전조작기에서는 어떤 내용을 배우든지 그 사고방식에 맞도록 이해한다. 이 단계에 있어서의 아동의 사고방식은 교육성과의 제약을 나타내는 것이며, 교육방법의 기준을 나타내는 것은 아니다. 예컨대, 전조작기에 있어서의 인과관계에 관한 사고가 이러저러하다고 해서 그 단계의 아이들에게 과학을 그런 식으로 표현할 수는 없다. 그 아이들에게 과학을 가르치지 않으면 모르되, 과학을 가르친다면 우리는 그 아이들의 생각에 들어 있는 잘못을 지적해 주고 올바르게 생각하도록 이끌어 주어야 한다. 물론, 그렇다고 해서 아이들의 사고방식이야 어떻든지 간에 고도의 과학적 지식을 그대로 주입하는 것은 옳지 않다. 중요한 것은 발달이론과 나선형 교육과정의 입각점의 차이를 존중해 주어야 한다는 것이다. 이 문제에 관하여 피아제의 다음과 같은 말은 좋은 시사를 주고 있다.

> 나는 우리 연구에서 발견된 여러 가지 사실들이 교육 분야에서 활용될 수 있을 것이라고 확신한다. 예컨대 학습방법에 관한 것이 그것이다. 그러나 나 자신은 교육자가 아니므로 교육자에게 직접 충고를 줄 수는 없다. 다만 우리가 할 수 있는 일은 여러 가지 사실을 제공해 주는 일이다(Evans, 1973, p.51).

피아제는 자신의 지적 발달이론이 어디까지나 발달 현상을 그것이 일어난 뒤에 기술하는 이론임을 강조하고 있다.

끝으로, 교과내용을 지식의 구조로 보는 관점과 나선형 교육과정과의 관련성을 다루어 보겠다. 여기서 제기될 수 있는 질문은 브루너가 나선형 교육과정을 제창한 것은 어디에 그 근거를 두고 있는가 하는 것이다. 브루너가 나선형 교육과정을 설명하는 방식은, 예컨대, 어린 나이에 비극문학을 깊이 있게 다룬다든지, 이런 주제는 아동의 사고방식에 알맞게 지적으로 충실한 형태로 그리고 고학년에 가서 몇 번이고 다시 전개되어야 한다고 되어 있다. 이와 같은 설명으로는 브루너가 교과내용으로서 지식의 구조를 주장하면서 왜 나선형 교육과정을 주장하였는지 알 수가 없다. 특히 '만약 수, 측정, 확률 등에 대한 이해가 과학을 공부하는 데에 필수적으로 중요하다고 하면, 이런 주제는 아동의 사고방식에 알맞게 지적으로 충실한 형태로, 또 일찍부터 가르치기 시작하여야 할 것이다. 그리고 그런 주제는 고학년에 가서 몇 번이고 다시 전개되어야 한다'고 하는 말은 여러 가지로 오해를 불러일으킬 가능성을 안고 있다. 예컨대, 학문의 기본 개념을 초등학교 1학년부터 교과서에 집어넣어 놓고 고학년까지 자주 되풀이되어 나오도록 하면 마치 '지식의 구조'를 가르치는 것이라고 보는 것이 그중의 한 가지이다. 그러나 이것은 교과내용을 '표층의 현상'으로 볼 때 나올 수 있는 생각이다.

한편 학문에 내재하고 있는 원리는 동일한 것이므로 학년수준별 교과내용은 학년수준의 차이에 관계없이 동일하다는 관점으로 보면 나선형 교육과정의 제창은 필연적이다. 이것은 마치 피아제가 지적 발달과정을 설명할 때, 아이는 아이의 지적 발달이 수행해야 할 동일한 과업을 나이를 먹어감에 따라 계속적으로 그리고 점진적으로 폭넓게 '정련'해 나간다는 것과 같은 아이디어이다(Evans, 1973, p. xxviii). 여기서 동일한 과업은 '논리적 구조'이다. 그러므로 이 관점에 비추어 보면, 나선형 교육과정의 아이디어는 '지식의 구조'가 학문에 내재해 있는 원리라는 것과, 학년 수준별 교과내용은 학년 수준의 차이에 관계없이 동일하다는 것을 논리적으로 함의하고 있다.

V. 지식의 구조의 의미

교과내용은 '지식의 구조'라고 말한 브루너는 교육이론상 매우 심각하고도 의미 깊은 주장을 하였다고 생각한다. 이 연구는 사실상 브루너가 주장한 '지식의 구조'

의 의미가 어째서 교육이론상 매우 심각하고도 의미 깊은 주장인가 하는 것을 밝혀보려는 하나의 시도이다. 이것을 밝히는 동안에 '지식의 구조'라는 말은 '교과내용'의 성격을 새로운 각도에서 규정하고 있을 뿐 아니라, 교과내용을 가르치는 '방법'과 그런 내용을 그런 방법으로 가르치는 동안에 학생과 교사 사이에 전개되는 교육의 과정까지 포함하여 전반적인 교과관의 변환을 나타내고 있는 말이라는 것을 알게 되었다. '지식의 구조'라는 말이 나타내고 있는 교과관의 변환은 다음의 세 가지 측면으로 파악된다.

(1) 한 특정한 사태에서 학생이 배우는 내용은 그 자체로서 독립된 것이 아니라, 그 지식 내의 다른 내용들과 구조적인 관련을 맺고 있다. 다시 말하면, 그 내용은 보다 심층적인 원리의 표현이다. 이 심층적인 원리는 또한 그 지식 내의 다른 원리들과 관련되어 있다.

(2) 한 특정한 시점에서의 학습활동은 학습자가 교과내용을 내면화하는 과정으로 파악된다. 교과내용의 내면화 과정은 교과의 논리적 구조와 학습자의 심리적 구조 사이의 '균형'으로 설명되며, 따라서 학습에서는 학습자의 능동적인 사고작용이 중요한 역할을 한다.

(3) 일련의 발달 계열을 두고 생각해 볼 때, 학습은 특정한 교육내용에 들어 있는 구조적인 관련이 점차로 구체화되는 과정이다. 한 특정한 사태에서의 교과내용이 이미 구조적인 관련을 맺고 있는 것으로 파악된 이상, 나중 단계에서의 학습은 앞 단계의 학습에 새로운 내용을 '추가'하는 것이라기보다는 그 내용을 '정련'하는 것이라고 보는 편이 정확하다.

'지식의 구조'라는 말에 들어 있는 교육이론상의 의미를 이상과 같이 진술해 놓고 보면, 그것이 과연 '교과관의 변환'을 나타낸다고 할 수 있는가가 의심이 될 정도로, 그것은 이때까지 교육학에서 늘 해오던 주장을 되풀이하는 것에 지나지 않는다고 볼 수 있다. 우선 교과내용의 '관련성'을 말하는 첫째 주장은 '단편적인 지식'을 가르치지 말아야 한다는 종래의 주장과 다름이 없는 것 같다. 그리고 교과의 내용이 학습자에게 내면화되어야 한다든가 학습에서는 학습자의 능동적인 참여가 중요하다는 주장도 교육학에서 익숙하게 들어오던 것이다. 그리고 심지어 학습의 발달적인 측면도 종래 교육과정 조직의 원리로서의 '계속성'과 '계열성'이라는 개념 속에 이미 시사되어 있는 것 같다.

그러나 이 모든 것을 인정한다 하더라도, '지식의 구조'라는 말에 나타난 주장은 그와 비슷한 종래의 주장과는 다른 '교과관의 변환'을 나타낸다고 볼 이유가 있다. 우선 단편적인 지식을 가르치지 말아야 한다든가, 학습자의 능동적인 참여에 의한 학습내용의 내면화가 중요하다든가, 교과내용은 계속성과 계열성의 원리에 맞게 조직되어야 한다던가 하는 종래의 주장이 '지식의 구조'라는 말에 들어 있는 의미와 완전히 동일한 것인가 하는 데 대해서는 의문의 여지가 있다.

예컨대, 단편적인 지식을 가르치지 말아야 한다는 주장의 경우를 두고 생각해 보면, 그 주장은 교육에 관한 주장으로서 명백히 타당성을 가지고 있는 것처럼 들리지만, '단편적인 지식이 아닌 것'을 가르치는 것이 무엇을 의미하는지가 분명하지 않는 한 그 주장은 애매하다고 볼 수밖에 없다. 사실상, 이때까지 단편적인 지식을 가르치지 말아야 한다는 주장을 지식과 실생활의 경험을 관련지어 가르쳐야 한다는 뜻으로 해석하기도 하였다. 분명히 이것도 단편적인 지식이 아닌 것을 가르치는 경우라고 볼 수 있을 것이다. 그러나 '지식의 구조'라는 말에 의하여 강조되는 지식의 관련성이라는 것을 지식과 생활 경험과의 관련이 아니라, 지식 내에서의 지식 상호 간의 관련이다. 이와 같이 '지식의 구조'라는 말은 단편적인 지식을 가르치지 말아야 한다는 주장의 의미를 특별한 방향으로, 한층 더 명백하게 파악하도록 한다.

학습자의 능동적 참여와 계속성과 계열성의 원리에 대해서도 마찬가지로 말할 수 있다. 경험중심 교육과정 이론에서 학습자의 능동적 참여는 '교육방법상'의 원리로서, 그것은 교과내용과 무관한 것으로 생각되었다. 다시 말하면 종래에는 교과내용이 어떤 성격의 것이든지 간에 학습자의 능동적 참여가 교육방법상의 원리로서 의미를 가지는 것으로 생각되었다. 또한 종래의 교육과정 조직의 원리로서 계속성과 계열성도 교과내용의 성격과 논리적인 관련을 맺지 않고도 성립하는 것으로 생각되었다. 종래 계속성과 계열성의 원리라는 것은 이미 선정된 교과내용을 학년 수준에 맞게 배열하는 데 적용된 원리였다. 이와 같이 종래의 교육방법상의 원리로서의 능동적 참여나 교과내용 조직 원리로서의 계속성과 계열성은 교과내용과는 무관하게, 따로따로 떨어진, 교육의 원리로 생각되었다. 여기에 비하여 '지식의 구조'라는 말에 들어 있는 의미로서의 능동적 참여나 나선형 교육과정은 교과내용의 성격에서 논리적으로 파생되어 나오는 주장이며, '지식의 구조'라는 개념을 중심으로 하여 서로 관련되는 주장들이다. 이것은 다른 말로 하면, '지식의 구조'라는 개념은 교육방법이나 교육과정 조직의 원리를 서로 관련지어 그 의미를 구체적으로 파악하는 거점을 제공해 준다고 말할 수 있다.

 '지식의 구조'라는 말이 나타내는 '교과관의 변환'이 구체적으로 드러나는 것은 교사의 수업 장면일 것이다. 그러므로 '지식의 구조'의 의미가 구체적인 수업 장면에 어떻게 드러나는가를 설명해 보겠다. 구체적인 보기로서, 교사가 산수 시간에 4+2=6을 가르친다고 하자. 교사는 손가락이라든지 그 밖의 다른 여러 가지 물건들을 가지고 '네 개에 두 개가 더 있으면 몇 개냐' 하고 묻는다. 아이가 답하는 것을 보고 교사는 거기에 맞추어 적당한 힌트 같은 것을 주기도 한다. 그리고 물건을 세어 보게도 한다. 그렇게 한 후에 '4+2는 얼마냐' 하고 묻는다. 아이가 6이라고 대답하면, 교사는 아이에게 4+2=6이라는 것을 가르쳤다고 생각할 것이다. 이 교사가 위의 수업에서 가르치고자 한 '교과내용'은 무엇인가? 그것은 '4+2=6이라는 것을 대답하는 것'이다. 이것을 통하여 이 아이는 '수학의 구조'를 배웠다고 할 수 있는가? 설사 그 수업의 결과로 아이는 한 자리 수의 덧셈을 정확하게 할 수 있다고 하자. 그러나 아이는 수학에 관하여 무엇을 배웠는가?

 4+2=6이라는 한 자리 수의 덧셈을 학생들에게 '수학의 구조'를 가르치는 수업으로서 다음과 같은 수업을 생각해 본다. 4+2=6이라는 것을 가르치기 위하여 '큐즈네어 막대 (Cuisenairerod)라는 것을 교사는 사용한다. 이것은 토막이 한 개짜리에서 열 개짜리까지 있는 막대기들인데 토막 수에 따라 각각 다른 색깔로 되어 있다. 교사는 6개짜리 막대기 2개 사이에 4개짜리 막대기를 끼우고 거기에 2개짜리가 들어가서 꼭 맞을 수 있도록 한쪽을 비워둔 뒤에, 여러 개의 막대기 중에서 여기에 들어가서 맞을 막대기를 골라 보도록 한다. 이것을 기호로 표시하면 6-4=2이다. 그 다음에 거기에다 4개짜리를 빼어 막대기 무더기 속에 섞은 뒤에 그 빈자리에 들어가 맞을 막대기를 찾아보라고 한다. 이것을 기호로 표시하면 6-2=4이다. 그리고 4+2=6, 4+(2-2)=6-2, 4+0=6-2, 4=6-2 등의 조작을 하도록 한다. 이 경우의 '교과내용'은 무엇인가? 그것은 곧 수의 논리적 조작이다. 이때 교사는 4+2=6이라는 것 이면에 들어 있는 수학적 원리, 즉 분배, 교환, 결합법칙을 교과내용(수학의 구조)이라고 보는 것이다.

 이 두 수업의 차이를 보면, 앞의 교사는 4+2=6이라는 것을 그 자체로서 독립적인 것이라고 본 데 반하여, 뒤의 예의 교사는 아이가 배우는 내용은 그 자체로서 독립된 것이 아니라, 4+2=6이라는 지식 내의 다른 내용들과 구조적인 관련을 맺고 있음을 파악하고 있는 것이다. 다시 말하면, 뒤의 예의 교사는 4+2=6이라는 지식은 그 지식의 **표층** 이면에 내재하고 있는 법칙(예컨대, 분배, 교환, 결합법칙)의 표현이며, 이 심층적인 원리는 또한 그 지식 내의 다른 원리들과 관련되어 있다는 것을 알고 있다는 것이다.

교육방법과의 관련성을 보면, 앞의 수업의 경우 '교과내용'은 4+2=6이 되는 계산법 또는 '4에다 2를 더하면 6'이라는 답을 얻는 것이므로 6이라는 답을 할 수 있도록 하기 위하여서는 여러 가지 방법이 강구될 수 있다. 이 말은 교과내용과 무관하게 교육방법이 강구될 수 있다는 뜻이다. 그러나 뒤의 수업의 경우는 '교과내용(지식의 구조)'이 수의 논리적 조작이기 때문에, 교육방법이 '수의 논리적 조작'과 관련을 맺지 않으면, 다른 내용을 가르치는 결과를 가져온다. 따라서 여기서는 교육자가 수의 논리적 조작을 하듯이 학생들이 그 조작을 경험하지 않으면 그 '교과내용'을 배울 수 없게 된다. 발견학습이나 탐구학습은 바로 '지식의 구조'를 가르치는 방법상의 원리를 의미하는 것이다. 그러므로 발견학습이나 탐구학습의 그 주된 의미는 수업의 외형적인 모습에 있는 것이 아니라, '발견'이나 '탐구'를 통하여 '지식의 구조'를 가르치는 곳에서 구현된다고 볼 수 있다.

'지식의 구조'가 교과내용이라고 할 때 가장 문제가 되는 것은 '발달수준'이며, 이 '발달수준'은 동일한 종류의 교과내용을 가르치는 데 반드시 넘어서야 하는 커다란 장애물이다. 교사의 입장에서 보면 이 문제는 다른 어느 것보다도 심각하다. 왜냐하면 유치원에서 대학원에 이르는 동일한 종류의 교과내용을 어떻게 어린아이의 지각 방식에 맞도록 '번역'하는가 하는 문제는 지극히 어려운 문제이기 때문이다.

지금까지의 논의와 같은 의미로 '지식의 구조'를 규정한다고 하면 현행 우리나라의 학문중심 교육과정에 관하여 다음과 같은 말을 할 수 있을 것이다-만약 우리나라 교사들이 지식의 구조를 단순히 교과서에 나타난 주요 원리, 법칙의 상호 관련된 정도로 파악하고 발견학습이나 탐구학습의 의미를 교과내용(지식의 구조)과 관련 없이 과정만을 중시하거나 일반적인 교수 절차의 하나라고 파악한다면, 표면상으로 학문중심 교육과정을 받아들이고 있는지는 몰라도, 진정한 의미의 학문중심 교육과정을 '이해'했다고 할 수는 없다.

Ⅵ. 결 론

본 연구는 브루너의 '지식의 구조'의 의미에 관한 이론적 문제를 해결하고자 하는 데에 그 목적이 있다. 본 연구에서 해답하고자 하는 문제는 다음의 세 가지로 요약할 수 있다.

(1) '지식의 구조'를 일반적으로 정의하는 '일반적 아이디어'는 구조주의에서의 '구조'의 특징에 비추어 상세화될 수 있는가?
(2) '지식의 구조'가 내면화되는 과정에서 교과의 논리적 측면과 심리적 측면은 피아제의 구조주의에 비추어 보면 각각 어떤 역할을 하는가?
(3) 지적 발달과정을 이론적으로 기술한 피아제의 발달단계와 '지식의 구조'의 학습과정을 이끄는 실제적 원리로서의 브루너의 '표현방식'은 과연 조화를 이룰 수 있는가?

제2장에서는 브루너의 '지식의 구조'의 의미에 관한 이론적 문제를 제기하고 구조주의의 '구조'의 성격에 비추어 지식의 구조의 의미를 재해석하였다.

브루너는 일반적 전이의 결과로 일반적인 아이디어를 설명하면서 지식의 구조의 의미를 드러낼 수 있다고 보았다. 그러나 사실상 문제는 그 점에 있었다. 그것은 교과에서 일반적 아이디어를 선정한다고 할 때, 일반적 전이의 결과로 교과내용 선정 기준을 삼는다고 하면, 그 기준으로 과연 교과내용을 선정할 수 있는가 하는 것이다.

본 연구는 교과내용의 선정 기준으로서의 지식의 구조의 의미를 파악하기 위하여 지금까지 별로 관심을 두지 않았던 '학문의 기저를 이루는'(underlying)이라는, 일반적 아이디어를 한정하는 표현 속에서 단서를 찾았다. 즉, 그것은 구조주의에서 말하는 '구조'의 성격과 맥을 같이 하고 있다. 구조주의에서 말하는 '구조'의 성격은 요소와 요소 간의 관계이며, 이것은 변형의 규칙에 따라 관계망을 이루고 있는 추상적인 구안(構案)인 동시에, 이 추상적 구안을 통하여 사물이나 현상의 저변에 스며있는 원리나 원칙을 찾아내는, 또는 볼 수 있는 수단이 된다는 것으로 파악된다. 구조주의의 '구조'의 의미가 '지식'의 구조에 그대로 적용되려고 하면, 예컨대 레비 스트로스가 인류학적 현상에서 찾아내려고 한 것과 동일한 구조가 '지식'에도 존재한다고 보지 않으면 안 된다. 다시 말하면, 인류학적 현상에 '요소와 요소 간의 관계', '변형규칙' 등이 있는 것과 마찬가지로 '지식' 또는 '교과'(예컨대, 물리적 지식)에도 그런 것들이 확인될 수 있어야 한다.

우선 이미 선정된 교과내용(교과서에 나와 있는 지식)을 구조의 아이디어에 비추어 보면, 교과서에 나와 있는 지식은 말하자면 '지식의 현상' 또는 '지식의 표층'에 해당된다고 볼 수 있고, 그 지식의 표층 '이면'에 지식의 구조에 해당하는 것이 내재해 있다고 볼 수 있다. 또한 그 지식의 구조는 요소와 요소와의 관계로 이루어져 있으며, 그 관계는 변형의 규칙에 의하여 지배된다. 그리고 마지막으로 그 지식의 구조는 하나의 전체를 이루고 있으며, 각각의 요소의 의미는 전체 안에서의 그 위치에 의하여 규정된다.

이와 같은 교과내용 선정기준에 의하면, 교과서에 나와 있는 지식(지식의 현상)은 두 가지 종류의 관련을 맺고 있다. 하나는 지식의 표층과 그 이면에 들어 있고 그 표층에 상응하는 지식의 구조(요소) 사이의 관련이며, 다른 하나는 그 지식의 구조 내에서의 그 요소와 다른 요소와의 관련이다. 다시 말하면 교과서에 나와 있는 지식은 독립적으로 존재하고 있는 것이 아니라, 그 이면에 내재해 있는 보다 일반적인 원리와 관련을 맺고 있으며, 그와 동시에 그 일반적인 원리와 관련된 다른 일반적인 원리와도 관련을 맺고 있다. 이런 의미에서 교과서에 나와 있는 지식은 그 두 가지 일반적 원리의 표현이며, 따라서 그 지식(교과서 지식)의 의미는 그러한 일반적 원리와 관련해서 파악되어야 한다. 지식의 표층 이면에 내재하고 있는 보다 일반적 원리와의 관련은 사실상 해당 학자들이 해당 학문 분야에서 하고 있는 일, 또는 탐구과정 속에 있다. 이것이 바로 교과내용이다. 지식의 표층은 이 교과내용에 비추어 선정된다.

제3장에서는 지식의 구조의 논리와 심리의 관계를 다루었다. 교과내용은 논리적 측면과 심리적 측면으로 파악할 수 있다. 존 듀이는 교육과정 이론에서 처음으로 이 두 가지 측면을 다루었다. 듀이가 말하고 있는 교과의 논리적 측면은 해당 교과전문가 또는 교사가 이해하고 있는 상태로서의 교과이며, 심리적 측면은 학습자의 마음속에 발달되어 가는 과정의 교과를 가리킨다. 그리고 아동이 교과를 학습하는 과정은 곧 그 심리적 측면이 논리적 측면에 접근내지 일치하는 과정으로

기술된다. 이때 학습자의 마음속에 일어나는 심리적 과정이 어떻게 교과의 논리적 형식에 연결될 수 있는가 하는 논리적 문제가 생긴다.

듀이는 사고과정에도 논리적 측면이 있음을 보여줌으로써, 교과의 심리적 측면과 논리적 측면이 서로 상반되는 것이 아니라 서로 관련되어 있다는 것을 보이고자 하였다. 교과의 논리적 측면과 심리적 측면의 관련 문제는 듀이보다 브루너에 있어서 더 중요한 것으로 부각된다. 듀이의 교육이론에서 반성적 사고가 지니고 있는 근본적인 문제점은 사고과정에 이미 어떤 조건이 전제되어 있다는 점을 충분히 고려하지 않았다는 데에 있다. 다시 말하면, 사고의 과정에서 논리와 심리의 관계를 충분히 밝히지 못했다는 것이다. 그러나 브루너의 교과내용인 지식의 구조는 교과내용의 성격을 새롭게 규정하려는 것이므로 논리와 심리의 관계에 관한 문제는 듀이에서 보다 브루너에 와서는 더 한층 표면화되었다고 볼 수 있다.

인식론사에 비추어 볼 때, 논리와 심리의 관련문제는 논리주의와 심리주의의 대결로 나타나고 있음을 알 수 있다. 심리주의는 논리주의를 비판하려고 생겨났다. 이 심리주의를 비판한 사람은 후설이었다. 후설은 심리주의가 논리적 관계와 판단을 혼동하고 있다고 비판하였다. 만약 논리법칙의 원천을 심리적 사실에 두어야 한다면, 그것은 심리적 내용을 담고 있어야 한다고 하면서, 후설은 어떤 논리적 법칙도 심리적 사실과는 무관하다고 하였다.

후설이 사고에 관한 탐구에서 심리주의, 특히 연결주의 심리학의 오류를 지적한 점에 관해서는 그의 공적이 인정된다. 그러나 후설은 논리와 심리는 서로 구분되어야 한다고 하면서 그는 '논리'쪽으로 기울여졌다. 형태심리학은 후설의 연결주의 심리학의 오류를 인정하지만, 그것이 심리주의의 부정으로 보지 않고 심리 속에 논리를 제안하면서 여전히 심리주의 쪽으로 기울여졌다.

논리와 심리의 관련문제가 '논리주의'나 '심리주의'의 어느 한쪽으로 가담할 수 없게 되었을 때, 피아제는 논리의 내재적 특징은 주체의 활동 속에 그 기원을 두고 있다는 아이디어로서 '논리주의'와 '심리주의'를 화해시키려고 하였다. 그리하여 그는 그의 구조주의에서 '논리'와 '심리'를 병렬적 관계로 보았다. 이 관점에 의하면, 개인이 지식의 구조를 내면화하는 과정은 다음과 같은 두 가지 병렬적 관계를 반영하고 있다. 즉, 1) 지식의 구조의 자기조정과 2) 심리의 자기조정이다. 발견학습은 바로 지식의 구조가 학생이 가지고 있는 심리적 구조와 일치하도록 하는 교수-학습방법에 관한 일반적 아이디어다. 만약, 학생들이 배워야 할 내용(교과내용)이 해당 학문에 들어있는 개념, 원리, 법칙이 아니라, 학자들이 그 개념, 원리, 법칙을 써서 사고하는 일(지식의 구조)로 파악된다면, 이 교과내용이 구체적으로 드러나는 장면은 가르치고 배우는 사태 속에서 찾을 수 있다. 따라서 지식의 구조라는 말은 교과를 잘 가르치고 배우는 상태로서의 교과내용을 가리키고 있다고 볼 수 있다.

제4장에서는 지식의 구조는 발달과 학습에 어떻게 관련되는가를 다루었다. 논리와 심리의 관련문제는 한 특정한 시점에서 지식의 구조의 논리적 측면이 학습자의 심리적 과정에 어떻게 부합되는가에 관한 것이었다. 그러나 학습은 반드시 발달상의 계열을 따라 이루어진다. 그러므로 교과를 가르칠 때에 한 특정한 시점에서의 학습자의 이해를 도모하는 데에만 관심을 가질 것이 아니라, 그 이해가 보다 높은 단계로 이어지도록 계획되어야 한다.

브루너는 나선형 교육과정에 의하여, 지식의 구조를 발달단계에 맞도록 번역하는 원리로서, 피아제의 지적 발달단계를 언급하면서 그 구체적인 방안으로서 '세 가지 표현방식'을 제안하였다. 이 제안에 관하여 본 연구자는 두 가지 문제를 제기하였고 그 해답을 제시하였다. 첫째, 세 가지 표현방식이 피아제의 지적 발달단계와 일치하는가 하는 것이었다. 이 문제를 검토해 본 결과, 브루너의 세 가지 표현방식은 '내용 무관'이지만, 피아제의 '구조'는 내용의 차이라는 것을 알게 되었다. 둘째, 세 가지 표현방식이 나선형 교육과정의 원리로서 타당성을 가지는가 하는 것이다. 브루너가 제시한 작동적, 영상적 표현방식은 상징적 표현방식의 보조수단이며, 규범적 지식이나 심미적 지식은 브루너의 세 가지 표현방식으로 표현한다는 것이 의미 없다는 것이다.

일반적으로 사람들은 발달과 교과내용 사이에 긴밀한 1:1의 대응관계가 있어야 한다고 생각한다. 그러나 이와 같이 교과내용을 발달단계와 직접 관련짓는 사고방식은 흔히 교과내용을 지식의 덩어리로 보는 결과를 가져온다. 이와는 달리, 만약 교육내용을 학자가 하는 일, 또는 탐구과정으로 본다면, 발달수준에도 불구하고 가르쳐야 할 교과내용은 동일한 것이다. 다만 발달수준은 학습자의 능력의 제한성을 가리킬 뿐이다. 그러므로 브루너의 가설, 즉 '어떤 교과든지 그 지적 성격에 충실하게 어떤 아동에게도 효과적으로 가르칠 수 있다'는 말과 나선형 교육과정의 아이디어는 여전히 의미를 가진다고 볼 수 있다.

결론적으로 말해서 지식의 구조라는 말이 나타내고 있는 교과관의 변환은 다음의 세 가지 측면으로 파악된다.

1) 한 특정한 사태에서 학생이 배우는 내용은 그 자체로서 독립된 것이 아니라, 그 지식 내의 다른 내용들과 구조적인 관련을 맺고 있다. 다시 말하면, 그 내용은 보다 심층적인 원리의 표현이며, 이 심층적인 원리는 또한 그 지식 내의 다른 원리들과 관련되어 있다.

2) 한 특정한 시점에서의 학습활동은 학습자가 교과내용을 내면화하는 과정으로 파악된다. 교과내용의 내면화 과정은 교과의 논리적 구조와 학습자의 심리적 구조 사이의 '균형'으로 설명되며, 따라서 학습자의 능동적인 사고 작용이 중요한 역할을 한다.

3) 일련의 발달계열을 두고 생각해 볼 때, 학습은 특정한 교과내용에 들어 있는 구조적인 관련이 점차로 구체화되는 과정이다. 한 특정한 사태에서의 교과내용이 이미 구조적인 관련을 맺고 있는 것으로 파악된 이상, 나중 단계에서의 학습은 앞 단계의 학습에 새로운 내용을 '추가'하는 것이라기보다는 그 내용을 '정련'하는 것이라고 보는 편이 더 정확하다.

본 연구의 결론으로서 특히 두드러지게 부각된 것은 지식의 구조의 의미에 관련된 위의 세 가지 주장이 따로 따로 떨어진 것이 아니라, 한 가지 주장의 상이한 측면들로서 서로 논리적인 관련을 맺고 있다는 것이다. 이들 주장의 핵심에는 교과의 성격이 있다. 교과는 해당 학문의 지식을 이루는 전체적인 구조이며, 교과를 학습한다는 것은 그 전체적인 지식의 구조를 내면화하여 그 구조의 안목(眼目)으로 현상을 볼 수 있게 된다는 것이다. 물론 그 구체적인 지식의 구조는 한꺼번에 학습될 수 있는 것이 아니라, 지식의 항목들을 따라 하나씩 학습될 수밖에 없지만, 이 항목들을 서로 유리된 것으로 취급하는 것이 아니라 전체적인 지식의 구조와의 관련 속에서 취급함으로써, 하나하나의 항목들의 학습은 그만큼 전체적인 구조의 학습에 보탬이 되도록 할 수 있을 것이다. 이것은 곧 한 특정한 시점에서 학습되는 특정한 지식의 항목이 전체적인 지식의 구조의 한 부분으로서 그것을 표현하고 있다는 것을 말해 준다. 그와 동시에 일련의 발달계열을 두고 볼 때, 한 시점에서 학습되는 내용은 동일한 지식의 구조를 상이한 수준에서 표현하는 것이라고 볼 수 있다. 그러므로 '발견학습'이라는 말로 표현되는 학습에 있어서의 학습자의 능동적 참여의 강조는 지식의 구조의 학습에 필연적으로 따라오는 방법상의 요구 조건이며, '나선형 교육과정'이라는 말로 표현되는, 발달계열상의 교과내용의 동일성은 바로 지식의 구조를 계열화할 때의 가장 중요한 고려 사항을 제시한다.

끝으로 본 연구와 관련하여 후속연구 과제를 제안하면 다음과 같다.

1) 본 연구의 첫 부분에서 지적한 바와 같이, 지식의 구조가 교육내용에서 어떤 위치를 차지하는가 하는 문제는 지식의 구조의 성격문제와 관련되기는 하지만, 별개의 문제로서 연구할 필요가 있다. 여기에는 교육에서 기르고자 하는 이상적 인간상, 삶에 있어서의 교육의 의미, 전체적인 교육적 과정에 있어서의 교과교육의 위치 등, 복잡한 문제들이 포함되어 있다고 보아야 할 것이다.

2) 지식의 구조의 의미를 밝혀나가는 동안에 논리와 심리와의 관계, 발달과 학습의 관계를 다루었다. 여기서는 지식의 구조의 의미를 밝히는 범위 내로 한정하여 다루었지만 이 문제들은 사실상 각각 독립하여 깊이 있게 연구되어야 할 과제이다.

3) 교육과 관련하여 인식론의 문제들 다룸에 있어 지식의 일반적 정의와 그 성립조건을 다루는 인식론의 일반적 주장에만 관심을 두고 연구할 것이 아니라, 특수한 분야의 인식론에 관한 연구 예컨대, 역사 지식에 관한 인식론, 심미적 지식에 관한 인식론 등에 관심을 두고 보다 깊은 연구가 있어야 할 것이다.

2. 구조주의 인식론*

구조주의를 이해하는 방식이 여러 가지 있을 수 있으나, 인식론으로 파악하는 것
도 그중 하나의 방식일 것이다. 종래의 인식론은 주로 철학에서 다루었고, 그것도
오직 사변적인 방법으로 연구되었다. 구조주의는 인식론을 사변적으로 연구하는 데
따라오는 한계를 극복하려는 시도이다. 구조주의자 피아제는 발생적 인식론으로 '과
학적 지식의 심리학적 기원'(Piaget, 1970a, p.1)을 설명하려 하였고, 레비 스트로
스는 '문화현상의 무의식적 의미'(Rossi, 1974, p.7)를 찾아내려고 하였고, 촘스키
는 변형방법으로 '인간의 언어능력'(Lyons, 1979, p.16)을 규명하려고 하였다.

그러면 피아제, 레비 스트로스, 촘스키 등의 구조주의자들이 다룬 인식론은 구
체적으로 어떤 특징을 가지고 있으며, 이들이 주장하는 구조주의에서 말하고 있는
'구조'는 어떤 성격을 가지고 있는가?

Ⅰ. 피아제의 발생인식론

철학의 한 분과로서의 인식론은 '지식의 본질'은 무엇인가, 지식은 과연 획득할

---

* 구조주의-Piaget, Levi-Strauss, Chomsky를 중심으로- 「도덕교육」 (도덕교육연구
회, 1982. 12.)

수 있는가, 그렇다면 지식은 기술이나 사실을 획득하는 것과 동일한 방식으로 획득하는가, 지식은 이성을 통하여 획득할 수 있는가, 아니면 외부세계와의 직접경험을 통하여 획득할 수 있는가, 인식의 사태에서 주체와 객체와의 사이에 존재하는 관계란 무엇인가 등등의 문제를 '철학적 방법'으로 다루어 왔다. 이 철학적 방법이라는 것은 주로 사변적, 분석적, 평가적 방법을 말한다. 그러나 이 방법에는 동일한 방법을 쓰면 동일한 결과가 보장된다는 의미에서의 객관성이 결여되어 있다. 이런 각도에서 생각하면, 동일한 방법을 따르면 동일한 결과가 보장되는 소위 '과학'으로서 인식론을 다룰 수 없겠는가 하는 생각을 가질 수 있다(Ginsburg & Opper, 1969, p.208). 피아제는 바로 그러한 생각을 가진 사람이다.

피아제(Piaget, 1970a, p.2)에 의하면, 전통적 인식론에서는 지식의 발달이나 발생을 고려하지 않고 기존의 지식이나 그 지식의 분석에 관심이 있었다. 오히려 지식의 발달은 역사가나 심리학자의 관심이었다. 따라서 전통적 인식론과 피아제의 발생적 인식론의 차이는 지식의 발달을 고려하느냐 하지 않느냐에 있는 것이다. 피아제는 '과학적 방법'을 활용하여 철학에서 다룬 인식론의 문제를 해명하고자 하였다. 사실상, 인식에 관계되는 문제 중에는 심리학에서 다루어야 하는 것이 많이 있다. 예컨대, 인식자와 환경과의 관계라든지, 사고의 과정 등이 바로 그것이다.

지식은 개인과 마찬가지로 사회에서 오랫동안 진화되어 왔다. 피아제에 의하면, 개인과 사회의 각각의 지식의 발달에 관한 연구는 집단 지식과 개인 지식의 가장 성숙한 형태를 알아내는 데 어떤 통찰을 준다는 것이다. 그리하여 그는 아동의 지적 발달 연구와 지식의 역사적 연구는 인식론의 문제를 해결하는 데에 적합하다고 보았다. 피아제는 생물학적 관점과 심리학적 관점으로 인식론의 문제를 해결하려고 한 것이다. 그에 의하면, 개인의 지적 발달과 사회의 지식의 발달은 마치 생물학에서 '개체의 발달'과 '종의 발달'과의 관계에 비유된다는 것이다(Ginsburg & Opper, 1969, pp.209~10).

인식론에서 가장 대조적인 관점은 경험론과 합리론이다. 경험론에 의하면, 지식은 '새로운 것'이다. 왜냐하면 경험론은 인간의 마음을 백지의 상태로 가정하고 있기 때문이다. 그러나 합리론에 의하면, 지식의 형식은 이미 주어져 있는 것으로 가정하고 있기 때문에 '새로운 것'이 아니라 다만 주어진 지식의 형식을 이끌어 내기만 하면 되는 것이다. 그러나 피아제의 발생적 인식론에 의하면, 지식은 새로운 것도 아니며, 지식의 형식이 이미 주어져 있는 것도 아니고 다만 지식은 계속적인 구성일 뿐이다. 바로 이 구성의 기제를 밝히려는 것이 발생 인식론의 목적이다(Piaget, 1970a, p.17).

발생인식론의 핵심은 어디까지나 '발생'(genesis)이다. 피아제의 인식론의 근간을 이루고 있는 생물학과 심리학의 초기 이론에서는 '구조 없는 발생'을 생각하였다. 이 이론에 의하면, 유기체는 항상 환경에 의하여 수정된다. 그러나 후기 이론에서는 '발생 없는 구조'를 내세워, 모든 것은 구조에 의하여 결정되며, 환경에 의하여 수정되지 않는 것으로 된다(Piaget, 1968, p.145). 이것은 다시 인식론적 관점에서 보면 '구조 없는 발생'은 경험론을 가리키고, '발생 없는 구조'는 합리론을 가리키는 것이다(이용걸, 1976, p.225). 그러나 피아제가 말하는 '발생'은 A라는 상태에서 B라는 상태로 되는 일종의 변형이다. 여기서 B라는 상태는 A라는 상태보다 훨씬 안정되어 있으며, 이 점에서 이것은 일종의 '발달'이라고 볼 수 있다. 그러므로 피아제의 발생인식론은 아동의 지적 발달에 관한 연구를 통하여 지식을 획득하는 '구조'와 '과정'을 밝히려는 의도가 있으므로 경험론과 합리론의 어느 한 입장에 속해 있는 것이 아니다. 그렇다면, 발생인식론의 기본 아이디어와 접근 방법은 무엇인가?

1) 논리와 심리의 관계

인간의 사고하는 모습은 여러 가지 방식으로 기술할 수 있다. 그러나 논리학이 사용하고 있는 개념, 원칙, 법칙 등은 인간의 사고하는 모습을 기술하는 데 있어서 그 어느 것보다도 적당하다고 말할 수 있다. 어린 아이도 유치하기는 하지만 '논리'라는 것을 가지고 있다. 그러므로 인간의 모든 정신적 활동들은 논리학의 관점으로 해석될 수 있다는 견해가 성립한다. 물론 논리학자들이 가지고 있는 논리적 체계는 훨씬 후에 청년기에 갖출 수 있지만, 여기서 본인 자신이 논리학의 내용 또는 체계를 의식하느냐 않느냐 하는 문제는 별개의 것이다. 피아제의 공적은 '사고의 논리적 모형'을 구축하려고 시도한 점이다(Piaget, 1968, p. x). 발생인식론에서는 논리의 역할이 중요하다. '논리'라는 것이 인간 마음속에, 그리고 생물학적 과정 속에, 물리적 세계를 지배하는 법칙 속에 내재해 있다면, 인간이 자연을 이해함에 '논리'가 중요한 역할을 할 수밖에 없다(Piaget, 1968, p. x).

'논리'가 지식이나 사고의 내용을 형식화하는 데 유용한 것은 사실이다. 그러나 이 형식화에는 한계가 있다(예컨대, Gödel의 공리1)). 이 문제를 해결하기 위하여 피아제는 지식의 논리적 조직의 발전과 이에 상응하는 심리적 과정 사이의 병렬적 관계를 가정하였다. 즉, 사회에서의 지식(논리)은 특정한 개인과 상관없이 그 나름대로 발전해 나간다. 그러나 특정한 개인에게 그 지식이 내면화되지 않았다면 사회에서의 지식은 특정한 개인에게 아무런 의미가 없지 않은가? 또는 그 반대로 특정한 개인에게 아무런 의미가 없다고 하더라도 사회에서의 지식은 객관적으로 여전히 존재하고 있지 않은가? 이와 같은 문제에 관하여 피아제는 특정한 개인이 스스로 해당 지식에 '행위'를 가했을 때에 한해서 그 지식은 그 개인에게 의미 있게 된다고 생각하였다(Furth, 1969, p.24). 이 점에서 피아제는 사회에서의 지식과 개인의 심리적 과정과의 관계를 병렬적인 관계로 보고 있는 것이다. 그리하여 그는 개인이 사회에서의 지식에 '행위'를 가함으로써 그 지식을 내면화하는 과정을 설명하기 위하여 '균형'이라는 개념을 도입하였다.

2) 균 형

'균형'이라는 개념은 원래 생물학적 개념이다. 피아제는 이 개념을 원용한 것이다. 이 균형이라는 것은 다음과 같은 상태를 말한다. 즉, 어떤 체계가 '균형 상태'에 있다고 하는 것은 그 체계 내에 관계되는 모든 가능한 변화가 서로 보완해서 가역적으로 관계되어 있는 것을 말한다. 예컨대, 전기냉장고에 달려 있는 자동조절기를 생각해 보자. 이것은 변화하는 온도에 대해서 자동적으로 스위치가 끊어지기도 하고 이어지기도 해서 일정한 온도를 유지하는 장치이다. 일반적으로 말한다면, 어떤 체계 내에 있어서 힘의 변화에 불균형이 일어나려는 상태가 되면 거기에 자동적으로 역방향의 힘에 의해서 바로 잡혀서 체계는 항상 일정한 균형이 잡혀진 상태를 유지하게 된다. 이것을 인간에 적용하여 설명해 보면, 인간은 외적 환경에

---

1) Gödel의 공리: 보통 자연수론의 공리라고 일컬어지는 공리계가 불완전하다고 하는 것을 주장하고 있을 뿐만 아니라, 자연수론을 형식화한 체계는 유한의 입장에서 제기하고 그것이 무모순인 범위 안에서 아무리 공리를 추가해도 그것은 필연적으로 불완전하다(박을동 외, 1975, p.24).

작용해서 자기의 쉐마(schema)에 의해서 '동화' 하거나, 그 반대로 외적 환경이 지니고 있는 저항을 만나 자기가 가지고 있던 '동화'의 기능을 바꾸려고 하는 '조절'의 기능이라는 두 가지 기능을 지니게 된다. 이 양자가 균형이 잡혀져 있는 상태를 '적응'이라고 한다. 그리하여 '동화'나 '조절'의 기능은 처음에 아동들의 구체적인 행위로 나오지만, 균형 상태가 보다 안정되어 감에 따라 그것은 내면화되고 통합되어 조작이라는 형태를 띠게 된다.

피아제의 '균형'과 구분되어야 하는 개념은 학습이다. 피아제에 의하면, 일반적으로 심리학자들의 학습이론, 특히 S-R 이론이 말하고 있는 '학습'은 외부에서 자극을 주거나 자극이 주어졌을 때 제한된 범위 내에서 이루어지지만, '균형은 내적 성장의 법칙'에 따라 이루어진다(Piaget, 1964). 그리고 이 '균형'은 다음과 같은 몇 가지 특징을 가지고 있다(Piaget, 1970a, p.150). 첫째, 안정성이다. 사실상 이 안정은 '정지'(immobility)를 의미하는 것이 아니라 '동적 균형'(mobile equilibrium)이라는 뜻이다. 말하자면, 안정은 원하되 늘 동적이라는 것이다. 둘째, 외부로부터 자극이 있을 때에는 주체의 행위에 의하여 보상되며, '균형'이 생긴다. 셋째, 능동적이다. 보다 안정된 균형을 이루기 위하여 능동적으로 움직인다. 지적 성장과 지식 획득의 역동성을 보면, 가히 '변증법적'이라고 할 수 있다. 왜냐하면 지적 성장은 성숙, 경험, 사회 환경의 역동적 상호작용의 결과이기 때문이다(Piaget, 1968, p.xii).

3) 발생구조적 접근방법

종래의 철학에서 인식론의 문제는 사변적인 방법을 통하여 해명하려고 하였으며, 심리학에서는 지각, 기억, 언어 등 인식의 문제와 관련되는 사항들을 독립적으로 연구하여 해명하려고 하였다. 그러나 피아제는 발생인식론이라는 새로운 주장을 통하여 인식론의 문제를 규명하려고 하였다. 피아제는 발생인식론을 '실험철학'(Piaget, 1968, p.v), '다학문적 과학'(Piaget, 1968, p.ix)이라고 부르면서 생물학, 수학, 물리학, 논리학, 철학 등을 활용하였다. 즉, 생물학에서 '균형', '태아발생', '개체발생' 등의 개념을, 수학에서 '군', '속' 등을, 그리고 논리학에서 'INRC군' 등의 개념을 원용하고 있다.

일반적으로 말해서 피아제는 그의 발생적 인식론에서 크게 두 가지 방법을 쓰고 있다. 즉, 하나는 개인의 지적 발달을 이해하기 위하여 '심리발생적 방법'(psychogenetic method)을 사용하였고, 집단 지식의 발전을 연구하기 위하여 '역사비판적 방법'(historico-critical method)을 사용하였다(Ginsburg & Opper, 1969, p.210). 한편 피아제는 그의 지적 발달이론을 연구하기 위하여 '임상질문법' 또는 '임상적 관찰'을 행하였다. 이 방법을 통하여 얻은 자료를 분석, 처리하는 일반적 절차를 보면 다음과 같다. 즉, 1) 여러 가지 다른 이유들을 질적으로 분류한다. 2) 논리적 모형으로 분석한다. 3) 연령에 따른 반응의 빈도를 분석한다. 4) 서열척에 의한 위계적 분석을 한다(Furth, 1969, p.25). 이와 같은 일반적 절차를 통하여 우리가 짐작할 수 있는 것이 있다면, 하나는 '질적 분류'라는 점에서 주관적 요소의 발견이요, 다른 하나는 아동에게 질문을 통하여 얻은 자료와 반응의 빈도를 분석한다는 점에서 객관적 요소의 발견이다.

II. 레비 스트로스의 구조인류학

레비 스트로스가 구조인류학에서 취하고 있는 구조주의가 어떤 것인가 하는 점에 관하여 사람들은 여러 가지 논란을 하고 있다. 이와 같이 사람들 사이에 논란을 야기시킨 데에는 여러 가지 원인이 있겠지만, 그 주된 원인은 레비 스트로스 자신에게 있다고 할 수 있다. 왜냐하면 한때 그는 구조주의를 '방법론'이라고 하였고, 최근에는 방법론이라기보다는 '인식론'이라고 하고 있기 때문이다. 그러면 왜 레비 스트로스는 구조주의를 방법론이라고 했다가 인식론으로 다루어야 한다고 생각하게 되었을까? 우선 레비 스트로스가 '구조인류학'을 주장하기 전까지의 배경을 개관하는 것이 이 질문에 관한 답을 준비하는 기초로서 중요하다고 생각한다(Gardner, 1972, pp.32~8 참조).

인류학이 초기에는 선교사, 탐험가, 여행자들의 기록을 기초 자료로 하여 원시사회가 갖고 있는 관습, 행동, 제도 등이 문명사회와 어떻게 다른가를 설명할 수 있는 이론을 정립하려고 하였다. 그리하여 타일러(Edward Tylor), 모간(Lewis H. Morgan), 보아스(Franz Boas) 등은 특정 집단의 관습과 여러 집단 간에 공통 요소를 찾기 위하여 스스로 현지에서 자료를 모아 그 자료에 입각한 귀납적 사고를 시도하였다. 그 후 영국의 말리노프스키(Malinowski) 등은 현존하는 문화생활에 주의를 기울이면서, 해당 사회의 구성원이 그들의 생물학적, 심리학적 필요를 어떻게 충족시키는지를 연구하였다. 연구방법으로는 기능주의적 접근을 시도하였다. 특히 말리노프스키가 프로이드의 외디푸스 콤플렉스의 개념을 도입하여 '여가장제도'를 설명하려고 한 것은 그 좋은 예이다.

보아스의 귀납적 접근방법과 말리노프스키의 기능주의가 영미문화권을 휩쓴 데 반하여, 뒤르껭을 선구자로 한 사회학적 접근은 여전히 불란서 인류학계에 영향을 미치고 있었다. 이 당시 불란서 인류학계는 두 개의 진영으로 나뉘었으니, 하나는 경험주의자와 기능주의자들이 진영을 이루어 개인의 생물학적, 사회적 욕구충족 체계를 연구하였고, 다른 하나는 거의 현지에 가지 않고 자료를 통하여 다양한 문화 속에 깔려 있는 형태를 연구하였다. 이 두 진영을 한마디로 평해 본다면, 하나는 독단적 경험주의요, 다른 하나는 사회학적 설명에 대한 지나친 신뢰라고 할 수 있다.

이 두 과도기적 양상에서 구조주의로 옮아가는 데 중요한 공헌한 사람은 뒤르껭의 수제자 모스였다. 모스는 「증여」(Maus, 1925)에서 개인과 집단 간에 선물을 주고받는 것을 사회 체제의 핵심으로 보고 그 증거를 폴리네시아, 메라네시아, 북아프리카 사회 등에서 찾았다. 그러나 그가 구조주의로 가지 못한 까닭은 언어와 문화의 유사성을 인정하지 않았고, 수학적 모형의 원용을 꺼렸기 때문이다. 이와 같은 형편에서 영국과 불란서 인류학의 전통 중 강점만 취한 인류학자가 나왔으니, 그가 바로 브라운(Radcliffe Brown)이었다. 그는 사회를 생물학적 유기체로 보았고 사회 구조와 사회관계를 보다 추상적 의미로 다루었다. 그러나 그는 구조를 실재적으로 존재하는 '관계망'으로 보았기 때문에, 여전히 영국의 경험주의적 전통 속에 그대로 머무르게 된 것이다. 그리하여 그는 뒤르껭 학파로부터 '기저실재'(underlying reality)를 찾지 않는다고 비난을 받았고, 기능주의자인 말리노프스키 학파로부터 역시 개인과 사회의 기능을 찾지 않는다고 비난을 받았다. 이 점에서 구조 기능주의는 묘한 운명에 봉착하게 된 것이다. 이때야말로 뒤르껭 학파와 말리노프스키 학파를 극복하는 그 어떤 것이 있어야만 했다. 이 난관을 극복하려고 나타난 사람이 바로 레비 스트로스이다.

레비 스트로스는 우선 기능주의를 배척하였다(Rossi, 1974, p.74). 그 이유를 보면, 첫째, 기능의 보편성은 한 집단의 모든 관습, 제도 등을 면밀하게 연구하고, 특히 그 관습, 제도 등의 역사적 발달 과정을 연구한 후에 나올 수 있는 것임에도 불구하고 기능주의는 역사를 무시했다. 둘째, 기능주의자들이 발견한 보편성은 생물학과 심리학에 속한 것들이지 인류학에 속한 것이 아니다. 셋째, 인류학의 과제는 유사성만을 찾아 그것을 설명하는 것이 전부가 아니고 차이점도 찾고 그 이유를 설명할 수 있어야 한다는 것이다. 또한 레비 스트로스는 '감각적 지각'만을 통해서 실재에 도달할 수 있다는 경험론과, '의식의 경험'을 통해서만이 실재에 도달할 수 있다는 현상주의와 실존주의에도 반대한다(Rossi, 1973, p.7).

레비 스트로스는 문화를 인간 마음의 산물로 보고, 친족 제도, 사회 제도, 신화 등을 '인간 마음의 구조'의 반영이라는 가정을 가지고 연구하였다(Gardner, 1972, p.161). 결국 레비 스트로스의 구조인류학의 관심은 겉으로 보기에는 서로 다른 친족 관계, 사회 제도, 신화라는 문화 현상을 통하여 '인간 마음의 발달'을 찾는 데에 있다. 레비 스트로스는 '인간의 마음', 즉 인간의 정신 구조를 찾고 있는 것이므로, 당연히 구조인류학을 인식론의 수준에서 다루어 나가지 않으면 안 되었을 것이다. 다시 말하면, 그의 관심은 문화 표면에 나타난 현상보다는 문화 현상의 '무의식적 하부구조'에 있는 것이다(Gardner, 1972, p.119). 여기서 우리가 유의해야 할 점은 '무의식'이다. 이 문화 현상의 무의식적 의미는 레비 스트로스의 인식론의 핵심인 동시에 특징이기도 하다. 더구나 그가 말하고 있는 '내재적인 구조'는 무의식적 구조이므로 이 무의식의 의미를 보다 철저하게 규명하는 일은 곧 레비 스트로스의 인식론—구조주의—을 보다 분명하게 하는 것이 될 것이다. 이하 이 점에 관하여 자세한 고찰을 하겠다.

1) 구조와 무의식

레비 스트로스는 '역사의 대상이 인간 생활의 의식적 표현이라면, 인류학의 대상은 인간 생활의 무의식적 기반'(Lévi-Strauss, 1963, p.18)이라고 하였다. 이 말은 그가 문화 현상의 의식적 측면보다는 무의식적 측면을 보다 강조하고 있다는 것을 나타내고 있다. 사실상 이 무의식의 중요성은 프로이드에서 비롯된다. 즉, 그는 프로이드로부터 '의식하지 않는 것이 의식한 것보다 더 중요하다'는 것을 배운 것이다. 그리하여 그는 '사회 제반 현상들은 인간의 무의식 수준에서 한데 묶여질 수 있다'고 하였다. 이 말은 인간의 제도, 관습, 신념 등은 무의식에 그 기원을 두고 있다는 의미이다. 모스도 무의식의 범주가 문화 현상의 단순한 요소가 아니라 '결정자'라고 하였다(Lévi-Strauss, 1966a, p.113). 모스는 이것을 인류학에 적용하지 못하였다. 그러나 레비 스트로스는 지질학, 정신분석학을 통하여 '진정한 실재는 겉으로 나타나는 것이 아니며, 그의 본질은 우리가 깊은 주의를 기울일 때, 그 속에 있게 된다'(Lévi-Strauss, 1977, p.80)는 인식론적 원리를 얻고 이를 인류학에 적용하였다. 그러면 레비 스트로스가 말하는 무의식의 의미는 어떤 것인가? 사실상 레비 스트로스가 말하고 있는 무의식의 의미의 근원은 구조언어학, 정신분석학, 사이버네틱스 등 여러 학문이며, 무의식의 의미는 여러 학문에서 원용되어 온 것들의 복합이다.

(1) 무의식과 언어학과의 관계

레비 스트로스는 그 누구보다도 언어학의 개념들을 풍부히 활용하고 있다. 레비 스트로스는 언어학의 방법론을 인류학에 원용하고자 하였다. 그러나 문제는 방법론의 이와 같은 이동이 과연 합당한가 하는 것이다. 여기에는 두 가지 대답이 가능하다. 첫째, 인간은 동물과는 달리 상징적 기능을 가지고 있다. 따라서 우리는 인간 상호간의 소통을 가능하게 하는 상징 체계-언어, 혈연 체계, 신화, 예술 등-라는 형태로 문화를 파악할 수 있다. 이런 관점에서 볼 때, 언어가 이 모든 체계 가운데서 가장 완벽하고 가장 중요한 것이기 때문에 자연히 언어학이 인문사회과학 이론에 모형을 제공하게 된다. 그리고 연구 대상의 유사성에서 방법론의 이동이 가능하다. 둘째, 언어학은 오늘날 인문사회과학 중에서 가장 앞선 것이다. 언어학은 모든 연구자들 사이에 기본적인 문제에 관한 진정한 의견의 일치가 존재하는 유일한 학문이다. 즉, 언어학만이 인류 문화의 전 영역을 포괄하고, 본질적으로 동일한 방법으로 대상을 기술하고 분석한다(홍재성, 1961, pp.170-1).

레비 스트로스는 트로베츠코이(Troubetzkoy)와 야콥슨(Jakobson) 등으로부터 '무의식적 언어 구조'의 존재를 배웠다. 예컨대, 트로베츠코이는 음성학의 방법을 네 개의 단계로 환원시키고 있다.

첫째, 음성학은 '의식적'인 언어학적 현상들의 연구로부터 그것들의 밑바닥에 깔려 있는 '무의식적' 구조의 연구로 옮아간다. 둘째, 음성학은 용어들을 독립된 것으로 보기를 거부하며, 도리어 용어들 간의 '관계'들을 분석의 기초로 본다. 셋째, 음성학은 '체계'의 개념을 도입한다. 오늘날의 음성학은 음소(phonemes)들이 언제나 한 체계의 멤버들이라는 것을 언명하는 데 그 자신을 제한시키지 않는다. 그것은 구체적인 음성학적 체계를 보여주고, 또 그것들의 구조를 드러낸다. 끝으로 음성학은 '일반적인 법칙'들의 발견을 목적으로 삼는데, 귀납법의 발견에 의하여 발견되거나 혹은……이론적으로 연역되어 절대적인 성격을 띤다(Lévi-Strauss, 1963, p.33).

위의 인용문을 통하여 알 수 있는 것은 레비 스트로스가 트로베츠코이로부터 '무의식', '관계', '체계', '일반적 법칙의 추구' 등을 배웠을 것이라는 사실이다. 그러면 레비 스트로스가 언어학으로부터 무엇을 배웠는가 하는 것을 직접 들어보자.

음소들과 마찬가지로 친족명칭들은 중요한 기능을 가지고 있는 요소들이다. 음소들과 마찬가지로 그것들은 체계 속에 끼어들어 가야만이 기능을 획득한다. '친족관계'들은 '음성학적 체계'들과 마찬가지로 무의식적 사고의 수준에서 만들어진다. 끝으로 세계의 여러 다른 지역에서, 또 다른 사회에서 한결같이 친족 형태, 결혼 규칙, 친족들 간에 비슷하게 정해져 있는 태도 등이 있는 것을 볼 때, 우리는 그 어느 경우에나 관찰할 수 있는 현상들이 숨은 법칙들의 작용의 결과라고 믿지 않을 수 없다. 그렇다고 하면, 이 문제는 다음과 같이 정식화할 수 있다. 즉, 친족 관계의 현상들은 언어학적 현상들과 같은 형의 현상이다(Lévi-Strauss, 1963, p.34).

위의 인용문은 레비 스트로스가 트로베츠코이로부터 배웠을 것이라고 생각된 점을 거의 그대로 말하고 있다. 즉 여기서도 '관계', '무의식', '체계', '일반적 법칙의 작용' 등이 언급되고 있다.

앞에서 말한 두 인용문을 통하여, 우리는 레비 스트로스가 언어학을 통하여 다음과 같은 두 가지 가정을 얻었다고 생각한다. 첫째, 기본적이고 객관적인 음소 실재는 관계 체계로 구성되며, 이것은 무의식적 사고 과정의 산물인 것이다(Lévi-Strauss, p.34). 그리고 언어 현상은 다른 사회 현상과 마찬가지로 의식 수준의 투사이기는 하지만, 인간 마음의 무의식적 활동을 규제하는 보편적 법칙의 투사이다(Lévi-Strauss, p.59). 둘째, 음소 체계의 자연적 기초는 인간 두뇌의 구조이다(Lévi-Strauss, p.92). 따라서 우리는 이 가정을 기초로 다음과 같은 말을 할 수 있다. 즉, 언어의 '무의식적' 법칙은 사고양식을 결정한다는 것이다. 그러나 여기서 말하고 있는 '무의식'이 어떻게 작용하는지, 그리고 그 내용은 무엇인지 하는 것은 심리학과 철학에 비추어 볼 때 보다 분명해질 수 있을 것이다.

(2) 프로이드의 무의식과 레비 스트로스의 무의식

프로이드는 레비 스트로스에게 인간에 관한 제반 현상을 과학적으로 탐구할 수 있는 길을 터놓았다. 그러나 프로이드와 레비 스트로스는 무의식을 같은 의미로 보는 점도 있지만 차이점도 있다. 레비 스트로스에 의하면, 진정한 의미는 겉으로 나타난 것 뒤에 있다는 확산을 프로이드와 같이 하고 있다. 즉, 그는 진정한 의미는 겉에 나타난 곳에 없고, 인간이 의식하는 곳에도 없다는 주장을 한다. 그러나 프로이드와 다른 점이 있다. 프로이드는 성격에서 무의식을 강조하고, 이때 무의식은 충동을 의미한다. 비유컨대, 그것은 '본능적 성질의 증기보일러'(Allport, 1967, p.145)와 같다. 그러나 레비 스트로스에게 있어서 '무의식'의 기능은 정신 내용의 구조적 법칙을 가하는 것이다. 말하자면, 구조적 활동으로서의 무의식이다. 프로이드는 기능적 에너지로서의 무의식에 관심을 갖고 있었고, 레비 스트로스는 마음의 영구적인 '논리적 구조'에 관심이 있었던 것이다. 달리 표현하면, 프로이드는 무의식의 의미를 정의적 동기로 보았으나, 레비 스트로스는 논리적 구조로 본 것이다.

2) 범주로서의 구조

레비 스트로스의 무의식은 단순한 정신의 내용이 아니라 일종의 개념적 구조라고 할 수 있다. 그러면 이 개념적 구조는 좀 더 구체적으로 무엇을 의미하는가? 이 점을 규명하기 위해서 칸트의 철학과 '사이버네틱스'[2]와의 관련성을 검토할 필요가 있다.

(1) 칸트와 레비 스트로스의 무의식

레비 스트로스는 인식의 문제를 칸트식으로 접근하고 있다는 점을 인정한 바 있다(Rossi, 1973, p.20). 칸트는 인간 정신을 구속하는 범주들이나 기본 성질

---

2) 인간 및 다른 유기체 또는 기계의 내적 통신에 관한 연구의 총칭. 통제에서는 어떤 행동의 결과보다도 피드백을 통한 체제의 기능적 통제에 더 관심이 집중되고 커뮤니케이션에서는 정보의 처리 능력에 더 관심을 둔다.

의 발견에 목적을 두었고, 레비 스트로스는 칸트식의 탐구를 인류학 연구에 적용한 것이다. 그러나 칸트는 철학적 내관법으로 인간 정신을 탐구하려고 한 데에 반하여, 레비 스트로스는 대조적인 사회에서 그 구성원의 사고의 공통 요소를 경험적으로 접근하려고 하였다(Lévi-Strauss, 1968, pp.10~1).

레비 스트로스가 칸트식의 의미로 말하고 있는 무의식은 어디까지나 정신 활동을 가리키며, 사고 대상과는 어떤 관련도 맺고 있지 않다. 칸트가 말하는 범주는 마음의 구속과 마음에 주어진 법칙이며, 이것은 정신 활동의 기본 기제의 무의식적 체계를 가리킨다. 칸트가 말하는 이 무의식은 대상이 지정되어 있지 않다는 점에서 레비 스트로스의 무의식, 즉 '논리적 구조'와 관련되어 있다. 뒤르껭도 '정신 활동의 영원한 주형(鑄型)'(Durkheim, 1961, p.487)에 관심을 가졌었다. 그러나 뒤르껭에게는 범주가 마음의 외적 주형임에 반하여, 레비 스트로스에게는 범주가 칸트와 비슷하게 마음 체제에 붙박여 있는 내적 구속인 것이다. 그러면 정신에 관한 내적 구속의 내용은 구체적으로 무엇인가?

(2) 레비 스트로스의 무의식과 사이버네틱스와 생물학적 관점

레비 스트로스는 뇌 구조의 부대 현상으로서 개념 구조를 생각하고 있다(Lévi-Strauss, 1966b, p.90). 그에 의하면, 정신의 과정은 사회적 및 생물학적 제약에 속한다. 인간은 생물학적, 인구학적 결정론에 속하며, 보다 근본적으로 인간과 세계와의 관계는 그가 우주 삼라만상을 개념화하는 데 사용하는 도구에 따라 조정된다고 볼 수 있다. 이런 의미에서 볼 때, '뇌의 구조'는 인간 정신의 기능에 가해지는 최초의 제약이다. 리이치(Leach)에 의하면, 우리의 뇌는 세상에 있는 모든 사물을 있는 그대로 보는 것이 아니라, 오히려 자연에서 일어나는 제반 현상을 구조의 변형으로 재생산하여 거기에 따라 반응을 하는 것이다. 말하자면 뇌는 마치 컴퓨터와 같이 유전적으로 프로그램된 것에 따라 활동한다는 것이다(Leach, 1965, pp.541~50).

레비 스트로스는 「원시인의 마음」(Lévi-Strauss, 1969)과 「토테미즘」(Lévi-Strauss, 1966b)에서 정보 이론의 관점을 원용하여, 사회라는 것은 의사교환의 기계라고 하면서 사회 현상은 메시지이며, 언어 구조는 메시지를 부호로 바꾸는 데에 사용된다고 하였다. 이것은 마치 모로스 부호가 길고 짧은 이항대립으로 구성되어 있듯이 인간의 두뇌도 이항성을 띤 부호를 사용한다는 것이다. 트로베츠코

이와 야콥슨은 음성학에서 이 점을 확인하였다. 레비 스트로스는 정신의 이항적 제약을 지지하는 증거를 찾기 위하여 칸트 철학, 언어학, 사이버네틱스 등을 연구하였다. 그러나 레비 스트로스는 어떻게 두뇌의 이항 기능에서 마음의 이항 작용 또는 정신적 제약을 추론해 낼 수 있었는가? 레비 스트로스는 야콥슨과 그 밖에 언어학자들로부터 배운 바에 따라 우주의 법칙과 인간 마음의 법칙은 동일한 것이라는 가정을 얻고 거기에서부터 정신적 제약을 추론해 낸 것이다. 또한 그는 '문명인의 사고'와 '원시인의 사고'를 동일한 것으로 보고, 이것은 그 자체 사고의 한 측면이라고까지 말하고 있다(Lévi-Strauss, 1969b, p.451). 레비 스트로스의 무의식의 개념을 사이버네틱스나 생물학적 관점에 비추어 해석해 보면, 개인의 자유의사와 의지에 직접 관계없이, 사회적, 생물학적 결정론에 따라 무의식은 이항적 기능을 하는 것이다.

3) 이항대립적 접근법

레비 스트로스의 구조주의가 '관계'를 찾는 일이 중요한 과제라면, 이 '관계'는 구조의 핵심이라고 할 수 있다. 그리하여 레비 스트로스는 연구 대상을 이항대립으로 환원시켜 이 관계를 찾아내려고 하였다. 그러면 왜 하필 레비 스트로스는 '관계'를 찾는 데에 이항대립으로 환원시키려고 했는가? 그에 의하면, 문화 현상은 원래 변증법적 정신 활동에 기원을 두고 있으며, 그 의미를 대립으로 보았다. 그리하여 문화 현상은 그 대립된 것의 분석을 통하여 의미가 추출된다. 최근에 그는 이 대립이야말로 문화 현상의 본질이라고 했다(Lévi-Strauss, 1971, p.616; Rossi, 1974, p.83). 이 말로 미루어 보아 레비 스트로스는 변증법적 정신이야말로 문화 현상을 의미있게 종합할 수 있다고 보고 있는 것이다. 그리하여 레비 스트로스는 이항대립적 접근법을 택한 것이다.

그러면 이항대립적 접근법은 구체적으로 무엇인가? 이항 대립에는 두 가지 다른 의미가 있다. 첫째, 논리학에서 쓰고 있는 P, ~P, a, ~a이다. 이런 의미로 인류학에서는 '결혼했다', '결혼하지 않았다'로 쓰고 있다. 둘째, 논리학에서 쓰고 있는 P, ~P와 같은 엄격한 의미는 맞지 않을지 모르나, 구조분석자는 '구체적인 맥락'에서 P, ~P로 지각한다. 예컨대, 레비 스트로스는 신화 분석에서 왼쪽 / 바른쪽의 경우, 은유로 왼쪽은 악(惡), 오른쪽은 선(善)의 의미로 본다. 그리고 익은 것/날 것, 땅/하늘, 육지/바다, 생/사 등과 같이 사물을 그 사물 자체로 보는 것이 아니라 짝지어진 '관계'로 본다. 레비 스트로스는 모스, 뒤르껭, 말리노프스키, 딜타이, 루소, 소쉬르, 야콥슨 등과 같이 서로 다른 배경을 가지고 있는 학자들의 방법론을 어떤 수준에서 종합하려고 하였고, 이것이 가능하다고 믿었다. 이 종합의 결과가 바로 그의 구조주의적 방법론인 것이다. 그는 자신의 구조주의 방법론을 '객관적이며 주관적인 설명 양식'이라고 말한다(Rossi, 1973, p.83).

Ⅲ. 촘스키의 변형문법 이론

일반적으로 말해서 인문사회과학이 발전한다고 하는 데에는 두 가지 주장이 있으니, 하나는 인간의 실제 행동을 엄밀히 관찰할 때 인문 사회과학의 발전을 가져온다고 하는 주장과, 다른 하나는 신비롭게 숨겨진 잠재 법칙을 찾아낼 때 발전을 가져온다는 주장이다. 이 두 가지 주장 중에서 촘스키는 후자의 입장에 선다. 촘스키는 '언어 수행'은 '언어 능력'의 아주 작은 부분이라고 말한다. 그리하여 그는 행동과학에서 가정하고 있는 인간관을 주로 공격하면서 행동과학이 바라는 과학적 엄밀성과 객관성을 찾으려고 노력하였다(Searle, 1979, p.58).

촘스키 언어학의 목적은 발화(發話, utterance)의 자료체를 조작함으로써 요소들을 분류하는 분류론적 문법 대신에 자연어의 무한한 문장들을 창조해 내는 측면을 설명할 이론을 건설하는 것이다. 좀 더 구체적으로 말하면, 언어의 가장 중요한 특질 몇 가지를 수학적으로 기술해 내는 변형문법 체계를 구안해 내는 것이 촘스키 언어학의 목적이다(Lyons, 1979, pp.16~21). 촘스키가 언어의 과학적 연구와 변형문법에 관하여 깊은 관심을 갖는 가장 중요한 이유는 이것들이 인간의 정신과정을 이해하는 데 기여한다고 믿었기 때문이다. 그리하여 그는 언어학과 심리학이 언어연구에 관하여 서로 다른 관점을 가지고 있지만, 두 학문 간에 중요한 유대 관계가 있다고 하면서, 마침내 촘스키는 언어학, 심리학, 철학을 독립된 자율학문으로 볼 수 없다고까지 말하고 있다(Lyons, 1979, p.145).

촘스키는 어린이가 언어를 익히는 근거로 '내재된 언어능력'을 가정해야 한다는 것이다(Searle, 1979, p.87). 또한 인간이 타고난 정신 특성이나 정신 능력과 언어 구조 사이에는 특별히 밀접한 관계가 존재한다고 하면서 언어의 일부 특유한 성질들이 갖는 보편성은 모든 종족들에게 공통으로 존재한다고 하였다(Lyons, 1979, pp.16~21). 그러나 사실상 17, 8세기 이성주의 철학사상과 관계가 있다. 촘스키가 주장하는 변형문법 이론은 사실상 데카르트의 이성주의와 소쉬르의 언어학과 관련된다. 그의 저서 「데카르트 학파 언어학」(Chomsky, 1966)이 말해 주듯이 이미 정립된 경험론적 접근에 대항하여 데카르트 학파적인 합리주의의 정당성을 언어이론에서 다시 확인하였다. 그리고 그는 이미 데카르트가 주장한 '본유관념'과 같은 것을 그의 가설에 도입하여 보편문법의 생득적 측면을 강력하게 내세웠다. 또한 촘스키는 소쉬르의 언어학을 계승하여 '심층구조 이론'을 전개함으로써 20세기 구조주의의 한 지류를 이루게 되었다.

촘스키는 사람들로 하여금 이성을 가진 인간이라는 점에 관심을 되돌리는 길을 열고, 새로운 차원의 인간관을 가능하게 했다. 왜냐하면 인간이 언어 능력을 가지고 있고, 이 언어 능력의 보편성과 창조성을 띠고 있다는 것이 증명될 때 인간의 자유는 다시 구제될 수 있다고 믿었기 때문이다. 또한 그의 심층구조 이론은 레비스트로스가 친족 관계와 신화에서 찾았던 '구조'와 같은 것을 언어라는 측면에서 제시하였다고 할 수 있다(신일철, 1977, p.9). 이와 같은 촘스키 이론의 특유성 때문에 그 폭이나 지지도에 있어 케인즈(Keynes)나 프로이드 연구에 비교될 수 있으며, 단순히 언어학에 혁명을 이루었다는 점에 그치는 것이 아니라, 그의 생성문법3)은 철학과 심리학에 지대한 영향을 주었다. 요컨대, 촘스키의 언어이론은 경험론적 귀납법에 대한 이성주의적 연역법의 재평가이며, 경험론과 행동주의에 대한 이성주의의 부흥이요, 표면적인 언어 수행에서 눈을 보다 깊은 인간정신 저변에 있는 언어 능력에 돌리는 것이다.

---

3) '생성한다'는 용어는 훔볼트가 사용한 'erzeugen'의 번역어이다. 생성문법은 일련의 특정한 주어진 문장들을 그 수가 무한히 많은 문장들로 투영시켜 주는 문법이라는 말이다. 촘스키가 사용하는 '생성한다'는 말은 수학 용어에서 끌어 온 것이다. 예컨대 $2x+3y-z$가 있을 때 변수 x, y, z에 각각 수치를 넣으면 결과적으로 무한수의 수치를 생성해 낼 수 있을 것이다. 그리하여 촘스키는 문법규칙과 같이 정확하게 만들려고 한 것이다(Lyons, 1979, pp.66~7).

1) 인간 언어능력의 생득성

촘스키가 언어학 연구에서 추출한 인간 정신의 본질에 관한 가장 놀라운 결론은 데카르트, 라이프니츠 등 17세기 이성주의 철학자의 주장을 변호한 점이다. 즉, 인간의 정신 속에 '본유관념'(本有觀念)이 있다는 것이다.[4]

일반적으로 본유관념에 관하여 데카르트가 촘스키 이론의 선구자라고 이해되고 있으나, 데카르트는 3각형의 관념, 완전의 개념, 신의 관념과 같은 본유적 관념을 갖고 있다고 했지만, 자연어의 통사(通詞, syntax)가 내재한다고 말한 것은 아니다. 사실상 데카르트는 본질적으로 인간을 '관념의 내재적 체계'에 멋대로 말딱지를 붙이는 언어이용 동물로 생각했으나, 촘스키는 인간이 태어나면서 접하게 되는 상이한 언어에 의해 여러 가능한 형태로 제기되는 문장을 만들고 이해하는 통사적 동물이라고 생각했다.

인식론의 관점에서 볼 때, 경험주의는 경험에 우선하는 인식은 존재하지 않으며, 자극과 반응의 습관적 연결로 이루어진 인식 이외의 어떤 제약도 없다고 본다. 그러나 이성주의에서는 지식체계의 일반적 형식은 정신의 성향으로서 미리 고정된 것이며, 경험의 기능은 이 일반적 형식구조를 실현시켜서 보다 충분히 세분화시키는 일이라고 가정해 왔다. 이 두 관점 중에서 촘스키는 이성주의에 속한다고 할 수 있다. 그러면 촘스키가 말하고 있는 본유지식 또는 생득적(生得的) 지식에서 '지식'이 무엇인가 하는 문제가 생긴다. 네이글(Nagel, 1969, p.173)에 의하면, 비유컨대, 갓난아기가 세상에 태어나자마자 음식을 먹고 소화를 시키는데 이때 아기의 위는 여러 가지 분비물을 내고 활동하여 음식을 소화시키거나 그렇지

---

4) 완전히 평평한 대리석판 혹은 공백의 평판, 다시 말해서, 철학자들이 말하는 백지상태(tabula rasa)라기보다는 여러 가지 결을 가진 대리석 조각에 비교할 수 있을 것이다. 왜냐하면, 만일 영혼이 이러한 공백의 평판과 유사하다면, 대리석이 헤라클레스의 상을 받아들이느냐에 대해서는 전연 무관심할 경우에 헤라클레스의 상이 대리석 속에 나타나는 것과 동일한 식으로 진리가 우리 속에 존재할 것이기 때문이다. 그러나 다른 상이 아닌 오직 이 헤라클레스의 상만을 보여주는 결이 이 대리석 조각에 들어 있다면, 이 대리석 조각은 더욱 헤라클레스 상에 한정될 것이다. 물론 결을 발견해내는 노력도 필요하고 결의 윤을 내고 결이 나타나는 것을 방해하는 것은 잘라 버림으로써 이 결을 뚜렷하게 하는 일도 필요하긴 하다. 그래서 관념과 진리는 행동으로서가 아니라 소질, 성향, 습관 혹은 자연적 잠재력으로서 우리에게 본유적으로 존재하는 것이다. 물론 이 같은 자연적 잠재력은 자체에 대응하는 행위-흔히 지각할 수 없는 행위-가 항시 수반된다(Leibniz, 1949, pp.45~6).

못하거나 한다. 그러나 이 아기는 이 점을 의식하지 못한다. 성인이라도 이것을 의식하지 못한다. 아기나 성인 모두 생리학을 전혀 공부하지 않았다고 하더라도 소화기능은 여전하다. 본래의 소화기능이 없었다면 소화를 할 수 있었겠는가? 마찬가지로 어린이나 성인이 언어학을 공부하지 않았더라도, 그리고 언어의 문법규칙을 의식하지 않았어도 정확하게 말할 수 있다. 따라서 언어능력이 본래 잠재해 있었다고 생각할 수 있다. 어떻게 보면, 이것은 정신분석학적 의미에서 무의식적 지식이라고 볼 수 있다. 그러나 사실상 이 무의식적 지식은 문법의 규칙에 관한 지식과는 다른 것이다. 그렇다면, 이것을 내재적 능력이라고 부르는 것이 적절할 것이다. 말하자면, 네이글은 촘스키의 본유지식이라고 하는 것을 내재적 능력이라고 본 것이다.

촘스키 등은 인간의 언어능력을 선천적으로 내재하고 있는 것으로 보고 있으며, 그 근거를 보면 다음과 같다(양동휘, 1977, pp.142~3). 즉, 첫째, 언어능력은 인간의 다른 생득적 능력(예컨대, 신체의 균형을 잡는 능력)과 같이 지식, 성품, 성장환경, 인종의 차이 등에 관계없이 누구에게나 반드시 있다. 둘째, 언어능력은 인간의 다른 생득적 능력과 같이 인간 발달과정 중에서 어떤 특정 단계에서만 개발된다. 셋째, 언어능력은 인간의 다른 생득적 능력과 같이 특정기간의 발달과정이 매우 급진적이다. 인간의 언어능력이 생득적이라고 하는 주장은 모든 인간 언어의 공통성이라는 가설로 연결될 수 있다. 왜냐하면 세계의 모든 언어는 인간의 생득적 능력으로 습득될 수 있는 공통적 특성을 가지고 있다고 추론할 수 있기 때문이다(양동휘, 1977, p.143).

이와 같은 주장에 대하여, 실제로 적절한 언어환경이 주어지지 않을 때에는 결코 그 언어를 습득할 수 없으니 다른 생득적 능력과는 다르다고 생각할 수 있다. 그러나 생득적 능력의 발견을 촉진하는 환경적 요인을 필요로 하는 생득적 능력은 많다. 예컨대 새는 날아가는 능력을 생득적으로 가지고 태어나지만, 어려서부터 다른 나는 것을 전혀 보여주지 않고 스스로 날 기회를 주지 않는다면, 결국 날 줄 모르는 새로 자란다고 한다. 인간의 능력도 마찬가지이다. 이때 언어능력은 언어능력의 발현을 위한 촉매로서 의의가 있는 것이다(양동휘, 1977, p.144). 촘스키의 변형문법은 이러한 언어능력을 규명하는 데 그 목적이 있다. 그러면 언어능력의 생득성은 언어습득과 어떤 관련이 있는가?

2) 언어능력의 생득성과 언어습득과의 관계

스키너와 같은 행동주의 심리학자들은 인간의 마음은 백지 상태라는 가정을 받아들이고 언어의 습득은 개개의 언어경험을 통하여 이루어진다고 보고 있다. 그러나 촘스키는 행동주의 심리학에서 제안하고 있는 언어습득 이론에 반대하고 이성주의에 기반을 두고, 단어 구성뿐만 아니라, 문장구조에 있어서도 주위 사람들의 말을 그대로 모방, 반복 연습함으로써 습득하는 것이 아니라고 하면서, 언어습득은 인간이 어떤 환경 속에 있을 때, 생득적인 내재적 능력이 발동되어 주어진 언어자료를 스스로 분석하고 그 언어의 기본적인 원리를 구성해 가는 능동적 과정이라고 주장한다(양동휘, 1977, pp.143~4). 촘스키는 이 점에 관하여 다음과 같이 말하고 있다.

> ……언어습득은 형식적 관점에서 깊고 추상적인 이론-즉, 어린이가 사용하는 언어의 생성문법-을 어린이가 발견하는 데에 기초를 두고 있음이 분명한 것 같다. 이 깊고 추상적인 이론의 개념과 원리는 다수가 길고 복잡한 연쇄적인 무의식적 준추리 단계(unconscious quasi-inferential steps)에 의하여 다만 간접적으로 경험에 관련되어 있다(Chomsky, 1965, p.58).

결국 언어의 습득은 직접 경험과 관련되는 것이 아니라 어린이가 언어능력을 가지고 태어나 스스로 언어의 생성문법을 발견하여 언어를 습득한다는 말이다.

라이프니츠는 '우리가 이미 정신 속에 가지고 있지 않은 관념에 대해서는 아무것도 배울 수 없다'고 하면서, '플라톤이 메논의 노예 소년에게 행한 것 같이, 영혼은 사실상 이런 것들을 알고 있으며, 이러한 사실을 알아차리는 데는 다만 상기만이 필요하다'(Leibniz, 1902)고 말하였다. 언어습득에 관한 플라톤식의 설명은 훔볼트에 와서 더욱 뚜렷해진다. 훔볼트의 경우, 언어의 습득은 언제나 재창조에 불과하다는 것이다. 표면에 나타난 모양과는 달리 언어는 '원래 습득될 수 있는 것이 아니라, 정신 속에서 다만 일깨워지는 것'이다. 인간은 언어능력에서 다만 실마리를 줄 수 있을 뿐이다. 따라서 언어능력은 그 실마리를 근거로 스스로 발달한다. 그리하여 언어는 어떤 의미에서 보면, '개인 스스로의 창조'이다(Chomsky, 1966, p.64).

언어습득에 관한 촘스키의 가정은 데카르트, 라이프이쯔로부터 훔볼트에 이르는 이성주의 철학과 데카르트 학파의 언어학, 그리고 이를 뒷받침하고 있는 심리학의 전통을 이어받은 것이라고 볼 수 있다. 그 가정은 표면적 차이에도 불구하고 인간의 모든 언어는 아주 비슷한 내재적 구조를 가지며 그 모두가 구절구조 규칙과 변형 규칙을 갖는다는 것이다(Searle, 1979, p.76). 그리하여 촘스키는 모국어를 배우는 어린이는 놀랄 만한 지적 묘기를 수행한다는 것이다. 즉, 문법을 내면화함으로써 언어이론의 형성과 같은 일을 하는 것이다. 이 모든 사실에 관한 유일한 설명은 마음이 백지상태가 아니라, 어린이는 말하는 법을 배우기 전에 이미 언어능력을 갖고 있다는 것이다. 만약 이 가정을 받아들일 수 없다면, 지금까지 어린이가 한번도 말해 보지 않고 앞으로 아무도 다시는 똑같이 반복해 사용해 보지 않을 그런 문장을 만들어 낸다는 사실을 설명할 도리가 없을 것이다. 이 언어사용의 창조적 측면이야말로 인간특유의 것이다.

데카르트 학파가 강조한 것은 인간 언어의 본질적이고 명백한 특성이다. 그것은 바로 언어사용의 창조적 측면인 것이다. 훔볼트에 의하면, 언어의 특성은 만들어진 것이라기보다는 차라리 작용이며, 하나의 죽은 산물이라기보다는 생산이라고 보았다(Chomsky, 1966, p.19). 이 정신을 이어받은 촘스키는 언어사용의 창조적 측면을 가장 두드러진 언어의 특성으로 보고, 데카르트, 훔볼트, 슈레겔에 이르러 일단 틀이 잡힌 보편적 문법 이론을 부활시켰다.

촘스키의 착상은 이성을 가진 인간이 아니고는 그때그때의 상황이나 경우에 따라서 언어를 적절히 사용할 수 없으며, 오직 인간만이 언어를 창조적으로 사용할 수 있다는 데에서 출발하였다. 사실상 촘스키는 인간이 상황에 따라서 얼마든지 새로운 문장을 만들어 낼 수 있는 이유를 설명하기 위하여 언어에 심층구조와 표층구조를 설정하고, 그것 사이에 변형이라는 조작을 도입한 것이다(신일철, 1977, p.45). 우리가 사용하는 말이나 문장은 사실상 한이 없다. 아무리 긴 문장이라도 거기에 수식어 또는 등위절을 삽입할 수 있기 때문에 가장 긴 문장이라는 것은 없다. 이와 같이 말 또는 문장의 무한성은 행동주의 심리학의 언어습득 이론으로는 도저히 설명할 수 없다. 왜냐하면 개개의 문장이나 말을 하나하나 연습을 통하여 학습해야 되고 이것을 습득하는 데에는 무한한 시간이 소요되며, 그럼에도 불구하고 말은 영원히 완전하게 습득할 수 없다는 결론이 나오기 때문이다. 인간 언어의 창조적 측면은 확실히 인간만의 놀라운 특성임에 틀림없다.

3) 변형접근법

촘스키는 구조언어학적 전통에서 교육을 받았기 때문에 통사론은 의미론으로부터 독립되어야 하며, 그래야 형태나 의미로부터 독립된 성격을 갖는다는 확신을 상속받았다. 그리하여 촘스키는 인간을 '통사론적 동물'(Searle, 1979, p.70)이라고 하였다. 말하자면 인간 두뇌의 구조는 인간의 통사 구조를 결정하며, 이것 때문에 구문의 연구는 인간의 정신을 연구하는 가장 중요한 열쇠가 된다는 것이다.

촘스키는 구조언어학을 비판하고 자신의 문법이론을 정립하였다. 그가 구조언어학의 문제점이라고 지적한 것을 보면 다음과 같다(Searle, 1979, pp.60~7). 첫째, 구조언어학의 구절 구조만으로는 예컨대 'I like her cooking'과 같은 문장의 다양성, 즉 'I like her cooking'에 잠재해 있는 'I like what she cooks', 'I like the way she cooks', 'I like the fact that she cooks', 중에서 어느 것인지를 묘사할 자연스런 방법이 없다. 둘째, 구절구조 문법은 예컨대 'John is easy to please'와 'John eager to please' 간의 차이를 묘사할 방법이 없다. 이 두 문장은 정확히 동일한 문법적 구조를 갖고 있는 것처럼 보인다. 그 각각은 동사-계사-부정동사의 연결이다. 그러나 이런 표면적 유사성에도 불구하고 두 개의 문법은 전혀 다르다. 첫 번째 문장은 '누군가가 존을 즐겁게 만든다는 것은 쉽다'는 뜻이다. 두 번째 문장은 '존이 누군가를 즐겁게 만들려고 열심'이라는 뜻이다. 그리고 'John's eagerness to please'는 가능하지만 'John's easiness to please'는 허용되지 않는다. 셋째, 위의 예문에서 표면적 유사성이 구절구조 문법으로는 나타낼 수 없는 내재적인 차이점을 감추는 것과 똑같이 표면적 차이가 또한 유사성을 감춘다. 예컨대 'The book will be read by the boy'와 'The boy will read the book'의 두 문장은 상당한 공통성을 갖는다. 유일한 차이는 하나가 수동태, 또 다른 하나가 능동태라는 것뿐이다. 그리하여 촘스키는 구절구조 규칙에 추가해서 변형 규칙이 필요하다고 주장하며, 그 규칙은 요소들을 이동, 추가, 삭제함으로써 구절 표식을 다른 구절 표식으로 변형시키는 것이다. 다음의 일련의 구절구조 규칙의 예를 생각해 보자.

① S→A+B
② B→C+D

③ A→a+b
④ C→c+e+f
⑤ D→d+g+h
⑥ A→C+D→D+A

①~⑤까지를 표시하면 a+b+c+e+f+d+g+h이며, 이것에 규칙 ⑥을 적용하면 d+g+h+a+b로 된다. 이때 C는 삭제되었다(Lyo, 1977, p.1002).

촘스키 문법의 근저부에는 구절구조 규칙을 포함하며, 이들은 각 문장의 심층구조를 결정한다. 변형부는 문장의 심층구조를 그것의 표층구조로 전환시킨다. 예컨대 'The book will be read by the boy'와 'The boy will read the book'와 같은 두 개의 표층구조는 하나의 심층구조로 유도된다. 그리고 'I like her cooking'의 경우에는 하나의 표층구조가 여러 개의 상이한 심층구조로 유도된다(Searle, 1979, pp.68~9). 따라서 '심층구조'라는 것이 언제나 하나는 아니다.

기저부는 기저구절 표식을 생성한다. 그리하여 촘스키는 문장의 기저가 그 문장의 기저를 이루는 기절구조 표식의 연속체라고 정의하고 있다(Chomsky, 1965, p.128). 촘스키의 본래의 의도가 언어의 심층구조를 찾는 데 있었다면, 변형규칙은 표층구조에서 심층구조를 찾도록 해주는 그의 독특한 방법이라고 할 수 있다. 한 가지 부언해 둘 것은 전통 문법학자들이 막연히 기술하였던 통찰력 있는 생각들을 변형규칙으로 형식화할 수 있었던 것은 형식논리학과 수학의 정신을 도입하여 활용하였기 때문이다. 물론 변형문법 자체의 기본 개념을 수학이나 논리학에서 끄집어내어 활용하였다는 것이 아니다.

Ⅳ. 구조주의에서의 구조의 성격

구조주의의 핵심은 어디까지나 '구조'를 무엇이라고 보는가 하는 데에 있다. 우선 어원의 측면에서 볼 때 '구조'(structure)는 라틴어 structura와 struere에서 나왔다. 이 용어는 17세기경에 건축 분야에서 널리 사용되었으며 점차 해부학, 문법에까지 퍼지게 되었다. 이 당시 '구조'라는 말은 '전체'를 뜻하거나 부분 간의 상호관계를 지칭하는 뜻으로 사용되었다. 19세기에 와서는 스펜서(Herbert Spencer)가 생물학에서 이 '구조'라는 말을 처음 도입하였으며, 이때 '구조'라는 말은 관찰 가능한 부분의 조직 전체였다(Glucksman, 1974, p.15). 20세기에 와서는 헤겔의 '전체성의 아이디어'가 사화 현상에 적용되었다. 그리하여 철학자, 역사가들은 사회를 '관념의 구현물'로 이해한 것이다. 심리학에서는 이 생각을 받아들여 형태심리학을 탄생시켰다. 형태심리학에서는 전체가 부분의 총합이 아니라는 것을 경험적으로 증명해 보려고 했었다(Glucksman, 1974, p.16). 그 후 언어학에서 촘스키, 인류학에서 레비 스트로스, 문학에서 롤랑 바르트(Barthes, 1963) 등 이 구조주의를 제창하면서 '구조'라는 말을 사용하게 된 것이다.

그러나 과연 '구조'라는 말이 어떤 의미를 가지는가 하는 문제에 직면했을 때 답을 하기란 그리 쉬운 일이 아니다. 왜냐하면 '구조'라는 말은 여러 가지 서로 다른 학문의 배경에 따라 '방법', '개념', '철학적 의미' 등을 수반하고 있으며, 더욱 사태를 어렵게 만들고 있는 것은 분명히 구조적 측면이 있음에도 불구하고 '구조'라는 말을 하나도 쓰고 있지 않기 때문이다. 여기서는 피아제, 레비 스트로스, 그리고 촘스키를 중심으로 그들이 쓰고 있는 '구조'의 성격이 무엇인가를 고찰하고 이들을 종합하여 그 성격을 규명해 보겠다.

1) 피아제

피아제는 구조의 성격을 다음과 같이 세 가지 기본 아이디어로 구성되어 있다고 본다. 즉, 전체성, 변형, 그리고 자기조정성 등이다. 이하 이 기본적 아이디어를 좀 더 구체적으로 고찰하겠다.

(1) 전체성(Piaget, 1970b, pp.6~10)

수학, 언어학, 그리고 심리학 분야에서 구조주의자라고 하는 사람은 적어도 누구나 전체성을 구조의 가장 두드러진 특징의 하나라고 인정하고 있다. 그러나 여기서 구분해야 할 것은 '구조'와 '총합'이다. '구조'는 전체를 뜻하지만, '총합'은 하나하나의 독립된 요소로 구성된다는 뜻이다. 그렇다고 해서 '구조'가 요소를 갖고 있지 않다는 것이 아니다. 구조가 갖고 있는 요소들은 법칙에 속해 있으며, 법칙의 입장에서 보면 구조는 체제로 정의될 수 있다. 그러므로 구조는 요소들만이 모여진 총합과는 다르다. 더구나 구조에는 요소들 하나하나의 성질과 구분되는 '전체성'이라는 것이다. 전체성의 아이디어는 크게 두 가지 문제로 나눌 수 있다. 하나는 전체성이라는 아이디어의 본질이 무엇인가 하는 문제이고, 다른 하나는 어떤 물체가 생겨날 때 처음부터 전체의 모습이 축소되어 그 속에 있다가 생성되면서 본래의 형태로 되는가, 아니면 처음에는 전체의 모습이 없이 혼합되어 있다가 차차 생성되는 과정에서 본래의 형태가 하나씩 생겨 나오는가 하는 문제이다.

원자론적 입장을 취하는 사람들은 전체라는 것을 생각할 때 간단한 것에서 차차 발전되어 복잡한 것으로 나아간다고 보는 것이 자연스럽다고 생각하였다. 그러나 원자론적 입장을 비판하는 사람들은 전체라는 것을 모종의 출현의 결과로 보았다. 예컨대, 콩트와 같은 사람은 인간이라는 관점에서 인간을 규정하지 않고, 인간성이라는 관점을 설정해 놓고 인간을 설명하려고 하였다. 뒤르껨과 같은 사람은 원자들이 모여 분자를 이루듯이 개인이 모여 사회 전체를 이룰 때 출현하는 사회의 전체성을 생각하였다. 또한 형태 심리학자들도 전체라는 것이 요소들의 단순한 결합이 아니라는 점을 지적하는 데에 공헌하였다. 그러나 이와 같은 입장들은 전체를 구성해 내는 법칙을 간과해 버렸고, 문제를 단순화시켰다는 비난을 면치 못할 뿐만 아니라 특히 구조라는 것이 어디서 생겼는가 하는 문제는 해결해 주지 못하고 있다.

그러면 구조주의는 '구조 없는 발생'과 '발생 없는 구조' 중 어느 하나를 취하지 않으면 안 될 것인가? 만약 구조주의가 '구조 없는 발생'의 관점을 취하면 경험에서 흔히 볼 수 있는 원자론적 사고방식으로 빠지게 되며, '발생 없는 구조'의 관점을 취하면 후설의 요체론, 플라톤의 형식, 칸트의 선험설로 빠져버리는 딜레마에 부딪치게 한다. 결국 구조의 발생 문제는 '전체성'의 아이디어만으로는 해결될 수 없고, 변형이라는 두 번째 구조의 기본 아이디어와 관련시켜 볼 때 해결의 어떤 실마리를 얻을 수 있을지 모르겠다.

(2) 변형(Piaget, 1970b, pp.10~13)

만약 구조화된 전체의 특징이 구조를 구성해 내는 법칙에 달려있다면, 이 법칙들은 구조화하는 바로 그 전체의 본질임에 틀림없다. 구조주의자들이 사용하고 있는 법칙은 '구조화하고', '구조화되는' 양극성을 모두 포함하고 있다. 말하자면, 구조를 이루는 체제의 변형을 지배하는 것으로 볼 수 있다.

언어학과 심리학의 구조주의 역사를 살펴보면, '구조를 이루는 체제의 변형을 지배하는 것이 구성법칙이다'라는 말은 의외일지 모른다. 언어학의 경우, 소쉬르에서 시작된 구조주의는 '구조'를 이루는 것이 구성법칙이라는 주장을 지지하고 있는 것 같지 않다. 소쉬르의 경우에는 다만 체제라는 말에 '통시적 균형법칙'을 포함시키고 있을 뿐이다. 형태심리학의 경우는 지각적 형태를 정적인 것으로 보았다. 그러나 만약 '변형'이라는 아이디어가 없다면, '구조'는 모든 중요한 의미를 잃어버리게 된다. 왜냐하면, 그럴 경우 '구조'는 정적인 것으로 되어버리기 때문이다.

변형의 아이디어에서 중요한 문제는 기원이다. 말하자면 변형과 형성의 관계에 관한 문제이다. 여기서 구분해야 할 것은 구조를 구성하는 요소와 그 요소에 적용되는 변형규칙이다. 사실상 변화 또는 변형되는 것은 요소들이기 때문에 변형은 불변인 것으로 생각하기 쉽다. 이와 같은 경우의 대표적인 인물이 촘스키이다. 그는 변형에 관한 심리학적 기원에 별로 관심을 보이지 않고, 단지 타고난 것으로 보았다. 그러므로 그의 생성문법은 생득적 통사규칙을 전제하고 있다. 말하자면 언어규칙의 획득은 '균형이론'으로 설명할 수 없다는 것이다. 그리하여 촘스키는, 인간은 태어날 때부터 언어능력을 가지고 태어났다는 생물학적 가설에 호소하면, 심리학적 설명(예컨대, 애초에 이와 같은 능력이 어떻게 형성되었느냐 등)에 포함될 복잡한 문제가 생기지 않을 것이라고 생각한 것 같다. 그러나 '변형에 관한 심리학적 기원의 문제'로 대표되는 변형의 핵심적 문제는 논쟁의 소용돌이에서 벗어나기는커녕 바로 그 중심부에 있다.

(3) 자기조정성(Piaget, 1970b, pp.13~16)

구조의 기본적인 아이디어의 하나인 자기조정성은 '폐쇄성'을 가지고 있다. 자기조정성에 '폐쇄성'을 가지고 있다는 말은 '구조' 속에 내재해 있는 변형이 실지로 이루어질 때, 절대로 체제 밖에 있는 요소를 끌어들이는 것이 아니고, 구조 속에 있는 요소들을 가지고 변형을 해 나간다는 의미이다. 이런 의미에서 '구조'는 폐쇄되었다고 할 수 있다. 어떤 구조가 보다 큰 상부구조의 하부구조일 수 있다. 그러나 하부구조가 제 자신의 영역을 잃어버리는 것이 아니다. 말하자면 상부구조에 하부구조가 덧붙여 있는 것이 아니라는 것이다. 하부구조는 자신의 법칙에 따라 움직인다.

자기조정은 여러 가지 절차나 과정에 따라 함께 된다. 그러므로 이것은 다시 형식화의 문제로 돌아간다. 형식화를 가장 높은 수준에서 말한다면, 완전하고 명백한 법칙을 적용하여 움직이는 '자기조정'이며, 목하 논의하고 있는 구조이다. 구조적 측면에서 볼 때, 조작은 역이 이루어지는 체제이다. 만약 역이 이루어지지 않는다면 조작이 아니다. 구조라고 해서 반드시 논리—수학적 성질을 모두 갖추고 있는 것은 아니다. 예컨대 언어구조, 사회구조, 심리구조가 바로 그 경우이다. 그러나 이 경우에도 변형은 이루어지지만 이런 종류의 변형은 사이버네틱스의 피드백의 상호작용과 같은 것이라고 할 수 있다. 그리고 아주 단순한 것이지만 일상생활의 '리듬'도 구조적 기제를 지배하는 규칙이며 이것 역시 자기조정의 일종이라고 볼 수 있다.

전체성은 구조에도 있지만 체제에도 있다. 그러나 여기에서 '구조'가 구조로서 의미를 가지려면 변형이 있어야 하며, 이 변형은 '구조'의 종류에 따라 '리듬', '규칙', '조작'의 모습으로 나타난다. 그러므로 자기조정성이야말로 '구조'를 구조답게 하는 가장 핵심적인 아이디어라고 볼 수 있다. 만약 '구조'의 원형을 들라고 하면 수학의 군5)을 들 수 있을 것이다. 군은 '구조'의 모든 특성을 다른 어느 것보다도 고루 갖추고 있다(Piaget, 1970b, p.19).

2) 레비 스트로스

레비 스트로스가 말하고 있는 '구조'가 어떤 것인지 그렇게 분명한 것은 아니다. 왜냐하면 그는 '구조'를 '방법론', '사물을 보는 수단', '형식과 내용' 등으로 표현하고 있기 때문이다. 그러나 우선 레비 스트로스의 저작에 나타난 '구조'의 의미와 용법을 살펴보겠다. 그는 「토테미즘」에서 '구조'를 방법으로 보고 다음과 같이 말하고 있다.

---

5) 공집합이 아닌 집합 G가 다음의 조건을 충족시켰을 때 '군'이라고 부른다.
　ⅰ) 임의의 두 개의 조작(a, b)을 연결하는 제3의 원 $c=a+b$로 정한다.(합성)
　ⅱ) $a+(b+c)=(a+b)+c$(결합)
　ⅲ) $a+0=0+a=a$(동일)
　ⅳ) $a+(-a)=(-a)+a=0$(역)

1) 둘 이상의 용어, 실재와 가정된 것 사이의 관계를 연구하기 위하여 연구하고자 하는 현상을 정의한다. 2) 이들 용어들 사이의 가능한 변화를 표로 작성한다. 3) 이 표를 이용하여 필요한 연결을 지켜보고 가능한 조합 체제를 구성해 본다(Lévi-Strauss, 1966b, p.16).

위의 인용문에서 보면, 레비 스트로스가 말하는 '구조'는 탐구대상의 구성 요소들의 '관계망'을 찾는 방법이다.

다음으로 「구조인류학」을 보면 '구조'를 인류학에 한정된 개념 내지 도구로 보지 않고 사회과학 전반에 걸친 모형으로 보고 다음과 같이 말하고 있다.

구조는 다음의 몇 가지 요건들을 충족시키는 모델로 이루어졌다. 첫째, 구조는 한 체계의 특성을 나타내며, 구조를 이루는 몇 가지 요소의 변화는 다른 모든 요소의 변화를 초래하게 한다. 둘째, 어떤 주어진 모델에서는 일련의 변형을 동일한 형의 모델들의 한 집단으로 귀착되도록 정돈하는 가능성이 있어야 한다. 셋째, 위의 특성은 만약 모델의 요소들 중의 하나 혹은 그 이상이 수정을 받게 된다면, 그 모델이 어떻게 반응할 것인지 예측할 수 있게 한다. 끝으로 모델을 모든 관찰된 사실들을 즉각적으로 유의미하게 만들 수 있도록 구성되어야 한다. 따라서 모델 혹은 모델들의 집단은 이처럼 내적 일관성을 지녀야 만이 그것의 타당성에 기본적 입증을 제공할 수가 있게 되는 것이다(Lévi-Strauss, 1963, pp.279~80).

최근에 레비 스트로스는 '구조주의의 재고'라는 강연에서 '구조'를 다음과 같이 정의하고 있다.

구조가 철학을 지칭하는 것이 아니고 어느 주장을 지칭하는 것도 아니라면 그것은 도대체 무엇인가. 나로서는 오히려 하나의 인식론적 태도라고 말하고 싶다. 그리하여 구조의 정의는 다음과 같다. 즉, 구조는 요소와 요소 간의 관계로 이루어진 전체이며, 이 관계는 일련의 변형 과정을 통하여 불변의 특성을 보유한다. 이 정의에는 세 가지 주목할 점이 있다. 첫째, 이 정의는 요소와 요소 간의 관계를 동일 평면에 두고 있다. 바꾸어 말한다면, 어떤 관점에서는 형식으로 보이는 것이 어떤 다른 관점에서는 내용으로 나타나고, 내용으로 보이는 것이 어떤 형식으로 나타날 수 있다.

모든 것은 어떤 레벨에 서느냐에 따라 다르다. 따라서 형식과 내용 사이에는 항상적 관계가 존재한다. 둘째, 불변이라는 개념인데 이것이 중요한 개념이다. 왜냐하면 우리가 탐구하고 있는 것은 다른 모든 것이 변화할 때 오히려 변화하지 않는 것이기 때문이다. 셋째, 변형의 개념이다. 이 개념 때문에 구조라고 불리우는 것과 체계라 부르는 것의 차이가 이해된다. 왜냐하면 체계도 요소와 요소 간의 관계로 이루어진 전체라고 정의할 수 있지만, 체계에는 변형이 가능하지 않기 때문이다. 이에 대해 '구조'의 특성은 그 균형 상태에 어떤 변화가 가해졌을 경우 변형하여 다른 체계가 되는 그런 체계라는 것이다(Lévi-Strauss, 1978, p.37).

레비 스트로스의 이 정의에 의하면, 구조의 가장 핵심적인 특성은 변형이다. 변형을 통하여 문화 현상 밑에 깔려 있는 원리가 추출되어 나올 수 있는 것이다. 결국 레비 스트로스는 '구조'의 개념을 스스로의 내면적 정합성에 의해서 지배되는 체계로 보았다. 이와 같은 정합성은 분리된 체계의 단편만을 보는 관찰자에게 접근이 안 되고, 변형의 방식에 의해서만 나타난다. 이 방법에 의해서 겉으로 상이하게 보이는 체계들 속에 유사한 속성들이 재발견되는 것이다(김형효, 1976, p.101에서 재인용).

3) 촘스키

촘스키에 의하면, 언어는 표층구조와 심층구조의 두 가지 구조를 가지고 있다. 표층구조는 음성으로 표현된 말이 나타내는 '구조'이며, 심층구조는 그 말 이면에 들어있는 의미를 나타내는 구조이다. 촘스키가 심층구조라는 추상적 구조를 설정하게 된 이유는 변형법칙의 의미불변의 원칙을 고수하기 위해서 그랬을 뿐만 아니라, 보다 더 깊은 언어의 일반적 특성을 규명하려고 했기 때문이다(양동휘, 1977, p.177). 따라서 촘스키의 언어학에서는 심층구조가 '구조'의 성격을 대표한다고 할 수 있다.

촘스키의 심층구조는 보다 광범위한 언어의 일반적 특성을 설명하기 위하여 구절구조 규칙과 더불어 변형규칙을 설정하고 있다(양동휘, 1977, p.179). 촘스키의 심층구조의 특성 중의 하나는 보다 광범위하게 언화(言話)의 일반적 특성을 규명할 수 있다는 것이다. 또 다른 특성은 언어 능력의 규명을 위한 의미해석 규칙의 설정이다. 각 문장의 모든 의미를 밝혀내려는 이 의미해석 규칙은 심층구조에만 적용되도록 되어 있다. 그 이유는 다음과 같다(양동휘, 1977, p.180). 첫째, 변형규칙의 의미불변의 법칙이 각 문장의 모든 의미가 심층구조에 함유될 것을 보장해 준다. 심층구조에서 표층구조를 유도하는 데 적용되는 모든 변형 규칙이 의미를 전혀 변경시키지 않는다면, 심층구조에 함유되었던 의미가 그대로 표층구조의 의미가 될 것이다. 둘째, 변형규칙의 의미불변의 규칙은 엄밀한 의미에서 심층구조도 표층구조와 똑같이 그 문장의 의미를 내포하고 있지만, 실지로는 심층구조가 표층구조보다 훨씬 더 문장의 의미를 충실히 표현해 주고 있다. 셋째, 의미해석에 중요한 역할을 하는 주어나 목적어와 같은 문법적 관계의 명시적 규명이 심층구조에서만 가능하다. 따라서 심층구조는 변형 부분과 의미 부분에 입력이 된다. 이때 심층구조는 구절구조 규칙을 포함하는 기저 부분으로 출력이 되며, 표층구조는 변형 부분으로 출력이 되는 동시에 음운 부분에 입력이 된다. 요컨대, 촘스키의 심층구조는 언어의 일반적 특성의 규명과 설명, 그리고 언어능력의 규명을 위하여 설정한 '구조'이지만, 이 심층구조는 변형의 규칙에 의하여 규명한다.

4) 종 합

지금까지 우리는 피아제, 레비 스트로스, 그리고 촘스키 등이 심리학, 인류학, 그리고 언어학에서 '구조'의 성격을 어떻게 규정하고 있는지를 살펴보았다. 위의 고찰에 의하면 '구조'는 외적인 조건과 관련 없이 대상 그 자체의 본질을 나타내는 '추상개념'이며, 이 '추상개념'은 대상을 보는 수단이 된다고 볼 수 있다.

좀 더 구체적으로 말해보면, 첫째, 연구 대상의 본질은 표면적 현상보다는 심층적 현상에서 찾을 수 있다. 심층적 현상에 내재해 있는 구조는 요소들의 집합이 아니라 요소들 간의 관계로 맺어진 관계망으로 구성되어 있다. 이 관계망의 모습은 변형을 통하여 나타나며, 이 변형은 일정한 법칙이나 원리는 제한된 영역 내에서만 의미가 있게 된다. 그리고 구조의 존재는 구체적 모습이라기보다는 추상적일 수밖에 없으며, 이 추상성을 나타내려고 하면 구조는 형식적인 방법으로 표현된다. 피아제, 레비 스트로스, 그리고 촘스키 등이 그 형식을 수학과 논리학에서 원용하고 있다는 것은 이미 우리가 앞에서 보아 잘 알고 있는 사실이다.

둘째로, 변형과 관련된 측면이지만, 구조는 역동적인 성격을 가지고 있다. 즉, 구조의 한 부분의 변화는 전체의 변화를 초래하게 한다. 이와 같은 구조의 성격은 생물학에서 영향을 받은 것 같다. 예컨대, 피아제는 물론이고 레비 스트로스도 생물학자 톰슨(Thomson, 1942)의 영향을 받았다. 그리고 유기체의 특성은 구조의 성격을 그 어느 것보다도 잘 나타낼 수 있는 점도 있다.

셋째, 구조는 사물이나 대상을 보는 수단이 된다는 데 특징이 있다. 구조가 구조로서 특징을 가지고 있는 점은 구조의 내용과 구조를 탐구해 내는 방법은 서로 분리될 수 없으며, 이것은 마치 동전의 양면과 같은 것이다. 그러므로 구조주의자들이 구조를 찾아내려고 할 때 쓰는 방법은 구조의 내용을 전제하지 않고는 쓸 수 없는 방법이다. 다시 말하면, 구조를 찾는 탐구 방식은 구조를 반영하고 있다고 볼 수 있다. 예컨대, 레비 스트로스의 경우, 구조를 탐구 모델로 보고, 그 충족 요건 중의 하나를 다음과 같이 말하고 있다. 즉, 구조는 한 체계의 특성을 나타내고 있으며, 구조를 이루는 몇 가지 요소의 변화는 다른 모든 요소의 변화를 초래하게 한다고 하였다. 이때 모델이라는 것은 대상을 보는 수단이지만, 구조의 내용이라고 해도 하등 어색하지 않다. 결국 구조의 성격은 구조를 인식해 내는 인식론적 태도와 명백하게 구분하여 생각할 수 없다.

參考文獻

김연식 외(1976), 「수학교육」, 서울대학교 출판부.

김치수(1980), '쥬네트와 구조의 개념', 「문학사상」, pp.306~33.

김형효(1976), '구조주의 인식론 서설', 「철학연구」, 철학연구회 제11집, pp.9
    7~ 135.

박옥줄(1977), '슬픈 열대 해제', 「슬픈 열대」, 서울: 삼성출판사, pp.13~42.

박을용 외(1975), 「수학대사전」, 서울: 창원사.

박이문(1977), 「현상학과 분석철학」, 서울: 일조각.

신일철(1977), '언어학과 철학의 해제', 「언어학과 철학」, 서울: 삼성출판사,
    pp.41~6.

양동휘(1977), '통사론 II: 변형문법', 「현대언어학」, 서울: 한신문화사,
pp.140~82.

이영덕(1976), 「교육의 과정」, 서울: 배영사.

이용걸(1976), 「학습의 기초」, 서울: 배영사.

이홍우(1975), '교과교육의 원리', 정원식(편), 「교과교육원리」, 서울: 능력개발
    사, pp.54~129.

이홍우(1976), 「인지학습의 이론」, 서울: 교육출판사.

이홍우(1977), 「교육과정탐구」, 서울: 박영사.

이홍우(1978), 「지식의 구조와 교과」, 서울: 교육과학사.

이홍우(1979), '원리는 가르칠 수 있는가', 한국교육학회, 「교육학연구」, 제17권,
    제1호, pp.61~71.

정명오(역)(1970), 「세계사상전집」, 제3권(플라톤), 서울: 대양서적.

홍재성(역)(1961), '언어학과 인문과학', 니콜라스 류베(저), 「사상계」.

Allport, G. W.(1967), *Pattern and Growth in Personality*, New
    York: Holt, Rinehart and Winston.

Barthes, R.(1963), 'Criticism as Language', The Time Literary Supplement, Sep., 27th, pp.15~7.

Berth E. W. & J. Piaget(1966), *Mathematical Epistemology and Psychology*, Dordrecht: Reidel.

Bolton, N.(1972), *The Psychology of Thinking*, London: Methuen.

Broudy, H. S., et. al.(1964), *Democracy and Excellence in American Secoundary Education*, Chicago: Rand McNally.

Bruner, J. S.(1966), *Toward a Theory of Instruction*, Harvard University Press.

Bruner, J. S.(1972), *The Relevance of Education*, London: George Allen and Unwin.

Bruner, J. S.(1973), *The Process of Education*, Harvard University Press, 1960, 이홍우(역), 「브루너 교육의 과정」, 서울: 배영사.

Bruner, J. S.(1974), 'The Course of Cognitive Growth', Jeremy M. Anglin(ed.), *Beyond the Information Given*, London: George Allen & Unwin.

Chomsky, N.(1965), *Aspects of the Theory of Syntax*, The M. I. T. Press.

Chomsky, N.(1966), *Cartesian Linguistics*, New York: Harper & Row. Copeland, Richard W.(1974), *How Children Learn Mathematics*, New York: Macmillan.

Dearden, R. F.(1967), 'Instruction and Learning by Discovery', R. S. Peters(ed.), *The Concept of Education*, London: Routledge and Kegan Paul, pp.135~55.

Dewey, J.(1902), *The Child and the Curriculum*, University of Chicago Press.

Dewey, J.(1916), *Democracy and Education*, New York: Macmillan.

Dewey, J.(1933), *How We Think*, Chicago: Henry Regnery.

Duckworth, E.(1979), 'The Dilemma of Applying Piaget', *Harvard Educational Review*, 49(3), pp.297~312.

Durkheim, E.(1961), *The Elementary Forms of the Religious Life*, New York: Collier Books.

Evans, Richard I.(1973), *Jean Piaget*, New York: E. P. Dutton.

Flavell, J. H.(1963), The Developmental Psychology of Jean Piaget, Princeton, Jew Jersey: Van Nostrand Co.

Furth, H. G.(1969), *Piaget and Knowledge: Theoretical Foundations*, Englewood Cliffs, New Jersey: Prentice-Hall.

Gardner, H.(1972), *The Quest for Mind*, New York: Vintage Books.

Ginsburg, S. and H. Opper(1969), Piaget's Theory of Intellectuall Development, EngleWood Clifis, N. J.: Prentice Hall.

Glucksman, M.(1974), *Structuralist Analysis in Contemporary Social Thought*, London: Routledge and Kegan Paul.

Gruber, H. E. and J. J. Voneche(1977), *The Essential Piaget*, New York: Basic Books.

Hamlyn, D. W.(1967), 'The Logical and Psychological Aspects of Learning', R. S. Peters(ed.), *The Concept of Education*, London: Routledge and Kegan Paul, pp.24~43.

Henle(1969), 'On the Relation between Logic and Thinking', *Psycho Review*, pp.366~78.

Hirst, P. H.(1967), 'The Logical and Psychological Aspects of Teaching a Subject', R. S. Peters(ed.), *The Concept of Education*, London: Routledge and Kegan Paul, pp.44~60.

Hirst, P. H. and R. S. Peters(1977), *The Logic of Education*, London: Routledge and Kegan Paul.

Husserl, E.(1977), *Die Idee der Phanomenologie*, 이영호(역), 「현상학의 개념」, 서울: 삼성출판사.

Inhelder, B. and J. Piaget(1958), *The Growth of Logical Thinking from Childhood to Adolescence*, New York: Basic Books.

Kant, I.(1977), Kritik der reinen Vernunft, 전원배(역), 「순수이성비판」, 서울: 삼성출판사.

Lane, M., et. al.(eds.)(1970), Structuralism: Introduction, New York: Basic Books.

Leach, R.(1965), *Theory in Anthropology*, Chicago: Aldine.

Leach, Edmund(1973), 'Structuralism in Social Anthropology', David Roboy(ed.), Structuralism: An Introduction, Wolfson Colledge Lectures, Oxford: Clarendon Press.

Leibniz, W.(1902), *Discourse on Metaphysics*, trans. by G. R. Montganery, Open Court.

Leibniz, W.(1949), *New Essays Concerning Human Understanding*, trans. by A. G. Lansley, Open Court.

Lévi-Strauss, C.(1963), *Structural Anthropology*, New York: Basic Books.

Lévi-Strauss, C.(1966a), 'The Scope of Anthropology', *Current Anthropology*, 7(1), p.113.

Lévi-Strauss, C.(1966b), *Totemism*, University of Chicago Press.

Lévi-Strauss, C.(1968), *The Raw and The Cooked*, New York: Harper & Row.

Lévi-Strauss(1969a), *The Savage Mind*, University of Chicago Press.

Lévi-Strauss(1969b), *The Elementary Structures of Kinship*, Boston: Beacon Press.

Lévi-Strauss, C.(1971), *L'Homme Nu*, Paris: Plon.

Levi-Strauss, C.(1977), Tristes Tropiques, 박옥줄(역), 슬픈 열대, 서울: 삼성출판사.

Lévi-Strauss, C.(1978), '구조주의의 재고'(경도국제회의 강연), 서울: 독서신

문.

Lyo, J.(1977), 'Linguistics', W. Benton(eds.), *The New Encyclopaedia*, Chicago: Encyclopaedia Britanica, pp.992~1013.

Lyons, J., 이덕호(역), 현대언어학: 촘스키를 중심으로, J. 라이온스(저), 서울: 일조각, 1979.

Mauss, M.(1925), *The Gift: Forms and Funchions of Exchange in Archaeic Societies*, Glencoe, Ⅲ: Free Press.

Nagel, T.(1969), 'Linguistics and Epistemology', Sidney Hook(ed.), *Language and Philosophy*, New York University Press, pp.171~82.

Phenix, P. H.(1964), *Realms of Meaning*, New York: McGraw-Hill.

Phillips, J. L., Jr.(1969), The Origin of Intellect: Piaget's Theory, Sanfrancisco: W. H. Freeman.

Piaget, J.(1928), *Judgement and Reasoning in the Child*, New York: Harcourt.

Piaget, J.(1949), *Traite de Logique*, Paris: Armand Colin.

Piaget, J.(1964), 'Development and Learning', Richard El Ripple and Verne N. Rock Castle(eds.), *Piaget Rediscovered*, Cornell University, pp.7~20.

Piaget, J.(1968), *Six Psychological Studies*, trans. by A. Tenzer, et. al., New York: Vintage Books.

Piaget, J.(1970a), *Genetic Epistemology*, trans. by E. Duckworth, New York: W. W. Norton.

Piaget, J.(1970b), *Structuralism*, trans. by C. Maschler, New York: Harper and Row.

Renner, W. J.(1976), 'Learning and Piaget', D. G. Stafford, et. al.(eds.), *Research, Teaching and Learning with Piaget Model*, University of Oklahoma Press, pp.3~33.

Ripple, Richard E.(1964), 'American Cognitive Studies: A

Reviews', Richard E. Ripple & Verne N. Rockcastle(eds.), *Piaget Rediscovered*, Cornell University.

Robby, D.(ed.)(1973), *Structuralism: An Introduction*(Wolfson Colledge Lectures), Oxford: Clarendon Press.

Rossi, I.(1973), 'The Unconscious on the Anthropology of Lévi-Strauss', *American Anthropologist*, 75(1), pp.20~48.

Rossi, I.(1974), 'Structuralism as Scientific Method', *The Unconscious in Culture*, New York: E. P. Dutton, pp.60~106.

Schwab, J.(1964), 'Problems, Topics and Issues', S. Elam(ed.), *Education and the Structure of Knowledge*, Chicago: Rand McNally, pp.4~42.

Searle, J. R.(1979), 'Chomsky's Revolution m Linguistics', 김병익(역), '촘스키의 언어혁명', 이정민, 이병근, 이명현(편), 「언어과학이란 무엇인가」, 서울: 문학과 지성사.

Taba, H.(1962), *Curriculum Development*, New York: Harcorut, Brace and World.

Thomson, D. A.(1942), *On Growth md Form*, Harvard University Press.

Wertheimer, M.(1945), *Productive Thinking*, New York: Harper and Row.

3. 人間本性論과 敎育:
孟子와 루소*

Ⅰ. 序 論

　人間本性에 관한 想定은 敎育理論의 全體構造속에서 매우 중요한 位置를 차지하고 있다. 왜냐하면 人間本性에 관한 想定은 敎育을 해야만 하는 理由, 內容, 方法에 관한 중요한 源泉이 되기 때문이다. 즉 人間本性을 무엇이라고 보느냐에 따라 敎育이 追求하는 人間像, 敎育에서 행하여지는 구체적인 內容, 그에 따른 方法에 差異가 생긴다. 다시 말하자면, 人間本性에 관한 여러 가지 다른 想定에 따라 敎育이 구체적으로 實現되는 樣相이 달라질 수 있다는 것이다. 그러므로 人間本性과 敎育과의 關係는 敎育理論의 核心을 이룬다고 할 만큼 중요한 것이다.

　人間의 本性을 무엇이라고 보느냐 하는 데에는 크게 보아 네 가지 見解가 있을 수 있다. 즉, (1) 人間의 本性은 善하다. (2) 人間의 本性은 惡하다. (3) 人間의 本性은 善한 면도 있고, 惡한 면도 있다. (4) 人間의 本性은 善한 것도 아니고, 惡한 것도 아니다, 라고 하는 것이 그것이다. 그러나 여기에서 우리의 關心은 이 네 가지 見解에 따른 敎育의 相異한 樣相 및 그 結果를 探究하는 데 있는

---

* "인간본성론과 교육", 『충북대학교 논문집』 제26집, 1983. 12.

것이 아니라, 孟子와 루소(Rousseau)의 性善說의 구체적 內容과 그에 따른 敎育의 實現 모습을 탐구하고, 만약 差異가 있다면, 그렇게 된 理由는 무엇인가를 찾아내는 데 있다.

孟子와 루소는 人間本性에 관하여 同一한 性善說의 見解를 表明한 것으로 알려져 있다. 그러나 이 두 敎育思想家들은 洋의 東西가 다르고, 文化的 背景이 다르고, 時代가 다른 때 살았었던 사람들이다. 孟子는 東洋에서 人間의 本性을 善하다고 보았고, 東洋敎育思想에 중대한 影響을 끼친 敎育思想家이며, 루소는 西洋에서 革新的인 敎育思想을 내어놓은 敎育思想家로서 性善說을 취하고 있다. 그렇다면 이 두 敎育思想家들의 敎育理論體系 속에서 想定하고 있는 人間本性에 따른 敎育의 實現樣相이 구체적으로 어떤 모습을 띠고 있는가 하는 것이 우리에게 知的興味를 자아내게 한다.

일반적으로 말해서, 한 敎育思想家의 敎育理論을 올바르게 理解하는 첫걸음은 그의 삶의 哲學과 그가 살았던 時代的 背景 또는 歷史的 狀況과를 관련시켜 보는 것이다.[1] 本研究者는 우선, 이 두 敎育思想家들이 살았던 時代的 背景과 그의 敎育思想을 간략하게 관련시켜 보고, 그 다음에, 앞으로 다루어야 할 구체적인 問題를 제시하겠다.

'孟子'[2]를 읽어 보면, 그가 살았던 時代는 매우 어지러웠던 것을 짐작할 수 있다. 예컨대, "臣下로서 자기 임금을 弑害하는 자가 있고, 자식으로서 아비를 弑害하는 자가 있다."[3](滕文公章句下 九)고 한 것은 당시 社會의 秩序가 극히 어지러웠음을 보여주고 있는 것이다. 그리고 "백성들은 굶주린 기색이 있고, 들에는 굶어 죽은 시체가 있다."[4](滕文公章句下, 九)고 한 것이라든지 "임금이 행차하면, 수많은 수행원들이 따라가서 백성들이 먹을 양식을 징발하여 굶주린 사람이 먹지도 못하고 일하는 사람이 쉬지도 못한다."[5](梁惠王章句下, 四)고 한 것은 당

---

1) William Boyd, *The Educational Theory of Jean Jacques Rousseau*(New York: Russell & Russell, 1963/1911), p.301.

2) James Legge(tr.), *The Works of Mencius*(New York: Dover Publication, Inc., 1970).

3) *Ibid.*, p.281. 臣弑其君子 有之, 子弑其父者 有之.

4) *Ibid.*, p.282. 民有饑色, 野有餓莩.

5) *Ibid.*, p.159. 今也不然, 師行而糧食, 飢者弗食, 勞者弗息.

시의 백성들이 얼마나 궁핍하고 시달렸는가를 알 수 있도록 해준다. 또한 "사람들
이 부귀와 영달을 찾아 다니는 것을 그들의 아내와 첩들이 부끄러워하지 않는다
."6)(離婁章下, 三十三)고 한 것을 보면, 당시의 선비들의 자세가 극도로 문란한
상태임을 짐작하게 해준다.

孟子가 살았던 時代를 우리는 흔히 '戰國時代'라고 말한다. 이 말이 示唆하듯
이 당시의 諸侯들은 奢侈에 흘렀고 侵略野欲에 꽉 차 있었고, 虐政을 베풀었기
때문에 백성들은 언제나 戰爭의 위협을 느꼈고, 腐敗하고 殘忍한 政治에 시달렸
던 것이다.

이와 같은 時代的 狀況 속에서, 孟子는 人間의 本性은 善하다는 確信과 모든
사람이 修養을 통하여 善해질 수 있다는 人間의 可能性에 관한 무한한 기대와 희
망을 가지고 覇道를 배격하고 王道政治의 실시를 주장하였다. 여기에서 말하고
있는 王道政治는 옛날 聖王의 治世方法을 가리키는 것으로서 그 구체적인 內容
은 '務農'과 '興學'이다. 말하자면, 농사를 힘쓰게 하여 백성의 生活을 安定시키고,
學問을 일으켜 人倫孝悌의 道를 밝히자는 것이다.(梁惠王章句上, 三)7)

그러면 教育과 관련하여 孟子가 苦心하었던, 核心的 課題는 무엇이었는가? 하
나는 人間의 本性은 善하다는 것을 밝히려는 것이며, 다른 하나는 그 善한 本性
을 어떻게 하면 德으로 發展시킬 수 있는가 하는 것이었다.8)

孟子의 教育思想 중에서 가장 중요한 것은 性善說이다. 왜냐하면 그가 주장하
는 五倫의 合理的 根據가 바로 이 性善說에 있고, 그 밖에 모든 實踐規範과 修
養의 可能性도 이 性善說에 그 기초를 두고 있기 때문이다. 宋나라 儒學者 程子
에 의하면 '孟子께서 세상에 큰 공이 있는 것은 그 性品이 善하다고 말씀하신 것'
이라고 하였고, "孟子의 性善과 養氣의 理論은 다 그 이전의 聖人이 나타내지 못
한 것"이라고 하였다.9) 그렇다면 孟子는 '性'을 무엇이라고 보았고, 性이 善하다

---

6) *Ibid.*, p.342. 由君子觀之, 則人之所以求富貴利達者, 其妻妾不羞也.

7) *Ibid.*, pp.129-132. 五畝之宅, 樹之以桑, 五十者, 可以衣帛矣, 雞豚狗彘之畜,
   無失其時, 七十者, 可以食肉矣, 百畝之田, 勿奪其時, 數國之家, 可以無飢矣, 謹
   庠之教, 申之以孝悌之義, 頒白者, 不負戴於道路矣, 七十者, 衣帛食肉, 黎民不飢
   不寒, 然而不王者, 未之有也.

8) I.A. Richards, *Mencius on the Mind-Experiments Multiple Defi-
   nition*(London: Routledge & Kegan Paul, 1964 / 1932), p.66.

9) 朱熹, 孟子 四書集註Ⅱ, 韓相甲(譯)(서울, 三省出版社, 1977), pp.10-11. 又

고 할 때, 그 內容은 무엇인가?10)

孟子는 '性'을 다음과 같이 論證하였다. 즉, (1) 性은 사람이나 짐승이나 별다른 점이 없다.(離婁章句下, 十九). (2) 人間에게는 共通的으로 仁義라는 良心이 있다.(告子章句上, 八)11) (3) 萬人의 本性이 同一함은 사람의 발(足)이 同一함과 같다.12) (4) 사람에게는 耳目口鼻의 감각의 同一性 때문에 同一한 것을 보면, 동일하게 느끼고, 들리고, 보인다는 것이다. 마찬가지로 人間의 마음에 있어서도 共通的인 마음을 발견할 수 있으니, 그것이 理와 義라고 하였다.(告子章句上, 七)13) 以上의 말을 綜合해보면, 배우지 아니하고도 능하고, 힘쓰지 아니해도 하는 것으로서 인간에게는 仁義가 있어야 짐승과 區分되며, 원래 仁義는 타고 난다는 것이다.

다음으로, 孟子는 '인간의 본성이 善한 것을 어떻게 德으로 發展시킬 수 있는가' 하는 문제를 어떤 방식으로 해결하려고 하였는가? 孟子에 의하면, "仁은 사람의 마음이요, 義는 사람이 걸어 갈 길이다. 그 길을 버리고 따라가지 아니하고 그 마음을 잃고도 구할 줄 모르니 슬프구나"(告子章句上, 十一)라고 탄식하면서 "학문의 목적은 잃어버린 마음을 求하는 것뿐"14)(告子章句上 十一, 四)이라고 하였다. 그러면 마음이 상실되는 이유는 어디에 있는가? 孟子는 그 根本理由를 '物欲'에 두고 있다. 그는 人間의 心性을 心之官과 耳目之官으로 나누고 있다. 心之官은 생각하는 기능을 가진 마음의 思惟器官이요, 耳目之官은 '物欲'을 일으켜서 非道德的 行爲를 하도록 하는 身體的 感覺器官이다. 바로 耳目之官에 의하여 착한 本性이 蔽塞되어 인간이 타락된다고 孟子는 생각하였다.(告子章句, 十五)15) 그

  日, 有大功於世, 以其言性善也, 又日, 孟子 一性善 養氣之論, 皆前聖所未發.
10) James Legge(tr.), *op. cit.*, p.325. 孟子曰, 人之所以異於禽獸, 幾希.
11) James Legge(tr.), *op. cit.*, pp.407-409, 雖存乎人者, 豈無仁義之心哉, 其
    所以於其良心者,……
12) *Ibid.*, pp.404-407, 古龍子曰, 不知足而爲履, 我知其不爲蕢也, 履之相似, 天下
    之足同也,……
13) *Ibid.*, 國之於味也, 有同耆焉, 耳之於聲也, 有同聽焉, 目之於色也, 有同美焉, 至
    於心, 獨無所同然乎, 心之所同然者, 何也, 謂理也, 義也,……
14) *Ibid.*, p.414. 孟子曰, 仁, 人心也, 義, 人路也. 舍其路而. 弗由, 放其心而不知求,
    哀哉. 人有雞犬放, 則知求之, 有放心而不知求, 學問之道無也, 求其放心而已矣.
15) *Ibid.*, pp.417-418. 曰, 耳目之官不思, 而蔽於物, 物交物, 則引之而已矣心之官
    則思, 思則得知, 不思, 則不得也,……

러므로 人間은 실제로 耳目之官의 善한 本性을 蔽塞하는 작용을 제거해 나가야 한다. 이 일이 바로 修養이요, 學問인 것이다. 이것은 人間本性의 善함이 德으로 發展하기 위해서는 '積極的인 敎育'(positive education)이 있어야 한다고 主張하는 것이라고 말할 수 있다.

루소가 이 세상에 태어날 무렵, 유럽大陸은 서로 복잡하게 뒤엉켜 領土와 勢力을 확장하기 위하여 한창 싸우고 있었다. 이 싸움의 主役은 영국과 프랑스였다. 이 싸움 때문에 프랑스는 食糧不足으로 사회의 혼란이 야기되어 마침내 반란이 여기저기서 일어났다. 雪上加霜으로 上流社會의 奢侈한 生活 때문에 백성들은 더욱 비참하게 살아야 했던 것이다.[16] 이 當時의 狀況을 루소는 다음과 같이 말하고 있다. 즉,

> "부들부들 떨면서 農夫는 가까스로 '나리'라는 둥 '관리'라는 둥 무거운 말을 뇌까렸다. 즉, 寄附金이 두려워 술을 감추고 人頭稅에 걸릴 것 같아서 빵을 숨겼는데……나로서는 그런 사정은 아예 생각조차 못해본 일이었으므로, 이 일은 永遠히 백성을 괴롭히는 暴政과 그 壓制者에 대하여 그때부터 내 마음에 싹트기 시작한 憎惡感의 시초였던 것이다. 이 농부는 편안히 살 수 있건만 땀 흘려 얻은 빵을 먹을 수도 없고 부근 일대와 같이 貧困한 생활을 假裝함으로써 겨우 자신의 破滅을 면할 수 있었던 것이다.[17]

루소가 프랑스에서 살고 있을 때 루이 15世는 폴란드 계승전쟁, 오스트리아 계승전쟁, 그리고 북아메리카, 인도에서 植民地 戰爭을 일으켰다. 그러나 그 결과는 여전히 영국의 支配를 벗어나지 못하였다. 한편, 內的으로는 絶對王政의 危機를 맞이하고 있었다. 이와 같은 사실을 루소는 그의 '告白錄'에서 다음과 같이 말하고 있다. 즉, "나라의 조직이 쇠퇴해 가고 프랑스가 붕괴할 듯하다고 나는 생각하고 있었다. 政府의 실패가 自招한 敗戰의 慘禍, 극심한 財政의 紊亂, 行政權을 둘러싼 爭奪 등이 나의 豫言을 正當化하였다."[18]라고 진술하고 있다. 以上과 같은

---

16) 閔丙山, "루소의 生涯와 思想" 安浩相(編), 루소 世界思想全集 8.(서울, 大洋書籍, 1971), pp.46-47.

17) J.J. Rousseau, *The Confessions of Jean-Jacques Rousseau*, edited by Lester G. Grocker(New York: Pocket Books Inc., 1957), pp.96-97.

것들로 미루어 보아, 루소가 살았던 時代도 역시 政治的으로, 社會的으로, 道德的으로 매우 어지러웠던 것을 짐작할 수 있다.

思想史的으로 볼 때, 루소 당시를 啓蒙主義時代라고 한다. 칸트는, "啓蒙主義는 人間이 다른 사람들의 의견에 屈從하는 것으로부터 해방되어 자기 자신의 독립적 理性을 행사할 마음의 준비가 되어 있는 것"[19]이라고 定義하였다. 그러나 프랑스의 啓蒙主義는 다섯 가지 潮流로 分類될 수 있었다.[20] 루소가 내세운 啓蒙主義는 다른 네 가지 啓蒙主義와 다른 독특한 점이 있었다. 그는 온 人類에 대한 感傷的인 사랑을 품고 있었고, 唯物論, 無神論을 싫어하였다. 그러나 그도 旣存秩序에 대해 敵意를 품고 있었다. 말하자면, 그는 보다 나은 세계를 성취하는 데 있어 理性이 아무 소용없다고 생각하고, 오직 心情의 生來的인 衝動에 의지함으로써만 人間은 보다 나은 것에로 인도될 수 있다고 한 것이다.[21]

루소는, 人間은 본래 善한 것이지만, 이 社會가 惡한 까닭에 모든 것이 잘못되었다고 생각하였다. 이와 같은 생각은 루소로 하여금 自然을 존중하는 思想을 낳게 하였다. 그에 의하면, 인간은 自然狀態에서 自由스러운 삶을 즐길 수 있다는 것이다.

루소는 타락한 人爲的인 社會 즉, 文明社會를 否定하고, 人間이 각기 독립하여 自由롭고 平等하던 '自然狀態'를 想定하였다. 이와 같은 그의 생각은 그의 著書, '學問藝術論'[22]과 '人間不平等起源論'[23], '社會契約論'에 잘 나타나 있고, 그의 모든 思想은 여기서 발상되고 있다. 특히 '社會契約論'[24]에서는 애초에 自由와 平等을 누린 自然人이 文明社會가 되자, 짓밟힌 노예가 되었으므로, 자기 자

---

18) *Ibid.*, p.297.

19) Sterling P. Lamprecht, *Our Philosophical Traditions*, 金泰吉 外 二人 (譯), 西洋哲學史(서울, 乙酉文化社, 1963), p.506.

20) 上揭書, p.507-510 參照.

21) 上揭書, p.511.

22) J.J. Rousseau, "Discourse on the Arts and Science", Lowell Bair(tr.), *The Essencial Rousseau*(New York: The New American Library, Inc., 1974), pp.205-230.

23) J.J. Rousseau, "Discourse on the Origin of Inequality," Lowell Bair, (tr.) *The Essential Rousseau* pp.127-201.

24) J.J. Rousseau, "Social Contract", Lowell Bair, (tr.) *The Essential Rousseau*. pp.7-124.

신을 되찾는 길은 오직 '社會契約'을 통하여 共同의 이익을 누리는 理想社會를 건설하는 일이라고 주장하고 있다.

社會의 改革은 새로운 制度와 새로운 風習의 創製를 의미하지만, 그 前提로써 무엇보다도 먼저 敎育의 改革이 필요하다고 루소는 생각하였다. 그리하여 그는 이 새로운 人間形成의 理論을 '에밀'이라는 架空의 弟子를 통해서 探究해 나간다. 그 당시 사람들은 "항상 어린이를 어른 속에서 찾으려 했을 뿐, 어른이 되기 전의 어린이가 어떤 것인지는 생각하지 않았다."25) 그러나 루소는 어린이를 어른 속에서 찾으려고 한 것이 아니라 어린이를 어린이 속에서 찾으려고 하였던 것이다. 한편 루소는 '에밀'을 人間本性인 善을 잃지 않은 理想的인 人間으로 만들려고 하였다. 이러한 理想的인 人間을 만드는 일로서의 敎育의 原理는 한 마디로 '自然'이라는 말로 표현할 수 있다. 구체적으로 루소는 「에밀」에서 '自然에 의한 敎育', '事物에 의한 敎育', '人間에 의한 敎育'을 구분하고, '人間의 힘으로 左右할 수 있는 敎育' 즉, '事物에 의한 敎育과 人間에 의한 敎育은 인간의 힘으로 좌우할 수 없는 敎育' 즉, '自然에 의한 敎育'에 합치되는 방향으로 나아가야 한다고 말하였다. 이런 뜻에서 人爲的인 要素가 최대한으로 排除되어야 한다고 보았다. 이것이 곧 루소가 말한 '消極的 敎育'의 原理이다.

지금까지 우리는 간략하게 孟子와 루소의 時代的 背景과 그의 敎育思想을 槪觀하였다. 이것을 다시 槪括해 보면, 이 두 敎育思想家들이 살았던 時代는 모두 封建絕對君主時代이며 이 두 敎育思想家들이 살았던 社會는 外的으로 전쟁의 위협 속에 살았고, 內的으로 政治家들의 虐政에 시달렸으며, 이 두 敎育思想家들은 人間의 本性을 '善'하다고 생각하였다. 그럼에도 불구하고 구하고, 敎育에 관해서 孟子의 경우, 그 封建體制를 維持·發展시키는 '君子'를 만들기 위하여 積極的 敎育을 주장하였고, 루소의 경우는 그 封建體制를 否定하고, 民主社會를 理想으로 생각하고 거기에 적합한 '社會 속의 自然人을 만들기 위하여 '消極的 敎育'을 주장하였다.

그러나 우리는 다음의 課題들을 통하여 그 구체적인 의미를 들어내 보겠다. 즉, (1) 孟子와 루소는 各者 자기의 敎育理論 體系 속에서 人間의 本性을 善하

---

25) J.J. Rousseau, *Emile, Allan Bloom*(tr.), (New York: Basic Books, Inc., Publishers,1979), p.34.

다고 보았는데, 그것은 구체적으로 어떤 것인가? 다시 말하면, 孟子와 루소의 性善說은 각각 그 內容이 무엇이며, 그 意味는 무엇인가? (2) 孟子와 루소가 意味하고 있는 人間의 本性은 教育에서 각각 구체적으로 어떻게 實現될 수 있다고 보았는가? (3) 여기서 發見된 점들을 比較 또는 對照해 볼 때 그 同一點과 差異點들은 무엇인가? 等이다.

Ⅱ. 孟子의 人間本性論과 教育

人間本性에 관한 孟子의 基本想定과 그것이 教育에 어떻게 實現되는가를 밝히기 위하여, 孟子와 告子의 性善에 관한 論議와 性이 善하다는 孟子의 論證과 性善의 內容인 仁義禮智의 意味를 검토해보고, 孟子의 性善이 教育에 어떤 모습으로 實現되는지를 考察하겠다.

우선, 孟子와 告子의 杞柳와 桮棬에 관한 論議를 「孟子」의 告子章句上을 中心으로 살펴보겠다. 그 論議의 內容은 다음과 같다.

論議 1. 「告子曰, 性, 猶杞柳也, 義, 猶桮棬也, 以人性爲仁義, 猶以杞柳爲桮棬, 孟子曰, 子能順杞柳之性, 而以爲桮棬乎, 將戕賊杞柳而後, 以爲桮棬也, 如將戕賊杞柳 而以爲桮棬, 則亦將戕賊人 以爲仁義與, 率天下之人而禍仁義者, 必子之言夫」[26](告子章句上, 一)

(해설) 고자 : 性은 버드나무와 같고 義는 그릇과 같다. 인성은 仁義로 만드는 것과 버드나무로 그릇을 만드는 것과 같다.

맹자 : 그대는 버드나무의 性을 따르고서도 뜻을 만들 수 있겠는가? 아마 버드나무를 해친 뒤에야 그릇을 만들 것이다. 그대는 버드나무를 헤쳐서 그릇을 만드는 것처럼 사람을 헤쳐서 仁義를 행하도록 한다는 것인가? 천하의 사람들로 하여금

---

26) James Legge, *op. cit.*, pp.394-395
* 여기서 孟子 告子章句上의 해석은 金仁의 박사학위 논문의 해석을 따랐다.

仁義를 행하도록 하는 데에 해악을 끼치는 것은 필시 그대의 말이다.

이 論議[27]는 告子의 人格과 杞柳와의 比喩에서 시작된다. 告子는 性을 杞柳에 比하고 義를 桮棬에 비유하였다. 그 뜻은 性과 義를 混同할 수 없는 것이 杞柳와 桮棬을 混同할 수 없는 것과 같다는 것이다. 왜냐하면, 杞柳는 材料요, 桮棬은 그 材料로 만든 製品이기 때문이다.

이에 대하여 孟子는 다음과 같이 응수하였다. 즉, 桮棬이 杞柳로써 만들어지듯이 (仁)義가 人性으로써 만들어진 것이라고 볼 수 있다. 그렇다면 사람에게는 (仁)義를 할 수 있는 性―素質이 있는 것이 아니냐? 桮棬을 만드는 것은 杞柳가 휘어드는 性質 때문에 그 性質에 따라서 桮棬을 만든다. 만약 杞柳가 그런 性質을 가지고 있지 않다면, 그것을 깎든지 잘라서 붙이든지 해야 그릇이 될 수 있다. 그것은 바로 나무의 本性을 죽이는 것이다. 이와 마찬가지로 만약 (仁)義가 사람의 本性과 별도의 것이라고 하면 사람은 자기의 本性을 죽여야 (仁)義를 하게 될 것이니 누가 자기의 本性을 죽여 가면서 억지로 (仁)義를 할 것인가? 그러므로 仁義를 말하면서, 그것이 人間의 本性에서 나온 것이 아니라든지, 本性을 굽혀서 강제로 만든 것이라고 해석한다면, 이것은 天下 사람들에게 仁義를 하지 말라는 말과 같다.

告子는 義를 桮棬에 比喩하여 억지로 만들어 낸 것이라고 하면서, 人性 자체에서 나온 것이 아니라고 주장하기 때문에, 孟子는 告子를 '率天下之人以禍仁義者'라고 한 것이다. 이와 같은 孟子의 주장에 告子는 무엇이라고 응답하였을까?

論議 2. 告子曰, 「性, 猶湍水也, 決諸東方則東流, 決諸西方則西流, 人性之無分於善不善也, 猶水之無分於東西也」. 孟子曰, 「水信無分於東西, 無分於上下乎. 人性之善也, 猶水之就下也, 人無有不善, 水無有不下. 今夫水 搏而躍之 可使過顙 激而行之 可使在山 是 豈水之性哉, 其勢則然也, 人之可使爲不善 其性 亦猶是也」[28] (告子章句上, 二)

(해설) 고자 : 性은 소용돌이치는 물과 같다. 그물은 동쪽으로 터주면 동쪽으로

---

27) 李相殷, 儒學과 東洋文化(서울, 汎學圖書, 1976), p.60.
28) James Legge, *op. cit.*, pp.395-396.

흐르고 서쪽으로 터주면 서쪽으로 흐른다. 인성에 선과 불선의 구분이 없는 것은
까치물에 동서의 구분이 없는 것과 마찬가지이다.

　맹자 : 물은 본래 동서로 나누어지지는 않지만 상하로는 나누어질 것이 아니겠
는가? 인성이 선한 것은 물이 아래로 내려가는 것과 같다. 사람은 선하지 않음이
없고 물은 아래로 내려가지 않음이 없다. 지금 물을 쳐서 위로 튀어 오르게 올리면
그물을 산에 있게 할 수 있지만 이것이 어찌 물의 性이겠는가? 외부의 힘에 의하
여 그렇게 된 것이다. 사람은 선하지 않은 일을 하게 되는 경우가 있다. 그것은 마
치 외부의 힘에 의해서 물이 그 性을 거스르게 되는 경우처럼 사람의 性 또한 그
性을 거스르게 된 경우에 해당하는 것이다.

　이 論議에서 보면, 孟子는 人性을 善의 固有性과 惡의 後天性으로 증명하려고
하였다. 즉, 물은 아래로 흐르는 것이 그 本性이요, 사람은 善으로 向하는 것이
그 本性이다. 물이 위로 올라가는 수도 있지만, 그것은 外力이 그렇게 만든 것이
지, 물의 本性이 그런 것은 아니다. 마찬가지로 사람이 惡으로 나아가는 일도 있
으나, 그것은 外部의 형편 때문이지, 人性 자체가 그런 것은 아니다. 그러나 告
子에 의하면, 善과 惡 모두 밖의 勢力의 힘에 좌우된다고 하였다. 그러면 孟子와
告子는 仁·義의 先天性과 後天性의 문제를 어떻게 보았을까?

　　論議 3. 告子曰 「食色, 性也. 仁, 內也, 非外也, 義, 外也, 非內也.」 孟子曰
「何以謂仁內義外也」 曰 「彼長而我長之, 非有長於我也, 猶彼白而我白之, 從其白
於外也, 故, 謂之外也」 曰 「異於白, 馬之白也 無以異於白人之白也, 不識 長馬之
長也 無以異於長人之長與, 且謂長者義乎. 長之者義乎」 曰, 「吾弟則愛之, 秦人之
弟則不愛也, 是 以我爲悅者也, 故 謂之內 長楚人之長 亦長吾之長 是 以長爲悅者
也, 故 謂之外也」 曰 「耆秦人之炙 無以異於耆吾炙 夫物則亦有然者也 然則 耆炙
亦有外與.」29)(告子章句上, 四)

　　(해설) 고자 : 식색이 性이다. 仁은 안에 있지 밖에 있지 않으며 義는 밖에 있
지 안에 있지 않다.
　　맹자 : 어떻게 해서 仁은 안에 있고, 義는 밖에 있다고 말하는가.

---

29) *Ibid* pp.397-398.

　　고자 : 저 사람이 나이가 많아서 내가 그를 나이 많은 이로 받드는 것이지 아한
테 나이 많은 것이 있지 않다. 그것은 마치 저것이 희어서 내가 그것을 희다 여기
는 것과 같다. 흰 것이 밖에 있으므로 밖이라고 말하는 것이다.
　　맹자 : 흰 말의 흰 것은 흰 사람의 흰 것과 다를 것이 없다. 모르기는 해도 나
이 많은 말의 나이 많은 것이 나이 많은 사람의 나이 많은 것과 다를 것이 없지
않는가? 또 한편 나이 많은 것이 義인가 나이 많은 것에 대한 예의를 갖추는 것이
義인가?

　　이 論議30)에서 告子는 食欲과 色欲 같은 本能이 性이요, 仁義 같은 것은 후
천적이라고 하였다. 그리고 仁은 內的인 것이며 義는 外的인 것이라 하였다. 왜
냐하면 仁은 자신의 內心에서부터 솟아나는 愛情이요, 義는 外部의 차별상에 의
하여 이에 알맞은 태도를 취하는 것으로서 예컨대, 年長者를 年長者로 존경하는
것은 상대가 年長者라는 外的事實에 기초하여 생기는 規範으로 보았기 때문이다.
그러나 孟子는 仁義를 모두 先天的 本性으로 보기 때문에 告子의 의견에 반대한
다. 그 이유는, 孟子에 의하면, 年長者라는 外的事實 때문에 義를 행하는 것이
아니라, 그를 존경하는 內的인 마음이 있기 때문에 義를 行한다는 것이다. 이에
對하여 告子는 愛情이라는 것은 사랑해야 한다는 義務感 때문에 사랑하는 것이
아니라, 親疏에 따라 자신의 內心에서 愛情이 자연히 일어나므로 內的이고, 義라
는 것은 年長者를 보면, 누구를 막론하고 존경해야 한다는 義務感 때문에 공경하
게 되니, 이것은 年長者가 중심이 되므로 外的이라 하였다. 그러나 孟子는 義가
존경하는 마음이니 이것은 마치 불고기를 즐기는 데 있어서 불고기라는 外物이
중심이라고 하여 이것을 즐기는 마음까지도 外的이라고 할 수 없다고 주장한다.
　　論議 1, 2, 3을 통하여 우리가 알 수 있는 것은 다음과 같다. 즉 告子는 人性
을 食色之性으로 보았다. 말하자면, 性은 사람과 그 밖의 動物이 모두 가지고 있
고, 그것은 질적으로 自然的인 것으로서 아무런 歷史性, 社會性이 없다는 것이
다. 그러나 孟子는 生之謂性을 부인하는 것은 아니지만, 그 性은 단지 自然的인
것으로만 보지 않고, 動物性에 '사람다움'을 첨가하여 보고 있는 것이다. 그러므로
孟子에 의하면, 性은 歷史性과 社會性 그리고 倫理性을 가진 것이다.

---

30) 李箕衡, "倫理思想" 具本明 外 三人, 孟子(新譯) 四書 Ⅲ. (서울, 玄岩社, 1965),
　　p.257.

孟子는, 「口之於味也, 目之於色也, 耳之於聲也, 鼻之於臭也, 四肢之於安佚世, 性也, 有命焉, 君子 不謂性也.」[31]라 하고 있다. 말하자면, 君子는 感覺的인 本能만을 人性이란 槪.念 속에 포함시키지 않는다고 한 것이다. 그러면 君子는 무엇을 人性으로 보는가? 孟子는 "君子 所性 仁, 義, 禮, 智, 根於心"[32](盡心章句, 二十一)이라고 하였다. 말하자면, 君子가 本性으로 하는 것은 仁, 義, 禮, 智이고 이것들은 본래 마음에 뿌리박고 있다는 것이다. 요컨대, '君子'는 孟子의 理想的 人間像이다.

그러면 仁, 義, 禮, 智의 內容은 무엇이고, 性이 善이라는 것을 孟子는 어떻게 論證하고 있는가? 우선, 人性의 仁, 義, 禮, 智의 內容을 알아보기 위하여 孟子의 四端論을 알아보기로 한다.

> 惻隱之心, 仁之端也, 羞惡之心, 義之端也, 辭讓之心, 禮之端也, 是非之心, 智之端也, 人之有是四端也, 猶其有四體也, 有是四端而自謂不能者, 自賊者也, 謂其君不能者, 賊其君子也……」[33](公孫丑章句上, 六)

(해설) 측은히 여기는 마음은 仁의 단서이며, 부끄러워지는 마음은 義의 단서이며, 옳고 그름을 분별하는 마음은 智의 단서이다. 사람은 누구나 四體를 지니고 있는 것과 마찬가지이다.

이 論證은 孟子가 人性의 구체적 內容을 말한 것이라고 볼 수 있다. 즉, 그것은 惻隱之心(仁), 羞惡之心(義), 辭讓之心(禮), 是非之心(智)이다. 孟子는 이것을 具體的 事例로서 論證하려 한 것이다. 다음에 孟子는 仁, 義, 禮, 智가 本有라는 주장을 하고 있다. 그 구체적인 주장을 보면, 다음과 같다.

> 「公都子曰, 告子曰, 性 無善不善也, 或曰, 性 可以爲善, 可以爲不善,……今曰, 性善 然則彼皆非與. 孟子曰, 乃若其情則可, 以爲善矣. 若夫爲不善, 非才之罪也. 惻隱之心, 人皆有之, 羞惡之心, 人皆有之, 恭敬之心, 人皆有之, 是非之心, 人皆有之, 惻隱之心, 仁也. 羞惡之心, 義也, 恭也, 恭敬之心, 禮也, 是非之心, 智

---

31) James Legge,. *op. cit.*, p.489.
32) *Ibid* p.460.
33) *Ibid.*, pp.201-203.

也, 仁, 義, 禮, 智, 非由外鑠我也, 我固有之也……」34)(告子章句上, 六)

(해설) 공도자가 맹자께 말하였다. 고자는 인간의 본성에는 義도 不義도 없는 백지와 같은 것이다 하였고, 또 어떤 사람은 인간의 본성은 선하게 될 수도 있고, 악하게 될 수도 있다……지금 선생께서 인간의 본성이 善하다고 주장하시는데, 그렇다면 위에 든 여러 가지 가설이 잘못된 것입니까?

맹자 왈 情은, 만약 그것이 性에 맞게 表現된 것이라면, 善이라고 할 수 있다. 내가 性이라고 말하는 것은 이런 뜻에서이다. 만약 측은하지 않은 일을 하는 것은, 그것은 재질 탓이 아니다. 측은해야 하는 마음은 사람마다 가지고 있고, 부끄러워 하는 마음은 사람마다 가지고 있고 곤경하는 마음은 사람이 다 가지고 있고, 시비를 가리는 마음은 사람마다 가지고 있다. 측은해하는 마음은 仁이고 부끄러워하는 마음은 義이고, 공경하는 마음은 禮이고, 시비를 가리는 마음은 智이다. 仁, 義, 禮, 智는 밖에서 나를 녹여 오는 것이 아니라, 내게 본래부터 있는 것으로서……

이 引用文에서 알 수 있는 것은 孟子가 道德規範의 合理的 根據를 人間內部에서 찾았고, 그것은 仁, 義, 禮, 智라는 점이다. 그러므로 人性은 곧 善이라고 할 수 있다. 말하자면, 性은 本有的이고, 그 內容은 仁, 義, 禮, 智이므로, 만약 仁, 義, 禮, 智가 善한 것이라면, 性은 善하다는 것이다.

이제, 우리는 孟子의 性善說이 敎育에서 어떤 모습으로 實現되었는가를 考察할 차례가 되었다. 사실상, 이 문제는 孟子의 또 하나의 核心的인 問題인 것이다. 다시 말하면, 人間의 本性이 善하지만, 善한 性을 어떻게 德으로 發展시킬 것인가 하는 문제가 그것이다.

우선, 그 可能性부터 살펴보기로 한다. 孟子는 당시의 세상을 살아가는 동안에 善한 사람도 보고 惡한 사람도 보았을 것이다. 그러나 그는 人間이 善하게도 되고 惡하게도 되는 것은 人間本性과 관련된 問題가 아니라, 環境으로 말미암아 나타난 현상이라고 보았다. 예컨대, 풍년이면, 經濟的 生活의 安定이 가능할 것이기 때문에 사람들이 善良하지만, 흉년이 들면, 暴徒가 되는 것을 직접 볼 수 있는 것은 人間本性이 나쁜 것이 아니라, 外的要因이 그렇게 만든 것이라고 생각한 것이다.35)

---

34) *Ibid.*, pp.401-403.

한편, 그는 '종류가 같은 것은 다 비슷하다.' '聖人도 우리와 같은 종류'36)라고 하면서, 우리도 우리의 本性을 닦으면 될 수 있다고 확신하였다. 여기에서 그는 教育의 可能性을 터놓았다고 볼 수 있다. 이것과 관련하여 그는 "산골의 사이길도 갑작스럽게 다니면, 길이 되고, 잠깐 동안 쓰지 아니하면, 띠가 막히게 되는 것이니, 이제 띠가 자네의 마음을 막았도다."37)라고 말한 적이 있다. 이 말은 사실상 사람이 비록 善한 本性을 다 가지고 있지만, 그것은 積極的으로 확충해 나가면, 聖人에 못지않은 경지에까지 도달할 수 있지만, 만약 그렇지 않으면 비록 人性이 善하다고 하더라도 짐승과 다를 바 없이 타락될 수도 있다는 것을 뜻하는 것이다. 이 또한 孟子가 教育의 可能性을 말한 것이다.

孟子는 教育을 本來의 人間形相에로의 復歸로 보고 있다. 즉 本來의 人間形相인 仁, 義, 禮, 智를 되찾는 것을 教育이라고 본 것이다. 이와 같이 仁, 義, 禮, 智의 本來의 모습으로 人間이 復歸되는 過程을 教育이라고 보고, 그 內容으로 들고 있는 것은 무엇인가? 『孟子』에서 보여 주고 있는 바에 따르면 그것은 非禮不動의 心志38)(萬章章句下, 七), 非禮非義39)(離婁章句下, 六) 浩然之氣40)(公孫丑章句上, 二), 大丈夫의 不動心41)(滕文公章句下, 二), 寡欲42)(盡心章句下, 三十五), 好善43)(告子章句下, 十三), 中庸44)(盡心章句上, 四十四) 等이다. 말하자면, 禮가 아니면 움직이지 않는 마음, 禮가 아닌 것은 義가 아니라는 것, 非道德的인 것을 배격하고 倫理規範을 實踐하는 참다운 용기, 올바른 자리에 서서 大道를 실천하여 뜻을 이루었을 때는 백성과 더불어 그 道를 함께 해 나가고, 뜻을 이루지 못하였을 때는 혼자서 그 道를 實踐하여 富貴, 貧賤, 威武도 그

---

35) James Legge, *op. cit.*, pp.404-405. 孟子曰, 富歲, 子弟多賴, 凶歲, 子弟多暴 非天之降才兩殊也,……(告子章句上, 七)

36) *Ibid.*, p.405. 故凡同類者, 擧相似也……聖人與我同類者.

37) *Ibid.*, p.487. 孟子謂高子曰, 山徑之蹊間, 介然用之而成路, 爲間不用, 則茅塞之矣, 今茅塞子之心矣.(盡心章句下, 二十一)

38) *Ibid.*, pp.387-391.

39) *Ibid.*, p.320.

40) *Ibid.*, pp.185-196.

41) *Ibid.*, pp.264-265.

42) *Ibid.*, p.497.

43) *Ibid.*, pp.443-445.

44) *Ibid.*, p.475.

의 마음을 굴복하게 하지 못하게 하는 마음, 욕심을 막고 더 나아가 倫理規範을 實踐할 수 있는 힘, 즉, 養心, 善을 좋아하는 마음, 그만두어서는 안 되는 데에다 그만두어버리지 않는 마음 즉 禮로써 行爲를 조절할 수 있는 마음 等이 孟子가 본 敎育內容이다. 우리는 이것들을 修養이라고 말할 수 있다.

그러나 여기서 우리가 한 가지 생각해 보아야 할 점은 예컨대, 非禮非義, 참된 勇氣 등을 區分할 수 있는 能力은 무엇을 통하여 획득될 수 있는지가 孟子의 경우 불분명하다는 것이다. 왜냐하면 孟子는 學問의 目的을 '잃어버린 마음을 求하는 것'으로 보고 있기 때문이다. I.A. Richards의 말대로, 孟子의 目的은 學問的(西洋哲學의 意味)이라기보다는 社會的(社會規範의 訓練)인 데에 있다[45]고 한 말은 우리에게 여러 가지 측면에서 생각을 하도록 해준다.

이제 '孟子가 생각한 敎育方法은 무엇인가'를 考察해 보겠다. 孟子의 敎育內容을 '修養'이라고 볼 때, 그의 修養의 根本指針은 '自省內求'(離婁章句上, 四)[46]이다. 즉,

"나는 그래도 사랑하는데 그 사람이 親해주지 아니하면, 자기의 사랑하는 마음이 철저하지 않은가 反省하고, 나는 그래도 힘을 기울여 남을 다스리는데 다스려지지 아니하면, 자기의 지혜가 부족하지 않은가 반성하고, 나는 그래도 禮로써 대하는데 그 사람의 답례가 없으면, 자기의 恭敬하는 태도가 온당하지 않은가 反省하라. 행해서 바랐던 것을 얻지 못하는 것이 있으면, 다 이것을 자기 자신에게 돌이켜 그 原因을 구하라. 자기 몸이 올바르면, 온 세상 사람들이 귀순해 올 것이다."

이 방침을 바탕으로 하고, 그 方法을 좀 더 구체적으로 말하면 다음과 같은 것들이 있다. "가르치는 데에도 역시 그 방법이 여러 가지 있지만, 내가 탐탁하게 여기지 않아서 가르쳐 주지 않는 것도 역시 가르쳐 주는 것이 될 따름"[47](告子章句下, 十六)이라고 하면서 구체적으로 가르치는 方法을 다음의 다섯 가지로 區分

---

45) I.A. Richards, *op. cit.*, p.64.
46) James Legge, *op. cit.*, pp.294-295. 孟子曰, 愛人不親, 反其仁, 治人不治, 反其智, 禮人不答, 反其敬, 行有不得者, 皆反求諸己, 其身正, 而天下歸之, 詩云, 永言配命, 自求多福.
47) *Ibid.*, p.448. 孟子曰, 敎亦多術矣, 予不屑之敎誨也者, 是亦敎誨之而已矣.

하여 제시하고 있다.[48] 즉, ① 제때에 내리는 비가 초목을 저절로 자라게 하는 것(有如時雨化之者) ② 덕을 이루게 해 주는 것(有成德者), ③ 재능을 발달시켜 주는 것(有達財者), ④ 물음에 대답해 주는 것(有答問者), ⑤ 혼자서 덕을 잘 닦아 나가도록 해 주는 것(有私淑艾者)(盡心章句上, 四十)이다. 그리고 그 밖에 '널리 배워서 그것을 상세하게 풀이해 나가는 것'[49](博學而詳說之)(離婁章句下, 十五)을 들고 있다.

孟子는 敎育者가 가져야 할 자세에 관하여 다음과 같이 언급하고 있다. 즉, 敎育者는 자신이 먼저 밝은 덕을 쌓아야 하고,[50](盡心項句下, 二十) 제자를 받아들이는데, 가는 사람을 붙들지 않고, 오는 사람을 거절하지 않는다. 진실로 배우고자 하는 마음을 갖고 오기만 하면, 그를 받아들이는 것[51]뿐이라는 것이다.(盡心章句下, 三十)

끝으로 孟子는 누구보다도 일찍이 敎育에서 環境을 중시한 사람이다. 예를 들어보면 다음과 같다. 즉,

> "孟子가 范으로부터 齊나라로 가서 齊王의 아들을 바라보고 탄식하여 말하기를, 지위나 환경이 그 기품을 바꾸게 하고, 봉양하는 것이 그 몸을 바꾸게 하는 것이다. 중요하다. 그 지위나 환경이! 다들 사람의 자녀가 아니겠는가"[52](盡心章句上, 三十六)

이와 같이 말할 수 있는 것은 孟子가 어렸을 때부터 어머니가 마련해 준 좋은 환경에서 敎育을 받은 結果일 것이다.

지금까지의 論議를 요약해 보면 다음과 같다. 즉, '孟子'의 敎育的 人間像은 '君子'이다. 君子는 敎育者이면서 동시에 四端을 갈고 닦은 사람이다. 다시 말하면, 君子는 人間本來의 性善이 제대로 그 기능을 발휘할 수 있는 "敎育받은 사람"인

---

48) *Ibid.*, p.473.
49) *Ibid.*, p.323.
50) *Ibid.*, p.487. 孟子曰, 賢者, 以其昭昭 使人昭昭,……
51) *Ibid.*, pp.492-493. 往者不追, 來者不拒, 苟以是心至, 斯受之而已矣.
52) 孟子 自范之齊, 望見 齊王之子, 喟然歎曰, 居移氣, 養移體, 大哉居乎, 夫非盡人之子與.

것이다. 그리고 君子가 되기 위해서는 修養이 필요하며 그 修養의 方法은 구체적으로 다섯 가지가 있으며, 환경이 매우 중요하다는 것이다. 그러나 여기서의 '君子'는 그 당시의 封建君主體制의 旣存秩序 속에서 適應하며 살아가는 人間이라는 점에서 그 限界가 있음을 알아야 할 것이다.

Ⅲ. 루소의 人間本性論과 敎育

루소도 孟子와 마찬가지로 人間의 本性에 관하여 性善說을 주장하였다. 本研究者는 루소의 性善說의 內容은 무엇이며, 그것이 意味하고 있는 것이 무엇인가를 알아보고, 이 性善說에 바탕을 둔 敎育이 어떻게 實現되어야 한다고 생각하였는지를 考察해 보겠다.

루소는, "이 세상 萬物은 創造者의 손에서 나올 때는 善하나, 人間의 손에 와서 타락하였다"[53]고 생각하고 있다. 모든 萬物이 創造者의 손에서 나올 때는 善하다고 하였으니, 그 속에는 물론 人間도 포함되어 있으므로, 人間이 이 세상에 태어날 때는 善한 상태로 태어난다는 것이다. 그렇다면 人間이 이 세상에 태어날 때의 善한 상태는 과연 어떤 狀態인가? 그것은 自然狀態이다. 그에 의하면, 自然狀態란 "숲속을 헤매고, 생활 기술도 없고, 言語도 없고, 집도 없고 전쟁이나, 동맹도 없고, 동포를 조금도 필요로 하지 않으나, 또한 그들에게 해를 끼치는 일도 전연 바라지 않고, 아마 동포의 그 누군가를 개인적으로 기억하고 있는 일조차 결코 없이, 극히 적은 情念을 쫓을 뿐이며, 자기 자신만으로 만족하고 이 상태의 고유한 感情과 지식의 빛밖에 갖고 있지 못한 상태"[54]이다.

---

53) Jean Jacques Rousseau, *Emile*, Allan Bloom, (tr.)(New York, Basic Books, Inc., Publishers, 1979), p.37. 以下 괄호 안의 페이지 수는 이 번역책의 페이지 수를 가리킨다.

54) J.J. Rousseau, "Discourse on Inequality", *The Essential Rousseau.* (New York, The new American Libiary, Inc., 1974), p.169.

왜 루소는 이 '自然狀態'로 '人間의 本性이 善하다'는 말을 설명하려고 하였는가? 그것은 이 自然狀態에서는 모든 人間이 自由와 平等을 누린다고 생각했기 때문이다. 그리고 거기에는 여러 가지 社會關係가 아직 발달하지 않았으므로 對人關係와 社會關係에서 발생하는 正, 不正, 善과 惡의 區別도 없다는 것이다. 루소는 바로 이 狀態를 人間의 本性이 善하다는 증거로 보고 있다. 루소에 의하면, "사람은 自然狀態에 가까이 머물면 머물수록, 능력과 욕망과의 차이가 적어지고, 따라서 행복에 가까워질 수 있다."(p.81)고 한다. 그 다음에 미개인에게는, 自己保存의 衝動과 연민(pity)의 감정만이 있다고 한다. 이 自己存在에 관한 순수한 애정을 루소는 自己愛(self-love)라고 하면서, 여기에서 인간의 애정이 생기며, 또한 自己愛는 人間愛의 원천이 된다고 한다. 동포가 괴로워하는 것을 보고 느끼는 연민의 情은 自己愛의 자연스런 發展過程이다. 루소는 이런 自然感情을 社會狀態 속에서 그리고 社會關係와 對人關係에서 생기는 '自尊心'(pride)과 구별한다. 이 自尊心은 社會的·人爲的 感情이며, 惡德을 낳게 하는 素地가 된다. 그러므로 自己愛와 연민의 情은 人間本性의 內容이 되며 동시에 이것은 善하다고 할 수 있다는 것이다.

그러면 루소는 人間의 本性이 善하다는 아이디어를 敎育에서 어떻게 實現시키고 있는가? 루소가 진정으로 의도한 것은 人間의 善良한 心性과 德性을 保存하여 自然스러운 個人의 權利를 인정하는 社會를 건설하려고 하는 것이리라. 그리고 이와 같은 그의 意圖는 敎育을 통하여 그것이 實現될 수 있다고 본 것이다.

그러나 이와 같은 敎育은 理想的인 社會를 전제로 한다. 루소는 그의 敎育論 「에밀」에서 公敎育은 存在하지도 아니하며, 存在할 수도 없다고 말한다. 公敎育은 古代 그리이스의 도시국가에서만 가능하였다는 것이다. 그리고 오늘날과 같은 現代國家에서는 나라가 크고 人口가 많기 때문에 個性은 말살되고, 모든 사람은 '공동의 틀'에 맞추어 가야만 한다는 것이다. 그렇다면 오늘날과 같은 條件 속에서 自然에 따른 敎育은 가능하지 않다는 뜻인가? 그는 '에밀'과 같은 방식으로 敎育한다면 '社會 속의 自然人'을 기를 수 있다고 생각하였다.

루소에 의하면, 敎育은 "人間을 만드는 技藝"(p.33)이다. 구체적으로 말하자면, 個人이 自然人으로서 완전히 살아갈 수 있고, 사회에서 자기 자신의 능력을 최대한으로 발휘하여 열심히 살아갈 수 있도록 個人을 준비시키는 것이다. 그리하여 그는 다음과 같이 말하고 있다.

"自然의 질서에서는 모든 人間이 平等하기 때문에 공통의 昭命은 인간이 되는 것이다. 따라서 인간으로서 훌륭히 教育받은 사람이라면 누구든지 人間과 관계되는 일을 잘 이행해 낼 수 있다. 나의 제자는 군인이 되든 성직자가 되든……문제가 되지 않는다……그가 누구이든 그는 人間으로서 할 일을 필요에 따라 무엇이든 할 수 있게 될 것이다. 그리고 運命이 아무리 그의 지위를 변경시키려고 해도 그는 의연히 자신의 지위를 지킬 수 있을 것이다."(pp.41-42)

以上의 말에서, 우리는 루소가 개인을 의식하면서도 늘 社會를 意識하였음을 알 수 있다. 달리 말해보면, 루소는 "人間이 각각 內面의 世界를 가진 個人이면서, 동시에 外部社會와 관련을 맺고 그 영향을 받으면서, 형성되는 존재"[55]임을 意識하였다는 것이다. 그리하여 그는 "人間은 自由롭게 태어났으나, 도처에서 사슬에 묶여 있다"[56]고 한 것이다. 그렇지만 자연적인 自由란 이미 존재할 수 없다. 여기에 루소의 고민이 있었다. 그리하여 그는 "만약 사람들이 자기가 욕망하는 두 개의 목적(人間을 만드는 것과 市民을 만드는 것)을 하나의 목적으로 통일할 수만 있다면, 인간의 가지가지의 모순이 제거되고, 행복을 가로막는 커다란 장애도 벗어날 수 있다."(p.41)고 말한 것이다.

이제 우리는 루소의 教育論 「에밀」을 考察해보기로 한다. 우선, 루소의 教育論 「에밀」에 나타난 몇 가지 원칙을 다루고, 다음에 보다 구체적인 教育內容과 方法을 다루기로 하겠다.

첫째, 루소의 教育論을 지배하고 있는 原則은 '自然主義'이다. 社會 속의 '自然人'을 기르기 위해서는 자연이 가르치는 方法에 따라 教育을 하라는 것이다.(p.47) 예컨대, 自然의 法則에 역행하지 말라(p.86), 어린이를 自然에 따라 기르는 法(pp.67-69) 등이 그것이다.

둘째, 그의 教育은 '消極的 教育'이다. 예컨대, 그는 社會制度나 社會에서 惡

---

55) 李烘雨, "죤듀이와 그 이후 教育哲學," 師範論叢(서울大學校 師範大學, 제25집 別刷, 1982. 12), p.4.
56) J.J. Rousseau, "Social Contract" Lowell Bair, (tr.), *The Essential Rousseau*. p.8.

의 根源을 찾았기 때문에, "당신의 유아의 주위에 일찍이 담장을 쌓아라"(p.38)고 충고한다. 그리고 "초기 敎育은 순전히 消極的이 아니면 안 된다."(p.93)는 것이다.

셋째, 어린이의 自由와 自發的인 活動을 존중한다는 것이다. 예컨대 "어린이에게 진실한 자유를 되도록 많이 주고, 我執을 되도록 덜어 줌으로써 그들에게 가능한 한 독립하여 행동할 수 있도록 해주는 반면, 타인에게 요구를 덜 강요하도록 하라는 것"(pp.67-68)이다. 그러나 '自由'를 주되 방종하지 않도록 하라"(p.92)고 충고한다.

넷째, 事物에 의한 敎育과 經驗에 의한 敎育을 중시하는 것이다. 예컨대, 말로써 교훈이나 지식을 어린이에게 주는 것보다는 경험에 의해서, 행동에 의해서, 어린이 자신이 그것을 배우도록 하라는 것이다.(p.169)

다섯째, 敎育에서 '年齡'을 고려하라는 것이다. 루소의 敎育論 속에 여러 가지 문제가 있음에도 불구하고, 바로 敎育에서 '年齡'을 고려해야 한다는 이 주장 때문에 영원한 敎育的 價値를 가지고 있다고 평가되고 있다.[57] 루소는 어린이와 어른을 구분해 내려고 노력하였다. 다시 말하면 그는 어린이와 어른의 다른 점을 상세히 부각시키려고 하였다. 그는 실제로 「에밀」에서 다음과 같이 말하고 있다.

> "인간들이여, 인간답도록 하라……어린이를 사랑하라. 어린이가 그들의 놀이와 오락과 사랑스런 본능을 충족할 수 있도록 도와주어라……어째서 그대들은 그 천진난만한 어린 것들에게서 순식간에 지나가 버릴 그 기쁨과 그들이 함부로 쓰지도 못할 그 귀중한 재산을 빼앗으려 하는가……어린이들이 살아 있다는 기쁨을 느낄 수 있게 되면, 곧 그들에게 그것을 누리도록 해주어라."(p.79)

그러므로 사람들은 루소를 '어린이의 재발견자'라고 하는 것이다.

루소의 敎育論 「에밀」이, 당시의 敎育史的 狀況으로 보아, 敎育에 끼친 중요한 意味는 敎育을 年齡群別로 진행시켰다는 점에 있다. 말하자면 어린이와 어른의 차이점을 뚜렷하게 부각시켰다는 점에서 敎育史的으로 높이 評價받을 수 있다. 그러나 문제는 어린이의 知力을 너무 過少 評價했다는 점이다.

---

57) William Boyd, *op. cit.*, p.298.

그러면 루소가 年齡群別로 教育을 진행시켰으므로, 그 체제에 따라 좀 더 구체적인 教育의 實現 모습을 概括해 보겠다.

1. 유아기(0-5歲)

이 기간에 유아는 自然狀態에 놓여 있어서 요구도 별로 없고 동작은 기계적이며, 理性으로 생각하는 힘이 없고, 단순한 감정만이 뚜렷한 동물의 상태에 있다.

이 時期의 教育의 原則을 들어보면, 嬰兒의 경우, 四肢의 自由로운 운동을 시키라는 것이다. 왜냐하면 "영아의 四肢를 움직이지 못하게 속박하는 것은 혈액과 체액 순환을 방해하고 신체가 튼튼하게 성장하는 것을 막으며, 체질을 약화시킬 따름"(p.43)이기 때문이다. 그리고 루소는 "일찍부터 고뇌와 고통을 가르치라"(p.47)고 한다. 왜냐하면 "그가 어른이 되었을 때 필요에 따라서는 아이슬란드의 얼음 속에서나 말타섬의 타는 듯한 바위 속에서라도 살 수 있도록 가르쳐야"(p.42) 하기 때문이다.

루소는 구체적으로 準則 네 가지를 다음과 같이 제시하고 있다.

> "自然이 그들에게 준 힘은 모조리 사용하게 하라, 육체적 필요에 속하는 모든 면에 있어서 그리고 知力이나 體力으로나 그들이 부족한 것을 보충해 주고 도와주어라, 도와주는 데는 필요한 경우에만 한한다. 어린이의 언어와 표정을 연구해야 한다."(p.68)

2. 아동기(6歲-12歲)

이 시기의 어린이들은 야만인의 상태여서 非道德的이며, 非社交的이며, 요구도 아직 적으나, 감정이 적극성을 띠게 되고, 知識에 관한 막연한 욕망이 생긴다.

루소에 의하면, "人生에서 가장 위험한 시기는 태어나서부터 열두 살까지에 이르는 동안"(p.93)이다. 그러므로 이 시기의 身體教育은 자유롭게 운동을 시키라는 것이다. 즉, "어린이는 뛰고 싶으면 뛰게 하고, 달리고 싶으면 달리게 하고, 소리를 지르고 싶으면, 소리를 지르도록 해야 한다. 왜냐하면, 그들의 운동은 모두가 發育을 구하고 있는 그들의 신체적 구조에서 생긴 필요한 활동이기"(p.86) 때문이다. 특히 루소는 이 시기의 어린이에게 感覺器官의 훈련을 강조했다.

"감관을 훈련한다는 것은 단순히 그것을 사용하는 것은 아니다. 감관을 통해서 바르게 판단하는 것, 말하자면, 느끼는 것을 배우지 않으면 안 된다. 왜냐하면 이미 배운 한도 내에서만 만지고 듣고 볼 수 있기 때문이다."(p.132)

知的 敎育에 관해서는 일단 消極的인 見解를 나타내고 있다. 自然은 어린이가 어른이 되기까지는 어린이이기를 바라기 때문이다. 그러므로 만약 그 순서를 뒤바꾸려고 한다면, 우리는 익지도 않고 맛도 들지 않은 채, 곧 썩어버리고 말 조숙한 과일을 생산하는 꼴이 된다. 즉, 나이 어린 박사와 겉늙은 어린이를 만들어 낼 것이다. 유년기에는 그 特有의 보는 법, 생각하는 법, 느끼는 법을 가지고 있다"(p.90)는 것이다. 그러면서 어린이들에게 최대의 불행을 안겨주는 도구 즉, 책을 없애버리라고 하였다. 따라서 에밀은 열두 살까지 책이 어떤 것인지조차도 모르고 지내게 된다.(p.116) 그리고 無用한 敎育의 例로서 語學, 歷史, 우화 등을 들고 있다. 그러나 루소는 어린이에게는 일체의 推理의 能力이 없다고 생각하지는 않는다.(p.108)고 하면서, 자신의 表現에 종종 모순이 있다는 것을 否認할 수 없다는 점을 인정하고 있다.(p.108註 參照)

3. 소년기(13歲－15歲)

이 기간의 소년은 로빈슨 크루소와 같은 고독한 상태에 있어서, 여전히 非道德的이고, 非社交的이다. 感情은 줄어들고, 理性과 判斷力이 나타나며, 事物의 性質을 탐구하려는 호기심을 갖게 된다.

루소는 호기심을 싹트게 하기 위하여 학생들의 주의를 自然現象으로 기울이게 하라고 하면서, "그러나 이 호기심을 기르는 데도 결코 호기심을 만족시키려고 서

둘러서는 안 된다.……여러분이 말해 주어서 되는 것이 아니라, 그 자신이 깨달아서 알도록 하라"(p.168)고 한다. 루소는 두 가지 例를 들고 있다. 즉, 하나는 天文學이요, 다른 하나는 地理學이다. 즉,

　　"어느 아름다운 저녁에 어느 좋은 장소를 택해 산보를 나가서 해가 떨어지는 장소를 알아볼 수 있을 만한 곳에서 여러 가지 사물을 관찰한다. 이튿날 해뜨기 전에 같은 장소로 간다. 이와 같이 적절한 시기에 그에게 사물을 보여주는 것만으로 만족해야 한다. 그런 다음, 그의 호기심이 충분히 자극되었다고 생각되면, 그때 간단한 질문을 던져, 그가 스스로 그 답을 풀어내도록 하라."p.169) 그 다음 地理學의 경우의, "문제는 그가 그 지방의 地形을 정확하게 아는 데 있는 것이 아니라, 그가 그것을 배우는 方法을 아는 데 있는 것"이라고 하였다.(p.171)

　이 두 경우에서 볼 수 있는 바와 같이 가장 좋은 敎育의 根本原理가 있다면 그것은 무엇인가? 루소는 이 문제를 다음과 같이 답하고 있다. 즉, "어린이에게 學問을 가르치는 것이 문제가 아니라, 학문을 사랑하는 취미를 일깨워주고, 그 취미가 한층 발전했을 때에 學問을 공부할 수 있는 方法을 가르치는 것이 중요하다. 이것이야말로 틀림없이 좋은 敎育의 原理"(p.172)라는 것이다.

4. 청년기(16歲－20歲)

　이 기간의 청년은 社會的 存在가 된다. 자기의 욕망을 조절하게 되며, 性에 눈을 뜨고, 상상력과 추리력이 고도로 발달하는 時期이다. 루소는 이 時期를 두 번 태어나는 시기라고 하였다. 즉, 한 번은 생존하기 위해서 태어나고, 또 한번은 生存하기 위해서 태어나고, 또 한번은 生活하기 위해서 태어난다.(p.211)는 것이다.

　이 時期는 완전한 成人이므로 루소는 "成人을 지도하는 데는 어린이를 지도할 때 취했던 모든 方法을 거꾸로 취하면 된다고 생각하라. 그동안 그처럼 오랜 기간을 주의 깊게 숨겨온 저 위험한 神秘를 그에게 알리는 것을 조금도 망설여서는 안 된다."(p.318)고 충고하고 있다.

　이때야말로 책을 읽힐 시기인 것이다. 그리고 이 시기의 청년들에게 論說의 分

析을 가르치며, 웅변과 표현의 美를 느끼도록 하고, 語學 중에 라틴語는 프랑스 語를 잘 알기 위해서 배워야 한다고 한다. 自然의 法則에 따라 敎育받은 '에밀'은 現代의 書籍보다 古典에 더 흥미를 가지게 된다. 왜냐하면 그것은 古代人이 먼저 태어났으므로 自然에 더 가까울 뿐만 아니라, 그들의 天分이 그러한 그들에게 한 층 더 적합하기 때문이다.(p.343)

끝으로 루소는 男女간의 性差에 따른 敎育은 별도의 敎育을 시키는 것이 自然에 따른 敎育이라고 생각하였다. 그에 의하면, 男女간에 공통된 것, 즉, 身體器官, 欲求의 同一性과 能力이나 외모의 유사한 점 등은 모두가 種에 속하는 것이고, 양자 사이의 틀린 점은 모두 性에 속하는 것이다.(pp.357-358) 이와 같이 비슷한 점과 다른 점은 필연적으로 精神에 영향을 주기 때문에 양성의 精神的인 諸能力 사이에 비슷한 점과 다른 점을 나타낸다는 것이다. 兩性이 결합할 때에는 그 어느 쪽도 공동의 목적을 향해 평등하게 협력해야 한다고 하였다. 그렇지만 性에 관해서는 男女가 전혀 다르기 때문에, 이에 관한 협력은 결코 같은 方式에 의해 행해지는 것이 아니고, 서로의 부족한 점을 상호 보충하면서 협력하는 것이다.

男子와 女子는 성격상으로나 체질상으로나 같지도 않거니와 또 같아서도 안 된다는 것이 일단 증명되었다면, 兩性이 같은 敎育을 받아서는 안 된다는 결론이 나온다. 自然이 지시하는 方向을 따라야 한다면, 兩者는 협력해서 행동해야 하지만, 같은 일을 해야 하는 것은 아니라는 것이다.(p.363) 이와 같이 루소는 女性敎育에도 독특한 견해를 가지고 있었다.

루소를 가리켜 사람들은 '矛盾과 逆說의 天才'라고 말한다. 그는 어린이에게 사랑을 해주라고 「에밀」이라는 敎育論에서 주장하였으면서도, 자신의 아이는 다섯이나 모두 고아원에 보냈고, 平民主義를 부르짖었음에도 불구하고, 貴族의 보호를 받고 그들과 親交를 맺었다. 그러나 이 모든 '矛盾과 逆說'에도 불구하고, 「에밀」 敎育論은 18世紀의 敎育에 막대한 영향을 끼쳤고, 오늘날에도 그 영향력을 여전히 발휘하고 있다.

Ⅳ. 孟子와 루소의 人間
本性論과 敎育: 比較와 對照

時代와 文化的 背景이 서로 다른 孟子와 루소를 정확히 비교한다는 것은 매우 어렵고, 어쩌면 불가능한 일인지도 모른다. 그러나 孟子와 루소는 敎育理論의 構造上 매우 중요한 자리를 차지하고 있는 人間本性論에 다같이 性善說을 취하고 있으므로 그것을 바탕으로 한 敎育의 實現 모습을 탐구하는 것은 敎育史的으로 나, 敎育理論上으로나 매우 중요한 意味가 있다고 말할 수 있다. 孟子와 루소는 둘 다 人間本性을 善하다고 보았으나, 우리가 탐구한 바와 같이 敎育이 實現되는 모습은 서로 다른 것을 알 수 있었다. 그러므로 이 두 敎育思想家를 比較하는 궁극적인 準據는 그 두 사람의 世界觀(weltanschauung)이 될 것이다.

우선, 孟子와 루소의 人間本性論을 비교해 보면 다음과 같다. 孟子의 경우 人間의 本性은 '四端'에서 비롯되는 것이다. 즉 惻隱之心, 羞惡之心, 辭讓之心, 是非之心이 그것이다. 이 四端은 人間이 本來 가지고 태어나는 것이지, 밖으로부터 들어온 것이 아니다. 여기에 비하여, 루소는 이 세상 만물은 창조자의 손에서 나올 때는 善하나 人間의 손에 와서 타락되었다고 하면서, 善한 狀態는 '自然狀態'라고 하였다. 이 自然狀態야말로 自由와 平等, 自己愛와 憐憫의 情이 그대로 나타난다는 것이다. 따라서 孟子와 루소의 人間本性論은 '惻隱之心'과 '憐憫의 情'과 같은 類似한 點도 있으나, 차이점도 있다는 것을 알 수 있다.

그러면, 그 差異點은 왜 생겨났는가? 지금까지 우리의 探究結果에 의하면, 孟子는 個人의 完成과 個人이 가지고 있는 可能性으로서의 仁, 義, 禮, 智의 實現에 주된 관심을 가지고 人間의 本性을 論하였다. 한편, 루소는 人間의 本性을 論함에 있어, 個人과 社會와의 關係를 意識하였던 것이다. 말하자면, 루소가 意識한 것은 個人의 自由를 구속하는 '족쇄'가 社會이며, 個人은 社會의 拘束을 벗어나는 한 自我와 自由를 實現할 수 있다는 것이다.[58]

이렇게 놓고 볼 때, 孟子는 旣存의 社會秩序인 封建君主體制를 일단 받아들이

---

[58] 李烘雨, 前揭書, pp.4-5.

는 古典主義的 傾向을 띠게 되었고, 루소는 旣存의 사회질서를 否定하려는 浪漫
主義的 傾向을 띠게 된 것이 아닌가 하는 생각을 해본다.

다음으로, 孟子는 孔子의 '天命思想'59)을 이어 받았기 때문에, 그는 治者(大
人, 君子)와 被治者(小人)를 區分하고(滕文公章句上, 四) 그가 理想으로 생각하
는 人間像은 어디까지나 '君子'가 되는 것이다. 人間의 本性은 善하고, 그 內容인
'四端'을 적극적으로 갈고 닦아 '物欲'을 除去하면, 君子가 되는 것이며, 이 일을
敎育이라고 보았다. 말하자면, 그의 敎育은 '物欲'을 적극적으로 除去하고 德을
갖추도록 하는 '積極的인 敎育'(positive education)인 것이다. 여기에 비하여
루소는 自然이 人間에게 부여한 善은 社會의 惡으로부터 보호해 주고, 自然의 아
름다움과 有用性을 認識시키는 데서 비롯하여, 마침내는 理想的인 社會가 요구하
는 훌륭한 市民-즉, '社會 속의 自然人'으로서의 資質을 준비시키는 일을 敎育이
라고 보았다. 따라서 그의 敎育理論構成要素 중에는 '消極的 敎育'(negative
education)의 性格을 갖고 있는 것이다.

孟子와 루소를 좀 더 구체적으로 比較 또는 對照해 보겠다. 그들이 살았던 時
代的 狀況을 보면, 孟子는 戰國時代가 말해 주듯이 豪族이 나라를 빼앗고, 다른
弱少國家를 合併하려고 자주 전쟁을 일으키고, 君主는 백성을 궁핍과 虐政속에
몰아넣는 그런 시대에 살았다. 루소로 外的으로 영국과 프랑스의 植民地 爭奪戰
으로 백성들은 늘 전쟁의 위협 속에서 살았고, 內的으로는 封建君主體制 속에서
貴族의 利權 싸움과 백성들에 대한 혹독한 세금 등 虐政에 시달리며 살았던 것이
다. 이렇게 놓고 볼 때 이 두 敎育思想家들은 그들이 살았던 時代가 다르지만,
時代的 狀況은 비슷하였다고 말할 수 있다.

孟子와 루소의 成長過程을 比較해 보면, 孟子는 일찍이 父親을 여의고, 홀어
머니 밑에서 올바르게 자랐고, 子思의 門人으로서 正常的인 敎育을 받았다. 거기
에 비하여, 루소는 "나의 탄생은 수많은 내 불행 가운데서 최초의 것이었다"고 술
회했듯이, 그의 어머니 스잔느는 그를 낳은 지 불과 九日 만에 세상을 떠났다. 그
후 아버지로부터 소설을 읽을 만큼 敎育을 받았으나, 그 父親마저도 어느 軍人과

---

59) 天을 代身하여 백성을 다스리는 天子의 자질은 有德者이어야 하고, 失德은 失天
    命의 원인이라고 하여, 天命을 잃지 않고 있는 집권체제를 영구히 강조하는 사상
    을 말한다.

의 싸움 끝에 家出, 사실상 그 이전에 이미 兄도 家出함으로써 이 가정은 완전히 붕괴되어 버렸다. 그 후 루소는 正規教育을 받지 못한 채 獨學(solf-education)을 하였다. 이와 같이 그는 고독과 가난 속에서 살았다. 말하자면, 孟子는 비록 일찍이 부친을 잃었지만 훌륭한 어머니 밑에서 正常的으로 成長하였고 教育도 받았으나, 루소는 일찍이 母親을 잃고 거의 非正常的으로 成長하였고 正規教育도 받지 못한 채 고독과 가난 그리고 박해 속에서 살았다고 말할 수 있다. 成長過程만을 놓고 볼 때, 이 두 教育思想家는 아주 對照的이라고 볼 수 있다.

敎育의 對象을 比較해 보면, 孟子의 경우는 治者가 되고자 하는 사람인 데 반하여, 루소의 경우는 비교적 부유한 신분의 가정의 아동을 對象으로 하였다. 한편, 孟子의 경우, 어린이에 관한 관심을 별로 찾아 볼 수 없으나, 루소의 경우는 '어른과 다른 어린이'에 관한 관심이 많다는 점이다. 이 점이 우리의 눈에 두드러지게 나타난다.

孟子는 國家와 國家의 싸움, 個人과 個人의 모든 싸움이 바로 '利' 때문에 유발되는 것으로 파악하고, 各者로 하여금 修養을 통하여 完善에 도달하면 '利'를 위한 싸움이 일어나지 않는다고 보았다. 그리하여 孟子는 在上者가 利를 追求하면, 在下者도 따라서 利를 追求하게 되어, 上下交征利(梁惠王章句上, 一)하게 되고, 윗사람과 아랫사람이 서로 이익을 취한다면, 나라가 위태로워진다고 생각하였다. 그리하여 그는 仁과 義를 내세워, 仁은 "사람이 편안히 쉴 수 있는 집(安宅)이요, 義는 사람이 올바르게 가는 길"(正路)(離婁章句上, 十)이라고 하면서, 儒教의 保守的인 道德主義를 들고 나왔다. 거기에 비하여, 루소는 人間의 不平等의 起源을 社會的 不平等에 두고, 이를 극복하기 위하여 平等하고 행복한 '社會的 自然人'을 想定하였다. 自然狀態에서는 自然的·肉體的 不平等만 있지, 소위 社會的 不等은 생기지 않는다는 自然主義思想을 들고 나왔다.

孟子의 意圖는 어디까지나 現實社會內에서 살고 있는 人間이 자신의 '物欲'으로 가리워진 마음을 갈고 닦아, 人間本然의 善으로 나아가게 하여, 올바른 社會를 이룩하자는 데 있었다. 그러나 루소는 '自然的 狀態'를 설정하고, 거기에서 출발하여, 人間으로 하여금 잃어버렸던 自由와 平等을 되찾아 공동의 이익을 목표로 하는 理想社會를 이룩하고자 하였다. 따라서 孟子의 教育思想은 封建體制를 그대로 유지·발전하는 데 중요한 뒷받침이 되는 思想으로 계속 발전되도록 保護

를 받았으나, 루소의 教育思想은 旣存社會에 敵意를 품고 있었기 때문에 당시 사회로부터 迫害를 받았던 것이다.

이제, 教育과 관련하여, 좀 더 구체적인 比較를 해보겠다. 孟子는 惻隱之心, 羞惡之心, 辭讓之心, 是非之心과 같이 人間이 實踐해야 할 道理로서의 行動規範을 教育內容으로 삼고 있다. 그의 教育方法을 보면, '予不屑之教誨也者 是亦教誨之而已矣'와 '往者不追, 來者不拒'라는 기본방침 아래 구체적으로 다섯 가지 方法을 들고 있다. 즉, 有如時雨化之者, 有成德者, 有達財者, 有答問者, 有私淑艾者 등이 그것이다. 여기에 비하여, 루소는 12歲까지 '消極的 教育'을 주장하였다. 그 內容은 知的인 것보다, 情的인 쪽이다. 그러나 루소는 '理性만이 우리에게 善惡을 認識하는 法을 가르쳐 준다. 우리에게 善을 사랑하고 惡을 미워하게 하는 良心을 理性과는 독립된 것이지만, 理性 없이는 發達할 수 없다."(p.67)고 하면서, 궁극적으로 西洋의 七自由學科(seven liberal arts)에 바탕을 둔 教科를 가르치도록 하고 있다. 그 教育方法으로서 '事物에 의한 教育' '言語보다 行動', '어린이에게 교훈을 주려고 하기보다는 어린이 스스로가 그것을 發見하도록 해야 한다고 하였다. 그러나 누구의 教育內容과 教育方法이 옳은가 하는 점은 별도의 연구가 요청된다.

마지막으로 이 글을 맺음에 있어서, 孟子와 루소 두 사람의 스타일을 比較해 보겠다.

I.A. Richards는 孟子와 告子의 論議에 관하여 다음과 같이 評하고 있다.[60] 즉, ① 孟子와 告子의 論議는 서로 說得的인 目的이 지배적이다. ② 孟子와 告子는 論議하는 가운데 각자의 주장의 核心을 부각시키려는 意圖가 결여되어 있다. ③ 論議 가운데 사용되고 있는 증거의 결점을 검토하려고 하지 않았다. ④ 論議의 흐름은 전적으로 具體的인 例에서 具體的인 例로 흐르고 있다는 것이다. I.A. Richards 자신이 말한 바와 같이, 이러한 論評은 '西洋哲學者의 觀點'에서 본 것이며, 따라서 그 점에서는 일리가 있다. 그러나 孟子를 해석하는 데에 西洋哲學의 論理를 철두철미하게 적용해야 하는가 하는 데는 문제가 있다. I.A. Richards는 孟子의 스타일을 가리켜 非學問的, 非體系的 그리고 非論理的이라

---

60) I.A. Richards, *op. cit.*,p.55.

고 論評하고 있다. 그러나 이 점을 가지고 따져본다면, 루소도 孟子 못지않게 아니 더 심하게 非論理的이고 非體系的이다. 例컨대, 「에밀」에서 "어린이에게는 일체의 推理能力이 없다고는 생각하지 않는다."(p.108)고 하면서 그 밑의 註에 "나의 표현에 있어서는 종종 모순이 있다는 것을 나는 부인할 수 없다."고 하였다. 이것은 루소 자신이 論理的 矛盾을 自認한 것이다. 이 밖에도 「에밀」 전편을 통하여 여러 곳에서 矛盾을 발견할 수 있고, 루소가 내어놓은 著書들 간에도 서로 一致하지 않은 점도 찾아낼 수 있다. 또한 孟子를 具體的인 事例에서 具體的인 事例로 論議의 흐름을 이끌어 나간다고 評하고 있으나, 루소도 '具體的인 것'에 관한 한, 孟子보다 훨씬 더 具體的이라고 말할 수 있다. 오히려 西洋哲學의 論理에 따라 철저하게 孟子를 따지기보다는 '孟子'의 지혜를 東洋의, 그리고 孟子 자신의 人生觀, 世界觀에 비추어 해석하는 편이 더 우리에게 유익할 것 같다. 구체적으로 말해서, 孟子의 敎育內容이 倫理規範이라고 할 때, 그것이 과연 敎育內容이라고 할 수 있는가 하고 의문을 제기할 것이 아니라, 孟子가 살았던 歷史的 狀況 속에서 그가 갖게 된 人生觀, 世界觀에 비추어 그것이 敎育內容으로 될 수밖에 없는 理由를 찾아내도록 하는 편이 우리에게 유익한 敎育의 智慧를 얻어낼 수 있도록 해줄 것이다.

西洋사람들은 자기들의 敎育哲學과 論理에 따라 루소의 敎育思想을 연구하며, 그 敎育的 意味와 敎育에 관한 智慧를 찾아내고 있다. 그렇다면 우리도 孟子에 관한 敎育的 智慧를 찾아내기 위하여, 西洋의 論理에 따라 硏究할 것이 아니라, 孟子의 敎育에 관한 智慧를 찾아낼 수 있는 독특한 方法論을 硏究開發하여 그것을 통하여 찾아내어야 할 것이다. 이렇게만 된다면, 孟子의 한마디 한마디는 모두가 敎育에 관한 智慧로 變形될 수 있을 것이다. 다만, 孟子의 敎育에 관한 智慧가 敎育學이라는 學問의 脈絡 속에서 우리의 敎育理論의 形成에 유용하게 될 수 있도록 하는 우리의 能力이 問題될 뿐이다.

參考文獻

金泰吉外 二人譯. 西洋哲學史, Lamprecht, S.P., Our Philosophical Traditions, 서울, 乙酉文化社, 1963.

閔丙山, "루소의 生涯와 思想" 安浩相(編) 루소 世界思想全集 8. 서울, 大洋書籍, 1971.

朱喜, 孟子, 四書集註 Ⅱ, 韓相甲(譯), 서울, 三省出版社, 1977.

李相殷, 儒學과 東洋文化, 서울, 汎學圖書, 1976.

李箎衡, "倫理思想", 具本明外 三人(譯), 孟子, 新譯四書 Ⅲ, 서울, 玄岩社, 1965.

李烘雨, "죤듀이와 그 이후 敎育哲學", 師大論叢, 서울大學校 師範大學, 第25輯, 1982.

Boyd, W., *The Educational Theory of Jean Jacques Rousseau*, New York: Russell & Russell, 1963 / 1911.

Legge, J. (tr.), *The Works of Mencius*, New York: Dover Publication, Inc., 1970.

Richards, I.A., *Mencius on the Mind Experiments in Multiple Definition*, London: Routledge & Kegan Paul, 1964 / 1932.

Rousseau, J.J., "Discourse on the Arts and Science", Lowell Bair(tr.), *The Essencial Rousseau*, New York: The New American Libary, Inc., 1974.

Rousseau, "Discourse on the Origin of Inequality", *The Essencial Rousseau*, 1974.

Rousseau, "Social Contract", *The Essencial Rousseau*, 1974.

Rousseau, The Confession of Jean-Jacques Rousseau, Lester G. Grocker(ed.), New York: Pocket Books Inc., 1957.

Rousseau, Emile, Allan Bloom (tr.), New York: Basic Books, Inc., Publishers, 1979.

4. 周易에 나타난 理想的 人間像[*]

-乾·坤卦를 中心으로-

I. 序 言

易은 하늘이 人間의 吉凶禍福을 좌우한다는 일종의 宗敎的 天道觀에 따라 생겨났다. 中國의 古代人들은 易의 占을 통하여 하늘(神)의 意志를 묻고, 그것에 따라 日常의 行動을 결정하였다. 처음에 易은 神秘的이고 呪術的인 方術이었다. 그러나 세월이 흘러가는 동안에 易은 神秘的인 要素가 점차 사라지고 차츰 論理的이고 理知的인 색채가 짙어져 갔다. 이와 같이 된 이유는 儒學者들에 의하여 解釋理論이 첨가되고, 마침내 十翼까지 갖추게 될 정도로 硏究가 이루어졌기 때문이다.

歷史上으로 볼 때, 易은 아무런 가치가 없는 하나의 占筮로 여겼기 때문에 焚書까지 면하였다. 그러나 이것이 그 후 가장 심각한 思想書 또는 義理書로 된 것은 歷史的 아이러니이다. 그러면 왜 焚書坑儒以後 가장 심각한 理念書의 하나로 되었는가? 그것은 다름 아니라, 易이 사람들로 하여금 잘못(過)을 고쳐 올바른 (善) 쪽으로 나아가게 하며, 煩惱에 빠져 있는 人間들에게 勇氣를 주었고, 바르게 살아가는 방법을 강구해 준 經書였기 때문이다.

---

* 忠北大學校 湖西文化研究所, 1988. 12.

繫辭傳[1]에 의하면, 易은 卜筮에 의해 吉凶을 알아내며, 吉로 나아가고 凶을 피하도록 해 주어 막혀 통하지 않는 것을 열어준다고 하였다. 易 속에는 세상일이 올바르게 이루어지도록 해 주는 모든 道理가 들어 있다는 것이다. 그러므로 聖人은 易을 통하여 사람들이 바라는 바를 이루어주며, 모든 道理를 사용하여 사람들의 의혹을 풀어주어 나아갈 바를 결정해 준다고 하였다. 달리 말하면, 聖人은 우주에 담겨 있는 陰陽剛柔·盈虛消長의 理를 찾아내고, 人間들 사이의 愛憎好惡의 감정을 살펴본 후, 占筮에 따라 사람들의 行爲와 事業을 事前에 지도하여 吉로 나아가도록 하고, 凶을 피하도록 해 준다는 것이다.

說卦傳에 의하면, 易을 만든 이유를 다음과 같이 설명하고 있다. 즉, 物의 條理를 하나하나 깊이 연구하면 人間의 本性을 철저히 규명할 수 있다는 것이다. 왜냐하면 物에 있는 理와 人間의 本性은 다른 것이 아니기 때문이다. 말하자면, 性은 理의 本源이므로 事物의 條理를 깊이 연구하면 그 本源인 性에 도달할 수 있다는 것이다. 그러므로 易을 만든 이유는 人間으로 하여금 天命(性)에 유순히 쫓아 잘못을 고치고 善으로 나아가도록 하려는 것이다.

易은 우주 속에 담겨 있는 陰陽二氣의 盈虛消長의 循環的 法則을 天地의 正理로 보고, 그것에 順應하는 人間이야말로 바르게 살아가는 사람이라고 규정하고 있는 것이다. 이 精神은 「中庸」에 그대로 반영되어 있다. 즉, 天命之謂性, 率性之謂道가 그 例이다.

以上의 內容을 보면 易 속에 理想的 人間像이 담겨 있음을 짐작할 수 있는 것이다.

本論文은 乾卦와 坤卦를 中心으로 그 속에 담겨 있는 理想的 人間像을 밝혀보려는 데 目的이 있다. 乾卦와 坤卦는 周易의 基本이 되는 卦들인 동시에 모든 卦들의 始發이기도 하다. 그러므로 乾卦와 坤卦에 담겨 있는 理想的 人間像은 周易 全體의 理想的 人間像의 基本이 되는 것이다.

研究는 각 爻와 卦에서 理想的 人間像을 찾고, 마지막으로 卦 전체를 종합하여 理想的 人間像을 제시하는 順序로 진행될 것이다. 여기서의 주된 研究對象은 象傳과 文言傳이 될 것이다.

---

1) 繫辭傳에는 天道와 天道에 의거한 人道가 들어있고, 易의 근본원리 및 그 體系가 들어 있다. 한마디로 말하면 繫辭傳은 易의 形而上學이다.

그러면 여기서 象傳과 文言傳을 주된 연구대상으로 삼은 이유는 무엇인가? 象傳은 大象과 小象으로 이루어졌다. 象傳이 卦辭를 해석하고 있는 데 반하여, 小象은 爻辭를 해석하고 있다. 여기서 기본이 되는 것은 象[2]이다. 중요시되고 있는 점은 爻의 剛柔이다. 剛爻－과 柔－－의 性質은 六爻의 位置(初, 二, 三, 四, 五, 上)와 관계가 있고, 여기서 中正思想이 생겼다. 예컨대, 象傳에서 '中을 얻었다', '中을 얻지 못하였다'든가 '위치가 바르다', '위치가 바르지 않다'든가 하는 것은 모두 中正思想의 표현의 하나이다. 특히 象傳에서는 小象의 六二와 九五를 존중한다. 그 이유는 中에 바른 관계를 가져야 吉하기 때문이다. 大象은 六十四卦 每卦마다 있고, 처음에는 上卦의 象과 下卦의 象의 관계를 가지고 卦의 구성을 설명하고, 다음에 道德的 原理를 기술하고 있다.

文言傳은 乾坤二卦를 해석하고 있으며, 특히 乾卦를 자세히 설명하고 있다. 乾坤卦에서 나머지 六十二卦가 도출되어 나오며, 乾坤二卦는 易의 根本이다. 그러므로 文言傳에 담겨 있는 思想 또한 깊고 넓다. 그 속의 思想에는 道德的 原理가 많이 들어 있다.

本硏究에서는 象傳과 文言傳에 담겨 있는 道德的 原理를 기초로 하여 理想的 人間像을 抽出해 낼 수 있기 때문에 이를 주된 연구대상으로 삼은 것이다.

II. 乾爲天

六十四卦 가운데 제일 먼저 乾卦가 나오고, 다음으로 坤卦가 나오는 것은 乾卦가 하늘을 가리키고, 坤卦가 땅을 가리키며, 하늘과 땅은 萬物의 근원이기 때문이다. 그리하여 序卦傳에서도 '하늘과 땅이 있고, 그 후에 만물이 생겼다'(有天地然後萬物生焉)라고 하였다.

---

2) 象字는 코끼리의 象形文字이다. 韓非子 解老篇에 "사람들이 살아 있는 코끼리를 거의 본적이 없다. 죽은 코끼리의 뼈를 보고 그 살아 있는 모습을 상상한다."(人希見生象也, 而得死象之骨, 案其圖以其生也.)고 하였다.

1. 乾 下

1) 初九 潛龍勿用

初九는 第一位의 陽爻이다. 卦의 六爻는 아래로부터 위로 세어 나간다. 맨 아래에 있는 爻는 初라 하고, 순차적으로 二, 三, 四, 五, 上으로 세어 나간다.[3]

初, 初九, 初六의 初의 意味는 宇宙森羅萬象이다. 그리고 限定하여 말하지 않기 위하여 初라 한 것이다. 上의 意味는 萬有의 理致가 차차 쌓아나가 限定이 없다는 뜻이다. 萬有는 변화무상하여 끊임이 없으니, 終으로 한다면 限定을 表하는 것이므로 易의 原理에 어긋난다. 그러므로 時間的으로 제한하지 않기 위하여 上이라고 한 것이다.[4]

初九는 龍이 아직 물속에 잠겨 있어 보이지 않으며, 조용히 움직이지 않는 모습이다.[5]

象傳에 '潛龍勿用 陽在下也'라 하였다. 이 말의 뜻은 陽氣가 땅 밑에 잠겨 있으므로 겉으로 나타나지 않는다는 것이며, 힘이 미약하여 活動할 수 없다는 뜻이다.

文言傳에 의하면, 君子는 德을 갖추고 그 德을 실제 행동으로 옮겨야 한다고

---

3) 그러면 왜 九는 陽爻를 가리키며 六은 陰爻를 가리키는가? 여기에는 몇 가지 說이 있다. ① 先天數 ① 2 ③ 4 ⑤에서 ①+③+⑤=9 陽數의 合, 2+4=6 陰數의 合, ② 洛書에서

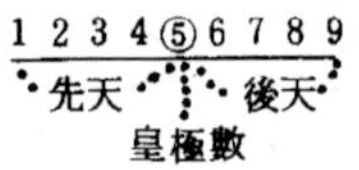

後天의 始初가 六이고 마지막 數가 九이다. 그러므로 후천의 始終을 取象하여 六과 九로 사용하였다. ③ 乾(三)은 三劃이며, 坤(≡≡)은 六劃인데, 陽은 陰을 겸하고 있으므로 陽은 九이며 陰은 六이다. ④ 점을 치는 데서 나온 설이다. 易은 六, 七, 八, 九의 數로 말하는데, 六은 老陰이며, 七은 小陽, 八은 小陰, 九는 老陽이다. 老陰과 老陽은 변하지만, 小陽, 小陰은 변하지 않는다. 易은 변화를 본다. 따라서 老陰, 老陽의 六과 九는 陰·陽을 표시한다. 이것이 朱子의 說이며, 通說로 되어 있다.

4) 亞山先生 講論, 周易노트(非出版物)

5) 以下에서의 爻辭, 卦辭의 해석은 鈴木田次郎, 易經上.(東京, 集英社, 1974)를 주로 따랐으며, Richard Wilhelm, Iching(New York, Bollingen Series XIX Pantheon Books, 1950/1955) tr, Cary F. Baynes(in English)을 참고 하였고, 부분적으로 연구자가 해석을 첨가하여 보완하였다.

한다. 따라서 매일 자신이 德을 行動으로 옮겼는가를 살핀다. 그렇지만 潛龍의 潛은 아직 세상에 나타날 만큼 德을 이루지 못했다는 뜻이므로, 함부로 움직여서는 안 된다는 것이다. 다시 때(時)를 가지고 설명하면, 初九는 乾(純陽)의 위대한 德을 갖추고 있지만 아래에 숨겨져 있으므로 세상에 알려지지 않은 상태이다. 따라서 세상에 쓰임을 받을 상태가 아니다. 그러나 마음을 가라앉히고, 자기를 세상 사람들이 알아주지 않는다고 해서, 조금도 괴로워하지 않는다. 하늘을 즐기고 命을 알며, 가난해도 걱정하지 않으며, 道를 지켜 나간다. 志操를 굳건히 하고, 어떠한 난관에 부딪힌다 하여도 그것을 지켜나간다는 것이다.6)

以上에서 우리는 初九에 나타난 理想的 人間像을 두 가지로 추출해 낼 수 있다. 하나는 스스로 부족함을 인정하고 오로지 學問과 人格을 닦는 데 힘을 기울이는 人間像이다. 다른 하나는 "潛龍勿用의 道"를 體得한 人間像이다. 때가 이르지 않았음을 自覺하여 함부로 나서지 않으며 隱忍自重한다. 德을 갖추었다고 생각하면 세상 밖으로 나아가고 싶은 것이다. 그러나 때를 기다리며 참을 수 있는 人間像이다. 더구나 쓰이지 않는다 해도 원망하지 아니하며, 자신의 부족을 탓하면서 善德을 갈고 닦는 데 힘쓰는 人間像이다.

2) 九二 見龍在田利見大人

九二는 이제까지 가리워져 나타나지 않았던 龍이 地上에 드러나는 象이다. 天下의 사람들은 龍에 견줄만한 學問과 德이 있어 장차 임금이 될 大人을 우러러보고 즐거워한다.

二는 中正의 爻이다. 六十四卦中 二爻에는 吉이 많고 凶이 적다. 見龍在田은

---

6) 初九, 潛龍勿用, 何謂也. 子曰龍德而隱者也, 不易乎世, 不成乎名, 遯世无悶, 不見是而无悶, 樂則行之, 憂則違之, 確乎其不可拔潛龍也. 不易乎世에 관해서 王弼은 不爲世俗所移易也라 하였고, 程伊川은 守其道不隨世而變이라 해석하였다. 사실상 王弼과 程伊川의 해석은 文言傳 九二의 善世而不伐과 孟子 盡心上에 窮則獨善達則兼善天下와 뜻이 통한다. 그리고 遯世无悶不見, 是而无悶은 論語 學而篇에 人不知而不慍과 中庸에 君子依乎中庸遯世, 不見知而不悔와 孟子公孫丑上에 遺佚而不怨, 阨窮而不憫과 뜻이 통한다. 그리고 樂則行之 憂則違之 確乎 其不可拔은 傳義에 보면 見可而動 知難而避 其守堅不可奪로 되어 있으나, 王弼은 不可拔을 不可移奪로 보고, 心志守道, 確乎堅實其不可拔로 보아야 한다고 주장하고 있다. 여기서는 王弼의 해석을 따랐다.

自然의 象이며 利見大人은 人事다. 易의 어려운 점은 自然現象을 哲學的으로 볼 수 있는 眼目과 人間事를 自然의 象으로 볼 수 있는 眼目을 갖추는 데 있다.

像傳에는 '見龍在田, 德施普也'라고 되어 있다. 즉, 初九는 陽氣가 潛伏하여 있어서 아직 地上에 나타나지 않았지만, 九二는 陽氣가 地上에 나타나서 그 德을 널리 모든 事物에 미치고 있는 것이다.

文言傳7)에서 보면, 九二의 爻는 乾의 위대한 純陽의 氣를 갖추고 있으며, 바르게 中道를 얻었다. 이것을 사람에게 적용하여 해석하면, 사람이 살아가는 동안 일상적인 말에도 信實함이 있고 조금도 허위가 없으며 심지어 사소한 行動에도 조심하며 조금도 방심함이 없는8) 사람이다. 그리하여 邪惡한 마음이 들어오는 것을 막고 자신이 원래 가지고 있는 至誠·眞實한 德을 잃지 않도록 지켜나간다. 자신의 德으로 世上의 風俗을 善良하게 고쳤다 해도 조금도 자랑하지 않는다.9) 九二 속에 들어 있는 賢人의 德은 廣大하여 天下의 사람들이 자연스럽게 感化를 받는다. 易에 '見龍在田, 利見大人'이라고 한 것은 九二가 大君의 德으로 天下를 善하게 되도록 할 수 있는 人品을 갖추었다는 뜻이다. 이와 같은 人品을 갖추기 위하여 君子는 먼저 배워야 하며, 이때 알고 있는 사람에게 물어서 옳고 그름을 정하여 사물의 理致를 확실히 해야 한다. 또 관용과 의리를 몸에 익혀 사물을 접함에 仁愛의 마음으로 대한다.10) 그러므로 九二는 아직 아랫자리에 있으나 天下의 사람들이 우러러 보는 것이다.

여기서 얻을 수 있는 理想的 人間像은 '大人'이다. '大人'은 일상생활을 함에 있어 信實함이 있는 사람이다. 아무리 작은 일이라도 늘 조심하여 살아간다. 그리하여 나쁜 마음이 생기지도 않으며 邪惡한 것이 접근해 오지도 못한다. '大人'은 人間이 원래 가지고 있는 깨끗한 마음을 더럽히지 않고 그 순수함을 그대로 지켜

---

7) 龍德而正中者也, 庸言之信 庸行之謹, 閑邪存其誠, 善世而伐, 德博而化, 易曰 見龍在田, 利見大人, 君德也.

8) 庸言之信, 庸行之謹, 이 말은 中庸의 '庸德之行, 庸言之謹'(中庸 第十三章)과 荀子 不苟篇, '庸言必信之, 庸言必愼之'라는 말과 뜻이 통한다.

9) 善世而不伐 이 말은 老子의 上德不德 是以有德(老子下 첫머리)과 뜻이 통한다.

10) 君子學以聚之, 問以辯之, 寬以居之, 仁以行之, 易曰 見龍在田, 利見大人, 君德也. 이 말은 中庸의 博學之, 審問之, 愼思之, 明辯之, 篤行之, 有弗學學之, 弗能弗措也, 有弗問問之, 弗知弗措也, 有弗思思之, 弗得弗得也, 有弗辯辯之, 弗明弗措也, 有弗行行之, 弗篤弗措也. 人一能之, 己百之, 人十能之, 已千之라는 말과도 뜻이 통한다.

나간다. 뿐만 아니라 大人은 모든 일에 있는 정성을 다하여 매사를 처리함으로써 이루어지지 않는 일이 거의 없다. '大人'과 함께 또는 가까이 있는 사람들은 그의 德에 자연스럽게 感化된다. 그러므로 '大人'을 존경할 수밖에 없다.

그러나 '大人'은 스스로 '大人'이라는 생각을 가지지 않으며 늘 배우고 앎을 넓혀 事物의 '道理를 體得'해 나가는 일을 게을리 하지 않는다. 늘 겸손하여 세상에 나가 자랑하지 않는 그런 人間이다. 그리하여 '大人'을 접하는 사람들은 그에게서 仁愛를 느끼게 된다.

3) 九三 君子終日乾乾夕惕若厲无咎

九三은 乾의 德이 있고 人의 자리에 있다. 君子의 像이다. 그러나 三의 자리는 下卦 중에서 제일 윗자리에 있으며 上卦로 올라가야 하는 자리이기 때문에 매우 어려운 자리이다. 따라서 九三의 '君子'는 아침 일찍부터 저녁 늦게까지 자신이 해야 할 일을 꾸준히 해 나가고, 일을 마친 뒤 저녁에는 자신이 한 일에 잘못이 없었는가를 반성하며 허물이 있지 않았는가를 두려워한다. 이와 같이 신중하게 행동함으로 위험한 자리에 있지만 災難을 면할 수 있는 것이다.

九는 陽炙이고 三은 陽位이다. 陽剛의 요소가 겹쳐 있고 中(二의 位)을 벗어나 있다. 繫辭傳에 의하면, 三은 凶이 많다고 하였다.

三의 位를 사람에게 적용해 보면, 아주 낮은 자리도 아니요, 높은 자리에 있는 것도 아니며, 높은 자리에 들어가는 입구에 서 있는 사람과 같다. 그래서 아주 곤란한 자리인 것이다. 그러므로 이와 같은 처지에 있는 사람은 '乾乾惕若' 해야 하며, 그렇게 해야만 허물이 없게 되는 것이다.

때(時)를 가지고 말하면, 아침에는 근면해야지 하는 마음이 일어나지만, 저녁에는 게으른 마음이 생긴다. 少年시절에는 學問과 德을 쌓아 나가지만, 그 후 靑·壯年·老年에 이르기까지의 긴 세월을 지나는 동안 차츰 태만한 마음이 생기는 것이 보통이다. 마치 詩經에 '모두가 시작은 있어도 끝을 맺는 이는 드물어라'(靡不有初, 鮮克有終, 大雅蕩篇)라고 노래하고 있는 것과 같은 것이다.

象傳에는 '終日乾乾, 反復道也'라고 하였다. 즉, 하루 종일 노력한다 함은 아침저녁으로 반복하여 行하는 것이 모두 道에 어긋남이 없다는 것이다.

文言傳[11])에서 君子는 자신의 德을 날로 새롭게 향상 시키며 자신의 일을 구체적으로 말하면 言語는 자신의 생각을 다른 사람에게 傳하는 것이므로 言語를 닦아 바르게 훌륭하게 말할 수 있으면 자신이 하고자 하는 바를 올바르게 지켜 나갈 수 있다. 물론 至誠·眞實이 그 가운데 있어야 한다. 九三은 下卦의 極이며, 上卦에는 아직 이르지 않았으므로 德을 충실히 하여 極致에 이르도록 노력해야 한다. 이런 상태에 있는 사람이라야 비로소 先知가 밝아지고 事物이 생겨난 뒤에 생기는 미묘한 조짐을 이해할 수 있다. 君子는 자신이 하는 일의 최후의 완성된 모습을 알고 있으므로, 도중에 생기는 장애나 곤란에 굴하지 않고 온전하게 될 때까지 노력한다. 이런 사람이라야 비로소 義를 지키며 義를 잃지 않는다. 따라서 九三의 君子는 윗자리에 있어도 아랫자리에 있는 사람들에게 교만을 떨지 않고, 아랫자리에 있어도 윗자리를 초초하게 기다리지 않는다. 오로지 어느 때나 어디에서나 삼가고 조심하며 放心하지 않으므로 위험한 위치에 있어도 災禍를 면할 수 있는 것이다.

이 爻에서 얻을 수 있는 理想的 人間像은 '放心하지 않는 君子의 像'이다. 君子는 날로 날로 자신의 德을 새롭게 한다. 德을 새롭게 한다는 말은 德의 內的 充實을 기한다는 말이다. 이를 위하여 君子에게는 至誠과 眞實이 필요하게 된다. 이 至誠과 眞實이 없으면 조그마한 장애나 곤란히 있을 때 그만 두어 버린다. 또 일을 서두르며 초초해 하고 싫증을 느껴 버린다. 君子는 義를 지키며 윗자리에 있어도 아랫자리에 있는 사람들에게 교만을 떨지 않는다. 왜냐하면 君子에게는 밖으로 '終日乾乾' 하는 모습과 안으로는 '夕惕若' 하는 마음을 갖고 있기 때문이다. 이것은 또한 부지런하며 언제나 어느 장소에서나 放心하지 않고 자신을 돌아보고 허물을 고쳐나가는 君子의 人間像이기도 하다.

2. 乾　上

1) 九四 或躍在淵无咎

九四는 陽氣가 점점 앞으로 나아가는 것이다. 龍이 하늘로 날으려면 날을 수도

---

11) 君子進德修業, 忠信所以進德也, 修辭立其誠 所以居業也, 知至至之, 可與言幾也, 知終終之, 可與存義也, 是故居上位而不驕 在下位而不憂 故乾乾因其時而惕, 雖危无咎矣.

있지만, 아직 하늘로 날지는 않는다. 조용히 연못으로 들어가 他日을 기약하며 힘을 기른다. 이와 같이 신중하게 깊이 잠겨 있으면 咎를 면할 수도 있다. 이렇게 하는 것은 앞으로 나아갈 수 없어서 그렇게 있는 것이 아니다. 나아가지 않았을 뿐이다. 그것은 때를 기다려 나아가되, 좋은 때를 보아 움직이려는 것이다.

初九와 九二에는 龍字가 보이지만 九四의 爻辭에는 龍字가 보이지 않는다. 그러나 躍·淵 字가 있기 때문에 龍과 관련이 있음을 쉽게 짐작할 수 있다. 여기서 '或'은 의심하여 定하지 못했다는 뜻이다. 왜냐하면 九四의 爻象을 보면, 九는 陽이지만 四는 陰이며, 陽은 나아가는 것이지만 陰은 물러가는 象이기 때문이다. 그러므로 九四는 아직 進退가 정해지지 않은 것이다.

象傳에는 或躍在淵進无咎也라고 되어 있다. 여기서 '進'은 爻辭의 或躍을 해석한 것이다. 즉, 무조건 猛進하는 것이 아니라, 조심하며 신중히 움직여서 災難을 당하지 않는다는 뜻이다.

文言傳[12]에 의하면, 九四는 陽爻로서 陰位에 있으니 方은 剛이요 位는 柔이다. 일단 나아가 높이 날아보지만, 다시 의심이 나면 연못으로 잠긴다. 이와 같이 위로 날았다 아래로 잠겼다 일정하지 않은 것은 私心이나 不正邪惡해서가 아니다. 나아가 높아 오르려고 생각했다가도 물러가 연못에 잠겨 進退가 일정하지 않은 것은 君子가 친구들을 떠나 혼자 우뚝 서 보려는 것이 아니다. 君子는 자신의 德을 갈고 닦아 때를 놓치지 않고 나아가고 물러간다. 그러므로 災難을 면할 수 있다.

일반적으로 말해서, 卦는 때를 나타내며, 爻는 자리를 표시한다. 九四는 不中不正이다. 따라서 時와 中을 겸하고 있다. 象傳에는 24卦에 時가 들어 있고, 36卦에 '中'이 들어 있다. 小像에는 39卦에 '中'이 들어 있고, 六卦에 '時'가 들어 있다.

문제는 九四를 해석함에 있어 '때'(時)에 강조를 둘 것인가 아니면 '자리'(位)에 강조를 둘 것인가에 있다. 九四는 '때'에 강조를 둔 것 같다. 文言傳에 보면, "或躍在淵乾道乃革"이라는 말과 "欲及時也"라는 말이 있다. 革은 變革으로서, 下體의 乾을 떠나 비로소 上體의 乾으로 들어왔다는 뜻이다. 여기서는 乾道變革의 때인 것이다. 及時는 나아갈 때와 물러갈 때를 알아 거기에 알맞게 움직이는 것을

---

12) 上下无常, 非爲邪也, 進退无恒, 非離群也, 君子進德修業欲及時也, 故无咎.

뜻한다. 이와 같이 九四를 '때'에 강조를 둔 것이라고 보면, 文言傳의 '或躍在淵自試也'에서 自試는 자신의 재능을 試驗해 본다는 뜻이 아니라, 때를 시험해 보는 것이 된다. 즉, 날아야 할 때인지 말아야 할 때인지의 可否를 試驗해 보는 것이 된다.

以上과 같이 九四의 爻를 '때'(時)의 觀點에 맞추어 보면, 여기에 나타난 理想的 人間像은 '時中에 알맞게 處世하는 人間像'이다. '時中'이라는 것은 말하자면 시간 속에서의 '中'의 질서를 뜻한다. 行爲의 주체가 가지고 있는 內面原理가 구체적인 시간 속에서 中으로 나타나고, 그 '中'의 일상생활 가운데 지속적으로 '中'의 양태가 표현되는 것을 '時中'이라고 한다.13) 君子에 있어 '時中'은, 예컨대, 때를 만나면 나아가 벼슬하고 때를 만나지 못하면 은거하는 것이다. 그러나 이 時를 아는 것은 무척 어려운 일이다. '때'를 맞추라는 말은 쉽지만, 그것이 適期인지 아닌지를 아는 것은 그리 쉽지 않다. 이때 (時)를 알기 위하여 할 수 있는 일이 있다면, 그것은 學問과 修養을 통한 人格完成의 길밖에 없다. 그러므로 '時中'에 알맞은 처세하는 君子는 끊임없이 人格完成을 위하여 努力하는 人間像이 될 것이다.

2) 九五 飛龍在天 利見大人

九五는 龍이 구름을 타고 높이 날고 있는 像이다. 그것은 剛健中正의 德을 겸비한 大人이 天子의 자리에 오르기 때문에 天下의 모든 사람들은 모두 이 有德한 大人을 우러러 보고 그 恩澤을 받고 즐거워한다.

象傳에는 '飛龍在天, 大人造也'라 했다. 이 말은 九五의 爻辭에 '날으는 龍이 하늘에 있다'는 말로서, 剛健中正의 聖人이 天子의 자리에 오르니, 恩澤을 널리 펴는 大事業을 行한다는 뜻이다.14)

文言傳15)에 보면, 세상 만물은 모두 同類끼리 相應하기 때문에, 한 마리의 닭이 울면 뭇 닭이 應하여 울듯이 같은 소리는 서로 잘 조화를 이룬다고 한다. 또

---

13) 尹天根, <u>原始儒學의 새로운 解釋</u>(청주, 온누리, 1987) p.172.

14) 여기서 문제는 '造' 字를 어떻게 해석하는가이다. 程傳에는 '大人 의 行爲', '聖人의 일'로 보았고, 鄭玄은 '行한다.'로 해석하였다. 朱子는 周易本義에서 '作'으로 해석하였다. 本 論文에서는 鄭玄의 說을 따랐다.

15) 九五曰, 飛龍在天 利見大人何謂也. 子曰 同聲相應, 同氣相求, 水流湮火就燥, 雲從龍, 風從處, 聖人作而萬物覩, 本乎天子親上, 本乎地者覩下, 則各從其類也.

달이 차는 데 따라 潮水가 차는 것과 같이, 같은 氣를 받은 것끼리 서로 잘 和合
한다고 한다. 물이 땅위로 흐르는 것을 보아도, 同類인 낮고 습한 쪽으로 흘러간
다. 땔감이 타는 것을 보아도, 불은 同類인 건조한 쪽으로 타 들어간다. 龍은 구
름을 좇고 호랑이는 바람을 좇아간다. 이것들이 바로 同類끼리 相應하는 예이다.
이와 같이 大德을 갖춘 聖人이 나타나 天子의 자리에 오르면, 天下萬民은 그 德
을 흠모하여 그 天子를 우러러 본다. 하늘의 氣를 받고 세상에 태어난 人間은 처
음에 동물과 하늘에 친하다. 땅의 氣를 받고 태어난 식물은 땅에 친하다. 이와 같
이 하늘과 動物, 땅과 植物은 서로 種類를 같이하며, 同類를 좇는다. 大人은 인
간 가운데 가장 훌륭한 德의 所有者여서, 天下의 萬民들이 大人을 우러러 본다.
世上萬物은 각각 그 類를 좇는다고 하였다.

　그러나 여기서의 大人은 과연 어떤 사람인가 하는 것이다. 文言傳16)에 의하
면, 大人은 德과 지위를 겸비한 理想的 人間으로서, 그 仁德이 두텁고 私心과 私
欲이 없으며, 萬民을 두루 길러주므로 하늘이 萬物을 덮고, 땅이 萬物을 싣고,
그것을 낳고 길러주는 天地의 大德과 마찬가지이다. 또 大人은 지혜가 넓고 밝아
私心 私欲의 어두움에 가리지 않았다. 이것은 日月이 널리 天下를 비추는 것과
같다. 大人이 일을 치름에 있어서, 어떤 것은 나아가게 하며, 어떤 것은 물러가게
하며, 어떤 것은 느리게, 어떤 것은 빠르게 하여, 그 行함이 조금도 道에 어긋남
이 없으니, 그것은 春夏秋冬의 순서가 조금도 문란함이 없고, 추위와 더위가 四
時에 좇아 바르게 이루어지는 것과 같다. 大人이 착한 이에게 福을 주고, 악한
이에게 災難을 주는 것은 神靈이 吉凶을 내리는 것과 같이 公明正大하다. 大人
의 聖知는 홍수가 나지 않았을 때, 미리 백성들에게 제방을 쌓도록 하고, 또 가뭄
이 들기 전에 백성들에게 물을 가두도록 하는 것과 같으니, 하늘의 때가 이르지
않았을지라도, 거기에 먼저 일을 행하여도 그 행함이 하늘의 뜻에 어긋나지 않는
다. 聖人의 聖知는 봄이 되면 백성들에게 씨를 뿌리게 하고, 가을이 되면, 백성들
에게 거두어들이도록 하니, 하늘의 때가 이르면 그것에 좇아 행해도, 그 행하는
바가 조금도 하늘의 뜻에 거슬림이 없다. 이와 같이 하늘과 함께 해도 大人의 行
하는 바가 조금도 거슬림이 없다. 하물며 보통 인간이 大人의 뜻을 어떻게 어길

---

16) 夫大人者, 與天地合其德, 與日月合其明, 與四時合其序, 與鬼神合其吉凶, 先天而
　　天弗違, 後天而奉天時, 天且弗違, 而況於人乎, 況於鬼神乎.

수 있는가. 항차 神靈이 大人의 行한 바와 어떻게 달리 할 수 있겠는가[17]

九五에 나타난 理想的 人間像은 '大人'이다. 물론 九二에 나타난 '大人'과 九五에 나타난 '大人'은 본질적으로 다를 바 없다. 다만 차이가 있다면, 九二의 '大人'은 아직 대상에 그 모습을 완전히 드러낸 大人이 아니며, 九五의 '大人'은 완전한 모습을 세상에 드러낸 점이다. 말하자면 理想的인 人間이다. 즉, 仁德이 두터우며, 私心과 私欲이 없는 大德의 人間이다. 지혜가 넓고 밝기는 日月과 같다. 正確하기가 春夏秋冬의 순서와 같다. 公明正大하기가 神靈과 같은 人間이다.

그러나 이렇게 완벽한 人間을 표현하는 데 왜 飛龍에 비유하였을까? 그것은 차고 넘치는 人間이 아니라, 오히려 모자람과 부족함을 느껴 꾸준히 앞으로 精進하는 人間을 나타내려고 했기 때문이다. 자기 자신이 완전하다고 느끼는 순간 退步가 기다린다는 것을 깨달은 人間像이다. 그리하여 易이 다음 爻에 亢龍有悔라는 爻를 준비하고 있는지 모르겠다.

3) 上九 亢龍有悔

上九는 높이 올라가 있어 나아갈 줄은 알되 물러갈 줄은 모르는 龍의 像이다. 이것을 人事에 적용해 볼 때, 최고의 지위에 올라가자 교만해지고, 삼가고 조심하지 않는 마음을 갖게 되므로 곧바로 후회하는 마음이 생기는 것이다.

象傳에는 '亢龍有悔盈不可久也'라 하였다. 上九의 爻辭에 亢龍이 有悔라고 한 것은 盛하면 반드시 衰하며, 차면 반드시 기운다는 理致이며, 極盛의 상태는 오래 지속할 수 없다는 뜻이다.

文言傳[18]에 의하면, 上九는 乾卦의 가장 꼭대기에 있으며, 天子의 자리인 九五보다 위에 있다. 말하자면 높은 자리에 있는 몸이면서 實權이 없는 것이다. 또 九三과 같은 賢人이 있어야 하는데 上九와 九三의 관계는 敵應이므로 아래에 있는 賢人이 上九를 補佐하지 않는다. 그러므로 모든 일에 분별없이 움직이면 반드

---

17) 中庸二十九章에도 뜻이 상통하는 글이 보인다. 즉, 君子之道, 本諸身, 徵諸庶民, 考諸三王而不謬, 建諸天地而不悖, 質諸鬼神而無疑, 百世以俟聖人而不惑, 質諸鬼神而無疑知天地, 百世以俟聖人而不惑知人也. 그리고 中庸三十一章에 辟如天地之無不持載, 無不覆幬, 辟 如四時之錯行, 如明之代明이라 하였다.

18) 貴而无位, 高位无民, 賢人在下位而无輔, 是以動而有悔也.

시 부끄러운 일을 당하거나 후회가 있게 된다.

그러면 亢龍이면서 후회가 없으려면 어떤 人品을 갖추어야 하는가? 文言傳[19)
은 이 점에 관하여 다음과 같이 말하고 있다. 즉, 자신의 나아갈 바만을 알고, 물러갈 바를 모른다. 자신의 보존만을 알되 滅한다는 것을 모른다. 物件을 얻는 것만 알지, 물건을 잃어버린다는 것을 모른다. 이것은 보통사람들의 경우이다. 그러나 聖人은 스스로 나아갈 바와 동시에 물러갈 바를 안다. 뿐만 아니라 道를 잃지 않는다. 이와 같은 상태는 오로지 天의 理法에 따라 사는 聖人이라야 비로소 가능한 것이다.

上九에 나타난 理想的 人間像은 '聖人'이다. 말하자면 '進退存亡'의 理致를 깨달은 人間像이다. 사실상 上九의 理想的 人間像은 九五의 理想的 人間像을 補完하면 '聖人'이 된다는 것을 말해 주고 있다.

3. 用九 見羣龍无首吉

初九부터 上九까지의 爻辭에 나타난 뜻이 體라면, '見羣龍无首吉'은 用이다. 九는 陽이며 剛이기 때문에 陽剛에 대하여 注意를 다시 한번 환기시키고 있다.

乾의 六爻 중에서 初九, 九二, 九五, 上九는 직접 '龍'을 예를 들고 있다. 즉, 潛龍, 見龍, 飛龍, 亢龍이 그것이다. 龍의 사납고 위엄스러운 부분은 머리이다. 龍이 머리를 구름 속에 묻고 나타나지 않으면 吉하다고 하였다. 여기서 나타내고자 한 뜻은 뭇 龍이 머리를 나타내지 않듯이 스스로 대접받으려 하거나, 교만하거나, 사나움을 부리지 말고, 柔順・謙遜하라는 뜻이다. 그래야만 모든 일이 순조롭게 이루어지는 것이다.

최고의 資質과 能力을 갖고 있음에도 불구하고 柔順・謙遜할 수 있는 사람은 오직 聖人뿐이다. 그러면 君子가 聖人의 경지에까지 도달하기 위해서는 어떻게 해야 하는가? 象傳에 의하면, '天行健君子以自强不息'이라 하였다. 즉, 하늘의 運行이 끊임없이 돌아가되 조금도 피곤해 하지 않듯이, 君子도 이 象의 義를 본받

---

19) 亢之爲言也. 知進而不知退, 知存而不知亡, 知得而不知喪, 其唯聖人乎, 知進退存
　　亡而不失其正者, 其唯聖人乎.

아 끊임없이 學問에 精進하며 人格을 닦아야 한다는 것이다. 이렇게 볼 때, 비로소 聖人의 德인 元, 亨, 利, 貞의 四德을 갖추게 되는 것이다.

4. 四德-元, 亨, 利, 貞

四德 즉, 元, 亨, 利, 貞이 무엇을 뜻하는지 文言傳을 통해 살펴보기로 한다. 文言傳[20]에 의하면, 元-乾元純陽의 氣-은 萬物을 生育하는 始元으로서 善의 根源이다. 利는 義가 調和됨이요, 貞이란 일의 줄거리이다. 君子는 仁을 체득하여 모든 사람을 지도·육성하고, 善을 갖추어 禮에 합치하고, 온갖 사물에 마땅한 바를 얻게 하여 義를 조화시키고, 聖人의 道를 지켜 사물의 근간을 확립한다. 君子는 이 네 가지 德을 행한다. 그러므로 乾은 元, 亨, 利, 貞인 것이다.

周易本義[21]에서는 元, 亨, 利, 貞을 春, 夏, 秋, 冬에 비유하였다. 즉, 元은 物을 생성시키는 하늘의 최초의 작용이다. 계절로 표현해 보면 봄이다. 인간의 德으로 말하면 仁이다. 仁은 사랑이며 최고의 善이다. 그러므로 元을 善의 근원이라 한 것이다. 亨은 초목이 아름답게 우거지는 때이므로 여름에 해당된다. 사람에게는 禮로써 사람과 사람 사이를 아름답게 규제한다. 그리하여 아름다운 것을 모은 것이라 하였다. 利는 모든 것이 서로 자신의 적절함을 얻어 서로 방해하는 일이 없다. 계절로 말하면 가을이다. 人間과 관계되는 德으로 말하면 義이다. 義는 私私로운 情을 엄하게 끊는 것인바, 초목의 잎을 떨어뜨리는 가을과 뜻이 상통한다. 貞은 生育의 완성이며, 계절로 말하면 겨울이다. 사람의 德으로 말하면 智이다. 智의 차가움은 겨울의 감각과 뜻이 상통한다. 따라서 貞은 事의 根幹이 되는 것이다.

---

20) 文言曰, 元者善之長也, 亨者嘉之會也, 利者義之和也, 貞者事之乾也, 君子體仁足以長人嘉會足以合禮利物足以和義, 貞固足以幹事, 君子行此四德者故曰, 乾元亨利貞.

21) 元者, 生物之始, 天地之德, 莫先於此故, 於時爲春, 於人則爲仁, 而衆善之長也.
亨者, 生物之通, 物至於此, 莫不嘉美, 故於時爲夏, 於人則爲禮, 而衆美之會也.
利者, 生物之遂, 物各得宜, 不相妨害, 故於爲秋, 於人則爲義, 而得其分之和.
貞者, 生物之成實, 理具備隨在各足, 故於時爲冬, 於人則爲智, 而衆事之幹, 幹本之身而枝葉所依, 以立者也.

以上에서 말한 것을 다시 묶어 설명해 보면, 君子는 元의 德인 仁을 몸에 체득하고 다른 사람을 널리 사랑하기 때문에 다른 사람들로부터 尊敬을 받으니 다른 사람의 어른 노릇을 할 수 있으며, 亨의 德을 체득하여 뭇 아름다움이 모였고 行하는 동작이 모두 아름답게 法則과 節度에 맞으니 이것이 바로 禮에 맞는 것이며, 利의 德을 체득하여 萬物에게 적절함을 얻게 하였으니 義에 부합하는 것이다. 君子는 貞의 德을 체득하여 바른 것이 무엇인가를 똑바로 알고(智) 그것을 지키면 모든 일에 根幹이 될 수 있다는 것이다. 요컨대, 元, 亨, 利, 貞은 君子의 四德으로 풀이한 것이다. 즉, 仁(元), 義(利), 禮(亨), 智(貞)가 그것이다.

Ⅲ. 坤爲地

1. 坤 下

(1) 初六 履霜堅氷至, 즉, 서리를 밟고 지나가니 머지않아 얼음이 얼게 된다는 것을 안다는 것이다. 계절적으로 볼 때, 서리는 보통 음력 9월에 내리므로 얼마 후 음력 11월에는 얼음이 얼게 된다는 것을 알 수 있다. 11월에 얼음이 어는 때를 기준으로 해서 보면, 서리는 얼음 어는 것의 始初이다. 始初이므로 대개 微微하다. 微弱하다고 해서 그것을 무시하거나 못 보아서는 장차 어떤 일이 생길지 모른다. 그러므로 충분히 경계하지 않으면 안 된다.

象傳에는 '履霜堅氷陰始凝也, 馴致其道至堅氷也'라 하였다. 말하자면, 서리를 밟으니 머지않아 얼음이 언다는 뜻은 陰氣가 최초로 凝結하여 시간이 지나면서 차차 날씨가 차가워지므로 마침내 얼음이 어는 데까지 이르는 것이라는 뜻이다. 이 自然現象에서 얻을 수 있는 道德的 原理는 다음과 같다. 즉, 징조가 아무리 사소한 것이라도 정확히 파악하고 그 결과를 예측할 수 있어야 한다. 예컨대, 惡은 처음에 별로 눈에 뜨이지 않는다. 워낙 그 징조가 작으므로 그것이 惡인지 善인지조차 구분할 수 없다. 무슨 일이나 최초의 發端은 세월이 지나감에 따라 없어지거나 자라게 되어 있다. 애당초에 없어진 것은 문제가 아니다. 문제는 어떤 일의 징후가 자란다는 데 있다. 결국 그 징조가 발전되어 어떤 나쁜 결과를 맺을 수 있다. 그때에 후회하면 이미 때는 늦은 것이다. 그러므로 처음을 경계하지 않으면 안 된다.

文言傳에서 보면, '善한 업적을 쌓은 집안은 해당 代뿐만 아니라 그 후손 代에 이르기까지 福을 받을 것이며, 惡한 업적을 쌓은 집안은 해당 代뿐만 아니라, 그 후손 代에 이르기까지 災殃을 받는다. 신하가 임금을 죽이고, 자식이 그 아비를 죽이는 大逆無道한 行爲는 결코 하루아침 하루저녁에 생기는 일이 아니라, 오랜 시간이 걸려서 그러한 일이 결과적으로 발생한 것이다. 임금이나 아비된 자가 그 시초를 발견하고 알아차려서 일찌감치 그 악의 꼬투리를 뽑아 없앴어야 그와 같은 大逆無道한 일이 없었을 것이다. 易에 '서리를 밟으니 머지않아 얼음이 얼 것을 안다'는 것은 세상 모든 일은
조그마한 것이어서 큰 것으로, 눈에 띄지 않을 정도로 微微한 것에서 눈에 두드러지게 나타나며, 그것도 오랜 시간이 걸려서 점차 서서히 그렇게 되는 것이다.[22]

以上에서 初六에 나타난 理想的 人間像을 추출해 본다. 六二에 나타난 理想的 人間像은 세상만사에 始發을 알고, 그 始發의 終着 또는 結果를 예측할 수 있는 사람이다. 예컨대, 文言傳에서 말한 바와 같이, 자식이 애비를 죽였다 하자. 그 아비된 자는 마땅히 그 자신의 어떤 行爲가 아비를 죽이는 일까지 갈 수 있는지를 알아차렸어야 했다. 그러나 과연 자식의 어떤 行爲가 아비를 죽이는 데까지 이를 수 있는가를 정확히 알 수 있는가? 이것은 매우 어려운 일임이 틀림없다.

세상 모든 일의 결과는 우연이 아니라, 必然으로서, 그것도 서서히 눈에 띄지 않을 정도로 그 결과를 가져올 수 있도록 진행된다는 것이다. 더구나 진행되는 속도는 너무나 느리며, 그 過程 또한 복잡하여서 보통사람으로서는 도저히 알 수가 없다.

애초의 미미한 증후를 포착할 수 있는 능력과 그 증후가 발전되어 어떤 결과를 나타내는지를 알 수 있는 능력을 갖춘 人間像, 이것이 바로 初六에서 나타내고

---

22) 積善之家, 必有餘慶, 積不善之家, 必有餘殃, 臣殺其君, 子殺其父, 非一朝一夕之故, 其所由來者漸矣, 由辨之不早辨也, 易曰履霜堅氷至, 蓋言順也.

있는 理想的 人間像이다.

(2) 六二, 直方大, 不習无不利: 곧고 바르고 크다. 익히지 않아도 나쁘지 않다.
六二는 陰爻로서 柔順하며 下卦의 中央에 있고, 자리가 바르며(正), 中正의 德
이 있다. 乾은 天道이며 君道로서 九五를 主爻로 삼고 있다. 그러나 坤은 地道이
며 臣道로서 六二를 主爻로 삼고 있다. 六二는 坤道의 순수성을 갖추고 있어서 地
道를 유감없이 발휘한다. 그러므로 六二의 爻辭에 坤卦 전체의 의미를 담고 있다.
여기서는 直方大를 설명할 필요가 있다. 直은 원래 乾의 德이지만, 坤의 性質
이 유순하여 乾의 直에 좇듯이, 坤은 生物을 살리되 구부러뜨리지 않는다. 方은
원래의 本質대로 사람은 사람이 되며, 새와 짐승은 그대로 새와 짐승이 되도록 하
여 변하지 않도록 하니, 方正하다는 것이다. 大는 萬物을 生育시키는 공적이 크
다는 것이다. 그러므로 直方大를 人事에 적용하면, 正直, 方正, 廣大의 德目이
된다.
象傳에서는, '六二之動, 直以方也, 不習无不利, 地道光也'라 하였다. 여기서는
六二의 爻辭를 坤의 德으로 서술하고 있다. 즉, 六二의 움직임은 乾을 따라 움직
이되 바르게, 곧게 하며, 方正하여 事物이 본래 가지고 있는 성질을 변하지 않도
록 한다. 따라서 六二의 爻辭에 배우지 않아도 이롭지 않음이 없다고 한 것같이,
地道를 유감없이 빛내며 널리 펴뜨린다.
文言傳에서 보면, "直은 사람의 마음이 바르다는 것이다. 말하자면 마음속에
한점의 邪惡함도 없이, 옳은 것은 옳다고 하고, 틀린 것은 틀리다고 하는 마음이
다. 方은 行하는 바가 道에 맞는 것이다. 그리하여 行하는 바가 조금도 道에 어
긋나지 않는 것을 가리킨다. 君子는 마음에 愼重과 恭敬을 간직하며, 밖으로는
道에 맞아 그 行爲가 義롭게 되어 事物에 바르게 대처한다. 敬과 義는 한쪽으로
치우침이 없으니 사람들은 그 德에 감복한다. 六二의 爻辭에 '곧고 바르고 크다.
익히지 않아도 나쁘지 않다'는 것은 바로 이것을 가리킨다."23)
六二가 나타내고자 하는 理想的 人間像은 "敬以直內, 義以方外"의 人間像이다.24)

---

23) 直其正也, 方其義也, 君子敬以直內, 義以方外, 敬義立而, 德不孤, 直方大, 不習
无不利, 則不疑其所行也. 여기서 德不孤는 德이 一方에 치우치지 않는 것을 가리
킨다. 敬은 本體, 義는 作用, 論語里仁篇에 「德不孤, 必有隣」이라는 말이 있다.

(3) 六三, 含章可貞, 或從王事, 无成有終.

六三은 下卦의 가장 위에 자리 잡고 있다. 비록 才能과 德이 있다고 하더라도 그것을 안에 감추고 밖으로 나타나지 않도록 해야 한다. 그래야만 올바른 道를 행하게 되어 마침내 온전함을 이룰 수 있게 된다. 경우에 따라 나아가 天子의 政治를 補佐한다 하더라도 柔順하게 天子의 命을 받들어 일을 행하되, 스스로 나아가 功을 이루고 이름을 얻으려 해서는 안 된다. 오로지 임금을 잘 받들려고 할 때 앞으로의 일을 성공리에 마칠 수 있는 것이다.[25]

象傳에는 '含章可貞, 以時發也, 或從王事, 知光大也'라 하였다. 六三의 爻辭에 含章可貞이라고 한 것은 언제까지나 德과 才能을 감추고 아무 일도 하지 말라는 것이 아니라, 그 德과 才能을 발휘할 때가 왔다면, 밖으로 그 德과 才能을 발휘하여 큰일을 이루라는 것이다. 그러나 그 크나큰 智慧를 널리 펴서 그 뜻을 이루되, 그 功과 명예를 구하지 말며, 임금에게 그 功과 명예를 돌릴 때 훌륭하게 일을 마칠 수 있다는 것이다.

文言傳에는 "무릇 陰은 陽을 좇아야 하기 때문에, 속에 아무리 훌륭한 德과 才能이 있다하더라도 안에 감추고 그것을 밖으로 드러내지 말아야 하며, 그 德과 才能을 쓴다면 天子의 정치를 보좌하되, 모든 잘한 일은 임금에게 돌아가게 하며, 그 功을 차지하지 않는다. 이것이 地의 道, 妻의 道, 臣의 道요, 坤의 道이기도 하다. 생각해 보면, 하늘의 때를 좇아서 땅이 萬物을 자라게 하며, 먼저 나서서 하는 법이 없이, 하늘의 道를 이어받아 하늘의 道를 완성하도록 도와 오로지 生育의 功을 다할 뿐이다"[26]

以上에서 우리가 추출해 볼 수 있는 理想的 人間像은 다음과 같다. 즉, 德과 才能을 두루 갖추고 있더라도 그것을 아무 때나 發揮하지 않고 어느 편인가 하면 감추는 편이다. 그리하여 그 德과 才能을 발휘할 절절한 때를 알아 그것을 펴되, 거기서 얻어지는 功과 명예는 모두 다른 사람에게 돌려 자신은 조금도 그 功을 자랑하지 않는 人間像이다.

---

24) 이 人間像은 程朱學에서 가장 중요시하는 人間像이다.
25) 禮記坊記篇에도 '잘된 일은 임금에게 돌리고 잘못된 일은 자신에게 돌리니 백성들이 충성하게 된다'는 말이 있다.
26) 陰雖有美, 含之從王事, 弗敢成也, 地道也, 妻道也, 臣道也, 地道无成而代有終也.

2. 坤 上

(1) 六四, 括囊无咎无譽: 주머니를 여미듯이 하면 허물도 없고 칭찬도 없으리라.

六四는 五의 임금 자리에 가까이 있으므로 그 勢力은 임금을 넘보기 쉽다. 만약 그 勢力이 主人을 위협하지 않으면 아무런 위험도 없다. 그러므로 四의 자리에 있는 者는 주머니 가운데 있는 보물을 밖으로 보이지 않게 하려고 여미듯이 자신의 德과 才能을 밖으로 드러나게 하지 않으면 다른 사람에게 칭찬을 듣지 않으므로 아무런 禍도 명예도 없는 것이다.27)

象傳에 '括囊无咎, 愼不害也'라 하였다. 六四의 爻辭에 "주머니를 여미듯이 그 가운데 있는 보물을 밖으로 드러내지 않으면 禍를 받지 않는다"고 한 것은 그와 같이 愼重하게 處身하면 害를 받지 않는다는 것이다.

文言傳에 보면, "하늘의 氣와 땅의 氣가 서로 感應할 때, 陰陽이 和合하여 萬物이 생기며 草木도 무성하게 된다. 이것은 君臣 上下가 서로 뜻을 疏通하면서 나라를 다스리며, 賢人이 세상에 쓰임을 받고 있는 것과 같다. 그러나 이와 반대로 天地의 氣가 막혀 서로 感應하지 않아 陰陽이 和合하지 않으면, 萬物이 생기지 않으며 草木도 무성하지 않게 된다. 이것은 君臣 上下가 서로 뜻이 통하지 않으니 세상이 어지러워지는 것과 같다. 이럴 때는 賢人은 숨어 버리고 세상에 쓰이지 않게 된다. 따라서 易의 六四卦의 爻辭에 주머니를 여미듯이 하면 허물도 명예도 없으리라 한 것은 愼重하고 근엄하게 처신하면 몸을 온전히 보존할 수 있다는 뜻이 된다."28)

以上에서 六四의 理想的 人間像을 보면 다음과 같다. 每事 愼重 謹嚴을 기할 수 있는 人間像이다. 愼重을 기한다는 것은 의기소침하여 아무 일도 못하는 것과는 다르다. 겸손하고 조심하되 活氣를 잃지 않는 人間像이다.29) 말하자면, 愼其

---

27) 論語 衛靈公篇에 "나라에 道가 없으면 가히 거두어 감추도다"(邦無道則, 可卷而懷之)라 하였고 中庸에 "나라에 道가 없으면 그 침묵이 족히 용납되나니"(國無道, 其默足以容) 등은 六四의 효辭의 뜻과 가깝다.

28) 天地變化, 草木蕃, 天地閉, 賢人隱, 易曰, 括囊无咎无譽, 蓋言謹也.

29) 中庸에도 "莫見乎隱, 莫顯乎微故, 君子愼其獨也"(숨은 것보다 더 잘 드러남이 없으며, 隱微한 것보다 더 잘 나타나는 것이 없으니, 그러므로 君子는 그 홀로 있을 때를 삼가는 것)라 하였다.

獨하는 君子의 모습이다.

(2) 六五, 黃裳元吉: 누런 치마를 입으면 크게 좋을 것이다.

六五는 아래로부터 위로 다섯 번째 있는 陰爻이다. 六은 老陰의 數이다. 六五는 陰爻로서 陽位에 있으니 正의 자리를 얻지 못했다. 그러나 上卦의 中央에 자리 잡고 있으니 中의 德을 갖추고 있다. 易은 正位보다는 中을 존중한다. 일반적으로 말해서 허리 위에 입는 옷을 衣라고 하고, 허리 아래에 입는 옷을 裳이라 한다. 여기서의 裳은 허리 아래에 입는 옷이므로 謙遜을 뜻하고 있다 黃은 中央의 色이다. 따라서 六五는 上卦의 中央에 있고 中의 德을 갖추고 있으면서도 謙遜함이 있으니 어찌 크게 吉하고 福이 없으리오.

이 爻辭의 실제 적용의 例가 春秋左傳, 昭公十二年條에 다음과 같이 적혀 있다. 즉, "남괴(南蒯)가 바야흐로 반란을 일으키려 할 때, 더러는 그것을 알고 그 집 앞을 지나면서 한탄하여 말하기를, 「걱정이로다. 안됐다. 생각은 깊으면서 행동이 천박하고 몸은 가까운데 뜻은 멀구나. 家臣으로 임금을 꾀하려 하니 이런 사람이 다 있구나」 하였다. 남괴가 점을 쳐보게 하니 坤卦(☷)가 比卦(☷)로 변하는 卦가 나왔다. 설명하기를 누런 치마는 원래 吉하다(黃裳元吉)고 하여 매우 길한 것으로 여겼다. 그래서 子服惠伯에게 보이면서 무슨 일을 하고자 하여 "어떻겠소이까" 하니 子服惠伯이 말하기를 "나도 일찍이 이 卦를 공부해 보았는데 忠信의 일이라면 可하나 그렇지 않으면 반드시 패합니다. 밖으로는 강하고 안으로 온순한 것이 忠입니다. 그리하여 黃裳元吉이라 한 것입니다. 그런데 黃色은 중간 色이요, 치마는 아래쪽의 장식이며 으뜸(元)은 善의 우두머리입니다. 중심이 충성스럽지 아니하면 누런 제빛을 나타내지 못하고, 아래쪽이 공손하지 않으면 치마가 장식이 되지 못하며, 일이 착하지 않으면 극치에 달할 수 없습니다. 안팎이 서로 조화된 것을 忠이라 하고 信으로써 일을 하는 것을 恭이라 하는데 이 세 가지 조건(忠, 信, 善)이 아니면 이 卦는 해당하지 않습니다"라 하였다. 결국 이 말을 믿지 않은 南蒯는 패하고 말았다고 한다.

象傳에 黃裳元吉 文在中也라 하였다. 六五의 爻辭에 '누런 치마를 입었으니 크게 길하리라'라는 말이 있는데, 이것은 六五의 柔順, 中庸의 德이 크게 밖으로 나타나 다른 사람들에게 미치니 크게 좋은 일이라는 뜻이다.[30]

文言傳에 '六五의 道를 體得한 君子는 中庸의 아름다운 德을 갖추고 있어서 마음이 하늘의 理致와 같이 純粹하며, 私欲이 없으므로, 모든 일이 잘 풀리고, 바르게 다스려진다. 또 君臣의 大義를 알아서 上下의 位階秩序를 바르게 하며, 臣의 道가 坤의 正體임을 안다. 이 모든 坤德의 아름다움을 마음속 깊이 갖추고 있으므로 그의 一擧一動에 나타난다. 마음속에 들어 있는 아름다운 德은 자연히 밖으로 드러나 훌륭한 政治를 하게 되어 그 德이 극치에 달하니 大吉하게 되는 것이다."31)

以上에 나타난 理想的 人間像은 最高의 地位와 狀態에 있으면서도 柔順, 謙遜한 君子이다. 결국 아름다운 德과 才能은 아무리 감추려 해도 더욱 빛나는 법이니, 이와 같은 人間에게 大吉이 찾아오는 것은 지극히 당연한 일이다. 최고의 지위에 오르기 전에는 柔順, 謙遜이 가능하다. 그러나 최고의 지위에 있으면서 柔順·謙遜하기란 지극히 어려운 일이다. 그러므로 六五의 상태는 柔順·謙遜의 極致라고 말할 수 있다.

(3) 上六, 龍戰于野, 其血玄黃: 龍들이 들에서 싸우니 그 핏빛이 검붉도다. 上六은 陰의 勢力이 극도로 盛해져서 陽의 龍과 같이 보인다. 그 勢力이 극도로 성해진 암컷 龍과 수컷 龍 쪽에 있는 西北郊外에서 싸운다. 말하자면, 勢力이 극도로 강해진 臣이 임금에게 對抗하고, 勢力이 극도로 강해진 妻가 남편과 싸우는 형상이다. 그 피는 陽의 色인 흑색(수컷 龍의 피) 피와 陰의 色인 黃色(암컷 龍)의 피가 흘려 있다.

여기서는 어떤 理想的 人間像을 나타내기 보다는 坤의 勢力이 극도로 성해졌을 때 그 마지막 모습을 보여주고 있다고 말할 수 있다. 신하가 임금에게 대항하며, 부인이 남편을 억누르려 서로 싸운다면, 국가나 가정은 어떻게 될까. 틀림없이 망해버릴 것이다.

그렇다면 결국 坤은 어떻게 하는 것이 좋을까? 그것이 바로 用六 利永貞이다. 즉, 陰은 柔弱하므로 확실히 지키기 어렵고 다른 것을 좇기 쉽지만 언제까지나 변하지 말고 올바르고 확고한 德을 지켜야 한다. 그리하여 길이길이 곧고 바르게 지켜야 이롭다는 것이다.

---

30) 여기서 특히 文은 文德. 아름다운 德을 뜻한다. 文과 中은 黃을 해석하고 있다.
31) 君子, 黃中道理, 正位居體, 美在其中, 而暢於四支, 發於事業, 美之至也.

3. 坤의 總體的 特徵

坤卦는 六爻 모두 陰이며, 柔順을 의미하는 卦이다. 坤은 柔順하며 乾의 剛健을 받아들일 성질을 갖고 있다. 신하가 임금을 좇아 하며, 부인이 남편을 좇는 것은 常道이지만, 그렇다고 해서 다만 柔順하기만 해서도 안 된다. 왜냐하면 그것은 맹종이 되기 쉽기 때문이다. 그리하여 바르고 확고한 貞操가 요구된다. 다시 말하면 악하고 옳지 못한 일을 맹목적으로 도와주라는 것은 아니다. 도와주되 바른 것이어야 한다. 바른 것을 지나치게 강조하다 보면 스스로 앞장을 서서 일을 遂行하게 되는 수가 많다. 이렇게 되면 坤道를 잃게 된다.

象傳에는 "地勢坤, 君子以厚德載物"이라 하였다. 즉, 땅의 形勢는坤의 象이다. 땅은 厚하다. 그리하여 萬物을 그 위에 실을 수 있다. 君子는 그 땅의 形勢와 같이 順하고 厚해서 그 德이 萬民을 한꺼번에 포용할 수 있는 그런 마음을 갖고 있다.

文言傳에는 "坤은 지극히 柔順한 卦이다. 그러나 柔順하지만 乾의 剛을 받을 때는 역시 剛하게 된다. 또한 坤은 純陰의 卦이므로 지극히 靜寂하다. 그러나 乾을 받아들여 영구히 변하지 않고 物을 生育하며, 조금도 邪惡함이 없으므로 그 德이 方正하다. 坤은 乾을 좇아 움직이며 乾을 主人으로 삼을 때 坤의 常道를 벗어나는 것이 아니다. 坤이 뜻하는 땅은 萬物을 포용하고 化育하기 때문에 乾과 함께 빛이 난다. 坤의 道는 柔順이다."32)

요컨대, 坤의 理想的 人間像은 柔順, 正直, 方正, 廣大, 靜寂을 포함한 人間像이다.

Ⅳ. 結 論

우선, 乾卦 六爻에 나타난 理想的 人間像을 요약해 보면 다음과 같다. 즉, 初

---

32) 坤至柔而動也剛 至靜而德方 後得主而有常 含萬物而化光 坤道其順乎.

九에는 德을 이룩할 때까지 努力해 나가는 人間像과 '潛龍勿用'의 道를 體得한 人間像이다. 이것은 理想的 人間像이 두 가지 들어 있는 것 같지만, 사실은 하나이다. 後者, 즉, 쓰이지 않는다 하여도 원망하지 아니하고 자신의 부족을 탓하며 善德을 갈고 닦는 데 힘쓰는 人間像은 前者의 人間像을 포함하고 있는 것이다. 九二는 '大人'이며, 九三은 '放心하지 않는 君子'이다. 九四는 '時中에 맞게 處身하는 人間像'이다. 九五도 '大人'이다. 그러나 九二에서의 '大人'과 다른 점은 세상에 그 모습을 완전히 드러냈는가 아닌가에 있다. 九五의 '大人'은 聖人에 가까운 人間像이다. 上九는 '聖人'이다. 乾卦全體에 나타난 理想的 人間像은 仁義禮智를 완전하게 갖춘 '聖人'인 것이다.

다음으로, 坤卦에 나타난 理想的 人間像을 요약해 보면 다음과 같다. 즉, 初六에는 애초의 미미한 증후를 포착하여 그 증후가 발전되어 어떤 결과를 나타낼 수 있는가를 알 수 있는 능력을 갖춘 人間像이다. 六二는 '敬以直內, 義以方外'의 경지에 오른 人間像이다. 六三은 德과 才能을 갖추고 있어도 감추며, 일을 이루되 다른 사람에게 그 功을 돌리며 자랑하지 않는 人間像이다. 六四는 '愼其獨' 하는 君子의 像이다. 六五는 柔順과 謙遜을 갖춘 人間像이다. 上六은 坤(陰)의 勢力의 限界와 留念할 점을 말하고 있다. 그리하여 坤의 理想的 人間像은 柔順, 正直, 方正, 廣大, 靜寂을 갖춘 人間像이다.

이 坤卦의 理想的 人間像은 어디까지나 乾卦의 理想的 人間像인 '聖人'을 聖人답게 完成시키는 데 補完的으로 필요한 要素가 들어 있다고 보아야 한다. 그러므로 乾卦와 坤卦의 理想的 人間像은 어디까지나 '聖人'이다.

理想的 人間像에는 두 가지 의미가 있다. 하나는 그 時代 그 國家나 民族에게만 해당되는 理想的 人間像이 있고, 다른 하나는 時代나 國家나 民族을 초월한 永遠한 理想的 人間像이 있다. 오늘날의 敎育에서는 前者에 속하는 理想的 人間像을 부각시키고 거기에 맞는 敎育을 하려고 애를 쓰고 있다. 그러나 前者에 속하는 理想的 人間像을 敎育이 추구하면 할수록 實際的 人間만 육성되는 아이러니가 있다.

그러면 周易 乾卦와 坤卦에 들어 있는 理想的 人間像을 敎育學的 側面에서 살펴보겠다. 周易 乾卦에 들어있는 理想的 人間像 속에는 하나의 패러독스 (paradox)가 있다. 즉, 각 爻와 全體卦 속에는 무엇을 적극적으로 行하는 人間像

이 있는가하면 무엇을 소극적으로 行하지 말아야 하는 人間像이 동시에 들어 있다. 구체적으로 말해서 初九의 '潛龍勿用'의 뜻 속에는 아직 不足한 상태이므로 적극적으로 學問과 人格을 修養해야 하는 人間像이 있고, '潛龍勿用'의 道를 體得하여 세상에 나아가 쓰임을 받으려 하지 말라는 소극적인 뜻이 동시에 들어 있다. 九二의 大人은 乾의 위대한 純陽의 氣를 갖추고 있으며, 바르게 中道를 얻어, 원래 자신이 가지고 있는 至誠·眞實한 德을 잃지 않도록 지켜나가는 적극적인 理想的 人間像의 모습과 이 大人도 '善世而不伐'로서 老子의 上德不德是以有德이라는 소극적인 理想的 人間像의 모습들을 동시에 갖추고 있다. 九三에는 비교적 完成에 가까운 人格體인 君子라는 적극적인 理想的 人間像과 '乾乾惕若' 하는 理想的 人間像의 소극적인 모습이 동시에 들어 있다. 九四는 잠시 미루어 두자. 九五는 九二의 大人이 그야말로 文字 그대로 꽃을 피운 '大人'이다. 그러나 여기에 '飛龍'이라고 하면서 飛字를 쓴 것은 적극적인 理想的 人間像인 '大人'과 그 비유로서의 飛龍의 소극적인 측면을 동시에 갖고 있음을 암시하고 있다. 上九는 '聖人'이다. 적극적인 理想的 人間像으로서 최고의 상태인 聖人의 경지이다. 그러나 여기에도 '有悔'라는 소극적인 뜻을 넣음으로써 하나의 패러독스를 이루었다. 다음으로 乾卦와 坤卦 사이에도 패러독스가 있다. 즉, 乾卦에는 健壯을 德으로 삼으나, 坤卦에는 弱과 柔順으로 德을 삼는다. 乾은 하늘이요 坤은 땅이다. 이제 乾과 坤을 하나로 묶어서 총체적으로 생각해 본다. 사실상, 乾과 坤은 서로 반대되는 것같이 보이나, 그 內的 關係에서는 서로 떨어져서는 아무것도 完成되는 것이 없다. 坤의 理想的 人間像인 柔順, 正直, 方正, 廣大, 靜寂의 德目들이 補完해 주지 않으면 진정한 聖人이 될 수 없는 것이다. 그러면 以上과 같은패러독스에는 어떤 眞理가 담겨 있으며, 그것은 敎育과 어떤 관련이 있는가?

흔히 사람들은 敎育을 받으면 모르는 것을 알게 해주고 부족하다는 느낌에서 풍족하다는 느낌을 받게 된다고 생각한다. 이렇게 생각하면 周易에 들어 있는 理想的 人間像인 '聖人'은 敎育에 별다른 의미를 주지 못한다. 왜냐하면 '聖人'과 같은 理想的 人間像은 敎育에 방해가 되거나 도달할 수 없는 空虛한 人間像이기 때문이다. 그러나 흔히 사람들이 생각하는 것과는 달리, 올바르게 교육을 받으면, 그 사람은 더욱 無知와 不足을 느낀다고 하면, 周易에 나타난 理想的 人間像인 '聖人'은 敎育에 보다 심각한 의미를 던져준다. 왜냐하면 敎育을 받은 후에 더욱 無知와 不足을 느끼기 위해서는 敎育받은 사람의 內部에 '聖人'과 같은 理想的

人間像이 있기 때문이다.[33] 이와 같은 理想的 人間像이 敎育받은 사람의 內部에 있다면, 완전무결한 知와 人品을 갖춘 聖人으로부터 자신이 점점 멀리 떨어져 있다는 느낌을 받게 된다. 이런 관점에서 보면, 周易에 들어 있는 理想的 人間像인 '聖人'은 오늘날 우리의 敎育에 도달할 수 없는 空虛한 人間像을 주었다기보다는, 오히려 심각한 의미를 지닌 새로운 人間像을 제시한 것이라고 볼 수 있을 것이다.

---

33) 李烘雨, '안과 밖의 論理' 敎育의 目的과 難點(서울, 敎育科學社, 五版, 1987). p.306.

5. 老子道德經에 비추어 본 '師道'[*]

Ⅰ. 師・道

'教育의 問題는 敎師의 問題'라는 말이 있다. 敎育이 관련된 문제는 언제나 敎師와 관련된 문제가 그 속에 있다는 말이다. 이만큼 敎師는 敎育에 있어서 매우 중요한 자리를 차지하고 있다. 그러므로 예부터 敎育에 관심을 가진 정도만큼 敎師에 관해서도 관심을 가져왔다. 이것을 단적으로 증명할 수 있는 것은 敎師에 해당되는 말이 많이 있다는 사실이다. 즉, 선생, 師範, 師丈, 師傅, 師長, 師匠, 函丈, 스승 등이 그것이다. 이들 중에서 어떤 말은 그대로 通用되고 있고, 어떤 말은 거의 通用되지 않고 있는 것도 있다. 오늘날 가장 흔히 쓰고 있는 '敎師'에 해당되는 명칭은 '선생'과 '스승'이다.

'선생'과 '스승' 똑같이 敎師를 지칭하는 말이기는 하지만, 그 지칭의 뉴앙스는 서로 다르다. '선생'은 흔히 모르는 사이에 높여 부를 수도 없고, 낮춰 부를 수도 없는 경우에 그저 '김선생', '이선생' 하고 부르기도 하며, 때로는 學校의 敎師를 약간 낮춰(?) 별 뜻없이 부르는 경우에 쓰여지고 있다. 그러나 '스승'의 경우는 좀 다르다. '스승'이라는 말은 '나를 가르쳐 주시는 어른'이라는 뜻과 '존경하라'는 뜻이 한데 어울려 '스승'이라고 한다. 요즈음 '스승의 날'을 정하고 각종 행사를 펼치

<hr>

* 『湖西文化研究』 第8輯, 忠北大學校 湖西文化研究所, 1989. 12.

는데 그때의 '스승'이 이 뜻으로서의 '스승'이다. 예부터 우리는 '선생'이라는 말보다는 '스승'이라는 말을 많이 썼다. 그러나 요즈음에는 '스승'보다는 '선생'이라는 말이 너무나 자주 쓰이고 있음은 주지의 사실이다. 심지어 오늘날 우리는 '선생'은 있으나 '스승'은 없다고까지 말하는 것을 들을 수 있다.

그러면, 왜 '선생'은 있으나 '스승'은 없다고 하는가? 이점에 관해서는 사람마다 각양각색의 이유를 들 수 있을 것이다. 그중에서 가장 많은 사람들이 지지할 만한 理由를 들어보기로 한다.[1] 즉, "첫째로, 오늘날의 敎育은 수만 가지로 갈라진 직업들 중에서 敎職이라는 職種을 선택한 사람들에 의해 운영되는 사업의 일종이다. 오직 배우고자 하는 마음 한 가지로 스스로 따르고 모여드는 제자들을 물리치지 못했던 스승들에 의해 운영되는 것이 아니라, 그것을 하나의 직업으로, 생활수단으로 삼아 널리 학생을 모집하는 교사들에 의해 운영되고 있다. 둘째로, 교육 그 자체는 天職이요 聖職이라 할지라도 이를 스승이라는 선비가 운영할 때와 교사라는 직업인이 운영할 때와는 그 양상이 달라질 수밖에 없는 것이고 또 그것이 자연현상이라 해야 할 것 같다. 셋째로, 스승의 자리는 스승다울 수 있는 선비만이 앉는 국한된 자리였으나 교사의 자리는 교사다울 수 없는 사람도 앉을 수 있는 공개된 자리로 바뀐 것이다. 그래서 글자 그대로 먼저 태어나서 먼저 배운 '선생'은 있어도 '스승'은 없고, 스승을 따르는 '제자' 대신 선생에게 배우는 후배 학생만 남게된다는 것이다. 따라서 敎師의 길이나 스승의 길이나 한 봉우리로 가는 師道이니까 멀리서 바라볼 때, 꿈속에서 그릴 때, 그리도 아름답고 그리도 빼어났던 山이라 해도 가까이 그 속에 발을 들여 놓으면 그리도 추하고 그리도 흉한 꼴들이 곳곳에 널려져있는, 발아래 땅만 보일뿐 秀麗한 봉우리는 안 보인다. 옛 스승의 길이 멀리서 우러르고 그리던 師道라 한다면, 교사의 길은 추하고 흉한 꼴만 보이는 발아래 땅에 깔린 길"이라는 것이다. 요컨대, 敎職은 하나의 직업이요, 스승과 교사는 그 資質이 다를 수밖에 없으므로 선생과 스승은 다르다. 따라서 오늘날에는 선생만이 있을 수 있고 스승은 없으며, '師道'와 '敎師의 길'은 다를 수밖에 없다는 것이다.

요즈음 사람들의 생각을 가장 잘 반영시킨 이 理由에 대하여 한 가지 문제 삼

---

1) 나채경. "여유와 멋이 깃든 사도를", 師道, (서울. 자유문고, 1981), pp.190

을 수 있는 것은 '스승'이건 '선생'이건 간에 모두 人間을 人間답게 기르고자 한다는 데 공통점이 있음에도 불구하고, 어째서 '스승'과 '선생'의 가는 길이 다를 수밖에 없는가 하는 것이다. 아니, '스승'과 '선생'의 각각의 觀點에서 '인간답게 산다'는 것이 다르다는 말인가? 다시 말하면, 스승이 가르치는 '인간답게 살도록 하는 것'과 교사가 가르치는 '인간답게 살도록 하는 것'이 다른가? 또는 같은가? 이 문제에 관한 대답 여하에 따라 '스승의 길'과 '교사의 길'이 같을 수도 있고 다를 수도 있다.

우리가 잘 알고 있는 '스승'이나 '선생'을 나타내는 '師' 字의 뜻은 "師, 教人以道者稱也"(스승은 사람에게 길(道)을 가르치는 사람을 말한다.) 또는 "師, 教示以善道者"(스승은 착한 길을 가르치는 사람)이라 하고, "師者는 人之模範也"라 하였다. 여기서 문제가 되는 것은 '教人以道'에서의 '道'와 '教示以善道者'에서의 '道'가 각각 무엇을 의미하느냐 하는 점이다. 이 '道'의 意味는 師道의 意味와 관련될 것이다. 師道는 人之模範也라 할 때, 무엇의 模範이냐 하면 바로 이 道의 모범인 것이다. 여기서 다시 '人間답게 살도록 가르친다'는 것과 道와의 관련문제가 생긴다. 왜냐하면 '人間답게 살도록 가르친다'는 것을 外的 結果에 치중하면 技에 가깝게 되고 그것을 있는 그대로의 事態나 現象을 이해하기 위한 眼目으로 볼 때에는 道에 가까워지기 때문이다.[2] 따라서 '人間답게 살도록 가르친다'는 것과 道는 性格上 同一內容을 담을 수 있는 것이다. 目下 論議되고 있는 師道 또한 道의 문제와 관련된다. 그러나 문제는 여전히 道란 무엇인가 하는 것이다. 이 문제의 해답을 찾는 접근방법이 여러 가지 있을 수 있겠으나 여기서는 「老子 道德經」[3]에서 찾고자 한다.

그러면, 왜 道德經에서 그 문제의 해답을 찾고자 하는가? 여기에는 다음과 같은 몇 가지 이유가 있다.[4] 첫째, 道德經에는 特定 個人이 전혀 나타나지 않는다는 점이다. 비록 聖人, 王, 民 等이 나와 있고, 道德, 政治, 戰爭 等에 관한 많

---

2) 李烘雨, 教育의 目的과 難點(서울, 教育科學社, 第五版, 1987), pp.298-299.

3) 「老子道德經」은 많은 靈感을 주고 있는 경전으로서 그 속에 담겨있는 글 자수는 5250字에 불과하지만, 이렇게 적은 양을 가지고 현재 볼 수 있는 바와 같이 엄청난 영향을 오랫동안 인류에게 제공한 책도 많지 않다고 보아야 한다. 이 책의 주석만도 950여 권. 그중 40여 권은 영어로 주석되었다.

4) 木村英一, 老子の新研究(東京, 創文社, 昭和 34), pp.529-532.

은 비판이 나오고 있기는 하지만, 이 모든 것이 어느 特定人物이나 歷史的 事件이 아니다. 따라서 모든 내용이 一般論을 기초로 하고 있다. 둘째, 道德經은 一般論이라 하더라도, 여기서의 一般性은 個性을 초월한 一般性이다. 흔히 우리가 볼 수 있는 個性에 대한 一般性이거나, 特殊性에 대한 普遍性이 아니다. 여컨대, 聖人의 경우, 歷史上에 나타난 聖人들을 分析하여 그 공통성을 추출하여 一般化한 그런 聖人이 아니다. 여기에서의 聖人은 存在와 作用을 초월한 道의 體得者로서의 聖人이다. 셋째로 道德經이 '經'인 以上 거기에는 永遠不變의 眞理를 설명하고 있다. 그러므로 道德經은 어느 時代 누구에게나 항상 眞理를 제시해 준다고 볼 수 있다. 요컨대, 道德經은 個性에 대한 特殊性, 特殊性에 대한 普遍性을 설명하고 있는 것이 아니라, 그것들을 초월한 窮極의 原理나 實在를 逆說的으로 설명하고 있다. 바로 이 점 때문에 道德經을 '師道' 해석의 根幹으로 삼게 되었다.

그러면, 道德經을 師道 해석의 根幹으로 삼는다고 하였는데, 구체적으로 어떻게 할 것이며, 세분된 問題는 무엇인가 하는 것을 以下에서 제시하고자 한다.

우선 道德經에 담겨 있는 道의 意味를 밝혀야 할 것이다. 道德經 전체가 道에 관한 의미를 내포하고 있는 것은 사실이지만, 그 모든 것을 분석하여 그 意味를 추출하기보다는 직접, 道를 언급하고 있는 四章, 十四章, 二十一章, 二十五章, 三十二章, 三十四章, 三十五章, 三十七章, 四十一章, 五十三章, 六十二章, 六十五章, 六十七章 等을 中心으로 道의 意味를 밝혀 보고자 한다. 그러나 道德經 첫 구절에 보면, "言說로 규정할 수 있는 道는 不變의 道가 아니요, 이름 붙일 수 있는 이름은 불변의 이름이 아니다."(道可道 非常道 名可名 非常名, 1장)라고 道의 意味를 규정하고자 하는 試圖를 경고하고 있다. 과연 이 어려움을 어떻게 극복할 것인가가 문제이다.

다음으로, 聖人의 言行과 精神狀態를 밝혀 보고자 한다. 聖人은 人類의 스승이다. 그러므로 敎育者의 理想的 人間像이 '聖人'인 것이다. 이 점 때문에 聖人의 言行과 精神狀態를 밝혀내는 일은 師道를 재해석하는 데 중요한 위치를 차지하고 있다.

道德經에는 '聖人'이라는 用語를 쓴 것과 吾·我 等의 用語를 쓴 것이 함께 들어 있다. 여기서는 '聖人'과 吾·我 等을 同一水準에 놓고 보겠다. 그리하여 聖人의 用語가 들어있는 二章, 三章, 五章, 七章, 十二章, 二十二章, 二十六章, 二

十七章, 二十八章, 二十九章, 四十七章, 四十九章, 五十七章, 五十八章, 六十章, 六十三章, 六十四章, 六十六章, 七十章, 七十一章, 七十二章, 七十三章, 七十七章, 七十八章, 七十九章, 八十一章 等과 吾·我 等의 用語가 들어있는, 四章, 十三章, 十六章, 十七章, 二十章, 二十一章, 二十五章, 二十九章, 三十七章, 四十二章, 四十三章, 四十八章, 四十九章, 五十三章, 五十四章, 五十七章, 六十七章, 六十九章, 七十章 等을 中心으로 分析하여(이 가운데 二十九章, 四十九章, 五十七章, 七十章 等에는 聖人과 吾·我가 함께 들어있다.), 聖人의 言行과 精神狀態를 밝혀 보려고 한다.

聖人은 道의 體得者이다. 그러므로 敎育者의 理想的 人間像인 聖人으로부터 道의 구체적인 具現狀態를 알 수 있고, 道를 간접적으로 알아볼 수 있는 중요한 단서가 될 수 있다.

셋째로, 師道를 再解釋 하고자 한다. 여기서의 재해석의 對象은 師道綱領5)이다. 師道에서의 道는 道德經에 들어있는 道의 意味를 원용할 것이며, 師는 스승으로서 聖人의 言行과 精神狀態를 기준으로 할 것이다. 구체적으로 말하면, 道德經에 들어있는 道의 意味와 聖人(道의 體得者)을 기초로 師道綱領에서 第一章 勉學修行과 第二章 敎學示範, 第三章 敎職奉公 등을 재해석할 것이다.

Ⅱ. 道

'道可道非常道'-여기서 말하는 道는 萬物의 本體이며, 宇宙의 原理이다. 그러므로 言說의 相을 떠나 있으며, 무어라 이름 붙일 수도 없으며, 말로 설명도 되지 않는다. 말이라는 것은 언제나 어떤 것을 限定하게 마련이다. 예컨대 '꽃'이라고 말하면, 그 對象이 된 '꽃'은 말하는 순간의 꽃이 아니라 시시각각 변하고 있는

---

5) 이 師道綱領은 1954년 제2회 교육주간을 맞이하여 한국교육문화협회(회장 백낙준)에서 전국 교육자에게 배포한 것이다. 교사 윤리에 관한 국내 최초의 시도였다. 師道綱領은 세 개의 章으로 구성되어 있다.

데도 여전히 그것을 '꽃'이라고 말하는 것이 된다. 그리하여 결과적으로 그 '꽃'이 아닌 것을 그 '꽃'이라고 말하는 것이 되어버린다. 이와 같은 말의 不正確性 때문에 絶對의 原理·本體는 文字의 相을 떠나 있고, 言說의 相을 떠나지 않으면 안 된다. 따라서 時間을 超越한 常久不變인 道를 言說로 규정하면, 그것은 道가 아닌 것이 된다.

그러나 "道는 모습없이 깊이 숨어, 보이지 않으나 영원히 있는 것 같다."(道, ……湛兮似或存, 4장)고 하였다. 보다 자세히 말하면, "道라고 하는 것은 오직 있는 듯 없는 듯 恍惚하기만 하다. 恍惚하면서도 그 안에 형상이 있고, 恍惚하면서도 그 속에 모든 것이 있다. 幽玄하고 보이지 않지만, 그 속에 생명의 본질인 精靈이 있고 그 精靈은 심히 진실하고 그 속에 信驗이 있다."(道之爲物, 惟恍惟惚, 惚兮恍兮, 其中有象, 恍兮惚兮, 其中有物, 窈兮冥兮, 其中有精, 其精甚眞, 其中有信, 21장)라 하였다.

그리고 "道가 밖으로 나타나도 淡泊하고 아무 맛도 없다. 눈으로 보아도 안보이고 귀로 들어도 안 들리지만, 아무리 써도 끝이 없다."(道之出口, 淡乎其無味, 視之不足見, 聽之不足聞, 用之不可旣, 35장), (14장 참조)고 하였다. 눈으로 보아도 안보이고 귀로 들어도 안 들리고 맛을 보아도 아무 맛도 없다면, 그것은 무엇일까? 여기서 한 가지 意味를 추출할 수 있는 것은, 道는 感覺器官으로는 포착할 수 없는 것이라는 意味이다. 이 뜻 이외의 다른 뜻은 없는가? 있기는 있다. 그러나 '玄之又玄'할 뿐이다. 여기서 '있다'는 것은 무엇인가? 이미 "湛兮似或存"(4장) "其中有象……其中有物……其中有精, 其精甚眞, 其中有信……(21장)"에서 있다는 것을 여러 번 말했다. 더 나아가 "天地가 생기기 전에 어지럽게 뒤엉킨 그 무엇이 있었다. 소리도 없고 형상도 없는 것으로 어떤 것에도 의존하지 않고 스스로를 바꾸는 일도 없이 자유자재로 운행하되 어김이 없다. 그것은 바로 天下의 어미이다. 그 본래의 이름은 알 수 없지만, 우리는 그것을 道라고 부른다."(有物混成 先天地生 寂兮寥兮 獨立不改 用行而不殆 可以爲天下母, 吾不知其名 字之曰道, 25장)고 하였다. 따라서 여기에서의 '있다'(有, 存 等)는 것은 實在(reality)를 가리킨다고 볼 수 있다. 특히 "有物混成 先天地生"은 주목할 만하다. 이것은 Collingwood가 말하는 "絶對水準의 論理的 假定"이라 할만하다. 지금까지의 말들을 다시 말해보면, 道는 人間의 감각기관으로는 포착할 수 없는 것이며 무엇이라 이름지어 말할 수 없는 實在 또는

絶對水準의 論理的 假定이다.

　　다음으로, 우리가 말할 수 있는 것은 "道는 심오하여 잘 알 수가 없다. 〈그러나 만물을 생육화성하여〉 마치 만물의 근본인 宗主와 같다."(淵兮, 似萬物之宗, 4장)는 것이다. 이와 동일한 의미는 '道德經'의 다른 곳에서도 찾아볼 수 있다. 즉,

　　　　道는 예로부터 모든 진리를 파악해 가지고
　　　　오늘의 현상 세계를 주재하고 있다.
　　　　道는 우주의 근원을 알고 있으므로
　　　　모든 도리의 根本이라고 부른다.

　　　　(執古之道,
　　　　以御今之有
　　　　能知古始
　　　　是謂道紀, 14장)

고 하였다. 이밖에 '象帝之先'(4장), '道之爲物……以閱衆甫……'(21장) '譬道之在天下, 猶川谷之於江海(32장)' '大道氾兮, 其可左右, 萬物恃之而生 而不辭'(34장) 等의 文句를 道德經에서 찾아 볼 수 있다. 여기서 우리가 알 수 있는 것은 道는 萬物의 根本이며,[*] 萬物을 있게 하는 所以라는 것이다. 萬物을 있게 하는 所以이기 때문에 '어느 것에도 의존하지 않고 스스로 바꾸는 일도 없는'(獨立不改, 25장) 스스로 있는 存在 그 自體이다.

　　셋째로, "모든 사람들은 내가 내세우는 道가 너무나 크고, 萬物과는 같을 수 없는 것이라고 한다. 너무 크므로 현상계에 있는 萬物 하나하나와는 같을 수가 없다."(天下皆謂我道大似不肖, 夫唯大, 故似不肖, 67장)고 하였다. 말하자면, 萬物이 道와 같을 수가 없다는 것이다. 그러나

　　　　하늘은 하나인 道를 터득해서 청명하고,
　　　　땅은 하나인 道를 터득해서 寧靜하고,
　　　　神은 하나인 道를 터득해서 靈妙하고,

---

[*] 道者萬物之奧. 62장.

골짜기는 하나인 道를 터득해서 충만하고,
만물은 하나인 道를 터득해서 生育化成하고,
임금은 하나인 道를 터득해야 천하가 바르게 다스려진다.
이들 모든 것은 다 하나인도로써 그렇게 되는 것이다.

(天得一以淸,
地得一以寧,
神得一以靈,
谷得一以盈,
萬物得一以生.
候王得一以爲天下貞,
其致之. 39장)

에서 볼 수 있듯이 萬物은 道를 떠나 存在할 수 없는 것이다. 그러므로 "道는 만
물의 예리한 끝을 무디게 하고, 만물의 분쟁을 풀고, 만물의 지나친 빛을 부드럽
게 고르고, 만물의 더러움에 동화한다."(挫其銳, 解其紛, 和其光, 同其塵……4
장)고 하였다. 말하자면 道는 他物과 對立되는 存在가 아니라, 언제나 萬物과 섞
여 그 속에 함께 있다는 것이다.

道는 隱微하고 이름이 없다.
오직 道는 잘 베풀고 만물을 生育化成할 따름이다.

(道隱無名
善貸且成, 41장)

王弼 注에 의하면, "무릇 모든 善은 모두 이 道에 의하여 이루어지고 象이 있
다면 大象이요, 소리가 있다면 大音이어서 大音은 들을 수 없고 物이 이루어지
면, 모양이 보이지 않기 때문에 감추어져 있어 이름이 없다고 한다"라고 되어 있
다. 道는 萬物을 이루되 소리도 없고, 보이지도 않아 감추어져 있으므로 알 수
없고 알 수 없기 때문에 이름도 없다는 것이다. 이 말은 '名可名非常名'(1장)과
뜻이 통한다. 오로지 道는 萬物에게 잘 베풀어 줌으로써 萬物을 이루고, 萬物은

道를 떠나서는 存在할 수 없다는 것이다.

여기서 우리가 注目해야 하는 것은 道隱無名의 '無'이다. 이 無는 '天下萬物生 於有 有生於無'(40장)에서의 無이다. 이때의 無는 단순한 非存在가 아니라 오히 려 '非有의 有'라 말할 수 있고, 有의 根元이며 實在 그 자체이다. 따라서 無는 相對的인 것을 초월한 絶對인 것이다. 그러나 道德經에는 '有無相生'(2장)에서와 같이 相對的인 無가 있다. 道德經에서는 絶對的인 意味의 無와 相對的인 意味의 無를 區分없이 섞어 쓰고 있다. 요컨대, 道德經에서의 無는 한편으로는 有에 對 한 相對로서, 그리고 동시에 다른 한편으로는 有를 生하게 하는 所以인 根源으로 서의 實在이다.126) 따라서 非有는 결코 非存在가 아니다. 예컨대,

　서른개의 바퀴살이 하나의 바퀴통에 다 같이 꽂혀 있으나,
　바퀴통의 한복판 빈곳에 바로 수레를 작용시키는 요인이 있다.
　흙을 이겨서 기물을 만들지만 기물의 텅 빈 곳에 바로 기물의 쓸모가 있다.
　문이나 창을 뚫어 방을 만들지만 방의 공간이 바로 쓰이는 곳이다.
　그런고로 有의 물건이 이롭게 쓰여지는 까닭도
　결국은 공허한 無가 활용되기 때문이다.

　(三十輻 共一轂 當其無 有車之用
　埏埴以爲器 當其無, 有器之用
　鑿戶牖以爲室. 當其無, 有室之用
　故有之以利, 無之以爲用, 11장)

　그렇다면, 無란 무엇인가?127) 이 물음에 대한 대답은 처음부터 불가능하다. 왜냐하면, 그 대답은 반드시 無는 이러이러한 것 '이다'(存在)라는 형식 속에서 이 루어지기 때문이다. 그러나 어떻게든지 無가 물어지지 않으면 안된다고 하면 그것 은-무 자체는-먼저 주어져 있어야 한다. 無에 대한 우리의 물음은 바로 形而上 學의 문제이다.

---

126) 木村英一, 前揭書, pp.542.
127) 하이데거, 形而上學이란 무엇인가, 崔東熙, 譯, (서울. 瑞文堂, 1976), 瑞文文 庫 117, pp.52-75.

現存在(Da-Sein)는 無의 속으로 들어가 있는 것을 의미한다. 無의 속으로 진입하면서 現存在는 언제나 이미 전체로서의 존재자를 뛰어넘어 있다. 이것을 우리는 超越(Transzendenz)이라고 부른다.[128] 無는 存在者에 대한 막연한 對立者에 그치는 것이 아니라, 존재자의 존재에 속하여 있는 것으로서 자신을 드러낸다. "그러므로 순수한 存在는 순수한 無와 똑 같다."(헤겔, 논리학 제1권 전집 제3권 74)는 말은 정당한 것이다. 지금까지 말한 하이데거의 말을 道德經에 나온 無에 적용해 보면, 無는 역시 '絶對의 實在'라고 말할 수 있다. 그러므로 예컨대, '無名天地之始'(1장)에서의 無는 '絶對의 實在'인 것이다. 以上으로 道의 意味를 요약하여 말하면, 萬物은 道와 같을 수는 없지만, 萬物은 道를 떠날 수 없고, 道는 無이며, 無는 '絶對의 實在'이다.

네 번째로, "道는 항상 作爲를 하지 않으면서도 이루지 않는 것 없이 모든 것을 이룬다."(道常無爲而無不爲, 37장)라고 하였고, "큰 道는 어디에나 넘쳐흐르고 자유자재로 작용한다. 萬物은 道로 말미암아 생기지만 道는 그것을 자랑으로 여기지 않는다."(大道氾兮 其可左右 萬物恃之而生而不辭, 34장)고 하였다. 여기서 알 수 있는 것은, 道는 '道의 表現方式'[129]이 無爲로 나타나지만, 道는 萬物의 여러 작용을 이룩해내도록 해주는 所以로서의 作用이기도 하다는 것이다.

이때 우리는 '無爲'를 주의해 보아야 한다. 歷史的으로 볼 때,[130] 老子가 살았던 春秋戰國時代에는 싸움이 그칠 날이 없었다. 왜 이렇게 싸움이 그칠 날이 없었는가? 그것은 모두가 天下를 다스려 보려는 욕심 때문이었다. 老子哲學이 어떻게 정립되었는지는 不分明하지만, 이 時代的 狀況이 그의 哲學을 정립해 나가는데 중요한 결정적인 원인이 된 것만은 틀림이 없을 것이다. 어떻게 하면 이 戰國時代의 소용돌이를 멈추게 할 수 있을까? 여기에 대하여 孔子는 적극적으로 무엇을 하도록 주장하였다. 그러나 老子는 이것을 반대하여 '無爲'를 주장한 것이다. 예컨대, '武力으로써 천하에 强權을 휘두르게 하지 않는다'(不以兵强天下 30장), '法令이 엄하면 엄할수록 도적도 더욱 많이 나타난다.'(法令滋彰, 盜賊多有 57

---

128) 上揭書, pp.63.
129) 李烘雨, '道德經에 나타난 道德의 槪念', 敎育理論(서울大學校 敎育學硏究會 제3권 제1호 1988. 6), pp.15.
130) Holmes welch, *Taoism*, Bacon Press, 1966, pp.18-49.

장), '자기의 功을 자랑하지 않으므로 도리어 功이 두드러진다.'(不自伐 故有功 22장), 그리고 '잘 하려는 사람은 실패하고 꽉 잡으려는 사람은 잃는다. 그러므로 聖人은 하려고 하지 않음으로써 실패하지 않고, 꽉 잡으려 하지 않음으로써 잃지도 않는다.'(爲者敗之, 執者失之, 是以聖人無爲, 故無敗, 無執, 故無失, 64장) 등에 無爲의 得을 나타내고 있다. 여기서 얻을 수 있는 공통점은 '억지로 하지 않는다'는 것이다. 모든 作爲는 反作爲를 낳고, 挑戰은 應戰을 낳는다. 그러므로 "弱하게 만들고자 하면 반드시 먼저 강하게 해주고"(將欲弱之 必固强之, 36장), "만물은 壯盛하면 노쇠하게 마련이다. 武力的 强權行使는 道에 어긋나며, 道에 어긋나면 이내 멸망한다"(物壯則老, 是謂不道, 不道早已, 30장)고 하였다. 이점에서 보면, Toynbee와 비슷하다. 즉 "文明은 모두 成長과 老衰라는 똑같은 類型의 過程을 밟았으며, 그것은 挑戰과 應戰, 再擧와 敗走, 退去와 復歸의 原理에 따라 消長했다. 한 文明이 발전하기 위해서는 文明의 生存을 위협하는 挑戰에 성공적으로 應戰하여 극복하여야 한다. 그래야 비로소 文明의 발전이 가능하다. 만약 應戰에 실패하면 그 文明은 死滅한다. 이처럼 어느 文明이나 挑戰과 應戰의 原理에 따라 탄생, 성장, 붕괴, 해체의 4단계를 거친다."[131]는 것이다.

그러나 여기서 Toynbee와 老子는 정반대의 의견을 갖는다. 즉, Toynbee는 文明의 生存을 위협하는 挑戰(challenge)에 성공적으로 應戰(response)해야 한다고 하지만, 老子는 그 挑戰을 무시해야 하고 應戰은 가장 큰 잘못이라고 하고 있다. 왜냐하면 "柔弱이 반드시 억세고 강한 것을 이기도록 마련되어"(柔弱勝剛强, 36장) 있기 때문이다. "聖人은 오직 다투지 않는다. 그러므로 천하에 그와 대적할 아무것도 없다."(夫惟不爭, 故天下 莫能與之爭, 22장)고 하였다. 無爲를 '억지로 하지 않는다'라는 말이라고 한 적이 있다. 道德經에서는 이것을 '自然'이라고 말하고 있다. 구체적으로 몇 개의 例를 들어보겠다.

聖人은 悠閑自適하고 함부로 법령을 내리지 않는다.
그러면서 모든 일들이 이루어지고 공이 나타나며,
백성들은 저마다 자기가 無爲自然의 존재라고 생각하게 된다.

---

131) 朴成壽, 歷史學槪論(서울, 三英社, 1977), pp.114.

(悠兮, 其貴言.
功成事遂
百姓皆謂 我自然, 17장)

〈무위자연의 道〉는 말 없이
모든 것을 스스로 이룬다.

(希言自然, 23장)

道는 自然을 따라 스스로
그렇게 된 것이다.

(道法自然, 25장)
萬物이 스스로 있게 도우며
억지를 부리지 않는다.

(以輔萬物之自然而不敢爲, 64장)

여기서의 自然은 영어의 'nature'의 뜻보다 훨씬 뜻이 깊다. 오히려 'being for itself'나 'spontaneous existence'의 뜻이라고 보아야 한다. 말하자면 스스로 그렇게 될 수밖에 없는 本質的 存在, 또는 本質的으로 그렇게 되다의 뜻이다.'132) 최고의 自然은 하늘이다. 그리하여 '하늘의 경지 즉 無爲自然을 바로 道'(天乃道, 16장)라 하였다. 以上으로 道의 意味를 요약해보면 다음과 같다. 즉, 道는 '道의 表現方式'인 無爲로 나타나지만, 그 無爲는 소극적 의미로서 무엇을 하지 않는 것이 아니라, 적극적 의미로 그렇게 될 수밖에 없는 本質的 存在로서의 自然行爲라는 뜻이다.

다섯째, 道는 時空을 초월하여 時間的으로나 空間的으로 無限하며, 그 作用은 생기고 없어지는 변화를 초월하여 常住不變이다.133)

우선, 道가 空間的으로 無限大라는 것을 나타내는 '大', '遠', '深' 등의 용어가

---

132) 老子·莊子, 張基槿, 李錫浩 譯(서울, 三省出版社, 1976), pp.79.
133) 木村英一, 前揭書, pp. 543-547.

쓰여지고 있다. 예컨대,

1) 有物混成, ……吾不知其名强字之曰道, 强爲之名曰大. -大曰逝, 逝曰遠,
遠曰反, 故道大, 天大, 地大王亦大, 域中有四大……(25장)
2) 大道氾兮其可左右, ……萬物歸焉, 而不爲主, 可名爲大 -, 以其終不自爲
大, 故能成其大.(34장)
3) 天下皆謂我道大似不肖, 夫唯大, 故似不肖, 若肖, 久矣其細也.(67장)
4) ……玄德深矣, 遠矣, 與物反矣.(65장)

以上의 例에서 볼 수 있듯이 道가 크다는 것을 '大', '遠', '深' 등의 용어로 썼다.
다음으로, 時間的으로 無限하다는 것을 나타내는 말로 '久', '長久' 등의 표현을
쓰고 있다. 예컨대,

1) '天長地久' 天地所以能長且久者, 以其不自生, 故能長生, 是以聖人後其身而
身先, 外其身而身存, 非以其無私邪, 故能成其私.(7장)

여기서는 앞부분에는 天地가 長久하다는 말은 있어도 道가 長久하다는 말은
없다. 그러나 후반부에는 道를 體得한 聖人이 나와 있다. 文의 뜻으로 보아 天地
의 道는 眞의 道이며, 道德經의 다른 부분에서 볼 수 있듯이 道·天地·萬物은
서로 통한다.

그리하여 여기서의 長久는 결국 天地를 長久하게 하는 所以인 道의 長久를 나
타낸다고 보아야 한다.[134] 좀더 구체적으로 다음 例를 본다.

2) 希言自然 故飄風不終朝驟雨不終日 孰爲此者, 天地, 天地尙不能久, 而況於
人乎, 故從事於道者, 同於於道, 德者同於德, 失者同於失, 同於道者. 道亦樂得
之……(23장)

여기서 볼 수 있는 것은 天地의 作用도 道를 얻지 못하면 長久할 수 없다는

---

134) 木村英一, 前揭書. p.544.

것이다. 道를 體得한 者만이 長久不變이다.

또한 道의 容量과 作用의 無限性을 보이는 것도 있다. 예컨대, 道沖而用之或不盈……(4장), 道之出口, 淡乎其無味……用之不可旣(35장) 등이 그것이다.

끝으로, 道의 常住不變하다는 것을 말해주는 것이 있다. 그것은 다름 아니라 道德經 여기저기서 보이는 '常' 字이다. 예컨대, 道可道非常道, 大道……一常無欲 等이 그것이다.

지금까지의 道의 意味를 다시 정리하여 제시하면 다음과 같다.

첫째로, 道는 人間의 感覺器官으로는 포착할 수 없는 것이며, 무엇이라 이름지어 말할 수 없는 實在이다.

둘째로, 道는 萬物의 根本이며(道者萬物之奧, 62장), 萬物을 있게 하는 所以이기 때문에 '어느 것에도 의존하지 않고 스스로 바꾸는 일도 없는'(獨立而不改, 25장) 스스로 있는 存在 그 自體이다.

셋째로, 萬物은 道와 같을 수는 없지만, 萬物은 道를 떠날 수 없고, 道는 無이며, 그 無는 絶對의 實在이다.

넷째로, 道는 道의 表現方式인 無爲로 나타나지만, 그 無爲는 소극적 의미로서 무엇을 하지 않는 것이 아니라, 적극적 의미로 그렇게 될 수밖에 없는 本質的 存在로서의 "自然 行爲"라는 뜻이다.

다섯째, 道는 時空을 초월하여 時間的으로나 空間的으로나 無限하며, 그 作用은 생기고 없어지는 변화를 초월하여 常住不變하는 것이다.

道는 적극적으로 存在한다고도 할 수 없고, 그렇다고 非存在라고도 볼 수 없다. 存在한다고 하면 非存在요, 非存在라고 하면 存在하는 것이다. 그러므로 道는 상태를 記述할 목적으로 만들어낸 일종의 隱喩(metaphor)이다.[135] 따라서 아무리 많은 말을 해도, 그렇다고 침묵을 지켜도 그 意味를 전달하기는 불가능하다. 말을 하지 않는다고 해도 아니 되고, 말을 한다고 해도 아니 되며, 오로지 나의 몸을 없게 하는(及吾無身 13장) 虛靜하고 淡泊한 마음을 갖도록 할 때만 이 道를 體得하고, 道를 깨닫게 될 것이다. 이때야말로 道가 무엇인지 알지만, 말로는 할 수 없음을 알게 되리라.

---

135) The Tao Te Ching of Lao Tzu, James Legge(trans, 1890), Dover. 1962, orig. pp.14.

Ⅲ. 聖 人

이제 우리는 道의 體得者인 聖人을 論할 時點에 온 것 같다. 道德經에 담겨있는 聖人은 몇 가지로 區分을 할 수 있다.[136] 즉, 하나는 現想的 人間像으로서의 聖人이다. 만약 道德經의 作者가 老子라면, 聖人은 老子 자신의 現想을 投影시킨 人間像이라 말할 수 있다. 다음으로 聖人은 無爲自然의 道라는 노련한 處世術의 極致를 體得한 사람이다. 셋째로, 聖人은 敎化力의 極致를 이룬 理想的 人間이다. 이 區分은 어디까지나 편의상의 구분 셋며, 이 區分들은 언제나 서로 맥을 같이 할 수 있다. 그러면 以下에서 이 區分에 따라 자세히 記述해 나가겠다.

첫째, 理想的 人間像으로서의 聖人이다.

천하의 모든 사람들이 美를 아름답다고 인식하기 때문에
醜惡의 관념이 나타났고,
또
善을 착하다고 인식하기 때문에 不善의 관념이 나왔다.
그런고로 有와 無는 상대적으로 나타나고,
어려움과 쉬움, 길고 짧음,
높고 낮음, 음과 소리의 어울림, 앞과 뒤
等이 상대적으로 있게 마련이다.
그러므로
聖人은 無爲의 태도로써 세상사를 처리하고
말없는 敎化를 실행한다.

(天下皆知美之爲美, 斯惡已,
皆知善之爲善, 斯不善已,
故有無相生, 難易相成, 長短相形,
高下相傾, 音聲相和. 前後相隨.
是以聖人處無爲之事, 行不言之敎, 2장)

---

136) 木村英一, 前揭書. pp.166-182.

세상 사람들은 分別知에 의하여 美·醜, 善惡, 長短과 같은 相對的 觀念을 갖게 되었다. 그러나 聖人은 이 相對的 觀念을 뛰어넘어 絶對知에 의하여 事物과 現象을 하나로 볼 수 있다. 그것이 바로 '處 無爲之事'이다. 이와 같은 聖人이 살고 있다면, 살아 있다는 그 자체가 이미 세상 사람들을 敎化하는 것이므로 말이 필요없다. 이것이 '行不言之敎'이다.

그러면 그가(聖人) 알고 있는 絶對知란 어떤 것인가?

문밖에 나가지 않아도 천하를 알 수 있고,
창밖을 엿보지 않아도 하늘의 理法을 알 수가 있다.
밖으로 멀리 가면 갈수록, 바르게 아는 것이 적다.
그런고로 道를 터득한 聖人은 가지 않고 보지 않고
밝게 알 수가 있고 하지 않고 잘 이룩할 수가 있다.

(不出戶, 知天下
不窺牖, 見天道
其出彌遠. 其知彌少
是以聖人不行而知, 不見而名
無爲而成 47장)

聖人은 하늘의 理法을 알고 있으므로 밖에 나가지 않아도 천하를 알고 창밖을 엿보지 않아도 훤히 알고 무엇이든지 잘 이룩할 수 있다. 여기서 우리는 '其出彌遠 其知彌少'라는 말을 생각해 볼 필요가 있다. '밖으로 멀리 나가면 나갈수록 바르게 아는 것이 적다'고 하였는데 여기서 '밖'은 어디인가? 그것은 아마도 우리 인간의 감각세계, 눈에 보이는 세계, 善과 惡이 뚜렷이 구별되는 세상이 아닐까. 세상 밖으로 자꾸 깊이 빠져 가면 갈수록 '眞知'와는 거리가 멀어지지만, (예: 12장 참조) 그 반대로 '안'으로 안으로 들어가면, 말하자면 道의 世界로 들어가면 갈수록 '實在'를 알게 된다는 의미일 것이다. 그리하여 王弼도 '천하가 무도하면 끝없이 탐욕하여 자기의 내면세계를 닦지 않고 밖으로만 구한다'(天下無道, 貪欲無厭, 不修其內, 各求於外)고 하였고, 천하에 道가 있으면 만족하고 멈출 줄 알며 밖으로 구하지 않고 저마다 자신의 內面世界를 닦는다'(天下有道, 知足知止, 無求於

外, 各修其內而已)라고 하였다.

聖人은 이에 그치지 않고 한 걸음 더 나아가 '알아도 모르는 것같이 하는 것이 가장 좋다'(知 不知, 上 71장 전반)고 하면서 '모르면서 아는 척하는 것이 흠'(不知知, 病 71장)이라는 것을 알기 때문에 聖人은 흠이 없다는 것이다.(聖人不病) 더욱 놀라운 것은 '그것도 자기의 흠을 흠으로 여기므로 흠이 없다'(以其病病, 是以不病 71장 후반)는 것이다.

그러므로 聖人은 스스로 알면서도 나타내 보이지 않는다.(聖人自知不自見 72장). 사실상 알면서도 모르는 척하거나, 스스로 나타내지 않기란 얼마나 어려운가는 우리의 일상생활에서 언제나 경험하는 바이다.

둘째로, 聖人은 無爲自然의 道를 터득하여 노련한 處世術의 極致를 이룬 사람이다. 예를 들면

聖人은 하루종일 길(道)을 가도
靜과 重에 이탈하지 않고.
비록 화려한 생활을 향유하게 된다고 해도
태연하고 초연하게 처한다.

(聖人終日行 不離輕重
雖有榮觀 燕處超然, 26장)

세상 사람들은 名利를 쫓아 얼마나 경거망동 하는가. 그러나 聖人은 세상에 대하여 重靜을 잃지 않고 언제나 超然하다. 다시 말하면 부귀영달을 누리거나, 지독한 가난에 처해 있을 지라도 언제나 虛靜을 잃지 않고 세상을 대한다.

聖人은 하나인 道를 지키므로서 천하의 규범이 된다.
聖人은 스스로 나타나지 않으므로 도리어 밝게 보이고,
스스로 옳다고 주장하지 않으므로 도리어 밝게 빛나고,
자기의 功을 자랑하지 않으므로 도리어 오래 갈 수 있다.

(聖人抱一爲天下式

不自見, 故明, 不自足. 故彰
不自伐. 故有功. 不自矜, 故長, 22장)

　'스스로 나타나지 않는다', '스스로 옳다고 주장하지 않는다', '자기 능력을 자만하지 않는다'라는 聖人의 이와 같은 處世는 보통사람과는 正反對이다. 세상 사람들이 흔히 하는 일을 聖人은 하지 않는다. 이 일을 성취하기 위해서는 보통사람들의 行爲를 否定할 수밖에 없다. 否定할 때 비로소 세상 사람들과 다르게 行爲할 수 있다. 聖人은 이 일을 成就한 사람이다. 또 다른 例를 들어보면,

善良한 사람에게 나는 선량하게 대하고,
善良하지 못한 사람에게도 나는 선량하게 대하니

(善者 吾善之
不善者 吾亦善之……49장)

　'善者 吾善之'를 못할 사람이 누가 있겠는가? 그러나 어려운 것은 '不善者'에게 吾亦善之를 하는 것이다. 聖人은 예수가 말한 '네 원수를 내 몸같이 사랑하라'(마태복음 5장 44절~46절)의 정신을 구현하고 있다고 보아야 한다. 그래서 '德으로써 원한에 보답한다'(報怨以德 63장)고까지 말하고 있다.
　聖人은 다른 사람을 대함에 있어서

"자기는 방정하면서도 남을 자르고 베어서 방정하게 만들고자 하지 않고,
자신은 날카로우면서도 남을 상하거나 다치지 않고,
자신은 솔직하면서도 남에게 방자하거나 억지를 부리지 않고,
자신은 밝게 빛나면서도 남을 눈부시게 홀리지 않는다"

(是以聖人方而不割
廉而不劌
直而不肆
光而不耀 58장)

고 하였다. 결국, 聖人은 빚 준 사람처럼 사는 것이 아니라, 빚진 사람처럼 세상을 살아가는 것이다. (是以聖人執左契, 而不責於人 79장)

셋째로, 聖人은 教化力을 가진 사람이다.

聖人이 다스리면 사람들의 마음을 虛靜하게 만들고,
元氣(cosmic energy)를 실하게 채워주고
욕심을 약하게 하고, 기골을 강하게 한다.
항상 백성들로 하여금 無知 無欲한 상태에 있게하고
꾀있는 자로 하여금 감히 수작을 부릴 수 없게한다.

(聖人之治, 虛其心, 實其腹, 弱其心
强其骨, 常使民無知無欲, 使夫智者
不敢爲, 3장)

여기서 '實其腹'에서 腹을 文字 그대로 '배'로 생각하기보다는 円田이라고 보아[*] 元氣(cosmic energy)를 채워주는 것이라고 보면 좋을 것 같다. 그러면 是以聖人爲腹 不爲目(12장)의 해석이 달라진다. 즉 '聖人은 눈을 위하는 것(감각세계)이 아니라, 內面의 세계를 위한다'라고 된다.

聖人은 '남들이 배우지 못하는 것을 배우며, 衆人들의 잘못을 소박한 상태로 돌려준다.'(是以聖人……學不學 復衆人之所過……64장) 그리하여 마침내 聖人은,

내가 아무 것도 하지 않으니,
백성들이 스스로 化育하고,
내가 虛靜을 좋아하니,
백성들이 스스로 바르게 되고,
내가 아무 일도 꾸미지 않으니,
백성들이 스스로 富를 누리고,
내가 아무 것도 욕심내지 않으니,
백성들이 스스로 소박하게 되더라.

---

* 老子, 西田長左衞門 譯(東京, 至誠堂書店). 1923, p.13.

(我無爲, 而民自化
我好靜, 而民自正
我無事, 而民自富
我無欲, 而民自樸 57장) 또한

聖人은 언제나 모든 사람을 잘 살려 쓴다.
그러므로 아무도 버리지 않는다.
모든 물건을 잘 살려 쓴다.
그러므로 아무 것도 버리지 않는다.
이것은 襲明 즉 밝은 지혜를 간직함이라 한다.

(是以聖人常善求人, 故無棄人
常善求物, 故無棄物 是以襲明 27장)

聖人의 밝은 지혜는 백성들을 ‘自化’, ‘自正’, ‘自富’, ‘自樸’하게 한다. 그렇게 함으로써 사람도 物도 아무것도 버리지 아니하고 나름대로 최선을 다하여 쓴다.
그러면 聖人의 가르침과 기본방침은 무엇일까?

“남들이 가르치는 바를 나도 가르치겠다.
억센사람은 제대로 죽지 못한다고 했다.
나도 이 말을 모든 가르침의 바탕으로 삼겠다.”

(人之所敎, 我亦敎之, 强梁者
不得其死 吾將以爲敎父, 42장)

여기서 聖人은 가르침의 기본을 ‘柔弱’으로 삼겠다는 것이다. 以上과 같은 聖人의 모습은 어떨까?

聖人은 굵은 베옷을 입고 품속에 보배를 품고 있다.

(聖人被褐懷玉, 70장)

그 보배는 무엇인가? 나에게 세 가지 보배가 있으며, 나는 언제나 지니고 보존하고 있다. 하나는 慈愛이고, 둘은 儉約이고, 셋은 감히 천하의 앞에 나서지 않는 것이다.(我有三寶, 持而保之一曰慈, 二曰儉, 三曰不敢爲天下先 67장)

이와 같은 聖人의 모습을 가장 극적으로 묘사한 것이 있다. 즉,

뭇 사람은 봄동산에서 바비큐파티를 하듯 웃고 떠드는데
나만 아직 웃을 줄 조차 모르는 어린 아이같이
무기력하고 미미한 존재가 되어 있다.
아, 이 의지가지 없는 고달픈 신세여
뭇 사람은 모두 여유만만한데 나만 뒷전에 처져 있다.
나는 白痴의 마음, 정신을 차리지 못하고 어릿거린다.
세상 사람들은 또릿또릿한데 나만 멍청하고
세상 사람들은 약삭빠른데 나만 쩔쩔맨다……
사람은 각기 제 나름으로 쓸모가 있지만
나만 미련한 시골뜨기이다.
나만이 다른 사람들과 달리 나를
먹여 주는 어미를 귀히 여긴다.[*]

(衆人熙熙 如享太牢 如春登登
我獨泊兮其未兆
如嬰兒之未孩
儽儽兮若無所歸
衆人皆有餘 而我獨若遺
我愚人之心也哉 沌沌兮
俗人昭昭 我獨若昏
俗人察察 我獨悶悶
衆人皆有以 而我獨頑似鄙
我獨異於人 而貴食母. 20장)

지금까지의 聖人의 德을 요약하여 제시하라고 하면, 그것은 '柔弱'과 '素樸'이라고

---

* 李烘雨 敎授 번역; 以下에서는 *표시를 하겠다.

말할 수 있다. 이제 '柔弱'과 '素樸'을 좀더 구체적으로 記述하겠다.[137]

聖人의 德은 대체로 보아 消極的 德性이다. 예컨대, 無知, 謙遜, 順從, 滿足, 그리고 柔弱이다. 좀더 자세히 聖人의 德性을 말해 보면, '去甚, 去奢, 去泰'(29장), '無知, 無欲, 不爭'(10장, 19장, 37장), '不爲目'(12장), '知足'(46장), '知止'(44장), '守其辱'(28장), '處衆人之所惡'(8장), '後其身而身先'(7장), '以靜爲下'(61장), '不敢爲天下先'(67장), '同其塵'(4장) 등인데 이들 德性의 공통점은 柔弱(30장, 76장)이라고 볼 수 있다. 보통사람들이 聖人의 경지에 이르게 되기까지의 모델이 있다면, 그것은 水, 赤子, 牝, 谷 그리고 樸 등이다. 이와 같은 모델을 활용하고 있는 것은 道德經에서만(道家) 볼 수 있다.

或者는 道德經의 聖人을 消極主義者, 敗北主義者라고 생각할지 모른다. 그러나 예컨대, 無欲의 경우, 그것은 단순히 利己心과 不淨이 없다는 뜻이 아니라, 全的으로 욕심을 갖지 않는다는 뜻이다. 人間에게서 욕심을 전적으로 없애기는 不可能에 가깝다. 그리하여 道德經에서는 欲心을 적게 하라고 한다.(寡欲 19장). 그래야만 서로가 다 소망한 것을 달성할 수 있다.(各得所欲 61장)는 것이다. 이것은 知의 경우에도 마찬가지이다. 약삭빠름과 교활한 꾀는 버려야 하지만, 常道와 和의 道理를 아는 것(知常曰明 16장, 知和曰常, 知常曰明 55장), 足함을 아는 것(知足, 44장), 멈출 줄 아는 것(知止 33장), 자신을 아는 것(自知者明 33장) 等은 버려서는 안되는 知이다. 이 知는 약삭빠르고, 꾀 많은 知을 버려야 비로소 얻을 수 있는 知이다.

樸은 사람의 때가 전혀 묻지 않은 原木이다. 形而上學的으로 말하면, 樸은 純粹性과 道와의 合一을 뜻한다.(28장, 32장, 37장) 倫理學的으로 말하면, 그것은 교활과 영악을 떠난 순진한 삶을 뜻한다. 말하자면 利益을 추구하거나, 허위와 가식을 하지 않는 것이다. 樸은 '덜 다듬어졌다', '靜', '淨' 等으로 특정지을 수 있다.(15장, 19장, 57장) 그래서 급기야

> 문명의 利器가 있어도 쓰지 않고
> 저마다 삶을 아끼고 멀리 떠돌지 않게 한다.

---

137) The Way of Lao Tzu, Wing-Tsit Chan(trans.) The Bobbs-Merrill Co. 1963. pp.13-15.

비록 배나 수레가 있어도 타고 다닐 필요가 없고,

비록 무기가 있어도 쓸 필요가 없고,

백성들로 하여금 〈문자를 버리고〉

다시 새끼줄을 묶어 표시로 쓰게 한다.

사람들은 〈자연 속에서〉 맛있게 먹고,

잘 입고, 편안히 살고, 제 멋대로 즐긴다.

이웃 간의 닭이나 개소리가 마주 들리기도 하지만,

백성들은 虛靜하게 살며 늙어 죽을 때까지

서로 번거롭게 왕래하는 일도 없다.*

(使有什伯之器而不用

使民重死而不遠徒

雖有舟輿, 無所乘之

雖有甲兵, 無所陳之

使民復繩而用之

甘其食, 美其腹

安其居, 樂其俗

鄰國相望

雞犬之聲相聞

民至老死, 不相往來 80장)

이 말은 얼핏 보아 原始社會로 돌아가자거나 文明을 폐기하자는 소리로 들릴지 모른다. 그러나 정말로 하고자하는 말은, 오직 생명의 근원인 元氣를 實하게 할 뿐 사득한 빛을 쫓는 눈을 위하는 인공적 작위를 꾸미지 않는다는 것(12장)과 외면적으로나 내면적으로나 순진소박을 따라 지키고, 사심과 욕심을 적게 하자(見素抱樸, 少私寡欲, 19장)는 것이다.

柔弱의 경우에도, 柔弱을 단순히 文字에 얽매여서는 곤란하다. 사실, 道德經에 나타난 것을 보면, 柔弱은 强함 못지않게 그 자체로 德이다. 그래서 "남성의 힘을 쓸 수 있으면서도 여성적인 겸허와 유약을 지키면 천하의 물을 모아 흐르게 하는 골짜기 같이 될 수 있다"(知其雄, 守其雌, 爲天下谿, 28장)고 하였고, 柔弱은 실제로 强한 모습이라 하였다. 즉, "가장 완전한 것은 마치 덜된 것 같다. 가장 알

찬 것은 마치 빈 것 같다. 최고의 웅변은 마치 말더듬이 같다.”(大成若缺, 大盈若沖, 大辯若訥 45장)고 하였다. 그리고 柔弱은 결국에 가서는 强함을 이긴다는 것이다. 예컨대, “약한 것이 강한 것을 이기고 柔한 것이 억센 것을 이긴다”(弱之勝强, 柔之勝剛, 78장)고 하였고, “천하에 물보다 더 유약한 것이 없다. 그러나 굳고 센 것을 꺾는 데는 물보다 더 뛰어난 것이 없다”(天下莫柔弱於水, 而攻堅强者莫之能勝 78장)라고 하였다.

지금까지의 論議를 종합해 볼 때, 萬物은 道에서 나와 道에 의하여 成立된다. 따라서 道를 떠나서는 어떠한 것도 존재할 수 없다. 그러므로 道는 無限·絕對이기 때문에 常住不變이며, 萬物은 有限·相對이므로 언제나 변화한다. 따라서 生死, 存亡, 榮衰, 治亂이 생기게 마련이다. 이 말은 人間에게도 적용된다. 人間도 自然의 秩序에 隨順하는 道를 體得함에 따라 번영하고 禍惡을 피하고 언제나 편안하게 살 수 있다는 것이다. 이 原理를 잘 터득한 사람이 聖人이다. 말하자면 無爲自然의 道를 體得한 사람이다. 달리 말하면, 聖人은 “眞理의 말은 세상일과는 반대같이 나타난다”(正言若反, 78장)는 말을 믿고 이를 몸소 체득하여 俗人들이 보는 것과는 거꾸로 사는 것이 옳다는 것을 알고 있는 사람이라고 말할 수 있다. 그러므로 人類의 스승이 될 수 있는 것이다.

Ⅳ. 師 道

故善人者, 不善人之師
不善人者, 善人之資
不貴其師, 不愛其資, 雖智大迷
是謂要妙. 27장

譯解: 1) Therefore the good man is the teacher of the bad,
And the bad is the material from which the good may

learn.
He who does not value the teacher, or greatly care for the
material,
Is greatly deluded at though he may be learned.
Such is the essential mystery.(Wing-Tsit chan trans)

2) Therefore the man of skill is a master(to be looked upon to)
by him who has not the skill; and he who has not the
skill is the helper of(the reputation of) him who has the
skill.
If the one did not honour his master, and the other did
not rejoice in his helper, an(observer), though intelli-
gent, might greatly err about them.
This is called The utmost degree of mystery.(James
Legge, trans.)

註) 여기서 우리가 주목해야 할 것은 '資'라는 글자이다. 道德經에서 '資'가
어떤 뜻으로 쓰였는지는 不分明하다. 說文에는 '資貨也'라고 되어 있
어서 財用의 意味가 되어 '使用하는 對象'으로 해석할 수 있다.
중국의 陳榮捷(1963)은 '資'를 'material'로 번역하였고, 영국의
James Legge는 'helper'로 번역하였다. 또 중화민국의 余培林
(1974)는 '借鏡'이라 하였다. 이들을 참고하여 해석해 본다.
〈木村英一는 '役立'(도움이 되다)으로 번역〉

善人은 不善人의 스승이다.
不善人은 善人의 1) 助力者
　　　　　　　　2) 使用對象　　이다.
　　　　　　　　3) 거울
그 스승을 貴하게 여기지 않고,

그의 1) 助力者 　　　을 아끼지 않으면,
　　 2) 使用對象
　　 3) 거울
비록 智가 있다하나 크게 잘못된 것이리라.

이 말처럼 教師와 學生의 關係를 잘 말한 것도 없을 것이다. 學生이 教師를 스승으로 모시고, 스승을 때로는 '助力者'로서, 때로는 '거울'로서, 때로는 '活用資料'로서 여기는 것은 당연하여 의심의 여지가 없다. 그러나 教師가 學生을 '助力者'로서, '거울'로서, 또는 '活用資料'로서 여기기는 그렇게 쉽지는 않다. 학생들을 어떻게 대하느냐에 따라 教師가 위대하여지느냐 아니면 별 대수롭지 못하게 되느냐가 결정된다고 말할 수 있다. 그러므로 사실상 잘 따져보면, 누가 누구의 스승이 되는지가 불분명할 때가 있다. 표면상으로는 교사와 學生이지만, 實質的으로 보면, 그 경우가 거꾸로 되는 것이다. 바로 이점 때문에 道德經에서는 이것을 '要妙'(the essential mystery) 또는 (The utmost degree of mystery)라 한 것이다. 師道는 이 '要妙'를 바탕에 깔아야 한다.

우선 '道'에 비추어 師道를 규정해 보면 다음과 같다.

一. 師道는 '스승이 가는 길'의 '實在'이며, 구체적인 말로 그 意味를 그대로 전달하기는 불가능하다.

一. 師道는 스승이 가는 길의 根本이며, 窮極이다.

一. 師道와 教育者는 같을 수 없지만, 師道를 떠나 教育者는 存在할 수 없다.

一. 師道는 教育者가 絶對的으로 해야만 하는 行爲들로서 구성되지만, 동시에 師道는 教育者의 行爲들을 있게 해주는 所以이다.

一. 師道는 어느 시내 어느 나라에 局限된 것이 아니라, 時間的으로나 空間的으로 永久不變한 것이다.

다음으로, 道德經의 道의 意味에 따른 '師道'를 體得하기 위하여, 教育者는 어느 境地에까지 도달하여야 하는가를 人類의 스승인 聖人의 '無知', '無欲', '無私', '無爲'에 비추어 "師道綱領"을 재해석하겠다.

教育者로서 學識과 見聞을 넓혀 나가야 한다(研究學術)*는 것은 教育者라면 누구나 알고 있는 말이다. 그러나 과연 어느 정도 학식과 견문을 넓혀야 하며, 그것이 어느 方向인지는 그리 명확하지 않다. 道德經에 의하면, 聖人의 學識과 見聞은 '문밖에 나가지 않아도 하늘의 理法을 알고' 있는 정도이다.(47장) 그러나 '知의 極致인 無知'를 體得한 聖人은 '자기의 흠을 흠으로 여긴다'(71장)는 점이다. 그러면 이점을 보다 명확하게 이해하기 위하여 하나의 例를 들어보겠다.[138]

太淸이 無窮에게 물었다. '그대는 道가 무엇인지 아는가'무궁이 답했다. '나는 알지 못한다.' 이번에는 無爲에게 물었다. '그대는 道가 무엇인지 아는가' 무위가 답했다. '아는 안다……내가 아는 바 道는 弱하기도 하고, 강하기도 하고, 부드럽기도 하고, 음의 조화를 부리기도 하고, 양의 조화를 부리기도 하고, 아득한 존재이기도 하고 밝은 존재이기도 하고, 천지를 싸 덮기도 하고, 끝 사방의 모든 물건에 대응하기도 한다. ……' 그렇다면 무위가 알고 있다는 것과 무궁이 모른다는 것은 어느 쪽이 옳고 어느 쪽이 그른가? 이에 無始는 대답했다. '모른다함은 깊다 하겠고. 안다 함은 얕다 하겠으며, 모른다함은 내면적이고 안다함은 외면적이고 현상적이라 하겠으며, 모른다함은 精微하고 안다함은 조잡하다 하겠다.' 太淸은 고개를 치켜들고 탄식하며 말했다. '그렇다면 모른다 함은 바로 안다함이고, 안다함이 바로 모른다함이니 도시 안다함을 모른다하고, 모른다함을 안다고 치는 그런 것을 누가 알겠소. ……'

> (太淸問於無窮曰, 子知道乎. 無窮曰.
> 吾弗知也. 又問於無爲曰, 子知道乎,
> 無爲曰 吾知道, ……無爲曰, 吾知
> 道之可以弱, 可以强, 可以柔, 可以剛,
> 可以陰. 可以陽, 可以窈, 可以明,
> 可以包裹天地, 可以應待無方……
> 若是則無爲知, 與無窮弗知, 孰是孰非.
> 無始曰, 弗知之深, 而知之淺.

---

* 여기 괄호 안에 있는 말은 師道綱領에 있는 말이다. 以下에서도 그런 뜻으로 사용하겠다. 기술해나가는 순서는 師道綱領에 따른다.

138) 准南子 · 抱朴子, 張基槿, 金瑋永 譯(서울, 新華社, 1983), pp.227-228.

弗知內, 而知之外. 弗知精. 而知之粗.
太清仰而歎曰, 然則不知乃知邪.
知乃不知邪. 孰知之爲弗知, 弗知之爲知邪, ……

'모른다는 것은 안다는 것이고 안다는 것은 모른다는 것이다' 이 말은 敎育者에 게는 대단히 중요한 말이다. 일반적으로 敎育者는 '아는 자'로서 생각하기 쉽다. 아는 者이기에 더 알려고 노력하지 않는다. 모르는 자일 때 알려고 노력하게 된다.

그래서 聖人은 모른다고 하는 것이 가장 잘 아는 것이라고 생각하였을 것이다. 모른다는 생각은 그렇게 쉽게 가질 수 없는 생각이다. 이것을 경계하기 위하여 聖人은 '모든 일을 어렵게 여긴다'(猶難之, 63장)고 하였다. 聖人이 '어렵다'고 생각하는데 보통 사람은 더 말할 것도 없다. 어렵다고 생각할 때 '모른다'는 생각이 나올 가능성이 있고, '모른다'는 생각이 강하게 나올 때, 정말로 알려고 노력하고, 그 결과 잘 알게 되는 것이다.

흔히 敎科를 가르치는 일이나 그 밖에 敎育을 함에 있어서 어느 정도 세월이 지나감에 따라, 敎育에 관한 제반문제를 어렵다고 생각하기보다는 쉽다라는 생각을 갖기 쉽다. 특히 敎科의 경우 4~5년간 집중적으로 敎材를 연구한 다음부터는 敎科가 쉽다고 생각하게 된다. 사실상, 敎育者가 '교과를 가르치기 쉽다'라든가 교과내용을 다 안다는 생각을 갖고 있는 한 교과내용을 더욱 깊이 연구해 나갈 가능성이 희박하다.

그러므로 안다기보다는 모른다는 생각을 가져야 하고, 이를 위하여 교육에 관한 모든 일을 쉽다고 생각하기보다는 어렵다고 생각해야 한다. 그래야 비로소 '不斷活動'[*]과 '整然理論'[**]을 갖추게 되고 '勿怠準備'[***] 하게 될 것이다.

이와 같은 상태에 있는 敎育者라면, 반드시 學生들에게 어떤 것을 베풀려고 할

---

[*] 不斷活動: 교육자는 교육자다운 인격, 지식, 기술 등을 향상시키는 데에 도움이 되는 모든 기회를 포착, 이용한다. 교육연구단체, 강습회, 기타 필요한 집회에 참가하여 자발적으로 그 활동에 참여하는 것은 교육자의 교양을 향상시키는 데 가장 적절한 기회이다.

[**] 整然理論: 교육자는 상세하지 않은 지식이나 불합리한 이론으로 남을 이끌려 해서는 안 된다. 근거 박약한 이론으로 교육의 방향을 결정하려는 태도를 가져서는 안 된다.

[***] 교육자는 자기가 가르치는 교육내용에 대하여 자신을 가져야 한다.

것이다. 이 베풀려고 하는 마음 가운데 '사랑'이라는 것이 있다. 그리하여 師道綱領에서도 '教育者는 모든 학생들에게 사랑으로 대한다고 되어있다. 그러나 道德經에 비추어볼 때, '사랑'은 어떤 의미일까?

道를 터득한 聖人은 무정하고 무자비하다. 백성들을 芻狗같이 여긴다(聖人不仁以百姓爲芻狗, 5장)고 하였다. 吳澄에 의하면139) 聖人의 마음은 텅 비었으며 고집하는 바가 없다. 만약에 백성을 사랑하겠다는 마음이 있으면 마음이 빈 것이 아니다(聖人之心虛而無所倚著, 若有心於愛民, 則心不虛矣)라고 해석하였다. 이 해석에 비추어 보면, 教育者는 오직 道를 따라 담담(淡淡)할 뿐 感情에 얽매이지 않는다. 사랑은 미움에 대립되는 감정이다. 절대적인 道에서 볼 때, 사랑과 미움은 어느 한쪽으로 치우치는 것이 된다.

教育者의 '사랑'은 사랑과 미움이 서로 대립되는 의미에서의 사랑이 아니다. 만약 교육자가 학생을 사랑하겠다고 마음먹으면, 반드시 학생을 미워하는 사태가 오게 된다. 그러므로 教育者는 사랑한다는 생각도 미워한다는 생각도 없이 학생을 대할 때 그것이 곧바로 참다운 교육자적 사랑이 되는 것이다. 그렇지 않으면 어떻게 '嚴守公正'****을 지켜 나갈 수 있겠는가?

教育者가 淡淡한 마음으로 학생을 바라볼 때 학생들 개개인의 있는 그대로의 참 모습 또는 그 個性을 정확히 파악할 수 있다. 이것이야말로 "留意個性"*이며, '尊重人格'**이 된다. 聖人은 사람을 버리지 않고 잘 살려 쓴다(常善救人, 故無棄人 27장)고 했듯이 教育者는 어떤 학생도 포기하지 말고 人格的으로 존중하고 個性을 찾아 좋은 방향으로 이끌어야 한다. 이 일을 위하여 教育者는 '밝은 지혜'(襲明)을 지녀야 한다.

教育者로서 '밝은 지혜'(襲明)를 지녔다면, 그의 일상 생활태도는 어떠하여야겠는가? 말하자면, 세상에 살고 있는 보통사람들이 그토록 중요시 여기는 財物에

---

139) 老子·莊子, 張基槿. 李錫浩 譯(서울, 三省出版社, 1976), pp.52에서 再引用.
**** 嚴守公正: "교육자는 모든 학생에게 공정하게 대한다. 입학의 허가. 성적의 판단, 교육상의 모든 증명서류와 보고서류의 작성이 親疎관계와 개인적인 보수나 이해관계로 좌우되어서는 안 된다.
  * 留意個性: 교육자는 학생들의 개성에 유의한다. 학생들의 취미, 성격, 가정환경 등을 정확히 파악하는 것은 교육자의 의무이다.
 ** 尊重大格: 교육자는 학생의 인격을 존중한다. 학생을 피교육자라 하여 體罰을 가하거나 함부로 다루어서는 안 된다.

관하여 敎育者는 어떤 생각을 가져야 하는지 궁금하다는 것이다.

道德經에서 보면 그와 같은 敎育者는 반드시 '淸廉'해야 한다는 것이다. 그리고 淸廉하기 위해서는 무엇보다도 '사치하지 말아야' 하며 (去奢, 29장), '얻기 힘드는 귀중한 보배를 대수롭지 않게 여겨야' 한다(不貴難得之貨. 64장). 비록 화려한 생활을 누리게 된다 하여도 태연하고 초연해야(雖有榮觀, 燕處超然, 26장) 함은 말할 것도 없다.

이 淸廉의 문제는 반드시 財物과 관련되며, 財物은 우리의 感覺的 삶, 外的 삶과 관련이 있다. 그러므로 敎育者는 財物을 貴하게 여겨서는 도저히 淸廉할 수 없다.

다섯 가지 색깔은 사람의 눈을 멀게 하고
다섯 가지 소리는 사람의 귀를 어둡게 하고
다섯 가지 맛은 사람의 입을 얼얼하게 한다.
말을 달려 사냥하는 것은 사람의 마음을 미치게 하고
귀한 물건을 얻고자 하면 사람의 행동이 빗나간다.*

(五色令人目盲
五音令人耳聾
五味令人口爽
馳騁畋獵令人心發狂
難之貨令人行妨, 12장)

이와 같이 敎育者가 다섯 가지 색깔, 다섯 가지 음, 다섯 가지 맛, 말달려 사냥하는 것 등을 추구하려면 財物이 있어야 한다. 敎育者가 財物을 추구해서는 敎育者로서의 올바른 行動은 거의 불가능에 가깝다. 그러므로 淸廉을 강조하는 것이다. 이와 같이 '굵은 베옷을 입을 만큼 淸廉할 때, 敎育者의 마음속에는 보베를 품을 수 있는 것이다.(被褐懷玉 70장 참조)

이제까지 敎育者는 적어도 실제 敎育과 관련되는 사태에서 무엇을 하지 말아야 하는 것보다는 무엇을 해야 하는 것으로 알고 있는 경향이 있다. 그리하여 敎育者는 무엇을 해야 한다는 것 때문에 오히려 무엇을 하지 않는 것보다 결과적으로 교

육적으로 나쁜 영향을 끼친 것이 없는지 생각해 볼 필요가 있다. 道德經에 보면,

> 사람을 다스리고 하늘을 섬기는 데는 嗇보다 더 한 것이 없다.
> 嗇이라는 것은 함부로 내뱉지 않는 것이다.
> 함부로 내뱉지 않으므로 힘(德)이 축적되고
> 힘이 축적되면 모든 것을 이겨낸다.*
>
> (治人事天 莫若嗇,
> 夫唯嗇 是謂早服
> 早服謂之重積德,
> 重積德, 則無克, 59장)

여기서 留念해야 할 것은 '함부로 내뱉지 않는다'이다. 教育者가 학생에게 '함부로 내뱉지 않는 것 — 말, 행동, 생각 등등 — 은 매우 중요하다. 예컨대, 교육자가 학생에게 하는 말은 학생을 살릴 수 있는 活人劍도 될 수 있고, 학생을 죽일 수도 있는 殺人劍도 될 수 있다. 그러므로 教育者가 조심해야 할 것은 '함부로 내뱉는 일'이다.

좀더 구체적으로 말하면, 어떻게 하여야 소극적인 조치를 취하면서 적극적으로 行爲하는 것이 되는가? 聖人은 '處無爲之事하여 行不言之敎'(2장)라 하였다. 왜냐하면 聖人은 '無爲之有益'(43장)을 알고 있기 때문이다. 구체적으로 無爲의 내용을 예를 들어보자.[140]

> 學問을 배우면 지식이나 욕구가 나날이 늘고,
> 道를 닦으면 지식이나 욕구가 나날이 줄어든다.
> 줄고 또 줄어, 나중에는 無爲의 경지에 도달하게 된다.
> 無爲의 경지에 들면 이루지 못하는 것이 없게 된다.
>
> (爲學日益, 爲道日損,
> 損之又損, 以至於無爲,

---

140) 大濱晧, 老子の哲學(東京, 勁草書房, 1962), pp.89-90.

無爲而無不爲, 48장)

學問을 쌓으면 知識이 나날이 量的으로 增大한다. 道를 닦으면 知識이 나날이 質的으로 凝集하게 된다. 그러나 老子에게는 學(知)이 道와 矛盾을 일으키는 것이 아니다. 오히려 道는 學(知)을 통하되, 그 學(知)을 초월하여야 體得되는 것이다. 老子에 있어서 學問이나 知識을 쌓는다는 것은 그 知識을 精鍊시키고 昇華시켜 質的으로 凝集하는 것이 아니다. 그러므로 學(知)은 眞知·絶對知의 過程이다. 한편에서 보면, 學(知)은 나날이 量的으로 增大하여 나가는 過程이지만, 다른 편에서 보면, 나날이 質的으로 凝集하는 過程이다. 그리하여 마침내 質의 궁극에 도달하게 되면, 量을 초월할 뿐만 아니라, 質을 초월하게 된다. 결국 益(增)을 초월하고, 損(減)을 초월하게 된다. 그것이 損之又損하는 것이며, 損(減)의 극치에 달하면 損(減)을 초월하게 된다. 즉 損(減)을 초월하고 益(增)을 초월하게 된다. 學의 增加가 學(知)의 減損이라는 逆說이 成立된다. 이것이 바로 無爲이며, 이 無爲의 경지에 들면 이루지 못하는 것이 없게 된다는 逆說이 성립된다. 이 경우 無爲는 知의 窮極에 도달하는 行의 極致인 것이다.

이와 같이 '處無爲之事'하여 '無爲而無不爲'의 경지까지 敎育者가 도달하려고 노력하면, 學校에서 敎育者가 人爲的으로 억지로 해야 하는 조치에서보다는 얻는 것이 훨씬 많다는 것을 명심해야 할 것이다.

다시 그 구체적인 例로 '敎職의 尊嚴性'을 들 수 있다. 사람들이 흔히 '敎職의 尊嚴性'을 자주 입에 올리는 것은 적어도 실제 사태에서 '敎職의 尊嚴性'이 무시되는 사태가 많이 생겨나기 때문이 아닌가하는 생각을 해볼 수 있다. 이 경우에 사람들은 어떤 조치를 취해서 '敎職의 尊嚴性'을 높여보려는 생각을 하게 된다. 이와 같은 생각은 과연 옳은가 한번 생각해 보아야 한다. 道德經에서는 어떤 말을 하고 있는가? 예컨대,

道를 터득한 사람은 말이 없고,
말하는 사람은 道를 터득하지 못했다.
〈道를 터득한 사람은〉
정욕의 입을 막고 욕심의 문을 닫고,

자신의 날카로움을 무디게 하고,

마음의 엉킴을 풀어 헤치고,

자신의 눈부신 빛을 부드럽게 줄이고,

塵世의 모든 사람과 어울린다.

이러한 것을 '玄同'이라 한다.

그런고로 〈玄同의 경지에 들게 되면〉

친해질 수도 없고, 소홀해질 수도 없고,

귀하게 높일 수도 없고 천하게 낮출 수도 없다.

그런고로 천하에서 귀중하게 여긴다고 하겠다.

(知者不言. 言者不知

塞其兌, 閉其間

挫其銳, 解其紛

和其光, 同其塵

是謂玄同

故不可得而親, 不可得而疏,

不可得而利, 不可得而害

不可得而貴, 不可得而賤

故爲天下貴 56장)

이 '玄同'의 精神을 그대로 敎職의 尊嚴性에 적용해 보면 다음과 같이 말할 수 있을 것이다.

敎職의 意味를 진정으로 體得한 자는 말이 없고, 입만 열면 敎職이 百年之大計를 맡는 일이니 중요하다고 떠들어대는 者는 敎職의 참다운 意味를 모르는 者이다. 敎職에 종사하는 者는 富貴榮華와 관계되는 부질없는 欲心을 버리고, 날카로움을 밖으로 번득일 것이 아니라, 그 빛을 줄이고 겉으로는 세상사람과 같아 보이나 안으로는 세상사람과는 달리 언제나 마음을 虛靜하게 하여 敎職의 참의미를 參究하고, 그 뜻에 따라 묵묵히 실천한다. 이것이 바로 玄同의 精神이다.

교직에 지나치게 애착을 갖는 것도 아니고, 또 그렇다고 소홀히 하지도 않는다. 敎職에 무엇인가 利롭게 하겠다고 스스로 앞장서서 나서지도 아니하며, 그렇다고 敎職에 害를 끼치는 일도 하지 않는다. 敎職이 貴한 것이라고 밖으로 외쳐대며

쏘다니지도 아니하고, 스스로 敎職을 賤하게 만들지도 아니한다. 오로지 敎職에 대한 利害榮辱을 넘어서서 超然하며, '淡泊無欲'한 心情으로 자신의 內面世界를 더욱 밝히는 데 힘쓰고, 묵묵히 교직을 수행하는 것이 곧 교직을 온 천하 사람들이 貴하게 여기도록 하는 지름길이다.

이와 관련하여 淮南子에는 다음과 같은 이야기가 기록되어 있다.

魯나라의 公儀休가 재상이 되었는데 그는 생선을 퍽 좋아했다. 한나라의 제후가 생선을 바쳤으나 公儀休는 받지 않았다. 제자가 충간을 했다. 선생님은 생선을 좋아하시는데 왜 안 받으십니까? 이에 公儀休는 답했다. 바로 내가 생선을 좋아하니까 안 받은 것이다. 생선을 받고서 재상의 자리에서 면직되면 아무리 내가 좋아하는 생선일지라도 내가 스스로 먹을 수 없을 것이다. 그러나 생선을 받지 않으면 재상 자리에서 면직되지 않을 것이니 언제까지나 오래도록 생선을 먹을 수 있을 것이다.

公儀休는 어떻게 하는 것이 나를 위하는 것이고, 어떻게 하는 것이 남을 위한 것인가를 분명히 분간할 줄 아는 사람이라 하겠다. 그러므로 老子는 다음과 같이 말했다. "모든 일에 있어 나를 뒤로 하고 남을 세우면, 결국 남에게 추대되어 내가 앞서게 되고 나를 무시하고 남을 내세우면 결국 남들로부터 존중되므로 내가 나서게 된다. 이렇게 되는 것은 말하자면 小我를 否定하고 大我를 이룩할 수 있는 것이다. 또 老子는 만족할 줄 알면 욕을 보지 않는다 하였다.[141]

(公儀休相魯. 而嗜魚. 一國獻魚, 公儀休弗受. 其弟子諫曰, 夫子嗜魚弗受, 何也. 答曰, 夫唯嗜魚, 故弗受, 夫受魚而免於相, 雖嗜魚不能自給魚. 母受魚而不免於相, 則能長自給魚. 此明於爲人爲己者也, 故老子曰 後其身而身先. 外其身而身存. 非以其私邪. 故能成其私, 一曰. 知足不辱)

요컨대 敎育者는 '玄同의 精神'과 '後其身而身先이요 外其身而身存'(7장) 그리고 '知足'(40장)을 깨닫도록 힘써야 함을 알 수 있게 되었다.

지금까지 우리는 道德經에 나와 있는 聖人의 '無知', '無欲', '無私', '無爲'에 비추어 '敎育者의 나아갈 길'(師道)을 말하였다. 이 모든 것을 통합할 수 있는 것이

---

141) 淮南子, 前揭書, pp.233.

있다면, 그것은 결국 敎育者의 人格이다. 敎育者가 자신의 人格을 갈고 닦는데 귀감이 될 수 있는 '聖人의 人格'은 어떠한가?

"聖人의 人格은 비유컨대, '물'과 같다. 그래서 聖人은 萬人에게 좋게 베풀어 이롭게 해주지만 高名을 다투지 않고 언제나 모든 사람들이 싫어하는 비천한 곳에 처해 있기를 즐긴다.(8장) 얼핏 보면 聖人은 물과 같이 弱하게 보이지만, 聖人은 세상의 어느 누구보다 강한 것이다.(78장)."

"聖人의 자세는 마치 갓난아기와 같이 유연하다(10장). 그리고 그 천진난만하기가 갓난아기 같다."

"聖人은 스스로 낮기가 골짜기 같이 하고 모든 것을 받아들이는 관용과 포용이 있다."(66장)

"聖人은 돈후하고 순박한 품이 마치 조탁하지 않은 原木과 같다."(15장)

이와 같은 聖人이 되기 위해서는 自然과 같이 虛靜해야 하고, 欲心을 버려야 한다. 그래야만 美. 醜, 善惡, 長短, 高低의 區分을 뛰어넘어 絕對인 하나의 눈 (single eye* 또는 隻眼**)을 갖게 될 것이다. 이렇게 될 때 그 人格은 幽玄하고 신비스러워 풍기는 향기는 있는 듯 없는 듯하지만 그 끼치는 영향은 무궁무진하게 된다.(6장)

敎育者의 人格도 마치 '물', '갓난아기', '여성', '골짜기', '통나무' 같이 '柔弱'과 '素樸'함을 지닐 때, 그 人格은 학생들에게 무궁무진한 영향을 끼칠 수 있을 것이다.

마지막으로 이 글을 마치면서, '師道의 實在'를 깨달은 스승의 모습을 그려보려고 한다.

    뭇사람은 신나는 파티를 하듯
    웃고 좋아 하는데
    스승만은 아직 웃을 줄 조차
    모르는 천진난만한 어린아기
    같이 무기력하고 보잘것 없는

---

* Single eye: 이것은 St. Luke 11:34 "therefore when thine eye is single"에서 나온 말.

** 隻眼: 無門關, 經書院, 1985, pp.59에서 나온 말.

존재가 되어 있다.
아, 이 의지가지 없는 고달픈
신세여!
뭇사람은 모두 여유만만하여
흥청거리는데,
스승만은 뒷전에 처져있다.
스승은 白痴의 마음,
정신을 차리지 못하고 머뭇거린다.
세상사람들은 눈빛이 또릿또릿한데,
스승만 멍청하고
세상사람들은 약아빠졌는데
스승만은 쩔쩔맨다.
세상사람은 각기 나름대로 쓸모가 있지만
스승만 미련한 시골뜨기이다.
스승만이 세상사람들과 달리
스승을 먹여 주는 師道를 귀히
여긴다.(道德經 20장 참조)

이 文句를 읽는 사람들 중에는 이것을 읽고 크게 웃을 사람도 있을 것이다. 웃으려면 웃으시오. 그러나 "下士聞道, 大笑之, 不笑不足以爲道"(41장)라 하지 않았던가.

參考文獻

1. 老子讀本(1974), 余培材 譯註, 三民書局印行.
2. 老子·莊子(1976), 張基槿, 李錫浩 譯, 三省出版社.
3. 朴成壽(1977), 歷史學槪論, 三英社.
4. 하이데거, 形而上學이란 무엇인가, 崔東熙 譯, 瑞文堂.
5. 李烘雨(1987), 敎育의 目的과 難點, 敎育科學社.
6. 李烘雨(1988), 道德經에 나타난 道德의 槪念, 敎育理論 제3권 1호. 서울大學校 師範大學敎育學科.
7. 老子, 西田長左衛門譯解, 昭和 2년, 至誠堂書店.
8. 大濱晧, 老子の哲學(東京, 勁草書房, 1962).
9. 木村英一, 老子の新研究, 昭和 34년, 創文社.
10. The Tao Te ching of Lao T2u(1890), James Legge(trans.) Dover, 1962, orig.
11. The way of Lao T2u(1963), Wing-Tsit Chan(trans.) The BoBBS-MERRILL Co.
12. Welch, Holmes(1865), Taoism: Parting of the way(Rev. Ed.), Bacon Press.

6. 司馬遷 「史記」에 나타난 "삶의 智慧"*

I. 緖 言

司馬遷의 「史記」는 東洋歷史의 古典이며, 歷史學의 아버지 헤로도토스의 「HISTORIA」에 필적할 만한 역사책이라는 것은 누구나 잘 알고 있는 사실이다. 그럼에도 불구하고 우리는 이 司馬遷의 「史記」를 道德敎育學 文獻으로 볼 수는 없는가? 만약 「史記」를 道德敎育學 文獻으로 볼 수 있다면, 어떤 근거로 그렇게 말할 수 있는가? 만약 우리가 司馬遷이 「史記」에서 해답하려고 한 문제를 道德敎育에서 다룬다면, 우리는 엉뚱한 일을 하고 있는 것은 아닌가? 이 질문은 다시, 歷史에서 道德的 含意를 뽑아낼 수는 없는가, 만약 우리가 歷史에서 道德的 含意를 뽑아낼 수 있다고 하면, 그것은 어떤 종류의 含意인가 등으로 이어진다. 이제 우리가 司馬遷의 「史記」를 읽고 거기서 道德敎育에 관련된 어떤 종류의 理論的 또는 實際的 意味의 示唆를 받을 수 있다면, 司馬遷의 「史記」는 분명히 말해서 道德敎育과 관련있는 文獻이라고 보아도 좋다.[1] 그러면 司馬遷의 「史記」는

---

* 「도덕교육연구」 도덕교육연구회, 1993. 5.

 1) 李烘雨, "社會的 規範의 체계로서의 周易", 道德敎育研究 第3輯, 한국교육학회 도덕교육연구회, 1986, p.27.

도대체 어떤 책인가?

「史記」의 처음 이름은 '太史公書'였으며, 130卷, 52萬 6500字로 구성되어 있다. 고대 중국인들은 흔히 자신이 지은 저서의 제목을 자신의 姓이나 관직을 따서 불인 경우가 많이 있었다. 「史記」의 경우도 저자 司馬遷의 벼슬이 太史公이었으므로 '太史公書'라 이름하였던 것이다. 그러다가 「三國志」 魏志 王肅傳에서 처음으로 「史記」라 칭하게 된 것이다.[2] 「史記」는 黃帝부터 漢의 孝武帝까지의 歷史로서 12本紀, 10表, 8書, 30世家, 70列傳으로 구성되어 있다. 이것으로 보면, 「史記」는 분명히 歷史學의 文獻임에 틀림없다. 그러면 「史記」는 단순히 歷史學의 文獻에 불과한 것인가?

李成珪 敎授의 다음과 같은 답은 우리에게 「史記」가 단순히 歷史學의 文獻만은 아니라는 端緖를 提供해 주고 있다.

첫째, 「史記」는 특정한 시기, 또는 특정한 사건에 대한 단편적인 서술이 아니라, 시대의 계속적인 변화와 여러 지역 간의 관계, 그리고 그 안에서 진행된 인간의 삶에 대한 전체적인 眺望을 제시함으로써 역사의 인과적인 이해뿐만 아니라, 사건과 현상의 배후에서 작용하는 普遍的인 原理까지 省察할 수 있는 기회를 제공해 준다. 둘째, 「史記」는 歷史 自體를 個人의 能動的인 活動의 集積으로 보았고, 개인의 禍福과 역사의 興亡盛衰를 개인의 道德과 能力, 이것을 바탕으로 한 개인의 능동적인 노력 여하의 결과로 설명하고 있다.(列傳 70권이 그 例이다.) 셋째, 「史記」는 저자 자신의 人生觀과 世界觀이 직접 投影된 史書이다. 그리하여 司馬遷은 哲學者나 思想家로 흔히 論議되기도 한다. 넷째, 「史記」는 위대한 천재의 특유한 통찰력과 번득이는 史眼으로 이해된 史書이다. 다섯째, 「史記」의 매력은 그 文學性과 文章力이다.(pp.3-6)[3]

물론 위에서 인용한 내용에 의하면, 「史記」 전체에 담겨 있는 내용은 역사적 사실을 담고 있지만, 그 내용은 단순히 역사적 사실이 아니라, '인간의 삶에 대한 전체적인 眺望'을 제시해 주고, '사건과 현상의 배후에서 작용하는 보편적 원리까지 성찰할 수 있는 기회'를 제공해 주며, '개인의 禍福과 歷史의 興亡盛衰를 개인

---

2) 桂五十郞, "史記解題", 史記國字解 第一卷, 早稻田 大學 出版部, 大正 八年, p.1.

3) 李成珪 編譯, "史記의 構造的 理解를 위한 試論", 「史記」, 서울大學校出版部, 1987.

의 도덕과 능력, 이것을 바탕으로 한 개인의 능동적 노력의 결과'로 설명하였으며, '저자 자신의 인생관과 세계관이 직접 투영되었다'는 것이다. 그러면 여기에서 당장 다음과 같은 질문이 생긴다. 즉, 「史記」가 제공해 주고 있는 '인간의 삶에 대한 전체적 眺望'이란 무엇인가? 과연 「史記」에 담겨 있는 '사건과 현상의 배후에서 작용하는 보편적 원리'란 있는가? 만약 그것이 있다면 그것은 무엇인가? 우리는 어떻게 '개인의 화복과 역사의 흥망성쇠가 개인의 도덕과 능력, 이것을 바탕으로 한 개인의 능동적 노력의 결과라는 것을 알 수 있는가? 司馬遷의 「史記」는, 다른 역사책과는 달리, 왜 저자 자신의 인생관과 세계관을 투영하지 않으면 안 되었을까? 위의 질문들은 도덕교육에 어떤 이론적, 실제적 시사를 줄 수 있는가? 등등의 질문들이 그것이다.

이제 우리가 이와 같은 질문들에 답하려고 할 때, 우리에게 던져진 자료는 오로지 「史記」밖에 없다. 그러므로 우리는 「史記」 그 자체부터 분석해 보아야 할 것이다. 「史記」는 그 앞에 쓰여진 역사서 「春秋」와는 달리 編年體로 구성되어 있지 아니하고 紀傳體로 구성되어 있다. 여기서 紀傳體란 '太史公 自序'에 의하면, 대충 三代를 推定하고 秦, 漢을 기록하되 위로는 軒轅(黃帝)로부터 시작하여 아래로는 자신이 살고 있던 시대까지 12本紀를 지었고, 年差가 확실하지 않았으므로 10表를 지었고, 禮樂, 律廣의 改易, 兵權, 山川, 鬼神, 時弊 등을 취사하여 8書를 만들었고, 하늘의 운행을 본따, 忠信으로 道를 행하며 主上을 받들고 있는 상황에 대해 30世家를 지었고, 義를 북돋우고 才氣가 출중하여 시기를 놓치지 않고 功名을 떨친 사람에 대해서는 70列傳을 지은 데에서, 앞의 紀와 뒤의 傳을 따서 생긴 말이다. 그러나 이 紀傳體는 실제로 하나의 主題가 각 부문으로 分散되어 있어서 특정한 인물의 활동이나 사건의 개요 및 흐름을 이해하는 데는 오히려 編年體보다 불편을 주고 있다. 왜냐하면 흩어져 있는 관련 기사를 모두 찾아 다시 종합해야 하기 때문이다. 그럼에도 불구하고 司馬遷은 왜 紀傳體를 創案하여 「史記」를 썼을까?

이 일을 위하여 우리는 司馬遷이 「史記」를 저술한 動機와 理由를 알아야 할 것이다. 우선 動機의 측면에서 보면, 두 가지가 관련된다. 하나는 아버지 司馬談의 遺業을 계승한다는 것이다. 왜냐하면 司馬遷의 아버지 司馬談은 史記의 編纂을 처음 試圖하였고, 상당한 資料도 모아 놓았기 때문이다. 아버지의 뒤를 이어 「

史記」를 완성하겠다는 것이 아마 직접적인 動機일 것이다. 다른 하나는 '李陵의 禍'[4]로 인한 宮刑일 것이다. 宮刑은 곧 남자 구실을 못하게 하는 벌로서 당시 漢나라 士大夫들에게 있어서는 恥辱과 같은 것이며, 宮刑을 받기보다는 흔히 自決하는 것이 통례였다. 그러나 司馬遷은 자결을 하지 않았다. 왜 그는 스스로 목숨을 끊지 않았을까? 司馬遷 자신의 말을 직접 들어본다.

그는 탄식하면서 말했다. "이것은 내 죄일까? 이것은 내 죄일까? 이제 내 몸은 병신이 되었으니 세상에 쓰이지 못하리라." 刑을 받고 불러난 뒤, 그는 깊이 생각한 끝에 말했다. "대저 詩經과 書經의 뜻이 隱微하고 言辭가 간략한 것은 제약된 상황에서 마음의 생각하는 바를 충분히 펴보려 했기 때문이다. 옛날 西伯은 유리의 獄에 갇힌 몸이 되어 周易을 풀이하였으며, 孔丘는 陳蔡에서 厄을 당하고 春秋를 지었으며, 左丘明은 失明하여 國語를 남겼다. 孫子는 다리를 끊기어서 兵法을 논하였고, 呂不韋는 蜀에 流配되어 呂覽을 세상에 전했으며, 韓非는 秦나라에 갇히어서 說難과 孤憤을 썼다. 詩經 300篇은 대체로 성인, 현자가 분발하여 만든 것이다. 이 사람들은 모두 뜻이 막혀 펴지 못한 '鬱結'이 있어 그 道를 펴지 못하였다. 그러므로 지나간 일을 말하며 장차 올 일을 생각한 것이다." (太史公 自序)

太史公 自序의 말을 들어보면, 司馬遷 자신도 '鬱結된 뜻'이 있으며, 그것을 세상에 전하지 않을 수 없었다는 것이다. 그 '鬱結된 뜻'이란 과연 무엇일까? 그것은 아마 宮刑을 당한 자신의 抑鬱한 心情, 悲痛한 心情, 당시 아무도 자기를 돌봐주지 않았던 야박한 人心, 是非가 顚倒된 현실에 대한 풀리지 않은 痛恨일 것이다. 만약 司馬遷이 그 풀리지 않은 痛恨을 풀려고 「史記」를 저술하였다면, 어떻게 되었을까? 모르기는 해도 그의 著書 「史記」는 오늘날까지 남아서 많은 사람들에게 感銘과 喜悅을 주지는 못했을 것이다. 司馬遷의 「史記」가 오늘날까지 전해져 남아 있을 수 있었던 것은 그가 그의 痛恨을 어떤 형태로든지 昇華시켰기

---

4) 흉노 토벌을 나간 장군 李陵이 별동대 5000명을 이끌고 진격하다가 흉노의 정병 8만에게 포위되어 투항하는 사태가 일어난다. 이때 토벌대 총수는 무제의 총회인 이회의 오빠 이광리였다. 이에 조정에서는 이릉에 대한 처벌책을 논의하였다. 이릉을 변호하는 것은 곧 이광리에게 책임을 묻는 것이 된다. 이때 사마천이 이릉을 변호하였고, 이것이 무제의 진노를 사게 되어 마침내 하옥, 궁형의 처벌을 받게 된 것이다.

때문일 것이다. 그는 과연 어떻게 昇華시켰을까? 이것을 알아보기 위해서 우리는 그가 그 책을 쓰지 않으면 안 되는 '理由'를 알아야 할 것이다.

그 理由를 알아보기 위한 端緒는 여러 가지가 있을 수 있을 것이다. 그 하나의 端緒로 우리는 司馬遷의 아버지 司馬談의 다음과 같은 발언을 주목할 필요가 있다.

"周公이 죽은 500년 후에 孔子가 나왔다. 孔子가 죽은 지 이제 500년이 되었으니 누군가 그 뒤를 이어 세상을 밝히기 위하여 「易傳」을 바로 잡고 「春秋」의 精神을 계승하여 詩經, 書經, 禮, 樂의 精神을 찾는 사람이 나와야 하지 않겠는가?"(太史公 自序) 이 말에 대하여 아들인 司馬遷은, "이것은 나를 염두에 두고 하신 말씀일까? 나를 염두에 두고 하신 말씀일까?(그렇다면) 내 어찌 그 일을 마다할 수 있겠는가?"(太史公 自序)라고 생각하였다.

이 인용된 글로 미루어 보아 司馬遷은 '春秋의 精神'을 이어받은 것이 틀림없다. 달리 말하면, 司馬遷은 '春秋의 精神'을 펴기 위하여 「史記」를 쓰지 않으면 안 되었다는 말이다. 그러면 그가 이어 받은 '春秋의 精神'이란 무엇인가? 그것은 '위로는 三王의 도를 밝히고 아래로는 인간의 규범을 논하여 의심스러운 것을 가려내고 시비를 분명히 하여, 불확실한 것을 확실히 하고 선한 것을 선한 것으로, 악한 것을 악한 것으로 인정하며, 현자를 현명하다고 판정하고 不肖者를 賤視하며, 망국을 보존시키고, 단절한 가문을 잇게 하며, 피폐한 것은 보수하고, 폐기된 것을 재기시키는 것'5)이다.

다른 하나의 단서로는 다음과 같은 '太史公 自序'의 말에서 찾을 수 있다.

"일찍이 아버지는 周公이 죽고 500년이 지나 孔子가 태어났다. 孔子가 죽은 지 지금이 500년이다. 大道가 분명했던 옛날을 물려받고, 孔子가 지은 易의 繫辭傳을 바로 잡고, 春秋의 뒤를 이어 歷史를 서술하고, 詩, 書, 禮, 樂의 근원을 규명하는 자가 나올 만하다"고 하셨는데 바로 여기에 아버지의 뜻이 있었다. 내가 어떻게 謙讓만 하고 있을소냐!

---

5) 夫春秋上明三王之道 下辨人事之紀 別嫌疑 明是非 定猶豫 善善惡惡 賢賢賤不肖
存亡國 繼絶世 被弊起王道之大道也(太史公 自序)

　여기서 유의해야 할 것은 '五百年必有王者興'이다. 이 말은 처음에 孟子(公孫丑下)가 한 말이다. 그러나 孟子의 500년 王者說은 歷史的 事實의 歸納的 推論인데 반하여, 司馬談 父子의 500년 周期는 天運의 客觀的 法則에 根據한 것이다. 그것은 「史記」의 天官書의 다음과 같은 말에서 알 수 있다.

　　대저 天運은 30년마다 한 번 小變하고, 100년에 한 번씩 中變하며, 500년에 한 번 大變한다. 세 번 大變하는 것을 紀라 하는데 三紀가 되면 크게 갖추어진다. 이것이 대체적인 (天運)變動의 年數이다. 治國者는 반드시 小變, 大變의 變動을 重視하지 않으면 안된다. 上下각 1500년(4500년)의 변화를 살펴야 天과 人間과의 關係가 분명히 드러난다.6)

　위의 말로 보아 司馬談 父子의 500년 周期는 天運과 關係가 있다는 것은 이해할 수 있다. 그리하여 司馬遷은 天과 人間과의 關係를 밝히기 위하여 「史記」를 쓴 것이다. 지금까지의 論議로 보아 司馬遷이 「史記」를 쓴 理由는 두 가지이다. 즉, 하나는 '春秋의 精神'을 이어받아 春秋의 精神을 펴기 위한 것이고, 다른 하나는 天과 人間과의 關係를 밝히기 위하여 「史記」를 쓴 것이다.

　그러나 '天과 人間과의 關係'라는 것은 무엇인가? 이 질문은 다시, 天運과 天道는 같은가? 다른가? 天運을 살피는 것과 인간의 삶의 자취인 歷史를 살피는 것은 같은가 다른가? 天運을 살피고 人間과의 關係를 살펴 人間은 어떻게 살라는 것인가? 天運 혹은 天道를 살피고 人間關係를 살피는 것이, 만약 '삶의 智慧'라면, 그것은 어떤 것이며, 道德敎育과 관련하여 理論的, 實際的으로 우리에게 어떤 示唆를 주는가? 더 나아가서 또 하나의 根本的인 問題는, 「史記」라는 옛날의 史書에 담긴 삶의 智慧가 어떻게 오늘을 사는 우리의 삶의 智慧가 될 수 있는가? 「史記」를 읽는 동안 賢明한 讀者는 자신과 다름없이, 자신보다 훌륭하게 한 時代를 살다간 先人들이 마치 그와 同時代人이 되어 그의 곁에 있는 것처럼 느끼겠지만, 결국 따지고 보면 그것은 이미 죽은 사람들의 '다 끝난' 이야기가 아닌가? 現在의 事實을 기초로 規範的 判斷을 내리는 것이 誤謬라면, 그런 케케묵은 過去

---

6)　夫天運三十歲一小變　百年中變　五百載大變　三大變一紀　三紀而大備　此其大數也
　　爲國者　必貴三五　上下各千歲　然後天人之際續備(天官書)

의 事實을 기초로 道德的 判斷을 내리는 것은 더욱 深刻한 誤謬가 아닌가?7) 등
등의 質問을 생기게 한다.

　이와 같은 질문을 답하기 위하여 다음과 같은 문제로 요약하여 제시한다. 즉,

　첫째, 天道라는 것은 무엇인가?
　둘째, 「史記」 속에 담겨 있는 '삶의 智慧'는 무엇인가?
　셋째, 「史記」가 오늘날의 道德敎育에 주는 示唆는 무엇인가?

II. 天道 − 그것은 무엇인가?

　天道가 무엇인가 하는 것을 밝히기에 앞서 우리는 '天道'와 '天運'은 어떤 관계
인가를 밝혀야 한다. 司馬遷은 「史記」의 天官書에서는 '天運'을 말했고, 伯夷列傳
에서는 '天道'를 말하고 있다. 그러나 司馬遷은 그 어떤 곳에서도 天道와 天運이
같다든가 다르다든가 하는 데 관하여 직접 언급한 곳은 한 군데도 없다. 다만 推
測할 수 있는 것은 「史記」에 실려 있는 太史公 自序에서 그가 董仲書에게서 들
었다는 대목이 나오는데, 董仲書는 이미 '天人相應說'을 제창하고 있었다는 것이
다. 그의 天人相應說은 "국가가 장차 도를 잃고 패하려 할 때 하늘은 먼저 災害
로써 그것을 꾸짖어 알려주며, 그래도 반성을 할 줄을 모르면 怪異한 일을 생기게
하여 겁을 주며, 그래도 변함이 없으면, 손상과 실패를 닥치게 해준다"(國家將有
失道之敗　而天乃先出災害以譴告之　不知自省　又出怪異而警懼之　尙不知變　而傷
敗乃至, 「漢書」 董仲書傳)는 것이다. 司馬遷은 아마도 董仲書에게서 天人相應說
을 배웠을 것이다. 董仲書에 의하면 「春秋」는 天人의 關係를 證明하기에 충분하
다고 하였으므로(臣謹案春秋之中　視前已行之事　以觀天人相與之際　甚可畏也, 上
同), 여기서 말하는 天과 司馬遷의 天은 같은 하늘을 가리켰을 것이다. 그러나

---

7) 이 질문은 1993년 도덕교육연구회 연차대회(2월19일-20일)에서 林炳德 선생이
　　제기한 질문이다.

董仲書의 天과 司馬遷의 天의 다른 점이 있다면, 董仲書는 儒學者로서 天을 가리키는 것이라면, 司馬遷의 天은 天文學者로서의 天이라고 말할 수 있다. 그리하여 司馬遷의 天은 自然的인 天으로서, 여기에 哲學的 思考를 加한 老子의 天道로 넘어 갈 可能性이 보인다. 그러므로 司馬遷의 天運은 老子의 天道와 脈을 같이 할 可能性이 높다고 말할 수 있다.

司馬遷이 天道의 問題를 언급한 곳이 伯夷列傳이다. 天道가 言及된 伯夷列傳을 잠시 보면 다음과 같다. 즉,

누군가가 이렇게도 말한다. "天道는 私가 없으며, 언제나 착한 사람의 편이 된다"(天道無親 常與善人, 老子 道德經, 79章) 그렇다고 하면, 백이숙제와 같은 이는 과연 착한 사람이라고 할 수 있는가? 어진 德을 쌓고 品行이 조촐하기를 이와 같이 하고도 마침내 굶어 죽었으니 말이다. 이런 예는 또 있다. 孔子의 門下에 있던 70명 弟子 중에 仲尼는 유독 顏回를 가리켜 學問을 즐기는 사람이라 칭찬하였는데 그러한 回는 자주 끼니를 잇지 못하였고 지게미와 쌀겨로조차 배를 채우기 어려워 마침내 일찍 세상을 떠났다. 하늘이 착한 사람에게 베풀어 준 것은 이런 것인가. 盜拓은 날마다 무고한 사람을 죽이고 사람의 간으로 회를 쳐서 먹고 暴惡放縱한 수천 명의 徒黨을 모아 天下를 橫行하였지만, 끝내 아무 天罰도 없이 제 목숨을 온전히 누리고 살았다. 이런 것은 도대체 무슨 德을 따라서 그렇게 되었는가? 여기에 든 것은 가장 두드러지게 드러난 일들이다. 그 밖에 근세에 이르러서는 그 하는 짓이 放縱하여 남에게 못할 짓을 마음대로 하고도 종신토록 호강하며 살고 富貴가 子孫까지 이어지는 예도 적지 않다. 이런 일에 비해 걸음 한번을 내딛는 데도 땅을 가려 밟고, 말 한마디 하는 데도 적당한 때를 당해서만 말하고 길을 가는 데도 지름길을 가리지 않고, 公正한 일이 아니면, 奮發하지 않음에도 불구하고, 오히려 災殃을 만나는 일이 헤아릴 수 없이 많다. 이런 일은 나를 매우 당혹하게 한다. 그렇다면 세상 사람들이 말하는 소위 天道는 있는 것인가? 없는 것인가?(天道是耶非耶)"

여기서 당장 '天道란 무엇인가'라는 質問이 나온다. 이 質問에 답하기 위하여 우리는 세 가지 源泉을 생각해 볼 수 있다. 하나는 司馬遷이 春秋의 精神을 이어 받았다고 하였으니 春秋는 禮의 大宗이므로 禮의 根源은 하늘이다.(「禮記」, 禮運篇) 이 하늘의 道를 잘 나타내고 있는 것이 「周易」이다. 그러므로 우리는 司馬遷

의 天道의 意味의 源泉을 周易에서 찾을 수 있다. 다음으로 老子의 「道德經」에서 찾을 수 있다. 세 번째로 司馬遷 자신의 著書 「史記」 중에 들어 있는 天官書이다. 그러면 차례로 天道의 意味를 抽出해 보고 이를 綜合하여 提示해 보겠다.

「周易」에 보면, '一陰一陽之謂道'(繫辭 上)라 하였다. 우주의 모든 만물은 모두 陰과 陽이라는 대립되는 두 가지 요소로 구성되어 있다. 낮(陽)과 밤(陰)으로 하루가 되고, 春夏(陽)와 秋冬(陰)으로 1년이 된다. 陰은 부드러움, 약함, 어두움, 아래, 수동적, 여성적인 성질을 지니며, 陽은 거기에 대립되는 딱딱함, 강함, 밝음, 위, 능동적, 남성적인 성질을 지닌다. 그러나 이 두 가지는 固定的, 絶對的인 것은 아니고, 陰은 陽으로 陽은 陰으로 항상 서로 變하는 것이다. 예컨대, 지구와 태양의 관계는 지구가 陰이고 태양이 陽이다. 그러나 지구와 달의 관계를 말한다면, 지구는 陽이고 달은 陰이다. 태양 자체도 낮 동안은 陽이지만 밤에는 陰이 되고, 달도 초목마저도 다 잠든 대지를 밝게 비출 무렵에는 陽이 된다. 陰과 陽이 서로 變化함에 의하여 우주만물은 時時刻刻으로 變化, 流動하는 것이다. 이와 같이 우주만물은 陰陽이 相互依存하며, 相互轉化하고 相互作用에 의하여 存在하고, 變化하고, 發展하는 것이 바로 '道'이다. 말하자면, 天道는 時時刻刻 變化－流動－發展하는 原理인 것이다.

다음으로 老子의 다음과 같은 말에서 찾을 수 있다. 즉, '人法地 地法天 天法道 道法自然(「道德經」, 第25章)'이 말은 人間이 땅을 자기 行爲의 準則으로 삼고, 땅은 하늘을 自己 運動의 準則으로 삼고, 하늘은 道를 自己運動의 準則으로 삼으며, 道는 自然을 自己運動의 準則으로 삼는다는 뜻이다. 달리 말하면, 人間은 처음에 人法地하고 法天－法道－法自然의 境地로 飛翔한다는 것이다. 여기서 우리의 관심은 '法天'에 있다. 이때 하늘의 도를 본받는다는 것인데 여기서 天道는 무엇인가? 老子는 다음과 같이 말한다.

天道는 마치 활시위를 얹는 일에 비유할 수 있지 않을까? 활시위가 높으면 그것을 눌러서 낮추고 활시위가 낮으면 그것을 높여 준다. 활의 줄의 길이가 남으면 그것을 덜어 짧게 해주고 길이가 부족하면 그것을 보태어 길게 해준다. 天道는 남는 것을 덜어서 부족한 것을 보태어 주지만 인도는 부족한 자의 것을 덜어서 남는 자에게 바친다.(天之道 其猶張弓歟 高者抑之 下者擧之 有餘者損之 不足者補之 天

之道 損有餘而補不足 人之道則不然 損不足以奉有餘, 77章)

天道는 私가 없다. 항상 善人 편이 된다.(天道無親 常與善人, 79章)

여기서의 天道는 平衡과 調和의 原理이며, 天道는 나와 관계없이 存在하며 언제나 善人편이라는 것이다.

天道를 다시 莊子의 생각에서 살펴보자. 莊子에 의하면, "하늘의 도(天道)는, 영구히 四季의 운행을 되풀이하여 한 계절에 머물러 있는 일이 없다. 그리하여 모든 物이 成長하는 것이다. 帝王의 道는 널리 天下四方을 돌아 한 나라 한 지방에 구애되는 일이 없다. 그리하여 천하의 사람들이 모두 따르는 것이다. 聖人의 道는 모든 사람에게 널리 미쳐 어떤 한 사람에게 치우쳐 머무르는 일이 없다. 그리하여 지상의 마지막 한 사람까지도 心服하는 것이다. 그러므로 天道를 명확히 알고 聖人의 道에 통달해 있으며, 帝王의 無爲의 德을 분명히 體得하고 있는 사람은 그 행위에 어떠한 營爲도 없으며, 오직 靜일 뿐이다."(天道運而無所積 故萬物成 帝道運而無所積 故天下歸 聖道運而無所積 故海內服 明於天 通於聖 六通四壁於帝王之德者 其自爲也 昧然無不靜者矣, 莊子 天道篇)라고 하였다. 老子와 莊子는 모두 사람의 입장을 버리고 天道를 따르며 살 것을 말하고 있다.

그러나 여기에 이 두 사람과 다른 입장으로 天道를 해석하는 사람이 있다. 그가 바로 荀子이다. 荀子에 의하면, 하늘은 知覺도 意志도 없다. 다만 永遠不變하는 原理에 의하여 運行되고 있을 따름이며, 하늘은 사람에게 禍나 福을 내려줄 수 없으며 그것은 모두 사람 자신이 그렇게 만든다는 것이다. 여기에서 荀子는 하늘과 사람의 分離를 완전히 分離하고 사람은 하늘을 잘 利用해야 한다고 主張한다. 곧, 사람은 禮義 法度를 만들어 하늘을 制御하고 하늘을 利用해야 한다는 것이다. 즉,

"하늘의 運行에는 일정한 法度가 있다. 堯임금 때문에 존재하지도 않거니와 桀왕 때문에 없어지지도 않는다. 다스림으로써 거기에 呼應하면 곧 吉하고, 어지러움으로써 呼應하면 곧 凶한다. 農事 같은 근본적인 일에 힘쓰면서 쓰는 것을 節約하면 곧 하늘은 가난하게 할 수 없고, 養生에 對備하면서 철에 알맞게 움직이면 곧 하늘은 병들게 할 수 없으며, 올바른 道를 닦아 이를 어기지 않으면 곧 하늘은 災

難을 당하게 할 수 없다. 그러므로 장마와 가뭄도 그런 사람을 굶주리게 할 수 없으며 추위와 더위도 그런 사람을 병들게 할 수 없으며, 妖怪도 그런 사람을 凶하게 할 수 없다. 農事같은 근본적인 일은 버려두고, 쓰는 것만 奢侈하게 하면, 곧 하늘은 그를 富하게 할 수 없으며, 養生을 소홀히 하고 드물게 움직이면, 곧 하늘은 그를 온전하게 할 수 없으며, 올바른 道를 어기고 함부로 행동하면 하늘은 그를 吉하게 할 수 없다. 그러므로 그런 사람은 장마와 가뭄이 오기 전에 굶주리고 추위와 더위가 닥쳐오지 않아도 병이 나며, 妖怪가 나타나기 전에 凶하게 된다. 타고난 때는 平和롭던 時代와 같은데도 災殃과 災難은 平和롭던 時代와는 달리 많은데, 하늘을 怨望할 수는 없는 것이며, 그들의 行動方法이 그렇게 만든 것이다. 그러므로 하늘과 사람의 區分이 밝으면, 곧 그를 지극한 사람(至人)이라 말할 수 있을 것이다."(「荀子」, 天論篇)

우리는 司馬遷 父子 모두 太史令이라는 사실에 注目해야 한다. 실제로 漢代의 官制上 規程된 太史令의 位置와 職分은 宗廟 祭祀와 儀禮를 管掌하는 太上의 屬官으로서 天時, 星曆을 管掌하여 年末에 새해에 曆을 秦上하거나 國家의 祭祀, 喪禮, 婚禮時 吉日 및 禁忌 事項을 判斷 秦上하는 것, 그리고 國家의 瑞應과 災害를 記錄하는 것이다.[8]

이것을 좀더 구체적으로 말하면 다음과 같다. 즉,

"나로 말하면(여기에서의 나는 司馬遷 자신을 말한다.), 나는 史官의 記錄을 硏究하고 (天體의)運動을 調査하였다. 過去 100년간에 五惑星이 나타나서 逆行하지 않았다는 先例는 없었다. 그것들이 逆行할 때 五惑星은 最盛期에 있었으며 그 色은 변했다. 그 위에 太陽과 달이 덮이고 혹은 蝕이 일어났으며, 또 그것들이 北이나 南으로 움직일 때에는 정해진 시기가 있었다. 이것 이 一般的 法則이다.(天官書)"

이 引用에서 알 수 있는 것은 太史令이 史官의 記錄을 硏究하고 天體의 運動을 記錄한다는 것이다. 그러면 왜 天體의 運動을 記錄하는가? 그 이유는 "中國을 內로 異民族을 外로 삼고, 中國을 12州로 나눈 것은 위로 天象을, 아래로는 地

---

8) 李成珪 編譯, 上揭書, p.17.

上의 現象과 原理를 觀察, 調査하여 그 法則과 原理에 따른 것이다. 天上의 日月은 地上의 陰陽, 五星은 地上의 五行, 列宿은 地上의 州, 省에 각각 對應하는 存在(「史記」, 天官書)"이기 때문이다. 말하자면 司馬遷이 日月星辰을 각각 地上의 官位에 對應시켜 天界의 構成과 그 秩序를 地上의 官位처럼 把握하고, 天界와 政治秩序의 相關關係를 法則的으로 糾明함으로써, 地上世界의 올바른 삶의 秩序를 具現하려는 方法을 摸索하려는 意圖때문이라는 것이다. 한편 올바른 曆法의 運營 與否가 곧 國家의 盛衰와 直結되므로9) (史記, 曆書), 天運의 理法을 정확히 捕捉하려면 그것과 對應 關係에 있는 地上世界를 同時에 觀察하지 않으면 안된다. 太史令은 人事의 觀察, 記錄 및 중요 政治的 事件의 記錄을 해야 한다. 그러므로 史官의 直筆은 이와 관련된다고 볼 수 있다. 그리하여 司馬遷은 "上古以來 現在에 이르는 時變을 깊이 觀察하고 그 精粗를 判斷해야만 天官으로서의 任務가 完成"(天官書)된다고 말하고 있다. 그러면 왜 "終始古今 深觀時變"해야 하는가? 그것은 다름이 아니라 하늘과 사람 사이의 關係를 분명히 드러내기 위해서이다. 그리고 적어도 "上下各千歲" 즉, 4500년의 變化를 살펴야 하는 것이다. 여기서 말하는 天道는 하늘이 運行하는 一般的 法則(此其大度也10))을 말하는 것이다.

지금까지 우리는 天道의 意味를 세 가지 측면에서 논의하였다. 즉, 하나는 周易의 입장에서 天道는 時時刻刻 變化, 流動, 發展하는 것이다. 다음으로 老子의 平衡과 調和의 原理이다. 莊子에 의하면, 天道는 영구히 四季의 運行을 되풀이하여 머무르는 법이 없다. 그리하여 物이 성장하는 것이다. 老子와 莊子와는 달리 荀子에 의하면, 天道는 아무런 意志도 없이 일정한 原理를 따라 運行되고 있을 따름이다. 따라서 天道는 사람의 運命을 지배하는 것이 아니라 사람들의 行動이 자기의 運命을 결정한다. 貧富나 吉凶 또는 사람들의 健康까지도 모두 자신이 어떤 상태로 만드는 것이다. 따라서 사람들은 天道를 오히려 잘 이용하여야 한다는 것이다. 셋째로 天道는 하늘이 運行하는 一般的 法則이라는 것이다. 司馬遷은

---

9) 天下有道 則不失紀序 無道 則正朔不行於諸候(史記 曆書)

10) 여기서 사마천이 사용한 度는 주의를 요하는 말이다. 첫째 의미는 계량의 등급이다. 여기에는 法이란 의미가 내포되어 있다. 둘째로 度는 천체의 운동을 나타내기 위한 용어이다.(이석호 외 2인 역, 중국의 과학과 문명 3, 서울: 을유문화사, 1987, pp.279-280)

이 세 가지의 天道의 意味를 綜合하여 다음과 같이 생각하였을 것이다. 즉, 天道는 그 자체 아무런 意志가 없으며, 時時刻刻 變化, 流動, 發展하는 그 자체이며, 一定한 原理를 따라 平衡과 調和를 이루는 原理라고 말할 수 있을 것이다. 사마천은 역사에서 바로 이와 같은 天道의 意味가 있는가 없는가를 確認하기 위하여 「史記」를 저술하였다고 볼 수 있다.

아마도 司馬遷이 '天道是耶非也'라고 鬱憤섞인 語調로 말할 때 司馬遷의 마음 한구석에서 天道와 歷史 사이에 事實的 關係가 있다는 것조차 疑心하고 있었을지도 모른다. 그러나 司馬遷이 「史記」를 저술하면서 天人의 關係-天道가 있는가 없는가-에 관한 解明을 위하여 애쓰는 동안에, 그 자신의 개인적 불행을 포함하여 歷史의 表面에서 일어나는 온갖 矛盾과 非理에도 不拘하고 天道는 여전히 살아 있다는 것, 겉으로 보기에 혼란의 소용돌이로 보이는 歷史 속에 天道가 엄연히 作用하고 있다는 것을 점점 確信하게 되었을 것이다.11) 그러나 "天道를 위대하게 여기고 그것을 생각하고 있는 것과 물건을 저축하면서 그것을 처리하는 것과 누가 낫겠는가? 天道를 따르면서 그것을 기리는 것과 天道에서 생긴 문제를 처리하면서 天道를 利用하는 것과 누가 낫겠는가? 물건을 그대로 두고 그것이 많아지기를 바라는 것과 能力을 다하여 그것을 變化시키려는 것과 누가 낫겠는가? 때를 바라보면서 그것을 기다리는 것과 때에 호응하여 그것을 活用하는 것과 누가 낫겠는가?"(「荀子」, 天論篇) 물론, 우리는 사람과 天道의 입장을 區分하고 天道를 잘 活用해야 될 것이다. 이 天道의 活用에서 바로 '삶의 智慧'가 생겨날 가능성이 엿보인다. 그러면 「史記」에 담긴 '삶의 智慧'는 무엇인가?

Ⅲ. 삶의 智慧

삶의 智慧-이 말에서 우리의 눈길을 사로잡는 말은 '智慧'라는 말이다. 智慧란

---

11) 여기에 있는 말은 林炳德의 논평(1993, 2, 19)에서 인용한 말이다.

무엇인가? 여기서는 어떤 뜻으로 쓰려고 하는가? 등의 질문이 따라 나온다. 智慧라는 말은 그 말 자체가 오랜 歷史를 가지고 쓰여진 말이기 때문에 무엇보다도 그 뜻이 매우 다양하다. 時代에 따라 智慧의 의미가 다르고, 場所에 따라 다르고, 文化에 따라 다르다고 할 수 있다. 특히 智慧라는 말은 宗敎와 哲學과 관련을 맺고 있으므로 이들을 모두 다 고려한다면 끝없이 의미가 많은 것이다. 그러므로 여기서는 「史記」에서 찾을 수 있는 의미 범위 내에서 智慧의 意味를 抽出해 보고자 한다.

智慧라는 말은 보통의 경우, 상식의 세계에서 쓰인 용법과 역사적으로 쓰인 용법만을 가지고 판단해 보면, 智慧는 世上萬事의 諸般現象 속에서 某種의 關聯을 꿰뚫고 있는 實際的 '洞察'이라고 말할 수 있다. 어원적으로 말하면, wisdom이라는 인도·유럽계통의 단어의 어원 'ueid'는 知覺하다, 보다라는 뜻이다. 희랍어의 'idein'과 라틴어의 'videre'와 비교해 볼 만하다. 독일어의 'Weisheit' (wisdom), 'Wissen' (knowledge), 'Wissenschaft' (science)는 아직도 語源的 意味를 간직하고 있다. 그러므로 한 사람이 智慧를 가지고 있다는 말은 그가 '보고' 거기서 '알게 된 것'을 가리키며, 그 構成要素는 反省的 思考와 判斷이다.[12]

삶이라는 것은 과거에 살았고 현재 살고 있으며 앞으로도 살아갈 일이다. 그러므로 삶의 智慧는 과거에 살았던 자취 속에 담겨 있는 智慧이며, 현재 살아가는 일에 쓰여지고 있는 智慧이며, 앞으로 살아갈 일에 적용할 수 있는 智慧이다. 그리고 여기서의 智慧라는 것은 어원에서 볼 수 있듯이 '지각이나 보는 일'에 관련되는 '知的 眼目' (cognitive perspectives)이다. 이 眼目은 좁을 수도 있고 넓을 수도 있다. 마치 똑같은 물리학을 배웠다고 해도 사람에 따라 물리학적 眼目이 좁을 수도 넓을 수도 있듯이 「史記」에 나타난 삶의 智慧라는 것도 좁을 수도 있고 넓을 수도 있다.

「史記」에 나타난 '삶의 智慧'는 우선 天道를 어떻게 보는가에 따라 넓을 수도 있고 좁을 수도 있으며, 심지어 그 삶의 智慧라는 것이 비도덕적인 데까지 적용될 수도 있는 것이다. 그러므로 삶의 智慧는 어쩔 수 없이 과거에 살고 간 사람, 현재 살고 있는 사람, 앞으로 살아갈 사람의 '사람됨'의 크기에 따라 달라질 수 있는 것이다. 달리 말하면 사람됨의 크기에 따라 天道를 볼 수도 있고 天道를 보지 못

---

12) Mircea Eliade, The Encyclopedia of Religion, Volume 15. Macmillan Publishing Company, p.393.

할 수도 있으며 天道를 意識조차 하지 못하는 경우도 있다. 한 가지 분명한 것은 天道와 관련을 맺지 않은 삶의 智慧, 삶에 관한 知的 眼目은 하잘 것 없는 處世術로까지 轉落될 수 있는 것이다. 「史記」에는 天道와 삶의 智慧가 하나로 된 상태에서부터 하잘것없는 처세술까지 모두 들어 있고, 여기서 어떤 것을 어떻게 배울 것인가는 전적으로 讀者의 '사람됨'의 크기에 달려 있다. 현재 갖고 있는 '사람됨'의 크기에 따라 볼 수밖에 없다면, 그는 언제나 그 크기와 비례하는 정도만큼 얻는다. 여기에 敎育이 들어갈 가능성이 생긴다. 그가 더 크고 더 많이 얻기를 원한다면, 필연적으로 敎育을 받을 수밖에 없는 것이다.

그러나 여기에 한 가지 根本的인 問題가 있다. 그것은 「史記」라는 옛날의 史書에 담긴 삶의 智慧가 어떻게 오늘을 사는 우리의 삶의 智慧가 될 수 있는가 하는 것이다. 「史記」는 이미 죽은 사람들의 '다 끝난' 이야기가 아닌가? 이 문제에 답하기 위하여 하나의 예를 들겠다. 그 例는 「史記」의 백이숙제 列傳에서 찾아볼 수 있다. 백이숙제와 같은 어질고 덕이 훌륭한 사람은 굶어 죽고 도척같은 사람은 천수를 누렸다. 과연 天道가 있는가? 없는가? 이 문제를 그 당시의 시점에서 보면 天道가 없는 것 같이 보인다. 그러나 司馬遷은 天道가 있는가 없는가를 확인해 보기 위해서는 적어도 4500년의 역사를 보아야 한다고 하였다. 따라서 天道가 있는가 없는가를 알아보기 위해서는 반드시 過去를 돌아볼 수밖에 없다. 왜냐하면 現在 天道가 作用하고 있는지를 확인해 볼 수 없는 경우는 얼마든지 있기 때문이다. 그러나 긴 세월을 두고 보면 天道가 작용하고 있다는 것을 확인할 수 있는 것이다. 그리하여 老子는 '天道無親 常與善人'이라고 한 것이다. 그러므로 백이숙제의 이야기는 죽은 사람들의 '다 끝난' 이야기가 아니라, 바로 오늘을 사는 우리의 삶의 智慧가 되는 것이다. 그 삶의 智慧는 '天網恢恢 疎而不失'-天道는 환하게 위에 있으면서 실제로는 善惡의 感應을 털끝만큼도 빠뜨리지 않는다-이라는 것이다.

司馬遷이 가지고 있는 문제는 "天道가 地上의 時變에 따라 일어나는 수많은 사건 속에서 얼마나 작용하고 있는가"하는 것이다. 한걸음 더 나아가 문제는 지상의 수많은 時變 속에 인간이 그 속에 살아야 한다는 점이다. 수많은 時變속에 살고 있는 인간은 현재 일어나고 있는 時變 그것 밖에 볼 수 없으며 한치 앞도 볼 수 없다는 데 歷史의 存在 意義가 있다. 만약 인간이 수많은 時變 속에 살고 있지만 언제나 먼 훗날에까지 어떻게 될 것인가를 알 수 있다면 歷史의 存在意義는 사라질 가능성이 있다. 그리하여 인간은 좀 더 손쉽고 확실하게 자신의 미래를 알 수 없는지를 생각한 결과 각종 迷信, 占, 運命, 呪術 등을 만들어 내었던 것이다. 그러나 그것이 거짓이라는 것은 누구나 알고 있다. 그러나 인간은 그것들을 그냥 믿고 싶은 것이다. 司馬遷은 여기에 代案的 方案으로서 인간에게 몇 가지 눈을 제시하고 있다. 그 눈―眼目 또는 智慧―이 迂廻的 眼目, 兩面的 眼目, 逆說的 眼目, 總體的 眼目이다.13)

그러면 이 네 가지 眼目과 天道와의 관련은 어떤 것인가? 天道는 한 개인이 그것을 자신의 마음속에 소유하고 있지 않을 때, 객관적으로 개인의 밖에 존재하는 것이지만, 그 天道가 개인의 마음속에 內面化되어 있을 때에는 네 가지 眼目으로 존재하는 것이다. 다시 말하면 天道가 인간의 삶 속으로 스며들어 轉化된 것이라고 말할 수 있다. 天道가 인간의 삶 속으로 스며들어가는 過程은 개인의 편에서 보면 '복잡하고 혼란스럽고 모순투성이인 이 세상 속에서 天道를 보게 되는 過程이며, 그 결과로서의 삶의 智慧는 天道를 따르는 개인의 삶의 자세로 구체화된다.14) 보통사람에게는 天道가 보이지 않는 것은 물론이며, 이것이 轉化되어 삶의 지혜로 되는 것도 보이지 않는다. 보통 사람에게는 출세, 돈, 행운, 권력, 승리, 기쁨 등의 '좋은 것'만 드러나 보인다. 그러나 이 속에 불행, 슬픔, 패배 등의 '나쁜 것'이 들어 있다는 것을 보지 못한다. 이것을 볼 수 있는 힘이 眼目, 智慧인 것이다. 智慧의 눈으로 보면, 보통사람의 눈에는 죽는 것이 사는 것이요, 지는 것이 이기는 것이요, 부자가 가난한 것이요, 기쁨이 슬픔이다. 그리하여 賢者의 삶의 자세는 보통사람의 눈에는 거꾸로 사는 모습으로 비치게 되는 것이다. 이제, 司馬遷은 그의 著書「史記」에서 우리에게 보여 준 '삶의 智慧'―'天道의 轉化―迂廻的, 兩面的, 逆說的, 總體的 眼目'을 제시해 보겠다.

---

13) 이 네 가지 眼目은 神子 侃의 「「史記」의 人間學」(1973)에 나와 있는 曲線的 思考法, 二面的 思考法, 逆說的 思考法, 總括的 思考法 등에서 배운 것이다. 그러나 이 思考法이라는 것은 司馬遷이 근본적으로 생각하고 있는 天道와는 아무런 관련을 맺고 있지 않았기 때문에 人間經營에서의 處世術로 변해 있었다. 本 研究에서의 네 가지 眼目은 원래 司馬遷의 意圖와 眼을 같이하여 天道와 관련되어 있는 '삶의 智慧'인 것이다.

14) 林炳德, 道德教育研究會 年次大會 討論資料(1993. 2. 19)에서 引用한 것임.

1. 迂廻的 眼目

세상을 살아가노라면 우리는 여러 가지 문제에 부딪히게 된다. 대부분의 사람들은 이때 곧바로 문제에 달려들어 그것을 해결하려고 드는 것이 보통이다. 그러나 그렇게 하면 할수록 문제는 더욱 엉키게 되고 시간이 흐를수록 더욱 곤란한 지경에 빠지게 된다. 그리하여 마침내 문제를 해결할 수 없게 되어 절망하며 포기해 버린다. 왜 이렇게 되었을까? 그 이유는 인간과 관련되어 있는 수많은 문제들은 그렇게 직선적으로 달려들어 해결될 수 있는 성질의 문제들이 아니기 때문이다. 어떻게 할까? 우리의 머릿속을 어지럽히지만 해결할 길이 없다. 이때 우리는 문제를 해결하기 위해서는 잠시 돌아가지 않으면 안된다. 여기서 '잠시'라는 말은 천도의 눈으로 보면 잠깐이지만 보통의 눈으로는 달, 해가 지나가는 것이기도 하다. 이것이 바로 '迂'이다. 여기서 '迂'라는 글자는 공간적으로 '빙 돌아간다'는 뜻도 있지만, 시간적으로 '억제하다'의 뜻에서 유추하여 '시간을 벌다'의 뜻도 들어 있다. 또한 '迂'에는 '曲'의 뜻도 들어 있다. '直'과 반대되는 아이디어도 들어 있다. 세상살이에서 벌어지는 제반 현상과 사물을 이와 같은 눈으로 볼 수 있는 힘과 능력을 '우회적 안목에서 생긴 지혜'라고 말할 수 있다. 「史記」에는 여러 가지 모습이나 형태로 이 '우회적 안목에서 생긴 지혜'가 담겨 있다. 이제 예를 들어 '우회적 안목'[15)]을 설명해 보겠다.

例. 秦穆公 32년 겨울, 晉의 문공이 죽었다. 鄭나라 사람이 鄭의 사정을 秦에 알려 왔다. "제가 나라의 성문을 맡고 있으니 鄭을 공격해 주십시요." 목공이 건숙과 백리해에게 이에 대해 물었더니 건숙과 백리해가 대답했다. "여러 나라를 가로질러 千里를 가서 다른 나라를 공격해서 이득을 볼 것이 없습니다. 게다가 그가 자기 나라를 팔아먹는데 우리나라 사람 중에도 우리 사정을 鄭나라에 알려주는 자가 없으리라 어찌 알겠습니까?" "不可합니다." 목공이 말했다. "그대들은 잘 알지 못하오. 나는 이미 결심했소." 그러고는 군대를 보냈는데 백리해의 아들 孟明視, 건숙의 아들 西乞術과 대부 白乙丙으로 하여금 군대를 통솔하게 하였다. 출병하는 날, 백리해와 건숙 두 사람이 통곡하였다. 목공이 듣고 노하여 말했다. "내가 군대를

---

15) 이하의 例 이외에도 湯王의 우회적 안목(殷 本紀), 武王의 우회적 안목(殷 本紀) 등의 예가 있다.

출정시키는데 통곡하여 내 군대를 막는 것은 무슨 까닭인가?" 두 노인이 말했다. "신들이 감히 임금의 군대 출정을 막는 것이 아닙니다. 이번 출정에는 신들의 자식도 같이 갑니다. 신들은 늙었고, 늦게 돌아오면 다시 보지 못할까 걱정되어 울었을 뿐입니다." 두 사람은 물러 나와 아들들에게 말했다. "너의 군사는 패할 것이고 틀림없이 효 땅에서 위기에 처할 것이다." 33년 봄, 秦의 군사는 동쪽으로 행군하여 晉의 땅을 질러, 周의 북문을 통과하였다. 주의 왕손 滿이 주왕에게 말했다. "진의 군사가 무례하니 틀림없이 패할 것입니다." 秦兵이 滑땅에 이르렀을 때, 鄭의 판매상인 현고가 소 12마리를 몰고 주나라에 팔러 가다가 秦의 군사를 보고서 죽거나 포로가 될까 걱정되어 그의 소를 바치며 말했다. "대국의 군사가 鄭나라를 치려 한다는 말을 듣고, 우리 임금께서 막을 준비를 하며 저를 보내 소 12마리로 군사를 위로하라고 하셨습니다." 秦의 세 장군이 서로 말했다. "鄭을 습격하려는 것을 鄭에서 벌써 알았으니 가 보아야 이득이 없을 것이다." 그러고선 滑을 멸망시켰다. 滑은 晉의 변읍이었다. 이때는 晉문공이 喪中으로 장례를 다 마치지 않았었다. 태자 양공이 화를 내며 말했다. "秦은 상중인 나를 모욕하고 상중이라고 우리 滑邑을 쳤다." 그러고는 상복을 검게 물들이고 군대를 출동시켜 秦의 군사들을 효에서 막고 공격하여 대파하니 살아 도망한 자가 하나도 없었다. 秦의 세 장군도 사로잡아 귀환하였다. 문공의 부인은 秦에서 시집 온 여자였다. 포로가 된 秦의 세 장군을 위하여 태자에게 부탁하였다. "목공의 이 세 사람에 대한 원한은 골수에 가득 찼다. 이 세 사람을 돌아가게 해서 목공으로 하여금 삶아 죽이게 해 목공의 기분이나 풀어 주었으면 좋겠다." 晉君이 허락하고 秦의 세 장수를 돌려보냈다.

세 장군이 돌아오자 목공은 소복으로 교외까지 나와 맞이하며 세 사람에게 울면서 말했다. "내가 백리해와 건숙의 말을 듣지 않아 세 사람을 욕되게 하였소. 세 사람에게 무슨 허물이 있겠는가? 그대들은 마음을 다하여(悉心) 설욕토록 할 것이며(雪恥) 태만하지 마시오(母怠)." 목공은 세 사람의 관직과 녹봉을 전과 같이 회복시켜 주고 더욱 후대하였다. 34년 목공은 다시 맹명시 등을 시켜 군대를 거느리고 晉을 치게 하여 彭術에서 싸웠으나, 불리하여 군대를 이끌고 돌아왔다. 36년에 목공은 맹명시를 더욱 후대하며 군대를 이끌고 晉을 치게 하였다. 맹명시는 강을 건너고 배를 불사르고 진나라 군대를 크게 무찔렀으며 왕건 및 학땅을 차지하여 효에서의 패전을 보복하였다. (史記, 秦本紀)

위의 例에는 세 가지 차원의 '迂廻的 眼目'이 있다. 첫 번째 차원은 백리해의 迂廻的 眼目이다. 백리해는 이번 출정에서 진다는 것도 알고 있었으며, 아들이 위기에 처하지만 살아올 것과 다시 준비하여 전쟁에 이길 것도 알고 있었다. 그리고 심지어 임금이 반성하여 새로워질 것까지도 알고 있었다. 그러나 백리해는 다만 보고 있으면서 시간을 벌었다. 이것이 바로 우회적 안목이다. 둘째 차원은 秦의 穆公의 우회적 안목이다. 그는 자신의 잘못을 깨닫고 세 장군을 처벌하지 않고 오히려 후대하면서, 悉心, 雪恥, 母怠라는 우회적 안목에서 나온 지혜의 말을 준 것이다. 세 번째 차원은 소 장수들의 우회적 안목이다. 이들은 소 12마리 보다는 나라를 망쳐 전 재산을 잃을 것을 알고 소 12마리를 그 자리에서 바쳤다는 지혜이다. 물론 본문에는 포로가 될까 두려워서 그랬다고 했으나 그 이하의 문맥으로 보아 그것은 별로 중요한 말이 아니다. 네 번째 차원은 세 장군과 晉君의 우회적 안목이다. 세 장군이 滑을 친 것과 晉君이 세 장군이 삶아 죽을 것이라는 안목이다. 그러나 이 안목은 오히려 패배와 멸망을 가져 왔다. 그것은 고차원의 우회적 안목 때문이다. 이것으로 보아 안목의 차이는 결국 그 사람의 '사람됨'에 달려 있음을 알 수 있다. 이 예에서 우리는 "迂"의 돌아간다고 하는 지혜, 다시 말하면 돌아서 결국 자신의 부족한 점, 잘못된 점을 찾아 고치는 지혜를 확인하였고, '迂'의 시간을 번다에서 시간을 벌어 재충전, 재도전의 기회를 참고 참으며 기다리는 지혜를 확인하였다. 그러나 이 우회적 안목이 모든 것을 볼 수는 없다. 다시 말하면 이 안목으로 보이지 않으나, 다른 안목으로는 보이는 것이 있다. 그 안목의 다른 하나가 '兩面的 眼目'이다.

2. 兩面的 眼目

세상 사람들은 禍를 두려워하고 福을 반가워한다. 그러나 世上萬事에는 모두 禍福의 兩面이 있어서, 그것이 때와 장소에 따라 福이 되기도 하고, 禍가 되기도 하는 것이다. 그러므로 絶對的으로 禍인 것, 절대적으로 福인 것은 있을 수 없는 것이다. 여기에 세상만사의 妙味가 있는 것이다. 福을 얻으면 기뻐 날뛰고, 발을 헛딛어 禍를 입으면 실망하고 낙담하여 밑바닥으로 가라 앉아 떠오를 줄을 모른다. 이것이 바로 주체없이 외계의 놀음에 놀아나는 꼭두각시인 것이다. 福이 찾아 왔을 때, 거기에 이미 禍의 씨앗이 潛伏해 있음을 놓치지 말아야 하고, 禍가 찾 아오면 거기에 福이 숨겨져 있음을 간파하여야 하며 禍를 福으로 바꿔 놓을 것을 다짐하면서 희망을 갖고 참고 견디어야 인생의 묘미를 삶 속에서 살릴 수 있는 것 이다. 이와 같은 지혜를 老子에서 찾을 수 있다. 老子는 '禍는 福으로 말미암아 있고, 福에는 禍가 숨어있다.'(禍兮福之所倚 福兮禍之所伏, 58章)고 말하였다. 禍는 禍이지 福으로 말미암아 생기는지 모르고, 福은 福이지 그 속에 禍가 숨어 있는지 모른다. 이것의 실제 예화로는 '人間萬事 塞翁之馬'(淮南子)이다. 회남자는 이것을 다시 '복과 화는 문을 같이하고 이와 해는 이웃을 이룬다'(禍與福同門 利與 害爲隣)고 하였다. 이것이 兩面的 眼目에서 생긴 智慧이다.

例. 司馬季主는 초나라 사람으로 長安 東市에서 점을 치고 있었다. 당시 송충 은 중대부였고, 賈誼는 博士였는데 언제인가 같은 날 휴가를 얻어 물러 나오게 되 었다. 이러저러한 이야기를 하다가 두 사람은 같은 수레를 타고 시장으로 가서 점 치는 가게로 들어섰다. 마침 비가 내리는 중이라서 길에는 오가는 사람도 적고 하 여 사마계주는 한가롭게 자리에 앉아 제자들과 천지의 도와 일월의 운행, 음양길흉 의 근본을 논하고 있었다. 잠시 그들은 禮로 맞이하고 곧 이어서 천지의 끝과 일월 성신의 운행규칙을 밝히고 인의를 질서있게 설명하며 길흉의 징험을 열거하고 있었 는데, 그 말은 몇천 마디였지만 이치에 벗어나는 것은 하나도 없었다. 놀란 송충과 가의는 깨닫는 바가 있어 물어 보았다. "선생님을 뵈옵고 선생님의 말씀을 들으니 일찍이 뵈옵지 못한 것 같습니다. 그런데 지금 어떻게 이런 낮은 처지에 계시면서 점쟁이라는 천한 일을 하고 계십니까?" 사마계주는 배를 안고 크게 웃으며 말했다. "보아하니 당신들도 학문이 있는 분들 같은데 이 또 무슨 고루하고 천박한 말씀이 요. 대체로 당신들이 어질다고 하는 사람은 어떤 사람입니까? 또 고상하다고 보는 사람은 어떤 사람입니까? 또 어떻게 나를 낮고 천하다고 생각하십니까?"

송충과 가의는 말했다. "높은 벼슬 후한 봉록은 세상 사람들이 고상하다고 하는 것이니 현능한 사람은 그같은 지위에 있습니다. 그런데 선생은 그런 지위에 계시 지 않으니 낮다고 말한 것입니다. 점장이 노릇으로 부당한 돈을 받고 있기에 천한 일을 하고 있다고 말한 것입니다." 사마계주는 여기에 응하여 다음과 같이 말했다.

"그럼 편안히 앉아 천천히 들어 주시오." 하고 긴 말을 한다. 요컨대, "세상에는 어진 사람과 어질지 못한 사람을 알아보는 사람이 흔하지 않습니다. 현자가 하는 일은 道를 행하며 바르게 간하고 세 번 간해도 듣지 않을 때에는 물러나는 것입니다. 남을 칭찬함에 보상을 바라지 않으며 남을 미워해도 원한을 사게 되는 것을 두려워하지 않으며 나라에 편리하고 대중에 이익이 되도록 하는 것을 임무로 압니다. 그러므로 자기가 적임이 아니라고 생각되는 관직에는 나아가지 않으며 자기 공로에 알맞지 않다고 생각되는 봉록은 받지 않습니다. 사람이 바르지 못한 것을 보면 그가 높은 자리에 있더라도 존경하지 않으며 사람에게 더러운 점이 있는 것을 보면 그 사람이 높은 신분을 가진 사람이라도 몸을 굽히지 않습니다. 지위를 얻어도 기쁨으로 삼지 않고 이를 잃어도 원한을 품지 않습니다. 자신이 죄를 범하지 않았으면 몸이 묶이는 치욕을 당해도 부끄러워하지 않습니다. 그런데 지금 두 분께서 말한 현자는 모두 부끄러워해야 할 존재입니다. 두 분께선 올빼미와 봉황이 함께 나르는 것을 보셨습니까? 올빼미가 제멋대로 날뛰면 鳳凰은 자취를 감춥니다. 군자가 물러나 세상에 나타나지 못하게 되는 것은 두 분께서 현자나 고상한 사람이라고 하는 그 무리들 때문입니다."

"점치는 사람은 깨끗이 쓸고 자리를 정한 다음 의관을 바르게 하여 비로소 일의 길흉과 성패를 말하는데 이것은 곧 禮義가 갖춰져 있는 것입니다. 일의 길흉과 성패를 묻게 되면 귀신이 이에 응하는 일도 있으므로 그에 의해 충신은 그 임금을 섬기고 효자는 그 어버이를 받들며 사랑하는 아비는 그 자식을 양육하게 되나니 곧 덕이 있는 것입니다. 그 덕으로 말하면 도저히 수십 전이나 백 전의 가치로 따질 것이 못됩니다. 이것이야말로 저 老子가 말한 '上德不德 是以有德'－最上의 德은 얼른 보아 德과 같지 않다. 그러므로 德이 있는 것입니다. 대체로 점치는 사람은 천하에 베푸는 덕은 크고 자기가 받는 사례는 적은 것입니다. 莊子도 '君子內無飢寒之患 外無劫奪之憂 居上而敬 居下不爲害 君子之道'－군자는 안으로는 굶주리고 떨 염려가 없고, 밖으로는 겁탈당할 걱정이 없으며, 윗자리에 있어서는 존경을 받고 아랫자리에 있어서는 害가 되지 않는다. 이것이 군자의 道이다－라고 했습니다. 대개 점치는 사람은 일의 성질상 몇 개 안되는 筮竹과 算木이 필요할 뿐이어서 쌓아 올려도 부풀 것이 없고 간직하는 데는 창고가 필요하지 않으며 옮기는 데는 짐수레가 쓰이지 않고 짐을 꾸려 짊어져도 무겁지 않습니다. 그런데도 어느 곳에 머물러 쓰게 되면 언제까지고 다할 때가 없습니다. 다함이 없는 물건을 가지고 끝이 없는 세상에 놀게 되므로 莊子의 자유로운 행동도 이보다 더하지는 못할 것입니다. 두 분께서는 어째서 점을 업으로 하는 것을 나쁘다고 하십니까?" 듣고 있던 두 사람은 忽然自失하고 茫然無色하여 蒼然히 입을 다문 채 말을 하지 못했다.(「史記」, 日者列傳)

왜 이렇게 되었을까? 자신들이 도저히 보지 못했던 또 다른 면을 생생하게 보여 주었기 때문이다. 이것이야말로 '兩面的 眼目에서 나온 智慧'의 極致라고 말할 수 있을 것이다. 이 예16)에서 우리는 눈으로 비유하여 말하면, 또 하나의 눈이 있음을 확인할 수 있었다. 이것을 復眼이라 해도 좋다. 겉눈과 속눈이라 해도 좋다. 이와 같은 눈을 가지고 있는 사람은 조용히 세상을 바라보며 사는 것으로 족하다. 적극적으로 어떤 일을 성취하려고 나서기보다는 조용히 바라보고 있을 뿐이다. 대개는 세상에서 숨는다. 세상에 드러나지 않는다는 말이다. 그러나 우리의 삶은 어떤 형태로든지 간에 남에게 영향을 주며 살아야 한다. 이와 같은 눈을 가지고 살 때에는 적극적인 삶의 태도를 가지기보다는 소극적인 삶의 태도를 가질 수밖에 없다. 왜냐하면 그에게 두 개의 눈이 있기 때문이다. 사태의 한 면과 다른 한 면을 볼 수 있는 눈을 가진 사람은 어떤 행동을 취하려면 또 하나의 다른 눈이 필요할지 모른다. 이 눈이 '逆說的 眼目'이다.

3. 逆說的 眼目

逆說이라는 말은 겉으로 보기에는 불합리하거나 서로 모순되는 것 같으나 그 속에는 진리를 간직하고 있다. 그리하여 때로는 진리의 요소를 내포한 개념들을 과장하여 표현하기도 한다. 대개의 경우 이 역설은 심각한 생각을 전하고자 할 때 주로 사용한다. 예컨대, 반대자들과 논쟁을 할 때, 아직 헌신하지 못하는 사람과 대화를 할 때, 역설을 말함으로써 어떤 관념을 명확히 부각하려고 할 때, 주로 사

---

16) 이 例 以外에 「史記」 南越傳, 魯仲連列傳, 貨植列傳 等에도 있다.

용한다. 소크라테스는 이 역설의 대가이다. 키에르케고르의 표현을 빌면, '소크라테스는 개인에게 변증법의 진공펌프를 들이대고 이때까지 그 개인이 들여 마시던 공기를 빼버린 채 그를 방치해 둔다. 이런 꼴을 당한 개인은, 혹시 순수한 진공을 들여 마실 수 있다면 몰라도 그럴 수 없는 이상, 완전히 의지가지없는 상태로 된다'(The Concept of *Irony*, p.203)고 하였다. 예수는 바리새인들이 행한 고발에 대하여 그들이 '하루살이는 걸러내도 약대는 삼킨다'(마 23:24)고 하였다. 역시 동양에는 老子가 있다.

孔子가 周나라에 갔을 때 禮를 노자에게 물으려 하자, 노자는 이렇게 말한다. "그대가 말하는 옛날의 聖人은 그 육신과 뼈다귀가 이미 썩어져서 지금에는 다만 그 말한 바를 남겼을 뿐이다. 군자는 때를 얻으면 수레를 타고 貴한 몸이 되지만, 그렇지 못할 때에는 떠돌이 신세가 되고 마는 것이다. 진정한 장사치는 물건을 깊이 간직하여 밖에서 보기는 空虛한 것 같이 보이지만 속이 實한 군자는 풍성한 德을 폼에 깊이 감추어 우선 보기에는 어리석은 것 같이 보이지만, 사람됨이 충실하다고 들었다. 그대는 몸에 지니고 있는 그 驕慢한 것과 욕심많은 것과 젠체 하는 것과 산만한 생각 따위를 버려라. 그런 것은 그대를 위하여 아무런 이됨도 없는 것이다. 내가 그대에게 말하고자 하는 것도 다만 이것뿐이다.(「史記」, 老莊申韓列傳) -이것은 老子가 逆說的 眼目에서 孔子를 보고 한 智慧의 말이다.

위왕은 손빈과 병법에 관한 문답을 한 다음 스승으로 받들었다. 그 뒤 위나라가 조나라를 공격하자, 조나라는 제나라에 구원을 청했다. 위왕은 손빈을 장군으로 삼아 조나라를 구원하려 했으나, 손빈이 계책을 올린다. "실이 엉킨 것을 풀려면 잡아당기거나 두들겨서는 안됩니다. 싸움을 편들려면 덮어 놓고 주먹만 휘두른다고 되는 것이 아닙니다. 상대방이 노리는 점을 가로 막을 것이 아니라, 상대방의 허점을 칠 때, 싸움은 자연 풀리게 됩니다."「史記」, 孫子吳起列傳) 보통의 경우, 사람들은 실이 엉키면 잡아당기고 싶고, 잡아당기면 더 나아가 두들겨 보기까지 한다. 그렇다고 해서 엉킨 실이 풀리는 것이 아니다. 오히려 그 반대이다. 또한 상대방이 노리는 점을 가로막지 말라는 것도 마찬가지이다. 그러나 여기서 그렇게 하지 말라고 하면서 오히려 그 반대로 상대방의 무방비 상태에 있는 허점을 치라고 말한다. 이것은 손빈의 말이다. 그러나 태사공(사마천)은 이렇게 말한다. "옛말에 능히 행하는 사람이 반드시 말하는 것이 아니며, 능히 말하는 사람이 반드시 행하는 것이 아니다.(語曰 能行之者 未必能言 能言之者 未必能行)"라고 하면서, 손빈은 龐涓을 치는 데는 밝았지만, 그에 앞서 그에게 형벌을 당하는 禍를 방지하지는 못했다고 하였다. 이와 같이 손빈과 같은 똑똑한 사람도 자신에게 닥쳐올 일은 현명하게 대처하지 못한 것은 얼마나 逆說的인가?

例. 蔡澤은 秦나라로 그리고는 소왕과 만날 기회를 만들려고 먼저 사람들에게 다음과 같은 소문을 퍼뜨려 應候를 격분시키고자 했다. "연나라 사람인 채택은 천하의 영웅호걸로서 변론이 뛰어나고 지혜가 놀라운 선비다. 그가 한 번 秦나라 왕을 만나기만 하면 진왕은 그를 좋아하여 반드시 범수를 궁지로 몰아넣고 필경은 그의 지위를 앗게 될 것이다." 응후는 그 소문을 듣자 사람을 보내 채택을 불렀다. 어디 한 번 이야기를 들어보자. 채택은 말했다. "어떻게 아직도 그런 걸 모르고 있단 말입니까? 봄, 여름, 가을, 겨울도 각각 맡은 일을 끝내면 다음 절기와 교대하게 되는 것입니다. 사람이 세상에 태어난 이상은 百體가 건강하고 손발이 말을 잘 듣고 귀와 눈이 밝고 마음이 광명하고 지혜로운 것이 선비된 사람의 소원이 아니겠습니까?" 이렇게 말을 시작하면서, "저는 '물을 거울로 하는 사람은 자기의 얼굴을 보고 사람을 거울로 하는 사람은 자신의 길흉을 안다'(鑒於水者 見面之容 鑒於人者 知吉與凶)고 들었습니다. 또 글에 말하기를 '성공 밑에는 오래 머물러 있지 말라'(成功之下 不可久處)고 했습니다. 저들 네 사람(상군, 백기, 오기, 대부 종)의 禍 가운데 어디에 몸을 두시려 합니까? 어째서 이 기회에 재상의 직언을 돌려주고 어진 사람에게 자리를 물려 준 다음, 물러나 바위 밑에 살며 냇가의 경치를 구경하지 않습니까? 그러하시면 반드시 백이와 같은 깨끗한 이름을 얻게 되고 영원히 응후로 불리어 子子孫孫이 代代로 제후로 있게 되며, 허유와 연능, 계자와 같은 겸양의 칭송을 받고, 왕자 교, 적송자처럼 오래 사시게 될 것입니다. 禍를 입어 일생을 마치는 것과 어느 쪽이 낫겠습니까, 상공은 어느 쪽을 택하시겠습니까? 만약 지금의 지위를 떠나는 것이 아까워 결단을 내리지 못한다면 반드시 저들 네 사람과 같은 禍가 이를 것입니다. 周易에 이르기를 '끝까지 올라간 용은 뉘우칠 날이 있게 된다'(亢龍有悔)고 했습니다. 이것은 오르기만 하고 내릴 줄 모르고, 뻗을 줄만 알고 굽힐 줄 모르며 나아가는 것만 알고 돌아설 줄 모르는 사람을 비유해 말한 것입니다. 바라옵건대 깊이 생각하십시오."(「史記」, 范雎蔡澤列傳)

여기서 '끝까지 올라간 龍'은 스스로 끝까지 올라갔다는 것을 모를 가능성이 있다. 그리하여 더 올라가려고 할 것이다. 그러나 더 올라가려고 할 것이 아니라, 오히려 내려갈 것을 생각해야 한다. 뻗을 줄만 알았지 굽힐 줄 모르며, 나아갈 줄만 알고 돌아갈 줄 모르게 되어 禍를 자초하게 된다. 일을 성취하려면, 그 일이 무슨 일이든지 욕심을 부리지 않을 수 없다. 그러나 그 욕심을 그칠 줄 알기란 극히 어렵다. 가지고 만족하기보다는 더 가지려고 욕심을 부려 그 가진 것마저 잃게 되는 것이다. 여기서 이러한 사태를 막기 위하여 가질 수 있는 눈은 '逆說的으로 생각하는 것' 또는 '사물과 현상을 거꾸로 볼 줄 아는 것'이다. 이 지혜를 갖추고 나면 어떤 모습으로든지 행동으로 보여 주고 싶은 것이다. 이제 우리는 다시 天道를 생각해 보아야 한다. 이 천도를 볼 수 있는 눈이 필요하다. 이 눈이 '總體的 眼目'이다. 그러면 總體的 眼目이란 무엇인가?

4. 總體的 眼目

天道는 無私하다. 天道는 個人의 意志와는 아무런 相關이 없이 흐른다. 현재 개인의 눈앞에 보이는 것은 눈앞에 벌어지고 있는 현실이다. 그러나 恒常 善人 편에 선다. 이 眞理에도 불구하고 人間에게는 限定된 짧은 生命밖에는 없다. 이 짧은 生命이 存在하고 있는 동안에 天道가 善人 편에 선 것을 確認할 수 있으면 좋겠지만, 그렇지 못한 경우가 너무나 많다. 그러면 인간으로서 할 수 있는 일이란 어떤 것인가? 그것은 오로지 過去를 살펴보는 일뿐이다. 司馬遷은 4500년을 살펴야 한다고 했다. 이 기간 동안이라면 天道가 善人 편에 선다는 것을 確認할 수 있을 것이다. 過去의 발자취를 돌아보아 天道를 확인할 수 있는 눈 그것이 바로 '總體的 眼目'이다. 이 總體的 眼目을 說明하기 위해서는 「史記」 전체를 말하여야 한다. 「史記」에서의 天道, 즉 하늘의 秩序, 털끝만큼도 차이가 나지 않는 엄연한 秩序, 이것은 地上에서도 과연 이룩될 수 있는가, 아니면 이룩될 수 없는가? 적어도 이 질서가 지상에서도 이룩되는가를 확인하기 위해서는 司馬遷의 관점에서 보면 '總體的 眼目' 또는 '歷史的 眼目'이 있어야 하는 것이다.

여기에 한나라의 宰相을 選定하는 일이 있었다. 이 일은 작게 보면 한 개인이 재상이 되는가 되지 못하는가 하는 문제일 수 있지만 歷史的 眼目으로 보면 한나라의 運命이 결정되는 일이기도 하다. 이 장면이야말로 總體的 眼目이 힘을 발휘하지 않으면 안되는 일이다. 그러므로 바로 그 예를 들어 보고자 한다.

例. 宰相의 人選問題로 文候는 李克의 의견을 물었다. 선생은 寡人에게 일찍이 말하기를 집이 가난하면 良妻를 생각하게 하고, 나라가 흔들리면 良相을 생각하게 한다고 하였습니다. 이제 宰相의 후보자로서 작황과 위성자 두 사람을 꼽고 있는데 선생은 어느 쪽이 적임자라고 생각하십니까? 이극은 대답하기를 신이 듣건대, 卑賤한 것이 尊貴한 일을 도모하는 일에 끼일 수 없으며 먼 사람이 친척 일에 끼는 것이 아니라고 하였고, 臣은 公門 밖에 있으므로 卑賤하고 疎遠한 處地에서 감히 말할 처지가 못됩니다. 文候가 말하기를 "아니, 선생, 염려말고 거리낌 없이 의견을 말해 주시요." 이극이 말하기를 "候께서 스스로 결정해 주십시오. 그것을 臣에게 물으신 것은 候께서 아직 살피지 않아서입니다. 그러나 굳이 말씀드린다면, 인물을 분별하는 기준은 다음 다섯 가지로 족합니다. 즉, 평시에 살아가면서 누구와 친했는가를 보십시오.(居視其所親) 富할 때 누구를 도와주었는가를 보십시오.(富視其所與) 출세했을 때 누구를 등용했나를 보십시오.(達時其所擧) 窮하고 厄運에 빠졌을 때 할 바를 하지 않았는가를 보십시오.(窮視其所不爲) 가난했을 때 걸근대지 않았는가를 보십시오.(貧視其所不取) 이 다섯 가지로 충분합니다. 이극의 대답을 무엇 때문에 기다리겠습니까?" 文候曰 "선생은 물러가 쉬시오. 과인은 재상을 결정했습니다."

위의 例에서 李克은 人物을 分別하는 基準으로서 다섯 가지를 제시하고 있다. 이 다섯 가지 기준은 어느 것 하나도 個人의 過去와 關聯이 없는 것은 없다. 예컨대, "평시에 누구와 친하게 지내는지를 보시요"라는 기준을 보면, 평시라는 것이 이미 과거와 관련되며, 개인의 歷史와 관련되는 것이다. 나머지 네 가지 기준도 마찬가지이다. 개인의 경우는 過去의 자취가 비교적 생생하게 기억에 있거나 記錄

이 남아 있다. 그러나 國家와 社會나 民族과 같은 대단위로 이 기준을 확장하면, 개인의 기록이나 기억으로는 한계가 있다. 그러므로 '歷史'의 기록이 존재해야 하는 것이다. 그것도 정확한 기록이어야 한다. '정확한'이라는 말을 썼지만, '정확한'이란 어떤 의미를 가지고 있느냐 하는 것이 문제이다. 東洋에서는 '春秋의 直筆'이요, 서양에서는 랑케의 유명한 말 '본래 그것이 있었던 그대로'(Wie es eigentlich gewesen)라는 말과 관련된다. 요컨대, 總體的 眼目은 歷史 속에서 天道를 확인하는 눈이다.

지금까지 우리는 네 가지 眼目에 관하여 논의하였다. 즉 迂廻的 眼目, 兩面的 眼目, 逆說的 眼目, 總體的 眼目 등이 그것이다. 그러면 문제는 이 네 가지 眼目 사이에는 어떤 관련이 있는가 아니면 독립적으로 意味를 가지는가 하는 것이다. 여기에서의 초점은 네 가지가 발달적 관계가 있다든지 시간적, 연속적 관계가 있다든지 하는 데 있는 것이 아니라, 이 네 가지 眼目은 그 나름대로 '삶의 智慧'의 한 측면을 나타내며, 이 한 측면은 우리의 삶의 어두운 구석을 비춰주는 빛이 되기도 한다. 따라서 司馬遷의 「史記」에서 제시한 '삶의 智慧'가 이것이 전부인가 하는 質問은 意味가 없다. 얼마든지 다른 측면에서 삶의 智慧를 찾을 수 있을 것이다. 그러나 이 智慧들을 살펴보는 동안에 이 智慧들이 복잡하고 혼란스럽고 矛盾투성이의 이 세상을 天道에 맞게 살아가려면 있어야 할 智慧들이며 이 智慧로 세상을 바라보는 것이 우리의 마음을 후련하게 해준다는 느낌을 받았다. 그런 느낌을 받으면서 어떻게 우리 자신이나 우리의 後孫들에게 이와 같은 智慧들을 傳授받으면서 다른 한편 물려줄 수 없는가 하는 욕심을 숨길 수 없다. 이 생각의 일단을 道德敎育의 示唆로 나타내 보려고 한다.

Ⅳ. 道德敎育에 주는 示唆

「史記」를 道德敎育과 관련하여 생각해 보기 위해서는 두 가지 側面을 고려해야 한다. 즉, 하나는 「史記」의 問題意識과 그 解答方式이 道德教育에 어떤 示唆를 주는가 하는 것이며, 다른 하나는 「史記」에 담긴 삶의 智慧 즉, 迂廻的 眼目에서 생긴 智慧, 兩面的 眼目에서 생긴 智慧, 逆說的 眼目에서 생긴 智慧, 總體的 眼目에서 생긴 智慧 등이 道德教育에 어떤 示唆를 주는가 하는 것이다. 우선 「史記」의 問題意識과 그 解答方式이 道德教育에 주는 示唆이다. 그 問題意識은 天道가 인간이 살고 있는 이 세상의 時變 속에 있는가 없는가 하는 것이다. 여기서 한 가지 중요한 示唆는 天道가 있다고 믿고 사는 삶과 天道가 없다고 믿고 사는 삶이 다르듯이, 道德教育에서도 절대적으로 옳은 것이 있다는 생각을 가지고 접근하는 방식과 상대적으로 옳은 것이 있을 뿐이라는 생각을 가지고 접근하는 방식은 다를 것이다. 따라서 司馬遷 「史記」의 '太史公 自序'에서 확인할 수 있듯이 그는 절대적으로 옳은 것이 있다는 믿음을 가지고 있었다.

다음으로 「史記」에 들어 있는 '太史公 曰'에서 道德教育의 示唆를 찾아보고자 한다. '太史公 曰'은 각 편마다 빠짐없이 나올 뿐만 아니라, 내용 중에는 司馬遷 자신이 직접 見聞하였으나, 본문에서 언급되지 않은 사실을 보충한 것도 있고 서술한 내용과 관련된 史蹟을 직접 방문하면서 느낀 저자의 감회, 또는 자료의 취사선택의 이유 등도 포함되어 있고, 특정한 사건의 결과, 개인 또는 정치에서의 성공과 실패에 대한 원인 분석과 道德的인 評價도 들어 있다. 道德的 評價에서는 냉정하고도 엄격한 실증주의자 司馬遷을 볼 수도 있으며, 때로는 도저히 설명할 수 없는 거대한 歷史의 變化와 矛盾 앞에서 당황하기도 하고, 때로는 悲嘆에 젖어 歎息하기도 하며, 鬱憤과 忿怒를 직접 토로하기도 하며, 때로는 한 인간의 생애에 冷酷한 斷罪를 내리기도 하며, 한 인간의 좌절과 실패에 무한히 동정하고 공명하기도 한다.17) 그리하여 司馬遷은 '太史公 曰'을 통하여 사람들에게 道德問題를 意識시키기도 하고, 道德的 問題에 대한 깊은 思考를 促求하기도 하면서, 그리고 道德的 體驗을 追體驗(re-enactment)하도록 하여 보다 天道에 합치되는 道德的 人間, 다시 말하면 天道와 人道가 合致된 人間을 길러 보자는 의도를 그 깊숙한 이면에 품고 있었을 것이다. 인간은 눈앞에 벌어지는 한 치 앞도 예측할 수 없는 變化無雙한 현상 속에 놀아나지 말고, 우회적 안목, 양면적 안목, 역

---

17) 李成珪 編譯, 上揭書, pp.63-64

설적 안목, 총체적 안목으로 그 뒤에 변하지 않는 天道를 묵묵히 따라가야 한다는 것을 가르치려고 했을 것이다.

세 번째로 「史記」에 담겨 있는 '삶의 智慧'가 道德敎育에 주는 示唆이다. 여기에 담긴 '삶의 지혜'는 그 자체가 이미 道德敎育의 內容이라고 할 수 있다. 이 말에는 좀더 생각해 보아야 할 문제가 있다. 그것은 歷史와 道德의 관계이다. 달리 말하면 현재의 사실을 기초로 규범적 판단을 내리는 것이 오류라면, 그런 케케묵은 과거 사실을 기초로 도덕적 판단을 내리는 것은 더욱 심각한 오류가 아닌가 하는 것이다. 이 문제를 본격적으로 생각해 보기에 앞서 과거 우리의 선조들이 행한 방식을 더듬어 보면, 예컨대 임금에게 어떤 道德的 判斷 내지 어떤 狀況을 判斷하려고 할 때 대개의 경우 중국의 케케묵은 歷史에서 인용하여 거기서 歸納된 道德的 原理를 내세워 그것을 援用하여 判斷하도록 하였다. 그러면 우리의 선조들이 행한 행위는 모두 심각한 誤謬 속에서 이루어져 왔다고 볼 수 있는가 하는 문제가 있다. 歷史가 만일 過去를 다루고 現在를 다루는 것이 아니라면, 언제까지가 現在이며, 언제부터가 過去라는 확실한 基準이 있는가, 있다면 그것은 무엇이며, 그 基準은 어떻게 正當化되는가 하는 문제가 생긴다. 歷史와 道德과의 관련에서 말을 해 보면 역사 속에서 도덕과 관련없는 내용이라는 것이 과연 무엇인가 하는 것이다. 우리의 도덕 교과서의 내용을 보더라도 역사와 관련을 맺지 않는 것은 거의 없으며, 설사 역사와 관련없이 만든 가공적 이야기라 하더라도 역사와의 관련을 빼버리면 그 가공적 도덕내용도 의미가 없어질 것이다. 따라서 우리는 '自然的 誤謬'의 문제를 좀 더 심각하게 따져 보아야 할 것이다.

네 번째로 「史記」는 그 구성 자체와 표현기술에 이르기까지 거기에 담겨 있는 삶의 지혜가 어떻게 우리 인간에게 내면화되는지를 보여주고 있다. 예컨대, 「史記」의 列傳 부분을 보면, 맨 처음에 伯夷列傳을 내어 놓았고, 맨 끝부분에 貨殖列傳을 놓고 있다. 왜 그렇게 구성했을까? 한 가지 이유로 司馬遷은 伯夷列傳에서 극단적인 名分論을 내세웠고, 貨殖列傳에서 철저한 物質主義의 세계를 기술하고 있다. 貨殖列傳에는 다음과 같이 묘사하고 있다. 즉, "창고가 차야 예절을 알고 의식이 넉넉해야 榮辱을 안다고 한다. 禮는 재산이 있으면 생기고 재산이 없으면 사라진다. 그러므로 군자가 부유하면 즐겨 그 덕을 행하고 소인이 부유하면 그 힘에 맞는 일을 한다. 못은 깊어야 고기가 있고, 산은 깊어야 짐승이 살듯이 사람은 부유해야만 仁義가 따른다"라고 말하고 있다. 이와 같이 열전의 처음과 끝에 백이열전과 화식열전을 배열하였다는 것은 물질에 대한 정신의 우위를 시사한 것이 아닌가 하는 생각을 해 본다. 이것은 또, 物質과 精神은 이 세계를 구성하고 있는 양대 요소이므로, 인간은 어차피 정신과 물질, 道德的 理性과 利己的 本能 사이의 양극을 끊임없이 배회하면서 살아갈 수밖에 없다는 인간의 고뇌를 보여주고 있는 지도 모른다. 「史記」 전체의 체제는 물론이고 각 구성요소의 권수, 서술의 위치와 배열의 순서까지 司馬遷은 자신의 歷史觀, 世界觀, 人生觀이 투영되도록 象徵的, 暗示的 方法을 사용한 것 같다. 또한 여기서 우리는 司馬遷의 「史記」의 구성과 배열에서 어떤 道德敎育의 方法上의 示唆를 받을 수도 있다. 그것은 道德敎育의 內容의 傳達은 直接傳達이 아닌 間接傳達이 더 중요하다는 것을 말하고 있는지 모른다.

끝으로 司馬遷은 자신이 전달하고자 한 道德的 意味를 文章技法을 통하여 보다 鮮明하게 보여 주고 있다. 이것도 道德敎育에 중요한 示唆를 준다. 예컨대, 번쾌가 모두 176급을 참수, 288인을 포로로 잡고, 또 7번 군대를 격파, 5개의 성을 함락, 6군 52현을 평정하면서 1인의 승상, 12인의 장군, 2천석 이하 300명의 관리 11인을 사로잡은 전공을 세울 때까지 계속, 從, 常從, 却敵, 先登, 攻, 擊, 斬首, 賜, 爵 등을 지루할 정도로 반복하면서 번쾌의 전공과 지위 상승을 기록했을 때[18] 司馬遷은 어떤 의도를 가지고 있었을까? 아마도 그것은, 항상 주군을 따라 戰場을 뛰어 다니며 전공을 다투는 능력밖에 없는 인간, 마치 사냥개가 들짐승을 잡을 때마다 맛있는 음식을 얻는 것처럼 전공을 세울 때마다 賞을 받는 전형적인 武人의 면모를 上記한 單語들의 반복을 통하여 부각시킴으로써, 단지 본능적인 충성과 용맹만을 성공으로 여기는 사냥개적인 인간형을 제시하기 위한 것이며, 특히 이 열전 첫머리에 (「史記」, 번려등관 列傳) 그의 본업이 개屠殺業이었다는 것을 들추어 낸 것은 미리 무엇을 암시한 것처럼 보인다.[19] 그러나 여기에는 중요한 理論的 問題가 提起된다. 즉, 道德敎育資料에 어떤 道德的 判斷을 담은 表現이 들어가는 것이 옳은 것인가 아니면 가능하면 道德的 判斷을 담지 않은 表現(예컨대, 數學의 記號같은 것)으로 해야 옳은가 하는 問題이다.

---

18) 李成珪 編譯, 上揭書, pp.89-70.
19) 上揭書, p.70.

V. 結 論

　이제 이 글을 마칠 때가 되었다. 지금까지 司馬遷이 「史記」에서 어떤 問題意識을 가지고, 무슨 解答을 하려고, 어떻게 努力하였는지를 살펴보았다. 司馬遷의 「史記」를 공부하는 동안에 여러 가지 感懷가 많았지만 무엇보다도 마음을 울려준 것이 있다고 하면, 그것은 司馬遷 자신이 鬱憤을 깨끗하게 昇華하여 「史記」라는 위대한 著書를 만들었다는 점이다. 그것은 그의 말대로 '개인적으로 마음속에 미진한 바가 있는 것을 恨으로 여겼고, 죽은 후 文采가 후세에 드러나지 않는 것을 수치로 여겼기 때문에' 최선을 다함으로써 나온 결과일 것이다. 아직도 우리의 마음을 맴돌고 있는 것은 여전히 그가 제기한 위대한 문제 −天道는 인간이 살아 움직이는 時變 속에 있는가 없는가−이다. 이 問題의 解答이 「史記」라고 볼 수 있으며, 우리는 후에 태어났다는 이 점을 최대한으로 살려 그의 著書 「史記」 속에 담겨 있는 '삶의 智慧'를 道德敎育의 理論으로 새롭게 誕生시켜야 할 義務가 있는 것이다. 이제 「史記」를 막 공부하기 시작한 學徒로서 다시 한 번 마음을 다져 본다.

參考文獻

桂五十郎, 「史記 國字解」 第1卷－第5卷, 早稻田大學 出版部, 大正 8年.

神子侃, 「史記의 人間學」, 金炳泰(譯), 중앙문화사, 1975.

李成珪(編譯), 「史記」, 서울대학교 출판부, 1987.

李烘雨, "社會的 規範으로서의 周易", 「道德敎育硏究」 第3輯, 한국교육학회 도덕
교육연구회, 1986.

Joseph Needham, *Science and civilization in China*, 李錫浩 外(譯),
「中國의 科學과 文明」, 을유문화사, 1983.

7. 禮의 意味의 두 側面에 관한 研究 : '안'과 '밖'[*]

I. 序 論

오늘날 사람들은 禮라는 것을 단순히 '坐作威儀'로 이해하고 있지만, 유학의 경전들은 실상 禮를 근본으로 하는 만큼, 그렇게 간단하게 말할 수 없는 것은 너무나 명백하다. 실제로 禮라는 말의 역사를 보아도, 그 말에 얼마나 많은 의미가 담겨 있는지 짐작할 수 있다. 중국의 고대 사회에서 禮는 법, 정치, 도덕, 종교와 관련이 깊으며 제도와 도덕규범에 관한 사회적 효용의 총체로서 공동체를 규제하였다. 이것은 사회 전반의 규범적 실체가 바로 禮임을 극명히 보여준다. 이와 같이 광범위한 의미를 가진 禮는 중국 고대(唐虞 時代부터 夏, 殷, 周 三代까지)에는 '하늘'에 근본을 두고 있었다.[1] 여기서 '하늘' (天)이란 우주를 주재하는 절대 최고의 어떤 것이며, 하늘에는 天帝가 있어서 만물의 생성, 소멸을 관장한다고 생각하였다. 이와 같은 '하늘' 또는 '上帝'를 숭배하는 믿음이 바로 敬天思想이며, 여기에서 '禮'가 발생한 것이다.[2] 그리고 '禮'字의 어원적 의미를 살펴볼 때에도, '禮'字는 天

또는 神 앞에서 祭物을 바치는 형상에서 그 의미를 찾고 있다. 그러므로 禮란 경천사상에서 비롯된 敬天儀禮에서 나온 것이 확실하다.

그러나 禮는 制度와 밀접한 관련을 맺고 있다. '天'을 근본으로 한다는 '敬天思想' 역시 制度를 통해 현실에 반영되었다. 이것은 禮가 현실적 측면과 관련이 있음을 의미하는 것이다. 다시 말하면 禮는 '하늘'과 필연적 관련을 맺고 있지만, 制度는 禮를 떠나서 성립할 수 없다는 것을 의미한다. 禮記 仲尼燕居篇에도 '制度在禮 文爲在禮 行之其在人乎'(制度는 禮를 떠나서는 存在할 수 없으며, 文化도 禮를 떠나서 存在할 수 없으며, 그 禮를 行하는 것은 사람에 달려 있는 것이 아닌가)라고 하고 있다. 또한 중국 고대 夏나라 禹임금, 殷나라 湯임금, 周나라 文王, 武王, 成王, 周公 등 이 여섯 사람은 夏殷周 三代를 대표하는 인물로 모두 禮에 의거하여 制度를 설치하였다고 한다.3) 이것은 禮가 現實的인 側面과 宗敎的 性向을 겸하는 것임을 알 수 있다.

그러면 禮는 변할 수 없는 것일까? 夏殷周 三代의 禮가 같은 系統의 禮를 이어 받았으나 세월이 흘러가면서 增減한 것이 있었고,4) 三王은 서로 禮를 답습하지 아니하였다.5) 이것으로 본다면, 禮는 필요하다면 변할 수도 있음을 의미한다고 할 수 있다. 특히 上古時代에서 歷史時代로 접어들면서 중국의 神觀은 汎神論的 多神觀에서 唯一神觀으로 변화를 보였고, 자연히 '天'을 至高한 것으로 보게 되었다. 이러한 변화는 天命靡常 思想의 발생으로 이어졌고, 여기에 의거하여 天子는 天下를 다스리고 '하늘'에 祭祀를 지내며 하늘을 대신하여 나라를 다스렸다. 天命靡常 사상은 天子에게 德을 요구하였고, '하늘의 뜻'을 백성들에게 베풀 수 있는 자질을 검증받아야 했다. 만약 덕을 베풀지 않고 하늘의 뜻을 행하지 않으면, 天命은 거기서 끊어지며 하늘이 벌을 내린다. 그리고 백성들 가운데 훌륭한 덕이 있는 사람에게 다시 하늘이 새로 명을 내려 天子로 삼는다. 말하자면, 禮를 운영하는 사람들의 생각이 바뀜에 따라 禮의 형식이 바뀌었고, 이것은 禮의 精神에까지 지대하게 영향을 끼쳤음을 알 수 있다. 따라서 禮는 시대를 초월한 절대적 가치를 최대한 담아내면서도, 그 형식은 시대에 맞게 변화되어 왔다는 것을 보다

---

3) 此六君子 未有不謹於禮者也, 禮記 禮運.
4) 殷因於夏禮 所損益可知也 周因於殷禮 所損益可知也, 論語 八佾.
5) 五帝殊時 不相沿樂 三王異世 不相襲禮, 禮記 樂記.

명백하게 드러낸 것이라 할 수 있을 것이다.

禮의 역사적 발전 과정을 살펴보면, 처음 儀禮는 소수의 특수한 사람에게만 儀禮로서 가르쳤지만, 차차 시간이 흐름에 따라 儀禮를 습득해야 비로소 하나의 社會人이 될 수 있다고 생각하게 되었다는 것을 알 수 있을 것이다.[6] 또한 사회가 발전함에 따라 儀禮의 가지 수도 많아졌다. 이런 현상들은 禮의 본질에 대한 질문을 낳기에 이르렀고, 이것을 관통하는 어떤 의미가 없을까 하는 생각을 하게 되었다. 마침내 이러한 생각은 孝, 悌, 信과 같은 德目이라는 개념을 창출하기에 이른다. 이것은 대상에 대한 儀禮에서 점차 개념화 되었다는 것을 보여주고 있다. 예를 들어 부모에 대한 의례가 먼저 있었지만, 이것을 총괄하여 설명하는 방법이 없었기 때문에 이에 대한 總括的 槪念을 생각했다. 그리하여 창출해 낸 개념이 바로 ‘孝’이다. 그러나 이 개념은 하나의 특징을 捕捉한 것이며, 전체를 포괄하지 못하는 점이 있다. 孝라는 말이 ‘기른다’(養)라는 뜻으로 사용되다가, 부모에 대한 의례의 전체를 포괄하는 것처럼 사용되었던 것은 이 시대가 여전히 의례의 전체를 조직적으로 체계적으로 설명하지는 못하였음을 보여주는 실례라고 할 수 있다. 즉, 개념이 완벽하게 분화된 것은 아니라는 것을 말하는 것이다.

이제 春秋時代에 이르면 우리는 완전한 하나의 ‘禮思想’을 발견할 수 있다. 禮가 宗敎儀禮와 서서히 분리되면서 世俗社會와 두 가지 측면에서 관련을 맺기 시작하였다. 이것이 바로 禮의 정치적 효용과 禮의 윤리적 효용이다. 이 두 側面을 확인할 수 있는 곳은 左傳이다. 左傳에서는 ‘政治의 本’으로서의 禮의 효용과 ‘身의 本’으로서의 禮의 효용를 말하고 있다. 禮를 ‘政治의 本’으로 삼은 구체적 내용을 들어 보면, 당시 봉건제도하에서 身分의 上下, 班爵의 差別, 長幼의 差別 등 생활 전반에 걸쳐 階級 區分이 일어나게 된다는 것이다. 따라서 이와 같은 차별과 구분의 혼란은 곧 사회 질서의 혼란이며 국가 질서의 혼란으로 간주되었다. 이러한 생각은 禮가 국가의 근본으로 이해되었고, 이후 유가정치학에서는 禮를 국가 통치의 기본으로 보는 사상으로 발전하게 되었다. 반면에 禮를 ‘身의 本’으로 삼은 경우는 ‘禮는 몸의 근간이며, 禮 없이는 설 수 없다’고 생각한다. 周나라의 봉건사회는 본래 계급이 사람의 가치를 결정하였으므로, 자신이 그 지위에 상응하는 禮

---

6) 동경대학 중국철학연구소 편, 전게서, pp.13-20.

儀를 구분할 줄 알아야 하며 그 禮儀를 갖추지 않으면 안되었다. 하지만 춘추시대에 봉건사회가 붕괴되어가면서 禮儀는 裝飾으로 떨어졌다. 따라서 유가의 윤리학에서는 禮를 통하여 몸을 닦고 바르게 규제하는 것으로 보게 되었다. 이에 따라 禮는 孔子, 孟子, 苟子라는 巨儒들을 통해 하나의 체계를 갖춘 思想으로 발전하게 되는 것이다.

지금까지의 禮의 역사적 발전 과정을 볼 때, 禮는 처음 하늘에 제사드리는 것에서 시작하여 '政治의 本'과 '身의 本'으로 개념을 분화하면서 하나의 사상으로까지 발전하였던 것을 알 수 있다. 이 과정에서 禮는 많은 의미를 가지게 되었다. 하지만 禮의 진정한 의미를 아는 것은 더욱 어렵게 되었다. 그러므로 禮의 진정한 의미를 밝혀 보고자 하는 의도는 이것을 출발점으로 삼고 있다. 여기에는 대개 두 가지의 단서를 그 원점으로 하는데, 그것이 처음부터 사상으로 발전될 때까지 변하지 않는 禮의 意味와 당대의 흐름에 따라 변하는 禮의 意味가 그것이다. 前者를 우리는 禮의 內的 意味('안')라고 하며, 後者는 禮의 外的 意味('밖'라 부르겠다. 禮는 결국 이 兩面을 이해함으로써 구체적인 것에서 보편적인 것으로 완성된다고 할 수 있다. 우리는 이런 의미에서 兩面的인 의미를 다 이해함으로써 인간 자신을 더 잘 이해하는 발판을 마련할 수 있을 것이다. 따라서 이렇게 禮가 가지는 內外의 의미를 살핌으로써, 알 수 없을 정도로 많은 껍질을 가진 禮의 實體를 파악하는 단서를 마련할 수 있을 것이다.

II. 禮의 意味의 한 側面: '안'(內)

'안'이라는 것은 어떤 의미를 갖고 있는가? 說文解字에 의하면, '禮는 神을 섬겨서 福을 받는 것이다'(禮 所以事神致福)라 하였다. 이것으로 미루어 보면 禮는 神을 섬기는 것과 관련이 있음을 알 수 있다. 이때 神은 아마도 自然物의 神일 것이다. 자연물을 신으로 섬기게 된 것을 잠시 살펴보기로 하자. 인류 문명의 발생지인 黃河 유역은 끝이 보이지 않는 넓고 넓은 대평원으로서 농사를 지어도 될만한 지역이었을 것이며, 틀림없이 많은 양의 비가 내렸을 것이다. 또한 황하에서 대홍수가 일어나 애써 농사지은 농작물을 단숨에 휩쓸어 버렸을 것이다. 반면 심한 가뭄은 산천초목을 말라 죽이고, 사람들이 수없이 굶어 죽었을 것이다. 이런 극심한 자연 변화에서 살았던 중국인들은 自然의 威力 앞에 恐怖와 敬畏를 느꼈으며, 자연의 순조로움에 대해서는 感謝와 崇拜의 마음을 가졌다. 이것은 오랜 시간을 통해 서서히 이루어졌다.[7] 아마도 이 自然物의 神을 섬기는 것 속에 禮의 '안'의 의미가 담겨 있을 것이다.

고대 중국인들은 自然物의 神을 하늘의 神, 땅의 神, 사람이 죽은 神으로 나누었다. 하늘의 神은 日, 月, 星, 辰과 四時, 寒暑, 水旱과 같이 천체 운행과 관련되는 것을 가리키며, 땅의 神은 山, 林, 川, 澤을 비롯하여 五穀, 宮, 戶의 神과 같이 땅과 관련되는 것을 가리키며, 사람의 죽은 神이란 부모와 조상의 靈魂이나 英雄 偉人의 靈魂을 함께 지칭하는 것이었다. 이와 같이 자연물을 神으로 숭배하는 原始宗敎的 信念은 발전하여 모든 自然關係의 個個物을 모두 포함하고, 더 나아가서는 自然係 宇宙全體를 統括하는 絶對至高의 權能을 가진 靈的 存在가 있음을 상정하기에 이르렀다.[8] 이런 자연에 대한 '恐怖와 敬畏'와 '感謝와 崇拜'의 마음은 禮의 '안'의 의미의 핵심적 요소일 것이며, 이 마음은 어떤 형태로든지 내보여야 한다.

앞에서 살폈듯이, '禮'字의 구조는 天 또는 神 앞에 祭物을 바치는 形象이며 신 앞에 꿇어앉은 모습('禮'字의 古字)이다. 이것들로 미루어 禮가 하늘을 존경하는 마음과 敬天儀禮에서 발생하였음은 명백하다. 이때 音樂은 원래 인간이 神에게 바치는 소리라는 점에서 禮와 관련을 맺게 되는 것이며, 이런 점에서 禮樂은 깊은 관련성을 가진다고 할 수 있다. 禮에 樂을 관련시키면, '禮'는 '밖'이 되고 '樂'은 '안'이 된다. 그렇다면 禮와 樂은 禮儀의 안팎을 구성하는 중요한 요소라는 의미가 되는 것이다. 그런 의미에서 본다면 이 관련성을 해명함으로써 禮儀의 本質('안'의 의미)을 규명하는 발판을 마련할 수 있을 것이다. 다음의 例는 이것을 해명하고 있다.

樂은 안으로부터 나오며, 禮는 밖으로부터 만들어진다. 그러므로 禮의 근본은

---

7) 高田眞治, 「支那思想 展開」 第一卷, 東京: 弘道館 圖書株式會社, 1944, p.6.
8) 狩野直喜, 「中國哲學史」, 東京: 岩波書店, 1974, p.49.

'덜어내어 줄이는 것'에 있는 반면, 樂의 근본은 '가득 차서 넘치는 것'에 있다. 禮의 근본은 억제하는 데 있지만, 거기에는 실천에 힘쓰는 자세가 수반되어야 하며 여기에 실천에 힘쓰는 자세의 아름다움이 있다. 樂의 근본은 충만시키는 데 있지만, 거기에는 돌이키는 자세가 수반되어야 하며 여기에 돌이키는 자세의 아름다움이 있다. 스스로를 억제하기만 할 뿐 실천에 힘쓰는 자세가 수반되지 않은 禮는 무기력하며, 스스로를 충만시키기만 할 뿐 돌이키는 자세가 수반되지 않은 樂은 방종이다. 이것으로 보아 禮에는 '되돌려 갚는 것'이 있으며, 樂에는 '되돌아가는 것'이 있다. 되돌려 갚는 자세가 수반될 때 그 禮는 즐거우며, 되돌아가는 자세가 수반될 때 그 樂은 편안하다. 禮에 있어서 되돌려 갚는 것과 樂에 있어서 되돌아가는 것은 그 근본정신에 있어서는 동일하다(樂也者 動於內者也 禮也者 動於外者也 故 禮主其減 樂主其盈 禮減而進 以進爲文 樂盈而反以反爲文 禮減而不進則銷 樂盈而不反則放 故 禮有報而樂有反 禮得其報則樂 樂得其反則安 禮之報 樂之反 其義一也, 禮記 樂記).

이것은 대체로 禮樂을 두 가지로 고찰하고 있다. 그것은 '禮의 근본은 덜어내어 줄이는 것'과 '禮와 樂은 근본정신에 있어서는 동일하다'는 것이다. 이때 禮의 근본(禮의 '안'에 들어있는 의미)이 '덜어내어 줄이는 것'이라고 할 때, 그것은 바로 個人의 慾心(私慾)이라고 할 수 있다. 그것은 私慾과 禮를 대비함으로써 보다 분명해질 수 있다. 禮記는 이 점을 극명히 드러내고 있다.

傲慢은 자라서는 안 되며, 慾望은 고삐 풀려서는 안 된다. 뜻은 그 마지막 눈금까지 채우지 말아야 하며, 歡樂은 그 마지막 한계까지 누리지 말아야 한다(傲不可長 欲不可從 志不可滿 樂不可極, 禮記 曲禮 上).

賢者는 財物을 보고 구차하게 얻으려 하지 않으며, 어려움을 당하여 구차하게 모면하려 하지 않으며, 남과의 다툼에서 이기려 하지 않으며, 몫을 나눌 때 많이 가지려 하지 않는다(臨財毋苟得 臨難毋苟免 悍毋求勝 分毋求多, 禮記 曲禮 上).

이렇게 禮의 '안'에 들어있는 의미가 '덜어내어 줄이는 것'이라고 할 때, 이 뜻을 가진 개념은 과연 무엇일까? 그것은 바로 '仁'이다. 이 '仁'은 孔子가 처음 만든 개념이 아니라 孔子 以前에도 존재하고 있었던 槪念이다. 仁의 古字는 忍과 동일하며 忍耐의 뜻을 내포하고 있다. 다만 孔子만이 '仁'의 핵심을 정확히 포착하여 '私慾을 누르고 禮에 돌아오는 것, 그것이 仁이다'(克己復禮爲仁, 論語 顔淵)라고 말할 수 있었던 것이다. 다시 말하면 克己復禮라는 말에서 克己와 復禮는 따로따로 떨어진 것이 아니라, 禮에 돌아오는 것이 곧 私慾을 억누른다는 의미이다.9) 그리하여 孔子는 '仁이라는 것은 자기가 서고자 하면 다른 사람을 세우고, 자신이 達하고자 하면 다른 사람을 達하도록 해주는 것'(夫仁者己欲立而立人 己欲達而達人, 論語 雍也)이라고 하였던 것이다.

이처럼 禮의 '안'에 들어있는 의미가 節制와 관련이 되어있다면, 孔子는 이를 어떻게 구체적으로 설명하는가? 「論語」에서는 '공손하면서 예가 없다면 고생스럽고, 신중하면서 예가 없으면 두려워할 뿐 일을 제대로 처리하지 못하고, 용감하면서 예가 없으면 난폭해지고 정직하면서 예가 없으면 각박해진다'(恭而無禮則勞 愼而無禮則葸 勇而無禮則亂 直而無禮則絞, 論語 泰伯)라고 한다. 이것은 사람의 행동이 禮로써 조절되지 않으면 恭, 愼, 勇, 直 등의 본래의 의미를 잃을 수 있다는 것을 말하고자 하는 것이다. 다시 말하면 공손은 지나치면 비굴해지고 고통을 준다. 신중함은 좋은 반면 절도를 잃으면 아무것도 할 수 없다. 지나친 용기는 난폭해질 우려가 있다. 정직은 좋은 것이지만, 고지식하기만 하면 각박하게 느껴질 수 있는 것이다. 또한 인간은 원래 욕심이 많은 존재이다. 「禮記」는 '식욕과 성욕은 사람의 욕망 중에서도 가장 강한 것이며, 죽음과 가난의 고통은 사람이 가장 싫어하는 것이다. "하고 싶은 것"과 "하기 싫은 것"은 마음을 이루는 근본인 것이다. 그러나 이것은 사람의 마음속 깊은 곳에 감추어져 있는 것이어서 헤아려 볼 수 없다. 善惡도 그 마음속에 있는 것이어서 겉으로 드러나지 않는다. 사람이 어떤 마음을 가지고 있는가를 일관되게 알아보는 방법이 있다면 禮에 비추어 보는 것 이외에 달리 방법이 있겠는가'(飮食男女 人之大欲存焉 死亡貧若 人之大惡存焉 故欲惡者 心之大端也 人藏其心不可測度也 美惡皆在其心 不見其色也 欲一以窮之 舍禮何以哉, 禮記 禮運)라고 말하면서 '선왕이 禮와 樂을 마련한 것은 입, 배, 눈, 귀의 욕구를 최대한으로 충족시키는 데 그 목적이 있었던 것이 아니다. 그것은 백성으로 하여금 好惡의 감정을 절제하도록 가르침으로써, 인간의 도리가

---

9) 李烘雨, '論語에 있어서의 "옛것"의 意味', 서울대학교 사범대학, 「師大論叢」 제38집, 1989, p.30.

바로 잡히도록 하기 위해서였다'(先王之制禮樂也 非以極口腹耳目之欲也 將以敎民好惡而反人道之正也, 禮記 樂記)라고 하고 있다. 이것은 節制하는 장치로서의 禮가 없이는 인간이 인간다울 수 없음을 분명하게 보여주고 있다.

그렇다면 한없는 慾望을 절제하지 않을 경우 어떻게 될까? 「禮記」 樂記篇에는 '사람이 태어나며 가지고 있는 마음은 움직임이 없고 고요하다. 이것은 하늘이 내려준 "性"이다. 이 본래의 性이 사물의 영향을 받으면 움직임이 일어난다. 이러한 마음의 움직임이 "欲"이다. 마음이 바깥의 사물에 접하여 그것을 지각하게 되면, 그 사물에 대한 지각이 생겨나고, 이 지식을 바탕으로 好惡의 감정이 나타난다. 이 好惡의 감정이 마음 안에서 절제되지 않고 지각이나 지식이 바깥의 사물에 유혹된다면, 사람은 본래의 상태로 돌아갈 수 없게 되고 "天理"는 소멸되고 만다'(人生而靜天地性也 感於物而動 性之慾也 物至知知 然後 好惡 形焉 好惡 無節於內 知誘於外 不能反躬 天理滅矣, 禮記 樂記)고 하면서 '이런 상태가 되면 悖惡, 反逆, 詐欺, 虛僞의 마음이 생겨나고 방탕과 혼란이 횡행하게 된다. 그리하여 강자는 약자를 위협하며 다수는 소수를 억압하며, 지혜로운 자는 어리석은 사람을 기만하며 용맹한 사람은 나약한 사람을 괴롭히며, 병에 걸려도 치료를 받지 못하며, 노인이나 어린 아이가 홀로 되어도 의지할 곳을 얻지 못한다. 이것이야말로 "大亂"의 상태이다'(於是有悖逆詐僞之心 有淫佚作亂之事 是故 强者脅弱 衆者 暴寡 知者 詐愚 勇者 苦怯 疾病不養 老幼孤獨 不得其所 此 大亂之道也, 禮記 樂記)라고 한다. 결국 이것은 인간에게 禮가 없다면 '天理'가 소멸되고 전체적으로 '大亂'의 상태로 된다는 것을 말하려는 것으로 이해할 수 있다. 따라서 禮는 私慾을 제어하기 위한 필수적 조건임은 더욱 명확하다고 할 수 있다.

그러나 다른 측면에서 보면 禮는 사람의 마음 상태를 나타낸 것으로 볼 수도 있다. 孔子는 이점을 다음과 같이 지적한다. '禮는 사치하기보다는 차라리 검소해야 하고 喪은 형식을 갖추기보다는 차라리 슬퍼해야 한다'(禮與其奢也 寧儉 喪與其易也 寧戚, 論語 八佾). 만약 禮란 마음의 상태를 나타내는 것이라면, 그것은 '仁'으로 정의할 수 있다는 결론을 얻을 수 있다. 하지만 仁이 모두 똑같지는 않다. 「禮記」에 보면 '仁에는 세 가지가 있다. 이 세 가지 仁은 그 외적 결과에 있어서는 동일하지만 그 내적 동기에 있어서는 相異하다. 仁이 좋은 결과를 낼 경우에는 그 仁이 어떤 仁인지 알 수 없지만, 좋지 못한 결과를 낼 경우에는 그 仁

이 어떤 仁인지를 알 수 있다. 어진 사람에게 나타나는 仁은 "즐기는 仁"이요, 지혜있는 사람에게 나타나는 仁은 "따지는 仁"이요, 처벌을 두려워하는 사람에게 나타나는 仁은 "억지로 하는 인"이다(子曰 仁 有三 與仁同功而異情 與仁同功 其仁 未可知也 與仁同過然後 其仁 可知也 仁者 安仁 知者 利仁 畏罪者 强仁, 禮記 表記)라고 하면서 '仁'을 구별하고 있다.

우리는 위의 논의를 통해 禮의 '안'에 들어있는 의미가 '私慾을 억누른다'는 것이며, 그것이 바로 '덜어내고 줄이는' 禮의 기준임을 알았다. 그렇다면 이 의미가 구체적인 禮에 어떻게 들어 있는가? 禮에는 크게 나누어 다섯 가지 부문으로 나뉘는데, 그것은 吉禮, 凶禮, 軍禮, 賓禮, 嘉禮 등이다. 우선 吉禮를 보면, 吉禮의 주된 것이 제사를 지내는 것이다. 예컨대 '季氏가 泰山에서 제사지내려 하자, 孔子께서 염유를 보고 말씀하셨다. "네가 말릴 수 없느냐?" 염유가 대답하였다. "말릴 수 없습니다." 그러자 공자께서 말씀하셨다. "아아 그래 泰山의 山神이 林放만도 못하단 말인가", (季氏旅於泰山 子謂冉告有曰 女不能求與 對曰 不能 子曰 鳴呼 曾謂泰山 不如林放乎, 論語 八佾)라고 하였다. 이것은 泰山의 祭祀는 임금만이 지낼 수 있는데 이 旅祭를 孟孫氏가 지내려 하자, 孔子가 孟孫氏 밑에서 벼슬하는 弟子 염유에게 말리도록 권한 것이다. 그러나 염유는 이를 말리지 못한다고 했다. 孔子는 탄식하였다. '그래 泰山이 林放만도 못한 줄 알았단 말인가? 林放은 그래도 禮의 근본을 물었다. 그런데 禮에 너무나 밝은 泰山의 山神이 王도 아닌 季孫氏가 바치는 제물을 거들떠보기나 할 것인가!' 또한 季孫氏가 뜰에서 八佾舞를 벌이는 것을 보고 선생께서 말씀 하셨다. '이런 것까지 할 수 있다면 무슨 짓을 차마 하지 못하랴'(孔子謂季氏 八佾舞於庭 是可忍也 孰不可忍也, 論語 八佾篇). 季孫氏나 孟孫氏 등은 당시 魯나라의 실권을 휘두르고 있었으며, 몹시 방자했다. 그래서 大夫의 禮인 四佾로 하지 않고 天子만이 쓸 수 있는 八佾舞를 추었던 것이다. 季孫氏가 天子만이 泰山에 제사지낸다든지 八佾舞를 추도록 할 수 있다는 사실들을 모를 리가 없었는데도 말이다. 그렇다면 왜 그런 짓을 무례하게 하였는지 그들의 사고방식을 묻지 않을 수 없다.

당대의 季孫氏 등은 '나는 비록 天子는 아니지만 현재 나는 天子 못지않은 권력과 재력을 가지고 있다. 만약 누구든지 현재의 나와 같이 태산에 제사를 지낼 만한 권력과 八佾舞를 뜰 안에서 출 수 있는 재력을 가지고 있다면, 구태여 禮法

을 따라야 할 이유가 어디에 있겠는가[10]라는 사고방식을 가지고 있었다. 이것은 당대의 사고 유형을 보여주는 하나의 예라고 할 수 있다. 누구보다 禮法을 잘 아는 그가 禮法을 떠났다는 것은 개인의 私慾이 빚어낸 온갖 폐해가 이미 심각할 정도로 만연되었음을 보여준다. 孔子도 이러한 점은 잘 알고 있었다. 그렇다면 이러한 폐해를 해결하는 길은 두 가지이다. 즉, 폐해의 원인을 제거하든지 대안을 제시하는 것이 그것이다. 孔子는 이 중 前者를 선택한 것이다. 禮法을 통해 그 원인을 절제하면 萬禍의 근원은 소멸될 것이다. 결국 禮의 內的 意味는 마음을 다스리는 心法으로 귀결된다고 할 수 있다.

이에 대해 凶禮의 주된 것은 喪禮라고 할 수 있다. '공자께서 말씀하셨다. "아버지가 살아 있을 때에는 그의 뜻을 살피고 아버지가 돌아간 뒤라면 그 행동을 살피되, 三年喪 동안 아버지의 遺習을 고치지 말아야 孝라 할 수 있다"(子曰 父在 觀其志 父沒 觀其行 三年 無改於父之道 可謂孝矣, 論語 學而). 이것은 孝가 百行의 근본이기 때문에 한 인간을 평가함에 있어 孝를 기준으로 삼을 수 있음을 보여준 것이다. 아버지가 살아 있는 동안에는 그 무슨 일을 개인의 욕심에 따라 처리하지 아니하고 아버지의 뜻을 따라야 한다. 그렇지만 그 아버지 死後에는 아들이 자기 마음대로 일을 처리할 수 있다. 하지만 그것을 참고 아버지 살아 있을 때와 한결같이 할 수 있다면 孝子라고 할 수 있을 것이다. 「論語」에서는 이런 얘기도 있다. '宰我가 여쭈어 보았다. "三年喪은 기간이 너무 오래인 것 같습니다. 君子가 三年 동안이나 禮를 차리지 않는다면 禮가 반드시 무너질 것이며, 三年 동안이나 樂을 다루지 않으면 樂도 반드시 무너질 것입니다. 묵은 곡식이 다 없어지고 햇곡식이 나오며 불을 붙이는 나무를 새로 뚫어 불도 고치게 되니 일년으로 끝내는 것이 좋을까 하나이다." 孔子께서 반문하셨다. "쌀밥을 먹고 비단옷을 입어도 네 마음이 편할까?" "편하나이다." "네 마음이 편하거든 그대로 하라. 君子는 三年喪 동안에는 맛있는 음식을 먹어도 달지 않고, 음악을 들어도 즐겁지 않으며, 편한 곳에 거처해도 편안하지 않기 때문에 그렇게 하지 않는 것인데 이제 네 마음이 편하다면 그렇게 하라." 宰我가 나가자 孔子께서 말씀하셨다. "宰我의 어질지 못함이여! 자식은 낳은 지 삼년 뒤라야 겨우 부모의 품에서 벗어난다. 그러므로

---

10) 李烘雨, 前揭書, p.29.

三年喪이란 天下에 공통된 喪禮이거늘 宰我는 부모에게 三年 동안 사랑을 받지 않았단 말인가”(宰我問 三年之喪 期已久矣 君子三年不爲禮 禮必壞 三年不爲樂 樂必崩舊穀旣沒 新穀旣升 鑽燧改火期可已矣 子曰 食夫稻 衣夫錦 於女安乎 曰 安 女安則爲之! 夫君子之居喪 食旨不甘聞樂不樂 居處不安 故不爲也 今女安則爲之 宰我出 子曰 予之不仁也 子生三年 然後免於父母之懷 夫三年之喪 天下之通喪也 予之有三年之愛於其父母乎, 論語 陽貨). 이 場面은 宰我가 三年喪을 一年으로 고치는 것이 좋지 않느냐고 提案한 것을 孔子가 탄식하는 場面이다. 그렇다면 왜 탄식을 하고 있는가? 그것은 宰我가 慾心을 참지 못하고 슬픔을 너무 빨리 잊어버리고자 하기 때문이다. 이러한 것은 바로 凶禮에서도 私慾 抑制가 핵심적인 내용임을 보다 분명하게 해주고 있다.

이밖에 軍禮와 賓禮, 嘉禮도 그런 禮의 精神을 잘 반영하고 있다. ‘孔子께서 말씀하셨다. “君子는 다투는 일이 없지만 활을 쏠 때만은 어쩔 수 없다. 그러나 揖하고 辭讓하야 壇에 올라 활을 쏘고 揖하고 내려와 술을 마시니 그 다투는 것 역시 君子다우니라”(子曰 君子無所爭 必也射乎 揖讓而升 下而飮 其爭也君子, 論語 八佾). 孔子는 전쟁을 별로 좋아하지 않았다. 그러나 비록 피치 못할 전쟁이라고 해도 개인의 욕심을 멋대로 드러내서는 안된다고 주장하였다. 그 형식이 바로 揖과 辭讓之心이다. 賓禮의 경우에서도 마찬가지이다. ‘임금이 불러 來賓의 接待를 명하면, 孔子께서는 낯빛을 긴장하시며 종종걸음을 하셨다. 함께 서있는 來賓에게 揖하실 때 손을 좌우로 하시면 옷의 앞뒤자락이 가지런히 움직였다. 종종걸음으로 빨리 나가시면 날개를 편 듯 단정하였다. 來賓이 물러가면 반드시 임금에게 復命해 말씀하였다. “손님은 뒤도 돌아보지 아니하고 갔나이다”’(君召使賓 色勃如也 足躩如也 揖所與立 左右手 衣前後襜如也 趨進翼如也 賓退 必復命 曰 賓不顧矣, 論語 鄕黨). 이 모습은 공자가 외국에서 온 使臣을 접대하는 것이다. 국사에 관한 일이므로 긴장하고 걸음이 빨라지지만 옷자락하나 흐트러지지 않게 몸가짐을 단정히 하고 愼重하여 使臣이 만족하고 돌아서도록 접대하였던 것이다. 이때의 마음가짐은 자신의 하고 싶은 점보다는 상대방의 만족을 돌보는 것이다. 반면 손님이 되었을 때는 어떠한가? ‘여행중 남의 집에 묵을 때는 자기 집에서 하듯이 모든 편의를 요구하면 안된다’(將適舍 求無固, 禮記 曲禮 上)고 하였다. 손님으로 가서도 역시 자신의 욕심대로 하고 싶은 대로 요구하는 것은 禮가 아닌 것이다. 이것은 私慾이 主客 모두에게 억제되어야 할 것임을 禮를 통해 나타내고 있는 것이다. 嘉禮를 보자. 여기에는 婚姻에 관한 것이 主를 이룬다. '婚處가 정해진 딸에게는 오색실로 만든 끈을 매개하여 그 표시를 하게 한다. 큰 일이 없는 한 집안의 남자는 정혼한 딸의 방에 들어가지 않는다'(女子許嫁纓 非有大故 不入其門, 禮記 曲禮 上)는 말은 그것을 대표적으로 보여준다. 정혼한 딸의 방에 한 집안의 남자들마저 함부로 들어가지 말라는 것은 조심한다는 차원에서 해석할 수 있다. 그러나 보다 중요한 것은 집안과 같이 허물없는 경우에도 私慾을 드러내는 것을 금한다는 점이다.

이제, '禮와 樂은 그 근본정신에 있어서는 동일하다'는 점을 고찰해 보면 禮의 內的 意味가 보다 분명해질 것이다. '孔子께서 말씀하셨다. "禮라 禮라 하지만, 그것이 어찌 玉과 비단 같은 禮物을 말하는 것이랴? 樂이라 樂이라 하지만 그것이 어찌 鐘과 북과 같은 樂器를 말하는 것이랴"'(孔子曰 禮云禮云 玉錦云乎哉 樂云樂云 鐘鼓云乎哉, 論語 陽貨)는 것은 禮의 內在的 意味와 樂의 內在的 意味는 동일하다는 가능성을 보여주고 있다. 그래서 '樂이 최고도로 실현되면 원망하는 마음이 없어지고 禮가 최고도로 실현되면 다투는 일이 없어진다. "揖讓으로 天下를 다스린다"는 말은 바로 禮樂으로 천하를 다스린다는 뜻이다. 백성이 폭동을 일으키지 않고 諸侯가 天子를 공경하며, 군대가 동원되는 일이 없고 五刑이 사용되는 일이 없으며, 百姓이 근심할 일이 없고 天子는 怒하는 일이 없는 것, 이것은 樂이 실현된 세상이다. 부자의 親睦이 敦篤하며, 長幼의 順序가 분명하며, 四海 안에 모든 나라가 天子에게 恭敬을 바치는 것, 이것이 禮가 실현된 세상이다'(樂至則 無怨 禮至則不爭 揖讓而治天下者 禮樂之謂也 暴民不作 諸侯賓服 兵革不試五刑 不用 百姓無患 天子不怒 如此則樂 達矣 合父子親 明長幼之序 以敬四海之內 天子如此則禮行矣, 禮記 樂記)라고 말하고 있다. 이 말을 보면 禮와 樂의 근본정신은 동일하다는 것을 想定할 수 있을 것이다.[11]

요컨대 禮의 '안'에 들어있는 의미는 어디까지나 우리의 '마음'이 가리키는 바라고 할 수 있다. 하지만 '안'의 생각은 '밖'의 표현에 의존할 수밖에 없다. 달리 말

---

11) '禮는 格式을 달리하여 尊敬의 마음을 모으며, 樂은 形式을 달리하여 사람의 마음을 모은다. 禮와 樂은 根本精神에 있어서 同一하다(禮者殊事合敬者也 樂者 異文合愛者也 禮樂之同情也, 禮記 樂記).

하면 禮의 '안'에 들어있는 의미는 禮의 '밖'으로 표현되어야 비로소 완벽해진다는 것이다. 더 나아가서 禮는 '안'에 있는 의미를 어떤 형식으로든지 '밖'으로 나타내지 않으면 안 된다.

Ⅲ. 禮의 意味의 또 다른 한 側面: '밖'

禮의 '안'에 들어있는 의미가 아무리 훌륭한 것이라고 하더라도 '밖'으로 드러나지 않으면 안 된다. 禮의 의미를 '밖'으로 드러낸다는 것은 인간이 세상과 관련짓고 사는 한 불가피한 일이다. 즉, 禮의 의미를 '밖'으로 드러낸다는 것은 상대와 어떤 관련을 맺고 있다는 말이다. 그리하여 '禮는 오고 가는 것을 중요하게 여긴다. 가는데 오지 않는 것은 禮가 아니요 오는데 가지 않는 것도 禮가 아니다'(禮尙往來 往而不來 非禮也 來而不往 亦非禮也, 禮記 曲禮 上)라고 하는 것이다. 또한 禮는 仁의 구체적 表現이라고 볼 수 있다. 이것은 사람은 홀로 사는 존재가 아니라 '사회 속의 인간'이라는 의미를 담는 것이다. 그리고 禮의 의미를 하늘에 제사지내는 것과 관련지어 볼 때에 '祈禱와 祭祀에서 鬼神에게 음식을 대접하는 일도 禮 없이는 정성이 드러나지 않는다'(禱祠祭祀 供給鬼神 非禮 不誠不莊, 禮記 曲禮 上)라고 말하고 있는 것에서 禮의 '밖'의 意味를 알 수 있다. 요컨대, 禮의 '밖'의 意味는 相對가 있다는 것과 관련이 깊다는 것을 알 수 있다.

이렇듯이 禮가 상대와 어떤 관련이 있다고 하면, 상대라는 개념은 과연 누구와 무슨 관련을 맺는다는 것인가? 유학에서 중요시하는 것은 五倫, 즉 父子有親, 君臣有義, 夫婦有別, 長幼有序, 朋友有信이다. 五倫은 禮(仁)의 '안'의 의미를 '밖'으로 나타낸 구체적인 표현방식이며, 인간이 살아가는 데 가장 핵심이 되는 관계 개념이다. 父子有親은 부모와 자식 사이의 관계가 '親'에 바탕을 두는 것이며, 그것은 부모가 '慈'로서 자식을 대하고 자식이 '孝'로서 대해야 한다는 것을 뜻한다. 君臣有義는 임금과 신하의 관계가 '義'에 바탕을 두고 있다. 이는 임금과 신하 사이에 '義'와 '忠'으로 대해야 함을 의미한다. 夫婦有別은 남편과 아내가 和와 義,

順과 正으로 대해야 한다는 것을 보여준다. 長幼有序는 年長者와 年下者 사이에 位階가 있는 관계임을 말하고 있다. 그리고 朋友有信도 가까운 친구 사이라는 것은 원래 믿음에 근거를 두어야 하는 관계임을 말하고 있다. 여기에서 특이한 것은 '朋友有信'을 제외하고 나머지가 位階的 關係라는 점이다. 이것은 禮의 일차적 목적을 가장 잘 나타낸 경우이다. 禮는 區別과 差別을 의미하기 때문이다. 이처럼 유학은 타인과의 관계를 의미하는 方式(孝, 忠, 義, 信)이며, 그 관계를 맺는 능력은 바로 그 인간의 修養의 水準을 반영한다.

유가는 인간관계로서의 禮를 왜 그토록 중시하고 있는가? '禮라는 것은 인간관계의 가깝고 먼 정도를 정하는 데에, 의심쩍은 것을 바로 잡는 데에, 같고 다름을 구별하는 데에, 옳고 그름을 밝히는 데 基準이 되는 것이다'(夫禮者 所以定親疏 決嫌疑 別同異 明是非也, 禮記 曲禮 上)라든지 '이제 사람이 되어 禮가 없다면 비록 말을 할 수 있어도 마음은 禽獸와 다르지 않다'(今人而無禮 雖能言 不亦禽獸之心乎, 禮記 曲禮 上)는 것은 인간이 되기 위해서 인간의 삶의 기준이 되는 禮를 따라야 한다(禮 履也, 說文解字)는 것을 보여주고 있기 때문이다. 禮의 精神은 이런 면에서 결국 '표현'을 필요로 한다. 사람은 공동체라는 삶의 터전을 필요로 한다. 中國 社會는 그러한 점에서 공동체 우위의 사고방식을 가지고 있다. 禮는 이 점을 분명히 한다. 그렇다고 個人을 존중하지 않는 것은 아니다. 다만 무엇을 우선적으로 기준에 두느냐 하는 것에서 다를 뿐이다.

지금까지의 논의로 보아, 인간의 삶의 기준이 되는 禮를 따라 산다는 것은 '다른 사람'의 존재를 의식한다는 뜻이 된다. 여기에는 '다른 사람과의 관계'를 맺으며 산다는 것을 전제로 한다. 그리하여 인간이 상호간의 관계를 맺는다는 것은 필연적이며, 이것이 바로 禮의 핵심적인 의미요소인 것이다. 따라서 다른 사람과 아무런 관계를 맺지 않는다면 禮의 문제는 일어나지 않는다. 또한 禮의 내용 속에 다른 사람의 存在를 함의하는 것은 '공경하는 마음이 곧 禮이다'(恭敬之心 禮也, 孟子 告子 上)라는 말에서도 알 수 있다. 즉, '恭敬之心'이 있다는 것은 곧 相對方이 있다는 것을 論理的으로 假定하고 있는 것이다. 이것은 다른 사람과 關係를 맺지 않고서는 恭敬하는 마음은 생길 수 없다는 것을 나타낸 것이다. 그리하여 '禮를 실천함에는 조화를 이룸이 귀중한 것이니, 先王의 道에 있어서도 이 점을 좋게 여겨 大小事間에다 이에 기초를 두고 있었다. 그러나 조화가 순조롭게 이루어지지 않는 경우가 있다. 그것은 조화의 귀중함만을 알고 조화에 힘쓸 뿐 禮로써 절제하지 않으면 역시 조화가 이루어지지 않는 법이다'(禮之用 和爲貴 先王之道 斯爲美 小大由之 有所不行 知和而和 不以禮節之 亦不可行也, 論語 學而)라고 한 것이다. 이 말은 禮라는 것이 尊卑長幼의 구별을 하는 것은 물론 起居動作까지 포함하고 있으므로 그 본체는 매우 엄격한 것이다. 그러나 이것만을 고집한다면 다른 사람과 어울리기가 매우 어려워진다. 그러므로 여기에서 和를 귀중하게 여기는 마음을 가져야 한다. 和를 귀중하게 여기다 보면 禮의 엄격함을 손상시킬 수 있다. 이때 다시 禮로 조절하지 않으면 안되는 것이다. 이와 같이 禮와 和가 어느 한 곳에 치우치지 않을 때 다른 사람과 잘 어울려 살 수 있는 것이다.

전통 유학의 관점에서 보면 자아실현의 궁극적인 근거는 바로 인간 자신의 본성 안에 있는 것이다. 그러므로 인간이 그 본성을 발휘할 수 있도록 하기 위해서는 '自己 革新'의 과정을 거쳐야 한다. 하지만 동시에 그것은 인간이 사회와 떨어져 자신의 욕구를 억제하면서 사는 것이라기보다는 인간이 살고 있는 사회의 맥락 속에서 이룩된다. 이와 같은 유학의 특징을 잘 살린 대표적인 인물이 孔子이다. 공자는 聖人이면서도 그 社會에도 잘 적응하며 살아갔다. 이때 잘 적응했다는 말은 공자가 높은 벼슬을 하여 자신의 뜻을 세상에 폈다는 뜻이 아니라, 세상 사람들과 잘 어울려 살았다는 뜻이다. 이 말을 잘 뒷받침해 주는 말이 있다. '공자는 네 가지 일을 절대로 하지 않았다. 즉, 억측하지 않았고, 장담하지 않았고, 고집하지 않았으며, 이기적인 일이 없었다'(子絶四 毋意毋必毋固毋我, 論語 子罕). 이 네 가지 일에서 자유로웠다는 것은 다른 사람과의 인간관계를 잘 맺고 평화로운 마음으로 세상을 살았다는 말이다. 그래서 공자는 '새나 짐승과는 함께 떼 지어 살 수 없는 법이니, 내 이 세상 사람들과 어울려 더불어 살지 않고 누구와 더불어 살랴? 천하에 正道가 행하여지기만 한다면야 내가 굳이 물결을 돌릴 것도 없다'(禽獸 不可與同群 吾非斯人之徒與 而誰與 天下有道 丘不與易也, 論語 微子)라고 말한 것이다. 인간이 사회와 더불어 살아야 하는 것은 인간이 결국 서로 같이 살아야 제대로 인간답게 살수 있다는 것을 인정한다는 뜻이다. 공자는 이러한 생각을 주장한 것이다.

孔子는 이 세상 사람들과 잘 어울려 살기 위하여 '仁'을 강조하고 있다. 孔子는 「論語」에서 '仁이 먼 곳에 있으랴? 내가 仁을 바라기만 한다면 곧 仁은 오는 것이다'(仁遠乎哉 我欲仁 斯仁至矣, 論語 述而)라고 한다. 하지만 어떤 측면에서 보면 孔子는 이렇게 쉽게 보이는 仁을 성취하기 위하여 70세까지 온 마음과 정성을 다하여 자기 수양을 하였다는 것이 된다. 그래서 '일흔 살에는 마음이 하고자 하는 바를 따라 행동하여도 法度에 어긋나지 않았다'(七十而從心所欲不踰矩, 論語 爲政)라고 하는 경지에 올라섰다. 이때 法度는 禮이며, 보다 구체적으로는 '밖'에 있는 의미의 禮이다. 이 '밖'에 있는 禮가 70세까지 孔子의 '사람됨'을 규제하였던 것이다. 결국 孔子의 생각은 인간이 살아가는 데 있어서 중요한 '仁'을 공기의 소중함을 잃어버리듯이 쉽게 잊고 산다는 데에서 출발한다. 그래서 孔子는 '仁'이 중요하면서 실천될 수 있음을 보여준 것이라 할 수 있다. 이런 측면에서 공자는 禮를 강조한 것이다.

그런 측면에서 孔子 자신은 어떠했는가? 「論語」 鄕黨篇에 이런 예가 있다.

孔子께서는 조정에서 下大夫들과 말씀하실 때는 和樂하였으며, 上大夫들과 말씀하실 때에는 공손하였다. 임금이 계시면 경건하면서도 태연하였다(朝與下大夫言 侃侃如也 與上大夫言 誾誾如也, 論語 鄕黨).

대궐 문을 들어가실 때에는 허리를 굽히시어 마치 문이 좁아 몸이 들지 못하는 듯이 하였다. 서실 때에는 문 가운데를 피하였으며, 갈 때에는 문지방을 밟지 않았다. 임금이 서는 자리를 지날 때는 낯빛을 긴장하며, 종종걸음을 하며 말을 못하는 듯이 하였다. 옷자락을 잡고 堂에 오를 때에는 허리를 굽히며, 숨을 죽여 마치 숨쉬지 않는 것 같았다. 나올 때에는 층계를 하나 내려오면 顔色을 풀며 화락해지며, 계단을 다 내려오면 종종걸음으로 빨리 걷는 것이 날개를 편 듯 단정하며, 본래의 자리로 돌아오면 공경스러웠다(入公門 鞠躬如也 如不容 立不中門 行不履閾 過位 色勃如也 足躩如也 其言 似不足者 攝齊升堂 鞠躬如也 屛氣 似不息者 出降一等 逞顔色 怡怡如也 沒階 趨進翼如也 復其位 踧踖如也, 論語 鄕黨).

음식을 여럿이 먹을 때에는 배를 채우지 않으며, 밥그릇 위에 손을 털지 않는다. 밥을 먹을 때 뭉쳐서 먹지 않으며, 게걸스럽게 흘리며 먹지 않는다. 마실 때 꿀꺽 꿀꺽 한꺼번에 마시지 않으며, 먹을 때 쩝쩝 소리를 내지 않으며, 뼈를 깨물어 먹지 않는다. 먹던 고기나 생선을 도로 그릇에 놓지 않으며, 그 뼈를 개에게 던져 주지 않는다. 먹고 싶은 음식만을 굳이 먹으려 하지 않는다(共食不飽 共飯不澤

手 毋搏飯 毋放飯 毋流歠 毋咤食 毋齧骨 毋反魚肉 毋投與狗骨 毋固獲, 禮記 曲
禮 上)

　　孔子께서 大廟에 드시어 제사를 지내실 때 일마다 물으셨다. 이때 어떤 사람이
이렇게 말하였다. '누가 저 鄹人의 아들이 禮를 안다고 하였는가? 大廟에 들어와
일마다 묻는구나.' 孔子께서는 이 말을 듣고 말하였다. '그것이 바로 禮이니라'(子
人大廟 每事問 或曰 孰謂鄹人之子知禮乎 入大廟 每事問 子聞之曰 是禮也, 論語
八佾).

　　이와 같은 禮의 外的 意味는 인간관계를 통하여 이루어지는 사회적 학습의 결
과이며 인간관계에 영향을 미친다. 이것은 주로 무의도적인 교육적 영향으로 이루
어진다는 점에서 하나의 특징을 갖는다. 즉, 對人間의 접촉이 이루어지는 곳에서
는 언제나 나타나는 교육적 현상이라는 것이다. 특히 가정에서 아동은 부모와 접
촉하는 과정과 아동 상호간의 접촉을 통하여 禮의 행동양식을 배운다. 또한 사회
적 학습의 주체는 학습자라는 점에서 이것은 분명하다. 물론 모든 학습의 주체는
학습자이지만, 禮의 경우는 학습자가 타인에 의하여 제시되는 모든 言行 중 선택
하고 지각하여 학습자 스스로의 사고와 행동에 변화를 스스로 노력하지 않으면 학
습이 이루어지지 않는다. 결국 對人間의 상호작용에서 지켜야 할 '禮節'에 따라
행동하게 하여 마음의 변화까지 이르도록 한다는데 '禮의 밖의 意味'가 뜻이 있다
고 할 수 있다. 세상 사람들도 흔히 한 人間의 '사람됨'을 그가 지키는 '禮節'을
보고 판단하는 경우가 많이 있다. 이것은 한 인간의 '착하고 아름다운 마음'은 禮를
통하여 표현되고, 그 表現樣式을 통하여 인간의 '착하고 아름다운 마음'을 형성해
나간다는 것을 의미한다. 이제 '禮의 "안"의 의미와 "밖"의 의미는 어떻게 관련지을
수 있는가' 하는 것이 하나의 과제가 남는다. 이것은 오늘날에도 여전히 의미있는
문제이다. 현대 사회의 가장 큰 문제가 바로 '禮의 不在'에 있다고 할 때, 이 문제
는 더욱 중요한 것이라 할 수 있다. 따라서 이 문제를 본격적으로 다룸으로써 보다
구체적인 의미를 들어낼 수 있을 것이다.

Ⅳ. 禮의 意味의 두 측면의 關係

禮의 핵심이 과연 내용인가, 아니면 표현인가? 이 問題는 孟子와 告子 간의 논쟁에 나타나 있다. 여기에서 孟子는 과연 무엇을 이야기했는가?

告子가 말했다. '食慾과 色慾은 사람의 本性이다. 仁은 本性 "안"에 있어 本性 "밖"의 것이 아니며, 義는 本性 "밖"에 있어 本性 "안"의 것이 아니다.'

孟子가 말하였다. '무엇으로 仁은 "안"에 있고 義는 "밖"에 있다고 말하는가? 어떤 사람이 나이가 많기 때문에 내가 그를 年長子로 대우하는 것이지 내 안에 年長子가 들어 있어 있는 것이 아니다. 그것은 마치 어떤 것이 희기 때문에 내가 희다고 여기는 것과 같다. 그것은 밖에서 흰 것을 따라 희다고 여기기 때문에 밖에 있다고 말하는 것이다.'

'그것은 어떤 것이 희다는 것과 다르다. 말의 흰 것은 흰 사람의 흰 것과 다를 것이 없다. 그러나 잘 모르기는 하지만 늙은 말의 나이가 많은 것과 年長子의 나이가 많은 것과 다르지 않다고 하겠는가? 또 나이가 많은 것은 義라고 하겠는가? 年長子로 받드는 것을 義라고 하겠는가?'

'내 동생은 사랑하지만 秦나라 사람의 동생은 사랑하지 않게 된다. 이것은 내 마음을 기쁘게 하느냐 않느냐에 달린 것이다. 그렇기 때문에 仁은 "안"에 있다고 말하는 것이다. 그러나 楚나라 사람의 年長子도 年長子로 대우하고, 내 年長子도 年長子로 대우한다. 이것은 상대인 年長子를 기쁘게 하는 것이다. 그러므로 義는 "밖"에 있다고 말하는 것이다.'

'秦나라 사람이 구운 고기를 좋아하는 것은 내가 구운 고기를 좋아하는 것과 다를 것이 없다. 대저 사물에는 그런 것이 있게 마련이거니와, 그러면 구운 고기를 좋아하는 것도 "밖"에 있다고 하겠는가(告子曰 食色 性也 仁 內也 非外也 義 外也 非內也 孟子曰 何以謂仁內義外也 曰 彼長而我長之 非有長於我也 猶彼白而我白之 從其白於外也 故 謂之外也 曰 異於白馬之白也 無以異於白人之白也 不識長馬之長也 無以異於長人之長與 且謂長者 義乎 長之者 義乎 曰 吾弟則愛之秦人之弟則不愛也 是 以我爲悅者也 故 謂之內 長楚人之長 亦長吾之長 是 以長爲悅者也 故 謂之外也 曰 耆秦人之炙 無以異於耆吾炙 夫物 則亦有然者也 然則耆炙亦有外與, 孟子 告子章句上).

　　다시 孟季子가 公都子에게 물었다. '무엇으로 義가 "안"에 있다고 이르는가?' '내가 지니고 있는 공경을 행하는 것이기 때문에 義는 "안"에 있다고 하는 것이다.' '마을 사람이 맏형보다 한 살 위라면 누구를 공경하는가?' '兄을 공경한다.' '술잔은 누구에게 먼저 따르는가?' '마을 사람에게 먼저 따른다.' '공경하는 것은 여기에 있고 年長子로 받드는 것은 저쪽에 있으니 과연 義는 "밖"에 있는 것이지 "안"에서 나오는 것이 아니다.' 公都子가 대답하지 못하여 孟子에게 告하자, 孟子는 말하였다. "'叔父를 공경하는가 아우를 공경하는가'라고 말하면 그는 "叔父를 공경한다"라고 대답할 것이다. "동생이 尸位가 되면 누구를 공경하는가"라고 말하면 그는 "동생을 공경한다"라고 대답할 것이다. 자네가 "어찌하여 叔父를 공경하지 않는가"라고 말하면 그는 "神位의 자리에 있기 때문이다"라고 대답할 것이다. 그러거든 자네 역시 "손님 자리에 있기 때문이다"라고 말하라. 항상 공경하는 것은 형에 있고 임시로 공경하는 것은 마을 사람에게 있는 것이다.' 季子가 이 말을 듣고 말하였다. '叔父를 공경해야 할 때는 叔父를 공경하고, 아우를 공경해야 할 때는 아우를 공경하는 것이니, 과연 義는 "밖"에 있는 것이지 "안"으로부터 나오는 것이 아니다.' 公都子가 말하였다. '겨울날에는 더운 물을 마시고 여름날에는 찬 물을 마시거니와, 그렇다면 음식을 골라 먹는 것도 "밖"에 있다고 하겠다'(孟季子 問公都子曰 何以謂義內也 曰 行吾敬故 謂之內也 鄕人 長於伯兄一歲則誰敬 曰 敬兄酌則誰先 曰 先酌鄕人 所敬 在此 所長 在彼 果在外 非由內也 公都子 不能答以告孟子 孟子曰 敬叔父乎 敬弟乎 彼將曰 敬叔父 曰 弟爲尸則誰敬 彼將曰 敬弟 子曰 惡在其敬叔父也 彼將曰 在位故也 子 亦曰 在位故也 庸敬 在兄 斯須之敬 在鄕人 季子 聞之 曰 敬叔父則敬 敬弟則敬 果在外 非由內也 公都子曰 冬日則飲湯 夏日則飲水 然則飲食 亦在外也, 孟子 告子章句上).

　　이상의 두 논쟁을 우리의 문제와 연관지어 보면 어떠한가? 그것은 禮의 '안'의 의미와 禮의 '밖'의 의미는 別個인가, 아니면 不可分의 關係인가 하는 문제로 설명할 수 있다. 여기에 대해서는 「예기」에서 그 해답을 찾을 수 있다. 「예기」에서는 '樂은 사람을 "같게" 만들고 禮는 사람을 "다르게" 만든다. 같다는 것은 서로 親하다는 뜻이고 다르다는 것은 서로 존경한다는 뜻이다. 樂이 지나치면 사람들이 제멋에 휩쓸리고 禮가 지나치면 사람들이 뿔뿔이 갈라진다. 사람들의 情을 하나로 합하여 갈라지지 않게 하고 외모를 갖추어 멋대로 하지 않게 하는 것, 이것이 禮樂의 일이다'(樂者 爲同 禮者 爲異 同則相親 異則相敬 樂勝則流 禮勝則離 合情飾

貌者 禮樂之事也, 樂記)라고 한다. 禮樂의 근본은 내심에 있는 仁者의 마음이므로 그 정신이 동일하다고 말할 수 있다. 그러므로 여기서 樂은 禮의 '안'의 의미로 禮는 禮의 '밖'의 의미로 볼 수 있다. 「예기」는 이런 측면에서 禮樂이 禮의 형식과 내용에 대해 의미하는 바가 크다고 보고 있다. 즉, '樂은 사람을 "같게" 만들고' 하는 것을 禮의 "안"의 意味는 어느 시대 어느 나라 사람에게는 "같다"라고 말한 것이다. 다시 말하면, 禮의 '안'의 의미는 사람들의 私慾을 줄이거나 억제한다는 점에서 모든 시대와 사람에 해당한다. 그리고 禮의 '밖'의 의미는 시대와 나라에 따라 다를 수 있다. 文化에 따라 형식은 다를 수 있기 때문이다. 그러므로 禮의 '밖'의 의미는 시대와 나라에 따라 禮의 '안'의 의미를 달리 표현하여 禮의 '안'의 의미를 실현할 수 있도록 한다. 이런 측면에서 볼 때 禮의 '안'의 의미와 禮의 '밖'의 의미는 어느 쪽도 소홀히 할 수 없다. 莊子도 이 점을 간파하여 '외면의 禮나 내면의 樂(禮의 "안"의 의미) 중 어느 한 쪽만이 행해지면 천하가 어지러워진다'(禮樂偏行 則天下亂矣, 莊子 繕性)라고 하였다. 결국 禮의 內外的 意味는 새의 두 날개와 같으며, 서로 균형적으로 이루어져야 한다. 無禮한 것도 문제이지만, 너무 禮에만 치중하면 형식적이 되어 버리기 때문이다. 그런 면에서 禮는 양 측면에 고루 신경쓰지 않으면 안 되는 것이다.

다시 「예기」에서는 이 두 측면의 關係를 좀더 구체적으로 말하고 있다.

禮는 사람됨을 담는 그릇이다. 그러므로 그 그릇은 크고 완전하지 않으면 안된다. 크고 완전한 그릇은 성대한 德을 담을 수 있다. 禮는 비뚤어진 방향을 바로 잡아주며 아름다운 본성을 증진시켜 준다. 禮로써 자기 자신을 다스리면 몸가짐이 바르게 되고 禮로써 다른 사람을 대하면 잘못되는 일이 없다. 사람에게 있어서 禮는 마치 대나무의 푸른 껍질과 같고 소나무의 단단한 중심과도 같다. 이 두 가지는 인생의 근본 원리이다. 대나무가 사철 내내 푸른 것은 그 푸른 껍질 때문이며, 소나무가 잎이 떨어지지 않는 것은 그 단단한 중심 때문이다. 이와 마찬가지로, 군자는 禮가 있기 때문에 밖으로는 다른 사람과 어울려 화합하며, 안으로는 원망을 품는 일이 없다. 그리하여 만물은 군자의 어진 마음을 흠모하며, 귀신은 그의 德을 즐거이 흠향한다(禮 器 是故大備 大備盛德也 禮釋回增美質措則正 施則行 其在人也 如竹箭之有筠也 如松栢之有心也 二者 居天下之大端矣 故貫四時而不改柯易葉 故君子有禮 則外諧而 內無怨 故物無不懷仁 鬼神饗德, 禮器).

禮는 사람의 신체에 비유될 수 있다. 사람이 신체를 완전히 갖추지 못한 상태를 가리켜 ‘온전한 사람이 아니다’라고 말하는 것과 마찬가지로, 禮를 행하는 것이 도리에 맞지 않는다면 이것은 사람의 신체가 완전히 갖추어지지 않은 것과 같다. 禮에는 크게 해야 할 것과 드러나지 않게 감추어야 할 것이 있다. 크게 해야 할 것은 덜어내어 작게 해서도 안 되며, 작게 해야 할 것을 보태어 크게 해서도 안 되며, 드러내야 할 것을 덮어서 감추어서도 안 되며, 감추어야 할 것을 드러내어 크게 만들어서도 안 된다. 禮에는 삼백 가지의 큰 원칙과 삼천 가지의 상세한 절차가 있다고 하지만, 그 궁극적 가치는 한 가지이다. 이미 방에 들어가 있는 사람으로서 문을 거치지 않은 사람은 있을 수 없는 것이다(禮也者 猶體也 體不備 君子謂之不成人說之不當 猶不備也 禮有大有小 有顯有微 大者不可損 小子不可益 顯者不可掩 微者不可大也 故經禮三百 曲禮三千 其致一也 未有入室而不由戶者, 禮器).

위의 두 가지 예문은 ‘先王은 禮를 마련함에 있어서 根本과 外的 表現을 모두 중요시 하였다. 忠信은 禮의 근본이요, 義理는 외적 표현에 해당한다. 禮는 그 근본 없이는 성립될 수 없으며, 표현없이는 시행될 수 없다’(先王之立禮也 有本有文 忠信禮之本也 義理禮之文也 無本不立 無文不行, 禮器)는 말을 잘 설명해 주고 있다. 禮의 根本(안의 의미)은 玉이나 비단을 바치는 데 있지 않으며, ‘仁’에 있다. 또한 儀容(밖의 의미)의 도움 없이는 ‘仁’을 표현할 수 없다. 그리고 儀容(밖의 의미)의 도움이 없으면 실질적인 목적인 ‘仁’을 기르는 방편을 얻을 수 없다. 이러한 것은 禮의 근본(仁)도 중요하지만, 동시에 禮의 外的 表現(儀容)을 중시하지 않을 수 없다는 것을 의미한다. 예컨대 흙 한줌과 돌 하나를 놓고 산이라 할 수는 없지만, 흙과 돌을 모두 다 버리고 산이 있을 수 없는 것과 같은 이치이다. 결국 禮는 그 마음(仁)과 형식(儀容)을 고루 갖추어야 한다. 그렇지 않다면 그것은 위선에 지나지 않으며, 부모를 부양하면 세금이 감면된다는 점을 악용하는 자와 같이 되는 것이다. 禮의 근본은 사람 마음 안에 있는 仁의 마음이다. 禮의 최고의 목적이 仁이라고 하면, 밖에 나타나는 禮의 형식은 단지 仁의 매개물에 불과하다. 만약 사람마다 모두 자기수양이 잘 되어 仁의 최상의 상태를 이룩하고 있다면, 禮의 外的 表現은 군 더기가 될지도 모른다. 그러므로 최고의 음악은 有聲의 音樂이 아니고 無聲의 음악이다. 하지만 이와 같은 상태를 보통사람들에게 기대하기는 어렵다. 사실 無聲之樂은 귀로 듣는 것이 아니고 마음으로 이해되어야 한다. 또한 禮의 근본인 仁의 최고 상태에 도달하려면 반드시 먼저 '밖'의 의미인 禮의 形式을 따라 수련을 하지 않으면 안 된다. 즉, 仁의 외적 표현인 禮를 교육받지 않고서는 '안'의 의미인 '仁'을 실현할 수 없는 것이다. 그런 측면에서 교육의 근본을 실현하려면 禮樂을 가르치지 않으면 안 되는 것이다. 仁을 최고도의 상태로 실현하는 것은 禮의 목표이고, 초기의 아동 교육은 仁의 외적 표현으로서의 禮로써 할 수밖에 없다. 그러므로 우리는 仁과 그 외적 표현인 禮를 소홀히 해서는 안 된다. 왜냐하면 이 두 側面은 서로 相反되는 것이 아니라, 서로 相成의 관계이기 때문이다. 仁의 外的 表現인 禮의 효과에 의지하여 마음과 마음의 교통이 이루어지고, 고결하고 위대한 의지가 상대방의 마음속 깊이 전달되어 개인의 내심 깊은 곳에 들어갈 수 있게 되어 훌륭한 인격자가 된다. 이것을 달리 말하면 우리는 끊임없이 自己修養(self-cultivation)을 할 때 비로소 완전한 禮를 갖춘 人格者가 되는 것이다.

이제, 禮의 '안'의 의미보다 한 단계 더 안으로 밀어 넣기 위해서 현재의 '안'을 '밖'으로 하고 그 '밖'에 의존하여 '안'으로 들어가는 것이다. 이 마지막 '안'의 의미에 도달하기 위한 端緖는 莊子의 '孔子 − 漁父問答 − 法天貴眞寓話'에서 찾을 수 있다. 漁父가 孔子에게 하는 말이다.

그런데 지금 자네는, 위로는 군주나 관리로서 백성을 지배하는 권력도 없고, 아래로는 대신이나 업무를 맡고 있는 자로서의 관직도 없다. 그럼에도 불구하고 멋대로 禮樂을 꾸며내고 윤리를 부르짖어 일반 백성을 교화하고 있다. 허황된 일에 날뛰고 있는 게 아니겠는가?

사람에게는 여덟 가지 결점이 있고 네 가지 나쁜 버릇이 있는데, 이를 분명히 하지 않으면 안된다. 자신이 해야 할 일이 아닌데도 멋대로 나서는 것, 이를 '摠'(주제넘다, 중뿔나다)이라 한다. 일의 사정이나 상대방의 의향도 생각하지 않고 교묘히 자신의 생각을 강요하는 것, 이를 '佞'(말재주가 있는 것)이라 한다. 상대방의 의향을 살펴 그에 영합하는 말을 하는 것, 이를 '諂'(아첨하다, 알랑거리다)이라 한다. 일의 시비를 문제 삼지 않고 오직 상대방의 기분을 맞추기 위해 말을 하는 것, 이를 '諛'(아첨하다)라 한다. 즐거운 마음으로 다른 사람의 결점만을 들추어내는 것, 이를 '讒'(헐뜯다, 비방하다)이라 한다. 남들의 친밀한 교제를 갈라놓기 위해 이리 저리 날 뛰는 것, 이를 '賊'(손상하다, 파괴하다)이라 한다. 남을 칭찬하는 척하면서 나쁜 꾀로 속여 결국 남을 망하게 하는 것, 이를 '慝'(간교하다)이라 한다. 좋은지 그른지를 판정하지 않고 양쪽 다 좋다고 하면서 자신에게 이로운 것만을 취하는 것, 이를 '險'(간악하다)이라 한다. 이상의 여덟 가지 결점은 남을 어지럽힐 뿐만 아니라 자신의 몸도 손상시킨다. 有德한 군자는 이런 결점을 지닌 사람을 친구로 사귀지 않고 또 明知를 갖춘 군주는 이런 사람을 신하로 부리지 않는다.

좀 전에 말한 네 가지 나쁜 버릇이란 다음과 같은 것들이다. 엄청나게 큰 사업을 시작하고 싶어하며, 게다가 관례를 깨트리고 常法으로 되어 있는 것마저 바꾸어 자신의 功名을 나타내려 하는 것, 이것을 '叨'(주제를 모르는 것)라고 한다. 자기만이 알고 있는 것처럼 제멋대로 행동하고 다른 사람의 영역까지도 침범하기를 마다하지 않는 것, 이를 '貪'(욕심이 심함)이라 한다. 자신의 잘못을 알면서도 고치려 하지 않을 뿐만 아니라, 남으로부터 충고를 들으면 오히려 그 잘못된 행위가 심해지는 것, 이를 '很'(삐뚤다, 어그러지다)이라고 한다. 다른 사람이 자신과 같은 생각이면 그저 좋아하고, 자신과 다른 생각을 하면, 그 사람의 행위가 선하더라도 그것을 선하다고 인정하지 않는 것, 이것을 '矜'(교만함)이라고 한다. 이상이 네 가지 나쁜 버릇이다.

지금 말한 여덟 가지 결점을 제거할 수 있고, 네 가지 버릇을 없앨 수 있어야 비로소 가르침을 받을 수 있다(今子旣上無君候 有司之勢 而下無大臣 職事之官 而擅飾禮樂 選人倫 以化齊民 不泰多事乎 且人有八疵 事有四患 不可不察也 非其事而事之 謂之摠 莫之顧而進之 謂之佞 希意導言 謂之諂 不擇是非而言 謂之諛 好言人之惡, 謂之讒 析交離親 謂之賊 稱譽詐僞 以敗惡人 謂之慝 不擇善否 兩容頰適 偸拔其所欲 謂之險 此八疵者 外以亂人 內以傷身 君子不友明君不臣 所謂四患者 好經大事 變更易常 以珪功名 謂之叨 專知擅事 侵入自用 謂之貪 見過不更 聞諫愈甚 謂之很 人同於巳則可 不同於巳. 雖善不善 謂之矜此四患也 能去八疵 無行四患 而始可敎巳, 莊子 漁父).

孔子는 슬픈 듯 탄식하고 두 번 절한 뒤 일어나 다시 물었다……漁父는 슬픈 듯 얼굴빛을 고치며 대답하였다. '이제 그대는 仁과 義의 이치를 자세히 하고, 다르고 같음의 구별을 밝게 하며, 움직이고 고요함의 변화를 보고 받고 주는 법도를 마땅히 하며, 좋아하고 미워하는 情을 바르게 하고, 기뻐하고 성내는 節(알맞은 정도)를 고르게 하고 있다. 그러나 아직 그것만으로는 거의 禍를 면하지 못할 것이다. 그보다도 삼가 네 몸을 닦고 조심조심 참된 네 성품을 지켜서 바깥 사물을 돌려 남에게 부쳐두면 곧 累는 없어질 것이다. 그런데 이제 이 공부를 내 몸에 닦지

않고 남에게 구하니 이치에 벗어난 일이 아닌가?'

　孔子는 슬픈 듯 기운이 꺾이어 다시 물었다. '어떤 것이 참(眞)입니까?' '참이란 정성이 지극한 것이다. 精(섞이지 않음)하지도 않고 誠하지도 않으면 사람을 움직일 수 없는 것이다. 그러므로 억지로 우는 사람은 비록 슬퍼해도 서럽지 않고, 억지로 성내는 사람은 비록 嚴히 해도 위엄이 없으며, 억지로 親하는 사람은 비록 웃어도 和해지지 않는다. 참 슬픔은 울지 않아도 저절로 서러워지는 것이요, 참 성냄은 아직 성내기 전에 위엄이 있는 것이요, 참 親함은 아직 웃기 전에 和해지는 것이다. 참이 안에 있으면 반드시 정신이 움직이는 것이니, 이것이 참을 높이는 까닭이다(子審仁義間　察同異之際　觀動靜之變　適受與之度　理好惡之情　和喜怒之節　而幾於不免矣　謹修而身　愼守其眞　還以物與人　則無所累矣　今不修之身而求之人　不亦外乎　孔子　愀然曰　請問何謂眞　客　曰　眞者　精誠之至也　不精不誠　不能動人　故强哭者　雖悲不哀　强怒者　雖嚴不威　强親者　雖笑不和　眞悲無聲而哀　眞怒未發而威　眞親未笑而和　眞在內者　神動於外　是所以貴眞也, 莊子　漁父).

以上의 寓話는 '여덟 가지 결점과 네 가지 나쁜 습관을 제거하라'라는 말을 孔子에게 하는 대목이다. 이 말은 인간으로서 修養이 무엇보다도 중요하다는 것을 말하는 것이다. 漁父가 '이 공부를 네몸으로 닦지 않고 남에게서 구하는가'라고 야단치는 것도 이러한 맥락에서 말하는 것이다. 이때 修養의 방향은 '안'으로 파고들어가는 것이다. 그러나 儒家는 「大學」에서 格物－致知－誠意－正心－修身－齊家－治國－平天下이다. 앞에 莊子에게서 본 것과는 달리 儒家에서는 修身의 방향이 '밖'으로 향하고 있다. 말하자면 '안'에서 '바깥'까지, 작은 것에서부터 큰 것까지, 개인에서 사회로 점차 확대되어 가는 과정이다. 다음으로 '참 슬픔은 울지 않아도 저절로 서러워지는 것이요, 참 성냄은 아직 성내기 전에 威嚴이 있는 것이요, 참 親함은 아직 웃기 전에 和해지는 것이다'라는 말이다. 이 말과 같은 상태, 다시 말하면 '참'(眞)이 안에 있는 상태는 어떤 사람인가? 莊子에 의하면, 그는 '眞人'이다. 그러면 어떤 사람을 '眞人'이라 하는가?

　세상의 법칙이 그의 몸이며, 禮가 그의 날개이며, 또 그 知가 時이며, 德이 행위여서, 그 知德으로써, 언제 어떠한 경우에도 마음먹은 대로 사람들과 화합하고, 법칙, 禮에 합치하는 행위를 한다. 왜냐하면 세상의 법칙이 그의 몸이라는 것은 명명백백하게 事物을 밝게 관찰한다는 것이며, 禮가 그의 날개라는 것은 세상어디에나 받아들여진다는 것이며, 그 知가 時라는 것은 일을 행하지 않으면 안될 가장 적절한 시기를 알아 행동한다는 것이며, 그 德이 행위라는 것은 두 다리를 갖춘 자가 그 다리로 먼 산에까지 가듯이 그 德으로 세상의 큰 공적을 이루어내는 것을 말하기 때문이다. 세상 사람들은 먼 산에 가는 것을 매우 애를 써서 가는 것으로 생각하지만, 眞人은 아무런 괴로움 없이 自由自在로 갈 수 있는 것이다. 따라서 眞人은 좋아하여 무엇을 행하더라도 싫어하여 물리치더라도, 오직 하나의 道에 합치한다. 그뿐만 아니라, 그 하나의 道를 언제까지나 지킨다는 것은 말할 필요도 없고, 세상 사람들이 보아 한 줄기가 아니라고 생각되는 경우에도, 한 줄기의 道가 통하고 있는 것이다. 한 줄기의 道가 통한다는 것은 하늘과 하나인 道와 일체가 되어 활동하는 것이며, 한 줄기가 아니라고 생각되는 것은 세상 사람들과 하나가 되어 갖가지 행위를 하는 것이며, 나아가 이런 경우 天(自然)과 人(人爲)은 서로 優劣을 다투지 않고 한 줄기의 道에 부합하는 것이다. 이처럼 한 줄기의 道에 사는 자를 바로 眞人이라 한다(以形爲體 以禮爲翼 以知爲時 以德爲循 以形爲體者 綽乎其殺也 以禮爲翼者 所以行於世也 以知爲時者 不得已於事也 以德爲循者 言其與有足者至於丘也 而人眞以爲勤行者也 故其好之一也 其弗好之也一也其一也 其不一也一 其一與天爲徒 其不一與人爲徒 天與人不相勝也 是之爲眞人, 莊子 太宗師).

眞人은 禮의 '안'의 의미를 한걸음 더 뒤로 밀어 넣었을 때의 '사람됨'의 모습이다. 이쯤 되면 眞人은 社會에서 어떻게 받아들여질까? 여기에 참 어려운 문제가 생긴다. 왜냐하면 眞人과 狂人의 구별이 어려워지기 때문이다. 예컨대, 莊子를 眞人으로 보면 당연히 슬피 울어야 됨에도 불구하고 그는 장구를 치고 노래를 부르고 있었다. 이 광경을 본 사람은 莊子를 眞人으로 볼 것인가 아니면 狂人으로 볼 것인가? 이 경우에는 보는 사람의 得道 또는 자기 수양의 정도에 따라 그 보는 기준이 달라질 것이다. 아니 莊子에게는 禮가 필요없는 경지일 것이다. 그러나 儒家에서는 禮가 '안'으로는 個人의 修養의 정도를 가늠하는 것이며, '밖'으로는 그 사회의 맥락에서 적절한 절차를 통하여 그 수양된 마음이 표현되지 않으면 안된다.

그러나 儒學에도 莊子와 같은 뜻을 피력하고 있다. 즉, 「禮記」 孔子閒居篇에 '五至와 三無'에 관하여 다음과 같이 말하고 있다.

　　孔子가 한가롭게 있을 때 子夏가 모시고 있었다. 子夏가 말했다. '감히 묻습니다. 「詩經」에 이르기를 온화하고 즐거워하는 군자가 백성의 부모라고 하였는데, 그렇다면 어떤 것을 백성의 부모라고 말할 수 있습니까?' 孔子가 말했다. '백성의 부모라면 반드시 禮樂의 원리에 통달하여 五至를 이루고, 三無의 길을 행하여 道를 천하에 널리 펴고, 사방에 어지러운 재앙이 있으면 이를 먼저 알아야 한다. 이것을 백성의 부모라고 한다'(孔子 閒居 子夏 侍 子夏 曰 敢問詩云凱弟君子 民之父母 何如 斯可謂民之父母矣 孔子曰 夫民之父母 必達於禮樂原 以致五至而行三無 以橫於天下 四方有敗 必先如之 此之民之謂父母矣).

子夏가 말했다. '백성의 부모가 된다는 뜻은 이미 들어서 알았습니다. 감히 묻습니다. 五至란 무엇입니까?' 孔子가 말했다. '뜻이 이르는 곳에 詩가 이르고, 詩가 이르는 곳에 禮가 이르며, 禮가 이르는 곳에 樂이 이르고, 樂이 이르는 곳에는 또한 슬픔이 이른다. 그러므로 눈을 밝게 하여도 볼 수 없으며, 귀를 기울여 들어도 들을 수 없지만, 志氣는 천지에 가득 찬다. 이것을 五至라 한다'(子夏曰 民之父母 旣得而聞之矣 敢問何謂五至 孔子曰 志之所至 詩亦至焉 詩之所至 禮亦至焉 禮之所至 樂亦至焉 樂之所至 禮亦至焉 哀樂 相生 是故 正明目而視之 不可得而見也 傾耳而聽之 不可得而聞也 志氣塞乎天地 此之謂五至).

子夏가 말했다. '五至는 이미 들어서 알았습니다. 감히 묻습니다. 三無란 무엇을 말하는 것입니까?' 공자가 말했다. '소리없는 樂과 형체없는 禮와 服없는 喪, 이를 가리켜 三無라 이른다.'

'三無는 대략 들어 알았습니다. 감히 묻습니다. 무슨 詩가 이에 가깝습니까?'

'밤낮으로 애쓰며 天命을 받들어 정치에 힘씀이 소리없는 樂이며, 威儀가 성대하여 가릴 것이 없음이 형체없는 禮이며, 백성이 喪을 당할 때, 匍服(손을 땅에 대고 엎드려 기어간다는 뜻)하고 조문하여 도와줌이 服없는 喪이니라'(子夏曰 五至 旣得而聞之矣 敢問何謂三聞 孔子曰 無聲之樂 無體之禮 無服之喪 此之謂參無 子夏曰 三無 旣得略而聞之矣 敢問何詩近之 孔子曰 夙夜 其命宥密 無聲之樂也 威儀逮逮不可選也 無體之禮也 凡民有喪 匍蔔求之 無服之喪也)

以上의 말들은 禮는 어디까지나 精神을 重히 여겨야 한다는 것을 말하고 있는 것이다. 말하자면 禮의 '안'의 의미를 중요시 한다는 말이다. 禮에는 참고 절제한다는 의미가 있다. 절제가 없는 행동거지를 무례하다고 하고 거칠다고 말한다. 그러나 禮의 궁극의 목적은 調節에 있지 制限에 있는 것은 아니다. 「中庸」에서 말하는 '喜怒哀樂之未發이 中이요, 發하여 적당히 조절된 상태를 和'한 상태가 소위 中和의 상태이다. 이러한 상태일 때 禮에 맞게 되는 것이다. 그러나 이 中和의 상태는 저절로 이루어지는 것이 아니라, 孔子와 같이 修養과 修鍊을 통해 이룩되는 것이다.

이제 다시 禮의 '밖'의 의미를 '안'의 의미로 보고 그 '안'의 意味를 거점으로 하여 한 걸음 '밖'으로 밀어내는 것이다. 이 마지막 '밖'의 의미에 도달하기 위한 단서를 法家인 韓非子의 八說篇에서 찾을 수 있다.

옛 친구를 위하여 사사로운 짓을 행하는 것은 '옛 정을 버리지 않는 사람'(不棄)이라 한다. 공공 재물을 남에게 나누어 주는 것은 '어진 사람'(仁人)이라 한다. 녹을 가벼이 여기고 자신을 소중히 여기는 것을 君子라 한다. 法을 어기며 친척을 돌보아 주는 것을 '행실이 좋은 사람'(有行)이라 말한다. 벼슬을 버리고 친구들을 따르는 것을 '협객'(有俠)이라 말한다. 세상을 떠나 官界로부터 숨어버리는 것을 '고상한 사람'(高傲)이라 한다. 서로 다투며 法令을 어기는 사람을 '강인한 사람'(剛材)이라 한다. 은혜를 베풀어 백성들의 마음을 얻는 것은 '민심을 얻은 사람'(得民)이라 한다……이 여덟 부류의 사람들은 보통 사람들이 사사로이 칭찬하지만 임금을 크게 낭패케 하는 것이다(爲故人行私 謂之不棄 以公財分施 謂之仁人 輕祿重身 謂之君子 枉法曲親 謂之有行 棄官寵交 謂之有俠 離世遁上 謂之高傲 交爭逆令 謂之剛材 行惠取衆 謂之得民……此八者 匹夫之私譽 人主之 大敗也, 韓非子 八說篇).

여기서 말하는 여덟 부류의 사람들은 그야말로 禮를 잘 지켜 不棄, 仁人, 君子, 有行, 有俠, 高傲, 剛材, 得民하는 사람이라고 칭찬받는 사람들이다. 그들이 사람들로부터 칭찬을 받는 것은 다름 아니라 禮의 '밖'의 의미를 잘 구현한 사람들이다. 여기서 문제삼을 수 있는 것은, 禮의 形式의 측면에서 보면 하등 문제가 없지만, 그 個人의 마음을 어떻게 정확하게 알 수 있는가 하는 것이다. 그 마음을 알 수 있는 기준이 여럿이 있을 수 있으므로, 한 가지 法으로만 일률적으로 다스려야 한다는 것이다. 물론 조그마한 어려움이나 폐해가 있을 수 있으나 그것 때문에 法을 소홀히 한다는 것은 나라를 다스릴 줄 모르는 사람이라는 것이다. 따라서 이쯤 되면 禮와는 의미가 다른 '法'으로 된 것이다.

인간이 私欲을 가진 존재인 이상 어느 정도 억제할 필요가 있다. 그러나 너무 누르려고 해서도 안 된다. 形式도 인간 스스로 받아들일 수 있도록 융통성을 배려해야 한다. 禮나 法이 다른 점이 바로 이것이다. 말하자면 유가에서의 禮의 形式

은 禮의 內容을 담기 위한 그릇이며, 그 그릇도 내용을 통해야 의미가 있다. 그러므로 유가의 禮의 '안'과 '밖'의 의미로 보면, 儒家는 老壯과 法家의 한 가운데 있다는 것을 알 수 있다. 이것이야말로 유가의 현세 중심의 삶을 파악한 점이요 또 위대한 점이기도 하다.

V. 結　論

지금까지 우리는 禮의 '안'의 의미, 禮의 '밖'의 의미 그리고 이 양자 간의 관계를 논의하였다. 이제야 겨우 禮가 사람을 만들고 사람됨을 가늠하는 기준이 된다는 말의 의미를 어렴풋이나마 짐작하게 되었다. 달리 말하면, 禮의 '안'의 의미를 점점 '안'으로 밀어 넣으면 넣을수록 禮가 필요없게 되며, 禮의 '밖'의 의미를 점점 '밖'으로 表出하려고 하면 할수록 禮가 더욱 필요하면서 禮가 죽어버리고 남는 것은 겉치레, 다시, 이 외에 아무것도 아니며 급기야 '繁文縟禮가 되어 나중에는 禮가 아닌 法으로 된다는 것이다.

禮는 어느 사회에서나 필요한 儀式이다. 그것은 우리가 모두 인정하는 것이다. 하지만 우리 사회는 물론 최근 거의 대부분의 공동체에서 禮儀는 완전한 형식이 되었다. 더 이상 禮는 인간을 敎化시키지 못하고 있으며, 젊은 세대들은 이를 귀찮게 여기고 있다. 지금까지의 논의에 비추어 볼 때 오늘날 '禮를 가르친다'는 것을 다시 한번 생각해 볼 필요가 있는 것이다. '단순히 어른에게 절하는 것을 禮라고만 생각하는 경향은 없었는지', 그리고 '禮라는 것이 그토록 필요한 것인지'를 다시 생각해야 한다는 것이다. 우리의 논의에서 보았듯이 이것은 그다지 단순한 문제가 아니다. 우리가 살아가는 현대의 상황은 이러한 우리의 질문을 필요로 하고 있다. 우리가 흔히 주위에서 보는 '관광지에서의 차례' 광경이나 '성묘 행위에 대한 구구한 논쟁'들을 본다면, 이제 이 물음은 우리의 문화 전반에 대한 심각한 문제가 될 수도 있다. 더 나아가 同性同本을 규제하던 금혼법을 놓고 儒林과 젊은 세대가 벌이는 마찰은 이 시대의 禮儀가 가지는 위상을 상징적으로 나타낸다.

이러한 상황에서 栗谷 先生의 말은 시사하는 바가 크다. '사람이 이 세상에 나서 學問에 의존하지 않고서는 올바른 사람이 될 수 없다. 이른바 學問이라는 것은 역시 이상하거나 별다른 것이 아니다. 다만 아비가 되어서는 자애롭고, 자식이 되어서는 효도하고, 신하가 되어서는 충성하고, 부부간에는 분별이 있고, 형제간에는 우애롭고, 젊은이는 어른을 공경하고, 친구간에는 신의를 두는 것으로서 일용의 모든 일에 있어 그 일에 따라 각기 마땅하게 할 뿐이요, 玄妙한 것에 마음을 두거나 奇異한 것을 노리는 것이 아니다. 다만 학문하지 않은 사람은 마음이 막히고 식견이 좁게 마련이다'(人生斯世 非學問無以爲人 所謂學問者 亦非異常別件物事也 只是 爲父當慈 爲子當孝 爲臣當忠 爲夫婦當別 爲兄弟當友 爲少者當敬長 爲朋友當有信 皆於日用動靜之間 隨事各得其當而已, 擊蒙要訣 序文). 결국 禮가 사람되게 하는 길이라면, 그것은 學問을 통하여 이룩된다는 것을 분명히 말하고 있다.

그렇다면 現代에 있어서 우리의 논의가 필요한 이유는 보다 분명해진다. 우리가 사는 이 사회에 맞게 禮를 개선하는 것은 불가피한 일이지만, 그 정신을 해쳐서는 안 된다는 것을 잊어서는 안 된다. 형식은 사회의 사정이 바뀔 때에 따라 변형할 수밖에 없는 일이지만, 禮가 가진 취지마저 버릴 수는 없는 것이다. 제사를 드리는 이유가 무엇이고, 왜 禮에 맞추어야 하는지를 분명하게 알아야 한다. 우리에게 제사는 단순히 지낸다는 이상의 의미를 가진다. 예컨대, 관광지에서 드리는 제사는 私慾을 억누르지 못한 것이다. 놀러가고 싶은 마음과 제사를 드리지 못한 책임 불이행을 적당히 무마하려는 눈가리고 아옹식의 처사이다. 이러한 일은 결국 우리가 禮의 참뜻을 밝히지 못한 데에서 출발한다. 결국 우리가 禮의 의미를 밝히는 것은 이렇게 산적한 모든 문제에 대한 진지한 접근과 연관이 되며, 그 대답에 대한 기반이 된다. 따라서 이러한 문제를 반드시 짚고 넘어가야 올바른 도덕 교육이 이루어질 수 있을 것이다.

參考文獻

Oakeshott, M.(1989), edited by T. Fuller, ′The Idea of a University′, The Voice of Liberal Learning, New Heaven & London: Yale Univ. Press.

Boyd William(1952), The History of Western Education, 이홍우·박재문·유한구(역), 「서양교육사」, 교육과학사, 1994.

Oakeshott, M.(1962), ′The Voice of Poetry in the Conversation of Mankind′, Rationalism in Politics and Other Essays, London: Methuen.

李烘雨(1998), ′가르치는 자와 배우는 자′, 「敎育의 目的과 難點」 제6판, 서울: 敎育科學社.

金璟植 傳統的 冠婚喪祭 小考

宋宰鏞 韓國의 儀禮 - 冠·婚·喪·祭禮를 中心으로 -

李秉又 韓國傳統社會 四禮의 現代哲學的 理解 -節次·祝文·告辭式을 中心으로-

李杜鉉·張籌根·李光奎 韓國民族學槪說 (學硏社 1983).

裴桃植 韓國民俗의 現場 (集文堂 1993).

張東宇 茶山 『喪禮四箋』 「喪期別」 의 體裁와 特性

鄭官彩 中·韓 禮節의 比較硏究 - 出生, 冠, 婚, 喪, 祭와 食生活禮節을 中心으로 -

地斗煥 朝鮮前期 儀禮硏究 -性理學 正統論을 中心으로- (서울대학교출판부 1994)

洪瑀欽 朱熹 家禮의 實踐的 道德性이 韓國에 미친 影響
        韓國 祭禮에 관한 一般的 考察
        한국인의 효사상과 숭조·보학(崇祖·譜學)사상-족보(族譜)

권광욱   육례이야기 1·2·3 - (해돋이 1994)
오출세   한국서사문학과 통과의례 - (집문당 1995)
朱 子   朱子家禮 - (45才 1174)
Roger L. Janelli   Ancestor Worship and Korean Society
        - (Stanford University Press 1982)

8. 열린교육의 교육사적 고찰*

I.

오늘날 우리의 마음을 사로잡고 있는 뜨거운 교육적 이슈가 있다면 그것은 다름이 아니라, 열린교육일 것이다. 이와 같이 사람들이 열린교육에 매력을 느끼고 있는 것은 열린교육이 현재의 교육문제들을 근본적으로 해결해 줄 수 있는 새로운 방안이라고 믿기 때문이다. 오늘날 우리 사회에서는 열린교육으로 교육개혁을 달성하려고 하고 있다. 그리하여 모든 학교들이 열린교육을 받아들여야 한다고 생각하고 있다. 정부에서는 열린교육을 권장하고 있고, 상당수의 초·중등학교에서는 이미 열린교육을 실시하고 있다. 그러나 우리는 진실로 열린교육이 무엇인지를 정확히 알고 있는가? 열린교육은 어디서 나온 것인가, 열린교육은 무엇을 해결하려고 나온 교육 방안이며 무엇은 해결할 수 없는 교육 방안인가, 등등 아직도 대답되어야 할 문제들은 많이 남아 있다.

이제 우리는 교육사적 고찰을 통하여 열린교육이 과거의 교육사상이나 교육이론과 어떤 관련이 있는지를 밝힘으로써 열린교육의 정체를 보다 정확하게 이해하고자 한다. 그러나 그에 앞서 우선 밝혀야 할 것은 오늘날 우리 사회에서 논의되고 있는 열린교육이라는 것이 무엇인가 하는 것이다. 이 문제가 검토되지 않고서는 과거와의 연결이 불가능하다. 그런데 우리를 당황하게 하는 것은 현재의 논의

---

* 『도덕교육연구』 제11집, 한국교육학회 도덕교육연구회, 1999. pp.1-29.

가 고정된 개념의 '열린교육'을 거부한다는 것이다. 말하자면 열린교육의 '개념'을 정의하는 것, 그 자체가 '열려 있다'는 것이다.[1] 이와 같이 열린교육의 개념이 고정되어 있지 않다면 열린교육에 관한 논의들은 내적 일관성을 상실하게 된다. 예컨대, 어떤 사람이 열린교육의 의미에 대하여 갑이라고 말하고 다른 사람이 을이라고 말한다면, 그간에 아무런 내적 일관성이 없는 것이다. 내적 일관성이 없다는 것은 서로 다른 내용을 서로 다른 관점에서 말하는 것인 만큼 서로간의 지적 대화는 불가능한 것으로 된다. 만약 열린교육을 주장하는 사람들이 그들 스스로 일관성 결여를 조장하고 있다면 이 사태는 멋대로 무책임하게 말하는 혼란의 극치를 보여준다. 그런데도 왜 열린교육의 주창자들은 열린교육의 개념이 안고 있는 내적 일관성의 결여를 오히려 유연성의 미덕이라고까지 말하는 것인가?

열린교육의 의미가 耳懸鈴鼻懸鈴的 性格을 띠고 있다면, 거기에는 어떤 별도의 의도가 숨어있는 것이 아닌가 하는 의심을 하지 않을 수 없게 된다. 다시 말하면 거기에는 교육의 진정한 의미에 관한 번민보다는 정치적 동기나 의도가 숨어있는지 모른다는 것이다. 정치적 의도가 숨어있다면 열린교육은 이데올로기적 성격을 띠게 되며, 하나의 슬로건적 성격을 띠게 된다. 좀 더 구체적으로 말하면 열린교육은 사회변화에 효과적으로 대응하기 위한 수단으로서 학교 교육을 이용하려는 정치적 목적에서 등장한 것이 아닌가 하는 의심이 든다는 것이다. 이 의심을 받기에 충분한 것은 요즈음 우리의 교육이 한국경제의 위기와 맞물려서 돌아가고 있기 때문이다. 사실상 학교 교육은 '수요자 중심'이나 '생산성 제고'에 의해 좌지우지된다고 하는 주장이 무성한 때에 대두된 것이 바로 열린교육인 것이다. 이러한 사실에 비추어 볼 때 열린교육은 그 성격이 모호할 뿐만 아니라, 그것의 실체 또한 정확하게 파악할 수 없게 되어 있다.

다음으로 검토해 보아야 할 문제는 열린교육이 대안이라고 하면 어떤 것의 대안인가 하는 것이다. 그것은 다름이 아니라 전통적 교육의 대안이다. 구체적으로 말하면, "학습목적에 있어서, 전통교육에서는 학습기술의 향상인 데 반하여, 열린교육에서는 학습자의 최대한의 성장과 장점의 확산, 의미에 의한 학습능력의 전체적 향상, 관련교과와의 자연스러운 통합을 강조하는 것이다. 프로그램 내용 및 방

---

1) 이환기, "열린교육의 진단", 「초등교육연구」, 제15집, 춘천교육대학교 초등교육연구소, 1998. p.1.

법에 있어서, 전통교육에서는 교사가 결정하고, 학습시간 계획이 고정적이며, 교실 내부에서 교수영역을 채택하여, 제한된 자료(교사, 교과서 중심), 실수를 교정하는 것인 데 반하여, 열린교육에서는 교사, 아동이 함께 결정하며, 학습시간 계획에 융통성을 부여하고, 학교 내, 외부에서 교수영역을 채택, 다양한 자료의 활용, 실수를 이해하는 것이 초점이다. 활동조직에서는 전통적인 교육에서는 전체 집단단위이며, 고정된 좌석에 앉아서 교육을 받는다. 거기에 반하여 열린교육에서는 개별, 소집단, 전체 집단단위이며, 필요에 따라 학습공간을 재배열하게 된다. 교사─아동의 역할에서 보면, 전통적인 교육에서는 교사에 의해 우선순위가 결정되며, 교사─아동 역할이 명백히 구별된다. 교사는 지시명령, 학생은 수용하며, 거기에 반하여 열린교육에서는 공유하는 협동적 상황에서 의미를 함께 상의한다. 교사─아동이 함께 반응하고 함께 상의한다. 평가 면에서 전통적 교육에서는 일 년 중 몇 번이고 보며, 객관적, 지필검사에 의한 획일적 평가방법의 활용이다. 이에 반해 열린교육에서는 학습과정 중에 끊임없이 평가를 하며, 개별적이며, 교사관찰기록, 교사평가, 아동평가 등 다양한 평가방법을 활용한다"[2]는 것이다. 여기에 제시된 말만 가지고는 열린 교육과 전통교육의 차이, 열린교육이 전통교육의 모자란 점을 보충하고 있는 것이 어떤 것인지 충분히 알 수 없다. 그러나 요컨대, 열린교육은 전통 교육에 무엇인가 만족스럽지 않은 점이 있다고 비판하고 그에 항거하는 데서 비롯되었다는 것을 누구나 짐작할 수 있다.

　전통교육의 대안적 방안으로서 제시된 열린교육에서 볼 수 있는 하나의 커다란 문제는 무엇인가? 한마디로 말하면, 그것은, 위에서 제시된 열린교육에서는 교육내용에 관한 심각한 사고의 흔적을 찾아볼 수 없다는 점이다. 그도 그럴 것이 열린교육론자들이 전통적 교육을 부정할 때 그 주된 대상은 바로 전통적 교육의 내용이기 때문이다. 구체적인 예로 전통교육에서는 프로그램의 내용을 '교과서 중심'으로 '교사가 결정한다'고 되어 있는 데 반하여 열린교육에서는 프로그램의 내용을 '교사와 아동이 함께 결정한다'고 되어 있다. 전통적 교육에서 언급하고 있는 '교과서'에는 올바른 삶의 모습의 문제, 인간의 자유와 존엄의 문제, 가치판단의 문제 등을 다루는 학문의 체계가 담겨져 있다. 그러므로 이 내용은 교사가 결정할 수밖

---

2) 이성은, "열린교육의 성찰과 과제", 「열린교육연구」 제5권 제2호, 1997. p.102.

에 없다. 그러나 열린교육에서는 바로 이 학문체계를 교육내용으로 삼는 것을 부정하기 때문에 교육내용을 교사와 아동이 함께 결정할 수 있는 것이다. 교육내용의 문제가 교육개혁의 논의에서 제외되어 빠져버린다면 그 대신에 교육방법에 관한 문제가 주로 다루어질 수밖에 없는 것이다. 구체적인 예를 들면 '학습시간 계획에 대한 융통성 부여', '다양한 자료의 활용', '개별, 소집단, 전체 집단 단위의 활동조직', '필요에 따른 학습공간의 재배열' 등등이 모두 교육 내용과는 무관한 교육방법에 관한 사항들이다. 이것으로 보아 열린교육은 교육내용보다는 교육방법에 더 관심을 기울이고 있다는 것을 알 수 있다. 여기에서 우리는 열린교육 주창자들이 전통교육의 어떤 면에 만족스러워 하지 못하는가에 대한 하나의 해답을 얻을 수 있다. 열린교육은 결국 전통적인 교육내용에 대한 항거라고 할 수 있다.

'열린교육'이라는 주장에서 또 다른 의문을 갖게 되는 것은 '교육을 열어야 한다'고 할 때, '연다'는 것은 무엇을 의미하는가 하는 것이다. 전통적 교육에 대한 열린교육의 항거는 전통적 교육내용을 그 주된 대상으로 하고 있다. 열린교육론자들은 전통적 교육내용을 교사 자신의 지식과 신념으로 규정하고 이것을 '닫힌교육'과 관련지음으로써 여기에 무엇인가 불건전하고 사악한 면이 있다는 느낌을 고취한다.[3] 요컨대, 열린교육론자들의 주장에는 아동에게 가르칠 교육내용을 '교과'로 고정하여 '닫은 채'로 있지 말고 그 밖의 다른 것으로 열어야 한다는 뜻이 들어있다. 그렇지 않고는 교육내용을 '교사와 아동이 함께 결정'할 수도 없고, '학교 내, 외부에서의 교수영역 채택'이 이루어질 수도 없는 것이다. 전통교육의 내용에 대한 부정에서 한 걸음 더 나아가 열린교육론자들이 적극적으로 주장하는 것은 다름이 아니라 아동의 자유와 자율성이다. 그들의 주장에 의하면 전통교육론자들은 아동의 자유와 자율을 부정하고 나아가 아동을 구속하고 있다. 그러므로 이 구속을 제거해야 하며, 이 구속을 제거할 수 있는 방안이 다름 아닌 '열린교육'이라는 것이다. 여기서 '열린'이라는 말에는 아동을 속박과 구속으로부터 풀어주고 활짝 열린 자유와 자율의 세계로 들어가도록 교육방법에 관심을 쏟는다는 뜻이 들어있다.

지금까지의 논의로 보아 열린교육이 어떤 것인가 하는 것은 비교적 분명한 것 같이 보인다. 그러나 여전히 열린교육과 닫힌교육을 구분하는 기준이 무엇인지는

---

3) 李烘雨, "교직을 위협하는 세 가지 통념", 「우리교육」, 1월호, 우리교육, 1997b.

불분명하다. 그러면 이 기준은 무엇인가? 그러나 논의를 위해서 매우 다행스러운 점은 그 기준을 제시한 연구사례가 있다는 것이다. 그 연구4)에서는 열린교육의 판단기준으로서, "1) 개별화(학습내용, 방법, 속도와 평가의 개별화), 2) 자율화(교사와 학생에게 선택의 여지 부여, 자기주도적 학습), 3) 적극적인 교수-학습(학생의 능동적인 참여와 수업운영에 있어서의 교사의 적극적 역할-대집단과 소집단에서의 강의, 토론, 시범, 개별 과제 학습 감독, 학생활동의 점검과 개별 지도), 4) 다양화(학습내용, 학습방법, 학습자료, 교실환경, 평가방법, 특별활동의 다양화), 5) 융통성(교육과정 구성, 수업운영, 공간구성 등에 있어서의 융통성)" 등을 제시하고 나서, "이러한 다섯 가지 최소조건 중에서 한두 가지가 빠져도 겉모습은 열린 교육으로 보일 수 있다. 그러나 학생들의 학교에서의 삶이 즐거우면서도 의미 있는 학습이 이루어져서, '전인적인 발달'이라는 열린교육의 목표를 제대로 달성하기 위해서는, 위의 다섯 가지 조건 중 하나도 빠져서는 안 된다"고 말하고 있다. 이하에서는 이 기준(조건)들을 교육사적으로 고찰해보고자 한다.

II.

먼저 학습내용, 방법, 속도와 평가의 개별화에 관하여 살펴보겠다. 사실을 두고 말하자면, 개별화는 시간상 교육이 일어나는 최초의 모습을 나타낸다고 말할 수 있다. 원시시대에 교육이 있었다고 하면 그때의 교육은 그야말로 부모가 가르쳐야 할 교육내용과 방법을 그 자식에게 맞추어 수준과 속도를 조절하고 평가하는, 그야말로 문자 그대로 개별화에 의한 교육이었다고 할 수 있다. 또한 제사장이 다음의 제사장을 키우기 위하여 교육하는 것도 개별화의 대표적인 예이며, 王 世子의 교육인 經筵도 예외가 아니다. 이런 경우에 개별화 교육은 그다지 중요한 문제로 부각되지 않는다. 문제는 많은 아동들이 함께 일시에 공부하는 경우에 생겨났다. 동일한 교육내용을 많은 아동들에게 동일한 방법으로 가르친다고 할 때, 각 아동

---

4) 이용숙, "열린교육", 서울대학교 교육연구소(편), 「교육학 대백과사전」, 1998. p.1881.

들의 특징이 다른 만큼 교육이 제대로 이루어지기는 매우 어려운 일임에 틀림없다. 이상적으로 말하면 아동 한사람 한사람에게 알맞은 내용과 속도를 고려하여 교육을 실시하여야 한다.

개별화 교수를 위해서는 우선 개인차 문제가 밝혀져야 한다. 개인차에 관해서는 학자들에 따라 여러 가지 변인들이 제시되고 있다. 예컨대, Anderson (1994)은, 학습능력, 학습양식, 학습의욕, 학습속도 등을 제시하고, 이들 각각의 개인차 변인에 대한 개별화 교수 전략을 세우고 있다. 구체적으로 예를 들어 보면, 개별 처방식 수업(Individually Prescribed Instruction)이 있다. IPI는 피츠버그 대학의 글레이저(Glaser), 볼빈(Bolvin), 린드발(Lindvall) 등에 의해 창안된 것이다. "IPI의 수업진행 방식은 기본적으로 진단-처방-평가의 반복으로 이어진다. 우선 학기 초에 定置檢査를 실시하여 검사 결과를 가지고 학생이 시작해야 할 특정단원을 정해 준다. 그러면 학생은 그 단원에 대한 사전 검사를 받아 이미 숙달한 목표 혹은 기능과 더 공부해야 할 것들을 결정받게 된다. 이때 정치검사에 의해 특정한 단원을 배정받았어도 단원을 통하여 성취할 목표와 기능을 모두 습득한 것으로 판정되면 다음 단원으로 넘어가고, 그렇지 않으면 사전검사 결과를 바탕으로 목표 성취를 위한 학습 처방을 받게 된다. 그리고 학생들은 단원 내의 성공하지 못한 각 목표들에 대해 처방된 교수 자료를 가지고 학습 활동을 하게 된다. 단원 내의 모든 목표들에 대해 만족할 만한 성취도를 보였을 때 사후검사를 실시한다. 사후 검사는 사전 검사와 동형으로 제작된다. 사후 검사에서 특정한 목표에 대해 마스터 하지 못한 부분이 있으면 그 기능(목표)에 대해 반복 학습하고 단원 내의 모든 목표에 대해 완전 학습이 이루어졌으면 다음 단원으로 이동한다."5)

이와 같은 개별화 교수는 어떤 문제점을 안고 있는가? 첫째, 학생 각자에 알맞은 프로그램을 제공하는 데 필요한 시간과 노력을 들일 만큼 헌신적인 교사가 없다는 점, 둘째. 학생들은 아직 미성숙한 상태이므로 자신의 프로그램을 계획하고, 혼자서 공부하고, 또 자신의 학습 진전을 평가할 수 없다는 점, 셋째, 교사들이 학생 하나하나를 정확하게 이해하지도 못하고 어려운 점을 진단하고 이를 극복하는 방법을 고안할 수 있는 특수 능력을 갖고 있지 못하다는 점, 넷째, 학생 스스

---

5) 류완영, "개별화 교수", 서울대학교 교육연구소(편), 「교육학 대백과사전」, 1998, p.39.

로가 자신들을 어떻게 지각하고 있는지를 교사가 발견하기가 불가능하다는 점, 다섯째, 개별화 교수에 필요한 자료와 인적 자원의 제공이 가능할 정도로 재정지원이 불가능하다는 점, 여섯째, 융통적인 시간표와 통일성의 결여는 훈육상의 문제와 혼란을 초래할 수 있다는 점, 일곱째, 개별화 교수는 학생, 교사, 행정가 및 학부모들을 불안하게 하고 짜증을 일으키는 것과 같은 새로운 문제를 야기한다는 점, 여덟째, 학습동기가 약한 학생들은 성적이 오히려 떨어질 수 있다는 점 등이 거론될 수 있다(류완영, 1998, p.31 참조).

이러한 문제점들을 보면, 개별화 교수는 거의 불가능하다는 것을 알 수 있다. 그럼에도 불구하고 이 개별화 교수의 문제는 왜 생겼는가? 그것은 자유, 평등의 사조 속에 많은 학생들이 학교에 들어와 교육을 받으려고 하였으므로 생긴 문제이다. 학생들이 많아졌다는 것은 한 교실에서 한 교사가 많은 학생을 가르쳐야 하는 사태가 벌어졌다는 뜻이다. 그에 따라 학생들의 수만큼 개인차가 생겨난 것은 당연한 일이었다. 가르쳐야 할 교과는 고정되어 있는데 학생들의 개인차는 그 수만큼 존재하게 되자 이를 해결하기 위하여 나타난 방안이 개별화 교수인 것이다.

교육사적으로 볼 때, 현대적 개념의 개별화 교수에 관한 논의는 샌프란시스코 주립사범학교의 버크(Frederic L. Burk, 1862-1924)에서 비롯되었다. 그는 아동의 개별적인 발전단계에 맞게 학교공부를 진행시키는 방안을 제안하였다. 이보다 더 발전된 형태는 달톤 플랜이었다. 이 플랜 하에서는 기본적으로 학생들의 개별적인 진보를 허용하였다. 예컨대 아침시간에는 산수, 읽기, 쓰기 등의 기본 공통과목들을 자율학습, 자기수정적 학습, 그리고 진단검사와 각 학습자의 성장에 대한 개별적 평가 기법 등을 활용하여 가르쳤다. 교재와 그 밖의 다른 수업자료들이 개별 학습자들을 위해 특별히 준비되었다. 오후에는 그룹 활동과 창조적 예술, 체육에 참가하도록 되어 있었다. 그러나 이와 같은 개별화 교수에 대한 관심은 그다지 오래가지 못하였다. 1920년대 말엽에는 개별화 교수에 대한 실험이 중단되고, 개별화 체제는 학계에서 점점 사라지기 시작하였다. 그리하여 1950년대까지는 개별화 교수의 활용이나 그에 관한 논의는 거의 없었다.[6] 그 후 1960년대 중

---

6) Anderson, L. W., "Individualized Instruction", In T. Husen & T. N. Postlethwaite, The international Encyclopedia of Education(2nd ed.). Elsevier Science Ltd., pp.2273-2274.

반 및 1970 초기에 개별화에 대한 새로운 관심이 나타나기 시작하였다. 그 대표적인 예가 IPI이다.

개별화 교수가 다시 일어나게 된 원인으로는 첫째로, 학생을 새롭게 규정하였다는 점을 들 수 있다. 즉 학생을 스스로 자신의 학습요구를 창조하고 성취할 수 있는 능력을 가진 적극적인 학습자로 규정하였다는 것이다. 둘째로, 학생이 학교에 적응하기보다는 학교가 학생에 적응해야 한다는 생각의 전환이 일어났기 때문이다. 셋째로, 개인차의 내용이 점차 상세히 밝혀지면서 동일방법, 동일조건이 주어지는 데서 오는 학습부진 현상이 점점 심하게 나타났기 때문이다. 넷째로 학교는 학생들의 요구에 무감각하고, 따라서 학교는 지겹고 맥 빠진 기관이며, 결과적으로 학생들의 잠재력 개발을 방해하는 악의적이고 잔인한 기관이라는 비판 등이 일어났기 때문이다(류완영, 1998, p.33).

그러면 왜 1920년대 말엽에는 개별화 교수에 대한 실험이 중단되고, 개별화 체제는 학계에서 사라지기 시작하다가, 1960년대 중반 및 1970년대 초기에 개별화 교수에 대한 새로운 관심이 나타날 수밖에 없었는가? 이 문제에 대답하기 위해서는 개별화 교수 방법과 함께 교육내용의 역사를 살펴보지 않으면 안 된다. 우선 전통적인 교육에서의 교육내용의 기원부터 살펴보기로 한다. 고대사회(이집트 시대, 바빌로니아 시대, 고대 중국)에서의 교육내용은 형식적이든 비형식적이든 일상생활에 그 기원을 두고 있었다. 구체적으로 말하면, 어른이 되었을 때 어른의 일을 잘하기 위하여 미성숙한 세대들은 그들 나름대로 이수해야 할 내용을 가지고 있었다. 직공이 되고자 하는 자는 직공의 기능을, 전투를 해야 할 무사는 무술을, 성직자는 성직을 수행할 때 필요한 지식을 교육내용으로 이수하였던 것이다. 이 일을 하는 동안에 그들은 서서히 하나의 문명을 이룩해 나갔던 것이다. 서구세계에서 수세기 동안 교육내용으로 전해 내려온 문명이 있었다면 그것은 다름 아닌 희랍 문명이다. 사실상 희랍에서는 주요과목을 새롭게 만들어내었으며, 그 후 희랍의 교육내용은 지적, 신체적, 도덕적, 심미적 인성의 여러 측면을 포괄한 것으로 발전하였다. (이후 희랍의 교육내용은 7자유학과로 알려지게 된 교과의 기반을 이루었다. 三學(문법, 수사학, 논리학)과 四學(산술, 기하, 음악, 천문학)으로 이루어진 7자유학과가 정립된 것은 중세에 이르러서이다.)

희랍을 거쳐 로마에 이르자, 로마인들은 문법, 수사학, 논리학의 3학에 몰두하고 상대적으로 4학을 소홀히 하였다. 로마가 소홀히 하였던 교육내용은 도덕과 미적인 내용이었다. 이로 말미암아 로마제국의 말기에는 공중도덕이나 개인도덕이 최하수준으로 떨어졌던 것이다. 로마가 몰락하고 서구사회에서 기독교가 출현하자 종교와 도덕교과가 교육내용에 들어오게 되었다. 이 교과들은 초대교회의 교리문답서나 찬송가집 그리고 선구자들의 작품들로 구성되어 있었다. 사실상 기독교인들은 세상의 종말과 예수의 두 번째 강림을 몹시 기다리고 있었으므로 교육내용 면에서 이들은 이전의 세속적인 교과들을 전적으로 무시하고 종교적인 그리고 도덕적인 내용을 공부하는 데 전념하게 되었던 것이다. 기독교 지도자들은 문법, 수사학, 논리학과 같은 자유학과를 공부하지 못하게 하였으므로 이 교과들은 거의 사라졌다. 소위 흔히 말하고 있는 '중세의 암흑' 시대가 온 것이었다. 그러나 중세 말엽에 이르러 이들은 희랍 로마시대의 3학(문법, 수사학, 논리학)이 기독교를 해롭게 하는 것이 아니라 적극적으로 도와줄 수 있는 힘이 된다는 것을 인식하기에 이른다. 그리하여 점차로 이들 교과를 교육내용에 다시 포함시키기 시작하였다. 특히 이들은 문법과 논리학에 관심을 쏟았다. 그러나 중세의 교육은 여전히 종교적이고 도덕적인 것에 한정된 모습으로 남아있었다.

이 점을 과학적 방법의 창시자인 베이콘(Francis Bacon, 1561-1626)은 교육의 기반을 인간의 마음에서보다 자연에서 찾으면서 다음과 같이 중세교육을 비판하였다. 즉, "인간의 마음과 기지가 하느님의 창조물이라고 생각해온 물질에 영향을 준다면, 인간의 기지와 마음은 그 물질에 따라 움직이며, 제한을 받게 된다. 그러나 만약 인간의 기지와 마음이 교육을 통하여 인간의 마음과 기지 자체에 영향을 끼치는 것이라면, 그것은 마치 거미가 끝없이 집을 짓듯이 학문도 끝이 없이 발전하여 경탄할 만한 업적을 이룩할지는 모르지만, 학문 이외의 일에서는 아무런 업적을 이룩하지 못하여 실체가 없게 되거나 아무런 이익을 인간에게 가져다주지 못하게 된다"[7]고 하였다. 이 말은, 7자유학과가 희랍의 전통을 이어온 것이라는 점을 염두에 두면, 중대한 전환점을 요구하는 비판이라고 할 수 있다. 7자유학과를 공부하는 근본 자세는 스콜레이다. 아리스토텔레스에 의하면 교육의 최고의 목적은 스콜레를 올바로 누리도록 준비시키는 것, 다시 말하여 일상의 실제적 문제

---

7) F. Bacon, The Advancement of Learning, Boston: Ginn and Company, 1904, pp.31-32.

를 다소간 해결하고 난 뒤에 靈魂이 신의 모습을 보고 거기서 최상의 행복을 맛볼 수 있도록 조장하는 데 있다. 베이콘의 비판은 바로 중세가 지나치게 아리스토텔레스에 매달려 있다는 데 초점을 둔 것이다. 그러므로 베이콘은 스콜레를 강조하는 7자유학과의 교육내용으로서의 위치에 중대한 도전을 한 셈이다.

이와 같은 사태를 이해하기 위해서 우리는 고전적 인문주의의 발흥을 살펴보지 않으면 안 된다. 교육에서의 지적, 신체적, 심미적, 도덕적 측면의 균형은 14세기에서 16세기 사이에 일어난 르네상스 운동에 이르기까지는 실현되지 못했다. 르네상스의 가장 중요한 특징은 "고대적 사고방식과 문물의 '재탄생'이 아니라 인간을 유린하는 편협된 중세 문명에 대한 확고한 항거, 그리고 보다 넓고 충만한 개인의 삶을 위한 막연하지만 집요한 요구"에 있었다(Boyd. p.241). 르네상스 시대의 교육자들은 희랍 로마의 고전에서 중세 교육자들이 상상도 할 수 없었던 교육내용을 받아들였다. 중세 교육자들의 최대관심이 神과 저세상에서의 삶에 있던 것과는 달리, 그들은 神보다는 개인, 저세상보다는 이세상이 더 중요하다는 생각을 하게 된 것이다. 이 말은 곧 희랍 로마 고전을 통하여 저세상에서의 삶을 준비시켜 주던 것에서 이세상에서의 개인의 삶을 준비시켜 주는 것으로 교육내용의 포인트가 바뀌었다는 뜻이다. 르네상스 인문주의 교육자들은 중세 교육의 문제를 이세상에서의 개인의 삶과 유리된 교과에서 찾았던 것이다. 따라서 교과가 개인의 삶을 위한 것으로 재해석되거나 보충되지 않으면 안 된다는 것이다. 이 새로운 교과의 의미가 첨가된 희랍 로마의 고전이 바로 르네상스 시대의 인문학이며, 이 인문학을 주된 내용으로 삼았던 교육을 인문주의 교육이라고 부른다.

인문주의 교육을 논함에 있어 우리는 두 사람을 눈여겨 볼 필요가 있다. 한 사람은 베르게리오(Vergerio)이며, 다른 한 사람은 에라스무스(Desiderius Erasmus, 1466~1536)이다. 베르게리오는 정치하려는 사람은 원만한 전인적 교육을 받아야 한다고 하면서, 교육내용은 학생의 연령과 성향에 맞게 조절되어야 한다는 점을 강조하였다. 그에 의하면, 자유교육(희랍 로마의 학문을 가르치는 일)은 '몸과 마음의 가장 높은 천부의 능력, 인간을 고귀하게 만들며 德 다음으로 존귀한 자리를 차지하는 그러한 능력을 이끌어내고 훈련하고 발달시키는 교육'을 말한다. 이것이 베르게리오가 내세운 인문주의 교육의 이상이다. 이 이상을 실현하기 위하여 베르게리오가 주장한 교육은 변형된 형태의 자유교육이다. 그의 주장에는 문학과 문체에 대한 새로운 강조가 나타나 있다. 또한 이보다 더 우리의 주의를 끄는 것은 그의 주장에 자연에 대한 새로운 인식이 나타나 있다는 것이다. 다음으로 에라스무스는 학문과 품행을 밀접하게 관련짓는다든지 종교적 신앙을 교육의 으뜸가는 목적으로 내세운다든지 하는 점에 있어서는 베르게리오와 다를 바 없으나, 그는 인문주의자들로서는 도저히 생각할 수 없는 인문학의 실제적 측면을 직접적으로 강조하였다. 인문학의 실제적 측면의 강조는 인문학의 위상을 스스로 떨어뜨리는 결과를 초래하였다. 마침내 인문학은 더 이상 고전어와 고전문학의 테두리 안에 머물 수 없게 되었던 것이다(Boyd, pp.247~270).

이와 같은 형편에서 에라스무스를 이어받은 다음 세대의 사람인 비베스(Vives, 1492~1540)는 에라스무스의 영향을 받아 최초로 교육을 심리학의 관점에서 이해하고자 했다. 그의 심리학적 관심은 여러 가지 방면으로 그의 교육관에 영향을 미쳤다. 그것은 특히 비베스로 하여금 학생의 개별성에 관심을 가지도록 하였다. 그는 감각경험이 지적 활동의 첫 단계라 생각하고, 그 생각으로부터 일상생활의 사실에 익숙해지는 것이 교육에서 대단히 중요한 것이라는 생각에 도달하였다. 여기서 비베스는 교육내용을 희랍 로마의 고전이 아닌 '일상생활의 사실'에서 찾으려고 했다는 점에서, 점점 불어나는 '열린교육'의 주장차들의 대열에 한 발자욱 가까이 다가간다.

인문주의 교육과 중세 교육은 둘 다 희랍 로마의 고전을 가르쳤음에도 불구하고 그간에는 차이가 있다. 이 차이는 어디서 오는 것인가? 중세 교육과 인문주의 교육이 희랍 로마의 고전을 가르친 것은 틀림없는 사실이지만, 중세 교육에서는 희랍 로마의 고전을 통하여 초월의 세계로 나아가고자 하였으나, 인문주의 교육에서는 희랍 로마의 고전을 통하여 이 세상에서의 충만한 삶을 이룩하고자 하였다. 달리 말하면 중세 교육자들과 인문주의 교육자들은 각각 주목한 점이 달랐던 것이다. 즉 중세교육은 초월적 세계에 주목함으로써 개인의 삶을 돌보지 아니하였고, 인문교육은 현세의 삶에 주목함으로써 초월적 세계에 눈을 감아 버린 것이다. 이것으로 보아 짐작할 수 있는 것은 희랍 로마의 고전에는 초월적 측면도 있고 현세적 측면도 있다는 것이다. 그러면 인문교육에서 초월적 세계를 강조하지 않음으로써 어떤 문제가 생겼는가? 교육이 하고자 하는 일은 여러 가지 있겠지만 그중에서 가장 중요한 것은 사람들에게 사욕에 따라 사는 것은 올바른 삶이 아니라는 것을 깨닫게 해주는 것이다. 교육은 학문을 가르침으로써 그것에 내재해 있는 초월적 세계를 보게 하는 방법에 의존하여 그 일을 할 수밖에 없는 것이다. 인문주의 교육자들은 학문이 가지고 있는 이 중요한 교육적 가치를 보지 못함으로써, 오늘날의 열린교육과 같은 변질된 낭만주의로 교육을 이끄는 길을 터놓은 셈이다.

희랍 로마의 고전이 전통적인 교육내용이 되어온 것은 사실이다. 교육 내용에는 초월적 측면과 현세적 측면이 들어있다. 전통적 교육에서는 이 두 측면을 함께 가르쳐 왔으나, 교육이 대중화되면서 교육내용을 따라가지 못하는 아동들이 늘어났고, 그들의 반응은 한결같이 어렵다는 것이었다. 그리하여 이를 안타깝게 바라보던 학부모들은 어떻게 하면 '쉽고 빠르게' 가르치고 배울 수 없겠는가 하는 점을 생각하게 되었다. 여기서 우리는 직접 코메니우스(1592-1670)의 말을 들어 보자. 즉, "근래 새롭게 동트는 시대의 아침 햇살 속에서 하나님의 영감을 받은 독일의 몇몇 훌륭한 사람들이 학교에서 사용되는 혼란된 수업 방법에 진절머리가 나서 언어와 문학을 가르치는 보다 쉽고 빠른 교수 방법을 생각해내기 시작한 것을 보신 하나님은 기뻐하셨을 것이다"(Keatinge(tr.), 1917, Part Ⅱ, p.7)라고 하고 있다. 또 이어서 페늘롱(1651~1715)은 "마을에서 아동은 여러 가지 기술로 물건을 만들고 여러 가지 종류의 상품을 파는 가게를 보게 된다. 아동이 이런 것들에 관하여 질문을 할 때에는 그것에 대하여 기쁨과 만족을 표시하여야 한다. 이런 식으로 하여 우리는 인간에게 쓰이는 모든 것들이 어떻게 하여 만들어지는가를 하나씩 하나씩 가르칠 수 있을 것이다. 점차적으로, 특별히 공부를 하지 않고, 아동은 그들에게 필요한 모든 물건들을 만드는 올바른 방법과 각각의 정당한 가격을 배우게 될 것이다"(Boyd. p.400)라고 말하고 있다. 이 두 인용에서 알 수 있는 것은, 요컨대, '아이들을 힘든 공부에서 벗어나게 해주자'는 것이다. 이때 일차적으로 생각해낸 것이 개별화 교수이다. 그러나 이것은, 이미 앞에서 살펴보았듯이, 실패로 끝났다. 그렇다면 다음으로 생각할 수 있는 가능성은 교육 내용이다. 20세기에 들어오면서 희랍의 전통적 교육내용의 어려움을 극복하는 방안은 희랍의 전통적인 교육내용과는 정반대로 '생활 적응', '개인의 필요 충족', '직업에서의 성공' 등에서 모색되었던 것이다. 과연 많은 아동들은 그 내용을 즐겁고 쉽게 그리고 빠르게 배우는 것 같았다. 그러나 여전히 교육내용이 학문에서 일상생활로 전환되는 것이 과연 옳은 것인가 하는 의문은 여전히 남아 있다.

Ⅲ.

　열린교육의 기준 중에서 가장 핵심적인 것 중의 하나가 '자율화'이다. 이 자율화의 내용은 교사와 학생에게 선택의 여지를 부여하고, 자기 주도적 학습이 이루어져야 한다는 것이다. 달리 말하면 여기서의 핵심적인 아이디어는 '자유'이다. 그리하여 우리는 먼저 자유라는 것이 과연 어떤 의미를 가지고 있는지를 명확히 알아야 한다. 자유에는 적어도 두 가지 기본적인 아이디어가 들어있다. 하나는 自律이며, 다른 하나는 선택이다. 자율이라는 말에는 스스로 자신을 규제하고 다스린다는 뜻(self-government)과 독자적(independent)이라는 뜻이 들어있다. 이와 같은 의미의 자유는 왜 중요한가? 그것은 다름이 아니라, 사람들의 利益을 증진시켜 준다는 점에서 찾아 볼 수 있다. 말하자면 자유는 가치 있는 활동의 기회를 최대한으로 보장해준다는 것이다. 그러나 문제는 어른이나 아이나 할 것 없이 자유가 주어졌을 때 인간은 나쁜 것을 선택하고 거기에 점점 빠져들어 간다는 사실에 있다. 이 사실로 말미암아 부모나 교사가 겪는 딜레마는, 아이들의 결정이 확실히 그들의 利益에 어긋난다는 것을 알면서도 아이들이 스스로 자유롭게 결정하도록 내버려 둘 것인가, 아니면 부모나 교사가 보기에 명백하게 아이들에게 利益이 된다고 판단되는 행동을 하도록 강요할 것인가 하는 데 있다.8)

　자유에는 이와 같은 딜레마가 있음에도 불구하고 사람들은 자유에 많은 매력을 느낀다. 특히 교육에서는 더욱 그러하다. 자유라는 말은 많은 호소력을 가지고 있지만, 그 적용한계가 너무나 불분명하기 때문에 정치적으로 이용되는 경우들을 자주 보게 된다. 그러나 어쨌든 자유라는 것은 무엇인가를 하고 싶어 하는 사람에게 구속이나 장애가 없음을 시사하고 있다. 이와 같은 의미에서의 자유가 어른에게 적용될 경우에 그들에게 구속이나 장애가 되는 것이 무엇인가를 찾아내고 그것을 제거하는 쪽으로 나아가면 그만큼 그들은 자유에 가까워지는 것이다. 그러나 전통적인 교육에서는 교육 그 자체가 이미 아동이 하고 싶어 하는 것에 구속이나 통제가 가해지는 사태인 만큼 자유의 적용에 문제가 생기게 된다. 학교에 다니는 것

---

8) R. S. Peters, Ethics and Education, George Allen and Unwin, 1966, 이홍우(역), 「윤리학과 교육」, 교육과학사, 1980, p.184.

자체가 아이들 모두의 자유로운 선택에 의한 것이라고 볼 수는 없다. 좀 더 학교 안으로 들어가 교실상황을 들여다보면, 그것은 좁은 장소에서 많은 아이들이 동시에 공부를 하는 상황이다. 여기에는 충분한 질서가 확립되어야 한다. 질서가 무너지면 교실은 소음의 아수라장이 될 것이다. 그러므로 교육사태라는 것은 본질상 계획되고 통제된 환경일 수밖에 없다. 이와 같이 통제된 조건은 아이들이 하고 싶어 하는 것에 가해지는 일반적인 구속으로 작용한다. 전통적인 교육에서는 그럴 도리밖에 없다. 교육자라면 아무도 아이들이 하고 싶어 하는 것을 그대로 용납하지 않을 것이며, 아이들이 하고 싶어 하는 것에 어떤 교육적 조치를 가하여 그들이 하고 싶어 하는 것을 보다 한 차원 높은 것으로 변형시키는 일을 할 것이다.

교육사적으로 볼 때, 우리는 전통교육이 아동의 자유를 박탈하고 있다는 주장을 찾아볼 수 있다. 그 대표적인 예로서 아우구스티누스(354~430)의 고백을 들을 수 있다. 그의 「참회록」에 보면, 그가 학교생활에 관하여 맨 먼저 하는 말은 거기서 이런저런 것을 배웠다는 것이 아니라 학교에서 심하게 매를 맞았다는 것이다. 그는 "선생님들에게 복종하는 것이 소년기에 합당한 나의 의무라는 말을 들었을 때, 그리고 그 의무를 다하면 출세하여 웅변술로 이름을 날리고 그 결과로 사람들 사이에 명성과 속임수로 찬 富를 누리게 된다는 말을 들었을 때, 나는 말할 수 없는 비애와 모멸감을 경험하였다. 그 후 나는 학교에 가서, 가련하게도, 도대체 어디에 쓰이는지 알 수 없는 것들을 공부하였다. 그래도, 내가 조금이라도 게으름을 피우면 나는 사정없이 매를 맞았다"(Boyd, p.119)고 기술하고 있다. 이 말에서 알 수 있는 것은 선생님들에게 복종하는 것과 매를 맞는 것은 아이에게는 구속이며 장애라는 것이다. 말하자면 자유의 박탈인 것이다. 교육에 관심 있는 사람들은 '어떻게 하면 이와 같은 가련한 사태에서 벗어나게 할 수 있을까'를 생각하게 되었다.

세상은 이와 같은 생각을 실천할 수 있는 사람으로서 쟝자크 루소(1712~1778)를 기다릴 수밖에 없었다. 교육에 관한 그의 생각은 낭만주의적 성격을 띠고 있다. 루소의 흥미의 원리-아동을 가장 공부에 깊이 몰두하게 하는 내적 충동은 바로 현재의 흥미이다-는 아동의 자유가 교사의 교수방법의 근간이 되어야 한다는 주장을 담고 있다. 그가 아동에게 자유를 주어야 한다고 주장하는 근본적인 이유는, 모든 아동은 독특한 기질을 갖고 태어났다는 그의 신념에 있다. 루소가 전통적인 교육에서 발견한 중요한 결점은 모든 아동이 지니고 있는 어떤 특별한 성향을 파괴하고 우둔한 일치성만을 남겨 둔다는 것이었다. 그리하여 루소는 아동에게 자유를 주되 아동 자신의 지원에 의존해서 공부할 것을 요구하였다. 이 주장은 자연스럽게 소극적인 교육으로 넘어간다. 즉 아동의 행위에 따르는 자연적인 결과를 통한 학습이 중시되는 것이다. 그러므로 아동의 행위를 구속하는 명령이나 금지는 제거되어야 한다. 달리 말하면 아동에게서 어른을 찾고 아동을 작은 어른 또는 어른의 축소판으로 보아서는 안 된다는 것이다. 루소가 보기에 아동은 어른과는 다르며, 어른의 판단력을 갖고 있지 않으나 예리한 감각을 지닌 존재인 것이다. 아동은 태어날 때부터 배움이 시작되며, 동시에 감각적 수준의 교육이 시작되어야 한다. 이성에 입각한 교육은 충분히 성숙할 때까지 연기되어야 한다고 주장하였다.

　전통적인 교육이 지나치게 교육내용에 관심을 둔 나머지 교육의 대상인 아동을 어른과 동일한 존재로 보는 잘못을 범하였다고 하면, 낭만적인 교육은 교육의 대상인 아동에게 지나치게 관심을 가진 나머지 교육내용을 소홀히 취급하였다고 볼 수 있다. 루소가 전통적 교육내용의 학습을 이성이 성숙할 때까지 연기한 것은 이성의 성숙이 바로 학문을 내용으로 하는 교과를 통해서 이룩된다는 사실을 놓쳐 버린 데에서 빚어진 것이다. 루소의 낭만적인 교육방법은 범애학교, 실물교수법, 페스탈로찌와 헤르바르트 그리고 프뢰벨의 교수법에까지 영향을 미쳤다. 이들 교수방법의 혁명은 19세기 후반까지는 미국에 영향을 끼치지 못했다. 당시 전통적인 교육은 매질과 암송으로 일관되었다고 알려져 있다. 전체적으로 일반 사람들은 매질과 암송을 승인했고, 훈육과 매를 철회하는 것은 성서의 명령에 위배되는 것이라고 생각하였다. 그러나 움찔거림, 속삭임 그리고 농담을 하도록 하는 것은 인간본성의 악한 성질 때문이라는 견해를 대신하여, 아동의 본성에 대한 새로운 견해가 19세기 중엽 경에 눈에 띄게 나타나기 시작하였다. 이것은 루소의 낭만주의, 인도주의, 민주주의 영향 때문에 일어났다. 오로지 복종을 위한 복종을 요구하는, 권위에 예속된 상황에서 성장한 아동은 자유롭지 못하며, 자유의 원칙에 근거한 나라의 시민으로서 훌륭하게 준비를 하지 못하게 된다는 견해가 점차 나타나기 시작한 것이다.

　20세기에 들어오면서 교육방법으로서의 자기표현(self-expression)과 자기활동(self-activity)의 가장 낭만적인 확장은 ‘진보주의 교육운동’을 추진하는 사람들에 의해 이루어졌다. 이들의 관심은 ‘활동’(activism)에 있었다. 그리하여 ‘활동'학교, 아동 '활동', '활동'교육과정과 같은 다양한 형태의 표현을 볼 수 있게 되었다. 활동에 대한 이와 같은 관심은 자유에 대한 생각과 깊은 관련이 있다. 활동이 제대로 이루어지기 위해서는 충분한 자유가 보장되어야 한다는 것이다. 이 말은 일반적으로 하면 별문제가 없어 보인다. 그러나 교육의 사태에서 아동이 활동을 제대로 하기 위해서는 아동에게 충분한 자유가 보장되어야 한다는 말은 상당한 주의를 요하는 말이 된다. 그럼에도 불구하고 진보주의 교육자들에게 있어서 자유는 신앙의 대상으로 여겨지게 되었다. 이들에게 자유는 진보주의 교육과정의 목적일 뿐만 아니라, 그 적절한 방법이기도 하였다.

활동을 강조한 위대한 교육방법의 전통을 인정하면서도 미국에서 교육방법 면에서 가장 토착적이고 독창적으로 공헌한 사람은 다름 아닌 존 듀이였다. 듀이는 독일 교육전통을 너무 지나치게 빌려온 것에 유감을 표시하였다. 구체적으로 듀이는 헤르바르트의 교수법을 미국적인 상황에 응용하는 데 회의적이었다. 그리하여 활동을 강조한 교육방법을 '활동을 통한 학습'(learning by doing)으로 변형시켰다. 행동에 대한 아동의 잠재적 능력을 시험하는데 페스탈로찌는 '實物'을 사용했고, 프뢰벨은 '恩物'을 사용하였다. 듀이에 의하면 이 방법의 결점은 실물이 사용되기 전에 먼저 이 실물이 식별되고 이해된다는 것을 가정하고 있다는 것이다. 이 방법을 거꾸로 하여 그는 어떤 목적을 달성하기 위해 실물을 사용하는 과정에서 실물이 이해되고 또 부수적으로 감각을 연습한다고 주장하였다. 듀이의 교수법은 문제해결법으로 통한다. 이 방법은 「사고하는 방법」(How We Think, 1910)에 구체적으로 기술되어 있다. 여기에서 우리의 주목을 끄는 것은 마지막 다섯 번째 단계이다. 그것은 '목적을 가장 잘 달성할 것으로 보이는 가설을 실제로 해 보고 검증한다'는 것이다. 여기에서 듀이는 실험실, 상점, 견학여행 등의 활동프로그램에 대한 놀라울 정도의 새로운 근거를 제공하였다. 듀이의 문제해결법은 킬패트릭(William H. Kilpatrick, 1871-1965)에 의해 구안법으로 재구성되었다.

문제해결법과 구안법 등이 널리 세상에 알려지자, 전통적 교육에서 흔히 사용되었던 암송은 이제 교육에서 사라져 버리게 되었다고 생각하게 되었다. 암송이 문제가 되는 것은 그것이 개인차를 허락하지 않기 때문이다. 개인차의 문제는 소위 과학적 심리학이 발전하면 할수록 세밀하게 나타나게 되었다. 그리하여 교육심리학자들은 개인차를 고려한 개별교수법의 실험을 시작하였던 것이다. 암송이 지니고 있는 또 하나의 문제점은 학생이 자발성을 발휘할 기회를 주지 않는다는 것이다. 20세기 첫 20년 동안 꽃을 피웠던 민주주의 시대에 문제로 대두된 것은 어떻게 교사의 본래의 권위를 감소시키지 않으면서도 교사의 지배적 위치를 줄여 아동의 자발성의 발달을 가져올 수 있는가 하는 것이었다. 자발성은 아동의 자유와 관련이 있다. 아동에게 자유가 허락되지 않는다면 자발성은 기대하기 어렵다. 그리하여 나타난 방법이 바로, 암송할 때 교사를 향하여 하기 보다는 아동들을 보도록 하고, 교사가 아동에게 질문하는 대신 아동들이 서로 질문을 하게 하는 것이었다. 어떤 교사들은 자신의 형식적 우월성을 줄이기 위해 책상을 교실 옆 또는 뒤로 옮기기도 하였다. 다른 교사들은 학급을 비형식적인 토의집단으로 분해하기도 하였다. 또한 교실 수업에서 단일교사가 가르치기 보다는 팀티칭을 통하여 해당분야의 전문성을 가진 교사에게서 배우도록 하기도 하였다.

20세기 중엽에 암송이 사라지자 전통적인 교육내용도 서서히 사라지게 되었다. 여기에 완전히 새로운 교수법이 나타났으니 그것이 교육공학에 의한 교수법일 것이다. 교육공학의 관심은 산업의 자동화와 그것의 교육에의 적용에 있다. 교육공학에서 가장 새롭고 놀라운 장치는 티칭머신이다. 교육사적으로 볼 때, 공학적 도구가 교수법 개선에 관여한 사건으로 20세기 이전에 일어났던 것은 첫 번째가 고대세계에서의 종이와 잉크의 발명이며, 두 번째가 15세기 인쇄술의 발명이었다. 20세기에 와서는 공학의 발전으로 교수법이 커다란 영향을 받았는데 그중의 하나가 녹음기이며 다른 하나가 축음기이다. 코메니우스의 「세계도회」가 교사에게 신선한 충격을 주었다면, 축음기, 녹음기, 라디오, 영화, TV 등은 정신을 아찔하게 하였던 것이다. 특히 학습심리학을 많이 반영하여 교육공학의 설비를 고안한 것이 있으니 그것이 바로 티칭머신이다. 티칭머신은 세 가지 활동을 촉진하였다. 첫째, 학습자의 활발한 참여를 촉진하였다. 둘째, 즉각적인 피드백을 주어 학습을 촉진하였다. 셋째, 그것은 아동 개개인이 자신의 진도에 맞게 나아가도록 하는 것을 가능하게 하였던 것이다. 이제 티칭 머신은 컴퓨터로 대치되게 되었다.[9] 컴퓨터를 통하여 정보를 저장하고 재생하는 이 전자장치의 능력은 도서관까지 새롭게 바꾸는 데 기여할 것이다. 앞으로 어떤 모습을 띨 것인지는 아무도 예측할 수 없다.

---

9) John S. Brubacher, A History of the Problems of Education, McGraw-Hill, Inc., 1966, pp.239-241.

컴퓨터의 발달과 함께 이 컴퓨터가 학교교육에 도입됨으로써 개별화 수업과 자율화는 획기적인 변화를 겪고 있다. 예컨대, 컴퓨터 보조수업(Computer Assisted Instruction: CAI)의 본질적인 목적은 개별화 수업의 실현이다. 이 수업의 이론적 근거는 프로그램학습(Programmed Instruction: PI)의 이론적 근거인 스키너의 학습이론이다. CAI는 PI를 보완한 것이다. 구체적으로 말하면, 1) 학습내용의 계열을 학생의 성과에 의해 결정, 제시한다는 점, 2) 문자 그대로 '즉각적'인 피드백을 제시할 수 있다는 점, 3) 고도로 발달된 CAI는 오디오, 슬라이드, 필름, 그래픽 등 다양한 시청각 제시 방법을 활용할 수 있다는 점, 4) 종래의 프로그램보다 다양한 강화기법을 활용할 수 있다는 점, 5) 학생 개개인의 능력과 흥미에 따라 적합한 진도를 나갈 수 있게 해준다는 점 등을 들 수 있다(허운나, 1998. pp.2593-2594). 오늘날의 열린교육에서도 이 컴퓨터 보조수업이 활용되고 있다. 여기서 우리가 유의해야 할 점은 컴퓨터에 의한 수업은 어디까지나 補助手段이라는 것이다. 문제는 CAI가 완전히 교사에 의한 교실 수업을 대치할 수 있는 것처럼 착각하고 있는 것을 흔히 볼 수 있다는 데 있다. 심지어 사람들 중에는 교사가 필요 없는 것처럼 생각하고 있는 사람들도 만나볼 수 있다. 개별화 수업은 자유를 전제로 하고 있지만 이 자유는 조금만 방심하면 방종으로 흐르게 된다는 것을 눈여겨 보아야 한다.

IV.

지금까지의 논의로 보아 '적극적인 교수-학습, 다양화, 융통성' 등은 열린교육의 기준에서 제외될 수 있는 것이 아닌가 하는 의문이 생긴다. 적극적인 교수-학습은 학생의 능동적인 참여와 수업운영에 있어서의 교사의 적극적인 역할(대집단과 소집단에서의 강의 토론, 시범, 개별 과제 학습 감독, 학생활동의 점검과 개별 지도) 등을 가리킨다. 만약 개별화와 자율화가 보장된다면 적극적인 교수-학습이 별도의 기준으로 요구될 수 있는가 하는 의문이 든다. 개별화와 자율화가 교육에서 제대로 이루어지고 있다면, 적극적인 교수-학습은 그 속에 당연히 들어가는 것이라고 보아야 한다. 적극적인 교수-학습이 이루어지지 않는 개별화 자율화는 과연 올바른 의미에서의 개별화 자율화인지 의심스럽게 되는 것이다. 개별화 자율화 교육을 한다고 하면서 학생의 능동적인 참여와 수업운영에 있어서의 교사의 적극적 역할을 기대할 수 없다면 그것이 과연 제대로 된 개별화 자율화 교육인지 알 수 없다는 것이다. 다음으로 다양화이다. 학습내용, 학습방법, 학습자료, 교실환경, 평가방법, 특별활동 등의 다양화를 가리킨다. 개별화와 자율화 교육을 한다고 하면 학습내용, 방법, 자료 등의 다양성은 필연적으로 뒤따르는 내용이다. 그러므로 다양화를 별도의 기준으로 내세우는 것은 의미가 없다. 셋째로 융통성도 마찬가지이다. 교육에서 개별화 자율화를 추진한다고 하면서 교육과정 구성, 수업운영, 공간구성 등에 융통성을 가질 수 없다면 그것이 개별화 자율화 교육인지 심히 의심스러운 것이다. 그러므로 융통성도 별도로 열린교육의 기준으로 내세울 수 없다.

　이제 우리가 열린교육에서 심각히 따져 보아야 할 기준은 개별화와 자율화이다. 앞에서 우리는 개별화와 자율화에 관련된 문제를 교육사적으로 간단히 살펴본 바 있다. 여기서는 교육사적 고찰에서 얻은 문제점을 좀 더 진지하게 곱씹으면서 논의를 전개하고자 한다. 우선 개별화를 논의해보자. 지식의 형식을 교과로 하여 대중교육을 실행한다고 하면 그것은 가능한가? 지식의 형식을 개별화 방식으로 가르치면서 지식의 형식을 근본적으로 변질시키지 않을 수 있는가? 개별화를 강조하다 보면 어쩔 수 없이 교육내용을 지식의 형식이 아닌 다른 것으로 삼을 수밖에 없는 것은 아닌가? 열린교육의 '최소조건'(이용숙, p.1881)으로서의 개별화는 여기에 제기된 문제들에 답을 해야 한다. 열린교육을 주장하는 사람들에게 묻고 싶은 것은 그들이 지식의 형식을 교과로 한다고 할 때 그 지식의 형식이 가지고 있는 교과로서의 가치에 관하여 어떤 생각을 얼마만큼 진지하게 하였는가 하는 것이다. 열린교육 주장자들은 교육내용에 대한 진지한 생각보다는 교육내용을 제외시키고 교육방법을 먼저 생각한 것이 아닌가 하는 의문이 든다. 그들은 교육방법을 먼저 생각하고 그 교육방법에 교육내용을 맞춘 것이라는 생각을 갖게 한다.

　교육내용을 선정할 때에 우리는 보다 심각한 생각을 해야 한다. 적어도 우리는 왜 학생들에게 이 내용을 가르치지 않고 저 내용을 가르치지 않으면 안되는지를 정당화해야 한다. 열린교육에서는 '프로그램 내용 및 방법(교육내용 및 방법)'을 교사, 아동이 함께 결정한다'(이성은, 1997. p.102)고 되어 있다. 그러나 그 교육내용은 가치 있는 것으로 정당화되어야 한다. 교사와 학생이 함께 결정했다고 해서 멋대로 교육현장에서 가르쳐서는 안 된다. 만약 교육내용과 방법이 정당화되지 않은 채 멋대로 시행된다면 그것은 이때의 교육이 과연 올바른 교육인가 하는 의문을 불러일으키기에 충분하다. "교육이라는 것은 사람들을 가치 있는 활동에 입문시키는 일이다. 각급 학교의 교육과정은 학생들이 각자의 능력, 적성, 흥미에 알맞은 활동을 선택할 수 있도록 마련되어 있다고 할 수 있다. 그렇다고 해서 학생들이 아무 활동이나 선택할 수 있는 것이 아니라, 어디까지나 선택의 범위는 배울 가치가 있다고 생각되는 활동에 국한되어 있다. 예컨대 수학, 역사, 미술, 무용, 요리 등은 교육과정에 들어가 있으나 빙고, 브릿지, 당구는 들어 있지 않다. 여기에는……틀림없이 그럴 만한 이유가 있을 것이다"(Peters, 이홍우(역), 1980, p.137). 그러므로 교육과정에 포함시키려고 하는 활동들의 가치를 따져보아야 하는 것이다.

열린교육을 주장하는 사람들에게 교육내용을 정당화하지 않으면 안 된다고 말할 때 그들은 과연 이 말을 들으려고 할 것인가? 모르기는 해도 열린교육을 주장하는 사람들에게 교육내용의 내재적 가치를 설명하지 않으면 안 된다고 할 때 그들은 이 말에 거의 귀를 기울이지 않을 것이다. 사실상 오늘날 한국에서 대학에 가야 할 학생들이나 자녀를 대학에 보내야 할 학부모들에게 대학에 가야할 진짜 이유를 말해준다면, 고등학교를 졸업하는 학생들은 아마도 대학에 가려고 하지 않을 것이며, 학부모 또한 자녀를 대학에 보내려 하지 않을 것이다. 왜냐하면 그들은 모두 대학을 나오면 좋은 직업을 가질 수 있기 때문에 대학에 가는 것이라는 생각을 가지고 있기 때문이다. 열린교육을 주장하는 사람들은 예컨대, 열린교육이 다음과 같은 것들을 담을 수 있는 이름임을 밝힌다고 하면서, '한국 교육의 타성적 정체 타파, 기성 문화의 주입지양, 개방, 평화, 발전사회의 건설이라는 목적', '자주적, 개방적, 창조적, 민주적 인간의 육성이라는 목표', '아동의 발달심리에 걸맞은 유연하고 통합적인 새로운 교육과정의 정립에 의한 교육내용'을 제시하고 있다(은용기, 1991). 이와 같은 주장을 하는 사람들이 교육은 내재적 목적을 가진다든지 교육내용은 인류의 공적 전통인 지식의 형식이라는 사실에 관심을 가질지는 의문이다. 이와 같은 의문을 생기도록 우리의 주목을 끄는 대목은 '기성문화의 주입지양, '새로운 교육과정의 정립에 의한 교육내용'이다. 한 마디로 말하면 '기성문화'를 배우지 않고 어떤 내용을 배우려는 것인지 불분명하다. 기성문화를 제외시킨 뒤에 자주적, 개방적, 창조적, 민주적 인간의 육성을 어떻게 실현하려는 것인지 우리는 도무지 짐작이 가지 않는다.

열린교육에서의 개별화와 교육내용의 문제는 좀 더 명백히 밝힐 필요가 있다. 전통적인 교육내용을 많은 아동들에게 교육시키려고 할 때 부딪치는 문제는 아동들의 상당수가 어려움을 겪는다는 것이다. 달리 말하면 전통적인 교육내용을 재미있다고 생각하지 않으며, 그 내용을 배우려 들지 않는다는 것이다. 전통적인 교육내용은 원래 선택된 아동들에게 가르쳐왔던 내용이다. 전통적인 교육내용을 한꺼번에 많은 아동들에게 가르치는 일은 매우 어려운 것이 사실이다. 이러한 상황에서 '어떻게 하면 쉽고 빠르게, 어려움을 겪지 않고 가르치고 배울 수 없는가' 하는 문제가 따라 나오는 것은 당연한 일이다. 이 문제를 해결하는 방법에는 두 가지가 있다. 하나는 교육방법의 새로운 고안이요. 다른 하나는 교육내용을 새로 고치는 것이다. 전자의 해결로서 제기된 방안 중의 하나가 다름 아닌 개별화 수업방식이다. 전통적인 교육내용이 어렵다고 하지만 개인별로 그들의 수준에 맞게 가르치면 문제가 해결된다고 생각한 것이다. 그러나 이 해결은 사실상 불가능하다는 것이 입증되었다. 짐작컨대 요즈음 다시 이 문제가 거론되는 것은 교육공학 특히 컴퓨터의 발달에 힘입어 나타난 현상일 것이다. 한 가지 분명한 것은 컴퓨터는 수업의 보조물이지 결코 교사를 대치할 수 없다는 것이다. 다른 한 가지 방법은 교육내용을 아예 바꿔 버리는 방안이다. 그 교육내용이 나아가는 방향은 '학교를 살아있는 아동들과 교사들의 생활의 장으로 생각하는 사고방식'이 보여주는 방향이다. 여기서 여전히 의문이 생기는 것은 여기서 말하는 '생활'이라는 것이 과연 무엇을 의미하는 것인가 하는 것이다. 열린교육에서는 전통적인 교육내용이 어렵고 재미없다는 이유 때문에 개별화와 교육내용의 변화를 위하여 노력하였지만, 결국은 교육을 왜곡하는 결과를 가져오게 되었다. 이 말은 곧 "대다수의 사람들은 의식주에만 관심이 있으며 무엇이든지 즉각적인 쾌락을 가져다주거나 혹은 자신의 소비욕구를 충족시켜줄 도구가 되는 것이면 모두 가치 있는 것으로 생각한다"(Peters, 이홍우(역), p.139)는 지적이 사실로 드러나고 있다는 뜻이다.

열린교육에서 또 하나의 핵심적인 아이디어라고 할 수 있는 것은 자율이다. 이 자율은 자유와 통한다. 여기서 우리가 유의해야 할 점은, 이때의 자유는 정치에서의 자유도 아니요, 경제에서의 자유도 아니요, 종교에서의 자유도 아닌 교육에서의 자유이다. 여기에서의 문제는 아동의 자유와 교사의 자유라는 것이다. 우선 우리가 논의해야 할 것은 아동의 자유에 관한 것이다. 자유에 관한 일반적 원리는 자율과 선택, 그리고 하고 싶은 것에 대한 구속이 없는 것 등으로 풀이될 수 있다. 이 일반적인 원리를 곧바로 교육사태에 적용할 수 있는가? 자유의 원리를 교육사태에 적용하는 문제는 그리 간단하지 않다.[10) 첫째로, 교육사태라는 것은 거의 정의상 아동이 하고 싶어 하는 것에 구속이나 통제가 가해지는 사태이다. 둘째로, 일반적으로 말해서 학습이 이루어지는 상황을 보면 교육사태에는 법적 규제 같은 것이 반드시 확립되어 있어야 한다. 셋째로 교육사태라는 것은 본질상 계획되고 통제된 환경이다. 물론 교육에는, 열린교육자들이 주장하는 대로, 아동들로 하여금 공부하는 동안에 스스로 선택하고 자신의 흥미를 따르도록 하는 면도 있다. 그리하여 열린교육에서는 아동의 자발성과 자율성이 강조되고 있다. 그러나 열린교육은 '선택은 반드시 바람직하다고 생각되는 것 중에서 하도록 해야 한다'는 점을 일부러 도외시하는 듯하다. 올바른 교육자라면 아무리 아동들이 하고 싶어 하는 것이 있어도 그것들을 그대로 용인해서는 안 된다는 것을 알고 있을 것이다. 그리고 교육자들은 그 하고 싶은 것들 중에서 일부를 질적인 면이나 지속성의 면에서 변형하지 않으면 안 된다. 이 일을 하기 위해서는 아동들이 하고 싶어 하는 것에 다소간 지속적인 구속을 가할 수밖에 없는 것이다. 그렇게 할 때만이 아이들이 하고 싶어 하는 것들을 가치 있는 교육내용에 연결시킬 수 있는 것이다.

열린교육자들이 열렬하게 주장하는 '自律化'에 관해 또 한 가지 말해야 할 것이 있다. 자율이라는 것은 스스로 받아들인 규칙에 따라 자기의 생활을 규제하는 능력과 의향을 의미한다. "그러나 첫째로, 피아제는 규칙에 대한 이와 같은 태도가 일반적으로 7세 이전에는 가능하지 않다는 것을 보여준 바 있다. 둘째로, 유아기에는 행동의 이유를 대게 하는 것은 별로 교육적 효과가 없다는 것을 보여주는 증거가 있다. 그러나 아주 어린 아이들도 자기 자신의 생존이나 다른 사람의 복지를 위하여 기본적인 행동규칙을 배워야 하며, 그러자면 이유를 제시하는 것 이외의 '다른

---

10) Peters, 이홍우(역), 「전게서」, pp.202-209.

방식'을 사용하지 않으면 안 된다. 셋째로, 아이들이 '규칙을 따라 행동을 한다'는 것이 일반적으로 어떤 것인가를 배운 뒤에야 비로소 '스스로 자기 자신의 행동규칙을 결정한다'는 것이 그들에게 의미를 가지게 된다. 뿐만 아니라 단순한 口頭禪이 아닌 진정한 의미에서의 자율적인 선택이 되려고 하면, 아이들은 또한 선택에 필요한 기본경험을 가지고 있어야 한다. '선택과목'의 경우에도 이와 비슷한 말을 할 수 있다. 아이들은 자기가 공부할 과목을 선택할 권리를 가져야 한다고 하지만, 만약 아이들이 그 과목을 공부한 경험이 없어서 진정한 의미에서의 '선택'을 할 수 있는 기초가 없다면 이 말이 무슨 의미가 있는가?"(Peters, 이홍우(역), pp.207~8) 그러므로 열린교육에서 말하고 있는 '학생에게 대한 선택의 여지 부여'는 신중을 기하지 않으면 안 된다. 자율성의 발달은 더디고 힘든 과업임을 명심해야 된다는 말이다. 물론 아동들은 점진적으로 자신의 발로 서고 자신의 삶의 방향을 결정짓는 것을 배워야 한다. 그러나 문제는, 비록 제한된 경험 안이기는 하지만 책임을 지고 중요한 문제에 관하여 선택을 할 수 있도록 가르치지 않으면 안 된다는 데에 있다.

아동의 자유문제는 이 정도로 논의하고, 열린교육에서 말하는 '교사에 대한 선택의 여지 부여'라든가 '프로그램의 내용과 방법을 교사와 아동이 함께 결정하는 것'과 관련된 문제, 즉 교사의 자유의 문제를 논의하기로 하겠다. 한 마디로 말하면 "교사의 자유에 관한 문제는 주로 가르치고 싶은 것을 가르칠 권리와 논쟁점에 관한 자기 자신의 관점을 내어놓을 권리와 관련된다"(Peters, 이홍우(역), p.209). "의견을 표현하는 문제에 있어서의 교사의 위치는, 첫째로 교사는 교육적인 역할을 수행한다는 것과, 둘째로 교사는 미숙한 아동을 다루기 때문에 특별한 책임을 가지게 된다는 사실로 말미암아 대단히 미묘하다. 대학수준에서는 이 문제가 별로 중요하지 않다……대학교수와는 달리, 초·중등학교의 상황은 약간 다르다. 우선 초·중등학교의 교사들도 대학교수들과 같이 그들이 가르치는 학문에 철저하게 헌신하려는 태도를 가져야 하지만, 교사는 대학교수와는 달리 지식을 최첨단에서 발전시켜 나가는 일보다는 지식을 전달하는 일에 더 관심을 가지고 있다……첫째로, 대부분의 경우에 교사는 가르치고 있는 '사고의 형식'에 관한 오직 하나밖에 없는 유능한 설명자이다. 교사에게서 배우는 학생들은 동일한 문제에 관하여 다른 사람의 관점을 들을 기회가 없을 것이다. 둘째로, 고등학교 학생이라 하더라도 그 학생들은, '사고의 형식'의 내용은 차지하고라도, '사고의 형식'에 담긴 방법은 아직까지 배우지 못한 상태에 있다. 따라서 학생들은 교사가 말한 것을 평가하고 비판할 수 있는 적절한 능력을 갖추고 있지 못하다……교사의 관심은 학생들에게 자신의 의견을 집어넣어 주는 데에 있는 것이 아니라 학생들이 자신의 견해를 형성할 수 있도록 도와주는 데에 있다"(Peters, 이홍우(역), pp.211~213). 이 논의에 비추어 보면, 프로그램의 내용과 방법을 교사와 학생이 함께 결정한다는 말은 과연 무엇을 의미하는지 불분명하다. 그 말이 '아동의 욕구를 교사와 함께 상의할 수 있다'는 것을 뜻한다면 어느 정도 이해될 수 있지만, 그것이 아니라면 그 귀착점은 지식의 형식을 담고 있는 교육내용과는 무관한 프로그램이요 방법이 될 것이다. 여기에 열린교육의 문제가 있다고 본다.

V.

열린교육의 핵심은 어디까지나 개별화와 자율화에 있다. 개별화와 자율화를 교육문제의 해결안으로 생각하면서 열린교육을 주장하는 사람들은 오늘날 한국교육의 문제를 무엇이라고 보고 있는가? 그들이 보기에 교육문제의 핵심은 교육내용에 있다. 전통적인 교육내용은 지식의 형식을 다루고 있고 이것은 많은 아동들에게 어렵다는 것이다. 더구나 이 내용은 아동들의 생활과는 거리가 있다는 것이다. 열린교육 주장자들이 바라는 것은 쉽고 빠르며 그다지 부담을 주지 않는 교육내용을 찾는 것이다. 이와 같은 내용은 어디에 있는가? 아마도 그것은 아동들의 생활과 아이들의 욕구와 필요에서 손쉽게 찾을 수 있을 것이다. 그러나 이 욕구와 필요를 무한정 허용할 수는 없다. 그러므로 교사와 상의하여 교육내용으로 결정한다는 것이다. 칸트는 "교육에서 가장 큰 문제의 하나는 정당한 구속에 대한 복종을 어떻게 자유를 사용하는 능력에 결합할 수 있는가라는 질문을 제기하고 여기에 답하면서 다음 사실들을 지적했다. (1) 아동기 초기부터 교사는 아동이 피해를 당할 때를 제외하곤 자유롭게 내버려두어야 한다. (2) 다른 사람이 그들의 목적을 달성하도록 허용했을 때에만(타인을 구속을 하지 않을 때에만) 자신의 목적도 달성할 수 있음을 아동에게 인식시켜 주어야 한다. (3) 아동에게 자신의 자유를 사용하게 하는 구속이 있다는 사실을 주지시켜 주어야 한다. 그러나 교육을 받으면 언젠가는 자유롭게, 다른 사람의 감독을 받지 않을 날이 올 것이라는 사실을 인식시켜 주어야 한다"(E. F. Buchner, 1904, pp.131-132).

　열린교육이 교육의 고전주의에 대항하는 낭만주의의 한 극단적인 변형으로 오늘날 한국사회에 등장하게 된 교육사적 발자취를 더듬어 보았다. 이제 우리는 교육내용이 지식이어야 한다는 주장을 다시 한번 강조하면서 이 고찰을 마치려고 한다. 한 가지 확실한 것은 교육이라는 것은 학생들을 가치 있는 활동에 입문시키는 일이라는 것이다. 이 말에 반대할 사람은 별로 없을 것이다. 문제는 '배울 가치가 있는 것'이 어떤 것인가 하는 것이다. 예컨대, 수학, 역사, 미술, 문학은 교육과정에 들어있으나, 화투치기, 빙고, 투전 등은 들어있지 않다고 하면 어째서 그래야 하는가 하는 것이다. 흔히 사람들은 실용적인 가치, 직업적인 가치 등을 그 근거로 대고 있다. 그러나 순전히 이와 같은 수단적인 가치를 가지고 교육내용을 설명하는 것은 무엇인가 문제가 있다는 생각을 갖게 한다. 그 문제란 과연 무엇인가? 교육내용을 수단적 가치로 파악했을 때 생기는 문제는 무엇인가?

　과학, 역사, 문학, 철학 등의 활동들은 삶의 여러 국면에 빛을 던져주고 삶을 풍부하게 하는 데 도움이 된다는 점에서 다른 어떤 활동보다 '심각한' 활동들이다. 이 활동에는 인지적 관심과 더불어 광범위한 인지적 내용이 들어있다. 달리 말하면 역사, 과학, 문학, 철학 등은 거대한 지식체계이며, 이것들은 제대로 소화만 한다면, 수많은 다른 대상에 빛을 던져주고 그것을 보는 眼目을 무한히 심화 확대시켜 준다. 그러므로 다른 활동의 경우에 인지적 관심이 제한되어 있고 그 내용 또한 한정되어 있다는 점에 비하면, 과학, 철학, 문학, 역사 등은 인지적 관심과 내용이 폭넓기 때문에 '심각한' 활동이라고 말할 수 있는 것이다. 다시 말하면 이들 활동이 '심각한' 것은 가벼운 오락 활동과는 달리 삶의 다양한 측면을 설명하고 査定하며 거기에 빛을 던져 주기 때문이다. 이들 활동에 입문한 사람들은 그렇지 않은 사람들과는 다른 방식으로 세상을 본다. 과학, 철학, 역사 등의 활동은 일정한 시간과 장소에서 이해관계에 얽매이지 않고 추구되며, 이들 활동을 체계적으로 추구한 사람은 개념구조와 사고의 형식을 가지게 되며, 이 개념 구조와 사고의 형식은 그가 하는 활동을 변형시킬 수 있는 것이다.11) 교육을 수단-목적의 관계로 파악하게 되면, 첫째로 세계를 편파적으로 파악하며, 둘째로 자아의 변화를 초래할 수 없게 된다. 교육내용을 수단적 가치로 파악하는 사람들에게는 앞에서 언급한 교육의 내재적 가치는 별로 귀에 들어오지 않을 것이다. 만약 지식의 형식을 교육내용으로 받아들이는 한, 교육내용을 학생과 상의하여 결정하는 일은 벌어지지 않을 것이다. 왜냐하면 학생들은 아직도 지식의 형식에 충분히 입문되어 있지 않기 때문이다. 그러므로 그들과 교육내용을 상의하는 것은 엉뚱한 내용을 낳을 가능성이 매우 높다. 지식의 형식을 배운다는 것은 매우 어려운 일이다. 특히 어린 학생들에게는 정말로 어려운 일일 것이다. 그러나 어렵다고 해서 교육내용을 부정하는 것은 옳지 않다.

열린교육을 주장하는 사람들은 그들이 교육개혁의 주도자들이라고 생각할 것이다. 물론 맞는 말이다. 그러나 그들은 교육개혁의 역사 속에서 자신의 위치가 어디에 와 있는지를 알아야 할 것이다. 교육개혁의 역사는 세 개의 단계적 '抽象'의 과정을 보여준다. 첫째 단계는 삶과 교육의 분리이며, 둘째 단계는 교육내용과 교사의 분리, 그리고 셋째 단계는 교육내용과 교육방법의 분리이다. 이들 세 단계의 분리가 차례로 일어났다. 여기에서의 근본적인 문제는 '분리되지 않는 것을 억지로 분리하였다'는 데에 있다. 그러므로 분리하는 것은 잘못이다. 열린교육이라는 교육개혁은 이들 단계 중 어디에 속하는가? 만약 열린교육이 생활적응교육과 맥을 같이 한다면, 그것은 이미 삶에서 분리된 학문을 다시 삶에 연결시키려는 무모한 노력에 대하여 그것보다 직접적인 해결을 제시하고 있는지 모른다. 그러나 생활적응교육에서의 '생활'은 이미 특정한 측면에서 파악된 抽象된 생활이다. 또한 열린교육이 교육내용과 방법의 분리 단계에 속하고 있다면, 그것은 한편으로 교육내용과 또 한편으로 교육내용을 마음의 한 부분으로 하는 데 목적이 있는 교육방법을 분리된 것으로 파악한다고 보아야 한다. 이것은 결국 교육내용을 마음의 한 부분으로 하기 이전에 마음과 무관한 지식이 있다는 것이다. 이것이 일단 가정된다면 지식이 마음의 한 부분으로 될 가능성은 없어진다. 마음의 한 부분이 되려면 지식은 처음부터 마음과 관련하여, 마음이 들어있는 상태로 가르쳐야 한다. 우리는 오늘날 한국에서 주장되고 있는 열린교육이 교육개혁의 역사에서 어디에 위치

---

11) Peters. 이홍우(역), 「전게서」. 1980, pp.156-158.

하고 있는지 스스로 물어보아야 하며, 교육학을 학문으로 하는 사람들은 그야말로 '심각하게' 생각해보아야 할 것이다. 이 '심각한' 활동이 활발하게 일어날 때 한국의 교육에는 밝은 빛이 비춰지게 될 것이다.

參考文獻

은용기, "열린교육이라는 이름", 「열린교육」, 1991.

이성은, "열린교육의 성찰과 과제", 「열린교육연구」 제5권 제2호, 1997.

이용숙, "열린교육", 서울대학교 교육연구소(편), 「교육학 대백과사전」, 춘천: 하우동설, 1998. pp.1878-1894.

이환기, "열린교육의 진단", 「초등교육연구」 제15집, 춘천교육대학교 초등교육연구소, 1998.

이홍우, "교직을 위협하는 세 가지 통념", 「우리교육」 1월호, 1997.류완영, "개별화 교수", 서울대학교 교육연구소(편), 「교육학 대백과사전」, 춘천: 하우동설, 1998, pp.30-43.

장성모, "열린교육의 虛와 實", 「강원교육」 제157호, 강원도 교육청, 1997. 9.

허운나, "컴퓨터 보조수업", 서울대학교 교육연구소(편), 「교육학 대백과사전」, 춘천: 하우동설, 1998, pp.2593-2599.

Anderson, L. W., "Individualized Instruction", In T. Husen & T. N. Postlethwaite, *The International Encyclopedia of Education*(2nd ed.), Elsevier Science Ltd., pp.2273-2774.

Bacon, F., *The Advancement of Learning*, Boston: Ginn and Company, 1904.

Brubacher, J. S., *A History of the Problems of Education*. New York: McGraw-Hill. Inc., 1966.

Boyd. W., *The History of Western Education*, London: Adam & Charles Black, 1964.

Buchner, E. F., *The Educational Theory of Immanuel Kant*, J. B. Lippincott Company. 1904.

Comenius, J. A., *The Great Didactic*, trans. by M. W. Keatinge,

Part Ⅱ, London: A. & C. Black, Ltd., 1917.

Dewey, J., *How We Think*, Boston: D. C. Health and Company, 1910.

Peters, R. S., *Ethics and Education*, 1966, 이홍우(역), 「倫理學과 敎育」, 서울: 교육과학사, 1980.

9. 칸트 倫理論의 批判的 考察: 道德形而上學原論을 中心으로*

I. 緒 言

Immanuel Kant(1724-1804), 그는 이 세상의 어느 도덕철학자보다도 강력하게 의무 윤리학(deontological ethics)을 주장하고 나섰다. 그가 주장하는 의무윤리학이란 인간은 행동의 결과와는 무관하게 오직 의무에 입각한 행동을 해야 한다는 주장을 핵심으로 하고 있다. 그는 "이 세상 안에서나 이 세상 밖에서나 무조건 善하다고 생각할 수 있는 것은 오직 善 意志뿐이다"(p.201)[1]라고 말하고 있다. 칸트에게는 선의지가 '의무를 위한 의무'로 구성되어 있는 것이다. 이와 같은 의지를 가지고 행한 행동은 옳다. 그것은 인간의 어떤 욕구를 채워주었기 때문에 옳은 것이 아니라, 의무가 지시하는 대로 했기 때문이다. 칸트의 이와 같은 생각을 우리는 어떻게 이해해야 하는가?

---

* 『도덕교육연구』 제12권 2호, 한국교육학회, 2000. 11. pp.79-100.

1) Immanuel Kant, *Fundamental Principles of the Metaphysic of Moral*, section 1. Translated by T.K. Abbott. 4th ed.(London and New York, 1889) from *Readings in Moral Philosophy*, edited by Andrew Oldenquist, (Boston, Houghton Mifflin Company, 1965) 이하 페이지는 이 책의 페이지이다.

본 연구는 칸트의 윤리론에 대한 기존의 해석에 대한 의문을 몇 가지 제기하고 새로운 각도에서 해석하고자 하는 것이다. 그러면 칸트의 윤리론에 비판적으로 제기된 문제는 무엇인가? 첫째로 제기되는 문제는 형식주의에 빠져 있다는 것이다. 즉, "도덕현상은 도덕적 의무 즉 당위의 요구가 아니라 체험이라는 사실의 문제이다. 즉 경험이다. 도덕의식에 있어서 체험되고 경험적으로 확립된 당위의 요구야말로 정당성을 갖게 되는 것이다. 칸트는 인식론에 있어서는 인식현상의 타당성을 '경험성'에서 구했지만 도덕철학에서는 '선천성'을 주장했다. 그의 형식주의가 빠지는 난점은 여기에 그 所以가 있다."2)고 하고 있다. 다시 "칸트는 의무사상의 순수성을 확보하기 위하여 어떤 類의 목적이든 그 목적에 대한 동기가 될 수 있는 모든 것을 도덕적인 선행위자체로부터 제거하는 것이 필요하다고 생각했다. 이 결과 칸트의 의무사상은 순전히 형식적 규정을 유지하였고, 본래적인 사태에 뿌리를 내리지 못했다. 말하자면 허공에 매달려 있다"3)고 비판하고 있다. 둘째로 "칸트는 善意志만이 본래적으로 善하다고 하였다. 그러나 그 자체로서 善으로 간주될 수 있는 것은 善意志 외에도 많이 있다. 예를 들어, 건강, 사랑, 지식 등은 비록 도덕적 가치를 지니지는 않지만, 다른 목적을 위한 수단적 가치가 아니고, 그것 자체로서 좋음(善)을 지니고 있다. 그리고 도덕적 가치만이 善하다고 하는 데에도 문제는 있다고 생각된다. 왜냐하면 음악이나 미술 작품 등은 도덕적 가치는 아니지만, 예술적 가치를 지님으로써 좋은 것이기 때문이다."4)라고 비판하고 있다. 셋째로 "의무의 강조나 定言命法의 도입은 우리에게 畏敬의 念을 일으키긴 하나, 그것은 또한 억압적이기도 하다. 개인이 보편적 법칙에 종속하여야 함은 참된 도덕과는 거리가 있다고 생각된다. 畏敬이 아니라 '사랑'이 도덕적 원리로 될 때, 개별과 보편으로 대립되어 있는 개인과 도덕 법칙은 화해될 수 있다고 보여지는 것이다"5)라고 비판하고 있다. 넷째로 "칸트의 형식주의는 도덕적 법칙에 대한 尊敬으로써만 행위하고 모든 性向(neigung)을 배척하는 데 중점을 두었다. 그 존경이

---

2) 全瑛甲, 'I.Kant의 義務論에 대한 考察', 論文集 第4輯, 釜山産業大學, 1983, p.413.

3) H. Reiner, *Pflicht und Neigung*, Meisenheim \ Glan, 1951, S.7.

4) 孫正奎, 姜聲慄, '칸트의 道德 體系에 關한 研究', 論文集, 人文社會科學篇, 木浦大學, 1986. p.16.

5) ibid, p.16.

란 것이 수동적인 것으로서 하등의 自發과 愛好를 가질 수 없는 것이다. 그리고 이 愛好는 그의 체계적 통일에는 저촉되지만 칸트에게는 없어서 안 될 것과 칸트가 말하는 性向은 이것이 바로 自制心이라고 이해하는 것인 동시에 그의 윤리의 본질을 파악할 수 있는 것이라고 할 수 있다. 그러나 그의 체계는 이 윤리의 본질을 실현시킬 수 있는 實踐力을 주지 못하는 데 귀결되어 버린 것이다."[6]라고 비판하였다. 以上의 비판들은 과연 칸트의 윤리론을 정당하게 비판하고 있는가? 칸트의 비판자들은 칸트의 윤리론을 오해하지는 않았는가? 그 오해는 칸트에게 책임이 있는가? 아니면 그의 윤리론을 본 사람에게 책임이 있는가?

　이 과제를 해결하기 위해서 우리는 칸트의 윤리설을 정확히 알 필요가 있다. 구체적으로 말하면, 첫째, 칸트가 말하고 있는 '善意志'(a good will)라는 것은 정확히 무엇을 가리키는가? 둘째, "의무에 입각한 행위만이 도덕적 가치를 가지는 것이며, 이때 그 행위가 가지는 도덕적 가치는 행위자의 성취하고자 하는 의도가 아니라, 그 행위를 규정하고 있는 準則에서 비롯된다"(p.206)는 칸트의 주장은 무엇을 뜻하는 것인가? 셋째, '도덕법에 관한 존경'(p.207)이라는 것은 무슨 의미인가? 넷째로, 정언명령과 그 適用例가 우리에게 주는 시사점은 무엇인가? 다섯째, 칸트의 윤리론이 오늘날에도 여전히 빛을 던져주는 바가 있다면 그것은 무엇인가? 등등의 문제를 살펴보는 동안에 칸트 윤리론에 대한 기존의 해석에 대해 새로운 각도에서 해석을 시도해 볼 것이다.

II. 善意志

　우선 선의지라는 것이 무엇인가? 이 문제를 해결하기 전에 의지의 문제를 언급하지 않을 수 없다. 일반적으로 말하여, 의지라는 것은 선택과 결정의 능력이라고 볼 수 있다. 이 의지로 우리는 장차 어떤 행위를 할 것인가를 결정한다. 우리는

---

6) 李載萬, '칸트의 道德法則과 그 實踐의 問題點'. 明大論文集, 第六輯, 서울, 明知大學, 1972, p.23.

우리의 행위의 자유를 발휘하는 시점에서 어떻게 우리의 행동을 통제하는가를 자연스럽게 볼 수 있게 된다. 우리는 어떤 행동을 할 것인가를 결정할 수 있는 능력이 있기 때문에 어떤 행동을 할 것인가를 결정하는 것은 전적으로 우리에게 달려 있는 것이다. 여기에서 우리는 어떤 행동을 취할 것인가 하는 행동의 자유를 발휘할 수 있는 것이다.

古代로부터 지금까지 많은 철학자들이 이 의지의 문제를 오랫동안 심각하게 생각해왔다. 특히 인간의 의지의 의미를 탐구하며 발전시켜왔던 것이다. 인간의 행동은 동물들의 행동과 전적으로 다른 것으로 규정된다. 인간은 동물들에게서는 찾아볼 수 없는 행동의 통제나 행동의 자유를 가지고 있다. 이 통제나 자유는 인간의 행동의 理性에 바탕을 두고 있다. 반면, 동물들은 본능이나 욕구에 따라 행동할 뿐이다. 자유와 이성 이 두 가지는 동물에게는 결여되어 있다. 인간이 행위의 자유를 구가할 수 있는 것은 인간만이 의지와 합리적 욕망에 입각한 행위결정능력을 가지고 있기 때문이다.

칸트는 자연과학이 한창 그 비약적인 발전을 구가하고 있었던 18세기에 살았다. 그가 살았던 시대는 과학이 판을 치던 시대라고 할 수 있다. 칸트 이전 시대를 풍미했던 의지의 문제는 이제 철학의 영역에서 점차로 벗어나 경험적인 문제로 취급되는 경향을 보였다. 그러나 칸트는 그의 道德形而上學原論에서 선의지를 종전과는 다른 각도에서 다루고 있다. 그러하면 과연 그 선의지는 어떤 것인가? 직접 칸트의 설명을 들어보기로 하자.

"이 세상이거나 저 세상이거나 간에 무조건 선하다 생각할 수 있는 것은 오직 善意志뿐이다. 知性, 機智, 判斷力 그 밖에도 정신의 재능이라 할 수 있는 것들, 혹은 氣質의 특성인 勇氣, 決斷力, 끈기 등은 확실히 여러 가지 점에서 善하며 바람직한 것들이다. 만약 자연이 준 선물을 활용하는 의지 그리고 인격을 구성하는 의지가 善하지 못하다고 하면 자연이 준 선물들은 지극히 나쁜 것이거나 해로운 것이 된다. 幸運이 가져다 준 선물, 즉 권력, 부, 명예, 또는 행복의 조건이라는 건강, 일반복지 그리고 만족까지도, 그것들이 심성이나 행위의 원리 자체에 미치는 영향을 바로 잡아주고, 보편적·합목적적이 되도록 잡아주는 선의지가 없다면, 사람들은 의기양양해서 오만에 빠지게 된다. 물론 이성적이고 편견이 없는 관객이라면 순수하고 선한 의지라고는 조금도 갖추고 있지 않은 사람이 승승장구하는 것을 보고 결코 좋은 기분을 가질 수는 없으리라. 그러므로 선의지는 위엄을 갖추고 행복하게 되는 데 불가결한 조건이 된다."(p.201)

　여기서 말하고 있는 善意志는 모든 善한 행위에 핵심적 기준이라는 것이다. 그러므로 선의지에 비추어 보고 검토 받지 않은 어떤 행위도 어떤 기질도 어떤 재능도 나쁜 것이 되거나 해로운 것이 된다. 심지어 행복의 조건마저도 선의지에 비추어 보지 않으면 악한 길로 갈 수밖에 없는 조건이 된다는 것을 말하고 있다. 선의지라는 행위의 기준에 비추어 선과 악, 해로운 것과 이로운 것을 검토한다는 것이 무엇을 의미하는지를 좀 더 구체적인 설명을 하겠다. 예컨대, 어떤 행위들은 명백하게 善한 것으로 보이기 때문에 오히려 선의지에 비춰 볼 필요도 없다고 생각할지 모른다. 적어도 표면상 명백하게 善한 것으로 보이기 때문에 선의지가 작용했음이 분명하다고 생각하는 것이다. 그러나 그것은 잘못이다. 어떤 행위든지 그것이 선한지 악한지를 가리기 위해서는 선의지라는 기준에 비추어 보아야 한다. 만약 선의지에 비추어 보는 일을 하지 않았다면, 그 행위는 표면상 아무리 善하다고 하더라도 善한 것이 아니라는 것이다.

　善이라고 하는 말은 일반적으로 도덕적 감정에 알맞은 행동 또는 도덕적으로 찬동할 수 있는 행동을 가리키는 말이다. 여기서 말하는 善의 개념은 도덕적 개념보다 넓다. 사람들은 善에 관하여 여러 가지 말을 많이 하지만 그것에 행복이라는 의미를 부여하고 있다. 행복은 선하다는 것이다. 富, 幸運, 權力, 機智 등등은 모두 세속적인 善들이다. 그러나 이 세속적인 善들은 곧바로 惡으로 이어질 수 있다. 이와 같은 세속적인 善들은 그것을 자신의 이득을 위하여 쓰는가 아니면 타인을 위하여 쓰는가에 따라서 도덕적 의미가 없거나 있거나 하게 된다. 이러한 善들의 사용은 意志가 담당하는 일이며, 意志라는 것은 目的이 있어야 한다. 중요한 점은 이 목적이 善이어야 한다는 점이다. 이 善이 바로 도덕적 의미에서의 善이 되는 것이다. 意志 이외에 어떤 것도 善이 아니다. 意志는 意識의 表象이며, 理性에 따라 행동하는 능력이다. 意志는 實踐理性인 것이다. 의지가 理性에 근거하고 있으며, 이 근거에 따라 행동하지 않으면 도덕적 의미의 행동이 아니다. "善意志의 개념은 단순히 어떤 목적, 예컨대, 행복의 달성에 관계되어서가 아니라, 그것의 본래의 가치 때문에 그 자체로 항상 善한 의지라는 것이다."7) 여기서 말하는 "그것의 본래의 가치 때문에 그 자체로 항상 善한 의지"라는 것에 의문을 제기하고 있다. 즉, "칸트는 선의지만이 본래적으로 善하다고 하였다. 그러나 그 자체로서 善으로 간주될 수 있는 것은 善意志 이외에도 많이 있다. 건강, 사랑 등이 그것이다. 그것들은 다른 목적을 위한 수단도 아니며 그것 자체로 좋은 것을 지니고 있다. 그리고 도덕적 가치만이 선하다고 하는 데에도 문제가 있다는 것이다." 이 문제는 칸트가 선의지만이 본래적으로 善하다고 하였다고 했을 때, 이 의미를 어떻게 보는가에 따라 답이 달라질 수 있을 것이다.

선의지는 그 자체로 가치 있는 것이지 다른 것의 수단이 되는 것이 아니다. 그것은 마치 스스로 빛을 발하는 보석과 같이 도덕적 善이라는 빛을 발하고 있는 것이다. 선의지가 가져다 줄 수 있는 외재적 가치나 유용성은 선의지의 가치와는 아무런 관련이 없다. 즉, 선의지에서 비롯된 행위가 어떤 결과를 가져온다고 하더라도 그 결과는 선의지가 도덕적 가치를 지닌다는 점에 아무런 영향을 미치지 못하는 것이다. 예를 들어 말하면, 어떤 사람이 선의지를 가지고 어떤 사람에 관한 일을 처리했지만 그 결과 그 사람이 죽어 버렸더라도 그것이 애당초의 선의지가 가지는 도덕적 가치를 훼손하는 것은 결코 아니라는 것이다.

선의지는 의지에 의해 수행될 수 있는 일체의 모든 행위들과는 비교할 수 없을 정도로 높게 평가되는 것이다. 물론 선의지의 경우에도 그것이 실현하고 성취하고자 하는 것, 또 그것으로 달성하고자 하는 목적이 있을 수 있다. 그러나 선의지는 그 결과가 가치 있어서 가치가 높게 평가되는 것이 아니라, 선의지라는 의미 속에 담긴 그 의욕만으로도 충분히 높게 평가될 수 있는 것이다. 사실의 세계에서의 어떤 일이 벌어져서 그 의도하는 바를 관철시키지 못하였다 하더라도, 혹은 최대의 노력에도 불구하고 실현되는 것이 아무 것도 없다 하더라도 선의지에는 아무런 영향을 끼치지 못한다. 왜냐하면 선의지는 先驗的이기 때문이다. 앞에서 제기한 선의지에 관한 비판도 선의지가 '선험적'이라는 것을 놓치지 않았을까 하고 생각해 본다. 그리하여 그 선의지는 다른 좋은 것들과 같은 線上에 놓고 보게 된다. 그 결과 그와 같은 의문을 갖게 되는 것이다. 그러나 선의지를 선험적으로 보면, 선의지는 자신의 모든 가치를 그 안에 완전히 간직한 채 마치 보석처럼 빛나게 되는 것이다. 달리 말하면, 유용성이나 결과가 없다는 것은 선의지의 가치를 조금도 더

---

7) Copleston, *A History of Philosophy*, Vol.Ⅵ, The Newman Press, 1961, p.31.

하거나 덜하거나 할 수 없다. 이 유용성이나 결과가 없다는 것은 마치 보석을 끼는 테두리 같아서 그 보석을 보다 잘 간직하게 해주거나, 그것을 잘 알아보지 못한 사람들의 주의를 환기시키기 위해 있을 뿐이다. 善意志 개념은 우리의 여러 행동의 價値를 평가함에 있어서 항상 上位에 놓여 있어서 다른 모든 가치의 조건들을 査定해야 하는 것이다.

Ⅲ. 義 務

善意志의 개념을 명확히 하기 위해서, 선의지와 그것에 상반되는 개념간의 한계를 그을 수 있는 義務의 개념을 다루어 보아야 한다.[8] 칸트도 선의지의 의미를 보다 발전적으로 탐구하기 위해서는 의무의 개념을 도입하는 것이 옳다고 생각하였다. 더 나아가 그는 의무를 매우 존중하였다. 칸트의 실천이성비판에서 보여준 義務頌이 그 한 가지 예이다. 즉, "의무여 너 숭고하고 위대한 이름이여, 너는 사람들이 좋아할 아무것도 가지지 않았으되 복종을 요구한다. 그러나 또한 너는 意志를 움직이기 위하여 사람의 마음속에 자연적 혐오와 공포를 일으키는 어떠한 협박도 가하지 않고 단지 하나의 법칙을 제시할 뿐이다. 그리고 이 법칙은 저절로 사람의 마음속에 들어와서 마지못해 하는 존경을 받는다. 이 법칙 앞에서는 모든 경향성은 비록 남몰래 반항을 하면서도 침묵을 지킨다. 너에게 알맞은 기원은 어떤 것인가? 경향성과의 모든 혈연을 도도하게 거부하는 너의 고귀한 혈통의 근원은 어디에 있는가? 인간들만이 자신에게 부여할 수 있는 가치의 불가결한 조건은 어떤 근원으로부터 유래하는가?"[9]라고 읊고 있다. 그리하여 칸트는 의무의 개념을 밝히기 위하여 의무에 반하는 행위, 의무에 적합한 행위, 의무로부터 나온 행위의 셋으로 구분하고 있다.(p.201.) 칸트에게 있어서 중요한 것은 의무로부터 나온

---

8) 大關增次郎, カント硏究, 東京, 大同館書店, 大正13年, p.499.

9) I. Kant, *Kritik der Praktischen Vernunft*, Verlag von Felix Meiner, 1974. S.101.

행위이다.

여기서 우리가 주의해야 할 것은 겉으로는 행위가 의무에 적합하고, 게다가 또 行爲者가 그 행위를 의무인 것처럼 할 때는 그것이 의무에 입각한 것인지 私利에 입각한 것인지를 분간하기가 훨씬 어렵다는 사실이다. 예컨대, 소매상인이 물건을 사는 데 익숙하지 않은 어린아이를 속이지 않고 정해진 가격대로 물건을 파는 것은 의무에 적합한 행위이다. 그리고 거래가 빈번한 곳에서는 생각이 있는 상인 역시 이런 일을 하지 않고 누구에게나 정해진 가격을 받기 때문에 어린이도 다른 어른들과 같이 그에게서 물건을 살 수 있다. 이런 식으로 상인이 우리를 정직하게 대한다고 가정해보자. 그러나 그렇다고 그 상인이 의무와 정직의 원칙에 의거해서 그렇게 하는 것이라고 믿기에는 아직 충분하지 않다. 왜냐하면 상인의 이익이 의무와 정직을 요구할 수 있기 때문이다. 더구나 상인이 모든 구매자의 편에 서서 그들을 염려하는 마음에 어느 누구에게나 공정한 가격을 매겼으리라고는 생각할 수 없다. 따라서 그러한 商行爲는 의무나 정직 그 자체를 위해서라기보다는 궁극적으로 私利를 노리는 의도에서 행해진 것으로 보아야 한다. 요컨대 그 상인은 의무에 따른 상행위를 한 것이 아니라고 보아야 한다.

合義務的 意志만이 善하다. 意志의 행위가 의무에 합치할 때 그 의지는 合義務的이다. 예컨대, 正直은 의무이다. 이 의무는 상인이 손님을 바르게 대하라, 또는 손님을 詐欺치지 말라는 명령이다. 商人이 속이지 않는 商行爲는 合義務的이다. 이때 다음과 같은 일이 가능하다. 즉 商人은 商人으로서의 행위를 근거하고 있는 것이 正直이며, 그 性向을 완전히 갖고 있다고 하자. 그는 不正直이 발견되면 그에게 罰, 不名譽, 손님의 감소 등을 두렵게 여겼기 때문에 正直할 가능성이 있다. 이 경우, 그 商人의 行爲는 合義務的이기는 하지만, 그의 意圖, 意向은 利己的인 것이다. 그러나 意向은 의지에 속한다. 그러므로 이 경우에 행위는 合義務的인 것일지라도, 그 意志는 合義務的인 것이 아니다.

그러면 의무라는 것이 과연 어떤 의미를 가지고 있는가? 칸트에게 있어서 의무의 의미는 두 측면으로 나누어 제시하고 있다. 하나는 의무를 동기적 측면에서 본 것이다. 여기서 동기적 측면은 수단-목적관계에 놓여 있다는 것이며, 사실의 세계에 발판을 대고 있다는 말이다. 다음으로 의무를 형식적 측면에서 보고 있다.[10) 이 측면이야말로 칸트의 특징을 잘 나타내 주고 있는 측면이다. 이 측면은 논리적 측면 또는 의무의 형이상학적 측면을 잘 나타내 주고 있다. 그러면 우선 의무를 동기적 측면에서 본 것들은 어떤 것들이 있을 수 있는가 하는 점을 살펴보기로 하자. 칸트에 의하면, 자기의 생명을 보존하는 것, 타인에게 慈善的인 것, 자기 자신의 행복을 확보하는 것 등등이 의무로 간주된다. 또한 성서에서 말하는 자신의 이웃사람을 물론 우리의 적이라 하더라도 그를 사랑해야 한다는 것 역시 의무이다.(pp.204-206).

첫째, 자기의 생명을 보존하려는 것은 의무요, 또한 각자는 자기의 생명을 보존하려는 성향을 가지고 있다. 여기서 우리는 생명보존의 서로 다른 두 모습을 볼 수 있다. 하나는 그들이 생명의 보존을 위해서 가끔 가지는 불안스러운 근심과 걱정은 내적 가치도 도덕적 가치도 없다. 왜냐하면 그들이 그들의 생명을 보존하는 것은 '의무에 적합'한 것같이 보이기는 하지만 '의무에서' 나온 것이 아니기 때문이다. 다른 하나는 여러 가지 불행과 절망이 겹쳐 삶에 대한 흥미를 완전히 잃어버렸지만, 마음이 강해서 비겁하게 되거나 침울하게 된다기 보다는 오히려 자기의 운명에 대해서 분발하게 되고, 죽기를 바라면서도 자기 생명을 보존하며, 생명에 대한 의무에서 생명을 보존한다면, 이러한 준칙이야말로 도덕적 가치를 가지는 것이다.

둘째, 타인에게 慈善을 베푸는 것은 의무이다. 세상에는 타인에 대해 매우 동정적인 사람들도 많아서, 허영심이나 이기심과 같은 어떤 다른 동기에서가 아니라, 그저 자기 주위에 기쁨을 확대하는 것에 내적인 만족을 발견하고, 타인의 만족이 자기의 所爲인 한에서 타인의 만족을 기뻐하는 경우가 있을 수 있다. 그러나 이와 같은 경우에 있어서도 그 행위는 극히 의무에 적합하고 또 권장할 만한 것이기는 하지만, 도덕적 가치를 가지는 것은 결코 아니다. 이러한 행위는 예컨대 명예에 대한 성향에서 비롯될 수도 있는 것이기 때문이다. 도덕적 가치를 지니는 것은 어디까지나 의무에서 수행하는 행위일 뿐이다. 다음과 같은 경우를 가정해 보자. 어떤 박애가가 어쩌다가 자신의 심정이 흐려져서 타인의 운명에 대한 모든 동정을 잃어버렸다. 그는 고통에 괴로워하는 타인에게 친절을 베풀 능력이 있지만 자기의 고통에 너무 얽매여 있기 때문에 타인의 고통이 그의 마음을 움직이지 못한다. 그러나 그가 이 치명적 무감동에서 탈출하여 자선 행위를 한다면 이때야말로

---

10) H, J. Paton, *The Moral law; Kant's Groundwork of the Metaphysic*, Barnes & No.Inc., 1950, p.47.

그의 자선행위는 비로소 진정한 도덕적 가치를 가진다. 칸트는 남에게 자선을 하는 것은 자선행위 뒤에 오는 어떤 결과와 어떤 목적을 위한 동기를 떠나, 순수한 입장에서, 즉 의무의식에서 자선행위를 하였다면 이것은 순수한 도덕적 행위로 된다고 주장한다.

셋째, 자기 자신의 행복을 확보하는 것은 의무이다. 사람들은 살아가는 동안에, 많은 걱정에 싸이게 되고, 충족되지 않은 욕구들 때문에 자기의 처지에 대해 만족할 수 없게 되면, 자칫 의무를 배반할 큰 유혹에 빠질 수 있다. 그러나 의무에 주목하지 않고서도 모든 인간은 스스로 행복을 얻으려는 극히 강렬하고도 열렬한 성향을 이미 가지고 있다. 모든 성향은 바로 이 행복이라는 관념에 집중되어 있다. 결국 행복을 확보하려는 것이 애착이나 다른 사람들에게 뽐내기 위해서 혹은 그저 즐겁고 좋기 때문이라고 한다면, 이것은 감각적 요구에 의한 행복의 확보이다. 이 때의 행복이라는 것은 감각적 행복이기 때문에 여러 가지로 오염될 가능성이 있다. 칸트가 말하는 행복은 이와 같은 행복이 아니다. 칸트가 행복의 확보가 삶에 있어서 의무로 된다고 할 때의 행복은, 감각적 행복과는 구분되는, 순수한 의미의 행복이기 때문에 보편적 행위의 근거가 될 수 있다.

넷째, 네 이웃을 사랑하고 너의 적까지도 사랑하라고 하는 말도 칸트는 의무라고 주장한다. 왜냐하면 성서의 이 명령은 보편타당한 명령이기 때문이다.

다음으로, 의무를 형식적 측면에서 본다는 것은 어떤 의미인가를 말해 보겠다. 이 측면에서 본 의미로부터의 행위는 그 행위를 규정하는 준칙에서 그 도덕적 가치를 가진다. 말하자면 이 행위는 행위의 대상이 갖는 사실적 세계에 의존하는 것이 아니라, 그것과는 아무런 관계없이 그렇게 행위하게 하는 論理的 理由 또는 原理에만 의존하는 것이다. 이 논리적 이유 또는 원리는 사실과의 관련을 떠나 있기 때문에 사실의 세계에서의 특별한 욕구를 만족시키거나 특별한 성과를 성취하는 준칙이 아니기 때문에 형식적 준칙이 될 수 있다. 그러므로 칸트가 진정으로 의미하는 행위는 의무로부터 나오는 행위, 논리적 이유나 원리에 바탕을 둔 형식적 준칙에 비추어 엄밀한 검토를 받은 행위인 것이다.

지금까지의 의무에 대한 설명에서 도출된 의무의 의미에 관한 첫 번째 명제는 '의무에 반하는 모든 행위는 어떤 목적에 유용하더라도 고려의 대상이 될 수 없다.'는 것이다. 달리 말하면 '도덕적으로 가치 있는 행위는 의무에서 나온 행위이다'라는 것이다. 여기서 의무라는 것이 경험적 행위에서 도출되는 개념이 아닌 것은 말할 것도 없고 어떤 개인의 목적을 위한 행위의 동기가 아니라는 것이다. 오직 아무런 욕구능력의 대상도 없이 그렇게 행위하지 않으면 안 되는 의욕의 원리이다. 칸트의 제2의 명제는, '도덕적 가치는 행위에 의해서 달성될 의도에서 생기는 것이 아니라, 행위가 그것에 따라 규정되는바 준칙(의욕의 주관적 원리)에 따라 생긴다'는 것이다. 이 명제에 의하면, 도덕적 행위는 실현할 대상에 의존하는 것이 아니라, 행위가 일어나도록 하는 의욕의 원리에만 의존하고, 어떠한 욕구 대상도 고려함이 없이도 생겨난다는 것이다. 행위의 관점에서 본 의도 혹은 의지의 목적과 원천으로서의 행위의 결과는 어떠한 무제약적 도덕적 가치도 부여할 수 없다는 것은 명백하다. 만일에 이 도덕적 가치가 행위에 의해서 기대되었던 결과와 관련된 의지에 없다면, 그러면 이 가치는 어디에 있을 수 있을까. 이 가치는 의지의 원리를 제외하고는 다른 어떤 곳에도 존재할 수 없는 것이며, 또한 그것은 그와 같은 행위에 의해서 실현될 수 있는 목적과는 아무런 관련도 없는 것이다. 왜냐하면 의지가 형식적인 선험적 원리와 내용이 담긴 후천적 원천 사이의 갈림길 위에 있기 때문이다. 그러나 의지는 무엇인가에 의해서 결정되어야 한다. 의지로부터 모든 내용 원리가 제거되고, 의무에서 행위가 행해질 때, 의지는 의욕의 형식적 원리에 의해서 결정되지 않으면 안 된다. 그리하여 제1의 명제와 제2의 명제로부터 제3의 명제가 나오게 된다. 즉, '의무는 법칙에 대한 존경에서 우러나오는 행위의 필연성'이라는 것이다.

Ⅳ. 定言命令과 그것이 適用되는 事例

우리가 현실적으로 세상을 살아가는 동안에 실천이성의 원칙에 따른 행위만을 하고 살 수는 없다. 왜냐하면 우리가 神과 같은 존재라면 실천이성의 원칙에 따라 살 수 있기 때문이다. 그러나 현실적으로 우리는 욕구와 감정을 가진 존재로서 理性의 지배를 벗어나는 예가 더 많이 있다. 그러므로 우리의 실천이성은 의지에 대해 명령의 형태를 취하지 않으면 안 된다. 그리하여 선험적 형식적 원리로서의 도덕법칙은 마땅히 실천해야 할 命令의 형식을 띠고 나타난다. 이 명령의 법식을 명법(Imperative)이라 하며, 명법은 가언적 명령과 정언적 명령으로 되어 있다. 그 중에서 정언명령만이 도덕적 명법이다. 정언명령은 의무의 명법으로서 '선험적 명제'이다. 이 말은 정언명령이 어떤 목적이나 결과와는 관계가 없으며, 무조건 따라야 할 無上命令인 것이다.

그러나 의지가 절대적으로 그리고 무제한적으로 善하다고 불릴 수 있으려면 그런 법칙은 도대체 어떠한 종류의 법칙일까? 물론 이 도덕적 법칙은 그로부터 기대하는 결과를 고려하지 않고 의지를 규정해야 한다. 의지가 한 법칙을 수행하려 할 때 생길 수도 있는 모든 충동을 의지로부터 없애 버려야 한다. 따라서 이제 남은 것은 행위일반의 보편적으로 법칙에 맞도록 하는 것뿐이다. 이것만이 의지에게 원리가 되어야 한다. 다시 말하면 준칙이 보편적 법칙으로 될 수 있도록 하는 것 이외에 다른 방법은 없다. 만일 의무가 공허한 망상이나 환상적 개념이 되지 않으려면 법칙에 맞아야 하며, 이것이 반드시 의지의 원리가 되어야 한다. 인간이 가지고 있는 공동이성도 그 실천적 판단도 여기에 완전히 일치한다. 우리는 언제나 바로 그 원리를 마음속에 간직하고 있다.

도덕적으로 善한 의욕이 되기 위해서 어떻게 해야 하는가를 구별하는 데 탁월한 통찰력이 요청되는 것은 아니다. 세상사에 경험이 없고 세상에서 일어나는 일에 대처할 능력이 없는 나로서는 다만 이렇게 자문할 뿐이다. 즉 너는 너의 준칙이 보편적 법칙으로 되는 것을 스스로 원할 수 있는가? 그럴 수 없을 때는 그 준칙을 버려야 한다. 왜냐하면 그 준칙이 흔히 있을 법한 일상적인 입법에서 원칙으로서 적합하지 않기 때문이다. 理性은 나에게 직접적인 존경을 강요한다. 이 존경이 어디에 근거한 것인가? 이 존경심은 여러 다른 가치를 훨씬 능가하는 그런 가치에 대한 존경심이다. 순수한 존경심에서 필연적으로 나온 행위가 의무이다. 이 의무는 모든 가치를 능가하는, 그 자체에 있어서 선한 의지의 조건이므로 그 밖에 다른 동기는 이 의무에게 길을 비켜 주어야 한다(pp.208-209).

일반적으로 가언적 명법을 생각할 때에는 그것의 조건이 주어지기 이전에 그것의 내용이 무엇인가를 미리 알 수 없다. 그러나 정언적 명령을 생각할 때에는 즉각 그 내용을 알 수 있다. 그 이유는 이 명령이 포함하고 있는 것은 법칙에 적합해야 한다는 준칙의 필연성과 법칙은 자신을 제한했던 아무런 조건도 갖고 있지 않기 때문이다. 그러므로 남는 것은 행위의 준칙이 반드시 갖추어야 할 법칙일반의 보편성뿐이다. 이러한 적합성만이 정언적 명령을 필연적인 것으로 제시한다. 그러므로 정언적 명령은 유일한 것일 수밖에 없으며, 그것은 바로 '너의 준칙이 보편적인 법칙이 되도록 네가 동시에 의욕할 수 있도록 하는 그러한 준칙에 따라서만 행위하라'는 것이다. 만일 의무의 모든 명령들이 정언명령으로부터 도출될 수 있다면, 적어도 의무에 의해서 우리가 무엇을 생각하며 의무라는 개념이 무엇을 말하고자 하는 것을 우리는 알 수 있을 것이다. 보편적 법칙에 의해 생긴 결과가 가장 일반적인 의미에서의 '자연'이라 부르는 것이며, 일반적 법칙에 의해 결정되는 사물의 존재인 것이다. 그러므로 의무의 보편적인 명령도 다음과 같은 것일 수 있다. 즉, '네 행위의 준칙이 너의 의지를 통하여 보편적인 자연법칙이 되어야 하는 듯이 행위하라'는 것이다.

이제 칸트는 이와 같은 정언명령이 적용되는 구체적인 사례를 자신에 대한 것과 타인에 대한 것, 완전한 것과 불완전한 것 등의 구분에 따라서 열거하고 있다(pp.222-224).

첫 번째의 사례는 절망에 이르게 하는 일련의 불행 때문에 인생에 염증을 느낀 사람의 경우를 다루고 있다. 이 사람은 자살이 자신의 의무에 반하는 것이 아닐까하고 자문해 볼 만큼은 이성적인 사람이다. 그는 자기 행위의 준칙이 보편적 자연법칙으로 될 수 있는가를 자문해 본다. 그의 준칙은 이렇다. 즉 '내 생명을 연장해도 내 인생이 내게 행복을 약속해 주기는커녕 불행으로 나를 위협한다면 내 생명을 단축하는 것을 自己愛의 원칙으로 삼는다'는 것이다. 그러나 아직 이 自己愛의 원칙이 보편적 자연법칙이 될 수 있는지가 문제이다. 여기서 우리는 곧 다음의 사실을 깨달을 수 있다. 즉 생명을 촉진하도록 규정되어 있는 그런 감정에 의해서 생명을 파괴하는 것을 그 법칙으로 삼고 있는 자연이란 自家撞着이며, 자연으로서 존립할 수 없게 된다. 따라서 자기애에 입각한 자살이라는 준칙은 보편적 자연법칙으로 인정할 수 없다. 더 나아가 그것은 모든 의무의 최고 원리에 전적으로 위배되는 것이다.

두 번째의 사례는 자신이 돈을 갚을 수 없으면서도 어떤 곤란에 처하여 돈을 빌릴 수밖에 없는 사람의 경우를 다루고 있다. 이 사람은 곤란에 처해 돈을 빌리지 않을 수 없지만, 자신이 돈을 갚을 수 없다는 점 역시 잘 알고 있다. 또한 그는 그

돈을 갚겠다는 확실한 약속을 해주지 않으면 돈을 조금도 빌릴 수 없다는 사정도 잘 알고 있다. 그는 그런 약속을 하고자 한다. 그러나 그러한 방법으로 곤란에서 벗어나는 일은 있을 수 없는 일이며 의무에 반하는 일이 아닌가 자문해 볼 만큼은 아직 양심이 있다. 그럼에도 불구하고 그는 여러 날 고민 끝에 마침내 그가 그렇게 약속하기로 결심한다. 이와 같은 것을 가정해 본다면, 그의 행위의 준칙은 이렇게 된다. 즉 '나는 돈이 궁하다고 생각되면 돈을 빌릴 것이고 갚을 수가 없다는 것을 잘 알고 있더라도 갚겠다고 약속하겠다'라는 것이 그것이다. 이러한 自己愛의 원리 혹은 利己의 원리는 장래의 자신의 행복과 일치할지도 모른다. 그러나 문제는 '그것이 정당한가' 하는 것이다. 나는 이 自己愛의 요구를 보편적 법칙으로 변화시켜 문제를 이렇게 바꿔본다. 즉 내 행위의 준칙이 보편적 법칙이 된다면 어떻게 될 것인가? 여기서 나는 곧 깨닫게 된다. 그것은 결코 보편적 법칙에 타당하지 않고 그 자신의 양심과도 일치하지 않는다. 그것은 나중에 기필코 자기모순을 일으키고 말 것이다. 왜냐하면 모든 사람이 자기가 곤궁에 처해 있다고 생각할 때 지키지 않겠다는 전제하에 아무 일이나 약속을 할 수 있다는 법칙이 보편성을 가진다면, 아무도 자기에게 약속된 것을 믿지 않고 그런 약속의 말을 공허한 말이라 비웃게 되어 약속과 그 약속에 따르는 목적 자체가 불가능한 것이 되어 버리기 때문이다.

지킬 의도 없이 어떤 약속을 해도 좋을까? 이 경우 거짓 약속을 하는 것이 영리한 일인가 아니면 의무에 적합한 일인가? 현재의 곤경에서 벗어나는 것만으로 족한 것이 아니라 이 거짓말로 인해 장차 지금 내가 벗어나는 것보다 더 큰 곤경이 닥쳐올 수도 있다는 것을 잘 생각해 보아야 한다. 내가 자처하는 나의 모든 교활성에도 불구하고 한번 상실한 신용 때문에 장차 내가 지금 피하려고 하는 해악보다 훨씬 더 크게 불리한 일이 내게 일어나리라 생각해 본다. 여기서는 보편적 준칙에 따라 행동하고 지킬 의사 없이는 아무 것도 약속하지 않는 것을 습관화하는 것이 보다 영리한 일이 아닌가 하는 점에 대해서도 잘 생각해 보아야 할 것이다. 그러나 의무감에서 정직한 것과 불리한 결과에 대한 걱정에서 정직한 것은 완전히 다른 것이다. 전자의 경우, 행위의 개념은 그 자체에 있어서 이미 나에 대한 한 법칙을 내포하고 있지만, 후자의 경우, 그렇게 함으로써 어떤 결과가 내게 주어질 것인가 하고 먼저 주위를 살펴보아야 한다. 의무의 원칙에서 벗어나면 그것은 확실히 나쁜 일이다. 나는 거짓 약속이 합의무적인가 아닌가의 문제에 대해 가장 간명하고 또 실수함이 없이 해답을 찾기 위해 다음과 같이 자문해 본다. 나는 나의 준칙(거짓약속을 통해 곤경에서 벗어나려는)이 보편적 법칙으로서(나에게뿐만 아니라 다른 사람에게도) 타당해야 한다는 사실에 만족할 수 있을 것인가? 또 사람이 다른 방식으로는 빠져 나올 수 없는 곤경에 처했을 경우 누구나 거짓 약속을 해도 좋다고 나 스스로 말할 수 있을 것인가? 여기서 나는 거짓말을 원할 수는 있으나 거짓말을 해도 좋다고 스스로 말할 수 있을 것인가? 여기서 나는 거짓말을 원할 수는 있으나 거짓말을 해도 좋다는 것을 보편적 법칙으로 원할 수는 없다는 사실을 깨닫는다. 그렇게 되면 본래 약속이라는 것이 없어져 버린다. 왜냐하면 나의 약속을 믿지 않는 사람들에게 우리 장래의 행위에 관한 나의 의지를 제시한다는 것은 소용이 없는 일이며 혹 그들이 내 제안을 경솔히 믿는다 해도 나에게 꼭 같은 방식으로 보복할 것이기 때문이다. 게다가 나의 준칙은 그것이 보편적인 법칙으로 되자마자 곧 스스로 파괴될 것이다. 거짓말은 상대방이 그것을 참말로 믿어 속아줄 때 그 기능을 다하게 되므로 모든 사람이 거짓말을 하게 되어 불신이 풍미하면 거짓말이 성립될 수 없다(p.208).

세 번째 사례는 자신의 계발에 무사안일한 사람의 경우를 다루고 있다. 이 사람은 다소간 교육을 받으면 여러 면에서 유용한 인물이 될 수 있는 재간이 자기에게 있다는 것을 안다. 그러나 그는 無事安逸해서 자신의 천부적인 능력을 확장시키고 개선하기 위해 노력을 하지 않고 쾌락에 탐닉하고 있다. 그러나 그는 스스로 자문해 본다. 즉, '천부의 소질을 방치해 두겠다'는 그의 준칙이 쾌락을 탐하는 그의 성벽과는 일치하지만 사람들의 의무라고 말하는 것과도 일치할 것인가? 이때 그 사람은 자기 자신은 재능을 녹슬게 내버려두고 일생을 안일, 여흥 등 한마디로 향락으로 보내려고 마음먹을 수 있지만, 그렇다고 하여 그것은 보편적 법칙으로 의욕할 수는 없다. 왜냐하면 그는 이성적 존재로서 여러 가능한 의도에 쓰이도록 주어져 있는 능력들이 개발되기를 의욕하게 되기 때문이다.

네 번째의 사례는 타인에 대한 협조와 사랑의 문제를 다루고 있다. 이 사람은 대단히 순조로운 생활을 하고 있으나 다른 사람들이 대단히 큰 곤란을 겪고 살고 있다는 것을 잘 알고 있다. 그는 물론 그들을 도울 수도 있다. 그러나 그는 그것이 나와 무슨 상관이 있는가? 누구든 하늘이 원하는 만큼은 혹은 스스로 노력하는 만큼은 행복해도 좋은 것이고 나는 그들이 아무리 행복해도 아무 것도 그들에게서 빼앗을 생각도 없으며 시기하지도 않을 것이다. 그들도 나의 행복을 빼앗을 생각을 하지 말 것이며 시기도 하지 말아야 한다. 그러므로 나는 그들의 행복이나 곤궁을 돕는 일에 대해 아무런 흥미를 갖지 않고 있다. 물론 이와 같은 사고방식이 보편적 법칙이 된다고 해도 인류는 잘 존속할 것이다. 오히려 각자가 협조와 호의를 논하고 때로는 이것을 실천하려고 애를 쓸 것이다. 그들은 타인을 속이고 타인의 권리를 팔거나 방해하는 때보다는 훨씬 더 잘 존속할 것이다. 그러나 그러한 준칙에 따라 보편적 자연 법칙이 잘 존립할 수 있다고 해도 그러한 원칙이 자연적인 법칙으로서 모든 곳에서 통용되기를 의욕하는 것은 여전히 불가능하다. 왜냐하면 그와 같은 일을 하기로 결정하는 의지는 그가 다른 사람의 협조와 사랑을 필요로 하게 되는 경우에는 자기모순에 빠지게 되기 때문이다. 또 그는 자기 자신의 의지에서 나온 그와 같은 법칙 때문에 그가 원하는 경우에도 정작 타인의 협조를 기대할 수 없게 되고 만다.

以上에서 우리는 제1의 정언명령, 즉, "모든 인간에게 타당한 보편적 입법의 원리와 자기의 준칙이 일치해야 함"을 말했다. 그리고 다음으로 제2의 정언명령이 나온다. 즉 "너 자신을 포함한 다른 모든 사람의 인격에 있어서 인간성을 언제나 동시에 목적으로 대우하고, 결코 단순한 수단으로 사용하지 않도록 행위하라"는 것이다. 위에서 구체적인 경우에 적용해 본 바 있다. 그러면 모든 이성적 존재자가 항상 목적 자체로서 취급되는 이상향은 없는가? 여기서 칸트는 제3의 정언명령을 제시한다. 즉 "너의 격률에 의하여 언제나 보편적인 목적의 왕국의 입법적 성원인 것처럼 행동하라"는 것이다. 사실상 이 세 가지 정언명령은 한 가지 정언명령의 각각 서로 다르게 표현된 명령이라고 볼 수 있다.

V. 批判的 考察

도덕률과 의무의식을 강조하고 있는 칸트의 윤리학은 바로 칸트의 독특한 윤리론이기도 하다. 칸트가 「실천이성비판」의 맺는말에서 한 저 유명한 말, 즉 "내가 두 가지 사물을 여러 차례 또 장시간 성찰하면 할수록 그 두 가지 사물은 더욱 새롭고 더욱 높아지는 감탄과 敬畏를 내 마음에 가득 채우는 것이다. 이 두 가지 사물이란, 내 머리 위의 별이 총총한 하늘과 내 마음속의 도덕법이다"라는 말은 칸트의 차원 높은 도덕정신을 가장 잘 表現한 말이다. 그러나 이와 같은 칸트의 윤리론에 대하여 현대인들은 여전히 그것이 옳다고 생각하고 있는가 하는 의문이 생긴다. 이 점에 관하여 우리가 찾아 볼 수 있는 그 대표적인 것들이 형식주의와 엄숙주의이다. 이들에 관하여 논하고 다시 구체적인 비판을 고찰해 보겠다.11)

우선 칸트의 윤리학을 형식주의로 규정하는 견해를 살펴보자. 칸트 윤리학의 일차적 특징은 경험적 요소를 모두 제거하는 가운데에서 도덕률을 탐구한다는 점에 있다. 칸트는 절대적인 보편성을 지니는 도덕률을 규명하려는 과정에서 경험적 요소를 가능하면 전부 없애버리려고 한 것이다. 그 결과 도덕률은 快라든가 幸福이라든가 하는 것들과는 무관하게 규정될 수밖에 없으며, 그의 윤리학은 오직 '의무를 위한 의무'(duty for duty's sake)를 고수하는 엄격한 성격을 지니는 것으로 여겨지게 되는 것이다. 그러나 사실을 두고 말하자면 인간의 행위는 언제나 감각적 요소를 수반하고 있는 것이요, 경험적인 세계에서 이루어지고 또 거기에서 결과를 낳는 것이다. 이 사실을 인정할 수 있다면 우리는 행위의 도덕적 가치를 결정하기 위해서 마땅히 경험적, 감각적 성격을 지닌 행위의 구체적 내용을 고려하지 않을 수 없다. 만약 내용을 생각한다면 善과 惡은 어떤 행위가 현실에 가져온 결과에 의해서 판정할 가능성이 있다. 그러나 자신의 이익을 생각하고 한 행위가 우연히 도덕적으로 좋은 결과를 가져왔다 하더라도, 칸트는 그 행위를 도덕적 행위로 판정하지 않는다. 이와는 반대로 도덕적으로 좋은 의도나 동기를 가지고 행한 행위가 우연히 극히 도덕적으로 나쁜 결과를 가져올 수도 있지만, 이 경우에 칸트는 도덕적 가치가 있다고 말한다. 여기서 알 수 있는 것은 행위의 결과만을 가지고 善惡을 판단하는 것은 잘못이라는 것이다. 물론 도덕적으로 올바른 생각을 가지고 한 행위가 언제나 옳은 결과를 가져오는 것은 아니다. 그러므로 칸트는 행위의 결과를 무시하고 행위를 하는 사람의 내면적 의지를 중시하였던 것이다. 그리하여 칸트는 '세계의 안에서나 밖에서도 무제한으로 善하다고 생각할 수 있는

---

11) 韓端錫, 「칸트 哲學思想의 理解」, 서울, 養英閣, 1983, pp.224-241.

것은 善意志 이외에는 없다'라고 말하였던 것이다. 그러나 이 말은 과연 옳은가? 칸트의 선의지를 끝까지 밀고 나가면, 그것은 내용이 결여된 의지이며, 따라서 그것으로는 선악을 판정하지 못하게 되는 것 아닌가? 의지의 내용을 도외시한 채로 그 형식만을 다루는 칸트의 윤리학은 구체적 내용을 사상한 추상적인 도덕만을 제시하는 것 아닌가? 아무런 내용이 없는 그냥 의지라는 것만으로는 아무런 구체적 행위를 할 수 없다. 구체적인 행위를 문제삼는 한 의지의 내용이 문제되지 않을 수 없는 것이다. 과연 내용을 배제한 의지의 형식으로부터 구체적인 도덕의 내용이 도출될 수 있는 것인가?

칸트가 실천이성의 근본법칙으로 든 것은, 예컨대, '너의 행위가 너의 의지로 하여금 바로 그 행위의 格率을 통하여 보편적 법칙을 입안한다는 생각을 가질 수 있도록 하는 그런 방식을 따르도록 하라'는 것이었다. 이 실천이성의 근본 법칙은 도덕률인가 정언명령인가? 道德律은 실천적 법칙이며 반드시 객관성을 가지는 것이어야만 한다. 그리고 모든 사람에 대하여 타당한 것이어야 한다. 더 나아가 '모든 理性的 存在者의 의지'에 대해서도 타당한 것이어야 한다. 도덕률이 명령으로 될 수 있을 때, 그것은 모두 定言命令이다. 그러나 道德律과 定言命令은 구분된다는 점에 주목할 필요가 있다. 정언명령은 그 자체로서 어떤 내용을 가진 것이 아니고, 道德律이 구체적 내용을 예상하고 있는 것이다. 칸트는 이 정언명령에서 도덕의 구체적 내용을 이끌어 내려고 한다. 적어도 이 정언명령에 의하여 행위 선악을 판정하는 기준을 찾아낼 수 있다고 생각한 것 같다. 결국 칸트의 윤리학은 그것이 의지의 내용을 버리고 의지의 형식만을 다루었다는 점에서 내용 없는 형식주의적 경향을 띠게 되었다. 이와 같이 된 근본원인은 칸트의 인식론적 주관주의와 도덕적 세계라는 物自體의 세계에서 찾을 수 있을 것이다. 物自體에는 오직 추상적인 보편성만이 있을 뿐이라고 하지 않을 수 없다. 그러므로 도덕세계가 物自體라고 생각한다면 여기서 도덕의 구체적 내용은 버리지 않을 수 없다.

이 점에 대해서 칸트가 형식주의에 빠지게 된다고 비난하고 있다. Reiner에 의하면, 칸트는 "義務思想의 순수성을 확보하기 위하여 어떤 類의 목적이든 그 목적에 대한 동기가 될 수 있는 모든 것을 도덕적인 善行爲自體로부터 제거하는 것이 필요하다고 생각하였다. 이 결과 칸트의 의무사상은 순전히 형식적 규정을 유지하였고 본래적인 사태에 그 뿌리를 내리지 못했다. 말하자면 허공에 매달려 있다"(p.7.)고 비난하고 있다. 이 말을 좀 더 분석해 보면, 칸트는 "의무사상의 순수성을 확보하기 위하여 어떤 종류의 목적이든 그 목적에 대한 동기가 될 수 있는 것, 수단-목적관계에 있는 것들을 도덕적인 선행위자체로부터 제거하였다"고 한 말은 선행위를 선험적으로 다루었다는 뜻이다. 그러나 흔히 사람들은 (Reiner 포함) 이 말을 다음과 같이 이해해 버렸다. "도덕현상은 도덕적 의무 즉 당위의 요구가 아니라 체험이라는 사실의 문제라는 것이다. 경험이다. 도덕의식에 있어서 체험되고 경험적으로 확립된 당위의 요구야말로 정당성을 갖는다"고 주장하면서 이 주장에 비추어 칸트의 의무사상은 본래적인 사태에 그 뿌리를 내리지 못했다고 비난하고 있다. 그러나 이 비난은 칸트의 본래의 생각과는 다르다고 보아야 한다. 칸트는 선행위의 선험적 기준만 제시하고 그것에 비추어 구체적인 사태를 점검하도록 하려고 하였던 것이다. 이 점을 놓쳐버리면 칸트를 곧바로 '허공에 매달려 있는 형식주의자'라고 비난하게 되는 것이다.

　과연 칸트를 형식주의로 빠져 현실에 뿌리를 내리지 못했다고 비난할 수 있는지 좀 더 구체적으로 설명해 보겠다. 사실 이하의 설명은 칸트를 비난하는 다른 설명에도 해당된다. 칸트에 있어 형식주의자라 할 때의 '형식'에 해당하는 것은 다름이 아니라, 아프리오리(a priori)이다. 칸트의 아프리오리는 전통철학의 '형식'에 해당하는 것이지만, 그것은 대상에 있는 것이 아니라 마음에 있는 것으로 규정된다. 전통철학에서는 형식이 대상에 있는 것으로 간주되었으나, 칸트는 그것이 마음에 있다고 보았다. 대상에 있다는 것을 마음속에 形式이 있다고 한 것은 천문학의 코페르니쿠스적 전환에 버금가는 사고의 혁명적 전환을 의미한다. 아프리오리가 곧 마음이라는 것을 염두에 둔다면 자연과 의무를 연결하는 별도의 능력을 상정할 필요가 없다. 아프리오리는 우리 마음(주관)이기 때문에 그 자체로 이미 자발성 또는 스스로 움직이는 힘을 가지며, 자연과 의무의 연결은 아프리오리에 들어있는 이 힘의 작용에 의해서 가능하다. 자연과 의무가 각각 이론적 지식과 도덕적 지식을 가리킨다면, 자연과 의무의 연결은 곧 이론적 지식을 배워 도덕적인 사람이 되는가 하는 것과 관련된다고 볼 수 있을 것이다. 칸트의 倫理論을 지나친 형식주의자라고 하는 것은 칸트의 倫理論이 a priori와 관련하에서 이해되어야 함에도 불구하고 이 점을 간과한 데에서 생기는 비난이라고 할 수 있다.

　칸트의 정언명령을 실천 불가능한 도덕적 명령으로 보고 비판하는 견해도 있다. 이 비판이 제기하는 문제를 달리 표현하자면, 그것은 '아프리오리와 경험과의 관계는 무엇인가' 하는 문제로 된다. 아프리오리는 경험 이전에 해당하는 것이다. '경험 이전'이라고 하여, 경험에 시간상 앞서 아프리오리가 있고 그 다음에 경험이 있다고 보는 것은 칸트의 생각을 잘못 이해하는 것이다. 칸트에 의하면, 아프리오리가 경험 이전이라고 할 때의 '이전'은 시간상 이전이 아니라 논리상 이전을 가리킨다. 아프리오리는 경험의 논리적 가정으로서, 경험을 하는 순간에 그 경험 속에 이미 존재하는 것으로 가정되는 것이다. 아프리오리는 경험과 떨어져서 존재하는 것이 아니라 경험과 함께 존재한다. 또한, 아프리오리는 경험과 더불어 존재하는 것이지만 그렇다고 하여 경험이 존재하듯이 존재하는 것이 아니다. 흔히 칸트를 비판하는 사람들은 아프리오리가 경험과 동일한 방식으로 존재하는 것이 아니라는 점에 초점을 맞추고 있다. 칸트의 倫理論을 형식주의라고 비난하는 것도 이 점과 맥을 같이 한다고 말할 수 있다.

칸트의 倫理論을 비난하는 사람들은 도덕 법칙의 내용과 형식을 동일 평면 위에 놓고 시간상 선후로 지적한 바 있다. 이것을 중층구조로 파악하면 어떻게 되는가? 여기서 언급되는 중층구조라는 것은 中庸首章에 제시된 마음 또는 세계의 구조에 관한 견해, 즉 마음 또는 세계는 '표현되기 이전'(未發)과 '표현된 이후'(已發)라는 중층의 구조로 이루어져 있다는 견해를 가리킨다. 이 중층구조의 아이디어에서의 위층은 마음이 완벽하게 발달한 상태, 또는 마음과 세계가 일치되어 마음이 곧 세계이고 세계가 곧 마음인 상태를 가리킨다. 피이퍼의 'homo capax universi(Leisure, p.36)는 사물 전체를 파악할 수 있는 능력을 가진 사람, 즉 전인을 가리키는 것으로서, 이 상태에서 마음과 세계는 마음 따로 세계 따로 존재하는 것이 아니라 서로 일치한 상태로 존재한다. 이 상태는 言說로 기술하기는 쉬울지 모르지만 그 상태를 느끼기는 결코 쉬운 일이 아니다. 아니, 절대적으로 불가능한 일이다.

이제 우리는 중층구조의 위층을 말해야 한다. 그러면 이 위층이라는 곳은 어떤 곳인가? 이 위층에 관해서 할 수 있는 말을 다하면 어떻게 되는가? 모든 '좋은 것'이 아무런 형체 없이 있는 곳이 위층이다. 칸트의 A priori가 있는 곳이 바로 위층일 것이다. 이 말을 칸트의 倫理論과 관련지어 설명하면 어떻게 되는가? 예컨대 선의지를 칸트는 세계 안에서나 세계 밖 아무 곳에서도 무조건적으로 선하다 생각할 수 있는 것은 오직 선의지뿐이다'라고 하는 말을 흔히 중층구조의 아래층에 있는 것으로 해석하면 사태는 심각하다. 이것은 形式이며 內容이 없는 것이 되어 버려 무의미할 정도이다. 실천가능성도 거의 없는 것으로 된다. 그러나 여기서 말하는 선의지는 중층구조의 위층에 있는 것으로 보면 분명해진다. 칸트는 선의지를 아프리오리로 본 것이다. 결국, 위층은 마음이 있는 곳으로서 모든 것이 물들지 않은 상태로 존재한다. 과연 마음이라는 것이 그러한 것인가 하는 의문을 가질 수도 있겠지만, 위층의 마음은 대상과 분리되어 있는, 대상으로 표현되기 이전의 마음(또는 마찬가지 말이지만, 마음과 대상이 혼연일체로 녹아있는 마음)을 가리킨다. 선의지를 이와 같이 중층구조의 위층에 존재하는 것으로 본다면, 그것은 아래층에서 일어나는 道德的 行爲에 언제나 그 선명한 빛을 비추어 주는 '소극적 기준'에 해당한다고 볼 수 있을 것이다. 이때에는 실현불가능을 운운하거나 형식주의라거나 하는 비판이 성립될 수 없을 것이다.

參考文獻

孫正奎, 姜聲陳, '칸트의 道德體系에 관한 研究', 論文集 第7輯 木浦大學 1986.

박선목, 칸트철학에로 가는 길, 釜山, 釜山大學校 出版部, 1987.

李載萬, '칸트의 道德法則과 그 實踐의 問題點－倫理와 그 實行을 중심으로', 明
　　　大論文集, 第5輯 明知大學 1972.

全瑛甲, 'I. Kant의 義務論에 對한, 考察－道德形而上學原論을 中心으로', 論文
　　　集, 第4輯, 釜山産業大學, 1983.

칸트, 鄭鎭 譯. 道德哲學原論, 서울, 乙酉文化社, 乙酉文庫(47), 1970.

칸트, 崔載喜 譯, 實踐理性批判, 서울, 博英社, 1975.

韓端錫, 칸트哲學思想의 理解, 서울, 養英閣, 1983.

大關增次郎, カント 研究, 東京, 大同館藏版, 大正 13年.

Bradley F.H., *Ethical studies*, London, Oxford University Press,
　　　second edition, 1927.

Immanuel Kant, tr. Thomas K. Abbott. *Fundamental Principles of
　　　the Metaphysic of Morals*, 4th ed., London and New York,
　　　1889.

Ross.W.D., *Criticism of Kant*, Oxford, The Clarendon Press, 1954.

10. 韓國社會에서의 祖上崇拜의 意味 : 教育學的 解釋*

I. 서론

해마다 추석 명절이 가까워지면, 온 한반도에서 고향길 가는 사람들의 歸省문제 때문에 골머리를 앓고 있다. 그럴 때마다 "왜 한국사람들은 추석날 고향에 가서 茶禮를 지내거나 省墓를 하기 위해 저렇게 시끄러운 것인가?" 하는 의문이 생긴다. 오죽하면 이를 일컬어 "歸省戰爭"이라고 까지 表現하고 있겠는가? 이 歸省戰爭이라는 현상은 한국인의 마음을 드러내는 수많은 방법 중의 하나일 것이다. 이 현상을 정확히 파악하기는 무척 어려운 일이다. 그러나 여기서는 이 현상을 파악하는 한 가지 방법으로 이것을 '祖上崇拜'라는 개념적 수단으로 파악해 보고자 한다. 나라마다 민족마다 조상숭배의 방법이 다를 것이다. 그것은 문화가 다르기 때문이다. 그렇다면 한국인은 어떤 방식으로 '祖上崇拜'를 하는 것일까?

인간이 이 세상에 태어날 때 거의 대부분의 경우 '집'에서 태어난다. 여기서 '집'이란 초시간적이고도 초공간적인 개념이다. "한국전통사회에서 '집'이란 가족 또는 식구들의 몸을 담아주는 주택 이상의 것이었다. 집이란 한 가족들이 수 세대에 걸

---

* 「教育研究論叢」 第23卷1号. 충북대학교 교육개발연구소, 2002.7

쳐 이룩한 정신적인 무엇을 의미하는 동시에, 이 정신적 무엇을 이룩하는 데 공헌해 온 一家門의 모든 가족들을 통칭하는 뜻으로 사용되었다. 그러므로 집은 생존하고 있는 가족만이 아니라, 이미 죽어 사라진 조상들도 포함시키는 의미로서 사용되었다."[1] 태어나는 순간 그 아기는 가족의 일원으로 된다. 그러나 한국의 경우 죽어 사라진 조상도 가족의 일원인 것이다. 여기에 '祖上崇拜'의 가능성을 엿볼 수 있다.

한국의 전통가족의 근간은 어디까지나 유교윤리에 바탕을 두고 있다.[2] 즉, 父子중심의 가족생활이라고 할 수 있다. 전통가족에서는 아버지 계통의 혈연이 끊어지지 않도록 부단한 노력을 한다. 달리 말하면 家父長制의 계승은 꼭 이루어져야 하는 것이다. 가계의 계승은 아버지로부터 장남으로 이어지는 것이다. 이를 위해서는 아내를 얻어 자식을 낳아야 한다. 그것도 아들을 낳아야 하는 것이다. 우수한 자식을 얻기 위한 우생학적 결혼관행으로 同姓同本不婚, 百里內의 不婚, 越三姓의 婚姻을 지키려고 애썼다. 또한 정상적인 혼인관계에서 가계계승자인 아들을 얻지 못했을 때에는 편법으로 有妻娶妻, 得妾. 養子, 씨받이 등의 제도를 활용하였다.[3]

전통가족의 가장 중요한 관심이 자녀양육에 관한 것이다. 그리하여 처음에 임신이 되면 태중 아기의 성장과 발달을 위하여 영양, 정서, 행동, 언어, 건강 등을 특별히 관리한다. 이것이 다름 아닌 胎敎이다. 이 점과 관련하여 「胎敎新記」(師朱堂 李氏,1801)의 다음과 같은 구절은 전통가족의 태교를 짐작해 보는 데 도움이 될 것이다.

"태교는 태를 기르는 사람만 할 것이 아니라, 온 집안사람들이 서로 조심해서 감히 화난 일을 드러내지도 말고 천하고 흉한 일을 알려서 크게 두려움을 주거나 놀라게 하지도 말아야 한다. 난처한 일을 알리지 않는 것은 임부가 근심 할까 염려해서, 급한 일을 알리지도 않는 것은 놀라게 될까 염려해서이다. 화내면 태아의 피가 병들고, 두려워하면 태아의 정신이 병들고 근심하면 태아의 기운이 병들고, 놀

---

1) 柳岸津, 韓國의 傳統育兒方式. (서울: 서울大學校出版部 1986), p.14.
2) ibid. pp.13-29.
3) ibid., p. 18.

라면 태아의 기가 간질을 앓는다. 벗과 더불어 오래 있어도 그 사람됨을 배우거든 하물며 자식이 어찌 어미에게서 나는 七情을 닮지 않으랴. 그러므로 姙婦를 대함에 있어서는, 기쁨, 성냄, 슬픔, 즐거움이 혹 지나치는 일이 없도록, 임부의 곁에 언제나 훌륭한 사람이 있어서 그 거동을 돕고, 그 마음을 온전하게 하며 본받을 말과 법도를 일러 주어서, 게으르고 邪慝(사특)한 마음이 일어나지 않도록 하는 것이 도리이다."

이 인용에서 알 수 있듯이 엄마는 자식을 뱃속에 넣고 있을 때부터 지극 정성으로 교육적인 공을 들인다. 말하자면 임신을 하고 있는 상태에서도 태아에게 교육적으로 좋은 것이라면 아무리 어려운 일이라도 하겠다는 교육적 노력을 읽을 수 있다.

전통가족의 가장 최우선의 기능이 다수의 가족을 확보하는 것이었고, 그 자연스러운 방법이 자녀의 出産과 양육이었다. 보통의 경우, 여자보다는 남자아이를 낳기를 원했다. 왜냐하면 농업경제체계에서 여성인력을 데려 올 수 있는 남아의 출산을 바랐기 때문이다. 남아는 성장하면 부모의 봉양과 奉祭祀의 책임자가 된다. 특히 장남은 先代祖의 제사를 받들 책임자로 태어나기 때문에 奉祭祀와 집안의 대표자가 된다. 더 나아가 부모의 노후와 어린 동생의 양육까지 책임진다. 이러한 책임 때문에, 재산상속에서 가장 우선적 권한이 있고, 부모가 돌아가시고 없을 경우에는 형으로서 그치지 않고, 父를 대신한다.4)

아기가 태어나서 삼칠, 백일, 첫돌, 두 돌과 같은 성장의 위험고비를 넘기고 冠名을 얻을 만큼 자라야 비로소 그는 '자랐다'는 말을 들을 수 있으며 冠名을 얻은 뒤 族譜에 올린다. 요즈음은 이 族譜를 충분히 활용하는 곳이 그리 많지 않다. 요즈음 사람들은 족보라는 것이 구시대의 낡은 유물정도로 생각하는 사람들이 많이 있다. 그리하여 族譜의 의미를 별로 깊게 생각해 보지 않는다. 한 가지 확실한 것은 族譜에서 우리는 자기 자신의 존재의 근원으로서의 조상을 확인할 수 있으며 그것이 조상을 숭배할 수 있는 기본자료라는 점이다. 그러나 현대인들은 족보를 조상숭배의 중요한 교육자료로 생각하지 않는 경향이 있다. 왜 그와 같은 현상이 팽배하고 있는가? 요즈음 사람들은 조상숭배를 별로 중요시하지 않아

---

4) ibid., p.46.

서 인가? 아니면 족보의 교육적 가치를 잘 몰라서 그와 같은 모습을 보이는가? 그러면 첫째로 자신의 존재의 근원으로서의 조상을 확인할 수 있는 족보는 '祖上崇拜'와 어떤 관련이 있으며 그 족보의 교육적 의미는 무엇인가?

둘째로 祖上이 어떻게 되며 , 그 祖上이 자신을 超越한 存在로 된다는 것은 교육학적으로 무엇을 의미하는가? 여기에는 喪禮와 祭祀가 관련될 것이다. 祖上이 되어 가는 과정은 대략 네 단계를 거쳐간다고 볼 수 있다. 첫째 단계가 나이가 많아져 병들어 사망하는 경우이다. 둘째 단계는 사망으로부터 小祥, 大喪을 거치는 喪중 哀悼하는 기간이다. 여기까지가 凶禮이다. 세 번째 단계부터는 吉禮로 접어들면서 기제사, 제사, 차례를 4대까지 지낸다. 네 번째 단계는 時祭로 넘어가는 단계이다. 지금까지의 과정을 달리 표현하면, 앞의 네 단계는 자신의 조상이 세월이 지남에 따라 점점 자신을 초월한 神의 존재로 되어 가는 과정이기도 하다. 여기서는 먼저 喪禮를 논의하고 , 다음으로 祭祀를 논의하겠다.

일반적으로 말해서 喪禮는 크게 넷으로 구분한다. 즉 初終, 成服發靷, 治葬, 凶祭이다. 부모가 돌아가시면 슬픔이 극에 달한다. 이 상태를 그대로 두면 죽게 될 것이다. 그러나 자식들이 죽게 되면 도리어 부모에게 불효인 것이다. 부모가 완전히 돌아가신 것을 확인하면 그야말로 천지가 무너진 것과 같이 슬퍼하는 모습을 보일 수밖에 없다. 그 표현이 가슴을 치고 두발을 구르면서 뛰는 것이다. 그러나 이대로 둘 수는 없다. 喪禮의 절차에 따라야 한다. 이 일을 위해서 잠시 울음을 멈추고 다음 절차를 밟아야 하는 것이다. 이 순간에 아주 극히 작은 양만큼 슬픔이 가시게 된다. 이와 같이 이어지는 절차를 따라 3년을 지내면, 그 때는 모든 금기사항이 완전히 해소되고, 일상생활로 돌아갈 수 있게 된다. 한편, 그 동안에 돌아가신 분이 조상이 되면서 자신을 초월하는 존재로 되어 가는 것이다. 그렇다면 이와 같은 과정이 교육학적으로 어떤 의미를 가질 수 있는가?

셋째로, 자손들이 본받을 만한 존재로서의 조상이 있다는 것은 교육학적으로 무엇을 의미하는가? 일반적으로 자손들은 아버지, 할아버지, 증조할아버지, 고조할아버지로 올라가면서 제사를 지내게 되며 그 과정에서 조상의 훌륭한 점 또는 훌륭한 업적을 자주 듣게 된다. 그러면서 자손들이 자라나 어른이 되어간다. 이와 같은 과정을 지내면서 자신도 조상들처럼 훌륭한 일을 해야지 하는 마음을 다지게 된다. 물론 처음에는 아무 의미도 모르는 채 그저 어른들이 시키는 대로 따라 할 뿐이다. 그러나 세월이 지나감에 따라 나이도 먹고 더 나아가 교육을 받으면 점점 그 의미를 또렷이 알게 된다. 예컨대 그 조상 중에 누구누구가 이런 저런 벼슬을 지냈으며, 훌륭한 업적을 남겼다는 말을 듣고, 자손은 그 가문이 '빛나는 가문'임을 알게 된다. 사실상, 제사를 지내는 동안에 어른들과 대화를 통하여 조상들이 그 가문에 남긴 이러저러한 장한 점을 이야기 하다보면 자연히 자손들의 마음 속에 존경의 마음이 생겨나게 마련이다. 그리고 이 존경을 통하여 행위를 본받으려는 결심이 생겨나게 된다. 조상을 제사지내는 동안에 본받을 조상이 생겨나는 과정이 교육학적으로 무슨 의미를 가지는가.

이제, 우리는 세 가지 질문을 확인할 수 있었다. 그 질문은 다음과 같다.

첫째로, 조상이 자신의 존재의 근원이라는 것은 교육학적으로 무엇을 의미하는가? (族譜)

둘째로, 조상은 어떻게 되며, 자신을 초월하는 존재로 된다는 것은 교육학적으로 무엇을 의미하는가? (喪禮)

셋째로, 한 개인이 좇아서 본받아야 할 대상으로서의 조상이 생겨난다는 것은 교육학적으로 무엇을 의미하는가? (祭祀)

이하 차례로 고찰해 보겠다.

Ⅱ. 자기 존재의 근원으로서의　조상 : 족보

나는 누구인가를 명확히 알기 위해서는 나의 조상은 누구인지를 찾아내야 한다. 세상에 태어나서 어느 정도 교육을 받으면 서서히 자신의 뿌리에 대해 관심을 가지기 시작한다. 이러한 관심은 최소한 자신의 씨족이 누구인지를 밝히며 나의 존재를 확인하기 위한 출발점이라고 말할 수 있다. 이 일을 하는 첫 단계가 족보를 찾아보는 일이다. 족보에는 같은 姓氏의 시조로부터 족보편찬 당시의 자손까지의 계보가 소상히 기록되어 있다. 이를 좀더 구체적으로 말하면, 다음과 같다. 즉, 족보에서 자신의 존재를 정확히 찾아보기 위해서는 姓氏의 本貫을 알아야 하고 종파와 세대수, 항렬을 알아야 한다. 우선 본관에 관하여 알아보겠다. 세월이 흘러감에 따라 성씨가 점차적으로 확대되어 가면서 같은 姓氏라도 그 근본을 구분하기 어렵기 때문에, 동족여부를 가리기 위해 반드시 알아야 하는 것이 本貫이다. 여기서 貫이란 본래 한줄에 꿰여 묶여 있는 돈(錢)을 말한다. 이것은, 친족은 서로 관련지어 있다라는 뜻으로 소위 '貫錢見之本'이 그것이다. 그 후에 나온 것이 本籍이며 '本貫鄕籍也'에서 나온 말이다. 이는 始祖나 中始祖의 출신지 또는 정착하여 살았던 곳을 가리키는 말이었다. 그러므로 姓氏가 같다고 血族이 아니고 本貫까지 같아야 비로소 동족으로서 확인되는 것이다.

다음으로 姓氏와 本貫과의 관계를 알아야 한다. 1) 同族同本同姓이 있다. 이러한 관계에서는 근친혼의 불합리성으로 혼인을 금하였다. 그러나 최근 동성동본 혼인금지법이 폐지되었다. 2) 異族同本의 同姓이다. 이는 성과 본이 같지만 그 혈통이 전혀 다른 경우이다. 예컨대, 南陽洪氏와 土洪으로 구분된다. 두 姓氏는 同本인데도 계통이 다르다. 3) 同族異本의 同姓이다. 이는 시조와 본이 다른 경우이다. 강릉김씨와 광주김씨는 시조와 본이 다르지만 같은 김알지 계통이다. 고부최씨와 경주최씨도 시조와 본을 달리하지만 같은 최치원 계통이다. 4) 異族異本의 同姓의 경우, 예컨대, 김해김씨와 경주 김씨는 같이 같은 성을 쓰면서도 조상이 달라 아무런 계통 관계가 없는 경우이다. 5) 同族의 同本異姓의 경우, 이는 조상과 본이 같으면서도 성씨만을 다르게 쓰는 경우이다. 예컨대, 김해김씨와 김해허 씨의 경우로서 다같이 김수로왕의 후손이다. 6)異族의 同本異姓의 경우, 예를 들면 경주 이씨와 경주 손씨이다. 안동강 씨와 안동권 씨 안동김 씨 등의 경우이다.

셋째로 항렬을 알아야 한다. 한국 사람들의 대부분은 이름에 돌림자를 쓰고 있다. 형제들은 형제들대로 이름자 속에 돌림자를 쓰고 있으며 4촌, 6촌, 8촌 등에서 같은 돌림자를 쓰면서 형제관계를 표시한다. 그러므로 항렬자를 보면 그 혈족의 방계에 속한 댓수(代數)를 알 수 있다. 항렬은 長孫쪽이 가까울수록 낮고 支孫일수록 높은 것이 보통이다. 왜냐하면 장손쪽이 지손쪽 보다 세대교체가 빠르기 때문이다. 항렬이란 같은 혈족 사이에 世系의 관계를 분명히 하기 위한 문중의 법이다. 항렬자는 이름중에 한 글자를 공통으로 사용하여 같은 세대를 나타내는 돌림자를 말한다. 우리 조상들을 자손들의 항렬자와 배합법까지 미리 정해서 후손들이 그것에 따르도록 하고 있다. 대체로 다음과 같은 방법을 사용한다. 1) 五行相生法 : 金, 水, 木, 火, 土의 변을 사용하여 순차적으로 쓰는 경우로 가장 많이 쓰인다. 2) 十干 順으로 쓰는 경우 : 甲, 乙, 丙, 丁, 戊, 己, 庚, 辛, 壬, 癸를 순차로 쓴다. 3) 十二支 순으로 쓰는 경우 : 子, 丑, 寅, 卯, 辰, 巳, 午, 未, 申, 酉, 戌, 亥를 순서대로 쓴다. 4) 숫자를 포함시키는 경우 :〔一 丙, 尤〕, 〔二, 宗, 重〕, 〔三, 泰〕, 〔四, 寧〕등으로 쓴다.

넷째로 위의 것을 확인한 다음에는 어떤 족보를 찾아 보아야 하는가도 중요하다. 1) 家乘을 본다. 이것은 자기중심의 직계존속과 비속의 이름과 사적을 수록한 것이다. 2) 派譜를 보는 것으로서, 派譜란 派族만의 이름과 사적을 수록한 것이다. 3) 系譜로서 한 가문의 혈통관계를 도표로 표시한 것을 보며, 4) 족보로서 본관을 단위로 같은 씨족의 世系를 수록한 것을보며, 5) 世譜로서 두 파 이상을 합쳐서 편찬한 것이며 , 6) 大同譜로서 한 시조밑에 분파된 종족을 통합 편찬한 것을 찾아보면서 자신의 존재 근원을 알아본다.

족보는 한국 전통 가정생활의 특성을 잘 드러내 주는 대표적인 것이라고 말할 수 있다. 족보가 전통가정생활의 제일가는 특징을 가진 것이라면, 족보는 틀림없이 우리의 자녀교육에 어떤 중요한 기능을 했을 것이다. 여기서는 족보가 자신의 존재근원으로서의 조상을 확인하는 것이 어떤 교육적 의미를 가지고 있는지 생각해 보겠다.

먼저 '족보는 원래 무엇을 위하여 만들었는가'하는 질문을 구체적으로 생각해 보겠다. 이 족보는 '원래 무엇을 위하여 만들었는가'하는 질문은 엄밀하게 말하여 처음으로 족보를 만든 사람의 목적, 의도, 동기가 무엇인지를 묻는 것이 아니다. 그 질문은 족보에 대한 우리의 해석, 우리가 족보에 부여하는 '의미'를 대답하기 위한 것이다. 우리의 조상들은 왜 족보를 만들었을까? 여기에는 두 가지 차원에서 대답할 수 있다. 하나는 개인적 차원의 대답이고, 다른 하나는 제도적 차원에서의 대답이다. 여기서 흔히 들을 수 있는 대답을 예로 들어보다면, 족보를 발행하는 동기5)는 "(1) 崇祖思想으로 조상을 중히 여기고 존경하며, (2) 자기 자신의 所從來를 밝혀 혈통을 밝히며 嫡庶를 구별하고, (3) 동성동본간에 혼인함이 없도록 하여

---

5) 차용준, "제2장 崇祖譜學思想 - 族譜" 한국인의 전통사상, 전주대학교 출판부, 1993. pp.76-77.

동성혼을 막자는 데 있고, (4) 동성동본은 百代之親이라는 同族和睦의 사상에서 온 것으로서, 흔히 同祖同根 이라고 하여 조상을 나무뿌리에 비유하고 자손을 나무 가지에 비유하는 것도 그 까닭이며, (5) 한국에서는 족보가 주로 중인계급 이상의 士族들에게서 특히 발달한 것도 역시 家門의 영광된 일을 후세 자손들에게 알게 하여 선열의 공덕을 후세에 끼치도록 하고, 자손들을 분발케 하여 자손을 잘 되게 하는데 목적이 있고, (6) 조상을 빛나게 함과 동시에 그 빛을 영원히 繼繼承承케 하는 데에도 그 목적이 있다" 는 것이다.

족보를 개인적 차원의 의미로 해석하면 어떻게 되는가? 그것은 족보를 家門이나 더 크게는 宗門의 집단적 이익을 도모하는 수단으로 해석하는 것이다. 예컨대, 오늘날 총선거에서 가문이나 종문의 이익을 가장 잘 대변해 줄 후보에게 표를 몰아주는 효과적인 수단으로 이용되는 것을 볼 수 있다. 이것은 족보를 개인적 차원에서 그 의미를 보고 있는 것이다. 경우에 따라서는 족보는 우리 생활의 정상적인 질서를 어지럽히는 폐단으로 볼 수 있다. 또한 족보는 '嫡庶'를 구분한다든가, '양반'과 常民을 구분하여 가문의 집단적 허영심을 만족시키는 수단으로 되고 있다. 특히 한국의 전통사회에서는 가문의 위세는 단순히 자손의 심리적 욕구를 만족시켜줄 뿐만 아니라, 그 이상으로 양반이라는 신분에 따른 특혜를 가져다주기도 하였다. 오늘날의 '業績指向的 價値觀'에 비추어보면 이러한 족보의 역할은 온갖 사회의 폐단을 가져다줄 수 있다. 족보의 폐단은 족보와 관련된 개인의 사욕에 따라 해석되는데서 빚어진 것이다. 족보를 개인적 차원의 의미와 제도적 차원의 의미를 개념적으로 구분할 수는 있지만, 사실을 두고 말하자면, 이 두 차원은 잘 구분되지 않고 서로 얽혀있다는 것이다. 족보는 분명히 말해서 위대한 제도이다. 위대한 제도가 사욕의 침해를 받는 것은 불행한 일임에 틀림없다. 인간 세상에는 이러한 사태가 흔한 것을 어찌하랴. 오히려 제도가 위대한 것일수록, 그 만큼 사욕에 노출될 가능성은 언제나 높다고 보아야한다. 족보의 의미가 오로지 개인적 차원에서만 해석되어서는 안 된다. "인간의 집단적 삶은 제도를 사욕의 침해로부터 보호함으로써 그 원래의 의미가 될 수 있는 한 분명히 드러나도록 하는데 목적이 있다고 말 할 수 있다."6) 이것은 족보를 제도적 의미로도 해석할 수 있다는 것을 시사

---

6) 이홍우, '전통 가정교육의 방법적 원리', 李烘雨, 朴在文 編, 교육의 동양적 전통 II, (서울, 誠敬齋, 2001), p.456.

하고 있다. 제도적 의미는 교육학적으로 새롭게 족보를 해석하는 것이다. 이와 같이 말할 수 있는 이유는 교육이 인간의 마음을 대상으로 하고 있기 때문이다.

그러면 교육학적으로 족보의 의미는 어떻게 제시 될 수 있는가? 교육학적 차원에서 해석할 때, 족보는 특정한 신념을 반영한다. 특정한 신념이란 무엇인가? 그것은 다름 아니라, "자신의 존재의 근원이 조상"이라는 신념과 동시에 "祖上崇拜"에 관한 신념이다. \스스로 자신은 자신일 뿐이라는 생각밖에 없었으나 누구나 족보를 보는 순간 개인으로서의 자신은 그야말로 수많은 조상들의 연속선상에 한 점에 불과하다는 생각과, 한편으로 자신의 존재는 횡적으로 그리고 종적으로 연결되어 있는 수많은 선들로 말미암아 존재하는 것이며 또 그것으로 인하여 의미를 가지게 된다는 점을 깨달을 수 있다. 그리하여 이 선을 이탈하려고 해도 소용없으며 어떤 튼튼한 줄로 얽혀 매어 있는 듯한 압박감을 자신이 받을 뿐이다.7) 달리 말하면, 자신이 자신의 몸을 마음대로 처분할 수 있다고 생각하였었지만, 이것은 전적으로 잘못된 생각이며 '자신의 것'이라고 여겼던 자신의 몸은 결코 내 개인의 소유물이 아니라는 것을 깨닫게 되며, 자기 자신의 존재근원과 존재의미를 새롭게 알게 된다.

필요할 때마다 말없이 족보를 들여다보고 있는 사람에게 그것은 다음과 같은 교육적 메시지를 속삭여 .줄 것이다. 즉, 자신의 존재의 의미는 시간과 공간의 축으로 된 거대한 좌표 속에 있으며, 그 좌표 속에 차지하고 있는 지점을 규정하는 좌표를 떠나서는 의미가 없다는 것을 점점 깊이 있게 알려주고 있는 것이다. 자신에게 아무리 어렵고 힘든 일이 닥쳐도 살아야 하며, 멋대로 자신을 처분할 수 없다는 것이다. 그러므로 자살은 조상에게 죄를 짓는 것이다. 왜냐하면 우리의 몸은 자신의 몸이 아니기 때문이다. 또한 자신은 어느 조상의 자녀일 수밖에 없다. 그렇다면 족보는 자신의 행동이 그 좌표가 요구하는 바에 따라 살아야 한다는 지상명령을 알려주며, 또한 그것에 철저하게 통제를 받아야 한다는 사실을 알려주고 있다. 족보는 자신을 자녀로서 규정해 주는 좌표를 더욱 의미 있게, 더욱 훌륭하게 만들 의무감을 갖도록 해준다.

이 의무감을 갖게 되는 순간 "자신이 마치 거대한 산에 떠 받쳐서 그 꼭대기에

---

7) ibid., p.460

서 있는 듯한 느낌을 가진다. 자신이 그 의무를 수행할 수 있는 것은 오직 그 거대한 산이 그를 받쳐주고 있기 때문이다. 그의 키가 커 보이는 것은 오직 산꼭대기에 서 있기 때문이며, 그 산을 떠나서는 그는 왜소한 난쟁이에 불과하다"[8]는 것을 깨닫게 되는 것이다. 이제 점점 교육을 받아 성장하게 되면 자녀는 학문이 깊어지고 폭넓은 경험을 쌓게 된다. 달리 말하면 자신의 眼目이 넓어짐에 따라 가문을 벗어나서 민족으로 인류전체로 나아가게 된다. 그리하여 족보를 통하여 小我에서 '大我'를 비로소 경험하게 된다. 족보는 자녀로 하여금 '大我'에 이르게 하는 기반이며 이를 구체적으로 보여주는 具顯體이기도 하다. 이를 철저하게 인식하고서 어떻게 조상을 숭배하지 않을 수 있겠는가.

Ⅲ. 자신의 超越的 存在로서의 祖上 : 喪禮[9]

"먼 옛날에 자기 어버이를 매장하지 않은 사람이 있었다. 자기 어버이가 죽자 들어다가 골짜기에 버렸다. 그가 훗날 그곳을 지나가자니까, 여우와 너구리가 자기 어버이의 시체를 뜯어 먹고, 파리와 모기가 그것을 빨아 먹고 있는지라, 그의 이마에 진땀이 솟고 시선을 돌려 그것을 보지 않았다. 남 때문에 진땀이 솟는 것이 아니고, 속마음이 얼굴에까지 나타난 것이다. 그는 집에 돌아가 삼태기와 삽을 가지고 와서 흙으로 그 시체를 덮었던 것이다. 흙으로 덮는 것이 정말 옳다면, 효자와 인자한 사람이 그들의 어버이를 덮는 데에도 반드시 방법이 있어야 할 것이다. 孟子, 滕文公章句 上"라고 하였다.

이 말은 자신의 어버이의 喪을 당했을 때의 최초의 모습이며, 인간으로 하여금 인간답게 되기 위해서는 어떻게 하는 것이 옳은 처사인지를 생각하게 하는 말이기도 하다. 聖人은 情理에 따라 禮를 제정하여 어버이의 죽음을 받들게 하였다. 이 喪禮를 제정하고 이를 철저하게 교육시켜 인간다운 인간을 만들도록 노력해야

---

8) ibid., p. 461.
9) 喪禮에 관한 사항은 권광옥, 육례이야기 제 1권 천 해돋이 1994를 주로 참고하였다.

한다는 것을 시사하고 있다. 후에 聖人은 다음과 같이 中庸에서 말하고 있다. 즉, '죽은 부모를 섬기기를 산 부모를 섬기는 것과 같이 하고, 없는 것을 섬기는 것을 있는 것을 섬기는 것과 같이 한다'(事死 如事生 死亡 如事存)고 하였다. 말하자면 "죽은 부모를 섬기기를 산 부모 섬기듯이 한다"는 것은 부모가 사망했을 때를 말하는 것이며, 이 경우 喪禮10)에 규정에 따르며, 없는 것을 섬긴다는 것은 부모가 죽어서 존재하지 않는 때를 말함이다. 이것은 제례를 따라야 한다. 여기서는 주로 상례만 다루고, 제례는 다음 장에서 다루기로 한다.

한국사회에서의 喪禮 절차는 크게 넷으로 구분한다. 즉, 初終, 成服發靷, 治葬, 凶祭이다. 이제 우리는 喪禮를 통하여 祖上이 되면서 서서히 자손의 초월적 존재로서의 조상이 되어가는 과정을 차례로 전개해 보겠다.

初終이란 대체로 말하여 사람이 殞命을 하고 나서부터 卒哭까지를 이르는 말이다. 졸곡까지를 다른 말로 표현하면 凶禮라 하고 그 후를 吉禮라고 한다. 병이 위중하여 회복될 가능성이 없다고 판단되면 遷居正寢한다. 안방으로 거처를 옮긴다는 것이다. 방안은 물론 집 안팎도 깨끗이 치우고 환자의 머리를 동쪽으로 하여 북쪽 문 밑에 눕힌다. 동쪽은 해가 뜨는 곳이라 밝음의 상징이고 태어남의 시작이므로 사람이 죽을 때 소생을 바라며 머리를 그쪽으로 두는 것이다. 또 죽음이 임박하면 방을 치우는 것은 그 방안에 있는 것은 죽은 자가 함께 가지고 가기 때문이다. 그리하여 죽은 자의 것이라도 산 사람을 위해 남겨야 할 것은 다른 방으로 치운다. 예기 喪大記에는 다음과 같이 적혀있다. 즉, 士之妻 皆死于寢(선비의 아내는 모두 정침에서 죽는다), 疾病 外內皆掃(질병에는 안팎을 모두 쓴다) 死去琴瑟 寢東首於北牖下 廢牀 徹褻衣 加新衣 體一人 男女改服 蜀光以俟絕氣 男子 不死於婦人之手 婦人 不死於男子之手(士人은 거문고와 비파를 치우고 북쪽 창문 아래에 동쪽으로 머리를 두어 눕히며 침상을 치우고 바닥에 눕히되 더러운 옷을 벗기고 새 옷을 입힌다. 사람들로 하여금 四體를 하나씩 맡아 屈伸 시키거나 주물러 주고 남녀간에 임종하는 자는 모두 옷을 갈아입힌다. 햇솜을 입과 코에 대고 그 숨결이 끊어지는 것을 기다린다. 남자는 부인의 손에서 죽지 않고 부인은 남자의 손에서 죽지 않는다.)고 하였다. 여기에 근거를 두고 있다.

---

10) 喪禮는 葬禮와 같은 말이 아니다. 장례는 상례 속에 포함되는 일부분이다. 喪禮는 사람이 殞命함에서부터 시작하여 弔喪, 葬禮. 服喪까지를 말하는 것이다.

사람이 자연사 할 때 운명하면서 숨이 끊어지는 것을 모르는 수가 있다. 이를 방지하기 위하여 솜을 운명하려는 사람의 코밑과 입 위에 솜을 놓아 두어 호흡을 감지하는 것을 屬纊(촉광)이라 한다. 예부터 죽음은 경건하게 맞이해야 한다고 하였다. 그리하여 인간 오복의 하나가 考終命을 이루는 것이라고 믿었다. 書經에보면 考終命이란 天命을 마치는 것을 이룬다는 뜻이다. 考終은 예부터 군자가 적어도 60세 이상을 살고 의연히 삶을 마쳐야 일컬을 수 있는 말이다. 의연히 죽음을 맞이할 수 있도록 울음을 참고 경건한 마음으로 지켜보아야 한다. 드디어 숨을 완전히 거두면 곡성을 터뜨리고 운다. 이때 가장 크게 통곡하게 된다. 우선 죽은 이의 온몸을 이불로 덮어주고 다시 한번 그 死亡여부를 확인하는 절차를 밟아야 한다.

가슴을 치고 뛰면서 울부짖던 가족은 모두 곡을 그치고 조용히 마음을 가다듬고 皐復(고복 : 높이 올라가 돌아오라고 부른다는 뜻)을 한다. 말하자면 魂을 부르는 招魂을 일컫는 것이다. 사람이 숨을 그치면 그 혼이 몸에서 빠져 나간다. 그러나 아직 멀리 가지 못했을 것이다. 그러므로 높이 올라가 되돌아오라고 부르는 것이다. 그리하여 皐復은 지붕 위로 올라가서 한다. 올라가는 것은 앞쪽 처마의 동쪽 끝에서 지붕 한 가운데로 올라간다. 죽은 사람이 입고 있던 웃옷을 가지고 올라가 왼손으로는 그 옷의 목을 잡고 오른 손으로는 허리를 잡아 북쪽을 바라보며 세 번 망자의 이름과 함께 復을 외치는 것이다. 이름은 생시에 쓰던 것을 부른다. 예컨대, 홍길동이 죽었다면, '皐洪吉童復'하고 길게 외치는 것이다. 禮記의 喪大記에는 '무릇 復을 부를 때 남자는 이름을 칭하고 부인은 字 11) 를 부른다.' (凡復 男子稱名 婦人稱字)

皐復은 특별한 경우가 아니면 그 자손이나 아랫사람이 하지 않는다. 친척이나 친지 가운데 아직 시신을 보지 않은 사람이 하며, 남자의 喪일 때는 남자가, 여자의 喪일 때는 여자가하는 지방도 있으나 이를 금하는 경우도 있다. 초혼할 때에는 경건하게 간절한 마음이어야 한다. 고복을 한 옷은 망인의 가슴에 덮어 둔다. 언제인지는 모르나 혼이 돌아와 깃들기를 바란다는 뜻으로 그대로 지붕에 놓고 오는 수도 있다. 이렇게 해도 죽은 이가 움직이지 않으면 정말로 죽은 것으로 가슴을 치면서 펄쩍 펄쩍 뛰면서 울부짖는다 禮記 喪大記에 보면, 唯哭 先復 復以後 行死事(

---

11) 字는 20세가 되면 冠禮를 거행하는 데 여기에서 식을 주관하신 분이 예식을 거행하면서 지어준 이름을 말한다.

오직 곡만 한다. 그러나 무엇보다도 먼저 復을 행한다. 復을 행한 이후에 죽음의 행사를 행한다.) 또 檀弓에 보면 초혼의 뜻을 다음과 같이 말하고 있다. 즉, 復 盡愛之道也 有禱祀之心焉 望反諸幽 求諸鬼神之道也 北面 求諸幽之義也(復을 행함은 사랑을 다하는 도리이며 기도하고 제사지내는 마음으로 하는 것이다. 어둡고 그윽한 곳으로부터 돌아오기를 바라는 것이요 귀신의 도리에서 구하는 것인데 북쪽을 향해서 하는 것은 어둡고 그윽함에서 구하는 의의가 있기 때문이다.) 이것은 초혼이 끝난 후라야 완전히 죽은 것이라는 것이다. 한국인의 마음에는 이때부터 돌아가신 어른이 비로소 祖上이 되기 시작하는 것이다라고 받아들인다.

초혼이 끝나면 대문 밖에 사잣밥을 차려 놓는다. 보통 허드레 밥상에다 밥 세 그릇, 술 석잔, 백지, 폐백 한 권, 명태 세 마리, 짚신 세 켤레에 동전을 얼마쯤 놓고 촛불을 켜 놓는데, 뜰아래 같은 곳에 가만히 숨겨놓기도 한다. 이는 저승의 閻羅大王이 사자를 시켜 사람의 목숨을 거둬 간다는 불교적 상상과 전통적 三神 신앙이 만들어낸 풍습일 것이다. 이러한 풍습은 선비들로 하여금 질색하는 것이어서, 바깥 남자는 눈에 띄면 걷어차고 아낙에서는 몰래 눈치껏 내다놓는 일을 흔히 볼 수 있다. 제 부모를 저승으로 데려가는 사자한데 무엇이 고맙다고 대접을 하느냐고 노발대발하는 것이었다.

고복을 마치면 집사자나 상제 가운데서 한두 사람이 이성을 잃지 않고 침착히 收屍를 한다. 이것은 시체를 수습한다는 것이며, 대개 '수시거두기'라고 한다. 사람마다 잠든 듯 누워 운명하는 것이 아니므로 때를 놓치지 말고 행해야 한다. 먼저 시체를 옮기는 것이다.(遷屍) 死者를 편히 평상에 옮기는 것이다. 원칙적으로 말하면, 屍身은 북쪽 창 밑에 東首로 누인다. 그러나 한국에서는 시신을 아랫목에 머리를 남향으로 하여 눕히는 것으로 대신하는 경우가 많다.

發喪擧哀한다. 發喪은 초상이 났음을 발표하는 것이고 擧哀는 애통함을 겉으로 드러내는 것이다. 물론 상주를 세우고 속례에서는 靈座를 베풀어야 한다. 전통 상례에서는 大斂을 하고 成服을 한 뒤에 비로소 일반 문상객의 弔喪을 받았다. 그리고 靈座를 設하는 것은 小殮을 하고 魂帛을 만들어야 가능했고 누구든 靈座가 있어야 망인에게 절을 할 수 있었다. 왜냐하면 소렴을 해서 겹겹으로 싸 묶어 놓기 전까지는 아직도 망인이 소생할 것을 기대하는 마음이 있었기 때문이다.

남자는 深衣나 흰 두루마기를 입되 왼쪽 팔을 빼 左袒하고 앞섶을 여미지 않는다. 좌단하는 것은 왼쪽 어깨를 드러내는 것인데, 옛적에 죄지은 자가 형벌을 자청할 때 그렇게 하고는 매로 쓸 회초리를 등에 지고 들어갔던 것에서 유래 된 것이다. 여자는 몸을 드러내지 않으므로 좌단이 없으나 몸에 붙인 장식을 모두 떼고 맨발로 신을 신지 않는다. 남자도 신발을 신지 않는다. 이것이 徒跣이다.

상주를 세우는 일도 수시가 끝나면 동시에 행하는데 이를 立喪主라 한다. 상주는 망인의 큰아들이 되는 것이며, 큰아들이 없으면 둘째 아들이 잇지 않고 長孫이 잇는다. 어머니의 상인 경우 아버지가 있으면 장자가 있더라도 아버지가 상주가 된다. 그러나 남편의 상에 부인이 상주가 되지는 않는다. 남편이 죽으면 그 아내는 주부가 된다. 망인의 아내가 없으면 상주가 되는 자의 아내가 주부가 된다.

상주와 주부가 정해지면 이어서 護喪과 司書, 司貨 등을 정한다. 護喪이란 발상이 끝나면 상주를 도와 모든 상사를 처리하고 주선하는 우두머리로서 治喪의 범절도 주관한다. 그러므로 護喪은 덕망도 있고 범절을 잘 아는 친척이나 친지 가운데 선임한다. 司書는 訃告등 서신을 보내는 일에서부터 祝文, 告辭를 쓰는 등 문서를 담당하는 자이며, 司貨는 재무담당이다. 조객의 賻儀錄과 물품 구입, 출납을 맡아 한다. 護喪所에는 부의록 외에 男子喪일 경우 弔客錄, 女子喪일 경우 弔慰錄이라고 하는 것을 비치한다.

한쪽에서는 살아 있는 사람들이 할 일을 정하는 동안 주검을 다루는 의례도 순서에 따라 진행되어야 한다.12) 이때 무엇보다 먼저 해야 할 일은 주검을 목욕시키고 수의를 입히도록하는 절차이다. 이 절차를 '襲'이라 한다. 남자의 襲은 남자 시자가, 여자의 襲은 여자 시자가 하는 것이 관례이다. 이 일을 마치면 즉시 수의를 입힌다. 이를 '襲衣'라 한다. 이 절차가 끝날 무렵에 '飯含'을 하는데, 망인이 저승까지 가면서 먹는 식량이라는 뜻으로 버드나무 수저로 물에 불린 쌀을 세 번 떠서 주검의 입에 물리는 절차이다. 반함은 집안에 따라 약간 차이가 있어서, 예컨대, 어떤 집안에서는 한 수저는 왼쪽, 그리고 가운데 한 수저를 넣으면서 첫 번째는 백 석이요, 다음에는 천 석이요, 세 번째는 만 석이요 하고 소리를 낸다. 또 다른 집안에서는 동전이나 구슬을 넣는 경우도 있다.

襲이 끝나면 '殮'을 하게 된다. 염에는 正衣, 倒衣, 散衣등의 옷을 입히고 소렴

---

12) 오출세, 한국서사문학과 통과의례, (서울 집문당, 1995), pp.153-160. 이하를 참고하였다.

포로 주검을 매는 소렴이 시작된다. 소렴포를 이용하여 주검을 가로 세로로 감싸고 묶는데, 가로로 묶을 때는 먼저 발끝에서 위로 세 매듭을 차례로 묶고, 다시 머리 쪽부터 차례로 내려오면서 세 매듭을 묶은 후에, 가운데는 나중에 묶어서 일곱 매듭을 짓는다. 소렴이 끝나면 고깔을 만들어 묶은 매듭마다 끼어 두는데, 이것은 망자가 저승의 열두 대문을 지날 때 문지기에게 씌어주기 위한 것이다. 이어 대렴이 시작된다. 입관을 위해 주검을 베로 감아서 매듭을 짓는 것이다.

입관을 한다. 이때 시체가 흔들리지 않게 어깨나 허리, 다리, 머리 등이 있는 빈곳을 짚이나 종이 또는 헌옷으로 채우는 補空을 한다. 입관시 상제들은 망인의 모습을 마지막 보기 때문에 못을 칠 때 통곡을 한다. 이 입관의 절차는 그야말로 산자와 망자가 비로소 떨어지는 순간이므로 가족들은 당연히 곡을 해야 하는 것이다. 입관을 마치면 屍軀는 가족들과 헤어진 것이 되므로 입관 전과는 다르다. 상주는 입관 전 까지 아무 때나 곡을 하며 주검을 지켰으나, 입관 뒤부터는 아침저녁으로만 곡을 하게 된다. 영혼을 모시는 혼백상자도 이때 처음 마련한다.

입관 이후 상을 당한 사람들이 복제에 따라 상복을 입고 처음으로 행하는 제사를 성복제라 한다. 服에는 다섯까지가 있는데, 服을 중한 것부터 말하면, 斬衰, 齊衰, 大功, 小功, 總麻이다. 이것은 부모와 부부, 장자, 중자 등의 관계에 따라 가장 중요한 것이 참최 3년, 재최 3년이며, 재최 朞年杖이며, 다음의 재최 5월이고, 그 다음이 재최 3월이다. 그리고 대공 9개월, 소공은 5개월, 시마는 3개월간 복을 입는 것이다. 상복은 부모를 죽게한 죄인이 좋은 옷을 입을 수 없다는 죄의식이 상복을 통해서 상징적으로 나타내는 것이다. 상주가 짚은 지팡이는, 아버지를 잃은 경우에는 대나무 지팡이를, 어머니를 잃은 경우에는 오동나무지팡이를 짚는데, 이는 상주와 죽은이의 관계를 쉽게 알리는 표시이기도 하다. 아버지는 자식을 기르는 동안 속이 비어 버렸기 때문에 대나무를, 어머니는 자식들이 애를 태워 속이 찼기 때문에 오동나무 지팡이를 쓴다고 한다.

출상시의 제사를 발인제라 하기도 하고 영결식이라 하기도 한다. 지역에 따라서는 발인제나 영결제를 달리하는 곳도 있다. 집에 가묘가 있으면 장례일에 상주와 복인들이 관을 들고 가묘에 들러 조상에 고하고 발인하였으나, 일반적으로 이러한 절차 없이 방으로부터 바로 관을 마당에 놓여 있는 상여에 싣는다. 관이 방에서 나올 때 - 망인의 부인이 있으면- 부인이 칼을 들고 관머리에서 지시하면서 상주들은 관을 들고 방의 네 모퉁이를 향해 돌면서 세 번 올렸다 내렸다 한 다음, 바가지를 놓고 관의 머리로 이것을 깨뜨리고 나오거나 도끼나 톱으로 문지방을 자르고 나온다. 죽은이가 다시는 문지방을 넘어 집안으로 되돌아오지 않는다는 일종의 '양밥'이다. 방을 나온 관을 상여 위에 놓고 제상을 앞에 차려 놓고 상주들이 제례를 지낸다. 이때도 單酌單拜로 예를 행한다. 이것이 집에서 올리는 마지막 제사이며 집을 떠나는 발인제이기도 하다.

상여의 행렬은 제일 앞에 이름은 쓴 銘旌이 서고, 魂帛 상자와 靈影과 香盒 등을 실은 靈輿가 다음에 서며, 망인의 업적을 찬양하는 공포와 만장이 뒤따른다. 그 뒤에 雲字를 쓰고 따로 亞字를 쓴 雲兒翣이 서며 상여가 다음에 선다. 靈輿는 죽은 이의 영혼을, 상여는 주검을 운반하는 가마이므로 장례 행렬에는 반드시 있어야 한다. 靈輿의 지붕에는 녹색바탕에 붉은 색의 연꽃 봉오리가 달려있고 옆면에는 연꽃 망울이 피지 않은 채 그려져 있다. 정면에는 여닫이문이 쌍으로 달려 있으며 뒷면에는 음양을 상징하는 태극이 그려져 있다. 녹색바탕의 연꽃망울은 영혼의 부활을 의미한다. 꽃은 일반적으로 재생의 주술적 힘을 지니고 있다고 믿는다.[13]

이렇게 해서 상여가 葬地에 도착한다. 장지에서 매장을 위해서는 묘소를 정해야 한다. 이때, 지관이 필요하다. 지관이 정하여 주는 장소와 일관이 지시하는 하관시간에 맞추어 상가에서는 이른 새벽에 山役을 할 사람을 보내야 한다. 산역꾼들은 일을 시작하기 전에 산신제부터 올린다. 산신에게 미리 제사를 올리지 않고 山役을 하게 되면 산신의 노여움을 탄다고 믿기 때문이다. 묘를 쓸 주산-봉우리를 향해 제물을 차려 두고 간단히 절하고 축문을 읽는다.

산 사람이 사는 가옥을 陽宅이라고 하면, 죽은 사람의 거처인 墓所를 陰宅이라 한다. 종교관을 엿 볼 수 있는 것으로 묘소의 모양, 시신을 놓은 방향, 墓 안에 놓이는 副葬品 등이 있다. 여기서 말하는 陰宅은 묘소로서 坐向은 방위개념이다. 陰宅의 위치와 방위가 인간의 길흉화복과 관련이 있다고 믿기 때문에 사람들은 많은 관심을 가져왔다. 출생의 시간이 사주를 결정 지우듯이 죽어서 땅에 묻히는 시간도 저승에서의 운명과 관련 있다고 믿었기 때문에 시신이 묻히는 시간과 공간에 세심한 주의를 기울였다.

---

13) 안영희, 고대인들에게 반영된 꽃의 의미, 아세아 여성연구 제 11집 숙대 아세아여성문제 연구소, 1972 참조.

地官의 지시에 따라 흙을 파는 일이 끝나면, 비로소 '下棺'이 시작된다. 하관은 시간에 맞추어져야 하며, 보아서는 안 되는 사람은 급살을 당할 우려가 있다고 믿기 때문에 잠시 자리를 뜨도록 한다.　보통 머리가 북쪽으로 발을 남쪽으로 관이 향하도록 坐向을 잡고 이에 맞도록 상하좌우를 바르게 안치하고 흙으로 메운다. 이어서 銘旌을 관 위에 덮고 雲자와 亞자를 쓴 패도 관 양쪽에 끼워둔다. 모든 절차가 끝나면 喪主부터 차례로 흙을 뿌린다. 상제들이 차례로 흙을 뿌리고 나면 산역꾼들이 본격적으로 흙을 퍼부어 관을 묻는 일을 마친다. 이렇게 平地와 같이 되면 '平土祭'를 지낸다. 이것을 마치면 '返魂'을 한다. 이것을 신주와 혼백상자를 모시고 가던 길을 따라 집으로 돌아오는 것을 말한다. 返魂을 하는 이유는 사람이 죽으면 곧 바로 이승에서 저승으로 떠나는 것이 아니고 일정기간 저 세상에 다시 태어나기 위하여 시간을 가져야 하기 때문이다. 返魂이 이루어 진 다음에 封墳을 만드는 일을 본격적으로 행한다.

묘지에서 靈輿에 실려 返魂한 혼백이 집으로 돌아오면 집에 있던 여성들이 反哭을 한다. 反哭이 진행되는 동안에 혼백을 빈소의 靈座에 모신다. 喪廳(a mourning shrine)을 차린다는 것이 그것이다. 대청이나 망자가 거처하던 사랑에 제상을 차리고 혼백상자를 모신다. 죽은지 3년이 되는 대상을 마치고 탈상할 때까지 아침저녁으로 음식상을 차려 올린다. 喪廳을 차린 기간 내에는 조문을 받는다. 이 때 음식을 올리는 일을 '上食'이라 한다.

神主와 魂帛이 집에 돌아온 후, 2년여에 걸쳐 여러 가지 의례를 진행하는 데, 이 기간동안 상주는 세상과 인연을 끊고 근신한다. 이 기간이 '凶禮'라는 것이다. 이를 좀더 구체적으로 말하면 출상 당일부터 3일 째 되는 날 까지 세 차례 제사를 지내는 데 이것을 '虞祭'라 한다. 이 제사는, 주검을 묘지에 묻었으니, 육체를 떠난 영혼이 방황하지 않고 편안히 빈소에 안착하도록 기원하는 제사이다. 初虞祭는 返魂하는 즉시 올리고 再虞祭와 三虞祭는 초우제와 방식이 같으나 당일 아침에 올린다. 삼우제를 지난 후 3개월 안에 卒哭祭를 지낸다. 卒哭祭는 이때까지 수시로 하던 곡을 중단하고 조석으로만 상식을 올리며 하는 것이다. 일상생활하는 데 전보다 금기가 완화되는 것이다. 초상 1주년이 되는 날 행하는 제사를 小祥, 초상 후 2년이 되는 날이 大祥이다. 초상에서부터 소, 대상의 의례를 우리는 흔히 삼년상이라고 하는 것이다. 이와 같이 탈상을 하게 되면 상복을 벗고 빛깔 있는 옷을 입을 수 있으며 음식도 금기가 없어진다. 드디어 죽은 이는 온전히 저승에 가서 거기서 적응하게 되고 산사람은 보통의 일상적인 삶으로 되돌아간다.

한국인이 자손들의 조상이 되어 가는 과정을 보면, 다음과 같은 단계를 서서히 지나가는 것을 알 수 있다.14) 즉, 첫 단계는 죽어서 凶禮가 끝나는 기간이며, 두 번째 단계는 4대 봉제사가 끝나는 첫 조상이 時祭로 넘어가는 단계이다. 세 번째 단계는 時祭에 새롭게 올려지며 時祭에서 제사를 받는 단계이다. 이 모든 단계 裏面에는 '祖上崇拜'라는 생각이 담겨져 있다. 이 생각을 바탕으로 모든 단계가 진행되는 것이다. 孔子는 조상이 살있을 때나 죽었을 때나 변함없이 떠받든다는 생각을 하였다. 이 말의 의미가 가장 잘 드러나 있는 孝經을 보면 아래와 같이 말하고 있다. 즉, 子曰 : 孝子之事親也, 居則致其敬, 養則致其樂, 病則致其憂, 喪則致其哀, 祭則致其嚴, 五者備矣, 然後能事親.(효자는 부모를 모시는 것을 다음과 같이 해야한다. 첫째로 살아계시는 동안 지극히 공경하면서, 둘째로, 가능한 행복하고 즐겁게 지내시도록 하면서 특히 음식을 좋아하는 것을 대접하도록 한다. 셋째로 病이 드시면 최대한 정성껏 간호하면서 근심걱정하며, 넷째로 부모가 돌아가시면 지극히 애통하는 모습을 보이고, 다섯째 근신과 절제를 통하여 근엄하고 엄숙하게 제사를 지낸다. 이 다섯 가지를 제대로 실천한 자라야 비로소 부모를 모신다고 말할 수 있다.) 고 하였다.15)

이제 우리는 喪禮를 거치는 동안에 어떻게 조상이 되면서 자신을 초월하는 존재로 되는 가를 알게 되었다. 그러나 문제는 이것이 교육학적으로 어떤 의미를 가져다주는지를 말해야 할 것이다. 부모가 숨을 거둔 순간 그야말로 하늘이 무너진

---

14) Roger L. Janelli -Dawnhee Yim Janelli, Ancestor Worship and Korean Society, Stanford University Press. 1982, p.84.

15) Confucius said : "A filial son has five duties to perform to his parents: (1)He must venerate them daily life. (2) He must try to make them happy in every possible way, especially when the meal is served. (3) He must take extra care of them when they are sick. (4) He ought to show great sorrow for them when they are dead. (5) He must offer sacrifices to his deceased parents with the utmost solemnity. If he fulfils these duties, then he can be considered as having done what ought to be done by a son."(Ivan Chen, THE BOOK IF FILIAL DUTY, 1908. p.25.)

것 같은 절망감과 슬픔을 맞보게 된다. 인간으로서 감당할 수 없을 정도의 슬픔이 몰아닥친다. 그대로 두면 그야말로 슬픔 속에서 죽을 지도 모른다. 부모로서 자식이 죽기를 바라겠는가? 그러나 자식된 도리는 죽을 지경까지 슬퍼해야 하는 것이다. 여기에 기막힌 패러독스가 담겨 있다. 부모는 자식이 슬픔을 이기지 못하여 죽기까지 되기를 바라지 않지만, 자식은 목숨을 내어놓을 정도로 슬퍼해야 한다. 부모가 돌아가셨는데 슬퍼하지 않는 인간, 그런 자는 인간이 아니다. 여기에 喪禮의 묘한 방안이 숨어있다. 喪禮의 복잡한 절차는 이 슬픔을 조금씩 덜어주는 역할을 담당한다. 가슴을 치고 뛰면서 울다가도 다음절차를 위해서는 울음을 그쳐야 한다. 그치는 동안 슬픔은 그야말로 눈에 띄지 않을 정도로 감소된다.

의학적으로 명백히 숨을 거두어서 사망한 것으로 된다고 하더라도, 喪禮에서는 아직 완전히 사망한 것이 아니다. 여기에는 皐復이라는 절차를 거쳐야 한다. 皐復을 하는 이유는 그 亡者를 사랑하는 마음 때문이다. 이 경우 기도하는 마음으로 진정 살아 돌아오기를 바라는 마음으로 해야 한다.

發喪擧哀하는 일 중에 가장 중요한 것이 靈座를 설하는 것이다. 말하자면 小殮을 하고 나서 魂帛을 만든다. 靈座가 있어야 거기에 절을 할 수 있다. 이때부터 부모나 조부모는 祖上이 되기 시작하는 것이며, 그야말로 자신을 초월하는 존재로 되어 가는 과정이 진행되는 것이다. 이제 이 세상에 살았던 시절에 자질구레하고 구차스러운 일들은 점차 망각의 세계로 들어가고 오직 잘한 일, 훌륭한 일, 남기고 싶은 일만 기억하고자 한다. 이와 같은 사정이라면 슬픔은 더해지지만 세월은 그 슬픔을 감소시킨다.

입관은 喪禮중에 매우 중요한 분기점이다. 상주들은 망인의 모습을 마지막 보는 것이다. 그러므로 못을 칠 때 통곡하지 않을 수 없다. 이제는 그야말로 영원히 그 망자의 모습을 볼 수 없게 되는 것이다. 입관 전에는 아무 때나 곡을 하지만, 입관 후에는 아침저녁으로만 곡을 하는 식으로 바뀌며, 영혼을 모시는 혼백상자도 이때 처음 마련하게 된다. 완전히 자신을 초월하는 존재로 되어 가는 의미 있는 분기점이기도 하다.

묘지에서 靈輿에 실려 返魂한 혼백이 집으로 돌아온다. 집에 있던 여성들이 反哭을 한다. 反哭이 진행되는 동안 혼백을 빈소의 靈座에 모신다. 喪廳을 차리게 된다. 이때부터 본격적으로 자신을 초월한 존재로서의 지위를 확고히 하게 된다.

그야말로 이제는 鬼神으로 제사를 받아먹을 수 있는 자리를 잡는 것이라 할 수 있다. 그러나 완전히 살아 있는 사람과 결별하는 것이 아니라, 살아 있는 사람 곁에 있으면서 조상으로 받들어 모심을 받는 위치에 있게 되며, 여기에 祖上崇拜의 사상이 깃들게 되는 것이다.

Ⅳ. 자신이 좇아서 본받아야 할 존재로서의 조상 : 祭祀

祭祀는 원래 신앙의 대상인 신 또는 死靈에 대하여 받드는 일종의 종교적 표시를 나타내는 의식이라 할 수 있다. 말하자면 제사가 종교이고 종교가 곧 제사라고 할 수 있다. 물론 종교에 따라서는 흔히 우리가 알고 있는 제사형식을 취하지 않는다고 하더라도 여전히 종교의 정신은 제사의 성격을 띄고 있다고 보아야 한다. 달리 말하면 종교에 따라 보여지는 모습은 각각 달라도 나름대로 일종의 제사인 것이다. 제사의 구체적인 방법은 시대와 나라마다, 자연조건에 따라, 각 민족의 풍속, 신앙에 따라 다르다. 인간은 원래 崇仰과 感謝의 마음으로 우주 대자연의 변화와 精靈神 등과 신앙관계를 맺고 제사를 지냈던 것이 기원이었다.

유교에서는 부모가 돌아가신 다음 제사로 받드는 것은 종교로 보지 않고 효도의 연장으로 보았다. 그러나 죽은 다음에도 산사람과 같이 모신다는 것은 단순히 의무만으로 이행해 나가는 것으로 보기에는 너무나 거룩한 모습이다. 예컨대, 부모가 돌아가셨기 때문에 행해지는 제반 절차는 그야말로 기도이며 신앙이 아니고는 해내기 힘드는 것이다. 달리 말하면 종교적인 열정이 없이는 이를 원만히 수행하기 어렵다는 것이다. 아니 수행 불가능하다고 보아야 한다. 그리하여 한국에 있어서 조상숭배 사상은 일종의 종교적 관념이며 더 나아가서 일상행동까지 규제하는 신앙으로 보아야 한다.[16] 한국고유의 조상숭배사상을 체계화하고 정리하는 데 공헌한 사

---

16) ibid, p.160.

상은 말할 것도 없이 성리학이며 구체적으로 주자가례라고 말할 수 있다.

제례는 祠堂祭, 四時祭, 彌祭, 忌日祭, 墓祭 등 다섯 가지 종류의 제사가 있다. 사당제는 조상의 위패를 모신 사당에서 지내는 제사이며, 사시제는 사계절에 지내는 제사이며, 彌祭는 부모를 받드는 제사이며, 기일제는 4대 또는 5대 조상의 기일에 지내는 제사이며, 묘제는 묘소에서 행하는 제사이다. 오늘날 우리가 흔히 접하여 볼 수 있는 제사는 忌祭, 茶禮, 墓祭〔時祭〕이다. 그러나 예기에 보면 사당제를 중시한 것을 알 수 있으므로 사당제를 살펴보는 것이 순서인 것 같다.

군자가 장차 집을 지으려면 정침의 동쪽에 사당을 세운다 하였다.(君子 將營官室 先立祠堂於正寢之東)17) 제 본래의 모습대로의 사당은 3간으로 짓는다. 3간은 횡렬의 기둥이 네 개이다. 뒷벽과 양옆은 벽돌 혹은 회벽을 치거나 나무로 판자벽을 하고 바닥은 마루를 놓아 자리를 깐다. 앞면에 문을 내는데 이를 中門이라 한다. 중문 밖은 동쪽과 서쪽에 각기 3단의 계단인 섬돌을 만드는데 동쪽의 것을 阼階(조계)라 하여 주인이 오르내리고 서쪽의 것을 西階라 하여 손님이나 아래 자손들이 사용한다. 사당 주위는 담을 둘러치고 별도로 外門을 낸다. 사당은 앞을 남쪽으로 삼는 방위를 택한다. 그러므로 뒤는 북이고 왼쪽은 동, 오른 쪽은 서가 되는 것이다.

사당 안에는 북벽 쪽으로 4등분하여 네 개의 龕室(감실)을 만든다. 매 감실 앞쪽으로 扇門을 만드는데 이를 양쪽으로 여닫게 되어 分閤門이라 한다. 분합 안에는 다시 천장에 맨 시렁가래에 발을 매어 드리워 놓고 그 안침에 탁자 하나씩을 마련하여 그 위에 남향으로 신주를 넣는 櫝(신주를 넣는 궤)을 놓는다. 네 개의 감실의 중간에 고조부모를 모시는데 탁자 위에서 서쪽이 고조부이고 동쪽이 고조모이며 고조모가 복수이면 차례로 동쪽에 배열한다. 동쪽 1위의 감실에는 증조부모를 모시고 서 2위에는 조부모, 동 2위 감실에는 부모를 모신다. 분합문 안으로 발 밖에는 향탁을 놓고 그 위에 향로의 香盒을 놓는다. 밖의 섬돌 사이에 놓은 향탁은 그대로 놓고 안의 감실에도 또 향탁을 놓는 것이다. 이것은 정식규모이고 형편이 안 되면 1간 사당을 짓는 수도 있고 심지어 골방 같은 협실이나 벽장에 신주를 모시는 경우도 있다. 그리하여 옛 사람들은 아무리 어려워도 신주를 내버

---

17) 李民樹編譯 冠婚喪祭, 乙酉文化社, 1975. p.137. 이하의 글은 , 권광욱, 육례이야기 제 2권 지 해돋이, 1996, pp.290-293. 참조하여 기술하였다.

리지는 못하였다. 집에 불이나면 신주부터 먼저 구하고, 전쟁이 나면 신주를 짊어지고 간다. 조상숭배를 종교적 열정을 가지고 하지 않으면 이와 같이 할 수 없다고 생각한다.

사당을 지으면 물론 祭器와 祭服을 갖춘다. 우선 사당을 처음 지으면 거기에 신주를 받들어 모시는데 이 때 冪을 올리고 축문을 읽는다. 축문을 보면 조상에 대한 존경심과 두려움을 가지고 있다는 것을 여실히 알 수 있다. 즉, --- 伏以道 原於天 人本乎祖 先王制禮 宗祀爲首 自我先世 積德于躬 慶延後昆 不墜家業 推 思所自 感慕何極 曩因微薄 祠宇未備 按禮創造 告厥禜廟 伏惟尊靈 是居是安. (엎드려 생각건대 道는 하늘에 근원하고 사람은 조상에 근본이 있는지라 先王께서 禮를 지으심에 祖宗의 제사를 으뜸으로 하였습니다. 저 자신으로부터 선대에 덕을 쌓으심을 몸으로 하시고 경사가 후손에게 이어지게 하시어 가업이 실추되지 않게 하시었으니 저절로 그 은혜를 미루어 헤아리게 되어 이에 감격하고 사모함이 어찌 끝이 있겠습니까마는 어젯날 寒微하고 정성도 엷음으로 말미암아 祠宇를 갖추지 못하였습니다. 이제 예법을 감안하여 새롭게 지어 만들고 이를 아뢰면서 제물로 사당을 신성케 하옵나니 엎드려 헤아리건대 존경하옵는 英靈께서는 여기에 거하시고 이로써 평안하소서.) 여기에 보면 조상에 대한 마음으로 "감격하고 사모함이 어찌 끝이 있겠는가" 하는 심정을 가지고 있음을 알 수 있다. 사당에는 晨謁 禮(사당에 아침 일찍 들어가 배알), 出入禮(출입할 때 반드시 사당에 고한다), 正至參禮(신정, 동지)와 朔望參禮(초하루, 보름)에 참배한다., 俗節薦新禮와 有 事告禮(俗節에는 時食을 올리고 무슨 일이 있으면 고한다) 등이 있다. 이 모든 것들이 살아있는 부모에게 하듯이 한다.

제례는 다음과 같은 엄격한 절차를 거친다. 神位奉安(조상의 신위를 祭廳에 모신다) - 降神(조상의 영혼을 맞아들이는 의식이다. 제주가 제사상 앞에 앉아 향을 피운다. 執祀者가 술잔을 주면, 제주는 술잔에 받아 모사 위에 세 번 나누어 붓는다. 모사 위에 술을 붓는 행위는 신을 초청하는 의식이다. 술잔을 제상머리에서 돌릴 때 향불을 사르고 향불 위로 세 번 돌려서 흠향을 시키니, 흙그릇이 땅을 상징한다면 피어오르는 향이 무한한 공간으로 펴져 나가므로 하늘을 상징하는 것이다. 하늘과 땅을 통하는 제사의식은 사실상 인간과 만물의 생명력에 대한 축복일 수가 있다. 그 축원을 하늘에 되돌린다는 뜻을 제사의식을 통하여 확인하는

것이다. 집사자는 술잔을 받아 제자리에 놓고 제주는 두 번 절한다.)- 參神(제주
와 제관들은 두 번 절한다. 신위에 인사하는 의례이다) - 初獻(제주가 초헌관이
된다. 제주가 무릎을 끓고 앉으면 집사자가 술잔을 건네주고 다른 집사자가 술을
가득부어 준다. 제주는 술잔을 향불 위를 통하여 집사자에게 건넨다. 집사자는 제
주로부터 술잔을 받아 메와 국그릇 사이에 놓는다. 제주가 끓어 앉아 있는 동안
축관이 축문을 읽는다) - 讀祝(축문을 읽는 동안 모든 참가자는 끓어 엎드린다.
제주는 축문의 끝나면 두 번 절한다. - 亞獻(두 번째 술잔을 올리는 것을 말한다.
제주처럼 술잔을 올리고 두 번 절한다. 아헌은 제주의 부인이 한다고 하지만 실제
관행에는 여자는 제사에 참례하지 않는다.) - 終獻 (세 번째 잔을 올리는 것을
말한다. 아헌과 마찬가지로 술잔을 올리고 두 번 절한다.) -揷匙(숫가락을 메에
꽂고 젓가락은 바르게 고쳐 놓는다. - 闔門(병풍으로 제사상을 가리고 제관 일동
이 제청의 문을 닫고 밖에 나와 3-4분정도 조용히 기다린다. 이것은 조상이 식사
하시는데 자손이 쳐다보는 것은 失禮라고 생각해서 자리를 비켜드리는 것이다.) -
啓門(축관이 기침을 세 번하고 문을 열면 모두 들어간다) -獻茶(국그릇을 내리고
숭늉을 올려 메를 세 숟가락 떠서 숭늉에 넣은 뒤 모두 엎드린다.) - 撤匙(숭늉
그릇에 놓인 수저를 거두고 메그릇을 덮는다) -辭神(신을 보내는 절차로 제주와
일동이 두 번 절한다) - 撤饌(지방과 축문을 불사른 뒤 숟가락을 거두고 撤床한
다) -飮福(조상이 남겨 준 음식을 자손들이 먹는 절차이다. 조상이 남겨 준 음식
은 복이 있다고 생각하여 참석자 모두 나눠 먹으며 친족과 이웃에도 보낸다.

 이제, 여기서 제사의 교육학적 의미를 '祖上崇拜'와 관련지으면서 찾아보겠다.
구체적으로 말하면 다음과 같다. 忌日에 행하는 제사가 忌祭이다. 忌는 꺼린다는
뜻의 글자이다. 금기하는 날은 父祖가 돌아가신 날이다. 기제를 모시는 선조는 4
대조까지이다. 즉, 高祖考妣位, 曾祖考妣位, 祖考妣位. 考妣位 등 모두 8位가
된다. 忌祭는 하루 전에 목욕재계하고 正寢에 신위를 설치한다. 여기에 축문을 보
자. 維年號幾年 歲次干支 幾月干支朔 幾日干支 孝子 某官某 敢昭告于 顯考某官
府君 歲序遷易諱日復臨 追遠感時 昊天罔極 謹以淸酌庶羞 恭伸奠獻 尙饗(아아,
단기 아무년, 해의 차서로는 아무간 아무지 아무월 아무간 아무지삭 아무일 아무
간 아무지에 효자 아무관 아무개는 감히 밝혀 드러나신 아버님 아무관 부군과 드
러나신 어머님 아무 봉작 아무 본관 성씨게 아룁니다. 세월의 순서가 옮기고 바뀌

어 諱日이 다시 임박하니 오래전으로 거슬러 올라갈수록 생시에의 감회가 저 너른 하늘 같이 가이 없아온지라 삼가 맑은 술과 여러 찬수로써 공손히 펼쳐 獻爵의 奠을 올리오니 바라옵건대 흠향하소서.)

여기서 우리가 주의해야 할 말은 "오래전으로 거슬러 올라갈수록 생시에의 감회가 저 너른 하늘같이 가이없사온지라"라고 하는 말이다. 이 말은 점점 세월이 갈수록 자손들이 그 선조를 공경하면서 우리 자손도 선조의 행위를 본받아야지 하는 맹서를 하는 것과 같다. 또 "顯考" 할 때의 "顯"은 죽은 이를 높여서 훌륭하다고 기리는 접두어이다. 이것만 보아도 조상이 "훌륭하다"는 것을 암시하고 있다. 또 祖父 以上일 때에는 '昊天罔極'을 '不勝永慕' 즉, 길이 사모함을 이기지 못함이라는 뜻이다. 이것으로 보아 세월이 점점 흐를수록 존경하고 자신의 조상의 훌륭함을 사모하여 본 받고저 하는 마음이 깊어진다고 할 수 있다.

茶禮란 명절에 조상에게 지내는 제사이다. 孟春(1월), 孟夏(4월), 孟秋(7월) 孟冬(10월)의 하순에 택일 한다. 택일은 丁日과 亥日을 택하되 사당에서는 옥산통을 향의 연기에 쬐서 정하는 것이었다.

묘제는 묘소에서 지내는 제례이며, 청명, 한식, 重午, 重陽에 거행하는 것이다. 그러나 일년에 한번 지내는 것이 보통이다. 그리하여 묘제를 歲一祭라 하기도 한다. 관행으로는 대개 음력 10월중에 정하여진 날 묘소 앞에 제물을 차리고 시제를 거행한다.

한 인간이 태어나 성인이 되어 자식을 낳고 살다가 늙어 죽으면 조상이 되고 '조상의 영혼은 영원히 이 지상에 머물러 후손을 방문한다. 정침에서 운명한 조상은, 조석으로 1일 2회씩 후손으로부터 대접을 받으며 喪廳에 머물고, 大祥을 지낸 후 사당에 머무는 조상은 4대까지 연 5-6회, 즉 차례와 忌祭時 대접을 받고, 5대가 넘어서는 연 1회 시제시 대접을 받는다. 이러한 제례는 유교의 영향도 있겠으나 그 이전에 한국인들의 기본적인 종교적 심성에 일차원적이고 현세적인 영혼관이 존재하였기 때문에 계승될 수 있었다고 생각된다.' 18)그러므로 한국인은 제사를 통하여 '祖上崇拜'에 관한 종교적 열정을 불태우고 있다고 말할 수 있을 것이다.

---

18) ibid., pp.164-165.

　　'제사란 神明을 받들어 복을 빌고자 하는 의례이다.'[19)　제사는 주로 사당에서 지내는 것이 보통이다. 사당은 가택 안에 있게 마련이다. 이와 같이 사당이 후손의 집안에 가택과 공존하는 것은 조상과 후손과의 관계를 나타내는 것이다. '후손으로 정성을 다하여 조상을 받들고 가내의 중대사를 고한다. 이에 반해 조상의 영혼은 후손의 집에 머물면서 후손을 보호하고 걱정해 주는 것이다. 제사의 종류는 다양하지만 그 기본구조는 같다. 제의의 구조는 참신과 강신이 영혼을 접대하는 招魂儀禮이고, 상 앞에 앉은 영에게 초헌, 아헌, 종헌의 삼헌과 독축으로 즐겁게 하며, 侑食, 闔門, 啓門의 세 절차로 음식을 대접하고, 음복에서 후손과 조령이 接續儀禮를 행하여, 辭神에서 영혼을 돌려보내는 分離儀禮를 행하는 것이다. 이러한 招魂 – 娛神 – 養神 – 接神 – 送神儀禮는 차례나 기제, 시제가 모두 공통된 것이었다.'[20)　이 제사절차를 가만히 살펴보면 마치 산 사람을 맞이하여 즐겁게 해 드리고 보내드리는 일과 같다는 것을 알 수 있다. 그리고 제사를 통하여 자신의 마음을 엄숙하고 거룩하게 되도록 하는 것이다.

V. 결론

　　지금까지 우리는 한국사회에서 조상숭배의 의미를 세 가지 측면에서 확인하였다. 하나는 자신의 존재근원으로서의 조상이며, 다른 하나는 자신을 초월한 존재로서의 조상이며, 세 번째는 자신이 본받아야 할 존재로서의 조상이다. 이를 위하여 우리는 족보, 장례, 그리고 제사를 분석하고 "祖上崇拜"의 의미를 확인 하려고 하였다. 그리고 한국인의 조상숭배는 종교적 열정에 의한 것이라는 점이다. 여기에 첨가하여 한가지 덧붙이고 싶은 점은 소위 샤마니즘과 조상숭배와의 관련이다. 샤마니즘을 흔히 사람들은 미신이라고 별로 중요시하지 않으려는 경향이 있지만, 조상숭배와 관련하여 중요한 개념이다. 구체적인 例가 '굿'이다.

---

19) 張基槿, '禮의 精神과 活用', 中國學報, 10輯, 1969. p. 53.
20) 오출세, op.cit. p. 165.

'굿'과 조상숭배와의 관련을 말하면, '살아있는 부모보다는 죽은 조상이 더 낫다'라는 믿음위에서 조상들이 귀신으로서 자신들의 길흉화복을 주관할 수 있다고 생각하였다. 조상제사는 지극 정성으로 조상에게 禮를 올리면, 그에 感服한 조상들이 자손들에게 복을 주고 화를 몰아내는 역할을 하게 된다는 것이다. 이 믿음 위에서 '굿'이라는 무속을 통하여 조상숭배의 정신을 고취하고 있다.

禮記에 의하면, '祭祀는 죽은 부모를 추모하고 孝를 계속 이어가기 위하여 행하는 것이다. 효자가 부모 섬기는 데는 세 가지 단계가 있다. 부모 생전에는 봉양하고 돌아가시면 喪을 거행하고, 상이 끝나면 제사를 올린다. 봉양의 단계에서는 순종의 정도를 보고, 상에 있어서는 슬픔의 정도를 보고, 제사에서는 공경의 정도와 때에 맞추어 제사지내는지를 본다. 이 세 가지를 다 해야 효자라 할 수 있다'(祭者所以追養繼孝,---- 孝子之思親也 有三道焉 生則養 沒則喪 喪畢則祭 養則觀其順也 喪則觀其哀也 祭則觀其敬而時也 盡此三道者 孝子之行也, 25祭統)고 하였다.

요컨대, 이 연구가 궁극적으로 말하고자 한 것은 '祖上崇拜'는 표면상, 자신이 아닌 다른 존재를 떠받들기 위하여 애쓰고 힘드는 일을 하는 것처럼 보인다. 그러나 사실 따지고 보면 족보를 통하여 확인 된 것처럼 자신의 몸을 자신의 것으로 착각하고 제 멋대로 함부로 굴려서는 안 된다는 것과 喪禮를 진행해 나가는 동안 자신보다 더 큰 존재가 있다는 것을 확인하고 자신의 생각을 언제나 더 큰 존재에 비추어 보아 늘 겸손하며 순종하는 태도를 지녀야 한다는 것과 제사를 통하여 자신이 늘 본받을 존재를 의식하고 훌륭한 일을 따라 하도록 자신의 마음을 다잡아야 한다는 것이다. 그러므로 '祖上崇拜'는 결국 다른 존재를 떠받드는 것이 아니라, 자기 자신을 존중하는 행위라는 것이다. 오늘날 우리 자신의 삶의 모습을 돌아보면, 본래 유교가 지니고 있던 '祖上崇拜'의 의미가 점점 퇴색되고 있다는 것을 알 수 있다. 조상숭배의 의미가 퇴색된다는 것은 1) 자신의 존재근원을 모르게 된다는 것 2) 자기 자신이외에 큰 존재 또는 높은 존재가 없다는 것 3) 자신의 본받거나 따라야 할 존재도 점점 없어지게 된다는 점이다. 이와 같이 된다면 남는 것은 무엇인가? 그것은 오로지 자신밖에 없는, 자신만을 위하는, 자신의 삶 이외의 理想이 없는 존재, 私慾밖에 생각할 줄 모르는 인간이 되어 가는 길만 남을 뿐이다.

參考文獻

권광욱 , 육례이야기 1·2·3 -, 해돋이, 1994

金璟植, ″傳統的 冠婚喪祭 小考″, 군장대학 논문집 제 6집, 1999.

裵桃植, 韓國民俗의 現場 ,集文堂 1993.

안영희,'고대인들에게 반영된 꽃의 의미', 아세아 여성연구 제 11집, 숙대 아세아
　　　여성문제 연구소, 1972.

오출세 , 한국서사문학과 통과의례 - 집문당 1995

李杜鉉·張籌根·李光奎 , 韓國民族學槪說, 學硏社 1983.

李民樹 編譯, 冠婚喪祭, 서울, 乙酉文化社, 1975.

李炳又, 韓國傳統社會 四禮의 現代哲學的 理解 -節次·祝文·告辭式을 中心으
　　　로- 大田看護專門大學 論文集 第 9輯, 1984.

이홍우, '전통가정교육의 방법적 원리', 이홍우,박재문 편, 교육의 동양적 전통
　　　II : 敎育의 實際, 서울 誠敬齊, 2001.

柳岸津, 韓國의 傳統育兒方式, 서울, 서울대학교 出版部, 1986.

張基槿,'禮의 精神과 活用', 中國學報 10輯, 1969.

鄭官彩 中·韓 禮節의 比較硏究 - 出生, 冠, 婚, 喪, 祭와 食生活禮節을 中心
　　　으로 -

　경기대학교, 교육대학원 석사학위 논문, 1999.

朱 子 , 朱子家禮 - (45才 1174)

池斗煥 朝鮮前期 儀禮硏究 -性理學 正統論을 中心으로- 서울대학교 出版部
　　　1994

차용준, ″한국인의 효사상과 숭조·보학(崇祖·譜學)사상-족보(族譜)″, 한국인의
　　　전통사상, 전주대학교 출판부, 1993.

洪瑀鈙 朱熹 家禮의 實踐的 道德性이 韓國에 미친 影響, 嶺南大學校, 敎育大

學院,1987.

Roger L. Janelli Ancestor Worship and Korean Society, Stanford University Press. 1982.

11. 教師敎育의 新方向*

I. 서론

    요즈음 우리 귀에 흔히 들리는 말 가운데 하나가 "교육위기"라든가 "교실의 붕괴"등의 말이다. 이 말을 듣고 한숨을 내쉬거나 한탄하는 것으로 그 칠 경우라면 여기서 문제 삼을 필요가 없다. 그러나 조금이라도 "교육위기" 라든가 "교실의 붕괴"와 같은 심각한 교육의 문제를 의식하면, 거의 동시에 ´이 문제를 해결하는 방법은 없을까´ 하는 생각이 떠오르기 마련이다. 만약 이 문제를 정말로 심각하게 느꼈다고 하면서 해결방법이 무엇일까를 생각하지 않았다면 그는 이 문제를 심각하게 느낀 것이 아니라고 말할 수 있을 것이다. 이와 같은 것이 오늘날 교육의 문제라면 그 문제의 핵심 중앙부에는 교사의 문제가 자리잡고 있다. 왜냐하면 교육의 문제는 교사의 문제이며, 이것은 다시 교사교육의 문제로 되돌아간다. 그렇다면 교사교육의 문제는 어디서 생기는가? 그것은 다름이 아니라 학교교육의 핵심인 교사가 교과를 가르치는 데에서 생기는 것이다. 말을 다시 돌려보면 ´교사가 교과를 가르치는 데´에서 교사교육의 문제가 있고, 이것이 다시 오늘날의 ´교육의 위기´라든가 ´교실의 붕괴´라는 연결이 가능하다. 과연 이 연결은 필연적인 연결로 될 수 있는가? 사실 이 연결은 얼른 수긍이 가지 않는다. 이와 같이 연결되는 것

---

* 「敎育硏究論叢」 第 23卷3号. 충북대학교 교육개발연구소, 2002.12

이외에 다른 요인이 얼마든지 들어 갈 수 있고 그것이 훨씬 심각한 원인이 될 수 있을 것 같은데, 어째서 이와 같이 말할 수밖에 없는가?

우선, 우리가 여기서 노력해야 할 점은 "교사와 교과의 의미"를 가능한 정확히 드러내는 것이다. 이 일을 완벽하게 하는 것은 총체를 드러내는 일이 어렵듯이 거의 불가능에 가깝다. 그러나 여기서 물러 설 수는 없다. 현재 우리가 '교사와 교과의 의미'를 드러내기 위하여 할 수 있는 일들 중에서 그 출발점으로서 제7차 교육과정을 다루려고 한다. 특히 여기서 우리가 찾아야 할 것은 제7차 교육과정의 교사관[1]이 무엇이며 그 교사관은 교사와 교육, 그리고 더 나아가 교사교육에 어떤 새로운 시사를 던져줄 수 있을 것인가를 찾아보아야 한다. "제7차 교육과정의 가장 두드러진 특징[2]은 국민공통기본 교육과정과 수준별 교육과정에 있다. 국민공통기본 교육과정은 초등학교 1학년부터 고등학교 1학년까지 10년 동안 학생들이 필수로 공부해야 할 교육내용 - 교과, 특별활동, 재량활동 -을 가리키며, 이것과 구분하여 고등학교 2, 3학년 교육과정은 선택중심 교육과정이라고 부르고 있다. 국민공통 기본교육과정에서의 교과는 바로 지금까지 학교에서 가르쳐온 교과이며, 이점에서 국민공동기본 교육과정은 일단 종래의 학교 교과 등이 필수교과라는 것을 국민공통기본 교육과정이라는 이름으로 강조하는 것 이상의 의미를 가지는 것이 아니라고 말할 수 있다. 그리고 수준별 교육과정은 국민공통기본 교육과정에 속하는 주요 교과(소위 주지교과)의 교육과정을 편성하는 방법으로 제시된 것이다. 다시 말하여, 수준별 교육과정은 학년별 편성을 기본으로 하는 국민공통기본 교과의 교육과정을 모든 학생이 보다 손쉽게 학습 할 수 있도록 다시 몇 가지 단계로 세분화하여 편성한 교육과정을 가리킨다." 제7차 교육과정이 현재 우리나라에 통용되고 있는 교육과정이다. 그러므로 여기서 찾은 교사와 교과의 의미는 교사교육에 새로운 방향을 시사할 것이다.

다음으로, 교사가 학생에게 교과를 가르치는 일과 학생의 인성교육과는 어떤 관련이 있는가 하는 문제는 곧바로 교사교육의 방향과 관련이 있다. 달리 말하면 교과의 유용성[3]과 관련이 있는 말이다. 그러나 이 문제는 좀더 상세히 말할 필요

---

1) 柳漢九, "教科와 教師", 道德教育研究. 第 13卷 2號 ,韓國道德教育研究會, 2001. 12 pp.7-15.
2) 前揭書, pp.7-8.

가 있다. "학교에서 교과를 배우는 것은 유용한가?"라는 질문에 교과가 유용해야 한다는 점에서는 누구나 동의한다. 그러나 여기에는 교과의 유용성에 별로 심각한 사고를 해보지 않은 부류의 사람들이 있다. 이들은 유용성의 의미, 유용성의 구체적 측면들을 따져보지 않은 사람들이다. 이와 같은 부류들의 사람들에게서 흔히 듣는 교과의 유용성을 예로 들어 본다면, "수학은 논리적 사고력을 기른다"든지 역사는 현실을 파악하는 데에 유용하다든지 하는 것이다. 이런 사람들은 우리가 별로 주의할 필요가 없다.

그러나 한편, 교과가 어떤 점에서 유용한가 하는 점을 나름대로 심각하게 생각하고, 자기 나름대로의 생각에 비추어 현재의 교과 중에서 그 유용성이 명백하지 않은 것이 있으며, 그것에 대하여 불만을 토로하고 그것대신에 유용한 것을 가르쳐야 한다고 주장한다. 이런 부류의 사람들이 내놓은 유용성이라는 것은 생활의 필요를 충족하는 데 도움이 된다는 것이다. 그들이 보기에 이처럼 유용한 것은 없어 보이기 때문이다. 이런 부류의 사람들이 볼 때, 현재의 교과는 생활의 필요를 충족하는 것과는 거리가 먼 것으로 보이며, 따라서 이들에게는 오늘날 학교가 생활에 직접 유용한 것을 따로 두고 그것과는 거리가 먼 "책에 쓰인 지식"(이론, 학문, 등)을 가르치고 있다는 것이 명백하게 학교교육의 "浪費"나 "虛點"을 나타내고 있는 것이라고 생각한다.

과연 앞서 말한 유용성은 과연 올바른 생각인가? 이 생각의 허점은 무엇인가? 과연 학문을 가르치는 것이 인격과 무관한 일인가? 전통적으로 학교에서 가르치는 교과는 당연히 "學問"의 내용으로 구성되어야 한다고 생각되었다. 말하자면, "學問"이라는 것은 각각 관련된 現象을 보는 개념적 수단이며, 학문을 배울 때 우리는 그 개념적 수단으로 관련된 현상을 "보는" 일을 배우는 것이다. 우리를 둘러싸고 있는 현상을 보는 일은 우리가 무슨 일을 하면서 살든지 간에 "사람으로서" 살아가려고 하면 누구든지 해야 하는 일이다."4) 과연 이 말은 옳은가? 옳다면 왜 옳은가? 등의 말을 보다 정확히 이해 할 수 있도록 말하다 보면 교사교육의 방향이 시사될 수 있을 것이다.

셋째로 교사의 권위는 교사교육에 무엇을 어떻게 할 것을 시사하는가 하는 것이

---

3) 李烘雨, 知識의 構造와 敎科, 敎育科學社 (서울, 1980년) pp.120-126.
4) 前揭書, pp.126-7.

다. 요즈음 교육에서 문제되는 것 중에 하나가 '교실의 붕괴'이다. 이 말은 직접적으로 교사의 권위가 무너졌다는 것을 뜻한다. 그러면 도대체 권위라는 것이 무엇인가? 피터즈에 의하면[5], "권위라는 개념은 규칙을 따르는" "삶의 형식"과 불가분의 관련을 맺고 있다는 것이다. 권위라는 말은 곧, 어떤 생각이나 말이나 행위가 옳은가 그른가가 문제되는 사태에만 올바르게 적용될 수 있다. 권위라는 것은, 말이나 상징적 제스추어나 儀式 등을 통하여 무엇이 옳은가를 선언하고 판정하고 공포할 때, 그것들이 상당한 중요성을 띠게 될 때 나타난다. 이 정의에 비추어 보면, "교실의 붕괴"라는 것은 말하자면 교사가 무엇이 옳은가를 선언했음에도 불구하고 학생들이 그것을 중요하게 여기지 아니하고 제멋대로 할 때 생기는 사태이다. 그러면 교사의 권위는 과연 무엇이며, 이 교사가 권위를 갖기 위해서는 무엇을 어떻게 해야 하는가 하는 것이 문제이다. 이 문제의 해결 방안이 교사교육의 방향이 될 것이다.

지금까지의 논의에 비추어 볼 때 우리가 교사교육의 새로운 방향을 찾으려고 하면 다음과 같은 세 가지 문제를 논의 하는 가운데에서 찾아야 할 것이라고 요약하여 말할 수 있을 것이다.

첫째, 교과와 교사는 어떤 관계를 갖으며 그 관계는 어떤 의미를 창출해 내는가?
둘째, 교사가 교과를 가르치는 일과 인성교육과의 관련은 무엇인가?
셋째, 교사의 권위의 원천은 무엇인가?

이제 이하에서 차례로 이 문제들을 논의 하면서 새로운 교사교육의 방향을 시사 받아 보려고 한다.

Ⅱ. 교과와 교사

교과 없이 교사를 생각할 수 있는가? 교사 없이 교과를 생각할 수 있는가? 교

---

5) Peters, R.S., Ethics and Education, George Allen & Unwin Ltd. 1966.
李烘雨譯(서울 교육과학사, 1984)

사와 교과는 우연적 관계인가? 아니면 필연적 관계인가? 이런 저런 생각을 하다 보면, 여기서 무엇보다도 먼저 생각해 보아야 하는 것은 '교과란 무엇인가' 하는 것이다. 이 질문을 교사에게 하면, 마치 지금까지 잘 살고 있는 사람에게 느닷없이 '산다는 것이 무엇인가'라는 질문을 하는 것과 같이 매우 당혹스러워 할 것이다. 왜냐하면 대부분의 교사들은 그날그날 시간이 되면 교실에 들어가 주어진 교과라는 것은 별다른 생각없이 가르치기 때문이다. 달리 말하면 교사는 교실에 들어가 수업을 할 경우에 그 수업에서 가르쳐야 할 내용 (즉, 교과)을 가지고 들어간다. 그리하여 교사에게 늘 가르쳐야 할 내용, 즉 교과 또는 교과서가 주어져 있는 한 새삼스럽게 '교과란 무엇인가' 하는 것은 별다른 의미가 없는 것이다. 그러므로 교사는 '교과란 무엇인가'라는 질문을 받으면 매우 당혹스러워 한다. 이것은 지극히 당연한 일이다.

그러나 '교과란 무엇인가'라는 질문이 교사에게 의미 있는 경우는 어떤 경우인가? 교사가 자신이 늘 가르치고 있던 교과에 대하여 의심을 하는 경우이다. 지금까지 교사 자신이 늘 해오던 교과서는 과연 교육내용인가, 진실로 교육내용은 어떤 것인가, 이와 같은 문제들을 심각하게 의심을 가질 때 비로소 '교과란 무엇인가' 하는 질문이 다소간 의미있는 질문으로 교사에게 다가온다. 그리하여 이와 같은 교사는 참다운 교과 또는 교육내용이 무엇인가 찾아지면 자신의 학생에 관한 태도, 수업방식, 더 나아가 교육관까지라도 바꿀 용의가 있다는 것을 확고히 가지게 될 것이다.

학교에서 가르치는 교육내용이 무엇인가 하는 질문에 대답하는 방식이 몇 가지 있다. 그 하나는 전통적인 '교과'라는 것, 둘째로 '경험'이라는 것, 셋째로 '지식의 구조'라는 것, 넷째로 '마음'이라는 것이다. 우선 교육내용이 전통적인 교과라는 말은 교과는 교과목으로 분류되어 있고 또 학년별로 조직 되어 있다. 이러한 교과는 학문적인 전통의 소산으로 전해지는 지식이나 기능으로 되어 있다. 이것을 교육내용이라고 하여도 별문제가 없어 보인다. 그러나 이것이 문제되는 사태는 이것을 교육내용이라고 하고 실제로 수업에서 가르칠 때 발생한다. 예를 들어 보겠다. 6)

---

6) 이 예는 李烘雨, 知識의 構造와 敎科(서울, 敎育科學社,1980), pp.8-17.

"中學校 社會科 授業"

이 수업에서 다룬 교과서는 '중세 유럽의 봉건사회와 문화'라는 단원 중에서 둘째 소단원인 '유럽의 봉건사회와 문화', 그리고 그 중에서 첫째 대목인 '봉건제도'에 관한 것이다. 이 대목은 '로마 교회의 발전'이라는 다음 대목으로 이어진다. 이 수업에서 다룬 교과서의 내용을 그대로 옮겨 적으면 다음과 같다.

봉건제도 : 민족의 대이동이 있은 후, 유럽의 여러 나라에서는 국왕이 공신들에게 농토를 나누어 주어, 평시에는 기사를 훈련하게 하여 싸움이 있을 때에 대비하게 하였다.

이런 땅을 차지한 사람들을 귀족으로서, 이들을 "영주"라 하고, 큰 영주를 "제후"라 한다. 영주는 다시 그 땅을 부하인 기사들에게 나누어 주고, 기사는 또 다시 그 땅을 농민에게 빌려주어 경작하게 하였다.

이와 같이 위로부터 받은 땅을 "봉토"라 하고, 봉토를 받은 사람을 "봉신"이라한다. 봉신은 상전인 영주의 보호를 받는 대신, 노동력이나 그 땅에서 생산된 수확물을 영주에게 바치고, 필요한 때에는 무력으로 봉사할 의무를 가졌다.

이와 같이 위로부터 보호를 받고 그 대신 봉사를 해 줌으로써 위아래의 계급이 서로 주종관계를 맺어가는 것이 봉건제도이며, 봉건 사회에서 사실상 백성을 다스린 것은 왕이라기보다도 이들 봉건 영주들이었다. 이러한 봉건 제도는 8세기경 프랑크 왕국에서 시작되어 10세기경에 이르러 가장 성행하였으며, 이것이 중세 유럽 사회의 기틀이 되었다.---- "

위의 교과서 내용이 곧 바로 교육내용이라고 생각하는 것이다. 그러나 과연 이것이 교육내용인가 하는 것은 여전히 의문이다. 왜냐하면 이 내용은 어디까지나 학생의 마음 바깥에 있는 것이기 때문이다. 문제는 어떻게 하면 이 교과서의 내용(교육내용)이 학생의 마음 안에 들어오는가 하는 것이다. 이 문제는 그렇게 간단한 것이 아니다.

흔히 학교 수업에서 볼 수 있는 사태를 보면, " 수업이 시작하자, 교사는 지난 시간에 배운 내용에 관하여 퀴즈 형식으로 질문을 하고 학생들은 일제히 큰 소리로 대답하였다. 예컨대, 게르만 민족의 이동은 언제 ? - 4세기에서 6세기, 이로써 무슨 세계의 종말 ? - 고대 세계 등등"[7], 학생들은 교사의 질문 형식에 익숙해 있고, 그 질문이 어떤 대답들을 구하는 질문인가를 아는 듯이, 거의 대부분의 경우에 소리를 합하여 대답한다. 교사는 설명으로 들어간다. 교과서의 설명이라는 것은 주로 교과서 내용의 요점을 판서하면서 중요 단어들을 학생들의 머리에 고착 시키는 데 강조를 두는 것이다. 이 수업이야말로 전형적인 암기위주의 단편적인 지식을 가르치는 모습이다.

이때 우리는 교과의 의미에 관한 한 가지 중요한 의문에 직면하게 된다. 그것 은 다름이 아니라 그 교사가 한 시간 동안 수업에서 가르친 내용이 과연 무엇이라 고 생각하는가 하는 것이다. 여기서 확실히 짚고 넘어가야 할 것은 "교사는 자기 가 하는 수업을 통하여 교과의 의미에 관한 자기 자신의 解釋을 드러내고 있 다"(ibid. p. 14)는 것이다. 위의 경우에서처럼 수업을 한 경우에 과연 그 교사 는 교과의 의미를 무엇이라고 보고 있으며, 교과를 어떻게 해석하였는가 하는 것 이다. 아마도 그것은 서양사 또는 봉건제도라고 대답할지 모른다. 흔히 우리가 들 을 수 있는 교과의 의미라는 것은 그런 것이 될 것이다. 그러나 여전히 그 교사가 가르친 것, 또는 학생이 배운 것이 과연 무엇인가를 물을 수 있다. 봉건제도라고 대답을 했지만, 봉건제도에도 여러 가지가 있기 때문에 우리는 여전히 '봉건제도' 에 관하여 교사가 가르친 것이 무엇이며, 학생이 배운 것이 무엇인가를 물을 수 있다. 생각이 여기까지 미치면, '封建制度'라는 것은 '敎科' 또는 '敎育內容'이라기 보다는 교과나 교육내용을 요약하여 부르는 '이름', 말하자면 봉건제도에 관하여 교사가 가르칠 수 있고 학생이 배울 수 있는 여러 가지 내용을 포괄적으로 부르는 '이름'에 불과한 것이다. (ibid. p.14)

그러면 진정으로 가르쳐야 할 교육내용 또는 교과는 어떤 것이어야 하는가? 앞 에서 다룬 보기를 들어 말하자면 한마디로 중세 봉건사회의 생활방식을 그려낼 수 있도록 하였는가?. 중세 봉건사회의 생활방식을 이해한다는 것은 그러한 제도 속 에서 살아가는 여러 종류의 사람들 -영주, 騎士, 농노-등이 각각 어떤 생각을 가 지고 살고 있었는가, 세상을 보는 눈은 어떠하였으며, 어떤 꿈과 포부, 좌절과 괴 로움 등을 겪고 있었는가를 이해한다는 뜻인데. 과연 앞에서의 교사는 자신의 수 업을 통하여 앞서 말한 교육내용을 가르쳤는가? 또한 학생은 그런 내용을 배웠는

---

7) 前揭書, p.10.

가? 매우 의심스럽다.

전통적인 교과교육에서는 이와 같이 매우 의심스러운 모습을 가지게 되기 때문에 사람들은 다른 방법을 강구하기 시작하였다. 그리하여 진보주의자들이 찾아낸 말은 '우리는 교과를 가르치는 것이 아니라 아동을 가르친다' 것이다. 이 말을 듣는 순간 우리는 즉각적으로 '수업에서 교과를 가르치지 않으면 도대체 무엇을 가르친다는 말인가', '교과를 제외하고 아동을 가르친다는 것은 무엇을 뜻하는가', '그러한 일이 과연 가능한가' 등등이다. 그러나 진보주의자들은 앞서 말한 질문을 전혀 의식하지 못하였겠는가? 내가 보기에 그렇지 않다. 그들은 충분히 이 문제들을 의식하였다고 생각된다. 그런데 왜 진보주의자들은 '우리는 교과를 가르치는 것이 아니라 아동을 가르친다'고 하였을까?

한 보고서 8)에 의하면, "학교에는 옛날부터 가르쳐 오던 '교과'라는 것이 있다. --- (그러나) 經驗 교육과정은 이 학교에서 저 학교로 베껴갈 수가 없다. 經驗교육과정을 만들기 위해서는 그 교육과정이 적용될 대상 (학생)의 必要나 興味, 態度등을 알아보아야 한다. 이때 경험이라는 것이 '교과'와는 달리, 학생에 따라 다르기 때문이다. 그러므로 진보주의자는 경험을 강조하기 때문에 '우리는 교과를 가르치는 것이 아니라, 아동을 가르친다' 는 것이다. 이와 같이 되면, 학교에서 가르치던 '주제, 사실, 기능'등등 (즉, 교과서에 적힌 내용)을 지칭하는 것으로 되며, 학교마다 비교적 통일 된 지식체계로 구성되어 있다. 그러나 진보주의자들에 의하여 제시된 경험교육과정이 대두되자, 경험을 교육내용으로 보아야 한다는 생각이 교육계를 지배하게 되었다. 오늘날에도 교육과정은 흔히 학교의 책임하에, 또는 교사의 지도하에 학생들에게 주어지는 '경험의 총체'로 정의되고 있다.

그러면 교육내용의 의미를 '경험'으로 파악한다는 것이 구체적으로 무슨 뜻인가? 그것은 교육내용을 '교과'로 보기보다는 '경험'으로 파악하여야 한다는 것이다. 달리 표현하면, 학생들이 공부해야 할 주제, 배워야 할 기능, 외어야 할 사실이 아니라, 학교가 학생에게 제공하는 경험이라는 것이다. 이 말에 비추어 보면, 학생들이 공부해야 할 것은 주제, 배워야할 기능, 외어야 할 사실이 이외에 또는 그

---

8) American Education Team, 1954-55, Curriculum Handbook for the Schools of Korea(Seoul; Central Education Research Institute)(mineographed reporter)

것과는 다른 '학교가 학생에게 제공하는 경험이 있다는 뜻이다.　과연 학생들이 공부해야 할 주제, 배워야 할 기능, 외어야 할 사실이외에 경험이 있을 수 있는가? 또는 학생들이 공부해야 할 주제, 배워야 할 기능, 외어야 사실을 제외시키면 남는 것이 무엇인가? 이때 만약 남는 것이 불분명하다면, 경험교육과정을 구성할 때 그 내용이 불분명하게 된다. 그리하여 학생들의 필요, 흥미, 태도등을 기초로 경험교육과정을 구성한다고 하면 어떻게 구성되는지 전혀 알 길이 없다.

　여기서 우리는 생각을 가다듬을 필요가 있다. 교육내용을 규정하는 말로서 '교과'와 '경험'은 두 가지 상이한 실체인가 아닌가 하는 것이다. 교육내용에서 '교과'와 '경험'이 상이한 실체라면 학생의 경험은 교과가 아닌 학생들의 필요, 흥미, 태도일 수밖에 없다. 그러나 교과는 경험의 내용을 가리키며, 학생들은 교육을 받는 동안에 교과이외의 것을 경험하는 것이 아니라 바로 "교과를 경험"한다고 하면, 어떻게 되는가? 그것은 교과와 경험이 교육의 過程에서 따로 떨어져 있는 실체를 가리키는 것이 아니라, 동일한 실체를 가리키는 것이 된다. 교과라고 할 때에는 학생의 심리 밖에 존재하는 논리(지식의 체계)를 가리키는 것이며, 경험이라고 할 때에는 학생의 심리 안에 존재하는 논리를 가리키는 것이 된다. 달리 말하면 하나는 논리(교과)의 측면에서 바라본 것이고, 다른 하나는 학생의 심리(경험)쪽에서 바라본 것이라고 할 수 있다. 그러므로 '교과'와 '경험'은 동일한 내용을 각각 다른 측면에서 보는 것을 나타내는 말이다.

　그러면 왜 동일한 실체임에도 불구하고 '교과'에서 '경험'으로 교육내용을 강조하게 되었는가? 교육내용을 교과로 보는 관점에서는 교과의 내용 (주제, 기능, 사실)을 중시하는 경향 때문에 학생의 심리 또는 경험을 별로 고려하지 않는 경향이 있었다. 그리하여 학생들은 다만 교과를 수동적으로 또는 맹목적으로 받아들여야 한다는 생각을 갖게 되었다. 이때 강조점은 학생이 아니라, 교과, 또는 교사에게 있게 된다. 이렇게 되면 학생이 소홀히 취급된다는 비난을 받을 수 있다. 강조점이 교사에서 학생으로 옮겨가기 위해서는 '경험'이 강조되어야 한다는 생각이 있을 수 있다. 이 생각에 의하면 , 교과가 아무리 좋다 하더라도 그것이 학생의 마음에 경험되지 않는다면 아무런 의미도 없다는 것이다. 그러므로 '우리는 교과를 가르치는 것이 아니라 아동을 가르친다'(We teach children, not subjects.)는 표면상 명백히 웃음거리인 표어를 내걸고 있다. 말하자면 이 표어는 교과가 학생에게 경험 되어야 한다는 것을 강조한 것이라고 보아야 한다.

학생의 경험을 강조하게 되자, 경험교육과정은 교육에서의 "아동중심' 또는 '학습자중심'사상과 관련을 맺게 되었다. 아동중심 또는 학습자중심 사상의 올바른 의미는 교과가 학생에게 이해되어야 한다든가, 의미가 있어야 한다는 데에 있다. 그러나 아동중심, 학습자중심을 오로지 아동의 흥미나 필요를 그 자체로서 존중해야 한다는 뜻으로 해석하는 데에서 경험중심교육과정의 비극이 숨겨져 있었다. 그 비극은 經驗이라는 말이 敎科와의 관련에서 벗어나야 의미를 가지는 것으로 생각되는 데에서 비롯된 것이다. 경험이 교과와의 관련에서 벗어난다고 하면 그것은 '일상생활에서의 경험하는 내용'을 가리키는 것으로 해석될 수밖에 없다. 그리하여 교과가 책에 쓰어 있는 것을 지칭하는 데 반하여, 경험은 일상생활에서 경험하는 것으로 해석된 것이다. 이 결과는 교육에 불행을 초래하게 되었다.

우리는 교육내용은 '교과'와 '경험'중에 어느 쪽인가를 묻는 사람이 있다면 우리는 무엇이라고 말해야 하는가? 이때 확실히 알아야 할 것은 교과와 경험은 동일한 실체라는 사실이다. 그러므로 어느 쪽으로 말해도 좋다. 그러나 교과와 경험은 동일한 실체라는 것을 잊어 버렸을 때, 우리 교육에 어떤 재앙이 왔는가? 학생의 경험을 도외시 하고 맹목적으로 교육내용을 주입하고자 하는 것이 교과교육과정의 재앙이다. 학생의 경험을 강조한 나머지 경험의 내용을 엄밀히 따져 보지 않음으로써 '일상생활 경험'을 주면 교육이 된다고 하는 것이 경험교육과정의 재앙이다.

이제, 우리는 교과교육과정의 재앙과 경험교육과정의 재앙을 막으면서 올바른 교육을 하는 길은 없는가 하는 생각을 해 볼 수 있다. 이 길이 있다면 이것이 바로 교사교육의 새로운 방향이 되지 않을까 하는 생각을 해 본다. 다시 말하면 교과를 올바른 교육내용으로 보면서 동시에 학생들에게 경험될 수 있는 교육내용으로 할 수 있는 길이 있다면 무엇인가 하는 것이다. 이 문제를 해결하는 데 계기를 준 것이 소련의 스프트닉 인공위성의 발사이다. 이로 말미암아 얻어진 결과가 1960년에 출판된 브르너(J.S Bruner)의 「敎育의 過程」9)이다. 여기서 교육내용은 "知識의 構造"라는 말로 규정된다. 이때 제기된 질문은 "교과를 잘가르친다는 것은 무엇을 의미하는가"하는 것이다. 이 질문에 답하기 위해서는 '교과란 무엇

---

9) J.S Bruner, The Process of Education (Harvard Univ.Press, 1960),
李烘雨 (譯), 브루너 敎育의 過程(서울: 배영사, 1973)

인가'와 '잘 가르친다는 것이 무엇인가'하는 질문을 해야 한다. 이 질문에 관련되는 것이 바로 '교과'와 '경험'의 논의이다. 다시 말하면 '교과란 무엇인가'라는 질문에도 교과와 경험이 관련되며, '잘 가르친다는 것이 무엇인가'하는 질문에도 교과와 경험이 관련된다는 것이다. 그렇다면 이 질문에 관련되는 대답을 한마디로 한다면 그것이 바로 '知識의 構造'라는 말이다.

어째서 '知識의 構造'라는 말이 교과교육과정의 재앙과 경험교육과정의 재앙을 피하면서 두 교육과정의 바라는 바를 충족시켜 줄 수 있는 말이 되는가? 「敎育의 過程」에서는 '지식의 구조'라는 말을 '기본개념과 원리' 또는 '핵심적 아이디어' 등과 동의어로 쓰고 있다. 이것을 그 자체만으로 생각해 본다면, 교과교육과정에서 보는 교육내용과 다를 것이 없다. 교과교육과정에서 생각하는 교과라는 것도 바로 그러한 '기본개념과 원리'이며, 우리는 이것을 교실에서 가르쳤다. 교과교육과정은 그것을 배우는 학생들의 '경험과 유리 되어 있다는 문제점을 가지고 있다. 말하자면 교과는 학자들의 학문탐구의 결과로 나온 '기본개념과 원리'로 구성되어 있었지만, 그것을 가르치는 교실에서는 실제로 학생들에게 '교과의 중간언어'로 제시 된다는 것이다. 지식의 구조라는 주장 속에는 이와 같은 제시가 잘못된 것이라는 생각이 들어있다. 이러한 '기본개념과 원리' 학자들이 각각 관련된 분야를 탐구할 때 활용되는 것과 마찬가지로 학생들에게도 각각 관련된 현상을 이해하는 데 활용되어야 한다는 주장이다. 이 것이 바로 경험교육과정에서 강조 된 점이다. 종합해서 말하면 교육내용을 나타내는 말로서의 지식의 구조는 '교과'의 의미와 '경험'의 의미를 포괄적으로 가지고 있다고 말할 수 있다. 이것을 좀더 풀이해서 말하면 지식의 구조는 '학생의 경험과 의미있게 관련 될 수 있는 교과'를 가리키며, 교과를 가르치던 학생의 경험과 의미있게 관련되도록 가르쳐야 한다'는 것이다.

'知識의 構造'라는 「敎育의 過程」에 담겨있는 아이디어는 교과와 경험을 어떻게 종합했으며, 각각 교과와 경험을 어떻게 변화시켰는가? 우선 교과 교육과정에서의 교육내용은 주제, 기능, 외어야 할 사실이다. 학문중심교육과정에서의 교육내용은 해당 학문의 기본개념과 원리 또는 핵심적 아이디어이다. 이것을 배우면 학생들은 다른 내용들을 쉽게 기억, 이해할 수 있고 또 그 뿐만 아니라 학교에서 배운 것을 다른 사태에 쉽게 적용할 수 있다는 것이다. (브루너, 교육의 과정 2장 참조) 그러면 다시 이것이 학생의 경험과 관련지우기 위해서는 어떻게 하는가?

"지식의 최전선에서 새로운 지식을 만들어 내는 학자들이 하는 것이거나 초등학교 3학년 학생이 하는 것이거나를 막론하고 모든 지적 활동은 근본적으로 동일하다는 것이다. 과학자가 자기 책상이나 실험실에서 하는 일, 문학평론가가 詩를 읽으면서 하는 일은 누구든지 이와 비슷한 활동, 다시 말하면 모종의 이해에 도달하려는 활동을 할 때, 그 사람이 하는 일과 본질상 다름이 없다. 이런 활동들의 차이는 하는 일의 종류에 있는 것이 아니라, 지적활동의 수준에 있는 것이다. 물리학을 배우는 학생을 다름 아니라 바로 물리학자이며, 물리학을 배우는 데는 다른 무엇보다도 물리학자들이 하는 일과 꼭같은 일을 하는 것이 훨씬 쉬운 방법일 것이다. 물리학자들이 하는 일과 꼭 같은 일을 한다는 것은 물리학자들이 하듯이 물리현상을 탐구한다는 뜻이다."(前揭書, p.68.)

이 말에서 우리는 '탐구학습', '발견학습'이라는 말이 학교교육에서 유행처럼 번져 버렸다. 여기서 우리가 짚고 넘어가야 할 것은 지식의 구조나 탐구학습의 의미를 올바르게 이해하기 위해서는 지식의 구조를 가르쳐야 하는 이유, 탐구학습을 해야 하는 이유를 분명히 알아야 한다. 다시 말하면 지식의 구조의 의미를 이해하기 위해서는 교육내용이나 교육방법 뿐만 아니라 그런 내용을 그런 방식으로 가르치는 이유까지 이해하면서 온통 교육을 보는 관점을 새롭게 하지 않으면 안 된다.

지금까지의 논의를 통하여 교사교육에 한 가지 시사받을 점이 있다면 다음과 같은 것이다. 즉, 교사교육을 하는 사범대학에서는 무엇보다도 먼저 해당교과에 해당하는 학문을 가능하면 최고의 수준까지 갈 수 있도록 교육한다. 이것만이 교사로서 학생에게 정확히 교육내용을 가르칠 수 있는 밑거름이 되는 것이다. 그것을 배우는 데 몇 년이 걸리는가 하는 문제는 별도의 문제이다. 종전의 사범대학의 경우에는 중등학교 교사는 해당학문을 중등학생보다는 조금만 더 알고 있으면 그만이며, 차라리 가르치는 방법에 더 많은 시간을 割愛해야 한다는 가정을 가지고 있었다. 이 생각에 바탕을 둔 현재의 사범대학 교육은 수정 보완되어야 한다.

Ⅲ. 知識敎育과 人間敎育

　知識敎育을 강조하다 보면 반드시 따라 나오는 문제는 지식교육과 인간 교육은 별개라는 생각을 가지고 懷疑의 대상으로 보려는 경향이 있다. 예컨대, "이때까지 우리나라 교육은 지식을 가르치기는 했지만 인간을 가르치는 데는 실패 하였다"는 것이다. 이 말은 과연 올바른 말인가? 이 말은 분명히 知識敎育과 人間敎育은 별개로 보고 하는 말이다. 그러나 여기에 대하여 의문이 있다.[10] 하나는 지식을 가르치는 일 이외에 인간을 가르치는 일이 있을 수 있는가, 있다면 그것은 어떤 일인가 하는 것과, 다른 하나는 인간을 가르치는 것과 하등 관계가 없다면 지식은 도대체 무엇 때문에 가르치는가 하는 것이다. 이 두 문제는 서로 관련되어 있다. '교과를 교과답게 가르치는 일'이든 '지식의 구조'를 가르치는 일이든 그 어떤 내용을 가르치든지 앞에 두 문제와의 관련을 심각하게 사고하지 않으면 안 될 것이다. 심각한 사고를 한 결과, 만약 지식을 가르치는 것 이외에는 인간을 가르치는 길이 없다면 사범대학에서 교사를 양성하는 프로그램의 내용이 심각한 변화를 일으키지 않으면 안 된다.

　"지식을 가르치는 것이 인간을 가르치는 일 이외에 인간을 가르치는 일이 있을 수 없다" 든 가 "지식은 인간을 가르치는 일과 밀접한 관계가 있다"는 말은 구체적으로 무엇을 의미하는가? 이 문제를 본격적으로 따지기 전에 사람들이 지식교육과 인간교육이 별개의 것이라는 생각에서 懷疑의 대상이 된 것은 결코 우연이 아니다. "지식교육과 인간교육이 별개"라는 생각은 사실상 우리가 지금까지 지식을 잘못 가르쳐 왔다는 반성을 하지 않으면 안 된다. 달리 말하면 지식을 가르치되 그 眼目으로 현상을 볼 수 있도록 하지 못했다는 뜻으로 해석해야 할 것이다. 소위 주입식교육은 지식을 가르치되 그것이 학생의 마음속에 들어갈 수 없는 방식으로 가르치는 것이다. 지식을 학생의 마음속에 들어가도록 하기 위해서 고안된 방안이 '탐구학습'이거나 '발견학습'이다.

　그러나 탐구학습이나 발견학습이라는 것을 학생들에게 탐구하는 문제를 내고

---

10) 前揭書, p.57.

스스로 탐구하게 하거나 발견하게 하는 것은 그다지 옳은 방법이 아니다. 왜냐하면 지식교육에서 지식을 배우지 않으면 도저히 다음을 탐구할 수 없으며, 볼 수 없는 상태에서는 스스로 혼자 볼 수 없기 때문이다.

그렇다면 '볼 수 없는 상태'에서 '볼 수 있는 상태'로 나아가도록 해 주기 위해서는 어떻게 해야 하는가? 이 때 무엇보다도 중요한 것은 스스로 생각해 볼 수 있도록 하는 것이다. 그러면 '사고 또는 생각하는 것이란 무엇일까?' 파스칼의 유명한 말 - 인간은 생각하는 갈대이다 - 라는 말을 들은 적이 있을 것이다. 이 말은 생각한다는 것의 본질을 정확히 말한 것이다. 파스칼의 말을 잘 요약해 보면 인간은 자연 중에서 가장 약한 하나의 갈대에 불과하다는 것이다. 여전히 이 말은 생각하는 갈대라는 것을 강조하고 있다. 즉, 공간적인 견해에서 보면 인간은 확실히 우주 속에 파묻혀 있으므로 광대한 우주에 비해서 너무나도 미미한 것이지만 사고 즉 생각한다는 것에서 보면 반대로 우주의 모든 사물과 事象은 인간 사유 속에 파묻혀 있다는 것이다.

생각한다는 것은 하나의 물체를 하나의 용기 속에 넣는 것이다. 밤이나 감을 바구니 속에 넣는 것처럼, 또는 물을 물통 속에 넣는 것처럼 하나의 사물을 그릇에 넣는 것이다. 다만 생각한다는 것의 그릇은 바구니나 물통과 같은 물질이 아니라 마음이 만들어 낸 그릇, 즉 개념이라든가 지적 체계등과 같은 마음의 그릇이다. 그러므로 마음이 만들어 낸 그릇, 개념이나 지식 체계라는 마음의 그릇에 담기 위해서는 '해답' 보다는 질문을 심각하게 생각해 보라는 것이다. 달리 말하면 '해당 학문 분야의 학자들이 하는 것과 동일한 일을 하도록 한다'는 말은 해당 분야에 속하는 개념이라든가 지식체계를 써서 사고하며 해당 분야의 학문을 하듯이 학생들로 하여금 같은 체험을 하도록 하는 것이다. 이것을 다른 말로 "敎科의 성격에 충실한 형태로 가르친다"로 나타내기도 한다. 이 모든 말들은 이와 같은 맥락에서 이해되어야 한다. 교사들이 그렇게 하면 학생들이 '볼 수 없는 상태'에서 '볼 수 있는 상태'로 될 수 있을 것이다. 좀더 구체적으로 말하면 교사가 가르치고자 하는 내용을 요약하는 질문을 하고 학생들로 하여금 그 문제에 관하여 생각해 보도록 해야 하는 것이다. 이것이야 말로 인격의 변화, 인성의 개발이 아니겠는가.

이점에서 우리는 논어에 나타난 교사의 이상적 모습을 볼 수 있다. 교사가 최고의 지성과 인격을 동시에 갖추고 있는 모습이다. 공자의 모습을 본다.

"子曰 若聖與仁 則吾豈敢 抑爲之不厭 誨人不倦 則可謂云爾已矣 公西華曰 正唯弟子不能學也. 述而 33.

공자께서 말씀하시기를, 聖과 仁을 두고 말한다면 내 어찌 감히 그것을 갖추었다고 자처 할 수 있겠는가? 그러나 〔聖과 仁의 道를〕 행하기를 싫어하지 않고 남을 가르치기를 게을리하지 않기로 말한다면 그 정도 말은 들어도 좋을 것이다. 공서화가 말하였다. 바로 그것이 저희 제자가 배우기 어려운 점입니다."

여기서 우리가 볼 수 있는 점은 공자 같은 聖人은 聖人이라고 말하지 않는다. 오히려 내 어찌 감히 그것을 갖추었다고 할 수 있겠는가? 어떻게 하면 이와 같은 聖人의 경지에 도달 할 수 있겠는가? 그것은 공자가 15세 학문을 뜻고 70세에 聖人의 경지에 도달한 것은 끈임없이 학문을 연마한 결과이다.

" 교사의 수준이 통념을 넘어 원칙상 최고 수준에 있어야 한다는 생각은 무엇보다도 교육내용의 성격에서 비롯된다. 교육내용은 결코 요소지식만으로 규정될 수 있는 것이 아니며, 그것은 이제까지 인류가 살아온 가운데 가장 소중한 마음으로서, 세대에서 세대로 전해져 온 것이다. 그러나 교육내용의 성격이 요소지식으로 규정될 수 없다고 하여 교육에서 요소지식을 배제해야 한다는 주장은 옳지 않다. 인류가 전해온 마음은 요소지식과 분리되어 존재하는 것이 아니라 요소지식과 더불어 존재하기 때문이다. 이 마음은 언제나 표현된 형태로 드러나지만, 학생의 입장에서 그것은 결국 표현되기 이전의 형태로 다시 환원하기 않으면 안 된다. 그러한 점에서 보면, 교사는 학생에게 요소지식을 가르치는 일을 하지만, 그것보다 더 중요한 측면으로서, 지식의 원형을 시범보이는 일을 한다고 말할 수 있다. 교사가 수업사태에 절대적 권위를 가진 자로 출현하는 것은, 그가 요소지식을 많이 지니고 있기 때문이 아니라, 그에 의하여 지식이 비로소 생명력을 가지게 되기 때문이다."(김광민, 2001.)

지금까지의 논의로 보아 이때까지 우리가 지식은 가르쳤으나 인간은 가르치지 않았다는 비판은 사실상 이때까지 우리가 지식을 잘못 가르쳐 왔다는 것으로 되는 것이다. 따라서 사범대학에서 교사를 양성하는 프로그램에서는 지식을 가르치되 그 眼目으로 현상을 볼 수 있도록 해 주어야 한다. 교사 자신이 장님인데 어떻게 학생들의 눈을 뜨게 할 수 있겠는가. 그러므로 사범대학에서는 최고수준의 교수가 최고

상태의 지식을 가르쳐 최고 상태의 지적 안목을 갖추도록 해 주어야 할 것이다.

Ⅳ. 교사의 권위

오늘날 교육에서 자주 하는 말 중에 '교실의 붕괴'를 들 수 있다. 교사는 교과내용을 학생들에게 열심히 설명하고 있는 데 한 집단의 학생들은 교사의 설명을 듣지 않고 다른 짓을 하고 있거나 다른 집단의 학생들은 팔베개를 하고 잠을 자고 있다. 교사는 이 모든 사태를 보지 못한 것처럼 계속 설명하고 있는 것이다. 이 광경이야말로 '교실 붕괴'의 한 가지 전형적인 모습이 아닌가 생각된다. 수업 사태에서 학생들은 말할 필요도 없이 조용히 바르게 앉아서 교사의 말을 傾聽해야 하는 것이다. 그러나 이와 같은 사태를 야기 시킨 것은 모종의 규범적 질서가 유지 되지 못하고 있다는 것을 알 수 있다. 말하자면 교사의 권위가 없다는 말과 통한다.

교사가 가진 "權威" 라는 말에는 두 가지 의미가 들어 있다. 하나는 직위상의 권위이며 다른 하나는 전문지식의 권위이다. 교사는 첫째로 사회가 정한 모종의 일을 하기 위하여 −특히 학교에서의 사회통제를 하기 위하여− '직위상의 권위'를 누리게 된 사람인 것이다. 둘째로 해당 학문 분야의 전문지식의 권위자이어야 한다. 셋째로 가르치는 교과 내용의 방법에 관한 전문가이어야 한다. 이제 한편으로, 교사는 합법적 −합리적인 현대 사회에서 직위상의 권위를 인정받아야 한다. 또 한편으로 교사는 또한 사람들을 특정 직업에 알맞도록 훈련시키는 역할과 진학 및 취직의 경쟁에서 선발자의 역할을 수행할 책임도 맡고 있으며, 이 일을 위한 특수한 전문지식도 있어야 한다.

그러나 교직이 전문직인가 하는 문제가 있다. 교사의 직위상의 권위와 특정분야의 전문지식의 권위자로서의 자격을 갖춘 사람으로서의 역할 가운데서 어느 측면을 더 강조하는가

"미국교사의 대부분은 사범대학 출신이며, 사범대학은 종합대학과는 떨어져서

종합대학으로부터 다소간 경멸을 받고 이기 때문에, 학교교사가 특정 분야에 대한 전문지식의 권위자라는 생각은 지지를 얻기 어렵다. 뿐만 아니라, 미국은 최고학부인 대학의 문이 넓고 물질적 자원이 풍부한 나라이기 때문에 고등학교 수준에서 전문화와 학업성취가 그다지 크게 요구되지 않는다. 미국에는 영국의 예과에 해당하는 것이 없다. 그러므로 담당 교과목에 대한 교사의 권위를 인정하기 어렵게 만드는 외부적인 요인들과는 별도로, 미국의 교사는 자기 담당 교과목에 대한 권위자일 필요성을 별로 느끼지 않는다. 그러나 그들도 방법론에는 어느 정도 전문가일 필요가 있다."(피터즈, 이홍우 역, 윤리학과 교육. p.278.)

영국의 경우는 어떤가 ?

"교사는 교구 목사와 함께 전통적으로 국가에 의해서 고용된 공무원의 신분이다. 목사가 성경을 알아야 하는 것처럼 교사는 역사와 호라티우스의 詩를 알아야 하는 것으로 생각되었다. 이러한 기대 때문에 또 중등학교의 높은 학업성위 수준 때문에, 교사는 어느 한 분야에 대한 전문지식의 권위자 - 대학교수가 하는 일을 , 미숙하지만 더 열심히 하는 사람 - 일 것으로 기대 된다."(상동)

위에서 보는 바와 같이 미국의 경우는 교사가 목적(교육내용)에 대한 권위자이기 보다는 수단 (교육방법)에 대한 전문가일 것을 요구하고 있다. 그러나 영국의 경우는 교사가 학생들에게 학문적 秀越을 개발하는 것을 가장 중요한 과업으로 생각한다. 말하자면 교사는 교육내용으로 入門시키는 일을 하는 사람으로 인정되고 있다.

교직의 전문성 문제는 교직의 처우개선이나 교권의 옹호와 관련되는 맥락에서 논의 되고 있는 것을 볼 수 있다. 이 경우는 전문직의 모형을 의사직이나 법관직에 두고 고도의 지적능력이 필요한 직업인가, 거기에 종사하기까지 상당히 장기간에 걸친 특수한 교육내지 훈련을 받아야 하는 직업이라든가, 그 자체의 업무 수행 능력을 향상시키고 근무조건을 개선하기 위한 자율적 조직을 가지고 있는 직업이라든가 하는 주장을 하면서 교직도 응분의 인식과 대우가 주어져야 한다는 것을 주장하는 것이다. 지금 까지 교직의 전문성에 관한 논의는 이와 같은 맥락에서 이루어진 것 같다. 과연 이것으로 교직의 전문성을 충분히 들어내고 있는가?

그렇지 않다. 그러면 또 다른 하나의 맥락은 무엇인가? 그것은 교사의 자질이 문제되는 맥락이다. 거기에는 소위 職前敎育 뿐만 아니라 교직에 종사하는 동안에 받는 체계적인 연수과정이나 교사자신의 독자적 노력등이 교사자질을 구비시키고 향상시키는 데에 그 목적이 있다. "교직은 전문직인가, 그렇다면 어떤 뜻에서 전문직인가 하는 문제에 대한 해답의 방향에 따라 교사를 어떻게 길러내야 하는 방향이 결정될 수 있다."(이홍우, 전게서, p. 234.)는 것이다. 그러므로 이 문제는 다시 교사의 권위문제와 관련된다.

교사의 일은 무엇보다도 학생으로 하여금 교과에 대하여 교사가 가지고 있는 것과 동일한 관심을 가지도록 하는 일이다. 또한 교사는 학교가 추구하는 목적을 이룰 수 있도록 도와주는 일을 하는 것이다. 여기서의 문제는 교사가 가지고 있는 교과에 관한 관심과 학생의 해당교과에 관한 관심에 차이가 있다는 것이다. 그러므로 교사가 교과에 관한 관심으로 학생을 유인해야 한다. 이 유인하는 문제는 그리 간단하지 않아 매우 어려운 문제이다. 흔히 교사가 쓰는 유인 방법으로 교사가 가르칠 내용이 가져다 줄 외재적 가치나 직업적 가치에 관심을 집중시켜 학생들로 하여금 공부를 하게끔 하는 것을 볼 수 있다. 그러나 이와 같은 외재적 가치에 관심을 불러일으키는 방법이 타당한가? 이 방법은 가르치는 내용을 歪曲시키거나, 학생으로 하여금 그 내용의 가치를 수단시 하는 것으로 보는 그릇된 태도를 갖도록 하는 것이 아닌가 하는 의심을 가져다준다. 말하자면 수학과 역사를 수단시 했을 때, "역사나 수학은 당장 써 먹어야 할 필요가 있을 때에만 공부 할 가치가 있다"는 태도를 배우게 된다는 것이다. 이 때 놓쳐버린 것은 학생들이 배우는 내용 속에 숨어 있는 내재적 가치를 깨닫지 못했다는 것이다. 이상적으로 말하면 처음에는 외재적 매력에 이끌리지만, 차츰 공부를 해나가는 동안에 내재적 가치를 이해하게 되는 것이다.

과연 교사가 학생으로 하여금 가르칠 교육내용에 관심을 가지게 하는 또 다른 방법은 없는가? 그것은 교사의 '專門知識의 權威'라고 말할 수 있다. 이 말은 교사가 해당분야에 권위자가 되는 것이다. 일반적으로 말해서 어떤 분야에 권위자는 자기의 권위에 신비로움을 덧붙인다고 말할 수 있다. 보통사람과 달리 해당분야의 전문지식을 갖춘 사람으로서 해당분야에 가치를 누구보다도 명확히 알고 그 해당

분야 지식에 몸과 마음을 아낌없이 바치는 모습이다. 그리하여 획득된 해당분야의 복잡한 활동과 지식에 정통한 그의 솜씨는 보는 사람들로 하여금 讚嘆을 자아내고, 급기야 神秘속에 빠져들지 않을 수 없도록 한다. 특히 교사는 자신이 종사하는 해당학문 분야는 일시적인 道樂이 아닌 영원한 인간 정신활동이라는 점을 누구보다도 잘 알고 있고 이것을 학생들에게 보여 주어야 한다. 이 일은 그리 간단하지 않다.

피터즈에 의하면, "어떤 분야를 막론하고, 모든 지식과 기술은 다음과 같은 생각을 토대로 하여 성립된다. 즉, 일올 하는 데는 올바른 방법과 그릇된 방법이 있다는 생각, 어떤 것은 옳고 어떤 것은 그르다는 생각, 어떻게 말하고 행동하는가가 결정적으로 중요하다는 생각이 그것이다."(Peters, 윤리학과 교육, p.284) 이것을 다시 수업사태와 관련을 지워 말해보면, 교사가 교과를 가르치면서 학생들로부터 깜짝 놀랄 만한 핵심적인 질문을 받았을 때, 보통의 경우처럼 얼버무려 버릴 것이 아니라, 진지한 태도로 놀라움을 표시하고 관심을 나타내어야 한다. 그와 동시에 그 질문에 대답하는 교사는 매우 진지한 모습으로 정확한 내용으로 답해 주어야 한다. 말하자면 교사는 지식과 기술을 가르치면서 그 裏面에 들어있는 앞서 피터즈가 말한 내용이 학생들에게 전달되어야 한다.

전달하되 어떻게 전달되어야 하는가? 무기력하게 불분명하게 전달되는 것이 아니라, 생생하게 활기찬 모습으로 그러나 결코 오만하지 않게 전달되어야 한다. 흔히 볼 수 있듯이, 교사는 아는 자로서 등장하여 학생들을 깔보는 태도로 교육내용을 전달해서는 안 된다. 학생들이 보기에 저토록 따분한 내용을 교사는 마치 저 교과 말고는 이 세상에 모든 것이 가치 없다는 태도와 함께 열정과 흥분을 동반하여 학생들에게 전달될 때, 학생들은 교사가 추구하는 교과에 자신들이 모른 가치가 있다고 생각하면서 서서히 그 해당분야 교과에 몰입하게 되는 것이다. 물론 여기에는 질문 해답 그리고 해당분야의 특성에 알맞은 방법이 동원될 것이다. 열정과 흥분을 동반한 가르침의 비유를 구약성서에서 찾아보겠다.

"여호와께서 권능으로 내게 임하시고 그 神으로 나를 데리고 가서 골짜기 가운데 두셨는데 거기 뼈가 가득하더라. 나를 그 뼈 사방으로 지나게 하시기로 본 즉 그 골짜기 지면에 뼈가 심히 많고 아주 말랐더라. 그가 내게 이르시되 人子야 이 뼈들이 능히 살겠느냐 하시기로 내가 대답하되 주 여호와여 주께서 아시나이다. 또 내게 이르시되 너는 이 모든 뼈들에게 代言하여 이르기를 너희 마른 뼈들아 여화와의 말씀을 들을지어다. 주 여호와께서 이 뼈들에게 말씀하시기를 내가 생기로 너희에게 들어가게 하리니 너희가 살리라, 너희위에 힘줄을 두고 살을 입히고 가죽으로 덮고 너희 속에 生氣를 두리니 너희가 살리라, 또 나를 여호와인줄 알리라 하셨다 하라. 이에 내가 命을 좇아 代言하니 代言할 때에 소리가 나고 움직이더니 이 뼈, 저 뼈가 들어맞아서 뼈들이 서로 연락하더라. 내가 또 보니 그 뼈에 힘줄이 생기고 살이 오르며 그 위에 가죽이 덮이나 그 속에 생기는 없더라. 또 내게 이르시되 인자야 너는 생기를 향하여 대언하라, 생기에게 대언하여 이르기를 주 여화와의 말씀에 생기가 사방에서부터 와서 이 사망을 당한 자들에 붙어서 살게 하라 하셨다 하라. 이에 내가 그 명대로 대언하였더니 생기가 그들에게 들어가매 그들이 곧 살아 일어나서 서는데 극히 큰 군대더라."(에스겔, 37: 1-10)

사실 교과서에 담긴 교육내용으로서의 지식은 마른 뼈와 같이 죽은 지식인 것이다. 이 죽은 지식에 생기를 불어넣고 힘줄을 넣어주고 가죽으로 덮어 살아 움직이게 하는 힘을 가지고 있는 사람이 바로 교사이다. 학생들에게 전달되는 무기력한 지식은 오히려 학생에게 해를 끼칠 수 있다. 그러나 교사의 능력으로 '마른 뼈들 위에 부어 그것들을 살아 움직이게 한 그 생기의 바람과도 같이 죽은 문자와 죽은 영혼위에 불어 , 죽은 문자와 죽은 영혼이 살아 새롭게 되는 모습을 띄게 할 수 있다. 이 교사의 일은 전통적으로 숭고하다고 생각한 것이다. 이 생각을 갖도록 하기 위하여 여러 가지 조치를 취하고 있다. 예컨대, 율곡의 격몽요결의 독서장에 보면, "무릇 독서를 하는 자는 반드시 단정히 팔짱을 끼고 무릎을 꿇고 바르게 앉아 삼가 공경하여 책을 대하되, 마음을 다하고 뜻을 극진히 하여 생각을 가려 정밀히 하며, 숙독하고 깊이 생각하여(涵泳) 그 의미를 풀어내 구절마다 반드시 실천할 방법을 강구할 것이다"라고 하고 있다. 이와 같은 儀式은 과거와 현재를 연결해 주며, "전수되는 내용의 중요성"을 은연중에 돋보이게 하는 것이다.

그러나 무엇보다도 중요한 것은 학생의 마음속에 "진리를 발견하려는 열정, 우아하고 아름다운 것을 창조하려는 열정, 정밀하고 숙련된 기술을 익히려는 열정"(피터즈, 이홍우 번역, p. 286)이 생겨서 교사가 보지 않는 데에서도 혼자서 공

부하는 모습이다. 만약 이 상태가 이루어졌다면 이미 학생은 학생이 아니고 교사
인 것이다. 교사와 학생사이에는 로오렌스가 말한 '聖域'이라는 것이 가로놓여 있
다. 교사는 이 그 聖域안에 살아 그곳이 능숙하여 그 '聖域'을 음미하고 탐색하는
데 필요한 학문의 방법을 훈련받은 사람이다. 이와 같이 말을 해도 이 일을 성취
하기 위해서는 많은 어려움이 있다. 이 보다 더 어려운 일은 교사는 권위자가 있
어야 함과 동시에 학생들로 하여금 자신의 지적 권위에 도전하는 하는 힘을 가지
게 되도록 가르쳐야 한다. 왜냐하면 교사는 문화를 보존하는 사람인 동시에 그 문
화에 도전하고 그것을 변화시키도록 만드는 사람이기 때문이다.

교사에게는 전문지식의 권위자임과 동시에 직위상의 권위도 가져야 한다. 이
권위는 명령과 요구가 그 핵심을 이루고 있다. 교사가 가르치고 있는 수업사태에
서 학생들이 잠을 자고 있을 때, 깨어나 열심히 교사의 설명을 들을 것을 명령하
고 요구해야 하는 것이다. 이 일을 원만히 할 수 없을 때, 교실의 붕괴가 오는 것
이다. 여기서 말하는 명령이라는 것은 , 많은 사람들이 보기에, 인간의 존엄성에
위배된다고 보는 것이다. 그러나 과연 그런가 아닌가 하는 것은 명령이 어떤 사태
에서 내려졌나를 정확히 판단해야 하는 것이다. 만약 교사가 명령을 내리되 학생
들 앞에서 자신의 우월성을 과시한다거나, 학생들을 자신의 의지에 복종시키는 것
에 즐거움을 느낀다고 하면, 그 교사는 권위주의로 떨어질 위험성이 높은 것이다.
그러므로 교사는 권위를 가지되 권위주의자가 되지 말아야 하는 것이다. 이것이
교사교육에 반영되어야 할 것이다.

V. 結論 : 敎師敎育의 新方向

지금까지의 논의로 보아 교사교육은 어떤 방향으로 갈 것인가 하는 것이 비교
적 분명하게 제시되어 있다. 여기서는 다시 그 방향을 요약하여 제시해 보겠다.
첫째로 교사교육에서는 무엇보다도 교과교육의 내용이 되는 학문을 올바른 방

법으로 교육받아야 한다. 교사자신이 올바르게 교육받지 못하면서 누구를 가르칠 수 있는가?

둘째로 교사교육에서는 학문을 가르치되 그것이 곧바로 인성교육 또는 인격교육과 불가분의 관계를 맺고 있다는 것을 확실히 알도록 교육시켜야 한다.

셋째로 교사교육에서는 전문적 지식의 권위자이며 동시에 직위상의 권위자임을 올바르게 교육받도록 해야 한다.

사람들은 흔히 교사교육 또는 사범대학교육을 목적대학의 교육이라고 말하면서 직업교육과 혼동하고 있다. 직업교육은 수단 -목적의 관계가 성립된다. 말하자면 어떤 직업을 갖기 위한 수단으로 학교 교육이 사용되는 것이다. 그러나 교사교육 또는 사범대학 교육은 그 자체가 교육의 정수이며, 올바른 교육 그 자체를 보여주어야 하기 때문에 수단 -목적 관계가 성립되지 않는다. 말하자면 교사가 될 목적으로 사범대학 교육내용이 수단시 될 수 없다는 것이다. 여기에 사범대학 교육 또는 교사교육의 특수성이 있다고 말할 수 있다. 만약 교사교육이 진실로 학생들을 가르치는 방법에 모든 정열을 쏟는다면 그 교사교육은 제대로 이루어지지 않았을 뿐만 아니라 잘못 오도된 교사교육이 될 수 있다. 그러므로 교사교육의 올바른 방향을 잡고 그 방향을 향하여 온갖 힘을 쏟는다는 점에서 "교사교육의 신방향" 오늘날 우리 교육현실에 새로운 의미를 던져준다고 말할 수 있을 것이다.

이 점을 좀더 분명히 말하기 위해서 우리말에는 敎師를 호칭하는 말로서, 스승,先生, 師君(스승을 높이는 말), 師丈(스승이 되는 어른), 師匠(학문이나 技藝의 스승), 函丈(스승)등의 말이 있지만, 이 언어들은 교사에 별칭으로서 사용되고 있는 것 같다. 물론 요즈음 쓰는 말에도 先生, 敎師보다는 스승이 수준 높은 교사를 가리키고는 있다. 그 수준이 어떤 수준인가는 불분명하다. 그러나 산스크리트어(우파니샤드와 힌두 신비주의), 프라크리트어(마하비라와 모든 자이나교 신비주의자), 팔리어(석가모니 부처)들은 내면적 경험에 관해서 풍부한 어휘들을 가지고 있다. 여기서는 '선생'을 의미하는 말로서 이 세 가지 언어에서 그 어휘들을 살펴보자.11)

---

11) Osho Rajneesh, Bodhidharma The Greatest Zen Master, (The Rebel Pulishing House GmbH, Cologne, West Germany), 달마, 이연화 옮김, 정신세계사(서울, 1992), pp. 70-71.

첫 번째 단어는 '시크샤크(sikshak)란 말이 있다. 그것은 오직 정보만을 전달해 주는 선생을 가리킨다. 그는 자신이 말하는 내용을 알 수도 있고 모를 수도 있다. 그러나 그의 정보는 정확하다.

두 번째 단어는 '아디야팍(adhyapak)'이다. 그는 지식을 내면의 속으로 약간 깊이 들어간 사람이다. 단지 정보만 전달해 주는 사람은 아니다. 그는 자신이 전달해 주는 정보를 알고 있는 사람이다.

세 번째 단어는 '우파디야이(upadhyay)'이다. 그는 좀더 내면의 세계로 깊이 들어간 사람이다. 그의 지식은 살아있다.

마지막으로 '아챠리아(acharya)'란 말이 있다. 그는 궁극에 이른 사람이다. 공자나 소크라테스 같은 수준의 교사일 것이다. 이런 교사는, "내재적 가치의 불빛을 학생들에게 끊임없이 비쳐 줌으로써, 그 가치를 不知不識간에 전달할 수 있는 사람"(피터즈, p. 65.)일 것이다. "가르침의 마지막 꽃은 교사가 자기의 힘이 자라는 범위 내에서 최대한의 기술과 인내와 열성을 가지고 자기의 '聖域'을 탐색할 때 비로소 피어날 것이다. 자기에게 진정한 제자가 생기는가 아닌가에 마음을 쓸 수없을 만큼 교사가 자기 일에 몰두 할 때 아마 그에게는 진정한 제자가 생기게 될지 모른다"(피터즈, p. 63.)는 피터즈의 말을 우리는 곰곰히 되씹어 볼 때이며, 이 말은 우리교사교육의 현재 상태를 알게 해주며 교사교육의 새로운 방향에 빛을 비쳐 줄지 모른다.

參考文獻

李烘雨 著 〈新敎育學講座2 知識의 構造와 敎科〉 敎育科學社 1980.

柳漢九 "敎科와 敎師" - 道德敎育硏究 韓國道德敎育學會 第13卷 2號 2001.
　　　12. p.1.

金光敏 "敎科敎育에서의 敎師의 위치" : 人性敎育에 주는 시사
　　　- 道德敎育硏究 韓國道德敎育學會 第13卷 2號 2001. 12. p.23.

曹永泰 "교사의 권위지식과 규범의 성격을 중심으로"
　　　- 道德敎育硏究 韓國道德敎育學會 第13卷 2號 2001. 12. p.47.

유한구. '교원교육과 교사의 수업 전문성', 「교실교육의 개혁과 교사의 수업 전문
　　　성」. 한국교원교육학회. 2002.

이홍우. '가르치는 자와 배우는 자', 「교육의 목적과 난점」, 제6판, 교육과학사,
　　　1998.

이홍우. '교과와 실재', 「도덕교육연구」 제13집 제1호, 한국도덕교육학회,
　　　2001a..

임병덕. 「키에르케고르의 간접전달」, 교육과정철학총서 4, 교육과학사. 1998.

조영태. '수업 방법의 실체화', 「중등 우리교육」, 1997.

Boyd, William, The History of Western Education, 1952, 이홍우·박
　　　재문·유한구(역), 「서양 교육사」, 교육과학사, 1994.

Peters, R.　S., Authority, Responsibility and Education(2nd Ed.),
　　　London :

George Allen and Unwin, 1963.

──────, Ethics and Education, London : George Allen & Unwin,
　　　1966. 이홍우(역), 「윤리학과 교육」, 서울 : 교육과학사, 1980.

12. 대학교육의 이념

Ⅰ. 서론

　지금까지 충북대학교는 충북대학교 교육과정에 관한 많은 연구를 하였지만, 충북대학교의 대학교육 이념에 관한 것을 문제삼아 연구한 것은 거의 찾아 볼 수 없다. 누구나 잘 알다시피 충북대학교 교육과정을 연구하기 위한 첫걸음이 바로 충북대학교 대학교육이념이라고 말할 수 있다(이하 '대학교육이념'으로 칭함). 대학교육이념은 대학교육목적 또는 대학교육이상으로 표현하고 있다. 그런데 '理想'이라든가 '目的'이라는 것은 그 자체로서는 인간 활동의 원천으로 보기 어렵다. "인간행위의 진정한 원천은 무슨 일인가를 하려는 성향, 그리고 그 일을 하는 방법에 관한 지식이며 理想이나 目的은 그런 성향과 지식을 간단하게 요약해서 부르는 이름이다 … 우리는, 물론 특정한 활동에 관하여 그 목적은 이러이러한 것에 있다는 식으로 목적을 말하기도 하지만 그런 경우에 우리가 말하는 '목적'이라는 것은 이런 활동, 저런 활동을 하는 방법에 관한 우리의 지식을 요약하여 기술한 것에 불과하다"(Oakeshott, 1989, p.95). 말하자면 충북대학교 교육목적 또는 이념은 충북대학교가 교육하려는 성향과 지식을 간단하게 요약해서 부르는 이름이다. 다시 말하면 충북대학교 교육목적이나 이상은 충북대학교가 교육에 관한 이런 저런 활동을 하는 방법에 관한 우리의 지식을 요약하여 기술한 것이다.

　오늘날 한국의 대학에 대한 비판 가운데 하나는, 대학은 그것이 수행해야 할

機能에 관한 명백한 인식을 가져야 함에도 불구하고 그러한 인식을 결여하고 있다고 하는 것이다. 오늘날 한국의 대학에는 응당 비판을 받아야 할 소지가 많이 있으나, 대학이 자신의 기능을 명백히 인식하지 못하고 있다는 것을 비판의 근거로 삼는다면 이것은 대학의 성격을 잘못 파악하는 것이다. "대학은 특정한 목적을 달성하기 위하여, 또는 특정한 결과를 산출하기 위하여 만들어진 기계가 아니라, 인간활동의 특정한 방식이다"(Oakeshott, 1989, p.96). 요즈음 한국의 대학들은 그들의 '목적'을 잘 알지 못하고 있는 것은 말할 것도 없고, 그들의 기능에 관해서도 명확한 인식을 하고 있지 못한 것도 사실이다. 그러나 여기에서 이것들 보다 더 중요한 문제는 '대학이 대학으로서의 일을 어떻게 해 나가야 하는가' 하는 것이다. 우리가 대학의 理念이라는 것을 알아내려고 하면 그것은 오직 대학이 대학으로서의 일을 어떻게 해 나가야 하는가에 관한 지식을 탐구할 때 비로소 가능하다.

교육사를 돌아 볼 때, 오늘날 한국의 대학이 대학으로서 과연 무슨 일을 해야 하는가를 알고 싶을 때마다 떠오르는 인물이 있다. 그가 바로 프리드리히 빌헬름 폰 훔볼트(Friedrich Wihelm von Humbolt, 1767~1835)이다. 그는 위대한 학자이면서 동시에 위대한 인격자로서 칸트 철학에 관한 그의 지식과 고대 희랍의 문물제도에 관한 그의 열정과 찬탄을 기초로 하여 자신이 맡은 교육재건의 과업에 높은 삶의 理想을 불어넣었다. "그의 가장 중요한 업적은 피이테와 슐라이에르마헤르의 도움을 받아 베를린에 새로운 대학을 설립한 것이다. 프로이센이 가장 큰 궁핍을 겪고 있던 그때에 이와 같은 대학을 설립한다는 것 ― 더구나 戰費報償을 위한 세금이 전국을 짓누르고 생필품의 가격이 天井不知로 치솟고 있던 그 때에 연간 22,500 파운드를 쾌척하여 새로운 대학과 학술원을 설립하기로 결정한 것은 전쟁터에서 戰士의 행위에 못지않은 영웅적 행위였다"(Boyd(번역본), 1994, p. 502). 우리가 주목해야 할 것은 "베를린 대학은 단순히 기존의 대학에 숫자 하나를 덧붙이는 데에 목적이 있었던 것이 아니라, 대학교육의 새로운 개념을 구현할 새로운 사례를 창출하는 데 목적이 있었다. 그 주된 강조점은 가르치고 시험 보는 것이 아닌 학문 연구에 있었으며, 이 목적에 따라 교수의 충원 또한, 학문의 발전을 위하여 독창적인 공헌을 할 능력이 있는 사람들로 이루어졌다. 뿐만 아니라, 이 대학은 교육과 운영 면에서 대학의 문제를 스스로 처리해 나갈 수 있는 완전한 자유를 보장받았다."(Boyd(번역본), 1994, p. 502)는 점이다. 그리고 더 나아가 우리는 훔볼트의 다음과 같은 말에 귀를 기울여야 할 것이다. 즉, "국가는 국가 자체의 이익에 직접 관계되는 어떤 것도 대학에 기대해서는 안 된다. 오히려 국가는, 대학은 그 고유의 기능을 수행할 때 국가의 목적에 이바지할 뿐만 아니라 … 국가가 가동할 수 있는 것보다 훨씬 더 효율적인 동력과 자원을 가동할 여유를 가지고 국가의 목적을 무한히 높은 차원에서 달성할 수 있다는 믿음을 가져야 한다."(Boyd(번역본), 1994, p. 502)고 하였다. 독일은 이 정신에 입각하여 모든 대학이 교육개혁을 하였다. 그 결과 오늘날 독일이라는 국가와 그 대학은 어떤 위치에 있는가?

이제 우리는 앞의 사례에 비추어 충북대학교 교육목적에 관한 논의를 시작하고자 한다. 과연 충북대학교 교육목표는 베를린 대학의 교육목표와 크게 다른가? 다른 게 있다면 왜 그런 모습이 되었는가? 이러한 점들을 염두에 두고, 충북대학교 교육목표를 살펴보기로 한다. 충북대학교 학칙 제1조 2항(교육목표)에 의하면, "본 대학교의 교육목표는 학술의 심오한 이론과 그 응용방법을 교수, 연구, 개발하는 동시에 인격을 도야하며, 국가와 사회에 공헌할 수 있는 인재를 양성하는 데 있다."(충북대학교규칙 제610호 2003. 2. 24)고 기술하고 있다. 이 교육목표의 내용을 간단히 분석해 보면, 충북대학교는 '연구, 교육, 사회봉사'를 목적으로 하는 교육기관임을 스스로 闡明하고 있는 것이다. 그렇다면 충북대학교에서의 '연구, 교육, 사회봉사'는 구체적으로 무엇을 의미하고 있는지 생각해 보겠다.

대학이 무엇을 하는 곳인가를 구체적으로 말하기 전에, 잠깐 대학의 기원을 서양 교육사의 관점에서 기술해 보겠다.

기원 12세기 초, 볼로냐와 파리는 그 밖의 다른 점에서는 명백한 차이를 나타내었음에도 불구하고 학문적 조건에 있어서는 근본적인 유사성을 나타내고 있었다. 양쪽(볼로냐와 파리) 어느 경우에 있어서나 인문학 계통의 몇몇 학교들이 당시의 보편적인 필요와 관심에 부응하여 특별한 분야에 노력을 집중하면서 수준 높은 교육을 시도하고 있었다. 또한, 어느 경우에 있어서나 훌륭한 교사의 출현이 학교의 발전에 결정적인 관건으로 작용하였다. 그러한 교사의 출현은, 첫째로 교육내용의 범위가 확장되고 교육의 방법이 달라져서 이제는 그들의 가르침을 전통적인 공부와 동일한 종류의 것으로 생각할 수 없게 만들었으며, 둘째로, 많은 수의 학생들을 끌어 모아서 이제는 이런 저런 분야의 전문적인 교육을 받으려면 이런 저런 도시로 가야 한다는 식의 생각이 모든 유럽 학생들 사이의 통념이 되도록 하였다. 이것이 바로 대학의 시작이다. 그러한 학교를 지칭한 '스투디움 게네랄리스(studium generalis)라는 이름 — 물론, 이것은 얼마간의 기간이 지난 뒤에 생긴 이름이다 — 은 지역적인 제한 없이 유럽 전역의 학생들에게 열려 있는 공인된 '학문추구의 장소'라는 뜻으로 사용되었다(Boyd(번역본), 1994, p. 210).

말하자면 중세의 경우와 마찬가지로 대학은 사람들이 모여 특별한 종류의 활동에 종사하는 곳이다. '학문추구'라는 특별한 종류의 활동은 문명된 삶의 방식이 나타내는 한 가지 특징이며, 이 특징을 갖출 수 있도록 해주는 것은 교육이다. 그런 점에서 교육 역시 인간을 문명된 삶의 방식으로 이끄는 '성년식으로서의 교육'이 되어야 한다. 오우크쇼트는 이와 같은 교육의 특징을 다음과 같이 감동적으로 그려내고 있다.

문명된 인간으로서 우리가 상속받은 것은 우리 자신과 세계의 탐구도 아니며, 누적되는 정보의 총체도 아니요, 다만 원시림에서 시작하여 세기를 거듭하는 동안 점점 뜻이 분명하게 된 對話이다. 대화는 사람과 사람 사이에도, 또 우리 자신의 내부에서도 진행된다. 물론, 우리에게는 持論도 있고 탐구도 있고 정보도 있지만, 그런 것이 우리에게 이로움을 주는 경우는 오직 그것이 이 대화의 한 토막을 이룰 때이다. 인간과 동물, 문명인과 야만인을 구별하는 것은 정연하게 추리하는 능력이나 세계를 알아내는 능력이나 심지어 보다 나은 세계를 만들어내는 능력이 아니라, 이 '對話'에 참여하는 능력이다. 아닌 게 아니라, 인간이 오늘날처럼 원숭이의 꼬리 없는 모습을 갖추게 된 것이 '결론 없는 이야기' — 對話 — 를 하느라고 그토록 늦게까지 앉아 있었기 때문이라는 것은 전혀 허황된 이야기라고만은 할 수 없다. 교육은 실상 이 대화의 기술과 거기에 참여하는 정신을 가르치는 '성년식'이라고 보아야 할 것이다. 그것을 통하여 우리는 목소리를 알아들을 수 있게 되고, 경우에 따라 적절한 발언과 적절하지 않은 발언을 분간할 줄 알게 되고, 대화에 당연히 요구되는 지적, 도덕적 습성을 획득하게 된다. 결국, 하나하나의 인간활동과 발언에 무대와 배역을 주는 것이 바로 이 대화이다(Oakeshott, 1962, p. 199).

문명된 사회에는 '學者'를 위한 장소가 별도로 마련되어 있다. 물론 대학만이 이런 곳이 아니고 재야학자, 특정분야에서 뛰어난 업적을 쌓은 학회 등이 있기는 하지만, 대학은 '학문의 추구'에 종사하되 고유의 특별한 방식으로 종사한다는 점에서 다른 것과 구별된다. 원래 '유니버시티'(university)라는 말은 선생이나 학생의 협회 또는 조합을 뜻하였다. 이 조합은, 명백하게, 12세기 당시 유럽 전역에 걸쳐 두드러지게 나타난 匠人들의 조합을 본 따서, 선생과 학생의 상호부조와 보호의 목적으로 조직된 것이었다. 오늘날 대학은 각각 특정 분야의 연구에 헌신하고 있는 학자의 단체이며, 일종의 '협동기업'의 형태로 학문을 추구한다는 데 그 특징이 있다. 대학의 교수들은 서로 가까운 곳에 살면서 언제라도 만날 수 있다. 만약 대학이라는 장소가 가지고 있는 이 특징을 간과한다면, 그것은 대학의 성격 중에서 중요한 부분을 도외시하는 것이라고 할 수 있다. 더 나아가서 대학은 학문과 학습의 전통이 보존되고 확장되며, 학문의 추구에 필요한 모든 것이 모여 있는 소위 '학문의 보금자리'이다.

이 '학문의 보금자리'에서 무엇을 하고 있는지 좀더 자세히 들여다보자. 오늘날 한국의 대학에는 오로지 다른 일로 방해를 받지 않고 학문연구만을 전념하는 사람들은 흔하지 않다. 물론 연구교수라는 직함을 가지고 있는 사람들이 있기는 하지만 전적으로 연구만 하는 경우는 매우 드물다. 그러므로 대부분의 교수들은 연구와 가르치는 일을 함께 하게 되어 있다. 한국대학에서도 대학에서 연구가 주된 기능이라는 것을 잘 알고 있다. 그리하여 일정한 기간이 지나면 연구 안식년제를 주는 제도가 있다. 사실 대학은 연구만 하는 사람들로부터 학문적 지식을 나누어 가질 수 있다. 이런 부류의 사람들이 없다면 '과연 이 곳을 대학이라 할 수 있는가'라는 의문이 제기되는 것은 지극히 자연스럽다. 대학에는 또한 가르침을 받고자 하는 사람들이 있다. 이들이 바로 학생들이다. 이들은 정해진 교육과정을 이수하고 일정한 시험을 거쳐 학위를 받는다. 그리하여 대학구성원을 보면, 학자, 교수 겸 학자, 학생, 교직원을 들 수 있게 된다. 이 네 부류는 각각 어떤 일을 하며 서로 어떤 관계를 유지하는가? 이 문제를 심각한 것으로 받아들일 때, 우선 그들이 하는 역할은 상이할지라도 각 부류는 그들의 역할이 대학의 '학문추구'에 막대한 영향을 주고 있다는 사실을 명심해야 한다. 그런데 한국의 교수들은 현재 연구, 교육, 봉사들을 모두 잘 하도록 강요받고 있다. "이 사태는 과연 올바른 것인가?",

또한 "교수평가의 항목으로 이 세 가지를 함께 다루고 있는데 이것은 과연 타당한 가?" 등의 질문을 할 수 있다. 여기서는 이 질문에 직접 답하기보다는 대학의 목표 내지 이념으로서 학문추구(연구), 교육, 봉사를 구분하여 설명해 보고자 한다. 미리 말하거니와 연구, 교육, 봉사는 사실상 분리될 수 없지만, 개념상 이 세 가지를 구분한 것이다. 이점도 아울러 설명하고자 한다.

우선 대학에서 하고 있는 일 중에 가장 두드러진 일은 무엇보다도 '학문추구'이다. 여기서 학문추구와 연구는 동일선상에 놓고 생각하겠다. 연구 또는 학문추구는 새로운 정보를 찾아내고자 수행하는 것은 아니다. 학문추구는 새로운 정보를 캐내는 일과는 달리 심각한 학문적 사고를 거쳐야 하는 일이다. 물론 학문 추구에도 정보가 토대가 되어야 하기 때문에 학문추구와 정보를 획득하는 것 사이를 구별짓는 일은 그다지 쉬운 일이 아닐 것이다. 따지고 보면 학문추구는 정보 획득 그 이상의 일이라고 보아야 한다. 왜냐하면 거기에는 연구자의 독특한 생각이 반영되어 있기 때문이다. 학문을 추구하는 사람은 자신이 추구하는 일이 어떤 일이며, 어떤 방향으로 나아가야 하는지를 어느 정도 알고 있는 사람이다.

'학문을 추구하는 사람들'이 세상사람들의 눈에 어떻게 비치는가에 대해서도 생각해 볼 필요가 있다. 우선 즉각적인 연상은 경멸조의 말로 사용되는 '불쌍한 衒學者'일 것이다. 이들은 옷차림부터가 최신 유행과는 거리가 멀 것이고, 수수한 정도를 넘어서 꾀죄죄할 수도 있을 것이다. 이들은 세상 물정에 어둡고, 일상생활의 문제를 잘 처리해 나가지 못한다. 구전으로 내려오는 '피 멍석 떠내려보낸 선비'는 그러한 면에서의 전통적인 선비의 상을 여실하게 보여주고 있다.[12] 대학에서 학문을 추구하는 교수들도 선비와 비슷하다. 일반적으로 말해서 학문을 제대로 추구하는 교수는 '학문을 추구하는' 일에 온통 마음을 다 바쳐버린 나머지 바깥일에 관한 한, 세상이 어떻게 돌아가는지 잘 모르고, 그런 만큼 그를 속이겠다고 달려드는 사람에게 쉽게 희생이 된다. 교수는 일반적으로 일을 추진해 나가는 데에 박력이 없고, 어디가나 큰소리 한번 제대로 치지 못한다. 그는 융통성이라고는 약에 쓰려고 해도 찾아 볼 수 없고, 고지식하게 곧이곧대로 살려고 한다. 그는 타협

---

12) 李烘雨, '가르치는 자와 배우는 자', 「敎育의 目的과 難點」 (서울: 敎育科學社, 1998), p.111. 이하 이 문단의 내용은 원문에 제시된 '사범형 인간'을 필요한 범위 내에서 대학의 '교수'로 바꾸어 기술한 것이다.

할 줄 모르고, '되어먹지 않은 인간들'과 적당히 어울려 지낼 줄 모른다. 그가 남에게 뒤지지 않는 것이라고는 고집과 오기뿐이다. 남에게 쉽게 등쳐 먹히는 것에 비하면, 그는 남을 등쳐먹을 줄 모른다. 바로 이점 때문에 그는 때로 사람들 사이에 환영을 받을지 모르지만, 결코 그의 부인에게는 환영을 받지 못한다. 올바른 '학문 추구자'로서 그 부인에게 환영과 존경을 받는 사람이 있다면 그는 참으로 행운아일 것이다. 지금까지의 말이 현재 한국 교수들의 참모습인지 아닌지는 자신 없지만, 이 기술은 오직 보통사람들의 눈에 비친 교수의 전형적인 모습을 기술한 것뿐이다.

학문을 추구하는 사람들은 겉으로 보기에 '딱한 衒學者'이지만, 사실 그들이 하는 학문추구에서도 언제나 밝은 햇살이 비치는 것은 아니다. 때로는 아무도 알아주지 않은 학문적인 문제를 붙잡고 몇날 며칠을 고민할 수도 있고, 심지어는 해를 넘기는 일도 자주 일어난다. 학문을 추구하는 사람들의 연구가 자주 이러한 사태에 빠지는 것은 흔히 볼 수 있는 일이다. 그러나 그러한 혼돈에서 헤어 나오는 순간, 이 세상의 누구보다도 밝은 구석이 있는 사람으로서의 영광이 기다리고 있는 것도 아니다. 현실은 이와 같은 영광보다는 실패, 좌절, 고통이 더 심하여 심지어 건강까지 잃어 죽는 사례도 얼마든지 있는 것이다. 이와 같은 일이 벌어질 수 있는 곳이 바로 대학이다.

사실상 학문의 세계가 무엇으로 이루어져 있는가를 결정하는 간단한 기준은 없다. 그러나 학문의 세계를 논의함에 있어 有用性에 비추어 정당화하려고 것은 있을 수 없는 일이다. 아니 있어서도 안 되는 일이다. 그러나 오늘날 한국사회에서는 학문을 오로지 그 유용성의 잣대로 그 가치를 논하려는 경향을 아주 흔히 볼 수 있다. 학문이 추구하는 세계는 다른 보통의 일반세상에서 흔히 볼 수 있듯이, 어떤 정해진 목표를 향해 달려가서 도달하는 그런 세계가 아니라, 느린 속도로 변할 수밖에 없는 전통이 구현되는 세계라고 할 수 있다. 그리하여 시간이 흘러감에 따라, 새로운 학문의 세계가 펼쳐지기도 하고, 오랜 전통을 갖고 있는 학문의 세계가 노화되어 가다가도 새로운 학문의 세계와 만남으로써 젊어지는 경우도 얼마든지 있다.

학자가 학문의 세계를 추구하는 것은 개인이 전문적으로 학문 의 세계를 더듬는다는 뜻이 들어 있다. 구체적으로 학문을 추구하는 개인의 모습을 보면, 그 개인 학자로서 한 분야의 일정한 범위 안에서 전문적으로 연구하는 것은 어쩔 수 없는 일인지도 모른다. 사실 한 분야의 일정한 범위 안이라고 하더라도 어떤 학자가 연구하는 전문 분야라는 것이 흔히 사람들이 생각하듯이 아주 협소한 경우라는 것은 있을 수 없다. 왜냐하면 해당학자가 어떤 분야의 일정한 범위 안에서 전문적 연구를 하고 있다고 하더라도 이따금씩 다른 분야나 자신의 전공이 아닌 곳에 관심을 기울일 수 있기 때문이다. 그리하여 학문의 추구는 단편적인 일이라고 사람들에게 생각되기도 한다. 이렇게 되는 경우를 종종 만나본 경험이 있는 학자는 학문추구가 단편적인 일이라고 생각하는 사람들을 만날 때마다 속으로는, '그것은 아마도 바깥 세계의 사람들이 그렇게 생각하는 것뿐이라고 생각'을 하면서도, '보다 높은 차원에서 학문의 추구 전체를 통합하는 원리'를 찾아내어 학문추구의 일에 '整然한 방법이 없을까'를 마음에 떠올린다. 말하자면 학문을 추구하는 사람들에게 '일종의 地圖, 학문의 세계에 속하는 각 부분들의 관계가 분명하게 그려져 있는 地圖가 있어야 할 것이 아닌가' 하고 물어본다는 것이다. 여기에 '학문의 통합적 원리'는 다름 아닌 文化라고 믿는 사람들이 있다. 그러나 이 '문화'라는 생각을 가지고 내리는 진단과 처방은 그다지 정확하지 않다.

　사실상 따지고 보면, 학문의 세계는 '학문의 통합적 원리' 같은 것이 필요한 곳이 아니다. 학문의 통합적 원리 같은 것을 생각하는 경우는 열심히 학문을 추구하다가 누군가가 자신같이 좁다란 한 분야만을 파고 들어가기보다는 부분과 부분을 연결하는 매개물이 필요한 것이 아닌가 라고 마음을 먹고 학문추구의 흐름에서 홀로 그 대열에서 이탈할 때이다. 학문추구는 누구와의 전쟁도 경쟁도 아니며, 심지어 누가 옳게 학문을 추구하고 있다고 가려낼 필요도 없는 곳이다. '大學'이라는 이름은 하나의 커다란 '학문의 공동체' 같은 곳으로 연상할 수도 있지만, 더 직접적으로 말하면 그곳에서는 공부가 이루어지는 곳이며, 대학이 학문을 추구하는 장소로서 가지고 있는 특성은 바로 知的 對話의 정신이 살아 움직일 때 나타난다. 말하자면 각각의 학문분야에서 학문을 추구하는 모습은 지나치게 자신을 가지고 심지어 오만하게 비치기보다는 겸손한 어조로 대화에 끼여드는 것이다. 이 대화의 장에는 의장도 좌장도 필요 없으며, 미리 정해진 과정도 없는 것이다. 학문을 추구하는 사람들의 대화에서는 그 대화가 어디에 쓰이는가 하는 유용성을 묻지 않으며, 그 대화에서 얻어진 결론으로 그것이 어떤 경지에 있다고 판단하지도 않는다.

왜냐하면 대화에는 결론이 있을 수 없고, 언제든지 대화를 계속할 여지가 충분히 있기 때문이다. 그렇다고 해서 대화는 支離滅裂하지 않으며, 그 속에는 대화를 통합하는 힘이 있다. 그 힘은 외부로부터 오는 것이 아니라, 대화에 참여하는 사람들의 학문적 수준에서 생겨나며, 대화가 가지는 가치는 대화에 참여하는 사람들의 마음속에 얼마나 많은 생각을 하도록 했으며, 앞으로도 계속 생각할 수 있도록 하느냐에 달려 있다고 해도 지나친 말은 아닐 것이다.

이제 우리는 대학에서 일어나는 두 번째 특징으로서 학문추구자인 교수가 하는 '교육'에 관하여 말해 보겠다. 학문을 추구하는 사람은, 앞에서 말한 것에 비추어 보면, 학문 활동에 끼어들 수 있는 방법을 아는 사람이며, 독특하게 자신의 목소리를 낼 줄 아는 사람이라고 말할 수 있다. 그러므로 이런 종류의 사람들이 때로는 교수가 되어야 한다는 것은 지극히 당연한 일일는지 모른다. 대학에 오는 사람들은 이런 사람들에게 무엇인가를 배우려고 하는 것도 또한 당연한 일이다. 학문을 추구하는 모든 사람이 결코 훌륭한 교수의 자질이라 할 수 있는 '공감의 능력'을 가지고 있다고 말할 수 없다. 그러나 진심으로 학문을 추구하는 사람은 학문의 추구에 관하여 가지고 있는 지식을 다른 사람에게 전수하고 싶은 마음을 가지지 않을 수 없을 것이다. 이 때 학문의 추구에 관하여 가지고 있는 지식을 다른 사람들에게 전수할 수 있는 능력은 어디서 나오는 것일까? 그것은 다른 어떤 곳보다도 학문을 추구하는 사람의 지식이 가지고 있는 추진력과 감화력, 그리고 학문을 추구하겠다고 하는 열정과 헌신에서 생긴다. 이 힘은 학문을 추구하지 않는 사람도 느낄 수 있는데, 하물며 학문을 추구할 수 있는 자질과 공감의 능력을 갖춘 사람들, 자신이 알고 있는 내용을 다른 사람에게 가르쳐 주는데 탁월한 능력을 갖춘 사람들에게는, 학습내용을 잘 일러주는 것 이상을 기대하는 것은 흔한 일이다. 위대한 교수는 학문추구의 규칙에 관한 지식을 가지고 있는 것은 당연하다. 그러나 위대한 교수는 결론을 가르치는 데에는 관심이 없을 수밖에 없다. 흔히 볼 수 있는 직업훈련원에 가면 각종의 구체적인 기술을 배울 수 있을 것이다. 그러나 대학에 몸을 담고 있는 교수에게서는 각종 구체적인 기술을 배우는 것이 아니라, 교수는 자신이 종사하고 있는 해당분야의 학문 세계에서 일어나고 있는 제반 현상을 학생들로 하여금 볼 수 있도록 가르쳐야 하는 것이다. 교수는 비교적 쉽게 자신의 생각을 말로 표현해 낼 수 있다. 그러나 가르치는 동안에 교수는 자주 자신이 가지고 있는 해당분야의 학문세계에 관한 질문과 모른다는 말을 함으로써 자신 없는 모습을 학생들에 보여 준다. 여기서 우리가 놓쳐서는 안 되는 것이 교수로서 학문을 추구하는 사람은 학자이기 때문에 자신의 목소리를 낼 수밖에 없다는 것이다. 그가 종사하는 학문은 단지 시험의 통과를 위한 수단, 또는 자격증을 따는 수단으로 전락해 버린 이른바 '학문의 世俗化'에는 도무지 관심이 없는 것이다.

대학에는 학자들이 모여 있다. 그러나 대학은 단순히 학자들의 집합소가 아니다. 대학은 엄청난 '가르치는 힘'을 발휘하고 있다. 학회도 학자들의 집합소이기는 하지만, 대학과는 다르다. 대학에서 그 곳에 소속된 학자들은 인격적인 측면이나, 학문적 측면에서 서로 보고 부족한 점을 보완해 나간다. 대학에는 다양한 학문의 전공을 가진 사람들이 함께 모여 있는 곳이다. 그들은 서로 영향을 주고받으면서 자신들의 力量을 키워나가는 일을 하고 있다. 간혹 우리는 찬란한 어휘를 구사하면서 자신의 전공영역에 관하여 질문에 답하는 대학교수를 보고 찬탄을 금치 못한다. 얼핏 보면 오직 자신의 혼자의 생각을 막힘없이 말하고 있는 것 같지만, 사실은 그들은 대학에서 매일 만나는 동료학자들의 생각의 깊이와 독창성, 그들의 지적 노력을 단지 대변하고 있는 것이다. 그러므로 그의 동료교수들이 아니고는 그의 현존재는 없는 것이라고 해도 지나친 말은 아닐 것이다. 이렇게 놓고 볼 때, 대학이야말로 인류가 고안해낸 특별한 제도이며, 이 제도 때문에 인류라는 집단의 무지를 극복할 수 있고, 대학이 이 강점을 잘 활용하고 있다는 것이다. 대학은 인류전체를 대표할 만한 지성을 갖춘 사람들에게 적절한 대우를 해주는 곳이다. 그들은 이곳에서 知的인 對話를 통하여 인류문화에 공헌하고 있는 것이다. 여기서 우리가 주목해야 할 것은 각 학문분야가 가지고 있는 '對話의 方式'을 다른 사람들에게 전수해주고 있다는 사실이다.

대학에는 교수만이 있는 것이 아니라, 가르침을 받으러 오는 사람들, 대학생들이 있게 마련이다. 대학생은 초등학생이나 중고등 학생들과는 달리, 독특한 그 나름의 특징을 가지고 있다. 무엇보다도 먼저 말해야 할 것은, 대학생이라는 사람들은 어린아이들이 아니라는 사실이다. 더 나아가서 그들은 학생이라고 하지만 초·중·고등학교를 다닌 12년 동안 상당수준의 공부를 했다는 것이다. 그러므로 그들은 무식한 사람들이 아니다. 따라서 세상이 홀로 내버려두어도 살아갈 수 있을 만큼, 지적으로, 도덕적으로 교육을 받은 사람이기도 하다. 그런데 그들은 어린 아이도 아니고 성숙된 어른도 아닌, 그 중간지점에 위치하면서, 자기 자신이 어떤 목표를 가지고 어떻게 살아갈 것인가에 관하여 어렴풋한 생각을 가지고 있는 그런 단계에 있다. 아직 그들은 인생의 반려자를 찾지 못한 사람들이 대부분이며, 이곳에서 찾아보려고 하는 사람도 있으며, 자신에게 목을 늘이고 바라보는 자식도 없다. 오직 자신의 앞날을 생각하면서 무한히 펼쳐져 있는 학문의 세계에 느긋하게 발을 막 들어 놓으려고 하는 그런 사람들이다.

대학생들이 대학에 들어와서 추구해야 할 것은 과연 무엇일까? 인생의 반려자? 친구? 아니면 직업의 동반자? 아마도 이것들은 아닐 것이다. 물론 이것들이 중요하지 않다는 것은 아니지만, "지독히 운이 나쁜 경우가 아니라면, 그들은 거기서 강하게 흐르는 인간활동의 흐름, 학문의 추구에 종사하는 남자와 여자, 그리고 이 활동에 각자 자기 나름으로 참여하라는 초대장"(Oakeshott, 1962, p. 100)일 것이다. 그런데 이 초대장은 학문의 세계에 몸과 마음을 헌신하겠다고 생각하는 사람들이나, 그런 생각이 전혀 없는 사람들에게 똑같이 발부된다. 대학에 들어온 모든 사람들이 학자가 되어야 한다는 것은 아니다. 해방 이후 한국사회에 탄생한 대학들은 지난 50여 년 동안 장차 학자를 기르는 교육과 세상을 살아가기 위한 직업을 갖고자 하는 사람들의 교육도 하나의 동일한 과정을 통하여 이루어졌다. 이것이 하나의 전통을 이루고 있고 이것 또한 대학의 이념으로 자리잡고 있는 것이다.

대학은 장차 학자가 될 사람들과 세상을 살아가기 위한 직업을 위한 교육을 위하여 대학에 다니는 재학생들에게 다양한 학문분야들을 제공하고 있으면서 그것들 가운데 하나에 소속하도록 하고 있다. 다양한 학과에서는 나름대로의 교육과정을 만들어 학생들로 하여금 의미 있는 학문적 체험을 할 수 있도록 노력하고 있다. 그러므로 그 교육과정에서는 학과교수들의 개인적 학문적 관심은 제외된다. 그리고 학과의 교육과정을 논의하면서 그 속에 들어가야 할 내용과 들어가서는 안 되는 내용들이 무엇인지 열심히 분간한다. 여기서 심각한 문제는 "학과의 교육내용으로 들어와도 좋은 내용과 그렇지 않은 내용을 분간하는 기준은 어디서 가져오는가" 하는 것이다. 많은 경우에 소위 '爲人設講'을 하고 있는 형편이다. 전공학과의 교육내용 선정의 기준 중에서, 그것이 직업에 유용하다든가, 그 교과의 지식이 가르치기 쉽고 평가 또한 쉽다는 기준은 제외되어야 할 기준들이다. 그러나 전공학과에서 제시하고 있는 교육내용을 들여다보면, 전통이 오래된 교과도 있고, 전혀 새로운 이름의 교과도 있으며, 직업훈련과 관련이 깊은 교과도 있고, 전적으로 이론적인 교과로서 바깥세계에서의 먹고사는 문제와는 거리가 먼 교과도 있다. 어쨌든 대학에서 제공할 수 있는 교육내용이 되려면, 그것은 학과, 전공, 교양을 불문하고 공통의 기준으로서 '학문의 분과'로 인정될 수 있는가 아닌가 하는 점에 있다. 그 공통의 기준에는, 물론 말할 것도 없이, '학문의 추구'라는 정신이 반영되어야 한다. 달리 말하면, 대학이 제공하는 여러 전공분야는 대학에서 이루어지고 있는 '知的 對話' 그 자체여야 한다는 것이다. 그리하여 대학이 제공하고 있는 모든 교육내용을 한군데 모으면 대학에서 이루어지고 있는 대화의 모습 전체윤곽을 잡을 수 있을 것이다. 대학은 결코 하나의 목소리만 들리는 장소, 단조로운 목소리들이 기계적으로 반복되는 종합 기술학교로 모습을 가져서는 안 된다는 것을 명심해야 한다.

학생들이 대학에 들어와서 가장 두드러지게 느끼는 특징은 아마도 교수와 교수, 교수와 학생, 학생과 학생들이 서로 '知的 對話'를 통하여 서로가 서로를 교육해 주는 기회로 삼는 곳이라는 데 있을 것이다. 대학에서는 원칙상 학생들에게 전문직업의 훈련, 돈을 버는 요령, 회사에 들어가기 위한 준비, 장차 살아가는 데 필요한 지적, 도덕적 모습을 갖추는 것 등을 교육으로 혼동하고 이를 敎育課程 안에 집어넣어서는 안 된다. 만약 이러한 것들이 대학 교육 안에 들어오면, 대학에서 교육(인간다운 인간을 만든다는 기능)은 소리 없이 사라져 버린다. 그리고 마침내 대학은 직업훈련장으로 변해 버린다. 이 모습을 좀더 구체적으로 말해보면, 예컨대 권력을 가질 수 있다는 희망과 기대로 학문을 추구한다고 할 때, 그것은 바로 탐욕적인 이기주의에 근원을 두고 있게 되는 것이기 때문에 교육으로 취급하기에는 너무나 거리가 멀게 된다. 이와 같은 사태는 오늘날 우리대학에서 非一非再하게 일어나고 있다. 이 사태를 두고 어떤 이유를 가지고 설명한다고 하더라도 그것이 '이기심'과 '탐욕'이라는 사실을 조금도 가려주는 것이 아니다. 대학은 진실로 이런 사태와는 아무런 관계가 없는 곳이다. 대학의 교육과정에는 원칙적으로 말하면 그런 의도가 끼여 둘 수 없도록 되어 있어야 하며, 대학의 교육방법에는 그런 의도가 들어올 가능성이 없어야 하는 것이다. 적어도 대학교수는 그에게 배우려는 '학생들을 인류 공동의 업적인 精神世界, 또는 그 세계의 한 부분으로 입문시키는 계획적이고 의도적 활동'으로 이끄는 데 오로지 관심을 가져야 한다.

대학교수는 구체적으로 어떤 행정가, 어떤 교장, 어떤 기술자를 만드는 데 관심이 없다는 것이다.

대학에서 제공되는 것들 중에 특이한 것이 위에서 말한 것 이외에 다른 것은 없겠는가? 그렇지 않다. 지금 말하려고 하는 것은 그야말로 특이한 것 중에 특이한 것이다. 달리 말하면, 대학의 근본성격으로서 이것이 빠지면 과연 대학이라고 할 수 있는가 하는 정도의 것이다. 대학만이 제공할 수 있는 귀중한 것이 있다. 인간이 살아가는 과정 중에 대학에 다니는 기간은 그 때까지 종사하던 활동을 그만두고 새로운 활동을 하거나, 지금까지 학문해오던 것과는 다른 학문을 추구할 수 있는 시기이다. 사실상 대학을 졸업하면 이와 같은 탐색은 할 수 없고, 오로지 주어진 그 한 가지 일에 몸과 마음을 바치지 않으면 안 된다. 만약 조금이라도 한눈을 팔면 그대로 문제가 생기기 마련이다. 그리하여 그 오직 한 가지 일로부터 쉽게 벗어날 수 없는 것이다. 대학이 학생들에게 제공하는 특이한 선물은 다름 아닌 '幕間'(interval: Oakeshott, 1962)이라는 것이다. 이 幕間이라는 말이 무슨 뜻인가? 이 말은 대학에 다니는 동안은 정열이 넘쳐흐르고 혈기 왕성한 시기이므로, 어떻게 보면 어떤 한 가지 일에 몸과 마음을 바칠 것 같은 기회가 얼마든지 있다. 그러나 막상 그렇게 하려고 하면, 반드시 그것에 충성과 헌신을 바칠 필요보다는 좀더 나은 무엇이 있을 것 같아 그것을 찾아 나서는 경우가 얼마든지 있다. 세상에 나가 살아보면, 누가 정한 것같이 한 치의 착오도 없이 나도 모르게 정확한 절차를 거쳐 어디론가 진행되어 나가는 것을 느낄 수 있다. 그러나 대학에 머무르는 동안 학생들은 얼마든지 그것과는 무관하게 자신을 찾아보고, 자기 밖의 세계를 둘러보면서 살 수 있다. 그리하여 이 시기는 살아가는 동안 잠시나마 학생들은 세상의 모든 심을 잠시 벗어 던지고 살 수 있는 시기이기도 하다. 언제나 세상살이는 문제해결의 연속이다. 그러나 대학에서는 그것이 아닌 상태에서 벌어지는 신비로운 그 무엇을 만끽할 수 있는 시기이다. 이와 같은 특이한 幕間에서 벌어지는 일은 지적 진공상태에서 벌어지는 일이 아니라, 지금까지 인류가 쌓아온 온갖 종류의 지적유산, 다양한 학문, 책, 경험에 가득 둘러쌓인 상태에서 이루어진다. 그것도 학생 혼자서 이루어지는 것이 아니라, 언제나 자신과 정신적 유대를 함께 하는 사람들과 학문을 해나가는 과정에서 이루어진다. 여기서 幕間이라고 하는 말이 가져다주는 뉘앙스 때문에 그 말이 잠시 멈추는 것과 같은 뜻이라고 생각해서는 안 된다. 대학이 제공하는 幕間은 그야말로 활동의 정지가 아니라, 지금까지 경험한 것과는 말할 수 없이 다른 새로운 어떤 특이한 종류의 활동을 하는 기간을 말하는 것이다.

그런데 대학에서 '幕間'의 의미가 살아나는 나도록 하는 때가 언제이며 어떻게 살아 나가도록 할 수 있는가 하는 것은 정확히 말할 수는 없겠지만, 우리가 적어도 할 수 있는 말은 대학에 들어오면서부터라고 말할 수 있을 것이다. 여기서 구체적인 것은 언급하기 어렵겠지만, 한 가지 의문은 과연 한국의 대학이 바로 '幕間'의 의미가 살아나도록 기회를 제공하고 있는가 하는 것이다. 대학에 들어오는 학생들은 또한 이 幕間의 기회를 얼마만큼 잘 활용할 준비를 갖추고 있는가 하는 것이다. 좀더 구체적으로 말하면 소위 '修能' 시험이 얼마만큼 이 점을 타당성 있게 검사해 줄 수 있는가 하는 것이다. 말하자면 修能 점수가 높은 학생들은 대학에서 제공하는 幕間의 기회를 충분히 잘 활용할 수 있는가 하는 말이기도 하다. 종종 들리는 말에 의하면, 소위 일류대학이라고 하는 대학에서 신입생들이 기초학력이 모자란다는 말을 듣게 된다. 이것은 무엇을 뜻하는가? 이것은 아마도 대학에서 제공하는 幕間을 제대로 활용할 수 없을 것이라는 말이다. 대학에서 제공하는 기회를 잘 활용하는 것과 생계유지를 위한 준비라는 요구에서 벗어나야 한다는 것과는 매우 긴밀한 관계를 가지고 있다. 이제 분명히 말할 수 있는 것은, 대학이라는 곳은 생계유지수단을 제공하는 직업훈련소가 아니라는 사실이다. 그러므로 대학이 제공하는 幕間의 기회는 학생들로 하여금 '스콜레'의 특권을 누릴 수 있도록 해주어야 하는 것이다. 幕間의 의미가 살아있느냐 죽었느냐 하는 것은 바로 이 대학에서 스콜레의 정신과 직접 관련된다는 것이다. 스콜레 없는 대학, 그러한 대학은 대학이 아니다.

스콜레의 향유라는 특권을 누리는 대학의 학생들의 모습은 어떤 것일까? 고등학교에서 대학에 들어오기 위하여 밤낮 없이 쪼들린 생활이 대학에 합격하는 순간 끝나면서 새로운 세계가 그를 기다리는 것이다. 그 새로운 세계란 무한한 가능성의 세계인 것이다. 대학에서 스콜레를 강조한다는 말은 놀고 마시는 유흥과는 거리가 멀다는 것을 알아야 한다. 물론 낭만을 찾아야 하지만, 이 낭만은 스콜레를 위한 준비여야지 먹고 마시고 노는 것으로 잘못 인식해서는 곤란하다. 그리고 대학에 들어오는 순간부터 장차 자신이 먹고살아야 하는 일로부터 해방되어야 한다.

학교가 제공하는 학문의 세계, 그 학문의 세계는 어디가 종착점인가 하는 것이 보이지 않은 그런 세계이다. 대학의 학생이 된다는 것은 바로 이 세계로 느긋하게 들어서는 것이기도 하다. 이 세계는 어디까지 가야 한다는 절박감도 없으며, 숨통을 틀어막는 의무도 없는 그런 세계인 것이다. 이것이 바로 학문추구인 것이다. 달리 말하면 위대한 학자와의 만남이기도 하다. 대학에서 이런 경험을 갖는 것도 때가 있는 것이다. 이 때를 넘겨버리면 다시는 이러한 경험을 삶에서 구현할 수 없게 될 것이다.

이제 우리는 대학에서 거둘 수 있는 성과는 무엇인가를 잠시 생각해 볼 때가 되었다. 대학에 다닌 사람은 그 증거로서 어떤 능력을 보유하지 않으면 안 된다. 그렇다면 그것이 과연 무엇일까? 예컨대, 충북대학교 교육목표를 보면, 하나는 학문의 심오한 이론을 습득하고 이를 응용하며, 동시에 이로 인한 인격을 도야하는 것으로 되어 있다. 문제는 '과연 대학을 졸업하면 이와 같은 능력을 갖추게 되는가' 하는 것이다. 사실을 두고 말하자면, 지적인 면에서 학생들은 약간의 지식을 획득했을 것이다. 그러나 여기서 무엇보다도 중요한 것은, 만약 대학에서 올바르게 교육시켰다면, 학생들은 학문을 통한 인격의 도야, 그로 말미암아 생긴 叡智와 자신의 능력을 효율적으로 그리고 효과적으로 처리할 수 있는 능력을 갖게 되었을 것이다. 이 능력을 달리 표현하면, 학생들은 해당 학문분야에서 펼쳐지는 현상을 바라 볼 수 있는 관점을 갖게 되었지만 그것만으로 충분하지 않다는 느낌을 갖게 될 것이다. 말하자면 자신은 아직도 여전히 부족하다는 생각을 가지게 될 것이다. 더 나아가 해당 학문분야에서 길러준 마음, 또는 思考方式을 갖게 된다는 것이다. 이 사고방식을 획득하는 과정에서 해당 분야의 학문에서 위대한 사람의 위대한 정신을 만나게 될 것이다. 그리고 그 위대한 정신이 자신들의 삶에 어떤 의미를 가지게 되는지를 아는 능력을 갖추게 될 것이다. 이들 중에 뛰어난 학생들은 해당분야의 학문에 지적인 애정과 정열을 바칠 만한 관심과 문제를 발견하였을지 모른다. 이와 같은 능력들을 잘 살펴보면, 대학에 다니는 기간 동안 장차 자신들의 생계유지에 도움이 될 능력들로서 충분한 효율적 장비인지 아닌지는 모르지만, 적어도 의미 있는 삶을 영위하는 데 도움이 될 중요한 내용들은 습득하였다고 보아야 할 것이다. 도덕적인 면에서 볼 때, 학생들은 자율적인 도덕성을 갖추게 되었을 것이다. 말하자면 자신들에게 부딪치는 도덕적 문제들을 자율적으로 처리할 수 있는 능력을 보다 확실하게 갖추었다고 볼 수 있다. 누구나 알다시피, 대학에 다니는 기간 동안에 그야말로 학생들의 몸과 마음은 '暴風怒濤'와 같은 열정을 가지고 있다는 것이다. 그리고 이때 겪게 되는 심각한 갈등들을 헤쳐나가는 동안에 다른 길로 빠지지 않고 올바른 길로 나아갈 수 있는 선택의 힘을 가질 수 있는 것도 대학교육을 받은 결과라고 할 수 있다.

대학이 보수적일 수밖에 없는 것은 대학에서는 '學問追求'라는 활동을 하기 때문이다. 학문추구는 다른 위대한 활동과 마찬가지로 인류문화의 위대한 아이디어와 위대한 인간과의 접촉을 통하여 이루어지는 활동이므로, 성격상 보수적일 수밖에 없다. 대학에서 이루어지고 있는 학문추구라는 활동은 여기서 살랑 저기서 살랑 불어오는 바람에 이리저리 밀리는 작은 돛단배와 같은 것이 아니다. 대학에 대한 비판은 '學問追求'라는 활동을 하는 사람들만이 할 수 있는 일이며, 대학은 바로 이들의 비판의 목소리에 귀를 기울어야 한다. 그런데 요즈음 사태를 보면, 대학이 본래 해야 하는 활동인 學問追求와는 거리가 먼 사람들이 자주 등장하여 자신들의 일과 관련하여 대학이 기여하지 못한다고 하면서, 대학이 제대로 기능하고 있지 않다고 말하는 것을 흔히 볼 수 있다. 우리가 자주 듣는 말 중에 대표적인 말이 대학이 낡아빠진 상아탑에 안주하여 사회의 제반문제에 무관심하거나 쓸데없는 일을 하느라고 정신이 없다는 것이다. 이 비판이 과연 옳은가? 우리는 이제 다시 한번 생각해 보아야 할 시점에 와 있다. 특히 요즈음에 대학의 이념에 관한 논의를 해나가는 과정에서 '고등교육', '성인 대상 연수과정' 등의 이념을 뒤섞어 말하고 있는 것을 자주 볼 수 있다. 여기서 확실하게 말하거니와 이들 과정이나 고등교육은 자체로 소중하고 귀한 것이지만, 대학과는 아무런 관련이 없다. 그러므로 이제 대학에 몸담고 있는 사람들은 이와 같은 혼란을 막기 위해 어떤 조치를 취하지 않으면 안될 것이다. 대학 이외의 곳에서 하는 활동과 대학에서 이루어지고 있는 학문추구라는 활동을 관련 지우려는 의도는 대개의 경우 외재적 목적을 가지고 있다. 구체적으로 말하면, 학문을 수단으로 하여 권력기관에 들어가려고 하거나, 개인적 이기주의를 당연하게 생각하는 세계로 들어가려고 하거나 하는 활동들이다. 다시 말하면, 이런 종류의 활동에 종사하려고 하는 사람들은 학문과 그 유용성에 관심을 기울이거나, 활동 그 자체가 아니라 활동 바깥의 결과나 성취에 온갖 의미를 붙이는 세계에서나 알맞은 이념들에 관심이 있다. 거듭 말하지만 이와 같은 이념은 대학이 가져서는 안 되는 이념이다. 그러나 불행하게도 이 이념들은 일반 대중들에게는 강력한 매력을 주는 이념들이며, 오늘날 민주주의의 이념, 즉 다수의 의견의 존중과 혼동해 버려 이 이념이야말로 옳은 것이라는 생각을 가지고 있는 사람들이 많이 생긴다는 것이다. 이와 같은 사람들에게 가장 부족한 점은 자기비판이라는 것에 별로 생각이 미치지 못한다는 점이며, 심지어 자신들이 생각하는 세계가 세계 전체라는 착각에 빠져, 자기가 믿고 따르는 세계에 조금이라도 공헌하지 않는 활동이라고 보이는 활동은 모조리 쓰레기 같은 것으로 간주하려는 경향을 가지고 있다는 점이다. 대학은 이들의 생각에 마음을 빼앗겨서는 안 된다. 대학에서 학문추구 활동에 종사하는 사람들이 경계해야 할 일은 그들의 주장에 따르면 꽃동산이 이루어질 것 같은 말을 하는 것이다. 만약 대학이 이를 경계하지 않고 안일한 태도나 자세를 가진다면, 대학은 마치 성경에 나오는 '팥죽 한 그릇에 장자 권을 팔아먹는 꼴'이 될 것이다. 대학이 이와 같은 어리석음을 저지른다면 대학은 그야말로 문자 그대로 학문을 추구하는 곳에서 직업훈련을 하는 곳으로 바뀔 수밖에 없는 것이다. 이제 대학은 더 이상 다양한 학문의 세계를 탐색하는 일을 그만두게 되고 전문적인 통역사, 단순 기술자를 양성하게 되어, 인간다운 인간을 가르치는 것과는 거리를 두게 될 것이다.

이와 같이 말하는 순간 당장에 사람들은 '대학이 사회 속에 있으면서 사회에 공헌하지 않고 무엇을 하는 곳인가' 그리고 '대학이 사회에서 필요로 하는 것에 눈을 감는다면 과연 대학은 필요한 것인가' 등등의 비난의 소리를 하게 될 것이다. 이때 대학은 무슨 말을 해야 할 것인가를 생각하지 않으면 안 된다. 우선 대학이 인정하지 않으면 안 되는 것은 대학은 다른 모든 것과 마찬가지로 사회 안에 자리잡고 있다는 것이다. 대학이 사회 안에 자리잡고 있다는 사실과 대학이 그 자체의 본연의 모습을 유지해야 된다는 말은 구분해야 할 것이다. 대학이 사회 안에 자리잡고 있다는 것을 잘 드러내기 위해서는 그 나름의 본연의 모습이 있어야 할 것이다. 그 모습이 다름 아닌 '학문의 추구'인 것이다. 대학이 만약 학문추구의 활동을 제대로 하지 못하거나 하지 않는다면, 과연 우리는 그것을 대학이라고 부를 수 있는가 하는 의문을 가지게 될 것이다.

엄연히 충북대학교 교육목표에는 "학술의 심오한 이론과 그 응용방법을 교수, 연구, 개발하는 동시에 인격을 도야하며, 국가와 사회에 공헌할 수 있는 인재를 양성하는 데 있다"고 선언하고 있다. 여기서 우리가 주목해야 할 사실은 "학술의 심오한 이론과 그 응용방법을 교수, 연구, 개발"하는 곳이 충북대학교라고 말하고 있다는 것이다. 이 말은 충북대학교는 학문의 추구를 기본으로 하고 있다는 말이다. 다음으로 놀라운 말은 그 다음에 이어지는 '동시에'라는 말이다. 말하자면 학문추구와 인격의 도야는 별개가 아니라는 말이다. 학문의 추구를 올바르게 제대로만 한다면 그와 동시에 인격의 도야는 이루어진다는 것이다.

그렇다면 그 다음에 제시된 "국가와 사회에 공헌할 수 있는 인재를 양성하는 데 있다"라는 말은 무슨 뜻인가? 이 말을 해석하는 데 주의를 요한다. 이 말은 '학술의 심오한 이론과 그 응용방법을 교수, 연구, 개발' 하는 것과 직접 연결시켜서는 안 된다. 즉, 학술의 심오한 이론과 그 응용방법의 가치를 국가와 사회에 공헌하는 데에서 확립하는 것은 경계해야 한다. 만약 양자를 직접 연결시킨다면 학문추구의 활동이 국가와 사회에 인재양성의 수단이 되는 것이다. 이때의 학문추구는 그 본연의 올바른 형태를 견지할 수 없게 될 것이 분명하다. 과연 그렇게 되어도 좋은가? 그러나 본 충북대학교 교육목표에서는 어디까지나 학술의 심오한 이론과 그 응용방법을 교수, 연구, 개발함과 동시에 인격을 도야한 결과 국가와 사회에 공헌할 수 있는 인재가 길러진다는 뜻이다. 왜냐하면 학문추구 활동과 인격도야가 관련된다면 국가와 사회의 인재양성은 그 결과일 수밖에 없기 때문이다. 이와 같이 훌륭한 대학교육목표에 따라 얼마만큼 그 목표에 가깝게 교육내용이 선정되고 가르치고 배우는지는 철저하게 분석연구를 해 보아야 할 것이다. 그리하여 만약 교육내용의 선정과 교육의 과정이 잘못되었다고 하면, 이를 시정하여 올바른 "대학의 이념"에 비추어 제대로 된 교육이 이루어지도록 해야 할 것이다.

저 자 약 력

박 재 문 (朴 在 文)

서울대학교 사범대학 교육학과 교육학사
서울대학교 교육대학원 교육학과 교육학석사
서울대학교 대학원 교육학과 교육학박사
한국교육개발원 연구원
한국정신문화연구원 연구원
충북대학교 사범대학 교육학과 교수
충북대학교 교육개발연구소 소장
충북대학교 대학원장

주요 논저
「교육이론으로서의 이색의 성리학」
「이덕무의 사소절에 관한 연구 : 교육학적 해석」
『한국교육사』
『교육의 동양적 전통Ⅱ : 교육의 실제』(공저)
『퇴계의 의리지학과 교육』
『지식의 구조와 구조주의』
외 다수

教育學 探究

• 초판 인쇄	2006년 11월 30일
• 초판 발행	2006년 11월 30일
• 지 은 이	박재문
• 펴 낸 이	채종준
• 펴 낸 곳	한국학술정보㈜
	경기도 파주시 교하읍 문발리 526-2
	파주출판문화정보산업단지
	전화 031) 908-3181(대표)·팩스 031) 908-3189
	홈페이지 http://www.kstudy.com
	e-mail(출판사업팀사업부) publish@kstudy.com
• 등 록	제일산-115호(2000. 6. 19)
• 가 격	40,000원

ISBN   89-534-5598-7 93370 (Paper Book)
        89-534-5599-5 98370 (e-Book)